D1752931

SCHRIFTEN DES URCHRISTENTUMS
DIDACHE (APOSTELLEHRE)
BARNABASBRIEF
ZWEITER KLEMENSBRIEF
SCHRIFT AN DIOGNET

ZWEITER TEIL

SCHRIFTEN
DES URCHRISTENTUMS

DIDACHE (APOSTELLEHRE)
BARNABASBRIEF
ZWEITER KLEMENSBRIEF
SCHRIFT AN DIOGNET

Eingeleitet, herausgegeben, übertragen und erläutert

von

KLAUS WENGST

1984
WISSENSCHAFTLICHE BUCHGESELLSCHAFT
DARMSTADT

© 1984 by Wissenschaftliche Buchgesellschaft, Darmstadt
Satz: Maschinensetzerei Janß, Pfungstadt
Druck und Einband: Wissenschaftliche Buchgesellschaft, Darmstadt
Printed in Germany
Schrift: Linotype Garamond, 9/11

Bestellnummer 0201-611

INHALTSVERZEICHNIS

Vorwort IX
Hinweise zur Benutzung XI
Text und Apparat XI
Literatur XI
Abkürzungen XII

Didache (Apostellehre)

Literatur 3

Einleitung 5
1. Bezeugung und Überlieferung 5
   a) Hierosolymitanus 54 5
   b) Papyrus Oxyrhynchus 1782 6
   c) Apostolische Konstitutionen 7
   d) Apostolische Kirchenordnung und Epitome 7
   e) Die koptische Übersetzung 11
   f) Die äthiopische Übersetzung 12
   g) Die georgische Übersetzung 12
   h) Doctrina apostolorum 13
   i) Barnabasbrief 13
   k) Kirchenväter 14
2. Form und literarischer Charakter 14
3. Literarische Integrität 18
4. Die Benutzung von Quellen und Traditionen 20
5. Die Zitierung von Autoritäten 24
6. Das Milieu der Gemeinde(n) der Didache 32
   a) Ökologisch 32
   b) Soziologisch 33
   c) Das Außenverhältnis 34
   d) Das Innenverhältnis 35
7. Gemeindeverfassung und Gemeindeverhältnisse 36
8. Die Eucharistie 43

V

Inhaltsverzeichnis

a) Die Bezeichnung 43
b) Der Ablauf der Mahlfeier 44
c) Die Besonderheiten der eucharistischen Mahlfeier 48
α) Das Dankgebet über dem Becher 48
β) Das Dankgebet über dem Brot 49
γ) Das Nachtischgebet 51
d) Der Opferbegriff in der Eucharistie der Didache 53
9. Kennt die Didache ein Dankgebet über dem Salböl? 57
10. Ethik und Eschatologie 59
11. Ort und Zeit der Abfassung 61
Textzeugen 64

Διδαχὴ τῶν ἀποστόλων
Didache (Apostellehre) 66

Anmerkungen (Rest) 92

Barnabasbrief

Literatur 103
Einleitung 105
1. Überlieferung und Bezeugung 105
2. Aufbau und Gliederung 107
3. Literarische Integrität – Interpolationshypothesen 110
4. Form und Zweck 111
5. Zeit und Ort der Abfassung 114
6. Verfasser 118
7. Tradition 119
8. Das Problem der Testimonien 123
9. Theologie 129
Textzeugen 137

Βαρνάβα ἐπιστολή
Barnabasbrief 138

Anmerkungen (Rest) 196

Zweiter Klemensbrief

Literatur 205
Einleitung 207
1. Überlieferung und Bezeugung 207
2. Inhalt und Gliederung 208
3. Literarische Integrität 209
4. Literarischer Charakter 210
5. Die Schrift und ihre Auslegung 217
   a) Die alttestamentlichen Zitate 217
   b) Die neutestamentlichen Zitate 219
   c) Zitate unbekannter Herkunft 221
6. Abfassungsverhältnisse 224
7. Christologie 228
8. Christliches Leben 230
   a) Die Verhaltensforderungen 230
   b) Der theologische Stellenwert der Ethik . 233
Textzeugen 236

Κλήμεντος ἐπιστολή δευτέρα
Zweiter Klemensbrief 238

Anmerkungen (Rest) 270

Schrift an Diognet

Literatur 283
Einleitung 285
1. Überlieferung 285
2. Literarische Integrität 287
3. Aufbau und Inhalt 290
4. Literarischer Charakter 291
5. Theologische Grundzüge 294
6. Verfasser, Zeit und Ort der Abfassung . . . 305
Textzeugen 310

Inhaltsverzeichnis

Πρὸς Διόγνητον
Schrift an Diognet 312

Anmerkungen (Rest) 342

Stellenregister 349
1. Zitate und Anspielungen 349
2. Stellen aus den edierten Schriften . 352

VIII

VORWORT

Das Projekt ›Schriften des Urchristentums II‹ habe ich 1976 von Herrn Prof. Dr. Dr. Hartmut Stegemann übernommen. Er hat mir dankenswerterweise seine Vorarbeiten überlassen. Dazu gehörten außer Zusammenstellungen von Literatur vor allem ein ausgearbeitetes Manuskript über den Barnabasbrief. Was ich davon – abgesehen von Hinweisen auf Parallelstellen – an Einsichten und Anregungen übernommen habe, ist an den entsprechenden Stellen vermerkt.

1977 konnte ich mit der Arbeit beginnen. Ich hatte gemeint, schneller mit ihr fertig zu werden. Wenn ich jetzt erst eine Hälfte abgeschlossen vorlege, so liegt das daran, daß ich den nötigen Aufwand unterschätzt habe und zwischendurch auch andere Arbeiten erledigt sein wollten. Ich gehe davon aus, daß der abschließende Band mit dem Hirten des Hermas und den Papiasfragmenten 1986 erscheinen kann. Daß sich in dem jetzt veröffentlichten Band unter den ›Schriften des Urchristentums‹ auch die ›Schrift an Diognet‹ findet, mag manchen verwundern; es sei auf Anmerkung 129 auf S. 308 verwiesen, mehr aber noch, wer sich darüber *nicht wundert*.

Nachdem ich zunächst allein gearbeitet hatte, konnte ich mich seit Ende 1980 der Mitarbeit von Helfern erfreuen, die ich dankbar erwähne: Frau Edith Lutz hat in großer Umsicht das schwierige Manuskript erstellt und sich auch am Lesen der Korrekturen beteiligt. Als studentische Hilfskräfte haben mir beim Sichten der Literatur, Kollationieren der Handschriften und Lesen der Korrekturen geholfen die Frauen Sabine Grundmann, Annemarie Heim, Uta Küppers, Annette Muhr-Nelson, Sonja Timpe und die Herren Dirk Bockermann, Volker Eschen und Stefan Hucke. Die Deutsche Forschungsgemeinschaft hat zehn Monate lang drei halbe studentische Hilfskraftstellen finanziert.

Herr Prof. Dr. Dieter Vetter hat die syrische Übersetzung des 2. Klemensbriefes verglichen, Herr Dr. Gottfried Nebe das koptische und äthiopische Fragment der Didache. Herr Prof. Dr. D. Wilhelm Schneemelcher und Herr Dipl.-Theol. Radu Constantin Miron haben mir einen Mikrofilm des Codex Hierosolymitanus 54 mit dem Text des Barnabas- und des 2. Klemensbriefes vermittelt. So danke ich auch der Bibliothek des Griechisch-orthodoxen Patriarchats in Jerusalem, weiter der Universitätsbibliothek Tübingen, der Vatikanischen Bibliothek, der Bibliothek der Rijksuniversiteit Leiden und der Bibliothek der Sorbonne in Paris für Kopien und Fotografien von Handschriften.

Zu größtem Dank bin ich meinem Betheler Griechischlehrer, Herrn Prof. D. Helmut Krämer, verpflichtet. Er hat in selbstloser Weise das Manuskript durch-

Vorwort

geprüft. Es gibt nicht viele Seiten in diesem Buch, auf denen sich keine Korrekturen von seiner Hand, oft von beträchtlichem Gewicht, niedergeschlagen haben. Schließlich danke ich den Studenten, die in Marburg, Bochum und vor allem in Bonn an meinen Lehrveranstaltungen über die „Apostolischen Väter" teilgenommen haben, die nicht gerade im Zentrum ihres Studienplanes standen.

Bochum, im Mai 1983   Klaus Wengst

HINWEISE ZUR BENUTZUNG

Text und Apparat

Varianten werden im Text durch hochgestellte kleine lateinische Buchstaben kenntlich gemacht. Beginn und Ende einer Variante sind durch den gleichen Buchstaben gekennzeichnet. Innerhalb eines Verses werden die Varianten dem Alphabet folgend durchgezählt. Der Apparat nennt nach dem jeweiligen Buchstaben zunächst die Zeugen der im Text gebotenen Lesart. Danach folgt die Variante mit ihrer Bezeugung, oder es folgen mehrere Varianten. Zwischen den Varianten samt ihren Bezeugungen stehen Semikola. Folgen im Text zwei hochgestellte gleiche lateinische Buchstaben unmittelbar aufeinander, schließen sie also keinen Text ein, bedeutet das, daß ein Textzeuge (oder mehrere) eine Hinzufügung bietet. Auch in diesem Fall werden im Apparat nach dem entsprechenden Buchstaben zuerst die Zeugen genannt, die den abgedruckten Text bieten, also keine Hinzufügung haben; danach steht die Hinzufügung mit ihrer Bezeugung.

Der Apparat verzeichnet nicht alle Abweichungen; vor allem Umstellungen einzelner Worte sind nicht erwähnt. Im übrigen wird das vorhandene Variantenmaterial fast vollständig dokumentiert, um dem Benutzer ein eigenes Urteil über die Textgestaltung zu ermöglichen. Bei indirekter Überlieferung, wie sie für die Didache und teilweise auch für den Barnabasbrief vorliegt, werden Varianten nur dann angeführt, wenn es abweichende Lesarten unter den direkten Zeugen gibt.

Die in den Handschriften häufige Verwechslung zwischen αι und ε ist nicht vermerkt, auch da nicht, wo sich eine grammatisch richtige Form ergibt, wenn vom Kontext her klar ist, daß eine andere gemeint ist. So steht im Apparat zu Did 12, 1 unter ᵃ als Lesart von H ἥξετε, obwohl der Codex ἥξεται hat.

Rückübersetzungen von Varianten lateinischer Textzeugen ins Griechische wurden da unternommen, wo sich der griechische Text mit mit großer Wahrscheinlichkeit erschließen ließ. Varianten der koptischen, äthiopischen, georgischen und syrischen Zeugen werden nicht in lateinischer, sondern in griechischer Rückübersetzung geboten.

Literatur

Zu Beginn eines jeden Teiles, der jeweils eine Schrift behandelt, ist die Literatur genannt, die abgekürzt zitiert wird; das jeweilige Stichwort steht am Schluß der

XI

Hinweise zur Benutzung (Literatur, Abkürzungen)

bibliographischen Angaben in Klammern. Alle übrige Literatur wird an der Stelle ihrer Zitation vollständig angeführt.

Abkürzungen

Die Abkürzungen richten sich nach: Theologische Realenzyklopädie. Abkürzungsverzeichnis, zusammengestellt von Siegfried Schwertner, Berlin und New York 1976.

Von diesem Abkürzungsverzeichnis sind folgende Abweichungen zu vermerken:

– Bei Ordinalzahlen werden arabische statt lateinischer Ziffern verwandt (z. B. 1Kor statt IKor).
– Die Klemensbriefe werden mit Klem statt mit Clem abgekürzt.
– Gemäß Schriften des Urchristentums I, 234 f. wird davon ausgegangen, daß der überlieferte Brief Polykarps (Polyk) aus zwei Briefen besteht; von ihnen wird hier der zweite zitiert mit der Abkürzung Pol2Phil.

Folgende Werke aus der Alten Kirche werden abgekürzt zitiert:

Justin, apol. (Apologie)
–, dial. (Dialog mit dem Juden Tryphon)
Aristides, apol. (Apologie)
Tatian, or. (Rede an die Bekenner des Griechentums)
Athenagoras, suppl. (Bittschrift für die Christen)
Minucius Felix, Oct. (Dialog Octavius)
Tertullian, apol. (Apologie)
–, adv. Marc. (Gegen Markion)
Irenäus, haer. (Gegen die Häresien)
Klemens von Alexandrien, protr. (Mahnrede an die Heiden)
–, div. (Welcher Reiche wird gerettet werden?)
–, strom. (Teppiche)
Euseb, h. e. (Kirchengeschichte)
EV (Evangelium veritatis)

Darüber hinaus werden folgende Abkürzungen verwendet:

ψ   Psalmen nach der Zählung der Septuaginta
ad. addidit, addidunt
om. omisit, omisunt
cj. conieci, coniecit
A. Anmerkung
hrsg. herausgegeben
par. und Parallelstelle
parr. und Parallelstellen

XII

DIDACHE (APOSTELLEHRE)

LITERATUR

Adam, Alfred, Erwägungen zur Herkunft der Didache, in: Ders., Sprache und Dogma. Untersuchungen zu Grundproblemen der Kirchengeschichte, hrsg. von Gerhard Ruhbach, Gütersloh 1969, 24–70 (= ZKG 68, 1957, 1–47) (Herkunft).
Audet, Jean-Paul, La Didachè. Instructions des apôtres, Études bibliques, Paris 1958 (Didachè).
Betz, Johannes, Die Eucharistie in der Didache, ALW 11, 1969, 10–39 (Eucharistie).
Butler, B. C., The 'Two Ways' in the Didache, JThS 12, 1961, 27–38 ('Two Ways'); Ders., The Literary Relations of Didache, ch. XVI, JThS 11, 1960, 265–283 (Relations).
Clerici, Luigi, Einsammlung der Zerstreuten. Liturgiegeschichtliche Untersuchung zur Vor- und Nachgeschichte der Fürbitte für die Kirche in Didache 9, 4 und 10, 5, LWQF 44, Münster 1966 (Einsammlung).
Deussen, Giselbert, Weisen der Bischofswahl im 1. Clemensbrief und in der Didache, ThGl 62, 1972, 125–135 (Bischofswahl).
Dibelius, Martin, Die Mahlgebete in der Didache, in: Ders., Botschaft und Geschichte. Gesammelte Aufsätze II, 1956, 117–127 (= ZNW 37, 1938, 32–41) (Mahlgebete).
Drews, Paul, Untersuchungen zur Didache, ZNW 5, 1904, 53–79 (Untersuchungen).
Giet, Stanislas, L'énigme de la Didachè, Paris 1970 (Didachè).
Glover, Richard, The Didache's Quotations and the Synoptic Gospels, NTS 5, 1958/59, 12–29 (Quotations).
Harnack, Adolf, Lehre der zwölf Apostel nebst Untersuchungen zur ältesten Geschichte der Kirchenverfassung und des Kirchenrechts, Leipzig 1884, Nachdruck 1893 (Lehre, Prolegomena; s. A. 8 auf S. 6).
Jeremias, Joachim, Die Abendmahlsworte Jesu, Göttingen ⁴1967 (Abendmahlsworte).
Klauser, Theodor, Taufet in lebendigem Wasser! Zum religions- und kulturgeschichtlichen Verständnis von Didache 7, 1/3, in: Ders., Gesammelte Arbeiten zur Liturgiegeschichte, Kirchengeschichte und christlichen Archäologie, hrsg. von E. Dassmann, JAC.E 3, Münster 1974, 177–183 (= Pisculi. Studien zur Religion und Kultur des Altertums Franz Joseph Dölger dargeboten, Münster 1939, 157–164) (Wasser).
Knopf, Rudolf, Die Lehre der zwölf Apostel. Die zwei Clemensbriefe, Die Apostolischen Väter I, HNT Ergänzungsband, Tübingen 1920 (Komm.);
Ders., Das nachapostolische Zeitalter. Geschichte der christlichen Gemeinden vom Beginn der Flavierdynastie bis zum Ende Hadrians, Tübingen 1905 (Zeitalter).
Köster, Helmut, Synoptische Überlieferung bei den apostolischen Vätern, TU 65, Berlin 1957 (Überlieferung).
Kraft, Robert A., Barnabas and the Didache, The Apostolic Fathers 3, Toronto u. a. 1965 (Fathers).
Layton, Bentley, The Sources, Date and Transmission of *Didache* 1, 3b–2, 1, HThR 61, 1968, 343–383 (Sources).

Lietzmann, Hans, Messe und Herrenmahl. Eine Studie zur Geschichte der Liturgie, AKG 8, Bonn 1926 (Messe).
Magne, Jean, Klasma, sperma, poimnion. Le vœu pour le rassemblement de Didachè IX, 4, in: Mélanges d'histoire des religions offerts à Henri-Charles Puech, Paris 1974, 197–208 (Klasma).
Niederwimmer, Kurt, Zur Entwicklungsgeschichte des Wanderradikalismus im Traditionsbereich der Didache, WSt 90, 1977, 145–167 (Wanderradikalismus).
Peterson, Erik, Über einige Probleme der Didache-Überlieferung, in: Ders., Frühkirche, Judentum und Gnosis. Studien und Untersuchungen, Rom u. a. 1959, 146–182 (= RivAc 27, 1951, 37 ff.) (Probleme).
Riesenfeld, Harald, Das Brot von den Bergen. Zu Did. 9, 4, Er. 54, 1956, 142–150 (Brot).
Rordorf, Willy, und André Tuilier, La Doctrine des douze apôtres (Didachè). Introduction, texte, traduction, notes, appendice et index, SC 248, Paris 1978 (Doctrine).
Saß, Gerhard, Die Apostel in der Didache, in: In memoriam E. Lohmeyer, hrsg. von W. Schmauch, Stuttgart 1951, 233–239 (Apostel).
Schlecht, Joseph, Doctrina XII Apostolorum. Die Apostellehre in der Liturgie der katholischen Kirche, Freiburg 1901 (Doctrina).
Schmidt, Carl, Das koptische Didache-Fragment des British Museum, ZNW 24, 1925, 81–99 (Didache-Fragment).
Streeter, B. H., The much-belaboured Didache, JThS 37, 1936, 369–374 (Didache).
Vielhauer, Philipp, Geschichte der urchristlichen Literatur. Einleitung in das Neue Testament, die Apokryphen und die Apostolischen Väter, Berlin u. New York 1975 (Urchristliche Literatur).
Vööbus, Arthur, Liturgical Traditions in the Didache, PETSE 16, Stockholm 1968 (Traditions).
Ders., Regarding the Background of the Liturgical Traditions in the Didache. The question of literary relation between Didache IX, 4 and the Fourth Gospel, VigChr 23, 1969, 81–87 (Background).
Vokes, F. E., The Didache and the Canon of the New Testament, Studia Evangelica 3, TU 88, Berlin 1964, 427–436 (Didache).
Wengst, Klaus, Tradition und Theologie des Barnabasbriefes, AKG 42, Berlin und New York 1971 (Tradition).

EINLEITUNG

1. Bezeugung und Überlieferung

Daß es eine Schrift mit dem Titel „Lehre(n) der Apostel" gegeben haben muß, war aufgrund von Angaben in Kanonverzeichnissen bekannt. So nennt Euseb im Rahmen seiner Aufzählung der anerkannten, bestrittenen und unechten Schriften des Neuen Testament unter den unechten neben den Paulusakten, dem Hermashirten, der Petrusapokalypse und dem Barnabasbrief auch „die sogenannten Lehren[1] der Apostel".[2] Da diese Schrift überhaupt in solchem Zusammenhang genannt wird,[3] muß sie – zumindest in bestimmten Gebieten – einmal hohes Ansehen genossen haben.[4]

In seinem 39. Festbrief vom Jahr 367 zählt Athanasius Bücher außerhalb des Kanons auf, die von den Vätern dazu bestimmt worden seien, den gerade zum Katechumenat Kommenden vorgelesen zu werden: „die Weisheit Salomos, die Weisheit Sirachs, Esther, Judith, Tobias, die sogenannte Lehre der Apostel und der Hirte..." Das zeigt das große Gewicht, das der „Lehre der Apostel" noch zur Zeit des Athanasius beigelegt wurde.

In der um das Jahr 500 geschriebenen „Synopse der heiligen Schrift"[5] wird die „Lehre der Apostel" zu den bestrittenen Schriften des Neuen Testaments gezählt, die aber dann als „ganz und gar hinzugefügt, unecht und verwerflich" gekennzeichnet werden. Im „Verzeichnis der 60 kanonischen Bücher" erscheinen „die Wege und Lehren der Apostel" und in der Stichometrie des Nikephoros „die Lehre der Apostel" unter den apokryphen Schriften.[6]

a) Hierosolymitanus 54

Über den Titel hinaus ist die Didache der Moderne erst bekanntgeworden, nachdem *Philotheos Bryennios* 1873 in Konstantinopel eine Handschrift entdeck-

---

[1] In der syrischen Übersetzung und in der lateinischen Rufins steht der Singular.
[2] H. e. III 25, 4.
[3] Vgl. h. e. III 25, 6f.
[4] Vgl. Audet, Didachè 83: «D'après la classification d'Eusèbe, la Didachè était donc, au début du IVe siècle, un écrit connu du plus grand nombre, tenu cependant en dehors du recueil officiel.»
[5] Vgl. Audet, Didachè 86f.
[6] Vgl. NTApo ³1, 24–26.

Didache (Apostellehre)

te, die 1887 in die Patriarchatsbibliothek von Jerusalem gebracht wurde und dort unter der Bezeichnung Κωδ. πατρ. 54 geführt und üblicherweise *Hierosolymitanus 54* genannt wird (abgekürzt: H). Diese Handschrift ist bis heute der wichtigste Zeuge für den Text der Didache. Aus einer Schreibernotiz ergibt sich, daß sie im Jahre 1056 geschrieben wurde. Sie enthält die Johannes Chrysostomos zugeschriebene Synopse des Alten und Neuen Testaments, den Barnabasbrief, die beiden Klemensbriefe, ein Titelverzeichnis der kanonischen alttestamentlichen Bücher auf hebräisch oder aramäisch (in griechischer Transkription) mit den griechischen Entsprechungen, die Didache, den Brief der Maria von Kassoboloi an Ignatius, den Langtext der Ignatiusbriefe (12 Briefe), die Schreibernotiz und Darlegungen über die Genealogie Christi. Aus dieser Handschrift hat Bryennios 1883 die Didache erstmals herausgegeben,[7] worauf weitere Ausgaben folgten, 1884 die von Harnack[8] und Wünsche[9]. Der Wert des Did-Textes, den H bietet, ist umstritten. Während auf der einen Seite etwa Vielhauer zusammenfassend feststellt, daß dieser Text im Laufe der Forschung „immer problematischer" wurde und daß „Textfunde das Vertrauen in den von Bryennios edierten Text erschüttert (haben)"[10], haben ihn neuerdings Rordorf und Tuilier wieder außerordentlich hoch eingeschätzt.[11] Diese Hochschätzung ist aber kaum gerechtfertigt. Wo der textkritische Vergleich durchgeführt werden kann, zeigt sich oft genug aufgrund innerer Kriterien, daß H den schlechteren Text bietet, so daß eine gewisse Skepsis durchaus angebracht erscheint.

b) Papyrus Oxyrhynchus 1782

Ein Papyrus-Fragment, der Papyrus Oxyrhynchus 1782 vom Ende des 4. Jh. (abgekürzt: O), bietet den griechischen Text von Did 1, 3b–4a und 2, 7b–3, 2a. Dieses Fragment bezeugt einen von H abweichenden Text.[12]

---

[7] Διδαχὴ τῶν δώδεκα ἀποστόλων, Konstantinopel 1883.
[8] Lehre der zwölf Apostel (s. Literaturverzeichnis). Harnack bietet S. 1–70 den Text der Didache mit Übersetzung, Anmerkungen und Indices (hier abgekürzt zitiert mit „Lehre"), anschließend mit neuer Seitenzählung umfangreiche Untersuchungen unter dem Titel „Prolegomena" (damit auch hier zitiert).
[9] August Wünsche, Lehre der zwölf Apostel nach der Ausgabe des Metropoliten Philotheos Bryennios, Leipzig [1.2]1884. – Drei Jahre später erschien die Ausgabe von James Rendel Harris, The Teaching of the Apostles (ΔΙΔΑΧΗ ΤΩΝ ΑΠΟΣΤΟΛΩΝ), London/Baltimore 1887, mit Faksimile des Did-Textes der Handschrift.
[10] Vielhauer, Urchristliche Literatur 720.
[11] Vgl. bes. Doctrine 105–107. Eher aus Resignation wird H von Stanislas Giet geschätzt: L'énigme de la Didachè, in: Studia Patristica X/1, TU 107, Berlin 1970, (84–94) 84–87.
[12] Erstveröffentlichung durch Bernard P. Grenfell/Arthur S. Hunt, The Oxyrhynchus Papyri XI, London 1922, 12–15.

Einleitung

c) Apostolische Konstitutionen

Nach der Herausgabe des Did-Textes von H konnte festgestellt werden, daß die ganze Didache in die Paragraphen 1–32 des 7. Buches der Apostolischen Konstitutionen Aufnahme gefunden hatte, das am Ende des 4. Jh. verfaßt wurde (abgekürzt: CA). Hier handelt es sich um eine erweiternde Bearbeitung, die zwar den Text der Didache weitgehend aufnimmt, aber auch nicht unverändert läßt, sondern von den Interessen der eigenen Zeit her öfters auch umformt. Nach Harnack steht die Bearbeitung zum Text der Didache im Verhältnis von 17 zu 11.[13] Varianten von CA verdienen dann Beachtung, wenn andere Textzeugen sie stützen oder – in den Teilen, die nur von H und CA geboten werden – wenn sie sich nicht aus den Interessen des Bearbeiters erklären lassen. Lesarten, die aus der Erweiterung des Textes resultieren und die auch für die Geschichte seines Verständnisses nicht relevant sind, werden nicht genannt.

d) Apostolische Kirchenordnung und Epitome

Zwei miteinander verwandte Texte enthalten einen Lebensweg, bei dem zu fragen ist, wie er sich zu Did 1–4 verhält. Es handelt sich einmal um die sogenannte Apostolische Kirchenordnung (abgekürzt: KO)[14] und zum anderen um die ἐπιτομὴ ὅρων τῶν ἁγίων ἀποστόλων καθολικῆς παραδόσεως (abgekürzt: E).[15] Ähnlich wie in CA ist in KO Did-Stoff innerhalb eines weiteren Textes verteilt, der hier allerdings weniger umfangreich ist als dort. Daß also KO möglicherweise die Didache benutzt hat, konnte auch hier erst nach der Entdeckung von H festgestellt werden. KO bietet einen zu Did 1,1–4, 8 (ohne 1, 3b–2, 1) parallelen Text, E darüber hinaus zu Did 4, 9. 14a. 13a. 14b. 12. 13b. 14c (in dieser Reihenfolge). KO und E gemeinsam ist die Aufteilung des Lebensweges auf elf Apostel als Sprecher;[16] deren Namen und Reihenfolge sind identisch. Weiter haben sie Gemeinsamkeiten über den zu Did 1–4 parallelen Stoff hinaus.

---

[13] Prolegomena 171 A. 8. – Auf S. 178–192 druckt Harnack CA VII 1–32 ab und hebt den Did-Text durch Fettdruck hervor. – Vgl. die Ausgabe von CA bei Franz Xaver Funk, Didascalia et Constitutiones apostolorum I. II, Paderborn 1905. CA VII 1–32 ist abgedruckt I, 386–422. Funk macht den Did-Text durch Unterstreichungen kenntlich. Diese Ausgabe folgt seinem Text.
[14] Kritischer Text bei Harnack, Prolegomena 225–237; auch hier ist der Did-Text durch Fettdruck hervorgehoben. Zur Bezeichnung vgl. ebd. 195 f. und zur Datierung 218 f.
[15] Kritischer Text bei Theodor Schermann, Eine Elfapostelmoral oder die X-Rezension der „beiden Wege", VKHSM II, 2, München 1903, 16–18.
[16] Daher nennt Schermann E eine „Elfapostelmoral". Diese Bezeichnung wird hier für ein bestimmtes Überlieferungsstadium übernommen; s. u. S. 10.

Didache (Apostellehre)

In KO 4/E 1 folgt auf das Gebot πρῶτον ἀγαπήσεις τὸν ποιήσαντά σε (= Did 1,2) die Wendung ἐξ ὅλης (τῆς καρδίας σου / σου καρδίας). Anschließend wiederholen beide nach δεύτερον das Prädikat ἀγαπήσεις.

Zwischen den Adjektiven ἐλεήμων und ἄκακος (= Did 3,8) stehen in E 8/KO 11 zusätzlich εἰρηνοποιός, καθαρὸς (τῇ καρδίᾳ / τὴν καρδίαν); an derselben Stelle haben beide vor τρέμων τοὺς λόγους noch φυλάσσων καί.

Zwischen τὸν λόγον τοῦ θεοῦ und μνησθήσῃ (= Did 4,1) setzen E 9/KO 12: καὶ παραίτιόν σοι γινόμενον τῆς ζωῆς καὶ δόντα σοι τὴν ἐν κυρίῳ σφραγῖδα ἀγαπήσεις (αὐτὸν) ὡς κόρην ὀφθαλμοῦ σου.

Nach τοῖς λόγοις αὐτῶν (= Did 4,2) haben E 9/KO 12 weiter gemeinsam: κολλώμενος γὰρ ἁγίοις (ἅγιος ἁγιασθήσεται / ἁγιασθήσῃ). ... ὁ κύριος δι' αὐτοῦ ἠξίωσέν (σοι/σε) δοθῆναι πνευματικὴν τροφὴν (...) καὶ ζωὴν αἰώνιον.

Nach der Mahnung, nicht auf die Person zu sehen, haben E 10/KO 13 als gemeinsame Begründung, daß vor Gott Gleichheit besteht.

Diese Beobachtungen – die gemeinsame Aufteilung des Lebensweges auf elf Apostel und die wörtlichen Übereinstimmungen über den Did-Stoff hinaus – machen es evident, daß zwischen beiden Texten eine literarische Beziehung bestehen muß, die über die mögliche Benutzung der Didache hinausgeht.

Auszuschließen ist zunächst die Möglichkeit, daß es sich bei E um einen Auszug aus KO handelt.[17] In E fehlen gerade solche Stellen, die der Kritik deutlich als sekundäre Erweiterungen erkennbar sind. Daß E genau diese Stellen herausgefunden und gestrichen haben soll, ist unwahrscheinlich.

Dabei handelt es sich einmal um solche Stellen, die der Kompilator von KO aus dem Barnabasbrief entnommen hat. Der Gruß am Beginn entspricht – mit Ausnahme der letzten Worte – dem von Barn 1,1. Zum „ersten Gebot" in KO 4 gehört neben der Liebe zum Schöpfer noch: καὶ δοξάσεις τὸν λυτρωσάμενόν σε ἐκ θανάτου (= Barn 19,12). In KO 14 legt der Kompilator dem elften Apostel Aussagen aus Barn 21,2–6a in den Mund; nur der letzte Satz ist Did-Stoff (= Did 4,13b). Die Forderung von KO 12, den Katecheten zu ehren καθ' ὃ δυνατὸς εἶ ἐκ τοῦ ἱδρῶτός σου καὶ ἐκ τοῦ πόνου τῶν χειρῶν σου, dürfte durch Barn 19,10 fin. veranlaßt sein.

Sodann hat KO an zwei Stellen neutestamentliche Zitate, die ohne Entsprechung in E bleiben. In KO 4 folgt auf die Gebote der Gottes- und Nächstenliebe das Zitat von Mt 22,40; und am Schluß von KO 12 stehen Sätze aus 1Tim 5,18 und 1Kor 9,7.

Schließlich finden sich zahlreiche Stellen, die wohl aus der Feder des Kompilators selbst stammen und die hier nicht alle aufgeführt werden sollen. Besonders auffällig ist in 7 die Bezeichnung des θυμός als δαιμόνιον ἀρρενικόν, das in 8 seine weibliche Entsprechung in der ἐπιθυμία erhält. Daneben gibt es recht einfache und kurze Erweiterungen. So steht in KO 6 gegenüber der Reihe von Did 2,7 zusätzlich: οὓς δὲ ἐλεήσεις, und KO 11 hat nach der mit E 8 gegenüber Did 3,8 gemeinsamen Erweiterung καθαρὸς τῇ καρδίᾳ noch: ἀπὸ παντὸς κακοῦ. Daß solche Stellen von E gestrichen worden wären, falls ihr KO vorgelegen hätte, ist kaum anzunehmen.

[17] Das war die Ansicht von Harnack, Prolegomena 204.

Einleitung

Vor allem aber spricht folgende Beobachtung gegen die Annahme, daß es sich bei E um eine sekundäre Verkürzung von KO handelt: An denjenigen Stellen in dem mit der Didache gemeinsamen Stoff, an denen die Texte von E und KO auseinandergehen, machen die Lesarten von E in der Regel einen ursprünglicheren Eindruck.[18] Daß diese Lesarten durch verkürzende Bearbeitung von KO entstanden seien, ist ausgeschlossen.

Hier sind folgende Stellen anzuführen (nach der Zählung der Didache):
Did 1,1: In E 1 steht καὶ διαφορὰ πολλὴ τῶν δύο; KO geht mit H (L).
Did 1,2: Fehlen von μέν und ὁδός in E 1; KO geht mit H (CA L).
Did 2,4: Fehlen von παγὶς γὰρ θανάτου ἡ διγλωσσία in E 3 (vgl. Barn 19,7); KO geht mit H (L CA).
Did 2,5: Fehlen von οὐδὲ ψευδής nach κενός in E 3; KO geht mit L (H CA).
Did 3,3: Fehlen von ἡ ἐπιθυμία in E 5; KO geht mit H.
Did 3,4.5.6: Fehlen jeweils des ἐπειδή-Satzes; KO geht mit H (CA L).

Da KO 14 mit Ausnahme des letzten Satzes Did-Stoff durch Sätze aus Barn 21,2–6a ersetzt, ist hier kein Vergleich mit E 11 möglich. Im ganzen aber scheint der Schluß des Lebensweges in E 11 ein ursprünglicheres Stadium der Zwei-Wege-Überlieferung wiederzugeben als der wohlgeordnete Schluß in Did 4,12–14. Barn 19,2.11 zeigt, daß die beiden Sätze von Did 4,13 nicht von vornherein zusammenstanden; und der Schluß von Barn 19,12 stellt die beiden Sätze von Did 4,14 einfach nebeneinander, die dort enger verbunden sind.

Ist somit auf der einen Seite nicht davon auszugehen, daß KO von E benutzt wurde, muß auf der anderen Seite die umgekehrte Möglichkeit erwogen werden. Hier ist zunächst festzuhalten, daß sich fast der gesamte Textbestand von E in KO wiederfindet. Doch gibt es drei Stellen in E, die auf eine sekundäre Bearbeitung schließen lassen und die es unwahrscheinlich machen, daß E die direkte Vorlage von KO war.

In dem zum abschließenden Begründungssatz von Did 4,1 parallelen Text steht in E 9 Ἰησοῦς Χριστός statt ἡ κυριότης. Statt der Aussagen von Did 4,4b–7 steht in E 10 lediglich: εἰ ἔσται ἔχειν σε ἀπὸ τῶν χειρῶν σου, δὸς εἰς ἄφεσιν ἁμαρτιῶν σου. Die sekundäre Bearbeitung ist hier vor allem an der Umgestaltung des Did 4,4 parallelen Textes erkennbar. KO bietet beide Male Did-Text. Unter der Voraussetzung, daß E von KO benutzt wurde, müßte man dann hier weiter annehmen, daß KO zusätzlich die Didache oder eine dem Did-Text sehr nahe Zwei-Wege-Lehre kannte und an diesen Stellen deren Text bot. Das ist möglich.

Die dritte hier zu nennende Stelle läßt es aber wahrscheinlicher erscheinen, daß E nicht KO unmittelbar vorgelegen hat. In der Parallele zu Did 2,2 sind in E 3 die fünf Verbote in der Didache, die den geschlechtlichen Bereich betreffen, in dem einen Satz zusammengefaßt: οὐ ποιήσεις ἁμαρτίαν τινὰ τῇ σαρκί σου. KO geht mit H CA (L). Wäre E die Vorlage von KO gewesen, hätte letztere diesen Satz wahrscheinlich zusätzlich gebracht.[19]

---

[18] Mit „ursprünglich" ist hier nicht der ursprüngliche Did-Text gemeint, sondern eine Rezension der Zwei-Wege-Lehre; s. u. S. 10.
[19] Zur Kombination verschiedener Lesarten in KO vgl. u. S. 10f.

Damit ergibt sich aber, daß KO und E unabhängig voneinander eine Schrift benutzt haben, die den Lebensweg einer Zwei-Wege-Lehre auf elf Apostel als Sprecher verteilt enthielt und die deshalb (mit Schermann) Elfapostelmoral genannt sei. Diese Elfapostelmoral war E sehr ähnlich.

Daß der Verfasser der Elfapostelmoral eine *Zwei*-Wege-Lehre benutzt hat, ergibt sich deutlich daraus, daß er am Beginn von zwei Wegen spricht und sie als Weg des Todes und Weg des Lebens gegenüberstellt, den Weg des Lebens ausdrücklich einführt (E 1/KO 4) und ebenso dessen Abschluß vermerkt (E 11). Der Todesweg ist also ausgelassen, wohl bedingt durch die Aufteilung des Stoffes auf die elf Apostel, die eben den Weg zum Leben und nicht den zum Tode verkünden.[20]

Bei der vom Verfasser der Elfapostelmoral benutzten Zwei-Wege-Lehre handelt es sich um eine besondere Rezension; sie ist weder identisch mit der griechischen Vorlage der lateinischen Doctrina[21] noch mit der vom Didachisten benutzten Zwei-Wege-Lehre. Das beweisen die vorher[22] zusammengestellten abweichenden Lesarten von E. Bei den Besonderheiten, die KO und E außer der Aufteilung des Textes auf die Apostel über den mit der Didache parallelen Stoff hinaus gemeinsam haben, läßt es sich kaum entscheiden, ob sie auf den Kompilator der Elfapostelmoral zurückgehen oder schon seiner Zwei-Wege-Lehre entstammen.[23]

In dem mit der Didache gemeinsamen Stoff von KO und E bietet bei Abweichungen zwischen KO und E erstere in aller Regel die Lesarten der Didache.[24] Daraus aber ist zu schließen, daß KO außer der Elfapostelmoral entweder die Didache selbst oder die vom Didachisten benutzte Zwei-Wege-Lehre gekannt und ihren Text daran angeglichen hat. Besonders aufschlußreich ist in dieser Hinsicht ein Satz in Did 4, 2/E 9/KO 12. Er lautet in Did 4, 2: ἐκζητήσεις δὲ καθ᾽ ἡμέραν τὰ πρόσωπα τῶν ἁγίων, in E 9: ἐκζητήσεις δὲ αὐτὸν καὶ τοὺς λοιποὺς ἁγίους. Demgegenüber ist der entsprechende Satz in KO 12 deutlich als Kombination aus diesen beiden zu erkennen: ἐκζητήσεις δὲ τὸ πρόσωπον αὐτοῦ καθ᾽ ἡμέραν καὶ τοὺς λοιποὺς ἁγίους. Wenige Sätze später dürfte in KO 12 dasselbe Phänomen noch einmal zu beobachten sein. Während es in E 9 heißt: ὁ ... κύριος ἠξίωσέν σε δι᾽ αὐτοῦ δοθῆναι πνευματικὴν τροφὴν καὶ ζωὴν αἰώνιον hat KO nach τροφὴν

---

[20] Gegen Schermann, Elfapostelmoral (s. o. A. 15) 31, der in Barn den Urheber des Todesweges erkennt und die Aufteilung auf elf Apostel für ursprünglich hält (21–23).

[21] Zur Doctrina s. u. S. 13.

[22] S. o. S. 8.

[23] Zur benutzten Zwei-Wege-Lehre gehört sehr wahrscheinlich der Satz: ἀγαπήσεις (αὐτὸν) ὡς κόρην ὀφθαλμοῦ σου in E 9/KO 12, der eine Parallele in Barn 19, 9 hat. KO zeigt sicher Kenntnis des Barnabasbriefes, nicht aber E. Daher ist dieser Satz nicht dem Barnabasbrief entnommen, sondern beruht wie im Barnabasbrief auf einer Zwei-Wege-Lehre.

[24] Es gibt nur vier Ausnahmen. Did 1,2: καὶ σὺ ἄλλῳ οὐ ποιήσεις – E 2/KO 5: μηδὲ σὺ ἄλλῳ ποιήσῃς; Did 3, 4: βλέπειν – E 7/KO 10: εἰδέναι; Did 3, 7: τὴν γῆν – E 8/KO 11: τὴν βασιλείαν τοῦ θεοῦ bzw. τῶν οὐρανῶν; Did 4, 13: ἀφαιρῶν – E 11/KO 14: ὑφαιρῶν.

zusätzlich καὶ ποτόν und bietet so mit den Worten πνευματικὴν τροφὴν καὶ ποτὸν καὶ ζωὴν αἰώνιον denselben Text wie Did 10,3. Das spricht dafür, daß der Kompilator von KO die Didache benutzt hat. Dagegen ist der Einwand möglich, daß es sich bei dieser Stelle um eine Tradition handelt, von der der Kompilator auch auf anderem Wege Kenntnis erlangt haben kann. Auf der anderen Seite ist jedoch hervorzuheben, daß sich – im Unterschied zu den Varianten der lateinischen Doctrina – unter den Textvarianten von KO keine einzige befindet, die außer der Benutzung der Elfapostelmoral die Benutzung einer vom Did-Text abweichenden selbständigen Zwei-Wege-Lehre wahrscheinlich machen könnte. Will man die Hypothese der Nicht-Benutzung der Didache durch KO aufrechterhalten, muß man erstens annehmen, daß der Didachist seine Vorlage wörtlich reproduziert hat, und zweitens, daß der Kompilator von KO genau dieselbe Vorlage benutzte wie der Didachist. Auch das läßt sich nicht ausschließen, bleibt jedoch reines Postulat. Aber selbst in diesem Fall – und das ist das hier wichtige Ergebnis – ist der mit der Didache gemeinsame Stoff von KO als direkter Zeuge für den Did-Text zu werten. E dagegen ist lediglich ein indirekter Zeuge.

e) Die koptische Übersetzung

Von den Übersetzungen, die die Didache oder Teile von ihr enthalten, ist an erster Stelle die koptische zu nennen (abgekürzt: K). Sie steht auf einem Papyrus des Britischen Museums in London (Or. 9271), der Did 10,3b–12,2a enthält und Ende des 4. oder Anfang des 5. Jh. in fajumischem Dialekt beschrieben wurde. Diese fajumische Fassung geht wahrscheinlich auf eine sahidische Version aus dem 3./4. Jh. zurück.[25] Der Papyrus bietet einen Auszug, der nach Schmidt „den Eindruck einer Schreiberübung mit verschiedenen calami (macht)"[26]. Daraus ergibt sich aber auch, daß kaum mit bewußten Eingriffen in den Text zu rechnen ist.[27] Er hat einige Lesarten, die ein älteres Stadium der Überlieferung zu repräsentieren scheinen als H.[28]

---

[25] Vgl. Audet, Didachè 29 A. 1.
[26] Schmidt, Didache-Fragment 82. – 84–91 gibt Schmidt eine Edition des Textes mit deutscher Übersetzung. – Die neueste Edition bietet Louis-Théophile Lefort, Les Pères apostoliques en copte, CSCO 135, Scriptures coptici 17, Louvain 1952, 32–34; französische Übersetzung und Anmerkungen in CSCO 136, Scriptures coptici 18, Louvain 1952, 25–28.
[27] Schmidt, Didache-Fragment 93.
[28] Vgl. Audet, Didachè 32. Rordorf/Tuilier schätzen K geringer ein; sie nennen seine Rezension „ziemlich frei" und ordnen sie als Zwischenstadium zwischen H und CA ein (Doctrine 113).

Didache (Apostellehre)

f) Die äthiopische Übersetzung

In die äthiopische Übersetzung der *Canones ecclesiastici* fanden Did 11, 3–5. 7–12; 12; 13, 1. 3–7; 8, 1–2a Aufnahme (abgekürzt: Ä).[29] Unter den Kirchenordnungen ist es ausschließlich die äthiopische, die diese – im 4. Jh. eingefügten[30] – Auszüge aus der Didache enthält.[31]

g) Die georgische Übersetzung

Die ganze Didache wird von einer georgischen Übersetzung geboten, über die Peradse in einem Aufsatz berichtet (abgekürzt: G).[32] Er bezieht sich auf die Abschrift eines georgischen Landsmanns, der wiederum eine Handschrift aus dem 19. Jh. benutzt haben will. Peradses Versuch, diese Übersetzung auf einen Bischof des 5. Jh. zurückzuführen, ist von Audet hinterfragt worden.[33] Rordorf und Tuilier halten es für wahrscheinlich, daß die georgische Übersetzung auf H beruht, womit jeder textkritische Wert für sie entfiele.[34]

Es trifft zu, daß G weitgehend H folgt; und bei Abweichungen ist es an einer Reihe von Stellen offenkundig, daß die Übersetzung nicht eine andere Textüberlieferung voraussetzt, sondern eine interpretierende Umschreibung gibt.[35] Solche Lesarten von G werden hier in der Regel nicht notiert. Ebenfalls wird G nicht genannt, wenn sie mit H übereinstimmt. Andererseits hat G Abweichungen von H gemeinsam mit anderen Textzeugen,[36] so daß die griechische Vorlage zwar mit H nahe verwandt, aber doch nicht damit identisch gewesen ist.

---

[29] Erwägungen zu dieser Reihenfolge bei Audet, Didachè 42 f.
[30] Audet, Didachè 40.
[31] Ausgabe des Textes bei G. Horner, The Statutes of the Apostles or Canones Ecclesiastici, edited with Translation and Collation from Ethiopic and Arabic MSS.; also a Translation of the Saidic and Collation of the Bohairic Versions; and Saidic fragments, London 1904, 54 f. (englische Übersetzung 193 f.).
[32] G. Peradse, Die Lehre der zwölf Apostel in der georgischen Überlieferung, ZNW 31, 1932, 111–116. 206.
[33] Didachè 46 f.
[34] Doctrine 115 A. 2.
[35] Vgl. z. B. 4, 4, wo G die Aussage: οὐ διψυχήσεις, πότερον ἔσται ἢ οὔ so wiedergibt: „Darüber sollst du auch nicht zweifeln, ob das Gottesgericht über alle Menschen gemäß ihren Werken kommen wird oder nicht."
[36] Vgl. vor allem 3, 4, wo G mit KO und L gegen H μηδὲ ἀκούειν voraussetzt, was ursprünglicher Did-Text sein dürfte.

Einleitung

h) Doctrina apostolorum

Als Textzeuge für die Didache kommt die lateinisch überlieferte Doctrina apostolorum nur indirekt in Betracht (abgekürzt: L). Bei ihr handelt es sich um eine Zwei-Wege-Lehre, die vollständig in einer Münchner[37] und fragmentarisch in einer Melker[38] Handschrift überliefert ist.[39] L ist keine Übersetzung des ersten Teils der Didache, sondern geht auf das griechische Original einer selbständigen Zwei-Wege-Lehre zurück. Daß L unabhängig von der Didache ist, beweisen markante Unterschiede im Text.[40] Die griechische Vorlage von L oder zumindest eine ihr sehr nahe stehende Rezension der Zwei-Wege-Lehre hat dem Didachisten als Quelle gedient.[41] Daher sind Lesarten von L vor allem dann von Wert, wenn die direkten Textzeugen auseinandergehen. In der Regel werden sie in dieser Ausgabe auch nur an solchen Stellen vermerkt. Die Annahme, daß L eine selbständige Zwei-Wege-Lehre repräsentiert, schließt natürlich nicht die Möglichkeit aus, daß bei der Übersetzung und ihrer Überlieferung sekundäre Änderungen erfolgten.[42]

i) Barnabasbrief

Ebenfalls als indirekter Zeuge für die ersten Kapitel der Didache ist Barn 18–20 zu werten (abgekürzt: B). Die hier gebotene Fassung der Zwei-Wege-Lehre steht Did 1–6 allerdings wesentlich ferner als L; ihre Vorlage dürfte dem gemeinsamen Archetyp weitgehend entsprechen.[43]

---

[37] Vgl. dazu Schlecht, Doctrina; er bietet den Text des Codex Monacensis 6264 fol. 102v–103v auf S. 101–104, den hergestellten Text S. 105–112.

[38] Vgl. dazu Kurt Niederwimmer, Doctrina apostolorum (Cod. Mellic. 597), in: Theologia scientia eminens practica. FS Fritz Zerbst, hrsg. von H.-Ch. Schmidt-Lauber, Wien u. a. 1979, 266–272; er bietet den Text des Codex Mellicensis 597 fol. 115v auf S. 270f.

[39] Die letzte kritische Ausgabe der Doctrina bieten Rordorf/Tuilier, Doctrine 207–210; ihr wird hier gefolgt.

[40] Vgl. z. B. die Texte von 1, 1 und 2, 7. – Anders Vielhauer, nach dem L „auf die Did, wenn auch nicht auf den vom Bryenniostext repräsentierten Wortlaut zurückgeht" (Urchristliche Literatur 733 A. 20). Dagegen ist jedoch festzustellen, daß L an zahlreichen Stellen nicht nur von H, sondern auch von anderen Textzeugen abweicht, also vom Wortlaut der Didache, wie er aus den Textzeugen (öfters auch gegen H) zu erschließen ist.

[41] Vgl. dazu u. S. 20–22.

[42] Vgl. etwa zu 1, 1 (*in saeculo*) die Erwägungen von Schlecht, Doctrina 44f.

[43] Vgl. u. S. 21. – Für Did 16, 2 ist ein indirekter Textzeuge auch Barn 4, 9f.; vgl. dazu u. S. 89 A. 129.

Didache (Apostellehre)

k) Kirchenväter

Durch die Kenntnis des Did-Textes wurde es auch möglich, Zitate bei Kirchenschriftstellern zu identifizieren. Doch handelt es sich um nur ganz wenige Stellen. In der Schrift *Adversus aleatores* (Ps.-Cyprian, um 300) wird aus den ›Lehren der Apostel‹ eine Kombination aus Did 14, 2 und 15, 3 zitiert, bei der viele Fragen offenbleiben.[44] Im Kontext stehen Zitate aus dem 1 Kor, was auf eine große Wertschätzung der „Apostellehren" schließen läßt.

Als „Schrift" zitiert Klemens von Alexandrien ohne Angabe der Quelle Did 3, 5 in dieser Form: υἱέ, μὴ γίνου ψεύστης· ὁδηγεῖ γὰρ τὸ ψεῦσμα πρὸς τὴν κλοπήν.[45] Da es sich hier um eine Stelle aus den ersten Kapiteln der Didache handelt, könnte Klemens das Zitat auch einer selbständigen Zwei-Wege-Lehre verdanken. Weitere Beobachtungen machen es aber wahrscheinlich, daß er die Didache kannte.[46]

Möglicherweise beruht noch eine Stelle bei Johannes Klimakos (gest. um 580) auf Did 1, 4.[47] Hier wäre dann Kenntnis der Didache vorauszusetzen, da es sich bei 1, 3b–2, 1 um einen späteren Einschub handelt, der der selbständigen Zwei-Wege-Lehre nicht zugehörte.

2. Form und literarischer Charakter

Um welche Art von Schrift handelt es sich bei der Didache? Ob zur Beantwortung dieser Frage die überlieferten Titel etwas beitragen können, soll zuerst erörtert werden; danach wird auf Inhalt und Anordnung des Stoffes eingegangen. Aus Form und Inhalt ist schließlich die Absicht zu bestimmen, die der Verfasser mit der Abfassung der Didache verfolgte.

a) In H sind zwei *Titel* überliefert: „Lehre der zwölf Apostel. Lehre des Herrn durch die zwölf Apostel für die Heiden".[48] Früher gab es einen weitgehenden Konsens für die Priorität des Langtitels, demgegenüber es sich bei dem Kurztitel um eine sekundäre Verkürzung handle.[49] Diese Sicht ist von Audet entschieden in

---

[44] Vgl. Harnack, Prolegomena 20f.; Audet, Didachè 79–81.
[45] Strom. I(20) 100, 4.
[46] Vgl. hierzu F. R. Montgomery Hitchock, Did Clement of Alexandria know the *Didache?*, JThS 24, 1923, 397–401.
[47] Auf sie weist Harnack unter Bezug auf Bryennios hin (Prolegomena 19 A. 31).
[48] Gestützt wird H in dieser Hinsicht von der georgischen Übersetzung: „Lehre der zwölf Apostel, geschrieben im Jahre 90 oder 100 nach dem Herrn Christus. Lehre des Herrn, die durch die zwölf Apostel der Menschheit gelehrt worden ist." Diese Form der doppelten Überschrift ist aber kaum als ein unabhängiger Zeuge zu werten (vgl. Audet, Didachè 93; Vielhauer, Urchristliche Literatur 722 A. 3). Die Datierung in der ersten Überschrift weist deutlich auf eine Herkunft aus moderner Zeit.
[49] So hat z. B. Harnack ohne jede Diskussion festgestellt: „Von ihnen (sc. den beiden

Frage gestellt worden, der vor allem auf den Tatbestand hinweist, daß der Langtitel wie überhaupt die Erwähnung der *zwölf* Apostel nur in der erst aus dem 11. Jh. stammenden Handschrift H zu finden ist, während alle – zum großen Teil voneinander unabhängigen – altkirchlichen Zeugnisse lediglich den Titel „Lehre(n) der Apostel" nennen.[50] Gibt es also Gründe dafür, diesen kurzen Titel gegenüber der Kennzeichnung der Apostel als zwölf und dem Langtitel für primär zu halten, so ist damit noch nicht gesagt, daß er auch von vornherein der Didache als Überschrift vorangestanden hat oder als Unterschrift gefolgt ist. Da die Überschrift das Werk unter apostolische Autorität stellt, während in den Ausführungen der Didache selbst nirgends auf solche Autorität Bezug genommen ist und sich zudem in 11, 3–6 ein anderer – nämlich sehr weiter – Apostelbegriff zeigt, ist der Titel für eine spätere Hinzufügung zu halten,[51] wobei es gut möglich ist, daß bei seiner Formulierung die Wendung προσκαρτεροῦντες τῇ διδαχῇ τῶν ἀποστόλων in Act 2, 42 Pate gestanden hat.[52]

Zur Beantwortung der Frage nach Form und Charakter der Didache kann also auch der relativ primäre Kurztitel nichts beitragen.[53]

b) Die *Gliederung* der Didache läßt sich in folgender Weise vornehmen:
1. Ethische Unterweisung:
   Die zwei Wege   1, 1–6, 3
   a) Einleitung zu den zwei Wegen   1, 1
   b) Der Weg des Lebens   1, 2–4, 14
   c) Der Weg des Todes   5, 1 f.
   d) Schlußbemerkungen zu den zwei Wegen   6, 1–3
2. Liturgische Unterweisung: 7, 1–10, 8
   a) Anordnungen zur Taufe   7, 1–4
   b) Anordnungen zum Fasten   8, 1

Überschriften) ist natürlich die zweite, längere, die ältere", um dann sofort anschließend die Frage zu erörtern: „Ist sie aber ursprünglich?" (Prolegomena 24). Diese Frage bejaht er: „Die Schrift ist wirklich, wie ihr Titel besagt, eine für Heidenchristen bestimmte Darlegung der von Christus stammenden, den Christen als der ἐκκλησία gegebenen Lehren für das gesammte Gebiet des christlich-kirchlichen Lebens, wie sie nach Meinung des Verfassers die zwölf Apostel verkündet und übermittelt haben" (Prolegomena 30).

[50] Audet, Didachè 91–103, bes. 92 f. 94. 99 f.; vgl. weiter Vielhauer, Urchristliche Literatur 722 f.; Günter Klein, Die zwölf Apostel. Ursprung und Gehalt einer Idee, FRLANT 59, Göttingen 1961, 80 f.; Rordorf/Tuilier, Doctrine 13–17; s. aber auf der anderen Seite auch Harnack, Prolegomena 31.
[51] So Vielhauer, Urchristliche Literatur 723 f.; Klein, Apostel (s. A. 50) 50–52. 82 f. – Völlig unbegründet bleibt die Behauptung von Saß in bezug auf die beiden überlieferten Überschriften: „Eine von ihnen wird auf jeden Fall von dem, der die Schrift verfaßt oder zusammengestellt hat, ihr vorangestellt worden sein" (Apostel 233).
[52] So Rordorf/Tuilier, Doctrine 15.
[53] Vgl. das zusammenfassende Urteil bei Rordorf/Tuilier: «Les deux titres qui nous sont parvenus dans la tradition manuscrite ne peuvent nous éclairer sur les origines de l'ouvrage, son genre littéraire ou ses destinataires» (16 f.).

Didache (Apostellehre)

    c) Anordnungen zum Beten   8, 2 f.
    d) Anordnungen zur Eucharistie   9, 1–10, 7
    e) Anordnungen zur Salbung   10, 8
3. Unterweisung im Umgang mit Lehrenden und einfachen
    Christen, die durchreisen oder sich niederlassen wollen   11, 1–13, 7
    a) Über die Aufnahme von Wanderlehrern   11, 1 f.
    b) Über den Umgang mit wandernden Aposteln und Propheten   11, 3–12
        α) Apostel   11, 4–6
        β) Propheten   11, 7–12
    c) Über den Umgang mit fremden Christen   12, 1–5
        α) Durchreisende   12, 2
        β) Niederlassungswillige   12, 3–5
    d) Über die Unterhaltspflicht der Gemeinde gegenüber niederlassungs-
        willigen und ortsansässigen Propheten und Lehrern
        und das dabei einzuhaltende Verfahren   13, 1–7
4. Unterweisung im Gemeindeleben   14, 1–15, 4
    a) Anordnungen zur sonntäglichen Versammlung   14, 1–3
    b) Anordnungen zur Wahl von Bischöfen und Diakonen
        und zum Umgang mit ihnen   15, 1 f.
    c) Anordnungen zur Gemeindedisziplin   15, 3 f.
5. Eschatologische Unterweisung:
    Mahnung zur Wachsamkeit angesichts des Kommens des Herrn   16, 1–8

Der sich in dieser Gliederung zeigende *Aufbau* ist ziemlich klar: Anordnungen, die verschiedene Bereiche des Lebens der Christen und der Gemeinde betreffen, werden in einzelnen Blöcken zusammengefaßt. Am Anfang steht die ethische Unterweisung, die in der Form einer Zwei-Wege-Lehre geboten wird. Es folgen Anordnungen über herausragende rituelle Akte (Taufe, Eucharistie, Salbung) und besondere Frömmigkeitsübungen (Fasten, Beten). Den Übergang vom ersten zum zweiten Block gewinnt der Verfasser so, daß er die ethische Unterweisung durch die Wendung „nachdem ihr vorher dies alles mitgeteilt habt, tauft..." (7, 1) als Teil des katechetischen Unterrichts vor der Taufe kenntlich macht.⁵⁴ Damit ist auch

---

⁵⁴ Audet hat die Worte ταῦτα πάντα προειπόντες als sekundären Zusatz zu erweisen versucht (Didachè 58–62); ihm ist Vielhauer gefolgt (Urchristliche Literatur 727). Allerdings kann CA keineswegs als Zeuge für die Auslassung gebucht werden (gegen Audet, Didachè 58–60). Die Umarbeitung des Did-Textes ist in CA an dieser Stelle von solcher Art, daß sich ein Schluß auf den Text der Vorlage in dieser Hinsicht verbietet.
Vielhauers Argument, die Zwei-Wege-Lehre sei „zur Belehrung gerade der Christen üblich gewesen", überzeugt nicht, da sich ja dieselbe Schwierigkeit dann für den Interpolator ergibt. Wenn die Didache die Zwei-Wege-Lehre als präbaptismalen Unterrichtsstoff kennzeichnet, schließt das erstens nicht aus, daß auch die Getauften weiterhin noch aus ihr belehrt wurden, und heißt das zweitens nicht, daß nichts anderes sonst Gegenstand des Katechumenenunterrichts gewesen wäre. Die Zugehörigkeit der Zwei-Wege-Lehre zur präbaptis-

der Beginn des zweiten Blockes mit der Taufe gegeben. Die weitere Reihenfolge ergibt sich durch Stichwortanschluß: Auf die Anordnung, vor der Taufe zu fasten (7, 4), folgt die Behandlung des allgemeinen Fastens (8, 1). Deshalb ist die übliche Reihenfolge der zusammengehörigen Themen Beten und Fasten[55] hier umgekehrt.[56] Auf die Ausführungen zum Beten (8, 2f.) folgen dann die besonderen Gebete bei Eucharistie und Salbung (9, 1–10, 8). Der dritte Block befaßt sich mit Problemen, die durch Wanderpropheten und Wanderlehrer und durch reisende einfache Christen hervorgerufen werden. Der Anschluß an das Vorangehende ist hier ganz ähnlich wie zu Beginn des zweiten Blockes, indem jetzt „all das vorher Mitgeteilte"[57] zum Kriterium der Aufnahme gemacht wird (11, 1). Der vierte Block wird ohne besonderen Anschluß angereiht; er befaßt sich mit einzelnen Aspekten des Gemeindelebens. Und schließlich folgt als Abschluß ein eschatologischer Ausblick, der der Einschärfung der vorangehenden Anordnungen dient.

Überblickt man Gliederung und Aufbau, so ist der dritte Block (11, 1–13, 7) am auffälligsten; er läßt sich am schwierigsten unter einer Überschrift zusammenfassen. Seine Auffälligkeit wird durch eine Einzelbetrachtung bestätigt: Während sonst knappe Anordnungen vorherrschen, wird hier relativ ausführlich und in kasuistischer Weise formuliert.[58] Diese Form findet sich sonst nur in 7, 2f. bei den Anordnungen, die sich auf das Taufwasser bei Mangel an fließendem Wasser beziehen, also auf eine Situation, die in der (den) Gemeinde(n) offensichtlich akut werden konnte, für die die Didache bestimmt war. So dürften sich auch die Ausführungen des dritten Blocks über Wanderlehrer und reisende Christen auf aktuelle Probleme beziehen.

c) Die Didache enthält keine theologischen Erörterungen, sondern gibt praktische und technisch-organisatorische Anweisungen für den Vollzug christlichen Lebens im Alltag und im Bereich der Gemeinde. Die blockweise Zusammenstellung von Vorschriften für verschiedene Lebensbereiche der Christen und der Ge-

---

malen Unterweisung unterstreichen Rordorf/Tuilier, Doctrine 30–32. Für den von H gebotenen Text spricht auch die enge Parallele in 11, 1.

[55] Mt 6, 5–18; Mk 9, 29 v.l.par. Mt 17, 21 v.l.; Lk 2, 37; 5, 33; Act 13, 3; 14, 23; Pol2Phil 7, 2; 2Klem 16, 4; Herm vis II 2, 1; III 1, 2; 10, 6f.; sim V 1, 1.

[56] Vgl. Vielhauer, Urchristliche Literatur 728.

[57] ταῦτα πάντα τὰ προειρημένα, 7, 1: ταῦτα πάντα προειπόντες. Erkennt man, daß hier parallele *Übergangswendungen* vorliegen, kann man der These Audets, 11, 1f. bildeten den ursprünglichen Abschluß der Didache (Didachè 110f.; vgl. 435), nicht folgen. Gegen Audet vgl. Pierre Nautin, La composition de la «Didachè» et son titre, RHR 155, 1959, (191–214) 193–195; Giet, Didachè 219f. – Auch die Annahme von Rordorf/Tuilier, bei den Kap. 14–16 handle es sich um eine zweite Redaktionsstufe (vgl. die Zusammenfassung ihrer Sicht der Entstehung der Didache auf S. 91–94), scheint mir willkürlich zu sein.

[58] An dieser Stelle erweist sich die Untauglichkeit des Versuchs von Audet, literarkritisch zwischen „Du-Abschnitten" und „Ihr-Abschnitten" zu unterscheiden. Er erkennt in den „Du-Abschnitten" eine kasuistische Tendenz, die im Kontrast zur Einfachheit der „Ihr-Ab-

meinde erweist die Didache der *Form* nach als eine Kirchenordnung.[59] Die *Absicht* ihrer Abfassung kann dann nur sein, bestimmte Ordnungen, die hier ausgewählt wurden, festzuschreiben und verbindlich zu machen.[60] Dabei kann das aktuelle Problem von Wanderlehrern und reisenden Christen durchaus der Anlaß zur Abfassung gewesen sein, wenn sich diese auch gewiß nicht in der Bewältigung eines solchen Problems erschöpft. Zumindest hat der Verfasser eine Verknüpfung hergestellt, indem er die Orientierung an den Anordnungen der ersten beiden Blöcke zum allgemeinen Kriterium für die Aufnahme von Wanderlehrern macht (11, 1 f.).

3. Literarische Integrität

Beim Stande der Textüberlieferung, wie er für die Didache vorliegt, ist die Frage nach der literarischen Integrität eng verknüpft mit textkritischen Erwägungen. „Daß man mit Einwirkungen der Theologiegeschichte auf den Did-Text zu rechnen hat", ist „bei einem nicht durch die Kanonisierung geschützten Text eigentlich eine Selbstverständlichkeit"[61]. Und so zeigen sich in den verschiedenen Textzeugen teilweise recht gravierende Unterschiede, die auf starke Bearbeitungen in der Geschichte der Überlieferung des Did-Textes schließen lassen. Vor allem drei Stellen sind hervorzuheben:

a) In *1, 3b–2, 1* – die jetzige Zählung orientiert sich an H – findet sich ein Stück, das in seinem Kontext durch besondere „Christlichkeit" auffällt, insofern es große Nähe zu Sätzen der matthäischen Bergpredigt und der lukanischen Feldrede aufweist, während die übrige Zwei-Wege-Lehre keinerlei spezifisch christliche Aussagen enthält, sondern durchaus im jüdischen Rahmen verstehbar ist. Es steht jetzt am Beginn des Lebensweges nach der Zitierung des Doppelgebots der Liebe und der negativ gefaßten Goldenen Regel, gibt sich somit als Auslegung dieser grundsätzlichen Ausführungen. Die ab 2, 2 folgende Aufzählung von an der zweiten Dekalogtafel orientierten Einzelgeboten erscheint demgegenüber als „zweites Gebot der Lehre" (2, 1). Der Text dieses Stückes wird bezeugt von H, CA, O und G. KO, E und L bieten ihn nicht. Er hat ebenfalls keine Entsprechung in der Zwei-Wege-Lehre von Barn 18–20. Aus diesem Befund ergibt sich zunächst, daß

---

schnitte" stehe (Didachè 107). Aber diese kasuistische Tendenz findet sich in dem ganzen Komplex 11, 1–13, 7 und nicht nur in den Partien, in denen die 2. pers. sing. gebraucht ist.

[59] Vielhauer, Urchristliche Literatur 725 f.

[60] Die Didache „ist eine typische Kirchenordnung, also eine jener im Laufe der Kirchengeschichte sich ablösenden Kodifikationen, die aus längerer Praxis erwachsene Gewohnheiten zur gesetzlichen Norm erheben" (Klauser, Wasser 178). Vgl. auch Vielhauer, Urchristliche Literatur 726, sowie Stanislas Giet, Coutume, évolution, droit canon. A propos de deux passages de la Didachè, RDC 16, 1966, 118–132, der diese Einsicht allerdings mit Interpolationshypothesen verbindet.

[61] Vielhauer, Urchristliche Literatur 734.

Einleitung

dieses Stück keinesfalls in dem Barn 18–20 nahestehenden Archetyp der Zwei-Wege-Lehre gestanden haben kann.[62] Denn es wäre nicht einzusehen, warum ein christlicher Autor, der Verfasser des Barnabasbriefs, dieses so besonders „christlich" klingende Stück ausgelassen haben sollte. Es stand aber auch nicht – dafür sind L und E Zeugen – in der gegenüber dem Archetyp besser geordneten und erweiterten Fassung der Zwei-Wege-Lehre.[63] Zur Erklärung seines Vorkommens im Did-Text verbleiben somit die drei Möglichkeiten, daß es in die Zwei-Wege-Lehre interpoliert wurde, bevor der Didachist sie benutzte, oder daß er es bei der Kompilation seines Werkes einfügte oder daß eine sekundäre Interpolation vorliegt, die erst während der Überlieferung des Textes in die schon fertige Didache eingeschoben wurde.[64] Nun hat Layton es in einer gründlichen Analyse wahrscheinlich gemacht, daß es sich bei 1, 3b–2, 1 um eine harmonisierende Sammlung handelt, die sich auf das Matthäus- und das Lukasevangelium sowie Hermas und Sirach[65] als schriftliche Quellen bezieht.[66] Andererseits hat der Kompilator der Didache nur ein schriftliches Evangelium gekannt, wahrscheinlich das Matthäusevangelium.[67] Daher scheidet die zweite Möglichkeit aus.[68] Gegen die erste spricht, daß das Stück 1, 3b–2, 1 wegen seiner Benutzung von Hermas ein späteres Datum aufweist, als es für die Didache im ganzen zu vermuten ist.[69] Vor allem

[62] Vgl. dazu u. S. 21.
[63] S. u. S. 21 f.
[64] Vgl. zu diesen drei Möglichkeiten Layton, Sources 378–382.
[65] Als Quelle des in 1, 6 als Schrift-Zitat gebrachten Wortes vom Schwitzen des Almosens in den Händen, das auch spätere Kirchenschriftsteller anführen, ist von Audet eine sekundäre griechische Rezension von Sir 12, 1a vermutet worden (Didachè 275–280). Patrick Wm. Skehan hat diese Vermutung wahrscheinlicher gemacht: *Didache* 1, 6 and Sirach 12, 1, Bibl. 44, 1963, 533–536; vgl. auch schon Schlecht, Doctrina 46 f.
[66] Sources 349–372; vgl. Butler, 'Two Ways' 31: "it was written by someone familiar with both Matthew und Luke." Auch Köster weist nach, daß das Stück 1, 3b–2, 1 sowohl das Matthäus- als auch das Lukasevangelium voraussetzt (Überlieferung 220–230). Hermas scheidet er als Quelle von vornherein aus chronologischen Gründen aus, da er das Stück nicht für eine spätere Interpolation hält (230). – Gegenüber der Argumentation von Layton (und Köster) sind die Ausführungen von Rordorf/Tuilier, Doctrine 85 f., die Did 1, 3b–2, 1 als älter erweisen sollen als die betreffende synoptische Tradition bei Matthäus und Lukas, nicht durchschlagend. Das gilt auch für den Aufsatz von Michael Mees, Die Bedeutung der Sentenzen und ihrer auxesis für die Formung der Jesusworte nach *Didachè* 1, 3b–2, 1, VetChr 8, 1971, 55–76; er erkennt in diesem und ähnlichen Stücken „die verschiedene und auf bestimmten Situationen angewendete Neuschöpfung schriftlicher Niederschrift der einen und gemeinsamen Tradition" (73).
[67] Vgl. u. S. 24–32.
[68] Nach Köster hat der Kompilator der Didache mit 1, 3b–2, 1 ein Traditionsstück in sein Werk eingefügt, dessen Redaktor das Matthäus- und Lukasevangelium als schriftliche Quellen verarbeitete, was für ihn selbst nicht gesagt werden könne (Überlieferung 238 f.). Das ist nicht unmöglich; aber demgegenüber ist es doch die einfachere Annahme, daß das Stück 1, 3b–2, 1 später anzusetzen ist als die Abfassung der Didache, daß es sich also um eine Interpolation handelt.
[69] Zur Datierung der Didache vgl. u. S. 62 f.

aber ist gegen die beiden ersten Möglichkeiten anzuführen, daß das Stück in KO fehlt. Da KO wahrscheinlich den Did-Text und nicht die ursprünglich selbständige Zwei-Wege-Lehre voraussetzt,[70] gilt auch hier das Argument: Es wäre völlig unverständlich, daß der Kompilator der KO ausgerechnet dieses Stück ausgelassen haben sollte. Somit ist als Ergebnis festzuhalten, daß 1, 3b–2, 1 eine Interpolation in den Text der Didache vorliegt.[71]

b) H scheint am *Schluß* (16, 8) defekt zu sein. Rordorf/Tuilier meinen, daß der Schreiber dieser Handschrift das noch gewußt habe und deshalb eine Lücke bis zum Beginn des nächsten Stückes lasse.[72] Es fehlt offenbar eine Aussage darüber, was dann geschieht, wenn der Herr auf den Wolken des Himmels gekommen ist. Und in der Tat bieten CA und G unabhängig voneinander weitergehende Aussagen, aus denen sich mit großer Wahrscheinlichkeit eine Gerichtsaussage als ursprünglicher Schluß der Didache rekonstruieren läßt.

c) Nach den Ausführungen über die Eucharistie und vor der Behandlung des Problems von Wanderlehrern (*10, 7/11, 1*) bieten CA und K ein Dankgebet für das Salböl. Entweder liegt hier bei ihnen eine sekundäre Hinzufügung vor oder aber bei H eine Auslassung.[73] Die drei angeführten Stellen unterstreichen jedenfalls noch einmal, daß man sich bei der Lage der Textüberlieferung der Unsicherheit des Did-Textes bewußt sein muß.

4. Die Benutzung von Quellen und Traditionen

Im Blick auf ihre einzelnen Bestandteile ist die Didache keine originäre Neuschöpfung. Es handelt sich bei ihr vielmehr um eine Zusammenstellung von mehr oder weniger fertigen Elementen zu einem neuen Ganzen. Die traditionellen Stücke sollen in der Reihenfolge ihres Vorkommens in der Didache angeführt werden:

a) Die Zwei-Wege-Lehre Did 1–6 hat eine enge Parallele bis in den Wortbestand hinein in Barn 18–20. Beide Stücke unterscheiden sich vor allem dadurch, daß die beiden Wege im Barnabasbrief mit Licht und Finsternis benannt sind, in der Didache mit Leben und Tod, daß im Barnabasbrief die Wege nahezu die einzigen Gliederungspunkte bilden, unter denen der jeweilige Stoff in loser Folge gesammelt ist, während sich in der Didache eine starke Durchgliederung findet, daß die Fassung der Didache umfangreicher ist. Die Gemeinsamkeiten sind aber den-

---

[70] S. o. S. 10f.
[71] Zum möglichen Verhältnis der Textzeugen von 1, 3b–2, 1 zueinander vgl. Layton, Sources 372–378. – Für den Interpolationscharakter von 1, 3b–2, 1 s. auch Streeter, Didache 369f.; J. M. Creed, The Didache, JThS 39, 1938, (370–387) 375–377.
[72] Doctrine 107 mit A. 3.
[73] Vgl. dazu u. S. 57–59.

noch so groß, daß zwischen beiden Texten ein literarisches Verhältnis bestehen muß. Versuche, dieses als Abhängigkeit des Barnabasbriefes von der Didache [74] oder der Didache vom Barnabasbrief [75] zu bestimmen, dürften gescheitert sein. So bleibt nur die Möglichkeit, daß beide Texte unabhängig voneinander auf einem gemeinsamen Archetyp basieren. [76] Dieser ist in Barn 18–20 weitgehend bewahrt [77] und jüdischen Ursprungs. [78] Der Didachist benutzte allerdings eine Zwei-Wege-Lehre, die demgegenüber bereits geordnet und erweitert worden war. Es wurde schon darauf hingewiesen, daß L keine Übersetzung von Did 1–6 ist, sondern – wie auch E – eine selbständige Zwei-Wege-Lehre repräsentiert. [79] Diese steht Did 1–6 wesentlich näher als Barn 18–20. Sie hat mit der Didache die gute Ordnung und zum großen Teil den vermehrten Stoff gemeinsam, mit dem Barnabasbrief vor allem den Anfang, indem sie parallel zu den Wegen des Lebens und

---

[74] Diese These wird, soweit ich sehe, heute nicht mehr vertreten. Daß der Verfasser des Barnabasbriefs, wie Otto Bardenhewer meinte, „in der Ausbeutung und Bearbeitung des Textes der Didache ... fast Unglaubliches geleistet" habe, indem er „aus einer gut geordneten Gedankenreihe, einer organisch verbundenen Sentenzensammlung ... ein Chaos zu machen verstanden (hat)" (Geschichte der altkirchlichen Literatur I, Freiburg ²1913, 107), ist doch allzu unwahrscheinlich, zumal er an einer Stelle (20, 2), die Did 5, 2 genau entspricht, die vorgelegene Ordnung beibehalten haben müßte.

[75] So vor allem James Muilenburg, The Literary Relation of the Epistle of Barnabas and the Teaching of the twelve Apostles, Marburg 1929, bes. 9. 165 ff. Besonders seltsam ist in dieser Hinsicht die Argumentation von Vokes, Canon 432; auch bei Annahme einer gemeinsamen Quelle meint er dennoch Benutzung des Barnabasbriefs durch die Didache feststellen zu müssen: "the writer of the Didache has introduced into the 'Two Ways' a muddled passage from the part of Barnabas outside the 'Two Ways'. In Barnabas X9 and 10 (sic!) we read:..." Zitiert wird dann Barn 19, 9b. 10, allerdings mit zwei Einsprengseln aus Did 4, 1 f. Vgl. ders., The Didache – still debated, ChQ 3, 1970/71, 57–62, wo er einen knappen Überblick über die Debatte zu einigen Problemen der Didache bietet und an der Hypothese der Benutzung des Barnabasbriefs durch die Didache festhält. Gegen die These einer direkten Abhängigkeit der Didache vom Barnabasbrief steht derjenige Stoff, den der Barnabasbrief über die Didache hinaus hat. Warum er ausgelassen worden sein sollte, läßt sich nicht befriedigend erklären.

[76] Vgl. zu diesem Forschungstrend Kraft, Fathers 4f. 7–9.

[77] Wieder gilt hier: Es ist wahrscheinlicher, daß im Laufe des Überlieferungsprozesses eine gestaltende Ordnung erfolgte, als daß der Verfasser des Barnabasbriefes eine ihm schon überlieferte Ordnung völlig durcheinandergebracht hätte. Am Anfang stand eine lockere Sammlung, lediglich nach Lichtweg und Finsternisweg geordnet. Ein formaler Vergleich mit dem Zwei-Wege-Katechismus in 1QS IV 2–14 zeigt, daß am Anfang der Überlieferung kurze und nur oberflächlich geordnete Zusammenstellungen von Begriffsreihen und knappen Einzelsätzen stehen, die im Laufe der Zeit anwachsen durch Einschübe und Erweiterungen im Text und durch angehängte Nachträge. Zur Rekonstruktion des Archetyp aus Barn 18–20 und Did 1–5 vgl. Wengst, Tradition 58–67.

[78] Vgl. 1QS III 18–IV 14 und u. S. 92 A. 1; weiter die Feststellung Kösters, die Quelle des Barnabasbriefs in den Kap. 18–20 zeige „keinen nachweisbaren Einfluß der Synoptiker, möglicherweise noch nicht einmal Einfluß christlicher Überlieferung, da sich alle in Frage kommenden Stellen hinreichend durch jüdische Parallelen belegen und erklären lassen" (Überlieferung 136).

[79] S. o. S. 13.

des Todes von denen des Lichtes und der Finsternis spricht und über diesen Wegen eingesetzte Engel erwähnt. Gegenüber der Zwei-Wege-Lehre der Didache weist L größere Ursprünglichkeit auf; Rordorf/Tuilier haben gezeigt, daß sie spezifisch christliche Züge vollständig vermissen läßt, abgesehen von der Überschrift und der abschließenden liturgischen Wendung in 6, 6.[80] Aus all dem ergibt sich, daß die Vorlage von L oder eine ihr sehr nahe stehende Rezension auch die Vorlage des Didachisten gewesen sein muß.[81] Das folgende Stemma, in das die Ergebnisse der Erörterungen zu KO und E einbezogen sind, schließt mögliche Zwischenglieder nicht aus:

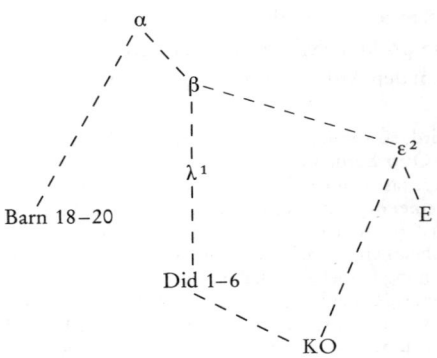

```
              α
           /  \ \
         /    β -  - - - - -
        /     |              \
       /      |               \
      /       |                ε²
     /        λ¹                \
    /         |                  \
  Barn 18-20  |                   E
              |                  /
              Did 1-6           /
                   \           /
                    \         /
                     \       /
                      \ - - KO
```

¹ Griechische Vorlage von L
² Elfapostelmoral

[80] Doctrine 28–30. Die in L stärker als in der Didache vorhandenen jüdischen Züge haben Audet, Didachè 131–137, und Butler, 'Two Ways' 35, herausgestellt. Größere Ursprünglichkeit zeigt sich weiter etwa in *lingua* statt διγλωσσία in 2, 4, im Fehlen von δώσεις in 4, 6 (vgl. zu diesen beiden Punkten Schlecht, Doctrina 48. 56) und in der kürzeren Fassung des zweiten Satzes in 2, 7.

[81] Nach Audet, Didachè 122–163, bietet die griechische Vorlage der lateinischen Doctrina die dem Barnabasbrief und der Didache gemeinsame Quelle. Er meint, daß die Didache den Text der Zwei-Wege-Lehre in seiner „natürlichen Form" biete, während der Barnabasbrief verändert habe (128). Aber diese These hat mit derselben Schwierigkeit zu kämpfen wie die Behauptung einer Abhängigkeit des Barnabasbriefs von der Didache: Daß der Verfasser des Barnabasbriefs eine ihm vorliegende gute Ordnung derart durcheinandergebracht haben soll, läßt sich keinesfalls mit dem Hinweis auf sein Vorgehen im ersten Teil seiner Schrift wahrscheinlich machen. Der Umgang mit alttestamentlichen Zitaten steht auf einem völlig anderen Blatt als das Ausschreiben eines in der Gemeinde überlieferten Dokuments. Hinzu kommt, daß es sich ja auch im ersten Teil des Barnabasbriefs weitgehend um Tradition handelt – der Umgang mit der Schrift dem Verfasser also schon überliefert ist –, die er keineswegs in völlige Unordnung bringt. – Die These, daß hinter L die der Didache und dem Barnabasbrief gemeinsame Vorlage steht, wurde u. a. auch schon von Edgar J. Goodspeed vertreten: The Didache, Barnabas and the Doctrina, AThR 27, 1945, (228–247) 230–237. – Zum gesamten Problem vgl. noch Leslie William Barnard, The Dead Sea Scrolls, Barnabas, the Didache and the later History of the 'Two Ways', in: Ders., Studies in the Apostolic Fathers and their Background, Oxford 1966, 87–107, sowie die Kapitel I–IV bei Giet, Didachè.

Einleitung

b) In den Kapiteln 7 und 8 sind geprägte Formulierungen der Tradition die aus Mt 28, 19 bekannte Taufanweisung und das Vaterunser. In den Anordnungen über Taufen, Fasten und Beten dürfte der Verfasser eine bestimmte Praxis der Gemeinde kodifizieren, wie sie sich als notwendig und nützlich ergeben hatte.

c) Die Eucharistiegebete in 9, 1–10, 6 und das Salbungsgebet in 10, 8 sind selbstverständlich ebenfalls keine Neuschöpfungen des Didachisten. Auch hier nimmt er auf, was in der Praxis der Gemeinde geübt wurde, und kodifiziert es.

d) Kapitel 16 enthält eine kleine Apokalypse, die zumindest in ihren Einzelelementen durchgängig traditionell ist. Ob sie der Didachist schon als ganze vorgefunden oder selber zusammengestellt hat, muß offenbleiben.[82]

So gut wie gar nicht traditionell geprägt sind die Kapitel 11–13, in denen es um den Umgang mit Wanderlehrern und reisenden Christen geht. Hier liegt ein aktuelles Problem vor, dessen Bewältigung im wesentlichen eigene Leistung des Didachisten ist.[83] Dabei dürfte er aber aufnehmen, was sich in der Gemeinde als praktikabel erwiesen hat. Ähnliches gilt für Kapitel 14, die Ordnung des Sonntagsgottesdienstes, und die Gemeinderegeln in Kapitel 15; die hier gegebenen Anweisungen stehen wohl auf dem Hintergrund einer bereits ziemlich festliegenden Praxis.

Dieser Überblick zeigt, daß bei der Beschäftigung mit der Didache weniger die Einzelpersönlichkeit ihres Verfassers in den Blick kommt als vielmehr das Leben der Gemeinde, aus der dieser Verfasser kommt und für die er das, was in ihr schon weitgehend geübte Praxis war, kodifiziert hat.

---

[82] Vgl. die Einschätzung von Audet: «Il se peut que l'auteur de la *Did.* l'ait trouvée telle quelle, déjà plus ou moins connue et utilisée dans son milieu» (Didachè 469).

[83] Niederwimmer will in 11, 4–12 Tradition erkennen, die der Didachist aufgenommen habe und die ein älteres Stadium der Entwicklung widerspiegele als der redaktionelle Kontext (Wanderradikalismus 147–153). Doch ist der Nachweis kaum gelungen. Niederwimmer bringt als Argument für die Traditionalität von 11, 4–12 lediglich Beobachtungen, die die Komposition des Stückes 11–13 betreffen („Diese Beobachtungen würden sich nun erklären, wenn man annimmt, daß..." 150) und die auch anders erklärt werden können. – Die Unterscheidung in der Sache zwischen 11, 4–12 einerseits und dem Kontext anderseits geht immer schon von der Voraussetzung aus, daß 11, 4–12 Tradition ist und der Didachist Kap. 12 f. aufgrund der veränderten Bedingungen seiner Zeit hinzufügt. Es könnte sich ja auch einfach so verhalten, daß er Kap. 12 f. deshalb schreibt, weil er hier Dinge behandelt, die in 11, 4–12 noch nicht besprochen wurden. Ein Beispiel: Niederwimmer sagt, die Gruppe der *peregrini* habe sich gegenüber der Zeit von 11, 4–12 gewandelt: „Dabei ist in erster Linie darauf hinzuweisen, daß nun neben den wandernden Charismatikern auch *'gewöhnliche' wandernde Brüder* bei den Gemeinden zukehren (12, 1 ff.)" (160) – als wenn das ein Phänomen wäre, das es zu irgendeiner Zeit nicht gegeben hätte! Wenn Niederwimmer den Anlaß zur Aufnahme der Tradition durch den Didachisten darin sieht, „daß auch noch zu seiner Zeit das Institut der Wandercharismatiker existiert" (153 A. 19), aber meint, Wanderapostel gäbe es zu dessen Zeit nicht mehr (161), so erscheint das wenig glaubhaft: Nimmt eine Gemeindeordnung kasuistisch formulierte Anweisungen auf, wenn das in ihnen verhandelte Problem überhaupt nicht mehr existiert? So ist in CA das Stück 11, 3–12 ausgelassen.

Didache (Apostellehre)

5. Die Zitierung von Autoritäten

Handelt es sich bei der Didache um eine Kompilation von Quellen, geprägten Traditionen und Regeln, die sich in der Praxis der Gemeinde gebildet hatten, so stellt sich die weitere Frage, ob es in den Quellen und Traditionen des Didachisten etwas gibt, worauf er sich in besonderer Weise als Autorität bezieht. Gibt es für ihn „die Schrift"? Wenn ja: in welcher Weise? Natürlich ist zu erwarten, daß „der Herr" eine Autorität ist. Aber wie tritt diese Autorität auf? Begegnet sie in der mündlichen Überlieferung der Gemeinde, die die Herrenworte tradiert? Oder liegen diese Herrenworte schon in schriftlicher Form vor, etwa in einem Evangelium? Zur Beantwortung dieser Frage sollen nicht alle Zitate und Anspielungen in der Didache untersucht werden, da sie dem Verfasser zum Teil im Rahmen von Traditionen überkommen sind.[84] Es ist vielmehr bei den ausdrücklichen Berufungen auf eine Autorität einzusetzen, die zudem durchweg redaktionell sind. Dabei ist besonders interessant, daß innerhalb dieser Berufungen an vier Stellen der Begriff „Evangelium" begegnet. Dieser Begriff bezeichnet im Urchristentum bekanntlich ursprünglich nicht ein Buch, sondern die mündliche Heilsbotschaft von Jesus Christus, bezogen auf seinen Tod und seine Auferweckung.[85] So kann auch nur von *dem* Evangelium geredet werden und nicht von *den* Evangelien.[86]

---

[84] Eine eingehende Untersuchung der Zitate und Anspielungen aus der synoptischen Tradition bietet Köster, Überlieferung 159–241, der methodisch sauber zwischen dem Verhältnis des Didachisten und dem seiner Quellen zur synoptischen Tradition unterscheidet. – Das unterläßt Glover, Quotations. Durch bloße Textvergleiche der Zitate und Anspielungen läßt sich die Frage, ob und welche Schrift der Didachist benutzte, nicht entscheiden; hier bleiben zu viele Unsicherheiten. Das sei an Glovers erstem Beispiel gezeigt, das er selbst für charakteristisch hält (13)! Er zitiert Did 1,2a, stellt Justin, apol. I 16,6 daneben und verweist auf Mt 22,37–39/Lk 10,27. Die lukanische Fassung der Frage des Gesetzeslehrers („Was muß ich tun, um ewiges Leben zu erben?") finde ihr Echo im Anfang von Did 1,2 („Das ist der Weg des Lebens"). Das soll dann eine der Stellen sein, an denen der Didachist lukanische Lesarten gegen matthäische unterstütze (12)! Dann hält Glover die Abweichungen Justins von den Evangelien und von Dtn 6,4f. fest, die von der Didache gestützt würden. Hieraus auf eine Justin und der Didache gemeinsame Quelle zu schließen, geht bei genauerem Hinsehen nicht an: Wenn Justin, der hier im übrigen nur das Gebot der Gottesliebe bringt, ἀγαπήσεις durch προσκυνήσεις und λατρεύσεις ersetzt, ist er nicht von einer besonderen christlichen Quelle abhängig, sondern nimmt alttestamentliche Redeweise auf. Der Anfang seines Zitats (κύριον τὸν θεόν σου προσκυνήσεις καὶ αὐτῷ μόνῳ λατρεύσεις) entspricht genau Dtn 6,13 (vgl. 10,20) im Codex Alexandrinus (vgl. die Aufnahme dieser Stelle in Mt 4,10/Lk 4,8). Die Verbindung von προσκυνεῖν und λατρεύειν begegnet darüber hinaus häufig (z. B. Ex 20,5; Dtn 4,19; 10,20; Jos 23,7.16; Dan 6,27). Und ebenfalls entspricht es alttestamentlicher Redeweise, wenn er κύριον τὸν θεόν τὸν ποιήσαντά σε anhängt (vgl. Dtn 32,6.15; ψ 94,6; 99,3; 149,2; Jes 43,1; 44,2; 51,13). Im Unterschied zu Justin spricht die Wendung in der Didache von der Liebe zum Schöpfer; diese Wendung begegnet Sir 7,30 und dürfte also aus jüdischer Tradition schon in die traditionelle Zwei-Wege-Lehre eingegangen sein (vgl. Barn 19,2).

[85] Vgl. etwa Vielhauer, Urchristliche Literatur 252f.

[86] Vgl. z. B. Gal 1,6–9. – „Wie kam es dazu, daß die *schriftlichen* Darstellungen der *irdi-*

Einleitung

Wenn in der Didache innerhalb ausdrücklicher Berufungen auf eine Autorität der Begriff „Evangelium" begegnet, stellt sich die Frage: Welcher Begriff von „Evangelium" ist hier vorausgesetzt? Bezieht sich der Didachist schon auf ein bestimmtes schriftliches Evangelium?

Did 15, 3 heißt es: „Weist einander zurecht, nicht im Zorn, sondern im Frieden, wie ihr es im Evangelium habt. Und mit jedem, der sich gegen den anderen verfehlt, soll keiner reden, noch soll er ein Wort von euch hören, bis daß er Buße getan hat." Hier ist es ausgeschlossen, daß „Evangelium" die im frühen Urchristentum übliche Bedeutung der Heilsbotschaft von Jesus Christus hat, bezogen auf seinen Tod und seine Auferweckung; denn es geht ja um Fragen der Gemeindedisziplin. Mit der Formulierung ὡς ἔχετε ἐν τῷ εὐαγγελίῳ wird auf „eine bestimmte feste Größe der Überlieferung" Bezug genommen; und es scheint die nächstliegende Annahme zu sein, daß sie den Lesern in schriftlicher Form vorlag.[87] Auffällig ist weiter, daß der Didachist hier – wie auch an den anderen Stellen, an denen er diesen Begriff gebraucht – im Singular vom „Evangelium" spricht. Er scheint also nur eine bestimmte Evangelienschrift gekannt zu haben bzw. in seiner Gemeinde vorauszusetzen.[88] Läßt sie sich mit einem der uns bekannten Evangelien identifizieren? Für die Mahnung der gegenseitigen Zurechtweisung gibt es in unseren Evangelien nur eine einzige Parallele, nämlich Mt 18, 15. Köster stellt dazu einschränkend fest: „Aber die Verwandtschaft ist so gering, daß es zwar möglich ist, daß der Kompilator der Did. hier an Mt. 18, 15 denkt, daß man daraus aber keinen schlüssigen Beweis für die Bekanntschaft mit Mt. ziehen kann."[89] Das trifft sicher zu. Aber es bleibt festzuhalten, daß Did 15, 3 ein *schriftliches* Evangelium voraus-

---

schen Geschichte Jesu den Namen Evangelium bzw. Evangelien erhielten, daß aus dem prägnanten theologischen Begriff eine literarische Bezeichnung wurde?" Zur Beantwortung dieser Frage vgl. Vielhauer, Urchristliche Literatur 253–258; das Zitat S. 253.

[87] Das Zitat von Gerhard Friedrich, Art. εὐαγγελίζομαι κτλ., ThWNT 2, Stuttgart 1935, (705–735) 734. Die entscheidende Wendung läßt auch die Übersetzung zu: „wie ihr es (= das Zurechtweisen im Frieden) im Evangelium vermögt". ἐν τῷ εὐαγγελίῳ käme dann einem ἐν Χριστῷ nahe: „im Machtbereich des Evangeliums". Aber ein solches Verständnis von ἐν τῷ εὐαγγελίῳ ist nirgends sonst im Urchristentum belegt und deshalb unwahrscheinlich. Daher scheiden sowohl das intransitive Verständnis von ἔχετε aus: „wie ihr euch im Machtbereich des Evangeliums verhaltet" als auch eine andere Ergänzung des Personalpronomens: „wie ihr ihn (= den Frieden) im Machtbereich des Evangeliums habt". Deshalb ist m. E. die Wendung am besten so zu verstehen: „wie ihr es (= das Zurechtweisen im Frieden) im Evangelium (als einer schriftlich vorliegenden Größe) habt". Selbst Köster schließt in bezug auf Did 15, 3 f., daß „die entsprechenden Anweisungen den Lesern der Did. doch wohl in fest fixierter, schriftlicher Form vorgelegen haben (müssen), nämlich in einem schriftlichen Evangelium" (Überlieferung 11).

[88] Es ist daher seltsam, wenn Vokes für den Kompilator der Didache feststellt: "He had before him written Gospels to which his readers could make reference" (Canon 432). Die Behauptung einer Mehrzahl von Evangelien, die durch die vorangehende Argumentation nicht vorbereitet ist, erklärt sich nur aus Vokes' Interesse einer Spätdatierung der Didache.

[89] Überlieferung 211.

setzt; und *wenn* das ein uns bekanntes ist, dann geht der Hinweis auf das Matthäusevangelium. Dieser Hinweis hätte dann Wahrscheinlichkeit, wenn er auch von weiteren Stellen gegeben würde.

Gleich im nächsten Vers, Did 15, 4, erfolgt ebenfalls eine Berufung auf das Evangelium: „Mit euren Gebeten, Almosen und allen Handlungen verfahrt so, wie ihr es im Evangelium unseres Herrn habt." Die Formulierung „wie ihr es ... habt" scheint wieder Schriftlichkeit vorauszusetzen. Nach Köster ist diese Stelle „zu allgemein"; er meint, daß „an ein bestimmtes Evangelienbuch... nicht gedacht" sei.[90] Aber an was sonst soll gedacht sein, wenn die Formulierung Schriftlichkeit voraussetzt und der Singular „Evangelium" gebraucht ist? Und vom Inhalt her – Gebete, Almosen und andere Handlungen – wird man wieder auf das Matthäusevangelium verwiesen, nämlich auf Mt 6, wo Anweisungen über Almosengeben, Beten, Fasten und weiteres aufeinanderfolgen.

Als nächste Stelle ist der Anfang von 8, 2 anzuführen: „Betet auch nicht wie die Heuchler, sondern wie es der Herr in seinem Evangelium geboten hat, so betet." Köster übersetzt die hier wichtige Wendung so: „Wie der Herr in seiner Predigt befohlen hat."[91] Es gibt allerdings nicht den mindesten Grund, einen doppelten Sprachgebrauch von „Evangelium" für den Didachisten anzunehmen. Darauf weist auch nicht die Formulierung *„sein* Evangelium" hin. Das zeigt 15, 4, wo „das Evangelium *unseres Herrn"* ja nichts anderes meint als „das Evangelium" in 15, 3.[92] Wenn Köster schreibt, aus der Anweisung in 8, 2, das Vaterunser dreimal täglich zu beten, und aus der angefügten Doxologie am Schluß gehe hervor, der Didachist habe das Vaterunser aus der liturgischen Praxis der Gemeinde und nicht aus einem schriftlichen Evangelium,[93] so ist das keine Alternative. Denn auch die Gemeinderegeln in 15, 3 f. kennt der Didachist aus der Praxis der Gemeinde; und doch mußte Köster dort das Vorliegen eines schriftlichen Evangeliums konzedieren. Der Sachverhalt ist vielmehr so aufzufassen, daß eine bestimmte Praxis der Gemeinde durch die Berufung auf die Autorität des Evangeliums festgeschrieben wird. Und genau das ist auch beim Vaterunser der Fall. Sein Wortlaut wird damit abgesichert, daß der Herr es so zu beten geboten hat, wie man es im Evangelium nachlesen kann. Wenn es sich aber so verhält, daß auch in 8, 2 ein bestimmtes schriftliches Evangelium im Blick ist, dann werden die bisherigen Hinweise auf das Matthäusevangelium bedeutend verstärkt. Denn das hier zitierte Vaterunser entspricht bis auf vier Ausnahmen wörtlich der Fassung des Matthäus- und nicht der des Lukasevangeliums, das die Q-Fassung bewahrt haben dürfte.

---

[90] Überlieferung 211; das letzte Zitat in Aufnahme einer Ausführung von Michaelis.
[91] Überlieferung 10; vgl. auch Audet, Didachè 173.
[92] Die Genitive in 8, 2 und 15, 4 weisen also nicht auf die mündliche Predigt Jesu, sondern betonen die *auctoritas* des schriftlichen Evangeliums: Es ist *sein* Evangelium, weil er es ist, der in ihm redet.
[93] Überlieferung 204–209; ähnlich Audet, Didachè 171–173.

Einleitung

Diese vier Ausnahmen wiegen nicht schwer:
– Innerhalb der Anrede hat die Didache den Singular ἐν τῷ οὐρανῷ statt des Plurals ἐν τοῖς οὐρανοῖς im Matthäusevangelium.
– In der fünften Bitte bietet die Didache τὴν ὀφειλήν statt τὰ ὀφειλήματα.
– Ebenfalls in der fünften Bitte hat die Didache ἀφίεμεν statt ἀφήκαμεν.
– Am Schluß der Did-Fassung steht eine zweigliedrige Doxologie, während der ursprüngliche Mt-Text ohne Doxologie endet.

Es handelt sich hier durchweg um Abweichungen, die sich leicht in der Überlieferung – auch in der Überlieferung eines schriftlichen Textes – ergeben können. Für die dritte und vierte Abweichung belegen das auch auf uns gekommene Handschriften.[94] Die Abweichungen bezeugen lediglich eine breitere Textüberlieferung als die uns bekannte und nicht eine andere Tradition. Sie können daher nicht als Argumente gegen eine Benutzung des Matthäusevangeliums durch den Didachisten ins Feld geführt werden.[95] Natürlich ist es möglich, daß das Vaterunser in der matthäischen Fassung seine Gestalt nicht erst durch die Redaktionsarbeit des Evangelisten gewonnen hat, sondern daß dieser es so übernahm, wie es in seiner Gemeinde gebetet wurde, so daß diese Fassung unabhängig vom Matthäusevangelium durch die Gemeindetradition auf den Didachisten gekommen sein kann. Doch selbst dann muß zugestanden werden – wie es Köster in Aufnahme eines Zitates von Lohmeyer tut –, daß die mündliche Überlieferung des Didachisten „mit der matthäischen wohl aus der gleichen Landschaft und dem gleichen Gemeindekreis stammt"[96]. Wenn es sich aber so verhält und wenn man hinzunimmt, daß die Didache später abgefaßt wurde als das Matthäusevangelium, und wenn der Didachist sich ausdrücklich auf „das Evangelium" bezieht, dann muß es schon sehr seltsam zugehen, wenn er damit *nicht* das Matthäusevangelium meinen sollte.

In 11, 3 formuliert der Didachist in einer Übergangswendung: „Betreffs der Apostel und Propheten: Verfahrt so, wie das Gebot des Evangeliums lautet." Köster zeigt sich in der Beurteilung dieser Stelle unsicher: „Auch Did. 11, 3 könnte man vom mündlichen Evangelium, nämlich von den in der Predigt ergangenen Anordnungen verstehen."[97] Doch dürfte εὐαγγέλιον hier nicht anders zu verstehen sein als an den anderen Stellen auch, nämlich von einem bestimmten schriftlichen Evangelium.[98] Auch hier – in dem Zusammenhang 11, 1–13, 7 – weisen die Indizien auf das Matthäusevangelium, genauer auf die matthäische Aussendungsrede.

Das zeigen drei Punkte:
a) Am Schluß von 11, 2 hatte es geheißen, daß derjenige, der richtig lehrt, aufzunehmen ist wie der Herr (δέξασθε αὐτὸν ὡς κύριον). Die nächste Parallele hierzu ist Mt 10, 40.

---

[94] Es ist deshalb völlig verfehlt, ἀφίεμεν als Übereinstimmung mit Lukas gegen Matthäus zu werten, wie Glover, Quotations 19, es tut.
[95] Gegen Köster, Überlieferung 206–208.
[96] Überlieferung 208 f.
[97] Überlieferung 10.
[98] Dieses „Evangelium" muß sein: «Une quantité définie, à coup sûr, car autrement l'instruction perd sa pointe» (Audet, Didachè 441).

Didache (Apostellehre)

Wenn Köster schreibt: „Warum meist nur Mt. 10, 40 als Parallele zu dieser Stelle genannt wird, ist nicht einzusehen. Denn auch Mk. 9, 37parr. und Joh. 13, 20 stehen Did. 11, 4[99] nicht weniger nahe als Mt. 10, 40"[100], dann ist übersehen, daß es Mk 9, 37parr. gar nicht um die Aufnahme von Lehrenden geht, sondern um die von Kindern, und daß der Wortlaut von Mt 10, 40 der Didache nähersteht als der von Joh 13, 20.[101]

b) In 13, 1 heißt es – ohne ausdrückliches Zitat –, daß jeder echte Prophet seiner Nahrung wert sei. 13, 2 fährt fort: „In gleicher Weise ist ein echter Lehrer, ebenfalls wie der Arbeiter, seiner Nahrung wert." Das entspricht wörtlich Mt 10, 10: ἄξιος γὰρ ὁ ἐργάτης τῆς τροφῆς αὐτοῦ, wo dieses Sprichwort im selben sachlichen Zusammenhang gebraucht ist. Die nächsten christlichen Parallelen Lk 10, 7 und 1Tim 5, 18 weichen im Wortlaut ab.[102]

c) Das in Did 11, 6. 9 stehende Kriterium für einen echten Apostel und Propheten, daß er kein Geld nehmen und verlangen darf, hat seine Analogie in Mt 10, 9, aber auch in Lk 9, 3 und Mk 6, 8.[103]

Sicherlich ist hier die Ausbeute nicht groß. Aber es darf doch nicht vorausgesetzt werden, daß der Didachist sich nur dann auf das Matthäusevangelium bezogen haben könne, wenn sich alle Anweisungen, die er hier gibt, auch wörtlich dort finden. Denn dann hätte er sich seine Ausführungen an dieser Stelle sparen und wie bei Beten, Almosen und übrigen Dingen in 15, 4 pauschal auf das Evangelium verweisen können. In den Kapiteln 11–13 liegt ja ein aktuelles Problem vor, das er mit seinen Anordnungen bewältigen will. Er unterstreicht deren Gewicht dadurch, daß er sie mit dem „Gebot des Evangeliums" übereinstimmend erklärt und an Aussagen des Evangeliums anknüpft, wo es möglich ist.

Nach diesen vier Stellen, an denen der Begriff „Evangelium" begegnete, sind nun die weiteren ausdrücklichen Berufungen auf eine Autorität zu besprechen.

In 9, 5 heißt es zur Begründung der Anordnung, daß an der Eucharistie nur die Getauften teilnehmen dürfen: „Denn auch hierüber hat der Herr gesagt: Gebt nicht das Heilige den Hunden." Die autoritative Instanz ist hier „der Herr" ohne jede weitere nähere Angabe. Was als Herrenwort zitiert wird, stimmt wörtlich mit Mt 7, 6a überein, wobei es sich um einen Spruch des matthäischen Sondergutes handelt. Auch diesen Spruch kann der Didachist aus der freien Überlieferung erhalten haben; aber nach allem bisher Ausgeführten liegt die Annahme näher, daß er ihn aus dem Matthäusevangelium kennt.[104]

Innerhalb der Anordnungen über die Abgabe der Erstlinge an die Propheten in

---

[99] Köster bezieht sich auf den – nach dieser Ausgabe sekundären – Text von H. Aber was dort 11, 4 in bezug auf Apostel und Propheten steht, war Did 11, 2 schon überhaupt im Blick auf Lehrende gesagt worden.

[100] Überlieferung 210.

[101] δέχεσθαι statt λαμβάνειν.

[102] τοῦ μισθοῦ statt τῆς τροφῆς. Die übrigen sachlichen Entsprechungen (1Kor 9, 14 und jüdische Stellen) weichen noch stärker ab. – Die bei Köster, Überlieferung 212 f., genannten Möglichkeiten sind natürlich nicht auszuschließen; aber für das Matthäusevangelium spricht eben, daß es immer wieder als Möglichkeit auftaucht und an einigen Stellen die bei weitem nächstliegende ist.

[103] In Mk 6, 8 steht allerdings nur der Begriff χαλκός, während die Didache ἀργύρια hat.

[104] Köster, Überlieferung 199, läßt die Frage „zunächst offen. Bei der Kürze dieses Satzes

Kap. 13 erscheint in den Versen 5 und 7 am Schluß die Wendung: „Gib gemäß dem Gebot", bezogen auf verschiedene zu leistende Abgaben. Als fraglose Autorität gilt hier also „das Gebot"; gemeint ist sicherlich: „das *betreffende* Gebot", das bei den Lesern als bekannt vorausgesetzt ist. Entweder denkt der Didachist hier an die alttestamentliche Erstlingsgesetzgebung,[105] die er dann allerdings ausgeweitet haben müßte. Diese Möglichkeit eines Bezuges auf das Alte Testament läßt sich von anderen Stellen der Didache nicht weiter wahrscheinlich machen. Oder aber er bezieht sich auf das 13, 1 f. zitierte Herrenwort vom Arbeiter, der seiner Nahrung wert ist, aus dem sich als Gebot des Herrn ergibt, die Leute, die für die Gemeinde arbeiten, zu versorgen.[106] Die weitgehende Ausweitung der Pflicht zur Abgabe der Erstlinge in 13, 7 spricht eher dafür, daß die ἐντολή, nach der man sich richten soll, eine generalisierende Anwendung des Herrenwortes meint.

Vor der Besprechung der beiden übrigen ausdrücklichen Bezüge auf Autoritäten sollen noch die Stellen angeführt werden, die die These stützen können, daß der Didachist das Matthäusevangelium benutzt hat.

In 7, 1 bietet die Didache die trinitarische Formel von der Taufe „auf den Namen des Vaters und des Sohnes und des heiligen Geistes" in wörtlicher Übereinstimmung mit Mt 28, 19. Die These, daß der Didachist „auch die trinitarische Taufformel aus der Praxis der Gemeinde übernommen" habe,[107] ist auch hier keine ausschließende Alternative zu einem Bezug auf das Matthäusevangelium: Diese Praxis fand ihre Bestätigung in der Fixierung der Tauffromel im Evangelium.[108]

In 8, 1 f. fordert der Didachist seine Leser dazu auf, daß ihr Fasten und Beten sich von dem „der Heuchler" unterscheiden soll. Dabei ist aus der Angabe von Fasttagen in 8, 1 klar, daß er mit „den Heuchlern" „die Juden" meint.[109] Ein solcher Sprachgebrauch von ὑποκριταί

---

beweist das noch keine Abhängigkeit der Did. von Mt., spricht aber auch nicht gegen eine solche."

[105] Vgl. Num 18, 12 f. 15–18; Dtn 18, 3 f.; 26, 1–14.

[106] Dasselbe Herrenwort steht möglicherweise hinter Irenäus, haer. IV 17, 5: *Sed et suis discipulis dans consilium primitias Deo offere ex suis creaturis, non quasi indigenti, sed ut ipsi neque infructuosi neque ingrati sint, eum qui ex creatura est panis accepit et gratias egit dicens: Hoc est meum corpus.* Vgl. Harnack, Prolegomena 128, der nach dem Hinweis auf diese Stelle 1Kor 9, 13 zitiert und darin „die unmittelbare Vorstufe für die Behauptung der Διδαχή" erkennt, „daß die Propheten die Hohenpriester seien".

[107] Köster, Überlieferung 191.

[108] Köster will die trinitarische Tauffromel in Mt 28, 19 für sekundäre Interpolation halten, die erst zu einer Zeit erfolgte, „als die Did. schon längst in ihrer jetzigen Form abgeschlossen vorlag" (Überlieferung 191). Ob die Berufung auf Euseb, den der Mt-Schluß in seinen vornicänischen Schriften ohne die Taufaussagen bietet, diese Annahme tragen kann, erscheint zweifelhaft. Vgl. zum Problem Eduard Schweizer, Das Evangelium nach Matthäus, NTD 2, Göttingen 1973, 347 f.

[109] Nach Rordorf/Tuilier bezeichnet „Heuchler" nicht die Juden, da eine solch scharfe Stellungnahme diesen gegenüber in einer Schrift seltsam wäre, die jüdischer Tradition so viel verdankt; gemeint sei vielmehr eine Gruppe judaisierender Dissidenten (Doctrine 36 f.). Dagegen ist festzustellen: 1. Von christlichen Dissidenten läßt die Didache sonst nichts erken-

findet sich sonst nur im Matthäusevangelium.[110] Der erste Evangelist hat dabei das rabbinisch bestimmte Judentum seiner Zeit im Blick, mit dem er sich auseinandersetzt. Diese Redeweise wird vom Didachisten übernommen und ganz pauschal von „den Juden" gebraucht. Hier läßt sich literarischer Einfluß des Matthäusevangeliums auf die Didache mit Gründen kaum noch abstreiten.[111]

Schließlich ist für Abhängigkeit der Didache vom Matthäusevangelium noch 11,7 anzuführen. Dort wird das Verbot, einen im Geist redenden Propheten zu prüfen oder zu beurteilen, so begründet: „Denn alle Sünden werden vergeben werden, diese Sünde aber wird nicht vergeben werden." Das erinnert an die unvergebbare Sünde bzw. Lästerung gegen den heiligen Geist in Mk 3, 28 f.; Lk 12, 10; Mt 12, 31 f. Die Did-Fassung zeigt dabei wiederum die größte Nähe zum Matthäusevangelium.[112]

Damit ergibt sich als Zwischenergebnis: In der Gemeinde des Didachisten war wahrscheinlich das Matthäusevangelium als „das Evangelium" bzw. „das Evangelium unseres Herrn" bekannt, und es wurde von ihm für seine Schrift benutzt.[113]

nen. 2. Wenn christliche Aussagen gegenüber Juden davon abhingen, was Christen jüdischer Tradition verdanken, hätte es nie einen christlichen Antijudaismus gegeben. 3. Wenn die vorausgesetzten Dissidenten deshalb „Heuchler" genannt werden, weil sie mit den Juden fasten und wie die Juden beten, fallen dann nicht die Juden unter dasselbe Verdikt? – Seltsam auch Audet, Didachè 170 f.

[110] 6,2.5.16; 22,18; 23,13.14.15; 24,51. Dabei sind die Stellen außerhalb von Kap. 6 eindeutig redaktionell, so daß es möglich erscheint, daß auch dort erst Matthäus diese Bezeichnung eingefügt hat. Für den Vergleich mit der Didache s. bes. Mt 6, 5: καὶ ὅταν προσεύχησθε, οὐκ ἔσεσθε ὡς οἱ ὑποκριταί und Did 8,2: μηδὲ προσεύχεσθε ὡς οἱ ὑποκριταί.

[111] Hier gesteht auch Köster zu: „Für die Herkunft dieser Bezeichnung der Juden werden wir also auf Mt. verwiesen, zumindest aber das Mt. 6, 16–18 wiedergegebene Gesetzeswort, das der Did. natürlich aus der freien Überlieferung bekannt gewesen sein kann" (Überlieferung 203). Im Blick auf die zweite angegebene Möglichkeit ist allerdings zu beachten, daß das Wort ὑποκριταί wahrscheinlich matthäischer Redaktion entstammt.

[112] Daß die Didache hier „sehr viel ursprünglichere Züge" zeige (Köster, Überlieferung 216), ist von ihm keineswegs erwiesen worden. Zur Sache vgl. u. S. 39 mit A. 133.

[113] Reichlich unvorstellbar ist mir das Ergebnis von Köster, „daß der Kompilator der Did. wohl schon ein schriftliches Evangelium kannte, aber nicht selbst benutzte, sondern nur auf dasselbe verwies" (Überlieferung 240).

Nicht durchschlagend für die These der Benutzung des Matthäusevangeliums scheinen mir allerdings die Argumente zu sein, die Butler im Blick auf Did 1–6 beibringt ('Two Ways' 28–35). Gewichtiger, aber auch nicht zwingend, sind seine Beobachtungen, die ihn zu dem Schluß führen, daß Did 16,6–8 "partly reproduces and partly interprets what we find in Matt. xxiv. 30 f." Relations 276–280; das Zitat S. 280). Anders John S. Kloppenborg (Didache 16,6–8 and Special Matthean Tradition, ZNW 70, 1979, 54–67), der darzulegen versucht, daß Did 16, 3–8 nicht von Matthäus abhängig sei, sondern von einer Tradition, die der erste Evangelist ebenfalls benutzte.

Ob der Didachist das Matthäusevangelium gebrauchte, läßt sich von solchen Untersuchungen her nicht entscheiden. Zu beachten ist allerdings die Häufung möglicher Bezüge auf Matthäus; das betont Butler mit Recht.

Verfehlt ist es, den mangelnden Bezug der Zitate und Anspielungen zum matthäischen Kontext als Gegenargument anzuführen (so Glover, Quotations 18, 19 u. ö.). Nach diesem Argumentationsmuster müßte man etwa Paulus die Benutzung des AT absprechen.

Einleitung

In 14, 3 wird die vorangehende Forderung, die gottesdienstliche Versammlung nicht durch Streit unter Brüdern zu verunreinigen, so begründet: „Denn das ist das vom Herrn über das Opfer Gesagte: An jedem Ort und zu jeder Zeit mir ein reines Opfer darzubringen; denn ein großer König bin ich, sagt der Herr, und mein Name ist wunderbar unter den Völkern." Das Zitat gilt also als „Herrenwort"; aber wer ist „der Herr"? Es handelt sich um ein Mischzitat aus Mal 1, 11. 14. Im LXX-Text steht in den Versen 11 und 14 und mehrfach auch im Kontext die Wendung: λέγει κύριος παντοκράτωρ (= Jahwe/Adonai Zebaoth). Hier ist also selbstverständlich Gott der Redende. In dem Mischzitat in Did 14, 3 ist die Bezeichnung παντοκράτωρ ausgelassen. Das weist darauf hin, daß unter dem Kyrios hier der Herr Jesus verstanden wird und nicht Gott. Denn die Bezeichnung παντοκράτωρ ist in der Didache offenbar Gott vorbehalten (10, 3). Für einen Bezug der Kyrios-Bezeichnung auf Jesus in Did 14, 3 spricht auch der sonstige Gebrauch von κύριος in dieser Schrift. Nur in der Gebetsanrede κύριε in 10, 5 (om. CA) ist sie sicher auf Gott bezogen. In Did 14, 3 dürfte also Jesus als Redender vorgestellt sein. Aus einem Satz des Kyrios Jahwe ist ein Satz des Kyrios Jesus geworden. Man darf daher weiter folgern: Das Alte Testament ist für den Didachisten deshalb Autorität, weil es Herrenwort ist, weil in ihm der Herr Jesus spricht.

Nachdem in 16, 6 als drittes Zeichen des Endgeschehens die Auferstehung der Toten genannt war, schränkt Vers 7 ein: „Nicht aller jedoch, sondern wie gesagt worden ist: Kommen wird der Herr und alle Heiligen mit ihm." Wer Sprecher des Zitates ist, wird hier nicht gesagt, aber wahrscheinlich doch „der Herr" als solcher vorausgesetzt. Das Zitat entspricht bis auf eine Ausnahme wörtlich dem LXX-Text des Schlusses von Sach 14, 5. Diese Ausnahme besteht darin, daß in LXX – wie im hebräischen Text – auf die Kyrios-Bezeichnung als Apposition folgt: ὁ θεός μου. Aus dem „Herrn, meinem Gott" (= Jahwe) ist also auch hier „der Herr" (= Jesus) geworden. Denn daß der kommende Herr des Zitates Jesus ist, leidet vom Kontext in Did 16 her keinen Zweifel.

Es hat sich also ergeben, daß der Didachist das Alte Testament benutzt und daß er das Matthäusevangelium benutzt. Welchen Stellenwert haben sie als schriftlich fixierte Größen, und wie verhalten sie sich zueinander? Der Didachist bezieht sich auf sie in gleicher Weise als Autoritäten. Das zeigt sich an einigen Zitationsformeln. 9, 5: εἴρηκεν ὁ κύριος (Mt-Zitat); 14, 3: ῥηθεῖσα, 16, 7: ἐρρέθη (alttestamentliche Zitate). Köster macht darauf aufmerksam, daß in Zitationsformeln Perfekt- und Aoristbildungen zu λέγω vom Stamm ῥη- und ῥε- bis zu Justin sonst nur in bezug auf das Alte Testament begegnen. Das im Perfekt „Gesagte wird als in der Vergangenheit abgeschlossen gedacht und liegt jetzt in fester Form vor"[114]. Genau so zitiert Justin dann auch Herrenworte, die ihm im Evangelium vorliegen. Da

---

[114] Überlieferung 200 f.; das Zitat S. 201.

sich diese Zitationsweise auch in der Didache findet, ist das noch einmal ein Beleg dafür, daß in ihrer Gemeinde ein schriftliches Evangelium vorlag.[115]

Daß für den Didachisten das Alte Testament und das Matthäusevangelium auf derselben Ebene stehen, zeigt sich aber vor allem auch daran, daß in beiden „der Herr" spricht. Genau diese Voraussetzung läßt diese Bücher Autoritäten werden. Weil sie gilt, muß dann nicht immer eigens formuliert werden, daß der Herr das und das spricht, sondern es kann auf das Buch selber Bezug genommen werden, wie es in der Didache in den Wendungen geschieht: „wie ihr es im Evangelium (unseres Herrn) habt" (15, 3f.); „gemäß dem Gebot des Evangeliums" (11, 3). An der Didache kann also beobachtet werden, wie das Matthäusevangelium *als Buch* kanonische Bedeutung gewinnt.

6. *Das Milieu der Gemeinde(n) der Didache*

Als Kirchenordnung ist die Didache natürlich für eine christliche Gemeinde, genauer: für einen Gemeindeverband[116], zusammengestellt worden. So spiegelt sie auch deutlich dessen liturgische und geistliche Praxis wider. Aber die Mitglieder dieser Gemeinden lebten ja gewiß nicht ein völlig isoliertes kirchliches Leben, sondern ihr kirchliches Leben erfolgte in einer bestimmten Umwelt und unter deren Bedingungen. Daher soll in diesem Abschnitt zusammengestellt werden, was sich über die Lebensverhältnisse der Gemeinden ausmachen läßt.

a) Ökologisch

Aus zwei Stellen ergibt sich eindeutig, daß die Gemeinden der Didache dem ländlichen Bereich zugehörten. Einmal ist die Anordnung über wandernde Apostel in 11, 6 zu nennen, weil es sich hier um ein aktuelles Problem handelt, die Aussage also nicht auf Tradition beruht und für die Gemeinden der Didache gar nicht mehr gelten könnte: „Geht der Apostel weiter, soll er nichts nehmen außer Brot, bis er übernachtet." Wenn der wandernde Apostel bei seiner Abreise nur einen solchen Brotvorrat mitnehmen darf, der bis zum Abend reicht, wird erwartet, daß er in einem Tagesmarsch den nächsten Ort erreicht, in dem er wieder Leute findet,

---

[115] Köster meint, daß sich hier nicht mehr als eine Frage ergibt (Überlieferung 201). Aber diese Einschätzung versteht sich von seinem Versuch her, alle anderen Erklärungen gelten zu lassen, nur nicht die nächstliegende, daß nämlich der Didachist das Matthäusevangelium benutzt hat.

[116] Daß der Didachist eine Mehrzahl von Gemeinden im Blick hat, zeigt 13, 4. Diese Stelle setzt voraus, daß es Gemeinden gibt, die Propheten haben, und solche, denen es an ihnen fehlt.

die ihn weiterversorgen. Damit aber setzt die Didache ein relativ dicht besiedeltes ländliches Gebiet mit Dörfern und Kleinstädten voraus.

Dieses Wanderaposteltum, gemäß dem der Apostel in jedem Ort nur einen Tag bleiben darf und höchstens im Notfall einen zweiten, ist nur auf dem Lande denkbar.[117] Da der Apostel wahrscheinlich auch missionarische Funktion hatte, wäre die Anweisung, an jedem Ort nur einen Tag zu bleiben, im Blick auf eine Großstadt auch unsinnig. Zum anderen machen die Ausführungen in 13, 3 ein ländliches Milieu wahrscheinlich, wenn dort als Erstlingsabgaben Erträge von Kelter und Tenne, von Rinder- und Schafherden genannt werden.

b) Soziologisch

Innerhalb des Teiles, der das aktuelle Problem betrifft, handelt Did 12 zunächst von durchreisenden Christen, ab Vers 3 von solchen, die sich niederlassen wollen. Als einzige Berufsmöglichkeit eines ansiedlungswilligen fremden Christen wird τεχνίτης genannt. Das handwerkliche, also kleinbürgerliche Element scheint demnach in den Gemeinden der Didache stark vertreten gewesen zu sein. Die Verse 4 und 5 fassen auch Nichthandwerker in den Blick, für die Arbeit – doch offenbar abhängige – beschafft werden soll. Aus den schon genannten Abgaben für die Propheten in 13, 3 geht hervor, daß neben dem handwerklichen Element auch das bäuerliche stand.

Mit der Zwei-Wege-Lehre nimmt der Didachist eine kleine Haustafel auf, die auch Mahnungen an Herren und Sklaven enthält (4, 10f.). Er würde diese Mahnungen sicher nicht weiter tradieren, wären nicht auch in seinen Gemeinden diese sozialen Gegensätze vertreten. Von hier aus ist wohl der ausgeprägte soziale Zug in der Ethik der Didache zu begreifen. Der Lasterkatalog des Todesweges enthält zahlreiche das soziale Gebiet betreffende Aussagen: „die sich des Armen nicht erbarmen, sich um den Mühseligen nicht mühen, ... die sich vom Bedürftigen abwenden, den Bedrängten bedrücken, Fürsprecher der Reichen, ungerechte Richter der Armen" (5, 2). Dem entspricht positiv die starke Mahnung zur Freigebigkeit gegenüber dem Bedürftigen (4, 5.7), besonders in 4, 8: „Du sollst dich vom Bedürftigen nicht abwenden, vielmehr alles teilen mit deinem Bruder und nicht sagen, daß es dein Eigentum sei. Wenn ihr nämlich Genossen im Unsterblichen seid, um wieviel mehr im Sterblichen? Der Vater will, daß allen von den eigenen Gnadengaben gegeben werde." Diese radikale Aussage führt den Didachisten allerdings nicht dazu, die bestehenden Strukturen und Besitzverhältnisse in Frage zu stellen. Ganz im Gegenteil, sie werden sogar – ob gewollt oder ungewollt – stabili-

---

[117] Vgl. Gerd Theißen, Wanderradikalismus. Literatursoziologische Aspekte der Überlieferung von Worten Jesu im Urchristentum, in: Ders., Studien zur Soziologie des Urchristentums, WUNT 19, Tübingen 1979, (79–105 = ZThK 70, 1973, 245–271) 100.

siert, wenn in 4,11 den Sklaven eingeschärft wird, ihren Herren gehorsam zu sein „als einem Abbild Gottes". Wenn aber das Verhältnis des Sklaven zu seinem Herrn verstanden wird als ein τύπος des Verhältnisses des Christen zu Gott, wenn der Gehorsam gegenüber Gott für den Sklaven geradezu seine Entsprechung im Gehorsam gegenüber dem weltlichen Herrn findet, dann wird die Sozialstruktur Herr–Sklave christlich legitimiert und festgeschrieben. Aus einer solchen – zumindest impliziten – Sicht ergibt sich die Folgerung für die soziologische Zusammensetzung der Gemeinde, daß das handwerkliche und bäuerliche Element der kleinen Besitzenden in ihr bestimmend gewesen sein muß. Von ihnen aus wird auch in bezug auf die sozialen Pflichten gedacht. Sie sollen die anderen nicht vergessen, sondern für sie sorgen. Im Rahmen des Bestehenden geht es um die Milderung sozialer Härten.

c) Das Außenverhältnis

Hier läßt sich leider aus den in dieser Hinsicht äußerst spärlichen Angaben der Didache nur wenig ausmachen. Eine polemische Abgrenzung gegenüber anderen findet sich nur an einer einzigen Stelle, nämlich in Did 8, wenn es dort einmal heißt, daß die Christen nicht wie „die Heuchler" fasten sollen, nämlich nicht an denselben Tagen. Als die Fasttage „der Heuchler" werden Montag und Donnerstag genannt. Das sind die jüdischen Fasttage, so daß klar ist, daß hier eine Abgrenzung gegenüber Juden erfolgt, die unter Aufnahme des bei Matthäus gebrauchten Begriffes pauschal als „Heuchler" diffamiert werden. Der Didachist grenzt sich hier also vom Judentum ab. Aber inhaltlich zeigt er sich sogleich von ihm beeinflußt; denn auch die Christen sollen an zwei Wochentagen fasten. Zum anderen erfolgt in Kap. 8 eine Abgrenzung vom Judentum in bezug auf das Gebet. Hier bezieht sie sich auf dessen Inhalt, wenn der Didachist das Vaterunser als christliches Gebet zitiert. Aber dann macht sich der jüdische Einfluß darin bemerkbar, daß er fordert, es dreimal täglich zu beten. Genau dazu war jeder Jude in bezug auf das Achtzehnbittengebet verpflichtet.

Auch sonst zeigt sich starker jüdischer Einfluß: Die ganze Zwei-Wege-Lehre ist ursprünglich jüdisch; die Eucharistiegebete gehen auf jüdische Tischgebete zurück; die kleine Apokalypse ist entweder selbst als ganze oder zumindest in allen Einzelelementen jüdisch. Aus all dem ergibt sich, daß die Umwelt der Gemeinden der Didache zumindest auch jüdisch geprägt, daß die Trennung zwischen Kirche und Synagoge abgeschlossen ist und daß man sich nicht gerade freundlich gegenübersteht.

Die Umwelt dieser Gemeinden wies aber nicht ausschließlich jüdische Prägung auf. Das zeigt sich an der Mahnung in 6,3, die eine Abgrenzung gegenüber dem Heidentum vornimmt: „Doch vor dem Götzenopferfleisch nimm dich sehr in acht; denn es ist Dienst für tote Götter."

Einleitung

Innerchristliche Auseinandersetzungen spiegeln sich in der Didache nirgends wider; eine andersgeartete christliche Gruppe tritt nicht in das Blickfeld. Es finden sich lediglich Mahnungen, reisende Apostel und Propheten sowie einfache Christen, für die die Gemeinde zu sorgen hat, daraufhin zu prüfen, ob es sich bei ihnen nicht um Scharlatane handelt, die mit dem Christennamen Schindluder treiben, um sich auf Kosten christlicher Gemeinden durchs Leben zu schlagen. Bei den Gemeinden der Didache spielen also offensichtlich innerchristliche Kontroversen keine große Rolle. Die Abgrenzung vom Judentum ist vollzogen, der jüdische Einfluß aber stark. Die Abgrenzung gegenüber dem Heidentum geschieht nicht bloß ideell, sondern bezieht sich offensichtlich auch auf Fleischkauf und Fleischgenuß.

d) Das Innenverhältnis

Auf die starke Betonung von Pflichten, die den sozialen Bereich betreffen, wurde schon hingewiesen. Durch das Instrument des Almosens (4, 5–8) ist die Gemeinde ein Ort, an dem ein gewisser – natürlich begrenzter – Austausch zwischen reich und arm stattfindet. Die in der Gemeinde gesammelten Almosen setzen sie instand, die Bedürftigen in ihr zu versorgen. Die Gemeinde ist so eine Solidargemeinschaft gegenseitiger sozialer Hilfe. Das geht auch aus Did 12 hervor. Nach Vers 1 ist jeder Durchreisende, der sich durch Nennung des Namens Jesu Christi als Christ ausweist, von der Gemeinde aufzunehmen. Das heißt konkret: Er bekommt zu essen und erhält einen Schlafplatz. Gegenüber dem reisenden Bruder gilt zunächst einmal das elementare Gebot der Gastfreundschaft, ohne daß irgendwelche Schranken aufgerichtet werden. Wer sich als Handwerker ansiedeln will, kann das tun. Versteht der Ansiedlungswillige kein Handwerk, soll ihm die Gemeinde nach ihrer Einsicht zu einer sinnvollen Betätigung verhelfen. Die Existenz als Solidargemeinschaft erlaubte es der Gemeinde, ein Stück guter Weltfremdheit zu praktizieren, indem sie sich der Zauberei und Magie, der Abtreibung und Kindesaussetzung verweigerte (2, 2; 3, 4; 5, 1).[118] Was diese christliche Solidarität in einer Zeit bedeutete, die keine institutionellen sozialen Absicherungen kannte, ist kaum zu überschätzen.

Der Schluß von 12, 5 warnt vor Leuten, die unter der Vorgabe, Christen zu sein, die Sozialleistungen christlicher Gemeinden ausnützen und so ihr Leben fristen. Solche Leute gab es offensichtlich; sonst brauchte der Didachist sie nicht zu erwähnen. Daß es sie gab, spricht für die christlichen Gemeinden. Denn es läßt auf eine gut organisierte soziale Versorgung schließen, die auf der Opferbereitschaft der Gemeindemitglieder beruhte und die offensichtlich auch Nichtchristen bekannt wurde und gewiß Anziehungskraft ausübte.

[118] Magie und Zauberei waren nicht zuletzt Ausdruck sozialer Ungesichertheit; Abtreibung und Kindesaussetzung erfolgten häufig aus sozialer Not (s. u. S. 92 f. A. 9).

Didache (Apostellehre)

7. Gemeindeverfassung und Gemeindeverhältnisse

In den Gemeinden der Didache gibt es zwar in besonderer Weise herausgehobene Funktionsträger, aber noch keine Hierarchie, die der Menge der „Laien" gegenüberstünde. Man kann hier durchaus noch von einem „Priestertum aller Gläubigen" reden. Dafür lassen sich die folgenden sechs Punkte anführen[119]:

1. Weder der Vollzug der Taufe (7, 1–4) noch der der Eucharistie und der Salbung (9 f.) ist an eine „Amtsperson" oder eine Beauftragung durch sie gebunden.[120] Wenn es in 10, 7 ausdrücklich heißt, den Propheten sei es erlaubt, bei der Eucharistie zu beten, so viel sie wollen, sie also nicht auf die vorher mitgeteilten Gebetsformulare beschränkt werden, dann bedeutet das für den Normalfall, daß diese festgelegten Texte von irgend jemandem in der Gemeinde gesprochen werden. Die Didache ordnet keinen bestimmten Sprecher an.[121]

2. Die Mahnung zur Feier des sonntäglichen Gottesdienstes, zu dem selbstverständlich ein Mahl gehört, ergeht an alle (14, 1). Für das in diesem Zusammenhang genannte Sündenbekenntnis bei der Eucharistie wird kein anderes Forum vorausgesetzt als die Gemeinde; entsprechend heißt es in 4, 14: „In der Gemeinde sollst du deine Übertretungen bekennen."

3. Die Gemeindedisziplin ist Aufgabe aller und nicht Sache einer bestimmten Instanz in der Gemeinde (15, 3). In 2, 7 trägt der Didachist jedem Katechumenen auf, zurechtzuweisen; und in 4, 3 mahnt er, dabei nicht auf die Person zu sehen.

4. Nach 16, 2 soll bei der gottesdienstlichen Zusammenkunft gemeinsam nach dem gesucht werden, was sich gebührt. Die Versammlung ist also nicht ein Ort, wo Autoritäten Weisungen geben, denen diskussionslos gefolgt werden muß.

5. Bei der Regelung der Abgaben der Gemeindemitglieder für die Charismatiker in Did 13 heißt es in Vers 7, daß jeder *nach seinem Gutdünken* abgeben soll. Es gibt also keine Instanz in der Gemeinde, die genaue Festsetzungen über die zu leistenden Abgaben trifft und über ihre Einhaltung wacht, sondern jeder einzelne ist selbst verantwortlich.

6. Nach den Kapiteln 11 f. fällt es in die Zuständigkeit der ganzen Gemeinde, wandernde Apostel und Propheten sowie sonstige reisende Christen auf ihre Echtheit hin zu überprüfen.

Diese sechs Punkte machen also deutlich: Die Didache kennt noch keine ausgebildete Hierarchie; Leitungsfunktionen sind noch nicht zu Instanzen institutionalisiert; die höchste Instanz in der Gemeinde ist die Gemeinde selbst.[122] Das ist

---

[119] Vgl. zum Folgenden auch Knopf, Zeitalter 159 f.
[120] Ganz anders bei Ignatius von Antiochien; vgl. Sm 8, 1: „Jene Eucharistie gelte als zuverlässig, die unter dem Bischof oder einem von ihm Beauftragten erfolgt."
[121] In CA sind es die Presbyter, denen das Sprechen der Eucharistiegebete zukommt; das ist wohl schon im 1Klem der Fall (vgl. 44, 4 f.).
[122] So betont Deussen, es müsse „zur Geltung gebracht werden, daß vorgängig jeder

erstaunlich im Vergleich zu den Verhältnissen, wie sie sich im 1. Klemensbrief, in den Ignatiusbriefen und den Pastoralbriefen widerspiegeln.

Dieses „Priestertum aller Gläubigen" bedeutet so wenig wie bei Paulus Uniformität. Die Didache kennt durchaus verschiedene Funktionsträger. Sie kennt Charismatiker und auch schon Leute, die man „Gemeindebeamte" nennen kann. Die Ansätze des Übergangs vom Charismatikertum zum Gemeindebeamtentum lassen sich hier beobachten. Aber das beeinträchtigt nicht die vorher getroffenen Feststellungen.

Bei der Erwähnung von Funktionsträgern nehmen „Apostel und Propheten" den breitesten Raum ein, von diesen wiederum die Propheten. Sie werden in 11, 3 gemeinsam nebeneinander genannt, dann aber wird in 11, 4–6 zunächst über die Apostel gehandelt und anschließend in 11, 7–12 über die Propheten. Dabei haben einige Anordnungen über die Propheten große Ähnlichkeit mit solchen über die Apostel. Apostel und Propheten scheinen also Gemeinsamkeiten zu haben, aber dennoch deutlich unterscheidbar zu sein. Gemeinsam ist ihnen offenbar das Wandern und das Lehren. Darauf weist die Einleitung in 11, 1 f. Hier geht es um wandernde Christen, die der Gemeinde fremd sind und die mit dem Anspruch auftreten, zu lehren. Sie werden aber nicht „Lehrer" genannt. Vom Folgenden her ist es wahrscheinlich, daß es Apostel und Propheten sind. Das, was sie lehren, soll von der Gemeinde an dem gemessen werden, was der Didachist vorher ausgeführt hat, also an den Zwei Wegen und den Anordnungen über Taufe, Fasten, Beten, Eucharistie und Salböl. Die Ethik und das Einhalten von Regularien sind hier also das Kriterium.[123]

Die ausführliche Behandlung von Aposteln und Propheten hat ihre Ursache darin, daß hier ein aktuelles Problem vorlag. Es geht nicht um dogmatische Auseinandersetzungen; sondern unter diesem Wandervolk gab es offensichtlich immer wieder schamlose Leute, die die Gutgläubigkeit von Christen für die Fristung ihres Lebensunterhaltes ausnützten und denen Bekenntnisse wohl glatt über die Lippen gingen. So will der Didachist ihre Echtheit an ihrer Lebensweise ausgewiesen sehen.

Das hier vorliegende Problem läßt sich sehr schön an einigen Zitaten aus Lukians Buch ›Über das Ende des Peregrinus‹ illustrieren. Lukian erzählt, der vom Hellespont stammende Peregrinus habe seine Heimat verlassen, weil er seinen Vater umgebracht hätte (10). In Palä-

---

Strukturierung oder gar Ämterdifferenzierung in der Didache die Gemeinde als solche in den Vordergrund tritt. Sie erscheint als die verantwortlich Handelnde und permanent Amtierende" (Bischofswahl 132).

[123] Ein völlig anderes Kriterium wird 2Joh 7 genannt: „Viele Verführer sind in die Welt ausgegangen, die nicht bekennen, daß Jesus Christus im Fleisch kommt; das ist der Verführer und der Antichrist." Hier wird eine christologische Aussage zum Kriterium, das zwischen Rechtgläubigkeit und Ketzerei scheidet. Dieser Vergleich zeigt, daß solche Probleme in den Gemeinden der Didache offensichtlich keine Rolle spielten.

stina habe er Christen kennengelernt und sich ihnen angeschlossen; alsbald sei er bei ihnen „Prophet, Kultleiter, Vorsteher und alles mögliche" geworden (11). Er wurde als Christ gefangengesetzt, was ihm bei den Christen nur um so größere Ehre einbrachte (12). Nach seiner Entlassung kehrt er in seine Heimatstadt zurück. Dort beschreibt Lukian seinen Auftritt so: „Er trug sein Haar lang, war mit einem abgetragenen schmutzigen Mantel umkleidet, hatte den Ranzen umgehängt und den Stock in der Hand" (15).[124] Peregrinus nimmt sein Wanderleben wieder auf; darüber schreibt Lukian: „Als hinreichende Unterstützung hatte er die Christen, von denen er wie von Trabanten in allem Überfluß gehalten wurde. Und eine Zeitlang ernährte er sich so. Als er sich danach einer Übertretung bei ihnen schuldig gemacht hatte – er wurde nämlich gesehen, glaube ich, wie er bei ihnen Verbotenes aß –, ließen sie ihn nicht mehr zu" (16). Und vorher hatte Lukian schon über die Christen bemerkt: „Ihr erster Gesetzgeber überzeugte sie, daß sie alle einander Brüder seien, wenn sie einmal den Schritt vollzogen haben, die griechischen Götter zu verleugnen, jenen gekreuzigten Sophisten aber zu verehren und gemäß seinen Gesetzen zu leben. Sie achten daher alles in gleicher Weise gering und halten es für gemeinsam, wobei sie solches ohne jeden genauen Beweis annehmen. Wenn daher irgendein Gaukler (γοής), Ränkeschmied (τεχνίτης ἄνθρωπος), der Gelegenheiten wahrzunehmen versteht, zu ihnen kommt, der wird sofort in kurzer Zeit sehr reich, indem er einfachen Leuten Eindruck macht" (13).[125]

Nach Did 11, 4f. gehört es zum Apostel notwendig hinzu, daß er umherzieht.[126] In der Regel bleibt er in einer Gemeinde nur einen einzigen Tag und wandert dann zur nächsten. Nur im Ausnahmefall darf er zwei bleiben: „wenn es nötig ist..." Die Notwendigkeit bezieht sich wohl nicht auf die Gemeinde, sondern auf den Apostel, wenn er aus einem der Gemeinde einsichtigen Grund nicht weiterwandern kann. Will sich der Apostel behaglich einrichten, indem er einen dritten Tag zu bleiben gedenkt, erweist er sich damit als Lügenprophet.[127] Die Anordnung in 11, 6, dem weiterziehenden Apostel lediglich eine Tagesration Brot mitzugeben, soll ihn geradezu zu der ihm zukommenden Wanderexistenz zwingen.

Das also ist für den Apostel nach der Didache konstitutiv: Er führt eine rastlose und besitzlose Wanderexistenz.[128] Er kann sich daher seinen Lebensunterhalt gar

---

[124] Mk 6, 8 verbietet den Ranzen, Q (Mt 10, 10/Lk 9, 3) auch den Stock.

[125] Vgl. auch Origenes, contra Celsum VII 9–11.

[126] „Die *peregrinatio*... ist für den Apostel... offenbar eine konstitutive Bestimmung" (Niederwimmer, Wanderradikalismus 154).

[127] Auffällig ist, daß hier nicht „Lügenapostel" steht, sondern „Lügenprophet". Das mag schlicht daran liegen, daß ψευδαπόστολος im Urchristentum ein ungewöhnlicher Begriff war. Er begegnet nur ein einziges Mal bei Paulus in 2Kor 11, 13 innerhalb einer aktuellen Auseinandersetzung und dürfte von Paulus selbst geprägt sein. Dagegen wird der Begriff ψευδοπροφήτης relativ oft gebraucht. Vgl. Niederwimmer, Wanderradikalismus 155 A. 26; Rordorf/Tuilier, Doctrine 52.

[128] Der Kreis der Apostel ist hier also nicht auf eine bestimmte Personengruppe begrenzt. „Die Tatsache, daß man die Mißstände der Did. 11 geschilderten Art nicht dadurch auszuschalten versucht, daß man den Gemeinden einfach eine namentliche Liste der 'autorisierten'

nicht durch eigene Arbeit verdienen, sondern wird bei seinen kurzen Aufenthalten von der jeweiligen Gemeinde ernährt und für den Weitermarsch mit einer Tagesration ausgestattet. Was er in der Gemeinde tut, darüber wird hier nichts gesagt. Doch ist nach der allgemeinen Einleitung in 11,1f. anzunehmen, daß er in irgendeiner Weise lehrt. Im Unterschied zum Propheten redet er aber wohl nicht ἐν πνεύματι. Seine Hauptaufgabe war vielleicht die Mission.[129]

Im urchristlichen Vergleich erscheint es als ein erstaunliches, ja anachronistisches Phänomen, daß es in der Gegenwart der Didache Apostel gibt. Überall sonst in den späteren Schriften sind die Apostel eine Größe der Vergangenheit.[130] Lediglich in Apk 2,2 begegnen „sogenannte Apostel", die als Häretiker abgewiesen werden. Nur hier bietet sich ein Vergleichspunkt. Doch geht aus der Stelle über die Art dieser Apostel leider nichts hervor.[131]

Am ausführlichsten handelt die Didache über die Propheten. Der Prophet spricht ἐν πνεύματι (11,7); das zeichnet ihn als Propheten aus. Nicht er redet, sondern der Geist Gottes redet durch ihn. Doch ist diese prophetische Rede nicht glossolalisch, sondern verständlich.[132] Weil der Prophet ἐν πνεύματι redet, verbietet der Didachist kategorisch eine Prüfung und Beurteilung prophetischer Rede (11,7). Er bezieht hierauf das synoptische Wort von der unvergebbaren Sünde gegen den heiligen Geist.[133] Er weiß aber auch, daß nicht jeder, der vorgibt, ein Prophet zu sein, wirklich einer ist, daß das Phänomen inspirierter Rede als solches, das Sprechen in einer gewissen Entrücktheit, nicht ausreicht. Welches sind die Kriterien dafür, daß es der Geist Gottes ist, der hier redet, und nicht irgendwel-

---

Apostel mitteilt, beweist, daß die Zahl der gemeinten Apostel eben grundsätzlich und ihrem Wesen nach unbegrenzt und unkontrollierbar gewesen sein muß" (Saß, Apostel 236).

[129] Vgl. Rordorf/Tuilier, Doctrine 51, wonach die Apostel als Missionare in bereits etablierten Gemeinden notwendig eine reduzierte Rolle spielten. Saß erkennt einen Zusammenhang zwischen der missionarischen Funktion des Apostels und der Anweisung, daß er in einer Gemeinde nur einen Tag bleiben darf: „Den echten Apostel treibt der Geist des Herrn zu den Heiden; er hat keine Zeit zum Ruhen an Orten, in denen bereits Christengemeinden bestehen" (Apostel 236f.). Die missionarische Aufgabe des Apostels nahmen schon an: Franz Xaver Funk, Doctrina Duodecim Apostolorum, Tübingen 1887, 32; Harnack, Lehre 37f.; Knopf, Zeitalter 153. Niederwimmer vermutet „als Funktion des Apostels...: eschatologische Verkündigung, Bußruf, Exorzismen" (Wanderradikalismus 156).

[130] Nicht nur nach den engen lukanischen Kriterien (Act 1,21f.), sondern auch nach den weiteren paulinischen (vgl. 1Kor 9,1; 15,5–11; Gal 1,15f.) ist der Apostelkreis grundsätzlich auf eine bestimmte Personengruppe begrenzt.

[131] Daß der Apostel wandert, ist im Urchristentum ein durchgängiger Zug – mit Ausnahme der lukanischen Konstruktion vom Zwölferapostolat in Jerusalem.

[132] Paulus hebt in 1Kor 14 die Verständlichkeit prophetischer Rede gerade als wichtigen Unterschied zur Glossolalie hervor. Nichtsdestoweniger ist prophetische Rede inspiriert; sie erfolgt aufgrund einer Offenbarung (1Kor 14,30).

[133] Das ist ein bedeutsamer Unterschied zur paulinischen Sicht. Nach Paulus (vgl. 1Kor 14,29; 1Thess 5,21f.) ist die Gemeinde kritische Instanz gegenüber allen in ihr gemachten Äußerungen; vgl. dazu Klaus Wengst, Das Zusammenkommen der Gemeinde und ihr „Gottesdienst" nach Paulus, EvTh 33, 1973, 547–559, bes. 551–553.

cher anderer Geist?[134] Die Antwort lautet: An seiner Lebensweise soll der echte Prophet erkannt werden. Genauer heißt es, daß derjenige Prophet ist, der τοὺς τρόπους κυρίου hat (11, 8). Das kann mit „die Lebensweise des Herrn" übersetzt werden, so daß an die besitzlose Wanderexistenz Jesu gedacht wäre. Aber da der Prophet nach der Didache auch ortsansässig sein kann, die Wanderexistenz für ihn also nicht konstitutiv ist, muß die Wendung wohl in einem mehr allgemeinen Sinn als „am Herrn orientierte Lebensweise" verstanden werden. Über dieses generelle Kriterium der Lebensweise hinaus nennt der Didachist dann in 11, 9–12 noch Einzelpunkte.[135]

Daß für den Propheten im Unterschied zum Apostel die Wanderexistenz nicht konstitutiv ist, belegt 13, 1: „Jeder echte Prophet aber, der sich bei euch niederlassen will, ist seiner Nahrung wert." Die Versorgung wandernder Propheten durch die Gemeinde versteht sich von selbst. Aber auch der Prophet, der ortsansässig wird, muß sich – anders als ein niederlassungswilliger einfacher Christ – seinen Lebensunterhalt nicht durch seiner Hände Arbeit verdienen; er wird von der Gemeinde unterhalten. Dafür gibt der Didachist in 13, 3–7 Anordnungen. Sehr zahlreich scheinen die Propheten jedoch nicht mehr gewesen zu sein, da 13, 4 festlegt: „Wenn ihr aber keinen Propheten habt, gebt dem Armen."[136] Und nach 15, 1 können Bischöfe und Diakone die Funktionen von Propheten und Lehrern übernehmen.[137] Es ist auffällig, daß das Wort ψευδοπροφήτης in der späteren urchristlichen Zeit relativ häufig begegnet.[138] Daran zeigt sich, daß das prophetische Element in die Häresie abgedrängt wird; und mit falschen Propheten hat es auch der Didachist zu tun, wenn auch die Hochschätzung des echten Propheten noch ungebrochen ist.

---

[134] Dieses Problem wird ausführlich Herm mand XI behandelt mit derselben Tendenz wie in Did 11.

[135] Gottfried Schille, Das Recht der Propheten und Apostel – gemeinderechtliche Beobachtungen zu Didache Kapitel 11–13, in: Theologische Versuche I, hrsg. von Paul Wätzel u. Gottfried Schille, Berlin 1966, 84–103, erkennt in dem Abschnitt Did 11,7ff. Widersprüche, die er überlieferungsgeschichtlich erklärt. Für den Autor sei „die Diakrise des Propheten nicht nur verboten, sondern auch sinnlos" (88). „Daß eine ältere Traditionsstufe die Propheten zu prüfen pflegte", weise er „als Sünde wider den Geist" ab (87). – Aber warum nimmt er dann so ausführlich diese Anweisungen zur Prüfung auf? Zur Kritik an Schille vgl. Niederwimmer, Wanderradikalismus 148 A. 8 und 165 A. 60.

[136] Dieser Vers ist von Audet, Didachè 458, und Niederwimmer, Wanderradikalismus 151 und 163 A. 48, als spätere Glosse ausgeschieden worden, die aus einer Zeit stamme, da auch die ortsansässigen Propheten selten geworden seien. – Das überzeugt nicht; denn diese Zeit ist durchaus schon die Zeit des Didachisten, wie die Ausführungen in 15, 1f. zeigen. S. u. S. 42 mit A. 145.

[137] In den paulinischen Gemeinden war das offensichtlich noch anders. Hier spielten Propheten nicht nur eine hervorragende Rolle, sondern waren auch zahlreich vertreten (vgl. 1Kor 14,29–32).

[138] 1Joh 4,1; Apk 16,13; 19,20; 20,10; Mk 13,22par. Mt 24,24; Mt 24,11; 7,15; Act 13,6; vgl. 2Petr 2,1; Lk 6,26.

Nach Apostel und Propheten ist an dritter Stelle der Lehrer zu nennen. Er begegnet in der Didache nur sehr kurz an zwei Stellen, beide Male in enger Verbindung mit dem Propheten. Nach 13, 2 ist, wie der Prophet, so auch der echte Lehrer „seiner Nahrung wert"; und nach der schon erwähnten Stelle 15, 1 können Bischöfe und Diakone den Dienst von Propheten und Lehrern verrichten. Diese Zusammenstellung, vor allem die Anordnung, daß auch der Lehrer von der Gemeinde unterhalten werden muß, macht klar, daß er ebenfalls als Charismatiker gilt, der allerdings ortsansässig zu sein scheint. Wahrscheinlich ist er 4, 1 im Blick, wo es heißt: „Kind, dessen, der dir das Wort Gottes sagt, sollst du Tag und Nacht gedenken." Aufgabe des Lehrers wäre demnach auch die katechetische Unterweisung.[139] Wie die Propheten scheinen die Lehrer im Bereich der Didache selten geworden zu sein.[140]

Schließlich – und das ist die für die Folgezeit wichtigste Gruppe – kennt die Didache „Bischöfe und Diakone" (15, 1 f.). Für sie ist es konstitutiv, daß sie ortsansässig sind und gewählt werden. Darin besteht ihre erste Besonderheit. Das heißt auf der anderen Seite, daß Apostel, Propheten und Lehrer nicht gewählt werden; bei ihnen handelt es sich um Charismatiker. Sodann besteht eine weitere Besonderheit der Bischöfe und Diakone darin, daß sie nicht von der Gemeinde versorgt werden. Sie haben also einen Beruf, der sie ernährt. Was aber ist ihr besonderer Funktionsbereich, und wie unterscheiden sie sich voneinander? Die letzte Frage läßt sich von Did 15, 1 f. her nicht beantworten. „Bischöfe und Diakone" werden hier immer in einem Atemzug genannt. Das legt die Annahme nahe, daß ihre Funktionsbereiche zumindest benachbart waren.[141] Aus der Anknüpfung mit οὖν

[139] Das entspricht Hebr 5, 12, wonach es Sache der Lehrer ist, „die Anfangsgründe der Aussprüche Gottes zu lehren". Mit der katechetischen eng verbunden ist die ethische Unterweisung. Dabei scheint sich, nach den einschlägigen urchristlichen Stellen zu urteilen, der Lehrer auf die Tradition bezogen zu haben, vor allem auf die alttestamentliche, aber auch auf die beginnende christliche. Vgl. Heinz Schürmann, „... und Lehrer". Die geistliche Eigenart des Lehrdienstes und sein Verhältnis zu anderen geistlichen Diensten im neutestamentlichen Zeitalter, in: Dienst der Vermittlung. FS zum 25jährigen Bestehen des philosophisch-theologischen Studiums im Priesterseminar Erfurt, hrsg. von Wilhelm Ernst u. a., EThS 37, Leipzig 1977, 107–147. Sein Vorbild hat der Lehrer sicherlich im jüdischen Schriftgelehrten, der ebenfalls Anweisungen in Form von Schriftauslegung gibt.
[140] Vgl. weiter Hermann-Ad. Stempel, Der Lehrer in der „Lehre der zwölf Apostel", VigChr 34, 1980, 209–217, der mir allerdings mehr Aussagen über den Lehrer zu finden scheint, als sich aus der Didache begründen lassen.
[141] „Bischöfe und Diakone" tauchen zuerst und ganz vereinzelt bei Paulus auf, in Phil 1, 1 innerhalb der *adscriptio* des Präskripts. Es handelt sich hier wahrscheinlich um Leitungs- und Verwaltungsfunktionen im weitesten Sinne; vgl. Joachim Gnilka, Der Philipperbrief, HThK X/3, Freiburg u. a. ²1976, 32–39. In Act 20, 28 läßt Lukas Paulus zu den ephesinischen Presbytern sagen, der heilige Geist habe sie in der Herde als Bischöfe gesetzt, die Gemeinde Gottes zu weiden. Hier taucht für die Presbyter als gemeindeleitendes Organ die Bezeichnung „Bischöfe" auf. Allerdings werden diese Presbyter-Bischöfe nach Meinung des Lukas nicht von der Gemeinde gewählt; denn Act 14, 23 läßt er Paulus und Barnabas Presbyter einsetzen. Diese Sicht wird dann breit vertreten im 1. Klemensbrief (42. 44). Hier sind die

in 15,1 an die Ausführungen über die sonntägliche Zusammenkunft in Kap. 14 wird oft geschlossen, daß sie leitende Funktionen beim Gottesdienst wahrnahmen.[142] Das ist wahrscheinlich. Doch muß zugleich hinzugefügt werden, daß daraus nicht auf ein Gegenüber von „Kultusbeamten" und „Laien" geschlossen werden darf; von dem, was zur Rolle der Gemeinde als ganzer gesagt wurde, ist nichts zurückzunehmen.[143] Die Anordnung, daß Bischöfe und Diakone nicht geldgierig sein sollen, legt weiter die Annahme nahe, daß sie vor allem auch mit den Finanzen der Gemeinde zu tun hatten. Vielleicht darf man sich die Zuordnung ihrer Funktionen in dieser Hinsicht so vorstellen, daß die Bischöfe das Geld einnahmen und verwalteten und die Diakone es im Vollzug der sozialen Gemeindedienste ausgaben und verbrauchten.[144]

Darüber hinaus läßt Did 15,1f. erkennen, daß Bischöfe und Diakone ihren Funktionsbereich über ihre ursprünglichen und eigentümlichen Aufgaben hinaus erweitern. Sie übernehmen die Funktionen von Propheten und Lehrern, die offensichtlich rar geworden sind.[145] Wahlämter ersetzen Charismatiker.[146] Der Di-

Presbyter-Bischöfe Gemeindeleiter, deren Stellung durch eine Sukzessionsreihe abgesichert wird. In den Pastoralbriefen taucht der Begriff Bischof im Singular auf und wird gleichsinnig mit „Presbyter" gebraucht. Es handelt sich offenbar um den obersten Gemeindebeamten, der die Gemeinde repräsentiert. Bei Ignatius schließlich ist die Idee des monarchischen Episkopats voll ausgeprägt. Hier wird die Stellung des Bischofs durch das Postulat himmlischer Analogien abgesichert. Vgl. zum Ganzen Hans von Campenhausen, Kirchliches Amt und geistliche Vollmacht in den ersten drei Jahrhunderten, BHTh 14, Tübingen 1953, 86–131. Gemessen an diesem Überblick wirkt die Didache reichlich archaisch. Vor allem ist auffällig, daß Bischöfe (und Diakone) *von der Gemeinde gewählt* werden.

[142] Audet, Didachè 195. 464; Knopf, Zeitalter 155.

[143] Das betont mit Recht Knopf, Zeitalter 155.

[144] Vgl. Knopf, Zeitalter 155f., und die Beschreibung des Sonntagsgottesdienstes durch Justin, apol. I 67.

[145] „Als einziger Grund dafür, daß die Episkopen und Diakone Anteil am Dienste des Wortes erhalten, kann nur das Seltenerwerden der Pneumatiker in Betracht kommen" (Knopf, Zeitalter 158). – Niederwimmer, Wanderradikalismus 165 A. 59, meint allerdings: „Daß dies in dem Maße geschehe, als Propheten in den Gemeinden fehlten..., ist freilich in 15,1f. nicht angedeutet und lediglich aus 13,4 erschlossen." Doch um welcher Ursache sonst willen sollen Bischöfe und Diakone den Dienst von Propheten und Lehrern übernehmen? Die Lösung Niederwimmers: „der Vollzug und die Leitung des Gottesdienstes, Funktionen, die seit der Etablierung der Spiritualen in den Gemeinden in den Händen der Spiritualen lagen, sollen nun zugleich auch (?) von der aus der Ortsgemeinde selbst stammenden Gruppe der Funktionäre übernommen werden" (165), ist kaum vorstellbar. 164 A. 56 stellt Niederwimmer „die Frage, ob die Did. 15,1f. geforderten Episkopen und Diakone je *nur* organisatorisch-praktische Funktionen ausübten". Demnach ergäbe sich folgender Ablauf: 1. Die „örtlichen Funktionäre" hatten eine leitende Stellung beim Vollzug des Gottesdienstes; 2. „Spirituale" etablierten sich in den Gemeinden und rissen die Leitung des Gottesdienstes an sich; 3. die Didache weist sie beiden Gruppen zu. – Die Abfolge von 1. und 2. läßt sich aus der Didache nicht belegen; und träfe sie zu, würde mit 3. der Konflikt geradezu festgeschrieben.

[146] „Die Amtsträger bekommen Anteil an der gottesdienstlichen Tätigkeit der Geistträger, wie diese beten, lehren, erbauen, legen sie aus, und erst dadurch treten sie im Ansehen an

Einleitung

dachist wertet Bischöfe und Diakone auf, indem er sie mit Propheten und Lehrern gleichstellt.

Insgesamt ist festzustellen: In bezug auf die in ihr vorausgesetzte Gemeindeverfassung zeigt die Didache ein relativ archaisches Bild. Zusammenfassend seien noch einmal vier Punkte festgehalten:

1. Die Gemeinde als ganze in allen ihren Mitgliedern hat noch eine hohe Bedeutung; man kann hier durchaus von einem „Priestertum aller Gläubigen" sprechen. Gegenüber Paulus zeigt sich in dieser Hinsicht lediglich eine Einschränkung in dem Verbot, prophetische Rede zu prüfen und zu kritisieren. Das wird dann schwerwiegende Folgen zeitigen, wenn Bischöfe das Erbe der Propheten angetreten haben und auch sie der Kritik der Gemeinde entzogen sind.

2. Ein Rudiment aus alter Zeit ist der Tatbestand, daß die Didache noch Apostel kennt. Der Apostelbegriff ist nicht, wie fast überall sonst, auf die allererste urchristliche Zeit beschränkt.

3. Die Didache kennt noch Propheten, die sonst ebenfalls nur als Größen der Vergangenheit gelten oder aber weitgehend in die Häresie abgedrängt sind.

4. Die schon fortgeschrittene Zeit der Didache zeigt sich daran, daß Propheten und Lehrer selten werden, daß die charismatischen Funktionen in der Gemeinde abnehmen. An ihre Stelle treten Bischöfe und Diakone. Gemeindeleitende und verwaltende Funktionen ziehen die Funktionen von Lehre und Unterweisung an sich. Aber die Besonderheit der Didache zeigt sich auch an dieser Stelle darin, daß Bischöfe und Diakone gewählt werden. Das läuft dem sonstigen Trend zuwider, der diese Funktionen aus der Verantwortung der Gemeinde herausnimmt.

8. Die Eucharistie [147]

a) Die Bezeichnung

Die Didache kennt eine spezifisch christliche Mahlfeier mit den Bestandteilen Brot und Wein, die aber nicht „Abendmahl" oder „Herrenmahl" genannt wird, sondern „Eucharistie". Um was es dabei geht, beschreibt der Didachist in 14,1

die ihnen ursprünglich weit überlegene Gruppe der Propheten und Lehrer heran. Die Entwicklung zum Katholizismus ist deutlich: das Amt beginnt die Lehre an sich zu ziehen, bis der Bischof der alleinige Inhaber und Wächter der Wahrheit wird" (Knopf, Komm. 37; vgl. auch ders., Zeitalter 156f.; Deussen, Bischofswahl 134). Daß allerdings Bischöfe gewählt werden und ihre Stellung keine ideologische Absicherung durch das Postulat von Sukzessionsreihen oder himmlischen Analogien erhält, läßt die Didache von dieser Entwicklung noch weit entfernt sein. Bemerkenswert ist auch, daß die Gemeinde noch ermahnt werden muß, diese Leute nicht geringzuachten (15, 2). Das hat seine Entsprechung bei Paulus; auch er muß gemeindeleitende Funktionen noch besonders hervorheben und der Achtung der Gemeinde anempfehlen (1Thess 5, 12f.; 1Kor 16, 15f.).

[147] Wenn hier mit der Didache der Begriff „Eucharistie" aufgenommen wird, ist damit na-

sehr präzise [148]: Brot brechen und Dank sagen.[149] κλάσαι ἄρτον bezeichnet eine Mahlzeit [150] und εὐχαριστῆσαι das Sprechen von Dankgebeten [151]. Es ist hier also eine Mahlzeit im Blick, die ihren besonderen Charakter durch die dabei gesprochenen Dankgebete erhält. Die Herkunft der Bezeichnung „Eucharistie" als technischer Begriff für die christliche Mahlfeier aus den über den Bestandteilen der Mahlzeit gesprochenen Dankgebeten wird hier deutlich erkennbar. Erstens beginnen die Gebete mit der Wendung εὐχαριστοῦμεν (9, 2. 3; 10, 2).[152] Zweitens wird zum εὐχαριστῆσαι aufgefordert (9, 1b; 10, 1; vgl. 10, 7). Die Aufforderungen und die Gebete selbst beziehen sich auf die Bestandteile der Mahlzeit (Brot und Wein) und rückblickend auf die ganze Mahlzeit. Drittens wird die Mahlzeit selbst mit dem Namen εὐχαριστία bezeichnet (9, 1. 5). Von dem bei dieser Mahlzeit geschehenden εὐχαριστῆσαι ist die Bezeichnung εὐχαριστία für den gesamten Vorgang entstanden.

b) Der Ablauf der Mahlfeier

Der Didachist gibt zuerst das Formular für den Bechersegen, dann das für den Brotsegen. Auf das Sprechen von Becher- und Brotsegen folgte die Mahlzeit; denn an dieser Stelle (9, 5) steht die Anweisung, daß nur die Getauften von der Eucharistie essen und trinken dürfen.[153] Daß diese „Eucharistie" genannte Mahlzeit Sätti-

---

türlich nicht gesagt, daß die Didache darunter dasselbe versteht wie die spätere kirchliche Tradition. Sie tut es nicht. – Die verschiedenen Möglichkeiten des Verständnisses der Kap. 9 f. mit jeweiligen Forscherkatenen werden kurz dargestellt von Betz, Eucharistie 12 f. mit A. 12–17; vgl. auch Vööbus, Traditions 63 f.

[148] Zur inhaltlichen Zusammengehörigkeit von Kap. 14 mit den Kap. 9 f. vgl. Vööbus, Traditions 75–78.

[149] Audet meint, daß κλάσαι ἄρτον und εὐχαριστῆσαι zwei verschiedene Handlungen bezeichnen (Didachè 461). Das erscheint äußerst künstlich, da ja die Kap. 9 f. eine Mahlzeit voraussetzen, bei der also Brot gebrochen wird und bei der Dankgebete zu sprechen sind. Beide Elemente sind hier also verbunden; warum sollten sie sich in 14, 1 auf Verschiedenes beziehen?

[150] „Im Judentum ist . . . 'Brotbrechen' nie Bezeichnung einer Mahlzeit, sondern nur a) der Handlung des Zerreißens der Brotfladen und b) des die Mahlzeit eröffnenden Ritus" (Jeremias, Abendmahlsworte 113). Anders verhält es sich in Act 2, 42. 46; 20, 7. 11, wo es „das ganze christliche Gemeindemahl" meint. „Daß der Eröffnungsritus die Bezeichnung für das Ganze hergab, ist bei der Einfachheit der Mahlfeier, die wesentlich aus dem Genuß von Brot (und Wein) bestand, leicht verständlich" (Ernst Haenchen, Die Apostelgeschichte, KEK 3, Göttingen [15(6)]1968, 153; Haenchen argumentiert hier gegen Jeremias, Abendmahlsworte 113 f., der den christlichen Sprachgebrauch aus dem Auseinandertreten von Agape und Eucharistie erklären will).

[151] Zur terminologischen (und inhaltlichen) Verschiebung von εὐλογεῖν zu εὐχαριστεῖν vgl. Clerici, Einsammlung 13–17.

[152] Sie begegnet noch einmal innerhalb eines Gebetes in 10, 4.

[153] Betz erwägt, daß sich 9, 5 nicht auf das Sättigungsmahl bezieht, sondern daß es sich um einen „Vorverweis auf die folgende (sc. nach 10, 6) sakramentale Gabe" handle (Eucharistie 32 – zu der hier vorausgesetzten Unterscheidung von Agape und Eucharistie vgl. u.

gungscharakter hatte, ergibt sich eindeutig aus 10, 1, wenn es dort heißt: „Nach der Sättigung sollt ihr folgendermaßen Dank sagen" und wenn dann das Formular des Nachtischgebetes folgt. Aus der Tatsache, daß diese Eucharistie Sättigungscharakter hatte, ist keineswegs zu schließen, daß die Mahlfeier mehr und anderes enthielt als Brot und Wein. Brot war *das* Nahrungsmittel zur Sättigung. Der Sättigungscharakter der Eucharistie steht also außer Zweifel. Für die Annahme einer Differenzierung zwischen einer satt machenden Mahlzeit und den „eigentlichen" eucharistischen „Elementen" Brot und Wein bietet der Text nicht den mindesten Anhalt. Die Eucharistie ist ein Sättigungsmahl, und das Sättigungsmahl, bei dem diese Gebete gesprochen werden, ist eine Eucharistie.[154] Der Ablauf ist klar angegeben: Bechersegen, Brotsegen, Mahlzeit (und zwar nach 9, 5 und 10, 3 das Essen vor dem Trinken), Nachtischgebet. Hier ist kein Raum frei, etwa für einen Einsetzungsbericht. Eine Kirchenordnung, die den Wortlaut des Vaterunsers bietet, hätte auch den Einsetzungsbericht des Abendmahls zitiert, wenn er in der Mahlfeier der Gemeinde eine Rolle gespielt hätte.[155] Man darf nicht die neutestamentli-

S. 46). – Das ist schlechterdings ausgeschlossen: 9, 5 nennt das, von dem Nichtgetaufte nichts essen und trinken dürfen, εὐχαριστία; vorher brachten 9, 2 und 9, 3 f. die Dankgebete über den Bestandteilen dieser εὐχαριστία; und unmittelbar anschließend folgt ein Nachtischgebet (10, 1 ff.). Ein unbefangener Leser kann die Anweisung von 9, 5 nicht anders als auf diesen klaren Kontext beziehen.

[154] Das spricht gegen die Lösung, die im Mahl der Didache „eben das christliche Abendmahl" erkennt und so „die Eucharistie (sc. im Sinne herausgehobener Elemente) im Mahl, nicht nach ihm" sucht (Georg Kretschmar, Art. Abendmahlsfeier I, TRE I, Berlin und New York 1977, [229–278] 232). Es spricht vor allem aber auch gegen die verbreitete Annahme, in 9, 1–10, 5 werde eine Agape geschildert, der nach 10, 6 das „eigentliche" Herrenmahl folge; so bes. Rordorf/Tuilier, Doctrine 40 f.; Willy Rordorf, Les prières eucharistiques de la Didachè, Eucharisties d'Orient et d'Occident 1, LO 46, 1970, 65–82 (bes. 72); Betz, Eucharistie 12 f. 14; vgl. weiter Jeremias, Abendmahlsfeier 110 f.

[155] Nach Betz wird „die eigentliche Eucharistiefeier ... in 10, 6 nur fragmentarisch angedeutet, nicht in ihrem vollen Verlauf mitgeteilt" (Eucharistie 13). Warum ausgerechnet eine Kirchenordnung so verfahren soll, wird gar nicht erst zu begründen versucht. Betz sieht sehr wohl den Unterschied zwischen den Eucharistiegebeten der Didache und den neutestamentlichen Einsetzungsberichten des Herrenmahls, aber er versucht ihn dann doch, mit allgemeinen – unbegründeten – Erwägungen zu harmonisieren: „Es ist unwahrscheinlich, daß die (vor)didachische Gemeinde ein Mahl feierte, in dem sie auf Jesus, den Gottesknecht, Bezug nahm, aber dessen besondere Mahlstiftung ignorierte, die gerade nach der ältesten erkennbaren Überlieferung ausgesprochen von der Gottesknechtstheologie geprägt war. Die Didachetexte schließen den Einsetzungsbericht in keiner Weise aus. Sie bieten ja nur einen Teil, nicht das Ganze dessen, was bei der Feier gesprochen wurde, heben mehr auf den Gebetspart der Gemeinde als den des Liturgen ab, dem die Rezitation des Einsetzungsberichts zukam" (Eucharistie 19). Die Haltlosigkeit dieser Vermutung wird besonders deutlich, wenn Betz sie unmittelbar anschließend mit 10, 7 stützen will: Die Erlaubnis für die Propheten zu weiterer Danksagung lasse „auch Raum für die Rezitation der Stiftungserzählung". 10, 7 bezieht sich auf *freie* Gebete der Propheten, die auch noch gesagt werden dürfen; die für die Eucharistiefeier notwendigen Formulare hat der Didachist vorher angegeben. "Assurances that they were recited later but were not recorded, can elicit only a shaking of the head" (Vööbus, Traditions 94). – Jeremias will das Fehlen des Einsetzungsberichtes aus dem Bestreben erklären,

Didache (Apostellehre)

chen Einsetzungsberichte zum Kriterium des Verstehens für den Did-Text machen. Und ebenfalls darf man nicht die Unterscheidung zwischen einem sättigenden Agape-Mahl und einem besonderen Kultmahl in 1 Kor 11 hineinlesen.[156] Auch die Didache kennt eine solche Unterscheidung nicht. Es handelt sich hier um eine einheitliche Mahlfeier, die als ganze „Eucharistie" genannt wird.[157]

Gegen ein solches Verständnis spricht auch nicht der Vers 10, 6. Es dürfte zwar richtig sein, daß es sich bei ihm ursprünglich um ein Stück Abendmahlsliturgie handelt, das sich in folgender Weise aufgliedern läßt:

LITURG: ἐλθέτω χάρις καὶ παρελθέτω ὁ κόσμος οὗτος.
GEMEINDE: ὡσαννὰ τῷ θεῷ Δαυίδ.
LITURG: εἴ τις ἅγιός ἐστιν, ἐρχέσθω.
εἴ τις οὐκ ἔστιν, μετανοείτω. μαραναθά.
GEMEINDE: ἀμήν.[158]

---

die Abendmahlsworte vor Profanierung zu schützen (Abendmahlsworte 127 f.). War ihr Wortlaut „heiliger" als das Herrengebet, das zitiert wird? Kein einziges der von Jeremias S. 126–129 beigebrachten Argumente kann so etwas wie Arkandisziplin wahrscheinlich machen. Justin bietet die Abendmahlsworte sogar in einer Schrift, die sich ausdrücklich nach außen richtet (apol. I 65–67); wie sollten sie da in einer Kirchenordnung fehlen – wenn sie wirklich eine Rolle spielten? – Dieselben Argumente, die gegen das Verständnis der Eucharistie der Didache als Herrenmahl ins Feld zu führen sind, sprechen auch gegen die These von Kraft: "This annual Baptism-Eucharist service seems to provide the most satisfactory setting for Did. 9–10 – indeed, for Did. 1–10... The climax of this service was the special Eucharist meal that immediately followed the anointing and baptism of the catechumen, and from which all nonbaptized persons were excluded" (Fathers 168; vgl. den ganzen Zusammenhang 165–168). Ein weiteres Gegenargument führt Kraft selbst an: "we should expect 10, 8 to precede the meal" (168).

[156] Dieses geradezu hartnäckige Mißverständnis (vgl. etwa Betz, Eucharistie 16; Rordorf/Tuilier, Doctrine 41) rührt offenbar daher, daß man sich in unserer Zivilisation kein Sättigungsmahl vorstellen kann, das nur aus Brot besteht. Zu 1 Kor 11, 17 ff. vgl. Gerd Theißen, Soziale Integration und sakramentales Handeln. Eine Analyse von 1Cor. XI, 17–34, in: Ders., Studien zur Soziologie des Urchristentums, WUNT 19, Tübingen 1979, 290–317 (= NT 24, 1974, 179–206).

[157] Von daher ist auch die These von J. Massingberd Ford, in Did 9 f. handle es sich um Gebete in der Situation, "when the sacred elements were taken from the Eucharistic celebration and received in the private house" (A Note on Didache IX and X: reception of the Sacrament reserved in the home, StLi 5, 1966, [55 f.] 55), leider nur als interessanter Einfall zu beurteilen, der zudem auf dem wahrscheinlich sekundären Begriff κλάσμα beruht. Ford meint, unter Voraussetzung der Richtigkeit seiner These, "the difficulties concerning the absence of an offertory, consecration, fraction and ministers evaporate" (56). Aber der Text spricht von „der Eucharistie" und bietet auch nicht den leisesten Hinweis auf private Kommunion zu Hause.

[158] Vgl. Lietzmann, Messe 236 f.; weiter Klaus Wengst, Christologische Formeln und Lieder des Urchristentums, StNT 7, Gütersloh 1972, 49–54 (dort weitere Literatur); s. aber auch Vööbus, Traditions 70–74, der sich gegen ein solches Verständnis wendet. – Um eine einheitliche Abendmahlsfeier zu gewinnen, stellt Lietzmann 10, 6 hinter 9, 5 (236). Das ist allerdings ein Gewaltstreich ohne Anhalt am Text (vgl. dagegen Jeremias, Abendmahlsworte 127 A. 7). Zu Lietzmanns Sicht der Eucharistie in der Didache im ganzen s. Messe 230–238 und ders., Die Entstehung der christlichen Liturgie nach den ältesten Quellen, Darmstadt

Einleitung

Innerhalb seines jetzigen Zusammenhangs in der Didache ist jedoch durch nichts angedeutet, daß der Text hier noch die Funktion einer Eingangsliturgie zum Abendmahl hat. Dagegen sprechen die folgenden vier Gründe:

1. Der Text erscheint als Schluß des Nachtischgebetes. Das wurde in 10, 1 eingeleitet mit den Worten: „Nach der Sättigung sollt ihr folgendermaßen Dank sagen"; und daß es mit 10, 6 abgeschlossen ist, wird durch die Anordnung in 10, 7 sichergestellt: „Den Propheten jedoch gestattet, Dank zu sagen, soviel sie wollen." Das aber heißt: 10, 2–6 wird das Formular des Nachtischgebetes mitgeteilt. Den Propheten jedoch ist es erlaubt, darüber hinaus freie Gebete zu sprechen. Daß das ehemals liturgische Stück 10, 6 hier seinen Platz am Schluß des Nachtischgebetes gefunden hat, dürfte in seiner eschatologischen Ausrichtung begründet sein.[159]

2. Schon in 9, 5, zwischen Becher- und Brotsegen einerseits und dem Nachtischgebet andererseits und also bezogen auf die satt machende Mahlzeit, wird gesagt, keine Nichtgetauften teilnehmen zu lassen, und wird Mt 7, 6a zitiert: „Gebt das Heilige nicht den Hunden." Dieses „Heilige" meint also das Sättigungsmahl.

3. Bereits in 10, 3 dankt die Gemeinde im Aorist dafür, daß ihr *geistliche* Speise und Trank gewährt worden ist.[160]

4. Der mit 9, 1 begonnene Abschnitt περὶ εὐχαριστίας ist mit 10, 7 deutlich abgeschlossen; er läßt nichts offen. Die Eucharistie ist als Mahlzeit, bestehend aus Brot und Wein, kenntlich gemacht; und mit Bechersegen, Brotsegen und Nachtischgebet sind die dafür notwendigen Formulare angegeben.

In bezug auf den herausgestellten Ablauf der Mahlfeier und in bezug auf die dabei gesprochenen Gebete – darauf ist gleich noch einzugehen – hat bereits Eduard von der Goltz die große Nähe zu jüdischen Mahlzeiten herausgestellt.[161] Da sonst in der Didache ebenfalls jüdischer Einfluß allenthalben bemerkbar ist, dürfte auch auf das nach 14, 1 sonntäglich gefeierte Mahl der Gemeinde der jüdische Mahlritus eingewirkt haben.

1963 (= Kleine Schriften 3, TU 74, Berlin 1962, 3–27 = Vorträge der Bibliothek Warburg V, 1925/26, Leipzig 1928, 45–66), 19–22.

[159] Wie schon Harnack, Lehre 34–36, gezeigt hat, kann 10, 6 sinnvoll als eschatologischer Schluß des Gebetes verstanden werden.

[160] Betz will nachweisen, daß die Gebetstexte in 9, 2–4 (.5); 10, 2–5, die sich jetzt auf die Agape bezögen, ursprünglich eucharistische Texte gewesen seien (Eucharistie 14f. 16). Von daher meint er im Blick auf 10, 3: „Die Erwähnung der 'pneumatischen' Speise und des entsprechenden Trankes konnte stehenbleiben, aus einem Rückblick auf die geschehene Eucharistie wurde eben (!) ein Vorblick auf die erst (ab 10, 6) geschehende" (17). Dagegen spricht entschieden der Aorist. – Die Punkte, die Betz S. 14 f. zusammenträgt, zeigen keineswegs ein „ausgesprochen eucharistisches Kolorit" der Gebetstexte im Sinne eines sakramentalen Herrenmahls. Das zeigt nicht zuletzt Betzens Begründung für die „Umwidmung" dieser Texte, „weil diese... das Wesen des Herrenmahls nicht deutlich und vollständig genug beschrieben" (18; vgl. 37f.). Mit dem fehlenden Bezug auf den Tod Jesu fehlt diesen Texten das Konstitutivum des neutestamentlichen Herrenmahls, und daher sollte man diesen Bezug auch nicht in sie hineininterpretieren, sondern in ihnen nur das erkennen, was sie auch wirklich sagen. – In anderer Weise findet sich die These, daß eucharistische Texte in Tischgebete umgewandelt wurden, schon bei Peterson, Probleme 168–181.

[161] „Die Analogie ist so deutlich, daß sie von Niemand bestritten werden kann, und dieser

Didache (Apostellehre)

c) Die Besonderheiten der eucharistischen Mahlfeier

Was unterscheidet die sonntägliche Mahlfeier der Didache von einem gewöhnlichen Sättigungsmahl? Was qualifiziert sie als Eucharistie? Die Antwort kann nur lauten: die dabei gesprochenen Gebete. In formaler Hinsicht entsprechen diese Gebete außerordentlich genau den jüdischen Mahlgebeten,[162] die als unmittelbare Vorbilder gedient haben. Auch inhaltlich besteht eine große Nähe.[163] Dibelius hat zu zeigen versucht, daß die Mahlgebete der Didache nicht unmittelbar die jüdischen Gebete in hebräischer Sprache zur Voraussetzung haben, sondern daß hier noch ein Zwischenglied angenommen werden muß, nämlich die griechisch sprechende Synagoge, die diese Mahlgebete bereits spiritualisierte.[164] Wenn Dibelius recht hat, folgen die Gebete der Didache auch inhaltlich weithin ihren jüdischen Vorbildern. Die Verchristlichung wird durch recht sparsame Mittel erreicht. Will man den besonderen christlich-theologischen Charakter der Eucharistie in der Didache erkennen, wird man diese Abweichungen und Hinzufügungen gegenüber den jüdischen Vorlagen ins Auge fassen müssen.

α) Das Dankgebet über dem Becher

„Wir danken dir, unser Vater, für den heiligen Weinstock Davids, deines Knechtes, den du uns offenbart hast durch Jesus, deinen Knecht" (9, 2). Im jüdischen Ritus lautet der Bechersegen: „Gepriesen seist du, Herr, unser Gott, du König der Welt, der da schafft die Frucht des Weinstocks." Dibelius nimmt an, daß bereits das hellenistische Judentum diesen schlichten Dank für den Wein spiritualisiert hat, indem man für den heiligen Weinstock Davids dankte.[165] „Weinstock"

---

leicht begreifliche Anschluß an die Sitte der jüdischen Mahlzeiten erklärt auch die Voranstellung des Kelches vor das Brot. Sie beschränkt sich aber nur auf den einleitenden Segnungsakt. Nur *gesegnet* wird der Kelch zuerst und dann das Brot, bei der Mahlzeit selbst findet die umgekehrte Reihenfolge statt" (Eberhard von der Goltz, Das Gebet in der ältesten Christenheit. Eine geschichtliche Untersuchung, Leipzig 1901, 215; vgl. den ganzen Zusammenhang 214–216).

[162] Vgl. Clerici, Einsammlung 5–9. „Daß das Tischgebet der Didache und der jüdische Tischsegen in seiner mutmaßlichen Gestalt zur Zeit Jesu einander formal und inhaltlich so sehr gleichen, daß man sie das gleiche Gebet auf zwei Registern, dem vorchristlichen und christlichen, nennen könnte, ist längst erkannt worden" (ebd. 8).

[163] Vgl. schon Drews, Untersuchungen 74: „Diese Formeln selbst verraten, daß sie nichts sind als Verchristlichungen jüdischer Formulare."

[164] Mahl-Gebete (passim); vgl. auch schon die kurzen Bemerkungen von Lietzmann, Messe 234. – Betz, Eucharistie 11, behauptet, daß die Gebete „aus der vordidachischen aramäischen Gemeinde stammen". Seine Gründe erzwingen aber nur die Annahme judenchristlicher Herkunft. Auf Dibelius weist Betz lediglich einmal beiläufig hin (25 A. 63), setzt sich jedoch nicht mit ihm auseinander.

[165] Mahl-Gebete 119f.; Dibelius ließ mit H καὶ γνώσεως im Text.

kann im Alten Testament und im Judentum Bild für Israel als das Volk der Erwählung sein.[166] Die Wendung „Weinstock Davids" ist sonst nicht belegt. Aber die Annahme liegt doch nahe, daß damit das verheißene messianische Heil für das erwählte Volk gemeint ist. Daran also hätte das hellenistische Judentum beim Bechersegen gedacht. Die weitergehende christliche Interpretation in Did 9, 2 bestünde dann nur in dem Relativsatz: „das (sc. das messianische Heil) du uns offenbart hast durch Jesus, deinen Knecht". Daß alles andere bereits Vorlage ist, zeigt sich auch daran, daß Jesus lediglich dasselbe Prädikat erhält wie David: „dein Knecht". Bei einheitlicher Konzeption wäre das kaum zu erwarten. Für die christliche Gemeinde gilt also die messianische Verheißung, die in der jüdischen Vorlage unbestimmt erwartet wird, bereits als durch Jesus offenbart und erfüllt. Zeichen und Unterpfand dafür ist ihr der Wein, den sie in der Eucharistie genießt.

Zu besprechen bleibt noch die im folgenden immer wiederkehrende Prädikation Jesu als „Knecht Gottes". Wo dieses Prädikat im Urchristentum sonst begegnet, steht es immer im Kontext messianischer Erwartung. Lk 1, 54, im Lobgesang der Maria, gilt Israel als Knecht Gottes, dessen sich Gott annimmt und seiner mit Erbarmen gedenkt; in der messianischen Zeit kehrt Gott bestehende Verhältnisse um und erfüllt damit die Abraham und den Vätern gegebenen Verheißungen.

In Lk 1, 69, im Lobgesang des Zacharias, wird David als Knecht Gottes bezeichnet. Dabei ist hier der messianische Bezug ausdrücklich ausgesprochen: „Und ein Horn des Heils (= den Messias) hat er (sc. Gott) uns aufgerichtet im Hause Davids, seines Knechts." David als Knecht Gottes ist der Begründer des Hauses, aus dem der Rettung bringende Messias kommt.

„Knecht Gottes" ist David auch nach Act 4, 25; durch seinen Mund spricht Gott. Zitiert wird dann ψ 2, 1 f. und anschließend messianisch ausgelegt. In dieser Auslegung erscheint Jesus als „heiliger Knecht Gottes", den Gott *gesalbt* hat, also als Messias (4, 27).

Nach 4, 30 sollen Wunder geschehen durch den Namen Jesu, des heiligen Knechtes Gottes, die als messianische Zeichen zu verstehen sind. Im Zusammenhang mit einer Wundergeschichte erscheint der Titel auch Act 3, 14 und im Zusammenhang mit der Abrahamsverheißung Act 3, 25 f. Vgl. weiter Barn 6, 1 (messianischer Kontext); 9, 2; 1Klem 59, 2–4.

Diese kurze Übersicht unterstreicht also, daß auch in Did 9, 2 der Titel „Knecht Gottes" messianischen Klang hat, was der Kontext dort ohnehin nahelegte.

β) *Das Dankgebet über dem Brot*

Der Brotsegen lautet in Did 9, 3: „Wir danken dir, unser Vater, für das Leben, das du uns offenbart hast durch Jesus, deinen Knecht. Dir die Herrlichkeit in Ewigkeit." Im jüdischen Ritus heißt der Brotsegen: „Gepriesen seist du, Herr, un-

---

[166] ψ 79, 9: „Einen Weinstock hast du aus Ägypten herausgeholt; Völker hast du vertrieben, und ihn hast du eingepflanzt." Vgl. weiter ψ 79, 15; Jer 2, 21; 4Esr 5, 23.

ser Gott, du König der Welt, der hervorbringt Brot von der Erde." Auch hier nimmt Dibelius an, daß bereits in der hellenistischen Synagoge eine Vergeistigung stattgefunden hat. Nach der Besprechung einschlägiger Philostellen schreibt er: „Es läßt sich also denken, daß hellenistisch-jüdische Kreise in ihrem Brotsegen für das Himmelsbrot statt für das gewöhnliche Brot gedankt haben und daß dabei Himmelsbrot als die Gabe verstanden wurde, die Leben und Erkenntnis vermittelt." [167] Die Verchristlichung würde dann auch hier nur durch den Relativsatz erfolgen, der die Gabe des Lebens durch Jesus als Knecht Gottes offenbart sein läßt. Daß man an dieser Stelle nicht Motive aus der paulinischen Herrenmahltradition einlesen darf, daß die Gabe des Lebens so wenig wie im hellenistischen Judentum als durch das Brot vermittelt gilt, daß hier also überhaupt kein sakramentaler Gedanke vorliegt, sondern daß das Brot – wie vorher schon der Wein – als bloßes Zeichen des durch Jesus geschenkten Heiles gilt, zeigt dann deutlich Vers 4. Er gibt eine besondere Deutung des Brotes, die mit der paulinischen oder markinischen Herrenmahltradition nichts zu tun hat; er gebraucht das Eucharistiebrot lediglich als Bild in einem Vergleich: „Wie dies auf den Bergen zerstreut war und zusammengebracht *ein* Brot geworden ist, so soll auch deine Kirche zusammengebracht werden von den Enden der Erde in dein Reich." Auch hier stehen jüdische Gedanken im Hintergrund; der zweite Teil hat enge Parallelen in jüdischen Bitten um die Heimführung der Diaspora. So heißt es im Musafgebet des Versöhnungstages: „Vereinige unsere Zerstreuten aus der Mitte der Völker, und unsere Diaspora sammle von den Enden der Erde, und führe uns zurück in deine Stadt Zion." [168] Und die zehnte Berakha des Achtzehnbittengebetes lautet in der palästinischen Rezension: „Stoße in die große Posaune zu unserer Freiheit und erhebe ein Panier zur Sammlung unserer Verbannten." Die babylonische Rezension hat darüber hinaus die Wendung „von den vier Flügeln der Erde hin nach unserem Land". [169] Diese jüdische Bitte wird in der Didache so aufgenommen, daß es nun um die Sammlung der in aller Welt zerstreuten Kirche in das Reich Gottes geht. Dafür ist das Eucharistiebrot ein Symbol, weil auch es aus vielen Körnern besteht, die auf den Hügeln wachsen. Dieser eschatologische Ausblick, der um die Sammlung der Kirche bittet, setzt damit die Erfahrung der Betenden voraus, als zerstreute Minderheitsgruppen in der Welt zu leben. [170] Das Brot – das sei noch einmal festgehalten – ist also, außer daß es satt macht, lediglich als Zeichen und Symbol verstanden, nicht aber sakramental. [171]

[167] Mahl-Gebete 120.
[168] Der Text bei Knopf, Komm. 27.
[169] Vgl. Bill. IV/1, 212.
[170] "The widely dispersed community is compared with grain scattered upon the mountains and which is to be gathered. The comparison and the parallelism is unequivocal. Consequently the controlling idea in this liturgical prayer of the Didache is oneness, unity and reunion" (Vööbus, Background 86).
[171] Clerici legt ausführlich den Zusammenhang der Bitte von 9, 4 (und 10, 5) „mit der jü-

Einleitung

γ) *Das Nachtischgebet*

Gegenüber dem Wein- und Brotsegen ist das Nachtischgebet relativ umfangreich (10, 2–6). Im jüdischen Nachtischgebet steht an erster Stelle ein Dank für das Land. Wiederum hält es Dibelius für gut möglich, daß dieser konkrete Bezug im hellenistischen Diaspora-Judentum weggefallen ist und durch „geistige" Dinge ersetzt wurde.[172] Und von der anderen Seite her ist festzustellen, daß die Did 10, 2 genannten Gaben keine spezifisch christlichen Aussagen darstellen: „Wir danken dir, heiliger Vater, für deinen heiligen Namen, den du in unseren Herzen hast Wohnung nehmen lassen, und für Erkenntnis, Glaube und Unsterblichkeit, die du offenbart hast durch Jesus, deinen Knecht." Daher dürfte auch hier wieder die Verchristlichung ausschließlich durch den stereotypen Relativsatz von der Offenbarung durch Jesus, den Knecht Gottes, erfolgen. An seine Vermittlung sind die aufgeführten Heilsgüter gebunden, weil in ihm die messianischen Erwartungen erfüllt sind. Aber diese Vermittlung darf nicht in unmittelbaren Zusammenhang mit dem Mahl gebracht werden, als würde sie durch das Essen des Brotes und das Trinken des Weines übereignet. Dagegen spricht die Erwähnung der Erkenntnis und des Glaubens in dieser Reihe. Die Teilnahme an der Eucharistie vermittelt nicht Glauben, sondern setzt nach 9, 5 Glauben voraus. Der Vermittlung der Heilsgüter durch Jesus wird lediglich im Mahlgebet gedacht.

In 10,3 geht das Nachtischgebet über zum Preis des Schöpfers: „Du, Herr, Allmächtiger, hast alles geschaffen um deines Namens willen, Speise und Trank den Menschen zum Genuß gegeben; uns aber hast du geistliche Speise und Trank geschenkt und ewiges Leben durch Jesus, deinen Knecht." Im jüdischen Nachtischgebet heißt es von Gott: „... er gibt Brot allem Fleisch, ewig währt seine Liebe. In seiner Güte hat uns nie gefehlt und wird uns nie fehlen Speise bis ans Ende um seines großen Namens willen. Denn er ernährt und versorgt alles, ist wohltätig gegen alle, bereitet Nahrung für alle seine Geschöpfe, die er geschaffen hat."[173] Dibelius schreibt: „Es ist dem Juden selbstverständlich, in solchem Zusammenhang der Schöpfung zu gedenken, dann dessen, was er gerade genießt."[174] Er

---

dischen Fürbitte bei Tisch und anderen formal und terminologisch verwandten Gebeten" dar (Einsammlung 8–92). Der ist so eng, daß er einen Bezug zum Herrenmahl nur andeutungsweise zu behaupten wagt: „Wenn nun noch eine realgeschichtliche Abhängigkeit des Did-Tischsegens vom Abendmahl des Herrn her angenommen wird, dürfte unsere Bitte auch von den eschatologischen Elementen des letzten Mahles Jesu beeinflußt sein" (63 A. 96). – Eine klare sakramentale Ausdeutung des Bildwortes vom „Brot auf den Bergen" bietet der Papyrus von Dêr-Balizeh: ἐγένετο ἓν σῶμα, entsprechend heißt es vom Wein: ἐκ τῆς ἁγίας ἀμπέλου Δαυΐδ und vom „Wasser aus dem makellosen Lamm": ἐγένετο ἓν μυστήριον (C. H. Roberts/Dom B. Capelle, An Early Euchologium. The Dêr-Balizeh Papyrus enlarged and reedited, BMus 23, Louvain 1949, 26).

[172] Mahl-Gebete 122 f.
[173] Vgl. Knopf, Komm. 28.
[174] Mahl-Gebete 123.

Didache (Apostellehre)

meint dann, daß auch der Dank für die geistlichen Gaben schon hellenistisch-jüdisch ist – wenn seine vorigen Annahmen stimmen, eine selbstverständliche Folgerung –, so daß hier ebenfalls die Verchristlichung ausschließlich durch die Schlußklausel „durch Jesus, deinen Knecht" erfolgt. Im Rahmen der Eucharistie in der Didache unterstreicht der Preis des Schöpfers, der den Menschen Nahrung zur Erquickung gibt, noch einmal, daß es sich hier um ein Sättigungsmahl handelt. In seinem Genuß hat die Gemeinde teil an den Gaben des Schöpfers für alle. Aber darüber hinaus hat sie zugleich damit „geistliche Speise und Trank" erhalten.[175] Von diesen Begriffen her darf nicht auf Brot und Wein als besondere „Elemente" zurückgeschlossen werden. Denn „geistliche Speise und Trank" stehen hier in einer Reihe mit „ewigem Leben"; und mit all dem ist lediglich aufgenommen, was in den vorangehenden Lobsprüchen an Heilsgütern genannt war. Die christliche Besonderheit besteht wiederum in dem Bezug auf Jesus, durch den das messianische Heil schon beschafft ist und nicht mehr nur erwartet wird.[176]

10, 4 bildet den Abschluß des Dankes an den Schöpfer: „Für alles danken wir dir, weil du mächtig bist. Dir die Herrlichkeit in Ewigkeit." Dieser Satz könnte vollständig aus einer jüdischen Vorlage übernommen sein.

Auf den Dank an den Schöpfer folgt in 10, 5 die Bitte für die Kirche, die inhaltlich und teilweise auch wörtlich derjenigen von 9, 4 entspricht: „Gedenke, Herr, deiner Kirche, daß du sie bewahrst vor allem Bösen und sie vollendest in deiner Liebe; und führe sie zusammen von den vier Winden in dein Reich, das du ihr bereitet hast. Denn dein ist die Kraft und die Herrlichkeit in Ewigkeit." Drei Momente werden hier betont: 1. Die Bewahrung der Gemeinde vor allem Bösen gemäß der letzten Bitte des in 8, 2 mitgeteilten Vaterunsers; 2. die Vollendung in der Liebe Gottes; 3. die Einheit im Reich Gottes. Warum diese ekklesiologisch-eschatologischen Bitten gerade im Zusammenhang der Mahlfeier erscheinen und wie sie mit ihr zusammengehören, wird noch zu fragen sein.

An die Bitte um die Sammlung der Kirche im Reich Gottes schließt sich in 10, 6 die Bitte um das Kommen der Gnade und das Ende der Welt gut an. Wieder wird hier der messianische Ton angeschlagen, der vorher in den christologischen Einsprengseln deutlich war.

Damit ergibt sich als Zusammenfassung: Der Ablauf der Eucharistie in der Didache entspricht einem jüdischen Mahl mit seinen besonderen Gebeten, das hier von der christlichen Gemeinde am Sonntag gefeiert wird.

Dieser besondere Zeitpunkt zeigt die inhaltliche Verschiebung an. Der Sonntag ist der Tag der Auferstehung Jesu; und Jesus gilt als „Knecht Gottes", in dem die

---

[175] Betz stellt hier die Dinge auf den Kopf, wenn er in Vers 3b die ursprüngliche Tradition erkennt und in Vers 3a eine nachträgliche Ergänzung (Eucharistie 17).
[176] Die Verankerung dieser Gebete in einer wirklichen Mahlzeit und der ausdrückliche Dank für die Gaben des Schöpfers zeigen, daß die hier ohne Zweifel vorliegende Spiritualisierung die materielle Wirklichkeit nicht überspringt.

Einleitung

messianischen Verheißungen erfüllt sind. Von daher werden die jüdischen Gebete geringfügig verchristlicht,[177] indem das, wofür in diesen Gebeten gedankt und was in ihnen erhofft wird, als durch Jesus schon vermittelt angesprochen wird. Neben dieser christologischen Besonderheit findet sich eine ekklesiologisch-eschatologische in der Bitte um die Sammlung der zerstreuten Kirche ins Reich Gottes. Das alles aber bedeutet: Die Eucharistie in der Didache ist nichts anderes als eine leicht verchristlichte jüdisch-hellenistische Mahlzeit, die von der Gemeinde am Sonntag gefeiert wird. Es liegt bei ihr also etwas völlig anderes vor als in der paulinischen und markinischen Tradition über das Herrenmahl. Für dieses ist ja der Bezug auf den Tod Jesu konstitutiv. Genau davon ist aber in den Anordnungen der Didache über die Eucharistie nicht das mindeste zu spüren.

Aber wie steht es dann mit dem in Kap. 14 im Zusammenhang von Brotbrechen und Danksagen gebrauchten Opferbegriff?[178]

d) Der Opferbegriff in der Eucharistie der Didache

Gerade der Bezug auf die Passion Jesu in der paulinischen und synoptischen Abendmahlsüberlieferung ist es gewesen, der später den Anlaß bot, das Abendmahl mit dem Opfergedanken zu verbinden. Das Fehlen dieses Bezuges in der Didache sollte daher davor warnen, die Bezeichnung der Eucharistie als Opfer in Did 14,1 f. sofort im Sinne der späteren kirchlichen Lehre zu verstehen. Es gilt genau darauf zu achten, in welcher Weise der Opferbegriff hier verwandt wird und was er zum Ausdruck bringen soll. In 14,1 fordert der Didachist die Gemeinde auf: „Am Herrentag versammelt euch, brecht das Brot und sagt Dank, indem ihr dabei eure Übertretungen bekennt, damit euer Opfer rein sei." Die Wendungen vom Brotbrechen und Danksagen machen deutlich, daß hier genau der Vorgang im Blick ist, für den in den Kap. 9 f. die Formulare angegeben wurden: die Eucharistie. Dabei sind die Sünden zu bekennen;[179] denn daran hängt die Reinheit des

---

[177] Die allgemeinen Erwägungen, die Vööbus, Traditions 161 f., gegen die These von Dibelius anführt, überzeugen nicht. Gewiß kann Dibelius die postulierten jüdisch-hellenistischen Gebete nicht direkt belegen. Aber die Beobachtungen, daß die Did-Gebete kaum spezifisch-christliche Züge enthalten und daß die übrigen Abweichungen von den uns bekannten jüdischen Mahlgebeten sich von anderen Texten her als jüdisch-hellenistische Änderungen verstehen lassen, und der von Vööbus völlig unterschätzte Tatbestand des großen Einflusses, den das hellenistische Judentum auf das entstehende Christentum ausübte, machen die These von Dibelius sehr wahrscheinlich.

[178] Im Blick auf Kap. 14 behauptet Betz mit fragloser Selbstverständlichkeit: „Hier geht es einwandfrei um das sakramentale Herrenmahl am Herrentag, das mit einem Sündenbekenntnis eingeleitet wird" (Eucharistie 11).

[179] Die Handschrift H hat an dieser Stelle προσεξομολογησάμενοι, das oft in προεξομολογησάμενοι „verbessert" wird. Natürlich dürfte der Ablauf so vorzustellen sein, daß das Sündenbekenntnis vor den Mahlgebeten erfolgte. Aber deswegen muß die Lesart von H

Didache (Apostellehre)

Opfers. Was aber ist mit dem Opfer gemeint, und welcher Zusammenhang besteht zwischen ihm und dem Bekenntnis der Übertretung?

Vom Bekennen der Sünden ist vorher in Did 4, 14 die Rede: „In der Gemeinde sollst du deine Übertretungen bekennen und nicht mit schlechtem Gewissen zu deinem Gebet kommen." Von dem Zusammenhang dieser beiden Aussagen her [180] besteht die Möglichkeit, daß mit „Opfer" in 14, 1 die Gebete gemeint sind. Das wäre auch in religionsgeschichtlicher Hinsicht wahrscheinlich. Es war zu beobachten, daß sich in der Didache ein tiefgreifender jüdischer Einfluß zeigt und daß insbesondere die Mahlgebete hellenistisch-jüdische Texte zur unmittelbaren Voraussetzung haben. Gebete als die wahren Opfer zu verstehen, war aber dem hellenistischen Judentum vertraut. Es nahm damit auf, was in bestimmten Kreisen des Hellenismus gedacht wurde.[181]

Auf diesem Hintergrund und von Did 4, 14 her liegt also die Annahme nahe, daß auch Did 14, 1 mit „euer Opfer" die Gebete der Gemeinde gemeint sind. Kann diese Annahme von den beiden folgenden Versen her bestätigt werden, wo der Opferbegriff ebenfalls begegnet, oder werden hier noch andere Akzente gesetzt?

„Jeder, der Streit mit seinem Nächsten hat, soll nicht mit euch zusammenkommen, bis sie sich ausgesöhnt haben, damit euer Opfer nicht entweiht werde" (14, 2). Der abschließende Finalsatz entspricht genau dem von Vers 1. Was dort positiv formuliert war, ist hier negativ ausgedrückt. Das Opfer der Gemeinde würde entweiht durch die Teilnahme streitender Brüder. In diesem Fall ist es nicht mit dem bloßen Bekenntnis von Übertretungen getan, sondern Versöhnung muß stattgefunden haben. Auch hier könnte es sein, daß mit dem Opfer die Gebete der Gemeinde gemeint sind, die durch Unversöhnlichkeit ihrer Sprecher entweiht werden. Es ist aber auch möglich, daß der Opferbegriff hier ausgeweitet wird auf die Gemeinde selbst: Die die Eucharistie feiernde Gemeinde bringt sich selbst

---

nicht falsch sein; sie wird zum Ausdruck bringen, daß das Sündenbekenntnis konstitutiver Bestandteil der Zusammenkunft ist.

[180] Vgl. u. S. 75 A. 47.

[181] Dafür bieten die hermetischen Schriften die eindrücklichsten Beispiele. Corpus hermeticum I (Poimandres) 31: „Heilig bist du, der du größer bist als alles Lob. Nimm an vernünftige und reine Opfer von Seele und Herz, als sich dir entgegenstreckt, Unaussprechlicher, Unnennbarer, mit Schweigen Angerufener." Für das hellenistische Judentum, dem schon die Diasporasituation fern vom Jerusalemer Tempel ein übertragenes Verständnis der Opfer nahelegte, sei einmal TestLev 3, 6 zitiert, wo es von den Erzengeln heißt: „Sie bringen dem Herrn Wohlgeruch des Räucherwerks als ein vernünftiges und unblutiges Opfer dar", und Philo, SpecLeg I 203: Gott „will erstens, daß der mit guten und nützlichen Gedanken geübte Geist des Opfernden sich rein hält, dann aber, daß das Leben aus besten Taten besteht". Auch die Gemeinde von Qumran kannte ein Opfer in übertragenem Sinn. Neben dem Gehorsam gegenüber dem Gesetz Gottes galt auch hier vor allem das Lob Gottes als das eigentliche Opfer; vgl. Jürgen Becker, Das Heil Gottes. Heils- und Sündenbegriffe in den Qumrantexten und im Neuen Testament, StUNT 3, Göttingen 1964, 129–133. Vgl. aber auch PsSal 15, 2f., wo es am Schluß heißt: ἀπαρχὴν χειλέων ἀπὸ καρδίας ὁσίας καὶ δικαίας.

Gott dar in ihrer von Streit und Haß unverletzten Gemeinschaft, die ihren stärksten Ausdruck im gemeinsamen Mahl findet.[182] Von hier aus würde dann auch verständlich, warum die Bitte innerhalb des Nachtischgebetes die drei Punkte der Bewahrung vor allem Bösen, der Vervollkommnung in der Liebe Gottes und der Einheit in seinem Reich umfaßt. Um was die Gemeinde hier bittet, das erfährt sie in zeichenhafter Vorwegnahme in der Mahlfeier.[183]

Innerhalb dieses Zusammenhangs wird auch die Anordnung in 9,5 begreiflich, die die Teilnahme an der Eucharistie auf die Getauften beschränkt. Die enge Verzahnung von Taufe und Zwei-Wege-Lehre in der Didache macht klar, daß für sie der Getaufte ganz wesentlich qualifiziert ist durch seinen Wandel auf dem Weg des Lebens. Und bei der Beschreibung dieses Weges nehmen soziale Pflichten eine hervorragende Stellung ein. Bei der Mahnung, nur Getaufte zur Eucharistie zuzulassen, spielt also weniger die Sorge eine Rolle, daß nicht „richtig" Glaubende am Mahl teilnehmen, sondern vielmehr die, daß die Teilnahme von Leuten, die auf dem Wege des Todes das Leben führen, die Prolepse des in den Eucharistiegebeten Erbetenen verhindert: die vom Bösen bewahrte und in der Liebe Gottes vervollkommnete eine Gemeinde.[184]

Das von der Gemeinde dargebrachte Opfer in Did 14,1 f. ist also aller Wahrscheinlichkeit nach einmal zu verstehen als die bei der Mahlfeier gesprochenen Gebete, und in einem weiteren Sinn ist es die Gemeinde selbst als feiernde.[185]

Diese Sicht, vor allem der erste Punkt, wird bestätigt durch Did 14,3: „Denn das ist das vom Herrn über das Opfer Gesagte: An jedem Ort und zu jeder Zeit mir ein reines Opfer darzubringen; denn ein großer König bin ich, sagt der Herr, und mein Name ist wunderbar unter den Völkern."[186] Die hier zitierte Maleachi-Stelle diente schon dem hellenistischen Judentum als Beleg dafür, daß Gott als eigentliche Opfer – als „reines Opfer" – Gebete wollte. Das bezeugt Justin, wenn er dial. 117,2.4 unmittelbar nach dem Zitat von Mal 1,11 fortfährt: „Rechthaberisch, wie ihr immer noch seid, behauptet ihr, Gott nehme nicht die Opfer an, welche in Jerusalem die einst dort wohnenden sogenannten Israeliten darbrachten, Gott habe vielmehr erklärt, er nehme die Gebete an, welche von denen aus eurem Volk verrichtet würden, die damals bereits in der Zerstreuung lebten; deren Gebete bezeichne Gott als Opfer. Daß nun Gebete und Danksagungen, wenn sie von würdigen Personen dargebracht werden, allein vollkommene und Gott angenehme Op-

---

[182] Vgl. zu diesem Problemkreis auch Willy Rordorf, La rémission des péchés selon la Didachè, Irén. 46, 1973, 283–297.
[183] Vgl. Audet, Didachè 463, der den Ausschluß Streitender im Zusammenhang stehen sieht mit dem Liebesgebot und der Bitte um Zusammenführung der Kirche ins „Reich": «Il eût été assez contradictoire d'attendre un *amen* à la prière pour le rassemblement de la part de membres de l'église en réalité dressés les uns contre les autres (9, 4; 10, 5).»
[184] S. auch Vööbus, Traditions 106–110.
[185] Zum Begriff des Opfers in Did 14 vgl. auch Rordorf/Tuilier, Doctrine 70 f.
[186] Zum Zitat vgl. o. S. 31.

fer sind, behaupte auch ich. ... Ihr und eure Lehrer täuscht euch, wenn ihr erklärt, der Logos habe von eurem in der Diaspora lebenden Volk gesprochen und dessen Gebete sowohl als reine wie als wohlgefällige Opfer bezeichnet, die an jedem Orte dargebracht würden."[187] In diesen Ausführungen Justins ist es also klar ausgesprochen, daß das hellenistische Judentum Gebete als das von Gott geforderte „reine Opfer" versteht und sich dafür auf Mal 1,11 beruft; und ebenfalls ist ausgesprochen, daß sich in dieser Hinsicht die Christen nicht von ihm unterscheiden. Wie in den Mahlgebeten selbst, ist also auch hier, beim Verständnis dieser Gebete als reines Opfer, die Didache abhängig vom hellenistischen Judentum.[188] Wahrscheinlich stammt sogar die besondere Form des Mal-Zitates von dort. Zwar ist die Auslassung von παντοκράτωρ als christliche Redaktion zu verstehen,[189] aber entgegen dem LXX-Text, der dem hebräischen ziemlich genau folgt, hat das Zitat einen Zusatz, der besser in die hellenistisch-jüdische Argumentation paßt als in den Kontext der Didache. Auf ἐν παντὶ τόπῳ folgt noch καὶ χρόνῳ. Der Did-Kontext spricht von der Sonntagsfeier, also gerade nicht: ἐν παντὶ χρόνῳ.

Die Untersuchung von Did 14 ergibt damit: Der hier gebrauchte Opferbegriff stellt die zuvor aufgestellte These, daß die Eucharistie in der Didache keinerlei sakramentalen Charakter hat und mit der Herrenmahltradition in keinem Zusammenhang steht, sondern daß sie nichts anderes ist als ein leicht verchristlichtes, jüdisches Mahl, das von der Gemeinde am Sonntag gefeiert wird, nicht in Frage. Im Gegenteil: Auch im Gebrauch des Opferbegriffes zeigt sich derselbe jüdisch-hellenistische Einfluß wie vorher schon bei der Eucharistie überhaupt.

Die Eucharistie in der Didache ist damit etwas völlig anderes als das Herrenmahl bei Paulus und das Abendmahl in den Synoptikern.[190] Beides findet sich dann verbunden bei Justin.[191] Hier wird das Wort „Eucharistie", wie es in der Didache als

[187] Es folgt dann bei Justin eine sehr bemühte „Widerlegung" mit der Behauptung, daß die Juden zur Zeit des Tempels noch gar nicht unter allen Völkern lebten, auch in seiner, Justins, Gegenwart noch nicht, wohl aber gebe es Christen unter allen Völkern. Vgl. dagegen Josephus, Ap 2, 282.

[188] Vgl. die Aussage in dem ursprünglich jüdischen Gebet in CA VII 33, 2: καὶ κατὰ πᾶν κλίμα τῆς οἰκουμένης τὸ διὰ προσευχῆς καὶ λόγων ἀναπέμπεταί σοι θυμίαμα, und dazu Wilhelm Bousset, Eine jüdische Gebetssammlung im siebenten Buch der apostolischen Konstitutionen, in: Ders., Religionsgeschichtliche Studien. Aufsätze zur Religionsgeschichte des Hellenistischen Zeitalters, hrsg. von Anthonie F. Verheule, NT.S 50, Leiden 1979, (231–286 = NGWG.PH 1915, 435–489) 259f.

[189] S. o. S. 31.

[190] Eine offene Frage bleibt, ob von der Eucharistie der Didache eine Linie zurückführt auf die Act 2, 42. 46f. beschriebenen Mahlfeiern: „Sie hielten aber fest an der Lehre der Apostel und der Gemeinschaft, am Brotbrechen und den Gebeten. ... sie brachen in den Häusern das Brot, nahmen Nahrung zu sich in Jubel und Herzenseinfalt und lobten Gott...". – Vgl. die Erwägungen bei Audet, Didachè 405 f. Er erkennt in 9, 2–10, 5 eine besondere judenchristliche «Liturgie de «fraction du pain»»; «l'«eucharistie» majeure» oder «la grande «eucharistie»» komme erst 10, 6 in den Blick (430f.). Zu seiner Sicht der Gebete in Kap. 9f. vgl. die umfangreichen Ausführungen S. 372–433.

[191] Vgl. apol. I 65–67; dial. 41, 1.

Einleitung

technischer Begriff für die Mahlfeier erscheint, mit der auf die Passion Jesu bezogenen Herrenmahltradition zusammengebracht.[192] Hier erscheint dann auch der Begriff „Opfer" für die Elemente Brot und Wein; und hier erscheinen besondere Kultbeamte, die für den Vollzug verantwortlich sind.

9. Kennt die Didache ein Dankgebet über dem Salböl?

Der zu dieser Frage führende textkritische Befund wurde oben unter 3.c notiert. Danach ist sie genauer so zu formulieren: Handelt es sich bei dem Text, wie ihn CA und K zwischen 10,7 und 11,1 bezeugen, um einen sekundären Einschub in die Didache, oder liegt hier ursprünglicher Did-Text vor, den H – aus welchen Gründen auch immer – ausgelassen hat? Diese Frage läßt sich kaum allein durch textkritische Erwägungen beantworten. Es sind die weiteren Fragen aufzunehmen: Was ist mit dem Salböl gemeint?[193] Wo wird seine Verwendung sonst bezeugt?

Zunächst ist festzustellen, daß zwei spätere Kirchenordnungen genau an derselben Stelle, also im Anschluß an die Eucharistie, ein Gebet über dem Salböl haben. In den *Constitutiones ecclesiae aegyptiacae,* die auf die *Canones Hippolyti* zurückgehen, heißt es I (XXXI) 23: „Heilige dieses Öl und bringe jenen Gesundheit, die damit gesalbt werden und es empfangen; wie du Priester und Propheten gesalbt hast, stärke in gleicher Weise auch jene und jeden, der es schmeckt; und heilige

---

[192] Daß die Didache den Begriff „Eucharistie" gebrauchte, verlangt also keineswegs, daß sie darunter dasselbe versteht wie Ignatius oder Justin. Mit Recht fragte schon Drews: „Wer kann denn behaupten, daß dieser Ausdruck erst von den Christen geprägt, und nicht schon von den hellenistischen Juden für ihr Gemeindemahl gebraucht worden sei?" (Untersuchungen 77).

[193] Vom koptischen Text her ist es neuerdings mehrfach in Frage gestellt worden, daß es sich ursprünglich überhaupt um ein Gebet über dem Salböl gehandelt habe (Lefort, CSCO 136, 26 A. 13; Adam, Herkunft 31–34; Stephen Gero, The So-called Ointment Prayer in the Coptic Version of the Didache. A Re-evaluation, HThR 70, 1977, 67–84). Unter Voraussetzung eines ursprünglich syrischen Textes will Adam wahrscheinlich machen, daß sich das Gebet auf eine Agapefeier bezog. Vgl. dagegen Vööbus, Traditions 44 f., und Gero, 72 A. 29. Gero selbst stellt die These auf, daß sich das Gebet auf Weihrauch beziehe. Ausgangspunkt ist eine Beobachtung, die Gero so zusammenfaßt: "Lefort is clearly correct in saying that a Coptic translator normally would not have chosen *stinoufi* to render *myron*" (69 A. 10). Die Formulierung zeigt deutlich die Schwachstelle dieser Argumentation: Wenn *stinoufi* auch nicht *üblicherweise* die Übersetzung von μύρον ist, so gibt es dafür doch Belege. Daher ist Geros Folgerung alles andere als zwingend: "therefore, whatever its correct interpretation, this is *not* a prayer over ointment" (69; vgl. dagegen die vorsichtige Formulierung Leforts). Der Tatbestand ist also folgender: Der Text von CA meint, ohne daß der geringste Zweifel erlaubt wäre, ein Gebet über dem Salböl. Der koptische Text *kann* in dieser Weise verstanden werden. Angesichts dessen ist jede andere Interpretation unbeweisbare Vermutung.

jene, die es empfangen." [194] Es handelt sich hier also um Salböl, über dem an einer bestimmten Stelle des Gottesdienstes gebetet wird, das Gott „heiligen" soll und das dann zur Krankenheilung verwendet wird. Noch deutlicher ist die zweite Kirchenordnung. Im Euchologion des Sarapion heißt es in 17: „Gebet über dem dargebrachten Öl und Wasser. 1. Wir segnen durch den Namen deines Eingeborenen, Jesus Christus, diese Produkte (κτίσματα); den Namen dessen, der litt, gekreuzigt wurde, auferstand, zur Rechten des Ungezeugten sitzt, nennen wir über diesem Wasser und Öl. Spende diesen Produkten Heilkraft, damit jedes Fieber, jeder Dämon und jede Krankheit durch den Trank und die Salbung weiche und der Genuß dieser Produkte ein Heilmittel und ein Mittel der Unversehrtheit werde im Namen deines Eingeborenen, Jesus Christus; durch ihn dir die Herrlichkeit und die Kraft im heiligen Geist in alle Ewigkeit. Amen." [195] Aus diesem Text geht hervor, daß das Öl deshalb zu Heilzwecken befähigt ist, weil es exorzistische Kraft hat, die es durch die Nennung des Namens Jesu Christi über ihm im Gottesdienst erhält. Es geht also bei dem Öl nicht um Medizin, sondern um Exorzismus im Namen Jesu. Dabei ist vorausgesetzt – und in diesem Text ja mehr als nur angedeutet –, daß Krankheiten durch Dämonen verursacht sind: Werden die Dämonen durch das Öl als Träger des Namens Jesu vertrieben, weicht auch die Krankheit. In dieser Weise ist das Öl ein φάρμακον θεραπευτικόν.

Dieser Zusammenhang findet sich aber schon in zwei neutestamentlichen Texten, die das hohe Alter exorzistischer Ölsalbung im Urchristentum belegen. Mk 6, 13 heißt es von den Jüngern Jesu: „Und sie trieben viele Dämonen aus und salbten viele Kranke mit Öl und heilten sie." Was hier parataktisch nebeneinander steht, sind nicht drei völlig verschiedene Dinge, sondern gehört zusammen: Die Heilung von der Krankheit erfolgt durch Salbung mit Öl, das exorzistische Kraft hat und die Dämonen als Krankheitsverursacher austreibt. Mag es sich mit der Historizität dieser Stelle verhalten wie immer, sie belegt jedenfalls eine solche Praxis im Urchristentum schon für die Zeit des Markus.

Die andere Stelle ist Jak 5, 14: „Ist einer bei euch krank, soll er die Ältesten der Gemeinde zu sich rufen, und sie sollen über ihm beten, nachdem sie ihn mit Öl im Namen des Herrn gesalbt haben." Dibelius spricht im Kommentar zu dieser Stelle von einer „Wunderkur, bei der der Krankheitsdämon der durch Ausrufung des Namens zitierten göttlichen Kraft weichen muß. Nicht das Öl als Medikament vollbringt also die Heilung, sondern das unter Gebet und Aussprechen des Namens verwendete Öl." [196]

---

[194] Text bei Franz Xaver Funk, Didascalia et Constitutiones Apostolorum II, Paderborn 1905, 101.
[195] Text bei Funk (s. A. 194) 178. 180.
[196] Der Brief des Jakobus, KEK 15, Göttingen [11]1964, 299 f. Zu Mk 6, 13; Jak 5, 14 vgl. auch Otto Böcher, Christus Exorcista. Dämonismus und Taufe im Neuen Testament, BWANT 96, Stuttgart u. a. 1972, 79 f. 101. 166 f.

Einleitung

Die Verwendung von Öl bei Krankenheilungen aufgrund dessen, daß es exorzistische Kraft hat, ist auch in jüdischen Texten belegt.[197] In ApkMos 9 fordert der mit Krankheitsplagen geschlagene Adam Eva und seinen Sohn Seth auf, zum Paradies zu gehen und Gott zu bitten: „Er möge meiner sich erbarmen, ins Paradies den Engel senden und mir vom Baum, woraus das Öl fließt, geben! Dann bring es mir, daß ich damit mich salbe und Ruhe finde!"[198]

Damit ergeben sich also folgende Sachverhalte:

1. Zwei spätere Kirchenordnungen haben an derselben Stelle wie der Did-Text von CA und K ein Gebet über dem Salböl.
2. Der in diesem Gebet vorausgesetzte Sachzusammenhang ist bereits in neutestamentlichen Texten belegt.
3. Er findet sich auch im Judentum, von dem sich die Didache so gut wie durchgängig nachhaltig beeinflußt zeigt.[199]

Alle drei Punkte zusammengenommen lassen es zumindest als möglich erscheinen, daß das Gebet über dem Salböl ursprünglicher Did-Text ist.[200]

10. Ethik und Eschatologie

Da fast die gesamte Didache aus einer Kompilation verschiedener Quellen und Traditionen besteht, ist zu erwarten, daß auch ihre Ethik weithin traditionell ist. So finden sich die meisten ethischen Aussagen in der übernommenen Zwei-Wege-Lehre[201], die jüdischen Ursprungs ist.[202] Neben der Betonung des Monotheismus war die Ethik der wichtigste Bestandteil jüdischer missionarischer Ver-

---

[197] Vgl. Bill. I 429 sowie Otto Böcher, Dämonenfurcht und Dämonenabwehr. Ein Beitrag zur Vorgeschichte der christlichen Taufe, BWANT 90, Stuttgart u. a. 1970, 217. Falls das Testament Salomos herangezogen werden darf, ist auf 18, 32. 34 zu verweisen.

[198] In Kap. 13 wird die Herausgabe dieses Öles verweigert. Vgl. auch die Parallelstelle VitAd 36. 40 f.

[199] Ein starkes Gegenargument bleibt allerdings nach wie vor das Fehlen dieses Stückes in H (vgl. Vööbus, Traditions 54). Aber bei der Lage der Textüberlieferung ist auch das kein durchschlagendes Argument, zumal bei H am Schluß eine weitere Auslassung wahrscheinlich ist.

[200] Vööbus erkennt in dem Gebet über dem Salböl, das er für interpoliert hält, ein Stück der Tauflliturgie und meint, daß an einen Salbungsakt nach der Taufe gedacht sei (Traditions 46–50). Aber warum steht das Gebet dann an seiner jetzigen Stelle und wird nicht im Zusammenhang der Ausführungen über die Taufe gebracht?

[201] Eine weit ausholende Darstellung des Motivs von den Zwei Wegen bietet Jan Bergmann, Zum Zwei-Wege-Motiv. Religionsgeschichtliche und exegetische Bemerkungen, SEÅ 41/42, 1976/77, 27–56.

[202] Häufig wird vermutet, daß die Zwei-Wege-Lehre der Didache auf einen jüdischen Proselytenkatechismus zurückgeht (vgl. etwa Alfred Seeberg, Der Katechismus der Urchristenheit, München 1966 [= Leipzig 1903], 43 f.); demgegenüber hat sich Wilhelm Michaelis sehr skeptisch geäußert: Art. ὁδός κτλ., ThWNT V, Stuttgart 1954, (42–118) 58–60. 99.

kündigung gegenüber der heidnischen Welt, der Eindruck machte und außer Proselyten vor allem eine weitere Anhängerschaft gewann, die die Beschneidung nicht übernahm. In ihr, den φοβούμενοι bzw. σεβόμενοι τὸν θεόν, hatte die christliche Mission ein gutes Potential.²⁰³ Von daher wird die breite Übernahme jüdischer ethischer Stoffe sofort verständlich.

Der Ethik wird heilsentscheidende Relevanz zugesprochen. Das geschieht nicht nur, wenn die beiden Wege als Weg des Lebens und Weg des Todes gekennzeichnet werden (1, 1) und der Weg des Todes darüber hinaus noch als „voll von Fluch", d. h. zur endgültigen Verfluchung führend, beschrieben wird (5, 1), sondern auch das Schlußkapitel unterstreicht zweimal die Notwendigkeit rechten Handelns für das Heil. So heißt es in 16,2: „Denn die ganze Zeit eures Glaubens wird euch nichts nützen, wenn ihr nicht in der letzten Zeit vollkommen werdet." Die letzte Zeit vor dem Ende gilt als die entscheidende Bewährungszeit; wer in ihr versagt, verspielt alles. Die Didache verlangt sogar, vollkommen zu werden, also das, worum das eucharistische Nachtischgebet in 10, 5 bittet. Doch dürfte das vielleicht so vorgestellt sein, daß Vollkommenheit durch Standfestigkeit in der Endzeit erreicht wird.

In 16, 8 endet die Didache mit der Aussage, daß der auf den Wolken des Himmels kommende Herr einem jeden vergilt gemäß seinem Handeln. Darauf läuft also diese Kirchenordnung hinaus: auf das am Handeln orientierte letzte Gericht. Daher hat das eschatologische Schlußkapitel lediglich die Funktion, die Mahnung an die Leser zu verstärken, daß sie sich an den vorher gegebenen Anordnungen orientieren sollen. Die auf die endzeitliche Vergeltung zugespitzte Eschatologie wird damit ein Unteraspekt der Ethik und im übrigen zu einem bloßen Lehrstück „über die letzten Dinge".²⁰⁴

Hier zeigt sich gegenüber Jesus und den urchristlichen Anfängen eine bedeutsame Verschiebung. Ursprünglich schloß die Erwartung des Endes die Hoffnung auf weltweite und grundlegende Veränderung, auf radikale Umgestaltung ein; und unter diesem Horizont war Ethik zu begreifen als der Hoffnung jetzt schon entsprechendes und sie antizipierendes Handeln. In der Didache sind die Gewichte in dieser Hinsicht eindeutig verlagert: Ethik steht nicht mehr im Horizont der Eschatologie, sondern die Eschatologie ist ein Appendix der Ethik. Wo aber nimmt die Ethik dann ihre Maßstäbe her? Wird nicht im wesentlichen das gelten, was allgemein als gute Sitte anerkannt ist? Wie die weithin traditionellen Aussagen der Didache zeigen, die zahlreiche Parallelen vor allem im Judentum, aber auch im Hel-

---

[203] Vgl. K. G. Kuhn und H. Stegemann, Art. Proselyten, PRE Suppl. 9, 1962, (1248–1283) 1259f.; Henneke Gülzow, Soziale Gegebenheiten der altkirchlichen Mission, in: Kirchengeschichte als Missionsgeschichte I. Die alte Kirche, hrsg. von H. Frohnes u. U. W. Knorr, München 1974, (189–226) 194–197.

[204] "In the Didache eschatology either is subsumed under liturgy (8, 2; 9, 4; 10, 5–6) or forms an appendix (ch. 16)" (Kraft, Fathers 7; vgl. 68f.).

lenismus haben, ist das zum guten Teil der Fall. Damit läßt sich die Didache als ganze nicht zuletzt auch als Ausdruck für das Nachlassen des eschatologischen Bewußtseins verstehen. Daß die Parusie nicht eingetreten war, daß die Zeit fortlief, an diesem Tatbestand konnte man auf Dauer gewiß nicht vorbeisehen. Aber wie war damit umzugehen? Eschatologisches Bewußtsein bedeutete ja vor allem auch Widerspruch gegen die Welt, so wie sie ist, Erwartung radikaler Veränderung und Handeln in Vorwegnahme solcher Erwartung. Auf eine Gemeinde mit solchem Bewußtsein und mit solcher Praxis wird Druck ausgeübt werden, der sehr verschiedene Formen annehmen und den man wohl zusammenfassend als Anpassungsdruck bezeichnen kann. So ließe sich eschatologisches Bewußtsein verstehen als Widerstand gegen den Anpassungsdruck in jeder Form von seiten der Welt auf die Gemeinde; und Nachlassen des eschatologischen Bewußtseins wäre dann gleichbedeutend mit Nachgeben gegenüber dem Anpassungsdruck, mit Anpassung. Die Gemeinden der Didache nehmen in dieser Hinsicht eine Zwischenstellung ein. Die Verschiebung ist deutlich genug sichtbar. Aber andererseits konnten auch Punkte genannt werden, die zeigten, daß diese Gemeinden keineswegs dem Anpassungsdruck der Welt auf der ganzen Linie erlegen sind, sondern sich ihre spezifisch christliche Identität bewahrt haben.

11. Ort und Zeit der Abfassung

Als Ort der Abfassung ist früher Ägypten genannt worden, wofür als Gründe die Verwandtschaft mit dem Barnabasbrief und die erste Bezeugung durch Klemens von Alexandrien galten.[205] Doch ist die ägyptische Herkunft des Barnabasbriefs alles andere als gesichert;[206] und die erste Bezeugung durch Klemens bietet lediglich eine Möglichkeit an, die andere Möglichkeiten nicht ausschließt.[207] Gegen eine Herkunft aus Ägypten sprechen die Angaben zum Taufwasser in 7,2f., die eine Gegend mit zeitweise versiegenden Flüssen und Wasserknappheit voraussetzen. Auch die Wendung vom „Brot auf den Bergen" in 9,4, die auf eine hügelige Landschaft hinweist, widerspricht der Annahme einer ägyptischen Herkunft.[208] Diese beiden Punkte lassen dagegen die Entstehung der Didache in Syrien als möglich erscheinen.[209] Diese Annahme wird wahrscheinlich, wenn man

---

[205] Vgl. Harnack, Prolegomena 159, weitere Gründe 168f. Neuerdings sind wieder Glover, Quotations 27, und Vööbus, Traditions 14, für die ägyptische Herkunft der Didache eingetreten.
[206] S. u. S. 115–117.
[207] Vgl. auch die Erwägungen von Layton, Sources 362 A. 36.
[208] Bezeichnenderweise wird bei Athanasius, de virginitate 13, ἐπάνω τῶν ὀρέων reichlich künstlich ersetzt durch ἐπάνω ταύτης τῆς τραπέζης. Im Papyrus von Dêr-Balizeh folgt auf ὀρέων noch καὶ βουνῶν καὶ ἀρουρῶν (vgl. o. A. 171 auf S. 50f.).
[209] Nach Riesenfeld „(erscheint) der Hinweis auf das bergige Gelände in Palästina und

hinzunimmt, daß das Matthäusevangelium in den Gemeinden der Didache als „das Evangelium" bekannt war, da das Matthäusevangelium dort geschrieben sein dürfte.[210] Unter Einbeziehung der oben angestellten ökologischen Erwägungen ist daher eine ländliche Gegend in Syrien[211] als Entstehungsort der Didache anzugeben.[212]

In zeitlicher Hinsicht ist das Matthäusevangelium *terminus post quem* und Klemens von Alexandrien *terminus ante quem*.[213] Die in der Didache vorausgesetzten Gemeindeverhältnisse lassen sie jedoch wesentlich näher an die Zeit des Matthäusevangeliums heranrücken.[214] Eine nähere Eingrenzung ist dadurch möglich, daß einerseits die Trennung vom Judentum schon vollzogen ist und andererseits die nach der Didache gefeierte Eucharistie in die Zeit vor Justin weist.[215] Daher ist der

---

Syrien im Gegensatz zu den flachen Feldern Ägyptens... gekünstelt. Auch in Palästina sucht man in erster Linie die Täler und Ebenen für den Anbau von Getreide auszunützen" (Brot 149). Die Worte „in erster Linie" zeigen die Einschränkung. Riesenfelds eigene Vermutungen (149f.) sind weitaus gekünstelter. – Als anbaubare Fläche gelten „die Berge" in Hag 1, 11; Ps 72, 16.

[210] Vgl. Werner Georg Kümmel, Einleitung in das Neue Testament, Heidelberg [15]1967, 70.

[211] Sieht man, daß es sich um eine *ländliche* Gegend handelt, entfällt das Argument, das Vööbus gegen Syrien einwendet, daß nämlich die Didache über Paulus und sein Werk schweigt, während er doch dort gewirkt habe und seine Schreiben dort zirkulierten (Traditions 14 mit A. 35). Aber was für Antiochien gilt, gilt noch nicht für alle Teile Syriens.

[212] Zu dieser Lokalisierung vgl. auch Rordorf/Tuilier, Doctrine 97f. – Adam hat eine genauere Eingrenzung versucht: Die Didache soll „für die soeben missionierten Gemeinden in Ostsyrien" (Adiabene) zusammengestellt worden sein (Herkunft passim; das Zitat S. 60). Er gesteht aber selbst zu, daß seine Ergebnisse „nicht den Gewißheitsgrad der Evidenz (erreichen); für sie kann nur Wahrscheinlichkeit, allerdings wohl gehobenen Grades, in Anspruch genommen werden" (61). Selbst das dürfte schon zu viel gesagt sein. Noch weniger Wahrscheinlichkeit haben die weiteren Erwägungen, nach denen der Abfassungsort vom Bestimmungsort zu unterscheiden und in Pella zu suchen ist, wo die Didache zwischen 70 und 100 verfaßt worden sei (61–70). Gegen Adam vgl. Rordorf/Tuilier, Doctrine 98f. – Joan Hazelden Walker versucht, zusätzliche Argumente für Antiochien als Entstehungsort der Didache beizubringen (An Argument from the Chinese for the Antiochene Origin of the *Didache*, Studia Patristica VIII, TU 93, Berlin 1966, 44–50): Chinesische Handschriften, geschrieben nach dem Beginn der nestorianischen Mission in China im Jahre 635, zeigen Beziehungen zu den Zwei Wegen der Didache; die Nestorianer aber hatten ihren Ursprung in Antiochien...

[213] Versuche wie der von Franz Xaver Funk, Die Didache. Zeit und Verhältnis zu den verwandten Schriften, in: Ders., Kirchengeschichtliche Abhandlungen und Untersuchungen II, Paderborn 1899, 108–141, die Zeit der Didache durch die Annahme einzugrenzen, sie sei vom Verfasser des Barnabasbriefs benutzt worden, überzeugen nicht mehr, da sich die Ansicht durchgesetzt hat, daß die verwandten Stücke auf gemeinsamer Tradition beruhen; vgl. o. S. 21. – Auch der neuere Versuch, Kenntnis der Didache bei Justin nachzuweisen (M. A. Smith, Did Justin know the Didache?, Studia Patristica VII, TU 92, Berlin 1966, 287–290), hält einer Nachprüfung nicht stand. Die Berührungen sind keineswegs so signifikant, daß sie einen solchen Schluß erlaubten.

[214] Von ihnen her nimmt z. B. Streeter, Didache 373, eine Datierung auf die Zeit zwischen 90 und 100 vor.

[215] S. o. S. 56f.

Anfang des 2. Jh. als die wahrscheinlichste Entstehungszeit der Didache anzusehen.[216]

---

[216] Die schon früher in der englischen Forschung vorgetragene Auffassung, die Didache sei ein Produkt des Montanismus, ist ausführlich vertreten worden in der Monographie von F. E. Vokes, The Riddle of the Didache. Fact or Fiction, Heresy or Catholicism?, London 1938. Seine These formuliert er S. 7f.: "... that the writer of the Didache tries to give a picture of a Church in New Testament or 'apostolic' language. He tries to express in New Testament and apostolic words what is common to his Church and that of the New Testament. That will explain the mixture of primitiveness and development that we find. It will also explain the few peculiarities we find in the Didache. The author's Church was one which supported a moderate Montanism which it expressed in as respectable and apostolic a form as possible." In Teil III (The Literary History of the Didache: 27–87) will Vokes nachweisen, daß die Didache den Barnabasbrief, Hermas und Schriften Justins benutzte, während sie von der Didascalia benutzt wurde (Zusammenfassung S. 83), was ihn auf eine Abfassungszeit ("almost certainly") zwischen 155 und 250 führt (86). Nach Teil IVb (93–119) soll die Didache fast das ganze Neue Testament gekannt haben: "It would be safe, I think, to say that the Didache is based on the whole of our New Testament, with the possible exception of the very late IIPeter and the unimportant Mark and Philemon" (119). Nachdem Vokes so den Boden für eine Spätdatierung bereitet hat, versucht er, S. 135–207 Bezüge zum Montanismus herauszustellen (vgl. die Zusammenfassung der Ergebnisse S. 208–220). – Diese Einordnung der Didache ist mit Recht eine Außenseiterposition geblieben.

TEXTZEUGEN

H   Codex Hierosolymitanus 54; Did 1, 1–16, 8; nach dem Faksimile von J. R. Harris (s. A. 9 auf S. 6)

O   Papyrus Oxyrhynchus 1782; Did 1, 3b–4a; 2, 7b–3, 2a; nach Grenfell/Hunt (s. A. 12 auf S. 6)

CA   Apostolische Konstitutionen; Did 1, 1–16, 8; nach der Ausgabe von Funk (s. A. 13 auf S. 7)

KO   Apostolische Kirchenordnung; Did 1, 1–4, 8 (ohne 1, 3b–2, 1); nach Harnack, Prolegomena 225–237

E   Epitome; Did 1, 1–4, 9. 12–14 (ohne 1, 3b–2, 1); nach der Ausgabe von Schermann (s. A. 15 auf S. 7)

K   Koptische Übersetzung; Did 10, 3b–12, 2a; nach Schmidt, Didache-Fragment 84–91

Ä   Äthiopische Übersetzung; Did 8, 1–2a; 11, 3–5. 7–12; 12, 1–13, 1. 3–7; nach der Ausgabe von Horner (s. A. 31 auf S. 12)

G   Georgische Übersetzung; Did 1, 1–16, 8; nach den Angaben von Peradse (s. A. 32 auf S. 12)

L   Doctrina apostolorum; Did 1, 1–5, 2; nach der Ausgabe von Rordorf/Tuilier, Doctrine 207–210

B   Barnabasbrief; Did 1, 1–5, 2

Cl   Clemens Alexandrinus

ΔΙΔΑΧΗ ΤΩΝ ΑΠΟΣΤΟΛΩΝ

1. 1. ὁδοὶ δύο εἰσίν, μία τῆς ζωῆς καὶ μία τοῦ θανάτου, [a]διαφορὰ δὲ πολλὴ μεταξὺ τῶν δύο ὁδῶν[a]. 2. [a]ἡ μὲν οὖν ὁδὸς τῆς ζωῆς[a] ἐστιν αὕτη· [b]πρῶτον, ἀγαπήσεις τὸν θεὸν τὸν ποιήσαντά σε[b]· [c]δεύτερον[c], τὸν πλησίον σου ὡς [d]ἑαυτόν[d]. [e]καὶ πᾶν ὃ μὴ θέλεις γενέσθαι σοι[e], [f]καὶ σὺ ἄλλῳ οὐ ποιήσεις[f]. 3. [a]τούτων δέ τῶν λόγων ἡ διδαχή ἐστιν αὕτη[a. bb]

0 διδαχαὶ τῶν ἀποστόλων Euseb; περίοδοι καὶ δ. τ. ἀ. Verzeichnis der 60 kanonischen Bücher; διδαχὴ τῶν ἀποστόλων Athanasius; διδαχὴ ἀποστόλων Synopse der heiligen Schrift, Stichometrie des Nicephorus; doctrina apostolorum Rufin; (de) doctrina apostolorum L; διδαχὴ τῶν δώδεκα ἀποστόλων. διδαχὴ κυρίου διὰ τῶν δώδεκα ἀποστόλων τοῖς ἔθνεσιν H; Lehre der zwölf Apostel, geschrieben im Jahre 90 oder 100 nach dem Herrn Christus: Lehre des Herrn, die durch die zwölf Apostel der Menschheit gelehrt worden ist G.
1. 1. [a] H KO L; 1–3. 5–7 B; καὶ διαφορὰ πολλὴ τῶν δύο E; πολὺ τὸ διάφορον CA 2. [a] H KO (L); 1. 3. 5. 6 E; ἡ οὖν ὁδὸς τοῦ φωτός B; πρώτη οὖν τυγχάνει ἡ ὁδὸς τῆς ζωῆς καί CA [b] H KO E (L); ἀγαπᾶν κύριον τὸν θεόν CA [c] H L; δεύτερον ἀγαπήσεις KO E; καί CA [d] CA KO E; σεαυτόν H [e] CA; πᾶν ὃ μὴ θέλῃς γ. σ. E; πάντα ὅσα ἂν μὴ θέλητε σοι γίνεσθαι KO; πάντα δὲ ὅσα ἐὰν θελήσῃς μὴ γίνεσθαί σοι H; omne autem, quod tibi fieri non vis L [f] 1–2 τοῦτο 3–5 CA; 1–3 μὴ ποίει H; μηδὲ σὺ ἄλλῳ ποιήσῃς KO E; alii ne feceris L 3. [a] H L (KO); om. CA E [b] KO E L; habent 1, 3 b – 2, 1 'interpolationem evangelicam' H O CA G. Codex H et variae in testibus ceteris lectiones: εὐλογεῖτε τοὺς καταρωμένους ὑμῖν (ὑμᾶς CA) καὶ (om. CA) προσεύχεσθε ὑπὲρ τῶν ἐχθρῶν ὑμῶν (ἐπηρεαζόντων ὑμᾶς, ἐπαγάτε τοὺς ἐχθροὺς ὑμῶν CA; cf. Lk 6, 27f.). νηστεύετε δὲ ὑπὲρ τῶν διωκόντων ὑμᾶς (om. sententiam CA). ποία γὰρ (ad. ὑμῖν CA) χάρις, ἐὰν ἀγαπᾶτε (φιλῆτε CA) τοὺς ἀγαπῶντας (φιλοῦντας CA) ὑμᾶς; οὐχὶ καὶ (καὶ γὰρ καὶ CA) τὰ ἔθνη (οἱ ἐθνικοὶ CA) τὸ αὐτὸ (τοῦτο O CA) ποιοῦσιν; ὑμεῖς δὲ ἀγαπᾶτε (φιλεῖτε O CA) τοὺς μισοῦντας ὑμᾶς καὶ οὐχ ἕξετε ἐχθρόν (ἐχθρόν post καί CA; ad. ἄκουε τί σε δεῖ ποιοῦντα σῶσαί σου τὸ πνεῦμα πρῶτον O). 4. ἀπέχου (ἀπόσχου O) τῶν σαρκικῶν καὶ σωματικῶν (καὶ κοσμικῶν CA; om. O) ἐπιθυμιῶν. ἐάν τίς σοι δῷ ῥάπισμα εἰς τὴν δεξιὰν σιαγόνα, στρέψον αὐτῷ καὶ τὴν ἄλλην, καὶ ἔσῃ τέλειος (κ.ε.τ. om. CA). ἐὰν ἀγγαρεύσῃ σέ τις μίλιον ἕν, ὕπαγε μετ' αὐτοῦ δύο. ἐὰν ἄρῃ τις τὸ ἱμάτιόν σου, δὸς αὐτῷ καὶ τὸν χιτῶνα (καὶ τῷ θέλοντί σοι κριθῆναι καὶ τὸν χιτῶνά σου λαβεῖν, ἄφες αὐτῷ καὶ τὸ ἱμάτιον CA cf. Mt 5, 40). ἐὰν λάβῃ τις (ad. ἐν τῷ ὀνόματι τοῦ Χριστοῦ G) ἀπὸ σοῦ τὸ σόν (καὶ ἀπὸ τοῦ αἴροντος τὰ σά CA, cf. Lk 6, 30), μὴ ἀπαίτει· οὐδὲ γὰρ δύνασαι (ο.γ. δ. om. CA; ad. ἕνεκα τῆς πίστεως τοῦτο ποιεῖν G; cj. ὧδε γὰρ δύνασαι τέλειος εἶναι Layton, HThR 61, 1968, 345–349). 5. (Ss om. G) παντὶ (om. CA) τῷ αἰτοῦντί σε δίδου καὶ μὴ ἀπαίτει (κ. μ. α. om. CA). πᾶσιν γὰρ θέλει δίδοσθαι ὁ πατὴρ ἐκ τῶν ἰδίων χαρισμάτων (ἐξ οἰκείων πόνων CA; L habet sententiam post 4, 8). (Ss om. CA) μακάριος ὁ διδοὺς κατὰ τὴν ἐντολήν· ἀθῷος γάρ ἐστιν. οὐαὶ τῷ λαμβάνοντι· εἰ μὲν γὰρ χρείαν ἔχων λαμβάνει τις, ἀθῷος ἔσται· ὁ δὲ μὴ χρείαν ἔχων δώσει δίκην, ἱνατί ἔλαβε καὶ εἰς τί, ἐν συνοχῇ δὲ γενόμενος ἐξετασθήσεται

DIDACHE (APOSTELLEHRE)

1. 1. Zwei Wege gibt es, einen des Lebens und einen des Todes;[1] der Unterschied aber zwischen beiden Wegen ist groß.

2. Das nun ist der Weg des Lebens[2]: Erstens sollst du Gott, der dich geschaffen hat,[3] lieben, zweitens deinen Nächsten wie dich selbst[4]! Und alles, von dem du nicht willst, daß es dir geschehe, sollst auch du keinem anderen tun![5]

3. Das aber ist die Lehre dieser Worte[6]:

---

[1] [A. 1 s. S. 92.]
[2] [A. 2 s. S. 92.]
[3] Vgl. Sir 7, 30.
[4] Dtn 6, 4f.; Lev 19, 18; Mk 12, 28–34parr.; vgl. weiter das reiche Material und seine Besprechung bei Klaus Berger, Die Gesetzesauslegung Jesu. Ihr historischer Hintergrund im Judentum und im Alten Testament I. Markus und Parallelen, WMANT 40, Neukirchen 1972, 56–257; Andreas Nissen, Gott und der Nächste im antiken Judentum. Untersuchungen zum Doppelgebot der Liebe, WUNT 15, Tübingen 1974.
[5] Mt 7, 12/Lk 6, 31 steht diese „Goldene Regel" in positiver Fassung. In negativer Fassung hat sie zahlreiche Parallelen im Judentum (z. B. Tob 4, 15; TestNaph 1, 6) und – in beiden Fassungen – im Griechentum und im Hellenismus; vgl. die Monographie von Albrecht Dihle, Die Goldene Regel. Eine Einführung in die Geschichte der antiken und frühchristlichen Vulgärethik, SAW 7, Göttingen 1962.
[6] Die Grundsatzerklärung von 1, 2 wird in 2, 2f. zunächst so ausgelegt, daß 14 Verbote im Dekalogstil aneinandergereiht werden. Alle Verbote der zweiten Dekalogtafel (Ex 20, 13–16; Dtn 5, 17–20) sind aufgenommen und um ähnliche und andere erweitert. Vgl. Mk 10, 19parr.; Röm 13, 9 und die Texte bei Köster, Überlieferung 161–163.
Zu der an dieser Stelle von H, CA, O und G bezeugten „evangelischen Interpolation" vgl. den Abschnitt 3.a der Einleitung.

Didache (Apostellehre)

2. 2. οὐ φονεύσεις, ᵃοὐ μοιχεύσεις^a, ᵇοὐ παιδοφθορήσεις, ᶜοὐ πορνεύσεις^{cb}, οὐ κλέψεις, οὐ μαγεύσεις, οὐ φαρμακεύσεις, ᵈοὐ φονεύσεις τέκνον ^{ee} ἐν φθορᾷ οὐδὲ ^{ff} γεννηθὲν ἀποκτενεῖς^d. 3. οὐκ ἐπιθυμήσεις τὰ τοῦ πλησίον ^{aa}, οὐκ ἐπιορκήσεις, οὐ ψευδομαρτυρήσεις, ᵇοὐ κακολογήσεις^b ᶜοὐδὲ^c μνησικακήσεις. 4. οὐκ ἔσῃ ᵃδίγνωμος^a οὐδὲ δίγλωσσος· παγὶς γὰρ ᵇθανάτου ^{cc} ἡ διγλωσσία^b. 5. οὐκ ἔσται ὁ λόγος σου ᵃκενὸς οὐδὲ ψευδής^a. 6. οὐκ ἔσῃ πλεονέκτης οὐδὲ ἅρπαξ οὐδὲ ὑποκριτὴς οὐδὲ κακοήθης οὐδὲ ὑπερήφανος. οὐ λήψῃ ᵃβουλὴν πονηρὰν κατὰ τοῦ πλησίον σου^a. 7. οὐ μισήσεις πάντα ἄνθρωπον, ᵃἀλλ' οὓς μὲν ἐλέγξεις, ^{bb} περὶ ᶜὧν δὲ^c προσεύξῃ, ᵈοὓς δὲ ἀγαπήσεις^d ὑπὲρ τὴν ψυχήν σου^a.

3. 1. ᵃτέκνον μου^a, φεῦγε ἀπὸ παντὸς ^{bb} ᶜπονηροῦ^c καὶ ᵈἀπὸ παντός^d ὁμοίου αὐτοῦ.

2. μὴ γίνου ὀργίλος – ᵃὁδηγεῖ γὰρ^a ἡ ὀργὴ πρὸς τὸν φόνον – ᵇμηδὲ^b ζηλωτὴς μηδὲ ᶜἐριστικὸς^c μηδὲ ᵈθυμώδης^d· ἐκ γὰρ τούτων ᵉἁπάντων φόνοι γεννῶνται^e.

3. ᵃτέκνον μου^a, μὴ γίνου ἐπιθυμητής ^{bb} – ᶜὁδηγεῖ^c γὰρ ᵈἡ ἐπιθυμία

περὶ ὧν ἔπραξεν, καὶ οὐκ ἐξελεύσεται ἐκεῖθεν μέχρις οὗ ἀποδῷ τὸν ἔσχατον κοδράντην. 6. ἀλλὰ καὶ περὶ τούτου δὲ εἴρηται· ἱδρωσάτω ἡ ἐλεημοσύνη σου εἰς τὰς χεῖράς σου μέχρις ἂν γνῷς τίνι δῷς.
2.1. δευτέρα δὲ ἐντολὴ τῆς διδαχῆς.   2. ᵃ et ᶜ H CA KO; om. G   ᵇ H CA; 3 4 12 KO   ᵃ et   ᵇ οὐ ποιήσεις ἁμαρτίαν τινὰ τῇ σαρκί σου E   ᵈ om. E   ᵉ H KO L; σου CA   ᶠ H KO; τό CA   3.   ᵃ H KO; σου CA E L B   ᵇ H CA KO E L; om. G   ᶜ CA KO E; οὐ H L   4. ᵃ CA KO E; διγνώμων H B   ᵇ H (KO); ἰσχυρὰ ἀνδρὶ τὰ ἴδια χείλη CA (cf. Prov 6, 2)   ᶜ H; ἐστίν KO   5. ᵃ KO L; κενός E; κενός· οὐ ψεύσῃ CA; ψευδής, οὐ κενός, ἀλλὰ μεμεστωμένος πράξει H   6. ᵃ H KO (E) L; πρόσωπον ἐν κρίσει ... CA   7. ᵃ (H O KO E); ἐλέγξεις τὸν ἀδελφόν σου CA   ᵇ H O E; οὓς δὲ ἐλεήσεις KO   ᶜ O KO; 2 1 H; 1 2 καί E   ᵈ H O KO E; τούτους πάντας ἀγαπήσεις ἐν κυρίῳ G
3. 1.   ᵃ H O KO (L); om. CA E; ad. λέγω σοι ὑπὲρ τοῦ κυρίου G   ᵇ H CA KO E; πράγματος O   ᶜ H (O) KO; κακοῦ CA E   ᵈ H CA KO E; om. O   2. ᵃ H KO; ἐπειδὴ ὁ. O L; ὁδηγεῖ γὰρ ταῦτα E, sed habet haec sententiam pro ἐκ γὰρ τούτων – γεννῶνται; om. ὁδηγεῖ – φόνον CA   ᵇ H CA; μὴ γίνου KO; μήτε E   ᶜ H KO E; μανικός CA   ᵈ KO; θυμικός H; θρασύς CA; μανικός E   ᵉ H (L); φόνος γεννᾶται KO; om. ἐκ – γεννῶνται CA   3. ᵃ H KO; om. CA E   ᵇ H KO E; κακῶν CA   ᶜ H KO E; ὁδηγηθήσῃ CA

2. 2. Du sollst nicht töten, nicht ehebrechen, nicht Knaben schänden,[7] nicht huren, nicht stehlen, nicht Zauberei treiben, nicht Gift mischen,[8] nicht abtreiben noch ein Neugeborenes töten,[9] 3. nicht den Besitz des Nächsten begehren, keinen Meineid schwören, nicht Falsches bezeugen,[10] nicht Übles reden, nicht Böses nachtragen! 4. Du sollst nicht doppelsinnig noch doppelzüngig sein; eine Schlinge des Todes nämlich ist die Doppelzüngigkeit.[11] 5. Dein Wort soll nicht leer noch falsch sein![12] 6. Du sollst kein Habgieriger, Räuber oder Heuchler noch verschlagen oder hochmütig sein! Du sollst keinen bösen Entschluß gegen deinen Nächsten fassen! 7. Du sollst keinen Menschen hassen, sondern manche zurechtweisen, für manche beten, manche mehr lieben als dich selbst![13]

3. 1.[14] Mein Kind[15], fliehe vor allem Bösen und vor allem, was ihm ähnlich ist!
2. Werde nicht zornig, denn der Zorn führt zum Mord; noch werde ein Eiferer, Streithals oder Hitzkopf, denn von allen diesen Menschen werden Morde hervorgebracht!
3. Mein Kind, werde nicht lüstern, denn die Lüsternheit führt zur Hurerei;

---

[7] Vgl. Lev 18, 22; 20, 13; Pseudo-Phokylides 191. Die Päderastie („Knabenliebe") galt dem Judentum und ihm folgend dem Christentum als Sünde und wurde deshalb dysphemistisch „Knabenschändung" genannt.

[8] Vgl. Pseudo-Phokylides 149. Über die bedeutsame Rolle der Magie in der hellenistischen Welt vgl. Franz Cumont, Die orientalischen Religionen im römischen Heidentum, Darmstadt ⁷1975 (= Leipzig ³1931 = 4. franz. Originalausgabe), 166–171; Clemens Zintzen, Art. Zauberei (μαγεία), Zauberer (μάγος), in KP 5, München 1975, 1460–1472.

[9] [A. 9 s. S. 92 f.]

[10] Knopf sieht den Zusammenhang der drei ersten Verbote von 2, 3 wohl mit Recht darin gegeben, daß das Schwören und Zeugnis Ablegen „doch meist vor Gericht bei Verhandlungen über 'Mein und Dein' erfolgt, wo das Gut des Nächsten begehrt wird" (Komm. 11).

[11] Diese Aussage hat zahlreiche Parallelen aus der jüdischen Weisheitstradition. Die breiteste urchristliche Ausführung zum Thema steht Jak 3, 3–12.

[12] Bei der von den Herausgebern an dieser Stelle als Did-Text gebotenen Lesart von H handelt es sich deutlich um eine sekundäre Ergänzung. Der in dieser Ausgabe wiedergegebene Text wird nicht nur von L bezeugt (das wäre kein Beweis, da L ja keine Übersetzung der Didache ist), sondern auch von KO (die sehr wahrscheinlich die Didache benutzte und nicht eine weitere selbständige Zwei-Wege-Lehre neben der Elfapostelmoral), und er wird vor allem von CA vorausgesetzt (die ganz gewiß die Didache benutzten). Letzteres zeigt die Reihenfolge der Motive; sie wurde in H um des Nachsatzes willen umgekehrt. Wäre dieser ursprünglich, ließe es sich nicht erklären, warum er in CA ausgefallen und warum die Reihenfolge verändert worden sein sollte.

[13] [A. 13 s. S. 93 f.]

[14] Der Abschnitt 3, 1–6 ist stark durchgeformt. Nach der allgemein gehaltenen Überschrift wird fünfmal das Schema durchgeführt, daß eine kleinere Sünde zu einer größeren führt. Dieses Schema ist weit verbreitet; vgl. nur TestJud 19, 1: „Meine Kinder, die Geldgier führt zu den Götzen." Bis auf die Lästerung in 3, 6 sind die übrigen hier aufgeführten Hauptsünden schon vorher erwähnt worden. Das zeigt auch vom Inhalt her – was von der Form schon deutlich ist –, daß hier ein ursprünglich selbständiges Stück in die Zwei-Wege-Lehre eingefügt wurde; vgl. Audet, Didachè 297–302.

[15] „(Mein) Kind" ist die Anrede des Lehrers an den Schüler im Judentum und Hellenismus.

πρὸς τὴν πορνείαν^d – ^{e}μηδὲ^e αἰσχρολόγος ^{f}μηδὲ ὑψηλόφθαλμος^f· ἐκ γὰρ τούτων ^{g}ἁπάντων μοιχεῖαι γεννῶνται^g.

4. ^{a}τέκνον μου^a, μὴ γίνου οἰωνοσκόπος, ^{b}ἐπειδὴ^b ὁδηγεῖ ^{c}εἰς τὴν^c εἰδωλολατρείαν, ^{d}μηδὲ ἐπαοιδὸς μηδὲ μαθηματικὸς μηδὲ περικαθαίρων^d, μηδὲ θέλε αὐτὰ ^{e}βλέπειν μηδὲ ἀκούειν^e· ἐκ γὰρ τούτων ἁπάντων ^{f}εἰδωλολατρεῖαι γεννῶνται^f.

5. ^{a}τέκνον^a, μὴ γίνου ψεύστης, ^{b}ἐπειδὴ ὁδηγεῖ τὸ ψεῦσμα ἐπὶ τὴν κλοπήν^b, μηδὲ φιλάργυρος μηδὲ κενόδοξος· ἐκ γὰρ τούτων ἁπάντων ^{c}κλοπαὶ^c γεννῶνται.

6. ^{a}τέκνον^a, μὴ γίνου γόγγυσος, ἐπειδὴ ^{b}ἄγει πρὸς^b τὴν βλασφημίαν, μηδὲ αὐθάδης μηδὲ πονηρόφρων· ^{c}ἐκ γὰρ τούτων ἁπάντων βλασφημίαι γεννῶνται^c.

7. ἴσθι δὲ πραΰς, ^{a}ἐπεὶ οἱ^a πραεῖς κληρονομήσουσιν τὴν ^{b}γῆν^b. 8. γίνου μακρόθυμος ^{a}καὶ^a ἐλεήμων, ^{bb} ἄκακος ^{c}καὶ ἡσύχιος^c, ^{dd} ἀγαθὸς ^{e}καὶ^e τρέμων τοὺς λόγους ^{f}οὓς ἤκουσας^f. 9. οὐχ ὑψώσεις σεαυτὸν οὐδὲ δώσεις ^{a}τῇ ψυχῇ σου θράσος. ^{b}οὐ κολληθήσεται ἡ ψυχή^b σου^a μετὰ ^{c}ὑψηλῶν^c, ἀλλὰ μετὰ ^{d}δικαίων καὶ ταπεινῶν ἀναστραφήσῃ^d. 10. τὰ ^{aa} συμβαίνοντά σοι ^{b}ἐνεργήματα ὡς ἀγαθὰ προσδέξῃ^b, εἰδὼς ὅτι ^{c}ἄτερ θεοῦ οὐδὲν γίνεται^c.

---

^{d} H KO; 3–5 E; εἰς ἀμετρίαν ἁμαρτημάτων CA ^{e} H; οὐκ ἔσῃ CA; (τέκνον,) μὴ γίνου (KO) E ^{f} H KO E; οὐδὲ ῥιψόφθαλμος οὐδὲ μέθυσος CA ^{g} H;(πορνεῖαι καὶ) μοιχεῖαι γίνονται (CA) E; μοιχεία γεννᾶται KO   4. ^{a} H KO; om. CA E; τέκνον G ^{b} H KO;ὅτι CA ^{c} H KO; πρός CA ^{d} H KO (E); οὐκ ἔσῃ ἐπᾴδων ἢ περικαθαίρων τὸν υἱόν σου, ... οὐδὲ μαθήσῃ μαθήματα πονηρά CA ^{e} L G; εἰδέναι μ. ἀ. KO E; βλέπειν H; om. μηδὲ θέλε – κλοπήν (v. 5) CA ^{f} KO; -εία γεννᾶται H; -εῖαι γίνονται E   5. ^{a} KO; υἱέ Cl; ad. μου H; om. E ^{b} KO; εἰς pro ἐπί H; ὁ. γὰρ τ. ψ. πρὸς τ. κλ. Cl ^{c} H KO E L; ἀλαζονεῖαι CA   6. ^{a} KO G; ad. μου H; om. CA E ^{b} KO; ὁδηγεῖ εἰς H; om. ἐπειδὴ – βλασφημίαν CA E ^{c} H KO L; γίνονται pro γεννῶνται E; πάντα γὰρ ταῦτα ὁδηγεῖ πρὸς βλασφημίαν CA   7. ^{a} H CA; ἐπεί KO; ἐπειδή E ^{b} H CA; sanctam terram L; βασιλείαν τῶν οὐρανῶν KO; βασ. τ. θεοῦ E   8. ^{a} H; om. KO E ^{b} καί H; εἰρηνοποιός, καθαρὸς τὴν καρδίαν (τῇ καρδίᾳ ἀπὸ παντὸς κακοῦ) E (KO) ^{c} H KO; ἡσυχος CA E ^{d} CA KO E; καί H ^{e} H; om. CA; (καὶ) φυλάσσων καί (KO) E ^{f} KO B (L); διὰ παντός, οὓς ἤ. H; τοῦ θεοῦ CA E; ad. νῦν G   9. ^{a} H (E L); τ.ψ.σ.θ., οὐ συμπορεύσῃ CA; τὴν ψυχήν σου KO ^{b} H; οὐδὲ κολληθήσῃ τῇ ψυχῇ E (L) ^{c} H KO E B (L); ἀφρόνων CA ^{d} H KO (B) L; 1–3 E; σοφῶν καὶ δικαίων CA   10. ^{a} H CA E B L; δέ KO ^{b} H KO E B; πάθη εὐμενῶς δέχου CA ^{c} H KO (B) L; μισθός σοι παρὰ θεοῦ δοθήσεται ... CA

noch werde ein Zotenredner oder habe lüsterne Augen,[16] denn von allen diesen Menschen werden Ehebrüche hervorgebracht!

4. Mein Kind, werde kein Vogelschauer, da das ja zum Götzendienst führt; noch werde ein Beschwörer, Sterndeuter oder Zauberer,[17] noch wolle dergleichen sehen oder hören, denn von allen diesen Menschen werden Götzendienste hervorgebracht![18]

5. Kind, werde kein Lügner, da ja die Lüge zum Diebstahl führt; noch werde geldgierig oder ruhmsüchtig, denn von allen diesen Menschen werden Diebstähle hervorgebracht!

6. Kind, werde nicht mürrisch, da das ja zur Lästerung leitet; noch werde selbstgefällig oder schlechtgesinnt, denn von allen diesen Menschen werden Lästerungen hervorgebracht![19]

7. Sei vielmehr sanftmütig, da die Sanftmütigen die Erde erben werden.[20]
8. Werde langmütig und barmherzig, arglos und gelassen, gut und ehrfürchtig bebend vor den Worten, die du gehört hast![21] 9. Du sollst dich nicht selbst erhöhen noch frech werden! Du sollst nicht Hochmütigen anhängen, sondern mit Gerechten und Demütigen verkehren![22] 10. Was dir an Fügungen widerfährt, sollst du als Gutes annehmen im Wissen, daß ohne Gott nichts geschieht![23]

---

[16] Das Wort ὑψηλόφθαλμος ist ein Hapaxlegomenon. Vom Kontext her muß es den Voyeur meinen, der lüstern diskrete Szenen betrachtet (vielleicht deshalb „hohes Auge", weil er „über den Zaun" blickt?). Vgl. TestIss 7, 2; 1QS I 6; CD II 16; 2Petr 2, 14.
[17] Bei περικαθαίρων „(handelt) es sich um ein Entzaubern durch Bespritzen mit dem Stengel einer magischen Pflanze". Dabei wurden Zaubersprüche gesprochen, woraus sich das folgende Verbot des Zuhörens erklärt (Schlecht, Doctrina 51).
[18] Vgl. o. A. 8.
[19] Wenn Murren zur Blasphemie führt, ist Murren hier vorgestellt als Hadern mit dem Schicksal und dieses als von Gott Geschicktes. Wer also gegen sein Schicksal murrt, steht damit in Gefahr, Gott zu lästern. Solche Erwägungen können durchaus dazu mißbraucht werden, den *status quo* festzuschreiben.
[20] Der Begründungssatz steht ψ 36, 11 näher als Mt 5, 5. Mt 5, 5 ist wie Did 3, 7 von dieser Psalm-Stelle beeinflußt.
[21] Die Stelle klingt an Jes 66, 2 an, wo es von Gott heißt, daß er ἐπὶ τὸν ταπεινὸν καὶ ἡσύχιον καὶ τρέμοντα τοὺς λόγους μου blickt. Nach Knopf zeigt die Wendung τρέμων τοὺς λόγους οὓς ἤκουσας „wieder deutlich die Bestimmung der Schrift (sc. der Zwei-Wege-Lehre) für den Neophyten" (Komm. 16).
[22] Diese Gegenüberstellung von Frechen und Hochmütigen bzw. Hohen auf der einen Seite und Gerechten und Demütigen bzw. Niedrigen auf der anderen, die ethische und soziale Kategorien miteinander verbindet, hat eine lange Tradition in der alttestamentlich-jüdischen Armenfrömmigkeit. Vgl. Ernst Bammel, Art. πτωχός κτλ. BII–CIII, ThWNT 6, Stuttgart 1959, 889–899.
[23] [A. 23 s. S. 94.]

Didache (Apostellehre)

4. 1. ᵃτέκνονᵃ, ᵇτοῦ λαλοῦντός σοι τὸν λόγον τοῦ θεοῦᵇ μνησθήσῃ ᶜᶜ ᵈνυκτὸς καὶ ἡμέραςᵈ. τιμήσεις ᵉᵉ αὐτὸν ᶠὡς τὸν κύριονᶠ· ᵍὅθενᵍ γὰρ ʰἡ κυριότης λαλεῖταιʰ, ἐκεῖ ⁱκύριός ἐστινⁱ. 2. ἐκζητήσεις ᵃδὲᵃ ᵇκαθ᾽ ἡμέραν τὸ πρόσωπον τῶν ἁγίωνᵇ, ἵνα ᶜἐπαναπαύσῃᶜ τοῖς λόγοις αὐτῶν.

3. οὐ ᵃποιήσεις σχίσματαᵃ, εἰρηνεύσεις ᵇδὲᵇ μαχομένους· κρινεῖς δικαίως, οὐ λήψῃ πρόσωπον ἐλέγξαι ᶜᶜ ἐπὶ ᵈπαραπτώματιᵈ. 4. ᵃοὐ διψυχήσειςᵃ, ᵇπότερονᵇ ἔσται ἢ οὔ.

5. μὴ γίνου πρὸς μὲν τὸ λαβεῖν ἐκτείνων ᵃτὴν χεῖραᵃ, πρὸς δὲ τὸ δοῦναι ᵇσυσπῶνᵇ. 6. ἐὰν ἔχῃς διὰ τῶν χειρῶν σου, ᵃδώσεις λύτρωσινᵃ ἁμαρτιῶν σου. 7. οὐ διστάσεις δοῦναι ᵃᵃ οὐδὲ διδοὺς γογγύσεις· γνώσῃ γὰρ τίς ἐστιν ὁ τοῦ μισθοῦ ᵇκαλὸςᵇ ἀνταποδότης. 8. οὐκ ἀποστραφήσῃ ᵃᵃ ἐνδεόμενον, ᵇσυγκοινωνήσεις δὲ πάνταᵇ τῷ ἀδελφῷ σου καὶ οὐκ ἐρεῖς ἴδια εἶναι. ᶜεἰ γὰρ ἐν ᵈτῷ ἀθανάτῳᵈ κοινωνοί ἐστε, πόσῳ μᾶλλον ἐν τοῖς θνητοῖς;ᶜ ᵉπᾶσιν γὰρ θέλει δίδοσθαι ὁ πατὴρ ἐκ τῶν ἰδίων χαρισμάτων.ᵉ

9. οὐκ ἀρεῖς τὴν χεῖρά σου ἀπὸ τοῦ υἱοῦ σου ἢ ἀπὸ τῆς θυγατρός σου, ἀλλὰ ἀπὸ νεότητος ᵃᵃ διδάξεις ᵇαὐτοὺςᵇ τὸν φόβον τοῦ ᶜθεοῦᶜ.
10. οὐκ ἐπιτάξεις δούλῳ σου ἢ παιδίσκῃ, τοῖς ἐπὶ τὸν αὐτὸν θεὸν

4. 1. ᵃ KO; ad. μου H; om. CA E L ᵇ H (L); τὸν λαλοῦντά σ.τ.λ.τ.θ. ἀγαπήσεις (δοξάσεις CA) KO E ᶜ H L; (δὲ) αὐτοῦ (CA KO) E ᵈ H E; 3 2 1 CA L; νύκτα κ. ἡμέραν KO ᵉ KO L; δέ H CA E ᶠ KO; 1 3 H E; οὐχ ὡς γενέσεως αἴτιον, ἀλλ᾽ ὡς τοῦ εὖ εἶναί σοι πρόξενον γινόμενον CA ᵍ H KO E; ὅπου CA ʰ H KO; Ἰησοῦς Χριστὸς λ. E; ἡ περὶ θεοῦ διδασκαλία CA; dominica procedunt L ⁱ H KO E (L); ὁ θεὸς πάρεστιν CA; ad. Χριστός G 2. ᵃ H KO E; om. CA ᵇ CA; κ.ἡ. τὰ πρόσωπα τ.ἁ. H; facies sanctorum L; τ. π. αὐτοῦ κ. ἡ. καὶ τοὺς λοιποὺς ἁγίους KO; αὐτὸν καὶ τοὺς λοιποὺς ἁγίους E ᶜ KO; -παῃς H; -παύῃ CA; -παυθῇς E 3. ᵃ CA KO L; π. σχίσμα E B; ποθήσεις σχίσμα H ᵇ H KO E B; om. CA L ᶜ H CA; τινά KO E B ᵈ CA KO E B; παραπτώμασιν H 4. ᵃ H (L); οὐ μὴ -ήσῃς B; μὴ γίνου δίψυχος ἐν προσευχῇ σου CA; ἐν προσευχῇ σου μὴ διψυχήσῃς KO (E) ᵇ H KO B; εἰ CA; E habet post διψυχήσῃς: εἰ ἔσται ἔχειν σε ἀπὸ τῶν χειρῶν σου (v. 6) 5. ᵃ CA L; τὰς χεῖρας H KO B; συστέλλων CA; subtrahens L 6. ᵃ H; ad. τῶν KO; δός, ἵνα ἐργάσῃ εἰς λ. CA; δὸς εἰς ἄφεσιν E 7. ᵃ H KO B L; πτωχῷ CA ᵇ H KO B L; om. CA 8. ᵃ CA KO E; τόν H ᵇ H KO E; κοινωνήσεις εἰς πάντα CA; κοινωνήσεις ἐν πᾶσιν B ᶜ H KO (E); κοινὴ γὰρ ἡ μετάληψις παρὰ θεοῦ πᾶσιν ἀνθρώποις παρεσκευάσθη CA ᵈ H KO; τ. θανάτῳ E; τῇ ἀθανασίᾳ τῇ πνευματικῇ G ᵉ H habet hanc sententiam in 1,5; L habet hic in 4, 8: omnibus enim dominus dare vult de donis suis 9. ᵃ H E B L; αὐτῶν CA ᵇ CA E L; om. H B ᶜ H CA; κυρίου E B L G

4. 1. Kind, dessen, der dir das Wort Gottes verkündigt, sollst du Nacht und Tag gedenken;[24] du sollst ihn ehren wie den Herrn![25] Denn von wem die Macht des Herrn verkündigt wird, bei dem ist der Herr.[26] 2. Du sollst täglich das Angesicht der Heiligen aufsuchen, damit du dich auf ihre Worte stützest![27] 3. Du sollst keine Spaltungen verursachen, du sollst vielmehr Streitende zum Frieden veranlassen![28] Du sollst gerecht urteilen, nicht die Person ansehen, um bei einer Übertretung zurechtzuweisen![29] 4. Du sollst nicht zweifeln, ob es sein wird oder nicht![30]

5. Werde nicht jemand, der zum Nehmen die Hand ausstreckt, zum Geben aber einzieht![31] 6. Wenn du etwas durch die Arbeit deiner Hände hast, sollst du es als Lösegeld für deine Sünden geben![32] 7. Du sollst nicht zögern zu geben noch murren, wenn du gibst![33] Du wirst ja erkennen, wer der gütige Lohnerstatter ist.[34] 8. Du sollst dich vom Bedürftigen nicht abwenden,[35] vielmehr alles mit deinem Bruder teilen und nicht sagen, daß es dein Eigentum sei![36] Wenn ihr nämlich Genossen im Unsterblichen seid, um wieviel mehr im Sterblichen?[37] Denn der Vater will, daß allen von den eigenen Gaben gegeben werde.[38]

9.[39] Du sollst deine Hand nicht von deinem Sohn oder deiner Tochter abziehen, sondern sie von Jugend an die Furcht Gottes lehren![40] 10. Du sollst deinem Skla-

[24] [A. 24 s. S. 94.]
[25] Vgl. Sir 7, 29–31. Für den christlichen Redaktor und seine Leser dürften hier überlieferte Jesusworte wie Mt 10, 40 im Hintergrund stehen.
[26] [A. 26 s. S. 94.]
[27] [A. 27 s. S. 94.]
[28] Bei den σχίσματα ist nicht an Auseinandersetzungen um Rechtgläubigkeit und Ketzerei gedacht, sondern – wie die positive Mahnung zeigt – an mögliche andere Streitigkeiten zwischen Christen.
[29] Wie die Schlußwendung deutlich macht, meint diese Mahnung nicht das Verhalten christlicher Richter, sondern die von allen wahrzunehmende Gemeindezucht; vgl. 2, 7. Zum Topos vgl. Lev 19, 15; Dtn 1, 17; Sir 4, 9.
[30] [A. 30 s. S. 94f.]
[31] Sir 4, 31: „Deine Hand sei nicht zum Nehmen ausgestreckt und beim Geben zusammengezogen." Vgl. Dtn 15, 7f.; Act 20, 35.
[32] [A. 32 s. S. 95.]
[33] Vgl. die A. 32 zitierte Stelle Herm mand II 4; weiter slHen 63, 1f.
[34] Vgl. Prov 19, 17 und den von Knopf, Komm. 18, zitierten Midrasch-Text.
[35] Sir 4, 5a.
[36] Die Pflicht zum Almosen ergibt sich hier aus einer Infragestellung des Eigentumsbegriffes; vgl. Act 2, 44f.; 4, 32b; Pseudo-Phokylides 29f.: „Was Gott dir gab, teil mit Bedürftigen! Gemeinsam sei der ganze Lebensunterhalt und alles Eintracht!"
[37] [A. 37 s. S. 95.]
[38] [A. 38 s. S. 95.]
[39] Zu den Haustafeln vgl. Dieter Lührmann, Neutestamentliche Haustafeln und antike Ökonomie, NTS 27, 1980/81, 83–97; und vor allem Klaus Thraede, Zum historischen Hintergrund der 'Haustafeln' des NT, in: Pietas. FS Bernhard Kötting, JAC Ergänzungsband 8, Münster 1980, 359–368 (dort weitere Literatur).
[40] Vgl. ψ 33, 12; 1Klem 21, 6. 8; Pol2Phil 4, 2.

Didache (Apostellehre)

ᵃἐλπίζουσινᵃ, ἐν πικρίᾳ ᵇσουᵇ, μήποτε ᶜοὐ μὴ φοβηθήσονται τὸν ἐπ' ἀμφοτέροις θεόνᶜ. ᵈοὐ γὰρ ἔρχεται κατὰ πρόσωπον καλέσαι, ἀλλ' ἐφ' οὓς τὸ πνεῦμα ἡτοίμασενᵈ. 11. ᵃὑμεῖς δὲᵃ οἱ δοῦλοι ᵇὑποταγήσεσθεᵇ τοῖς κυρίοις ᶜὑμῶνᶜ ὡς τύπῳ θεοῦ ἐν αἰσχύνῃ καὶ φόβῳ. 12. μισήσεις πᾶσαν ὑπόκρισιν, καὶ πᾶν ὃ ᵃμὴ ἀρεστὸνᵃ ᵇτῷ θεῷᵇ ᶜοὐ ποιήσειςᶜ. 13. οὐ μὴ ἐγκαταλίπῃς ἐντολὰς κυρίου, φυλάξεις ᵃδὲ ἃ παρέλαβεςᵃ ᵇᵇ, μήτε ᶜπροστιθεὶςᶜ ᵈᵈ μήτε ᵉἀφαιρῶνᵉ ᶠᶠ. 14. ᵃἐν ἐκκλησίᾳᵃ ἐξομολογήσῃ ᵇτὰ παραπτώματάᵇ σου, καὶ οὐ προσελεύσῃ ἐπὶ προσευχήν σου ἐν ᶜσυνειδήσει πονηρᾷᶜ.
αὕτη ἐστὶν ἡ ὁδὸς τῆς ζωῆς.

5. 1. ἡ δὲ τοῦ θανάτου ὁδός ἐστιν ᵃαὕτη· πρῶτον πάντων πονηρά ἐστιν καὶ κατάρας μεστήᵃ· φόνοι, μοιχεῖαι, ᵇἐπιθυμίαι, πορνεῖαιᵇ, κλοπαί, εἰδωλολατρεῖαι, μαγεῖαι, φαρμακεῖαι, ἁρπαγαί, ψευδομαρτυρίαι, ὑποκρίσεις, ᶜδιπλοκαρδίαᶜ, δόλος, ὑπερηφανία, κακία, αὐθάδεια, πλεονεξία, αἰσχρολογία, ζηλοτυπία, θρασύτης, ᵈὕψοςᵈ, ἀλαζονεία·
ᵉοὐ φοβούμενοι τὸν θεόνᵉ, 2. ᵃδιῶκται ἀγαθῶν, μισοῦντες ἀλήθειαν, ἀγαπῶντες ψεῦδος, οὐ γινώσκοντες μισθὸν δικαιοσύνηςᵃ, ᵇοὐ

---

10. ᵃ H B L; πεποιθόσιν CA   ᵇ H L; ψυχῆς CA (cf. Sir 4, 6); om. B   ᶜ H B; στενάξουσιν ἐπὶ σοὶ καὶ ἔσται σοι ὀργὴ παρὰ θεοῦ CA   ᵈ H (B L); om. CA   11. ᵃ H L; καὶ ὑ. CA   ᵇ H; ὑπoτάγητε CA   ᶜ CA L; ἡμῶν H   12. ᵃ H L; ἐὰν ᾖ ἀ. CA; μὴ ἀρέσκει Ε ᵇ B L; (τῷ) κυρίῳ (H) CA E   ᶜ L; 2 CA; om. H E   13. ᵃ H CA E; ἅπερ ἔλαβες KO; ἃ π. B   ᵇ H KO E B; παρ' αὐτοῦ CA   ᶜ H CA E B; προσθείς KO   ᵈ H KO E B; ἐπ' αὐτοῖς CA   ᵉ H CA B; ὑφαιρῶν KO E   ᶠ H KO E B; ἀπ' αὐτῶν CA   14. ᵃ H; om. CA E B   ᵇ H E; κυρίῳ τῷ θεῷ σου τὰ ἁμαρτήματα CA; ἐπὶ ἁμαρτίαις B   ᶜ H E L; ἡμέρα πονηρίας σου . . . CA
5. 1.   ᵃ H; ἐν πράξεσιν πονηραῖς θεωρουμένη CA; σκολιὰ κ.κ.μ. B; illi contraria. primum nequam et maledictis plena L   ᵇ H; πορνεῖαι, ἐπιορκίαι, ἐπιθυμίαι παράνομοι CA   ᶜ H B; -ίαι CA   ᵈ H L; ὕ. δυνάμεως B; ὑψηλοφροσύνη CA   ᵉ cj.; om. H; ἀφοβία (θεοῦ) CA (B); non timentes L   2.   ᵃ H (B L); διωγμὸς ἀγαθῶν, ἀληθείας ἔχθρα, ψεύδους ἀγάπη, ἄγνοια δικαιοσύνης CA

ven oder deiner Magd, die auf denselben Gott hoffen, nicht gebieten, wenn du bitter bist,[41] damit sie nicht etwa aufhören, den zu fürchten, der Gott über beiden ist! Denn er kommt nicht, um nach dem Ansehen der Person zu berufen,[42] sondern zu denen, die der Geist bereitet hat.[43] 11. Ihr Sklaven aber sollt euren Herren als einem Abbild Gottes mit Respekt und Ehrfurcht gehorchen![44]

12. Du sollst jede Heuchelei hassen; und alles, was Gott nicht gefällt, sollst du nicht tun! 13. Verlasse keinesfalls die Gebote des Herrn; du sollst vielmehr bewahren, was du empfangen hast, nichts hinzufügen, nichts wegnehmen![45] 14. In der Gemeinde sollst du deine Übertretungen bekennen[46] und nicht mit schlechtem Gewissen zu deinem Gebet kommen![47]

Das ist der Weg des Lebens.

5. 1. Das aber ist der Weg des Todes[48]: Vor allem ist er böse und voll Fluchs: Morde, Ehebrüche, Begierden, Hurereien, Diebstähle, Götzendienste, Zaubereien, Giftmischereien, Räubereien, falsche Zeugnisse, Heucheleien, Doppelsinnigkeit,[49] Betrug, Stolz, Bosheit, Selbstgefälligkeit, Habgier, Zotenrede, Eifersucht, Frechheit, Hochmut, Prahlsucht;

die Gott nicht fürchten,[50] 2. Verfolger des Guten, die Wahrheit hassen, Lüge lieben, den Lohn für die Gerechtigkeit nicht kennen, Gutem nicht anhängen noch

---

[41] Vgl. Sir 4, 30.
[42] Vgl. Eph 6, 9; Kol 4, 1.
[43] Vgl. Lk 1, 17; Barn 3, 6; 5, 7; 14, 6.
[44] Vgl. Eph 6, 5–8; Kol 3, 22–25 und die Bemerkungen o. S. 33 f.
[45] Vgl. Dtn 4, 2; 13, 1; Prov 30, 6; äthHen 104, 11; Arist 310 f.; Apk 22, 18 f.; es handelt sich hier um eine Formel, die den Bestand sichern soll. Vgl. dazu W. C. van Unnik, De la règle Μήτε προσθεῖναι μήτε ἀφελεῖν dans l'histoire du canon, VigChr 3, 1949, 1–36.
[46] Vgl. Jak 5, 16; 1Joh 1, 9; 1Klem 60, 1 f. Ein kollektives Sündenbekenntnis der versammelten Gemeinde gab es in Qumran: 1QS I 22–26; CD XX 28 f.
[47] Den Zusammenhang der beiden Aussagen von 4, 14 beschreibt Knopf wohl mit Recht so: „Durch Sündenbekenntnis wird das Gewissen gereinigt, und das Gebet geht dann ungehemmt zu Gott hinauf" (Komm. 19). Wie das Bekennen der Sünden ἐν ἐκκλησίᾳ geschehen soll, so ist auch beim Gebet selbstverständlich an das Gebet in der Gemeindeversammlung gedacht.
[48] Der Todesweg wird relativ kurz dargestellt. Nach seiner pauschalen Charakterisierung besteht er aus der Anführung von 22 Lastern, wovon zuerst 11 im Plural und dann 11 im Singular stehen, und aus der Aufzählung von 20 lasterhaften Menschengruppen. Zu diesem Lasterkatalog vgl. Köster, Überlieferung 163–165.
[49] Der Wechsel vom Plural zum Singular innerhalb eines Lasterkataloges findet sich auch Mk 7, 21 f. Nach R. H. Connolly bezeichnen die Plurale in Did 5, 1 fast nur "external sins, or sins involving acts", die Singulare "vicious mental states" (The Didache in Relation to the Epistle of Barnabas, JThS 33, 1932, [237–253] 240).
[50] Der textkritische Befund: B hat ἀφοβία θεοῦ, CA ἀφοβία, L οὐ φοβούμενοι, H nichts dergleichen. Der Kontext läßt mit der Abfolge von Lastern im Plural, Lastern im Singular und lasterhaften Menschengruppen auf eine sehr bewußte Gestaltung schließen, so daß die sich beim abgedruckten Text ergebende Zahlenfolge von 2 × 11 und 20 als bewußt gewollt erscheint. Daß οὐ φοβούμενοι ursprünglich τὸν θεόν als Objekt hatte, ergibt sich aus der Analogie der folgenden Glieder.

κολλώμενοι^b ἀγαθῷ οὐδὲ κρίσει δικαίᾳ, ⸂ἀγρυπνοῦντες⸃ οὐκ εἰς τὸ ἀγαθόν, ἀλλ' εἰς τὸ πονηρόν. ὧν μακρὰν πραΰτης καὶ ὑπομονή, μάταια ἀγαπῶντες, διώκοντες ἀνταπόδομα, οὐκ ἐλεοῦντες πτωχόν, οὐ πονοῦντες ἐπὶ καταπονουμένῳ, οὐ γινώσκοντες τὸν ποιήσαντα αὐτούς, φονεῖς τέκνων, φθορεῖς πλάσματος θεοῦ, ἀποστρεφόμενοι ^dτὸν^d ἐνδεόμενον, καταπονοῦντες ^eτὸν^e θλιβόμενον, πλουσίων παράκλητοι, πενήτων ^fἄνομοι κριταί^f, πανθαμάρτητοι.

ῥυσθείητε, τέκνα, ἀπὸ τούτων ἁπάντων.

6. 1. ὅρα μή τις σε πλανήσῃ ἀπὸ ^aταύτης τῆς ὁδοῦ τῆς διδαχῆς, ἐπεὶ παρεκτὸς θεοῦ σε διδάσκει^a. 2. ^aεἰ μὲν γὰρ δύνασαι βαστάσαι ὅλον τὸν ζυγὸν τοῦ κυρίου, τέλειος ἔσῃ· εἰ δ' οὐ δύνασαι, ὃ δύνῃ τοῦτο ποίει^a. 3. περὶ δὲ ^aτῆς βρώσεως, ὃ δύνασαι βάστασον^a. ἀπὸ δὲ ^bτοῦ εἰδωλοθύτου λίαν πρόσεχε. λατρεία γάρ ἐστιν θεῶν νεκρῶν^b.

7. 1. περὶ δὲ ^aτοῦ^a βαπτίσματος, ^bοὕτως βαπτίσατε· ταῦτα πάντα προειπόντες βαπτίσατε^b εἰς τὸ ὄνομα τοῦ πατρὸς καὶ τοῦ υἱοῦ καὶ τοῦ ἁγίου πνεύματος ^cἐν ὕδατι ζῶντι^c. 2. ^aἐὰν δὲ μὴ ἔχῃς ὕδωρ ζῶν, εἰς ἄλλο ὕδωρ βάπτισον· εἰ δ' οὐ δύνασαι ἐν ψυχρῷ, ἐν θερμῷ. 3. ἐὰν δὲ ἀμφότερα μὴ ἔχῃς, ἔκχεον εἰς τὴν κεφαλὴν τρὶς ὕδωρ εἰς ὄνομα πατρὸς καὶ υἱοῦ καὶ ἁγίου πνεύματος^a. 4. πρὸ δὲ τοῦ βαπτίσματος ^aνηστευσάτω^a ^bὁ βαπτίζων καὶ ὁ βαπτιζόμενος καὶ εἴ τινες

---

^b H B (L); οἱ γὰρ τούτων ποιηταὶ οὐ κολλῶνται CA   ^c H L; ἀγρυπνοῦσιν CA   ^d et ^e H B; om. CA   ^f H B; ὑπερόπται CA

6. 1. ^a H; τῆς εὐσεβείας ... CA; hac doctrina, et si minus extra disciplinam doceberis L   2. ^a H; om. CA   3. ^a H; βρωμάτων ... CA   ^b H; τῶν εἰδωλοθύτων φεύγετε· ἐπὶ τιμῇ γὰρ δαιμόνων θύουσιν ταῦτα CA

7. 1. ^a H; om. CA   ^b H; ὦ ἐπίσκοπε ἢ πρεσβύτερε, ... οὕτως βαπτίσεις ... πορευθέντες μαθητεύσατε πάντα τὰ ἔθνη, βαπτίζοντες αὐτούς CA (cf. Mt 28, 19f.)   ^c H; om. CA.   2. 3. ^a H; χρίσεις δὲ πρῶτον ἐλαίῳ ἁγίῳ, ἔπειτα βαπτίσεις ὕδατι καὶ τελευταῖον σφραγίσεις μύρῳ ... εἰ δὲ μήτε ἔλαιον ᾖ μήτε μύρον, ἀρκεῖ τὸ ὕδωρ καὶ πρὸς χρῖσιν καὶ πρὸς σφραγῖδα καὶ πρὸς ὁμολογίαν τοῦ ἀποθανόντος ἤτοι συναποθνήσκοντος CA   4. ^a CA; προνηστευσάτω H   ^b H; ὁ βαπτιζόμενος CA

gerechtem Urteil, nicht wachsam sind, damit das Gute geschehe, sondern das Böse, denen Sanftmut und Geduld fernliegt, die Nichtiges lieben, nach Lohn jagen, des Armen sich nicht erbarmen, sich um den Mühseligen nicht mühen, den nicht erkennen, der sie geschaffen hat, Kindermörder, Vernichter des Geschöpfes Gottes, die sich vom Bedürftigen abwenden, den Bedrängten bedrücken, Fürsprecher der Reichen, ungerechte Richter der Armen, durch und durch Sünder. Möchtet ihr euch, Kinder, vor diesem allen bewahren!

6. 1. Sieh zu, daß dich keiner von diesem Weg der Lehre abführe, denn sonst belehrt er dich fernab von Gott![51] 2. Wenn du nämlich das ganze Joch des Herrn auf dich nehmen kannst, wirst du vollkommen sein; wenn du es aber nicht kannst, tu das, was du kannst.[52] 3. Betreffs der Speise: Was du kannst, nimm auf dich! Doch vor dem Götzenopferfleisch nimm dich sehr in acht![53] Denn es ist Dienst für tote Götter.[54]

7. 1. Betreffs der Taufe: Tauft folgendermaßen: Nachdem ihr vorher dies alles mitgeteilt habt,[55] tauft auf den Namen des Vaters und des Sohnes und des heiligen Geistes[56] in lebendigem Wasser![57] 2. Wenn dir aber lebendiges Wasser nicht zur Verfügung steht, taufe in anderem Wasser! Wenn du es aber nicht in kaltem kannst, dann in warmem![58] 3. Wenn dir aber beides nicht zur Verfügung steht,[59] gieße dreimal Wasser auf den Kopf[60] im Namen des Vaters und des Sohnes und des heiligen Geistes! 4. Vor der Taufe soll der Täufer und der Täufling fasten und,

---

[51] Vgl. 2Petr 2, 15. 21.
[52] [A. 52 s. S. 95f.]
[53] [A. 53 s. S. 96.]
[54] [A. 54 s. S. 96.]
[55] Vgl. o. S. 16f. Die ethische Unterweisung derer, die zum Glauben an Christus gekommen waren und die Taufe begehrten, war dem Urchristentum offensichtlich wichtig. Ob einer Christ war, zeigte sich an seinem Verhalten.
[56] Mt 28, 19. Beide Stellen erweisen das hohe Alter der triadischen Taufformel. Sie an beiden Stellen für eine redaktionelle Glosse zu erklären (z. B. Vööbus, Traditions 36f.; vgl. auch o. S. 29 mit A. 108), hält ihrer Bezeugung nicht stand. Noch älter ist freilich die eingliedrige Taufformel auf den Namen Christi, auf den Namen des Herrn (Did 9, 5) oder einfach auf Christus (vgl. 1Kor 1, 13; Gal 3, 27; Act 8, 16; 19, 5).
[57] „Lebendiges Wasser" meint fließendes Wasser. Zu dessen besonderer Wertschätzung im Judentum und in der griechisch-römischen Welt vgl. Klauser, Wasser 177. Klauser schließt aus dieser Stelle, daß „eine gleichlaufende Übung (sc. in fließendem Wasser zu taufen) schon länger bestanden haben (muß)" (178). S. 178f. führt er weitere Belege für die Taufe in fließendem Wasser aus der frühen Kirche an.
[58] Vgl. hierzu Vööbus, Traditions 23–25. 31f., der zeigt, daß es sich bei dem „warmen Wasser" nicht um für die Taufe von Kindern oder Kranken künstlich erwärmtes Wasser handelt, sondern um solches Wasser, das nicht aus Quellen oder Flüssen stammt, sondern z. B. aus Zisternen.
[59] Vgl. o. S. 61.
[60] Hier liegt der älteste Beleg für die Infusionstaufe vor.

ἄλλοι δύνανται· κελεύσεις δὲ νηστεῦσαι τὸν βαπτιζόμενον πρὸ μιᾶς ἢ δύο[b].

8. 1. αἱ δὲ νηστεῖαι ὑμῶν μὴ ἔστωσαν [a]μετὰ[a] τῶν ὑποκριτῶν· νηστεύουσιν γὰρ δευτέρᾳ σαββάτων καὶ πέμπτῃ· ὑμεῖς δὲ [b]νηστεύσατε[b] τετράδα καὶ παρασκευήν. 2. [a]μηδὲ προσεύχεσθε ὡς[a] οἱ ὑποκριταί, ἀλλ' ὡς [b]ἐκέλευσεν ὁ κύριος ἐν τῷ εὐαγγελίῳ[b] [c]αὐτοῦ[c], οὕτως προσεύχεσθε·

πάτερ ἡμῶν ὁ ἐν [d]τῷ οὐρανῷ[d],
ἁγιασθήτω τὸ ὄνομά σου,
ἐλθέτω ἡ βασιλεία σου,
γενηθήτω τὸ θέλημά σου
ὡς ἐν οὐρανῷ καὶ ἐπὶ [ee] γῆς·
τὸν ἄρτον ἡμῶν τὸν ἐπιούσιον δὸς ἡμῖν σήμερον
καὶ ἄφες ἡμῖν [f]τὴν ὀφειλὴν[f] ἡμῶν,
ὡς καὶ ἡμεῖς ἀφίεμεν τοῖς ὀφειλέταις ἡμῶν,
καὶ μὴ εἰσενέγκῃς ἡμᾶς εἰς πειρασμόν,
ἀλλὰ ῥῦσαι ἡμᾶς ἀπὸ τοῦ πονηροῦ·
ὅτι σοῦ ἐστιν [gg] ἡ δύναμις καὶ ἡ δόξα εἰς τοὺς αἰῶνας. [hh]

3. τρὶς τῆς ἡμέρας οὕτως προσεύχεσθε.

9. 1. περὶ [a]δὲ[a] τῆς εὐχαριστίας, οὕτως [b]εὐχαριστήσατε[b]·
2. [a]πρῶτον περὶ τοῦ ποτηρίου[a]·
εὐχαριστοῦμέν [b]σοι[b], πάτερ ἡμῶν,
ὑπὲρ [c]τῆς ἁγίας ἀμπέλου Δαυὶδ τοῦ παιδός σου,
ἧς ἐγνώρισας ἡμῖν διὰ Ἰησοῦ τοῦ παιδός σου·
σοὶ[c] ἡ δόξα εἰς τοὺς αἰῶνας. [dd]
3. περὶ δὲ τοῦ [a]ἄρτου[a]·
εὐχαριστοῦμέν σοι, πάτερ ἡμῶν,
ὑπὲρ τῆς ζωῆς [bb],

---

8. 1. [a] H CA; ὡς (?) Ä   [b] H Ä; ἢ τὰς πέντε νηστεύσατε ἡμέρας ἢ CA   2. [a] H Ä; ὅταν δὲ προσεύχησθε, μὴ γίνεσθε ὥσπερ CA   [b] H Ä; ὁ κ. ἡμῖν ἐν τῷ εὐ. διετάξατο CA   [c] H; om. CA Ä   [d] H; τοῖς οὐρανοῖς CA (cf. Mt 6, 9)   [e] H; τῆς CA   [f] H; τὰ ὀφειλήματα CA (cf. Mt 6, 12)   [g] H; ἡ βασιλεία καὶ CA   [h] H; ἀμήν CA
9. 1. [a] H; μέν CA   [b] H; λέγοντες CA   2. [a] H; om. CA   [b] H; om. CA   [c] H; τοῦ τιμίου αἵματος Ἰησοῦ Χριστοῦ ... δι' αὐτοῦ γάρ σοι καί CA (habent hanc sententiam secundo loco, sententiam de pane primo loco)   [d] H; ἀμήν CA   3. [a] cj. Peterson; κλάσματος H; om. περί – ἄρτου CA, sed habent 9, 4 ἄρτος   [b] CA; καὶ γνώσεως H

7,4–9,3

wenn es möglich ist, einige andere! Du[61] sollst dem Täufling gebieten, ein oder zwei Tage vorher zu fasten![62]

8. 1. Eure Fasttage sollen nicht mit den Heuchlern[63] gemeinsam sein! Sie fasten nämlich am Montag und Donnerstag;[64] ihr aber sollt am Mittwoch und Freitag fasten![65]

2. Betet auch nicht wie die Heuchler, sondern wie es der Herr in seinem Evangelium geboten hat,[66] so betet:

Unser Vater im Himmel,
geheiligt werde dein Name,
dein Reich komme,
dein Wille geschehe wie im Himmel auch auf Erden,
unser tägliches Brot gib uns heute,
und erlasse uns unsere Schuld,
wie auch wir unseren Schuldnern erlassen,
und führe uns nicht in Versuchung,
sondern bewahre uns vor dem Bösen.[67]
Denn dein ist die Kraft und die Herrlichkeit in Ewigkeit.[68]

3. Dreimal am Tag betet so![69]

9. 1. Betreffs der Eucharistie[70]: Sagt folgendermaßen Dank:

2. Zuerst betreffs des Bechers:
Wir danken dir, unser Vater,
für den heiligen Weinstock Davids, deines Knechtes,
den du uns offenbart hast durch Jesus, deinen Knecht.
Dir die Herrlichkeit in Ewigkeit.

3. Betreffs des Brotes[71]:
Wir danken dir, unser Vater,
für das Leben,

---

[61] Angesprochen ist der (jeweilige) Täufer.
[62] [A. 62 s. S. 97.]
[63] Vgl. o. S. 29f.
[64] [A. 64 s. S. 97.]
[65] [A. 65 s. S. 97.]
[66] Vgl. o. S. 26f.
[67] Mt 6, 9–13/Lk 11, 2–4.
[68] Knopf findet es „sehr merkwürdig, daß das Vaterunser im Wortlaut mitgeteilt werden muß" (Komm. 24). Aber das liegt am Charakter der Did als einer Kirchenordnung, die Regularien und Formulare bietet.
[69] Auch hier liegt jüdischer Einfluß vor. Die Pflicht, dreimal am Tag das Achtzehnbittengebet zu beten, ist auf das Vaterunser übertragen. Zu den jüdischen Gebetszeiten vgl. Joachim Jeremias, Das tägliche Gebet im Leben Jesu und in der ältesten Kirche, in: Ders., Abba. Studien zur neutestamentlichen Theologie und Zeitgeschichte, Göttingen 1966, (67–80) 70–73.
[70] Zu den Kap. 9f. vgl. o. S. 43–57.
[71] [A. 71 s. S. 97f.]

ἧς ἐγνώρισας ἡμῖν διὰ Ἰησοῦ τοῦ παιδός σου·
ᶜσοὶ ἡ δόξα εἰς τοὺς αἰῶνας.ᶜ

4. ὥσπερ ἦν τοῦτο ᵃᵃ διεσκορπισμένον ᵇἐπάνω τῶν ὀρέωνᵇ
καὶ συναχθὲν ἐγένετο ᶜεἷς ἄρτοςᶜ,
οὕτως ᵈσυναχθήτω σου ἡ ἐκκλησίαᵈ
ἀπὸ τῶν περάτων τῆς γῆς εἰς τὴν σὴν βασιλείαν·
ᵉὅτι σοῦ ἐστιν ἡ δόξα καὶ ἡ δύναμις ᶠᶠ εἰς τοὺς αἰῶνας.ᵉ

5. μηδεὶς δὲ ᵃφαγέτω μηδὲ πιέτω ἀπὸ τῆς εὐχαριστίας ὑμῶν, ἀλλ᾽ οἱ βαπτισθέντες εἰς ὄνομα κυρίου· καὶ γὰρ περὶ τούτου εἴρηκεν ὁ κύριος· μὴ δῶτε τὸ ἅγιον τοῖς κυσίνᵃ.

10. 1. μετὰ δὲ ᵃτὸ ἐμπλησθῆναιᵃ οὕτως εὐχαριστήσατε·
2. ᵃεὐχαριστοῦμένᵃ σοι, ᵇπάτερ ἅγιεᵇ,
ὑπὲρ τοῦ ἁγίου ὀνόματός σου,
οὗ κατεσκήνωσας ἐν ᶜταῖς καρδίαις ἡμῶνᶜ, ᵈᵈ
καὶ ὑπὲρ τῆς γνώσεως καὶ πίστεως ᵉᵉ καὶ ἀθανασίας,
ἧς ᶠἐγνώρισαςᶠ διὰ Ἰησοῦ τοῦ παιδός σου·
ᵍσοὶ ἡ δόξα εἰς τοὺς αἰῶνας.ᵍ

3. σύ, δέσποτα παντοκράτορ, ᵃᵃ
ἔκτισας ᵇτὰ πάντα ἕνεκεν τοῦ ὀνόματός σου,
τροφήν τε καὶ ποτὸν ἔδωκας τοῖς ᶜἀνθρώποιςᶜ εἰς ἀπόλαυσινᵇ, ᵈᵈ
ἡμῖν δὲ ἐχαρίσω ᵉᵉ πνευματικὴν τροφὴν καὶ ποτὸν καὶ ζωὴν αἰώνιον διὰ ᶠἸησοῦᶠ τοῦ παιδός σου.

4. ᵃπερὶᵃ πάντων εὐχαριστοῦμέν σοι
ὅτι δυνατὸς ᵇᵇ εἶ.
ᶜσοὶᶜ ἡ δόξα εἰς τοὺς αἰῶνας. ᵈᵈ

ᶜ H; om. CA   4. ᵃ CA; κλάσμα H   ᵇ H; om. CA   ᶜ CA; ἕν H   ᵈ H; συνάγαγέ σου τὴν ἐκκλησίαν CA   ᵉ (H); om. CA   ᶠ cj. Peterson; διὰ Ἰησοῦ Χριστοῦ H
5. ᵃ H; ἐσθιέτω ἐξ αὐτῶν τῶν ἀμυήτων, ἀλλὰ μόνοι οἱ βεβαπτισμένοι εἰς τὸν τοῦ κυρίου θάνατον CA
10. 1. ᵃ H; τὴν μετάληψιν CA   2. ᵃ H CA; εὐχαριστῶ G   ᵇ H; ὁ θεὸς καὶ πατὴρ Ἰησοῦ τοῦ σωτῆρος ἡμῶν CA   ᶜ ἐν τ.κ. ὑμῶν H; ἡμῖν CA   ᵈ H CA; εὐχαριστῶ σοι G   ᵉ H; καὶ ἀγάπης CA   ᶠ G; ad. ἡμῖν H; ἔδωκας ἡμῖν CA   ᵍ H; om. CA
3. ᵃ H; ὁ θεὸς τῶν ὅλων CA   ᵇ H; τὸν κόσμον καὶ τὰ ἐν αὐτῷ... καὶ τὰ πρὸς μετάληψιν προευτρέπισας ἀνθρώποις CA   ᶜ H CA; υἱοῖς τῶν ἀνθρώπων K   ᵈ CA K; ἵνα σοι εὐχαριστήσωσιν H   ᵉ H; (καὶ) ἡμῖν ἔδωκας K; om. ἡμῖν – αἰῶνας (v. 4) CA
ᶠ K; om. H   4. ᵃ K; πρό H   ᵇ H K; καὶ ἀγαθός G   ᶜ K; σύ H   ᵈ H; ἀμήν K

das du uns offenbart hast durch Jesus, deinen Knecht.
Dir die Herrlichkeit in Ewigkeit.
4. Wie dies [72] auf den Bergen zerstreut war
und zusammengebracht *ein* Brot geworden ist,
so soll deine Kirche zusammengebracht werden
von den Enden der Erde in dein Reich! [73]
Denn dein ist die Herrlichkeit und die Kraft [74] in Ewigkeit.
5. Niemand aber soll von eurer Eucharistie essen noch trinken als die auf den Namen des Herrn Getauften! [75] Denn auch hierüber hat der Herr gesagt: Gebt das Heilige nicht den Hunden! [76]

10. 1. Nach der Sättigung sagt folgendermaßen Dank:
2. Wir danken dir, heiliger Vater, [77]
für deinen heiligen Namen, [78]
den du in unseren Herzen hast Wohnung nehmen lassen, [79]
und für die Erkenntnis, Glaube und Unsterblichkeit,
die du offenbart hast durch Jesus, deinen Knecht.
Dir die Herrlichkeit in Ewigkeit.
3. Du, Herrscher, Allmächtiger,
hast alles geschaffen um deines Namens willen, [80]
Speise und Trank den Menschen zum Genuß gegeben;
uns aber hast du geistliche Speise und Trank geschenkt [81] und
ewiges Leben durch Jesus, deinen Knecht.
4. Für alles danken wir dir, [82]
weil du mächtig bist.
Dir die Herrlichkeit in Ewigkeit.

---

[72] Gefolgt wird dem Text von CA; κλάσμα in H ist sekundär (s. A. 71). τοῦτο verweist auf das, was der Beter in Händen hält oder vor sich auf dem Tisch liegen hat, das Brot.

[73] [A. 73 s. S. 98.]

[74] [A. 74 s. S. 98.]

[75] Nach Audet liegt hier ein „archaischer Ausdruck" vor, insofern der fehlende Artikel vor κυρίου anzeige, daß Gott selbst gemeint sei (Didachè 190; vgl. aber 362f.). Belegen läßt sich vor der triadischen Taufformel nur die Taufe auf Jesus.

[76] Mt 7, 6a; vgl. o. S. 28.

[77] Vgl. Joh 17, 11. Beide Stellen machen es wahrscheinlich, daß die Anrede „heiliger Vater" liturgischer Sprache entstammt.

[78] Vgl. ψ 102, 1; 110, 9; Lk 1, 49; Mt 6, 9/Lk 11, 2.

[79] Vgl. Neh 1, 9; Jer 7, 12. Auf dem Hintergrund dieser Texte erscheinen die Christen hier als der neue Tempel Gottes; vgl. Barn 16, 6–10.

[80] Gemeint ist wohl, daß Gott geschaffen hat zum Preise seiner selbst: Ps 148; vgl. 3Makk 2, 9. Vgl. Joseph Ponthot, La signification religieuse du «Nom» chez Clément de Rome et dans la Didachè, EThL 35, 1959, (339–361) 358.

[81] In eucharistischem Zusammenhang findet sich πνευματικός auch bei Paulus in 1Kor 10, 3f.; vgl. noch IgnRöm 7, 3; Justin, apol. I 66.

[82] Vgl. MartPol 14, 3: διὰ τοῦτο καὶ περὶ πάντων σὲ αἰνῶ, σὲ εὐλογῶ, σὲ δοξάζω.

Didache (Apostellehre)

5. μνήσθητι, ᵃκύριεᵃ, τῆς ᵇἐκκλησίαςᵇ σου
τοῦ ῥύσασθαιᵇ αὐτὴν ἀπὸ παντὸς πονηροῦ
καὶ ᶜτελειῶσαιᶜ αὐτὴν ἐν τῇ ἀγάπῃ σου ᵈᵈ,
καὶ ᵉσύναξον αὐτὴν ἀπὸ τῶν τεσσάρων ἀνέμωνᵉ
εἰς τὴν σὴν βασιλείαν, ἣν ἡτοίμασας ᶠαὐτῇᶠ.
ᵍὅτι σοῦ ἐστιν ἡ δύναμις καὶ ἡ δόξα εἰς τοὺς αἰῶνας.ᵍ
6. ᵃἐλθέτω ᵇχάριςᵇ καὶ παρελθέτω ὁ κόσμος οὗτοςᵃ ᶜᶜ.
ὡσαννὰ τῷ ᵈθεῷᵈ Δαυίδ.
εἴ τις ἅγιός ᵉἐστιν, ἐρχέσθωᵉ·
εἴ ᶠᶠ τις οὐκ ἔστιν, ᵍμετανοείτω· μαραναθά.
ἀμήνᵍ.
7. ᵃτοῖς δὲ προφήταις ἐπιτρέπετε εὐχαριστεῖν ᵇὅσαᵇ θέλουσιν.ᵃ
8. περὶ δὲ ᵃᵃ τοῦ μύρου οὕτως εὐχαριστήσατε ᵇᵇ.
εὐχαριστοῦμέν σοι, ᶜπάτερᶜ,
ὑπὲρ ᵈτῆς εὐωδίαςᵈ τοῦ μύρου ᵉᵉ,
οὗ ἐγνώρισας ἡμῖν διὰ Ἰησοῦ τοῦ παιδός σου·
ᶠσοὶᶠ ἡ δόξα ᵍᵍ εἰς τοὺς αἰῶνας· ἀμήν.

11. 1. ὃς ᵃἂν οὖν ἐλθὼν διδάξῃ ὑμᾶς ταῦτα ᵇπάνταᵇ τὰ προειρημένα, δέξασθε αὐτόνᵃ ᶜᶜ. 2. ἐὰν δὲ ᵃαὐτὸς ὁ διδάσκων στραφεὶς διδάσκῃ ᵇἄλλην διδαχὴνᵇ εἰς τὸ καταλῦσαι ᶜᶜ, μὴ ᵈαὐτοῦᵈ ἀκούσητεᵃ· ᵉεἰς δὲ τὸ προσθεῖναι δικαιοσύνην καὶ γνῶσιν κυρίου, δέξασθε αὐτὸν ᶠᶠ ὡς κύριονᵉ.
3. περὶ δὲ τῶν ἀποστόλων καὶ προφητῶν κατὰ τὸ ᵃδόγμαᵃ τοῦ εὐαγγελίου οὕτως ποιήσατε·
4. πᾶς ᵃᵃ ἀπόστολος ἐρχόμενος πρὸς ὑμᾶς ᵇᵇ 5. ᵃοὐ μενεῖ δὲ εἰ μὴᵃ

---

5. ᵃ H K; om. CA   ᵇ H K; ἁγίας σου ἐκκλησίας ταύτης, ἣν ... καὶ ῥῦσαι CA   ᶜ H K; τελείωσον CA   ᵈ H K; καὶ τῇ ἀληθείᾳ σου CA   ᵉ K; ad. τὴν ἁγιασθεῖσαν H; συνάγαγε πάντας ἡμᾶς CA   ᶠ H CA K; αὐτῷ G   ᵍ H; om. CA; ad. ἀμήν K   6. ᵃ H (K); μαραναθά CA   ᵇ H; ὁ κύριος K   ᶜ H CA; ἀμήν K   ᵈ H; υἱῷ K; οἴκῳ K   ᵉ H; προσερχέσθω CA   ᶠ H K; δέ CA   ᵍ H K; γινέσθω διὰ μετανοίας CA   7. ᵃ H (K); ἐπιτρέπετε δὲ καὶ τοῖς πρεσβυτέροις ὑμῶν εὐχαριστεῖν CA   ᵇ H; ὡς K; θεῷ ὅσα G   8. ᵃ CA; τοῦ λόγου K; om. v. 8 H   ᵇ CA; λέγοντες K   ᶜ K; θεὲ δημιουργὲ τῶν ὅλων, καί CA   ᵈ CA; om. K   ᵉ K; καὶ ὑπὲρ τοῦ ἀθανάτου αἰῶνος CA   ᶠ K; ὅτι σοῦ ἐστιν CA   ᵍ K; καὶ ἡ δύναμις CA
11. 1. ᵃ H (K); ἐὰν ἐλθὼν οὕτως εὐχαριστῇ, προσδέξασθε αὐτὸν ὡς Χριστοῦ μαθητὴν CA   ᵇ H; om. K   ᶜ H; παρ' ὑμῖν K   2. ᵃ H (K); ἄλλην διδαχὴν κηρύσσῃ παρ' ἣν ὑμῖν παρέδωκεν ὁ Χριστὸς δι' ἡμῶν, τῷ τοιούτῳ μὴ συγχωρεῖτε εὐχαριστεῖν CA   ᵇ H CA; ὑμῖν ἄλλας διδαχὰς K   ᶜ H; τὰς πρώτας K; τὰ προειρημένα G   ᵈ H; τοῦ τοιούτου (CA) K   ᵉ H (K); om. CA   ᶠ H; παρ' ὑμῖν K   3. ᵃ H Ä; ῥῆμα K; om. περί – κρινέτω (v. 12) CA   4. ᵃ K Ä; δέ H   ᵇ K Ä; δεχθήτω ὡς κύριος H   5. ᵃ Ä; οὐ μενεῖ δέ H; μενεῖ K

5. Gedenke,[83] Herr, deiner Kirche,
daß du sie bewahrst vor allem Bösen[84]
und sie vollendest in deiner Liebe;[85]
und führe sie zusammen von den vier Winden
in dein Reich,[86] das du ihr bereitet hast!
Denn dein ist die Kraft und die Herrlichkeit in Ewigkeit.
6. Es komme Gnade,[87] und es vergehe diese Welt!
Hosianna dem Gotte[88] Davids!
Wenn jemand heilig ist, komme er;
wenn er es nicht ist, tue er Buße! Maranatha.
Amen.[89]
7. Den Propheten jedoch gestattet, Dank zu sagen, soviel sie wollen.
8. Betreffs des Salböls[90]: Sagt folgendermaßen Dank:
Wir danken dir, Vater,
für den Wohlgeruch des Salböls,
das du uns offenbart hast durch Jesus, deinen Knecht.
Dir die Herrlichkeit in Ewigkeit. Amen.

11.[91] 1. Wer nun kommt und euch all das vorher Mitgeteilte lehrt, den nehmt auf! 2. Wenn aber der, der lehrt, sich selber abkehrt und eine andere Lehre lehrt, so daß er auflöst, dann hört nicht auf ihn;[92] (wenn er) aber (lehrt), so daß er Gerechtigkeit und Erkenntnis des Herrn mehrt, dann nehmt ihn auf wie den Herrn![93]

3. Betreffs der Apostel und Propheten: Verfahrt so, wie das Gebot des Evangeliums[94] lautet!

4. Jeder Apostel, der zu euch kommt, 5. soll jedoch nur einen Tag bleiben;

---

[83] Zur Traditionsgeschichte des Gebetsrufes μνήσθητι vgl. Clerici, Einsammlung 48–60. „Daß in Did 10, 5 das Gebet um die Einsammlung der Zerstreuten mit dem Ruf μνήσθητι eingeleitet wird, liegt also in der Tradition jüdischen Betens, und damit ist auch ein Drängen ums Ende impliziert, wie es in 10, 6 ausgesprochen wird" (55).
[84] Vgl. Mt 6, 13.
[85] Vgl. Joh 17, 23; 1Joh 4, 12; 1Klem 50, 3.
[86] Vgl. Mt 24, 31; Sach 2, 10.
[87] Die koptische Übersetzung setzt an dieser Stelle ὁ κύριος statt χάρις voraus. Das entspricht der gängigen Vorstellung und dürfte deshalb sekundäre Änderung sein.
[88] Dieser Text wird von H geboten. υἱῷ in CA ist sicherlich Angleichung an den Evangelientext. Dasselbe gilt aber wohl auch von dem von K vorausgesetzten οἴκῳ, da Origenes die Existenz von Handschriften bezeugt, die Mt 21, 9.15 οἴκῳ lasen (vgl. Schmidt, Didache-Fragment 98).
[89] Zur Problematik von 10, 6 vgl. o. S. 46f.
[90] Zu 10, 8 vgl. o. S. 57–59.
[91] Zu Kap. 11 vgl. o. S. 37–40.
[92] Vgl. 2Joh 10; IgnTrall 9, 1, wo es allerdings um christologische Streitfragen geht.
[93] Vgl. o. S. 27f.
[94] Vgl. ebd.

Didache (Apostellehre)

ἡμέραν μίαν ᵇᵇ· ᶜἐὰν δὲᶜ ᾗ χρεία, ᵈκαὶ τὴν ἄλληνᵈ· ᵉτρεῖςᵉ δὲ ἐὰν μείνῃ, ψευδοπροφήτης ἐστίν. 6. ἐξερχόμενος δὲ ὁ ἀπόστολος μηδὲν λαμβανέτω εἰ μὴ ἄρτον ἕως οὗ αὐλισθῇ· ἐὰν δὲ ἀργύριον ᵃλαμβάνῃᵃ, ψευδοπροφήτης ἐστίν. 7. ᵃκαὶᵃ ᵇπάντα προφήτην λαλοῦντα ἐν πνεύματι ᶜᶜ οὐ πειράσετε οὐδὲ ᵈδιακρινεῖτεᵈ ᵇ· ᵉπᾶσα γὰρ ἁμαρτία ἀφεθήσεται ᶠᶠ, αὕτη δὲ ἡ ἁμαρτία οὐκ ἀφεθήσεταιᵉ ᵍᵍ. 8. ᵃοὐ πᾶςᵃ ὁ λαλῶν ἐν πνεύματι ᵇᵇ προφήτης ἐστίν, ᶜἀλλ'ᶜ ἐὰν ἔχῃ τοὺς τρόπους ᵈκυρίουᵈ. ᵉᵉ ἀπὸ οὖν τῶν τρόπων ᶠγνώσεσθε τὸν προφήτην, εἰ ἀληθινός ἐστινᶠ. 9. καὶ πᾶς προφήτης ὁρίζων τράπεζαν ᵃᵃ ᵇοὐᵇ φάγεται ἀπ' αὐτῆς, ᶜεἰ δὲ μήγεᶜ ψευδοπροφήτης ἐστίν. 10. ᵃκαὶ πᾶςᵃ προφήτης διδάσκων ᵇτὴν ἀλήθειανᵇ, ᶜεἰ ᵈἃ διδάσκειᵈ οὐ ποιεῖᶜ, ψευδοπροφήτης ἐστίν. 11. ᵃπᾶςᵃ προφήτης ᵇδεδοκιμασμένος, ἀληθινόςᵇ, ᶜποιῶν εἰς μυστήριον κοσμικὸν ἐκκλησίας, μὴ διδάσκων δὲ ποιεῖν ὅσα αὐτὸς ποιεῖᶜ, οὐ κριθήσεται ἐφ' ὑμῶν· ᵈμετὰ θεοῦ γὰρᵈ ἔχει τὴν κρίσιν· ὡσαύτως ᵉγὰρᵉ ἐποίησαν ᶠκαὶᶠ οἱ ἀρχαῖοι προφῆται. 12. ὃς δ' ἂν εἴπῃ ἐν πνεύματι· δός μοι ἀργύρια ἢ ἕτερά τινα, οὐκ ἀκούσεσθε αὐτοῦ· ἐὰν δὲ περὶ ᵃἄλλουᵃ εἴπῃ ᵇδοῦναιᵇ, μηδεὶς ᶜᶜ αὐτὸν κρινέτω.

12. 1. πᾶς δὲ ὁ ἐρχόμενος ᵃᵃ ᵇἐν ὀνόματι κυρίουᵇ ᶜδεχθήτω, ἔπειτα δὲ δοκιμάσαντες αὐτὸν γνώσεσθεᶜ· σύνεσιν ᵈγὰρᵈ ᵉἔχετεᵉ δεξιὰν καὶ ἀριστεράν. 2. ᵃεἰ μὲνᵃ παρόδιός ἐστιν ᵇὁ ἐρχόμενοςᵇ, βοηθεῖτε αὐτῷ ὅσον δύνασθε· οὐ μενεῖ δὲ πρὸς ὑμᾶς εἰ μὴ δύο ἢ τρεῖς ᶜἡμέρας, ἐὰν ᾖ ἀνάγκηᶜ. 3. ᵃεἰ δὲ θέλειᵃ πρὸς ὑμᾶς καθῆσθαι, τεχνίτης ὤν, ἐργα-

---

ᵇ H K; ἢ τὴν ἄλλην Ä   ᶜ H K; καὶ ἐάν Ä   ᵈ H; κ.τ. τρίτην Ä; μενεῖ δύο ἡμέρας K
ᵉ H; ad. ἡμέρας K; περισσότερον Ä   6. ᵃ K; αἰτῇ H   7. ᵃ H Ä; om. K   ᵇ H (K); πᾶς προφήτης λαλῶν ἐν πνεύματι πειρασθήτω καὶ διακριθήτω, ἵνα μὴ ἁμαρτία τι ᾖ Ä
ᶜ H K Ä; ἁγίῳ G   ᵈ H (Ä); διψυχεῖτε περὶ αὐτοῦ K   ᵉ H (K); om. Ä   ᶠ H; ὑμῖν K
ᵍ H; ὑμῖν K   8. ᵃ K; ad. δέ H; (καὶ) πᾶς Ä   ᵇ H K Ä; ἁγίῳ G   ᶜ H K; om. Ä
ᵈ H K; τοῦ θεοῦ (?) Ä   ᵉ H K; προφήτης ἀληθινός ἐστιν Ä   ᶠ K; γνωσθήσεται ὁ ψευδοπροφήτης καὶ ὁ προφήτης H (ad. ἀληθινός G); γνωσθήσεται πᾶς ψευδοπροφήτης ἢ προφήτης Ä   9. ᵃ K; ἐν πνεύματι H Ä   ᵇ et   ᶜ H Ä; εἰ οὐ ... ὁ τοιοῦτος K
10. ᵃ K; πᾶς δέ H   ᵇ H K; om. Ä   ᶜ H (K); καὶ οὐ ποιῶν ἀληθῶς Ä   ᵈ H; αὐτήν K
11. ᵃ K; ad. δέ H Ä   ᵇ H Ä; 2 1 K   ᶜ H; διδάσκων καὶ μαρτυρῶν παράδοσιν κοσμικὴν ἐν τῇ ἐκκλησίᾳ K; ποιῶν ἐν ἐκκλησίᾳ ἀνθρώπων καὶ ποιῶν ὀνόμως Ä
ᵈ H Ä; ἀλλὰ μ.θ. K   ᵉ H Ä; om. K   ᶠ H K; om. Ä   12. ᵃ Ä; ἄλλων ὑστερούντων H; ὑστερούντων τινῶν K   ᵇ H Ä; πρὸς ὑμᾶς K   ᶜ H Ä; ὑμῶν K
12. 1. ᵃ H; πρὸς ὑμᾶς CA K Ä G   ᵇ H K; om. CA; ad. ἡμῶν Ä   ᶜ H Ä; δοκιμασθείς, οὕτως δεχέσθω CA; δεχθήτω παρ' ὑμῖν, ὑμεῖς δὲ δ.α.γ. K   ᵈ H CA Ä; om. K
ᵉ K Ä; ἕξετε H; ἔχετε καὶ δύνασθε γνῶναι CA   2. ᵃ H; εἰ δέ K Ä; om. εἰ μέν – τοιούτων (v. 5) CA   ᵇ H; ad. πρὸς ὑμᾶς K G; om. Ä   ᶜ et   3. ᵃ H; ἡμέρας· ἐὰν δὲ ᾖ ἀνάγκη καὶ θέλῃ Ä

wenn es nötig ist, auch einen zweiten! Wenn er aber drei Tage bleibt, ist er ein Lügenprophet. 6. Geht der Apostel weiter, soll er nichts bekommen außer Brot, bis er übernachtet! Wenn er aber Geld nimmt, ist er ein Lügenprophet.[95]
7. Und jeden Propheten, der im Geist redet, sollt ihr weder prüfen noch beurteilen! Denn jede Sünde wird vergeben werden, diese Sünde aber wird nicht vergeben werden.[96] 8. Nicht jeder, der im Geist redet, ist ein Prophet, sondern nur, wenn seine Lebensweise sich am Herrn orientiert. An der Lebensweise also sollt ihr erkennen, ob einer ein echter Prophet ist![97] 9. Und jeder Prophet, der eine Mahlzeit bestellt, wird nicht von ihr essen;[98] andernfalls ist er ein Lügenprophet. 10. Und jeder Prophet, der die Wahrheit lehrt – wenn er nicht tut, was er lehrt, ist er ein Lügenprophet. 11. Jeder bewährte, echte Prophet, der so handelt, daß das irdische Geheimnis der Kirche entsteht, nicht aber zu tun lehrt, was er selber tut, soll vor euch nicht gerichtet werden! Denn er hat sein Gericht bei Gott.[99] Ebenso haben nämlich auch die alten Propheten gehandelt.[100] 12. Wer aber im Geist sagt: Gib mir Geld oder etwas anderes, auf den sollt ihr nicht hören! Wenn er jedoch für einen anderen zu geben anordnet, soll ihn keiner richten!

12.[101] 1. Jeder, der im Namen des Herrn kommt, soll aufgenommen werden! Dann aber sollt ihr ihn prüfen und euch Kenntnis über ihn verschaffen! Ihr habt ja Einsicht, um rechts und links zu unterscheiden.[102] 2. Wenn der Ankömmling auf der Durchreise ist, helft ihm, soviel ihr könnt! Er soll aber nur zwei oder drei Tage bei euch bleiben, wenn es nötig ist![103] 3. Wenn er sich aber bei euch niederlassen

---

[95] Vgl. o. S. 28.
[96] Vgl. o. S. 30.
[97] Vgl. hierzu und zum Folgenden Mt 7, 15–23; Herm mand XI.
[98] Was der Prophet anordnet, darf nicht eigennützig sein. Wer eine Mahlzeit herzurichten befiehlt und selbst teilnimmt, will ἐν τρυφαῖς πολλαῖς leben (Herm mand XI 12). – Aber so haben es Scharlatane wohl getrieben.
[99] [A. 99 s. S. 98.]
[100] Da es sich bei dem in 11, 11 angesprochenen Problem um Syneisaktentum handelt, sind mit den „alten Propheten" wohl solche der frühen urchristlichen Zeit gemeint und nicht alttestamentliche, wie oft angenommen wird (z. B. von Adam, Erwägungen 50). Gegen den Bezug auf die urchristliche Zeit spricht nicht die Verwendung von ἀρχαῖος, wie Act 15, 7; 21, 16; 1Klem 47, 6; Pol2Phil 1, 2 zeigen.
[101] Nachdem Kap. 11 über die Aufnahme von Aposteln und Propheten gehandelt hat, geht es jetzt um die Aufnahme reisender Christen überhaupt; vgl. o. S. 35. Zu der hier geforderten Gastfreundschaft vgl. u. a. Röm 12, 13; 1Tim 3, 2; 1Klem 1, 2; Herm mand VIII 10; sim IX 27, 2; Justin, apol. I 67. Zur Gastfreundschaft im Judentum vgl. Bill. IV/1, 565–571; S. Safrai, Home and Family, in: The Jewish People in the First Century II, hrsg. von S. Safrai u. M. Stern, Assen/Amsterdam 1976, (728–792) 762.
[102] Der Fremde, der sich als Christ ausgibt, soll daraufhin geprüft werden, ob er auch wirklich einer ist und nicht ein Tagedieb, der die Freigebigkeit christlicher Gemeinden ausnutzt.
[103] Dem durchreisenden einfachen Christen wird hier für den Notfall ein Aufenthaltstag mehr zugestanden als dem Apostel (11, 4 f.). Wenn dieser den dritten Tag bleibt, hat er sich bereits als Lügenprophet erwiesen. Der Apostel wandert – oder er ist nicht mehr Apostel.

Didache (Apostellehre)

ζέσθω ᵇκαὶ φαγέτωᵇ. 4. εἰ δὲ οὐκ ἔχει τέχνην ᵃᵃ, κατὰ τὴν σύνεσιν ὑμῶν προνοήσατε, πῶς μὴ ἀργὸς μεθ' ὑμῶν ᵇμενεῖᵇ. 5. εἰ δ' οὐ θέλει οὕτως ποιεῖν, χριστέμπορός ἐστιν· ᵃᵃ προσέχετε ἀπὸ τῶν τοιούτων.
13. 1. πᾶς ᵃδὲᵃ προφήτης ἀληθινός, ᵇθέλων καθῆσθαιᵇ πρὸς ὑμᾶς, ἄξιός ἐστιν τῆς τροφῆς ᶜαὐτοῦᶜ. 2. ᵃὡσαύτως διδάσκαλος ἀληθινός ἐστιν ἄξιος καὶ αὐτός, ὥσπερ ὁ ἐργάτης, τῆς τροφῆς αὐτοῦᵃ. 3. πᾶσαν ᵃοὖνᵃ ἀπαρχὴν γεννημάτων ληνοῦ ᵇκαὶᵇ ἅλωνος, βοῶν τε καὶ προβάτων ᶜλαβὼνᶜ δώσεις ᵈτὴν ἀπαρχὴνᵈ τοῖς ᵉπροφήταιςᵉ· ᶠαὐτοὶ γάρ εἰσιν οἱ ἀρχιερεῖς ὑμῶν.ᶠ 4. ᵃἐὰν δὲ μὴ ἔχητε προφήτην, δότε ᵇτῷ πτωχῷᵇ.ᵃ 5. ᵃᵃ ἐὰν σιτίαν ποιῇς, τὴν ἀπαρχὴν ᵇλαβὼνᵇ δὸς κατὰ τὴν ἐντολήν. 6. ᵃὡσαύτως κεράμιονᵃ οἴνου ἢ ἐλαίου ᵇᵇ ᶜἀνοίξαςᶜ, τὴν ἀπαρχὴν ᵈλαβὼν δὸςᵈ τοῖς ᵉπροφήταιςᵉ. 7. ἀργυρίου δὲ καὶ ἱματισμοῦ καὶ παντὸς κτήματος ᵃλαβὼν τὴν ἀπαρχὴν ὡς ἄν σοι δόξῃ, δὸς κατὰ τὴν ἐντολήνᵃ.
14. 1. ᵃκατὰ κυριακὴν δὲ κυρίου συναχθέντες κλάσατε ἄρτον καὶ εὐχαριστήσατε προσεξομολογησάμενοι τὰ παραπτώματα ὑμῶνᵃ, ὅπως ᵇκαθαρὰᵇ ἡ θυσία ὑμῶν ᾖ. 2. ᵃπᾶς δὲ ἔχων τὴν ἀμφιβολίαν μετὰ τοῦ ἑταίρου αὐτοῦ μὴ συνελθέτω ὑμῖν, ἕως οὗ διαλλαγῶσιν, ἵνα μὴ κοινωθῇ ἡ θυσία ὑμῶν·ᵃ 3. ᵃαὕτη γάρ ἐστιν ἡ ῥηθεῖσα ὑπὸ κυρίου·ᵃ ἐν παντὶ τόπῳ ᵇκαὶ χρόνῳ προσφέρειν μοι θυσίαν καθαράνᵇ· ὅτι βασιλεὺς μέγας ᶜᶜ εἰμί, λέγει κύριος ᵈᵈ, καὶ τὸ ὄνομά μου θαυμαστὸν ἐν τοῖς ἔθνεσιν.

ᵇ H; εἰ δὲ οὐκ ἐργάζει, μὴ φαγέτω (τραφήτω?) Ä   4. ᵃ H; καὶ οὐκ ἐργάζει Ä   ᵇ Ä; ζήσεται Χριστιανός H   5. ᵃ H; καί Ä
13. 1.   ᵃ H; om. CA; οὖν Ä   ᵇ H Ä; ἢ διδάσκαλος ἐρχόμενος CA   ᶜ H Ä; ὡς ἐργάτης λόγου δικαιοσύνης CA   2.   ᵃ H; om. Ä (CA; sed cf. varia lectio b et c v. 1)
3.   ᵃ H Ä; om. CA   ᵇ H Ä; om. CA   ᶜ H; om. CA Ä   ᵈ H Ä; om CA G   ᵉ H Ä; ἱερεῦσιν CA; θεολόγοις G   ᶠ H Ä; om. CA   4.   ᵃ (H) Ä; πᾶσαν δεκάτην δώσεις τῷ ὀρφανῷ καὶ τῇ χήρᾳ, τῷ πτωχῷ καὶ τῷ προσηλύτῳ CA   ᵇ CA Ä; τοῖς πτωχοῖς H
5.   ᵃ H; καί Ä   ᵇ H; om. Ä; om. ἐάν – ἐντολήν (v. 5) CA; om. ἐάν – ἐντολήν (v. 7) G
6.   ᵃ H Ä; πᾶσαν ἀπαρχὴν ἄρτων θερμῶν, κεραμίου CA   ᵇ H; ἢ μέλιτος ἢ ἀκροδρύων, σταφυλῆς ἢ τῶν ἄλλων CA; καὶ μέλιτος Ä   ᶜ H Ä; om. CA   ᵈ H Ä; δώσεις CA   ᵉ H; ἱερεῦσιν CA; πτωχοῖς Ä   7.   ᵃ H; ad. τοῦ κυρίου Ä; τῷ ὀρφανῷ καὶ τῇ χήρᾳ CA
14. 1   ᵃ H; τὴν ἀναστάσιμον τοῦ κυρίου ἡμέραν, τὴν κυριακήν φαμεν, συνέρχεσθε ἀδιαλείπτως εὐχαριστοῦντες τῷ θεῷ καὶ ἐξομολογούμενοι ἐφ' οἷς εὐηργέτησεν ἡμᾶς ὁ θεός ... CA   ᵇ H; ἄμεμπτος CA   2.   ᵃ H; om. CA   3.   ᵃ H; ... θεῷ, τῷ εἰπόντι περὶ τῆς οἰκουμενικῆς αὐτοῦ ἐκκλησίας ὅτι CA   ᵇ H; μοι προσενεχθήσεται θυμίαμα καὶ θυσία καθαρά CA   ᶜ H; ἐγώ CA   ᵈ H; παντοκράτωρ CA

will, weil er ein Handwerker ist, soll er arbeiten und essen![104] 4. Hat er aber kein Handwerk, überlegt euch vorsorglich gemäß eurer Einsicht, wie er nicht müßig bei euch bleibe![105] 5. Wenn er aber nicht so verfahren will, ist er einer, der mit Christus Schacher treibt.[106] Hütet euch vor solchen Leuten!

13. 1. Jeder echte Prophet aber, der sich bei euch niederlassen will,[107] ist seiner Nahrung wert.[108] 2. In gleicher Weise ist ein echter Lehrer[109] ebenfalls, wie der Arbeiter, seiner Nahrung wert.[110] 3. Du sollst also jeden Erstling des Ertrages von Kelter und Tenne, der Rinder und Schafe nehmen und den Erstling den Propheten geben! Denn sie sind eure Hohenpriester.[111] 4. Wenn ihr aber keinen Propheten habt, gebt ihn dem Armen! 5. Wenn du Brot machst,[112] nimm den Erstling und gib ihn gemäß dem Gebot![113] 6. Ebenso, wenn du einen Krug Wein oder Öl öffnest, nimm den Erstling und gib ihn den Propheten! 7. Bei Geld, Kleidung und allem Besitz[114] nimm den Erstling, wie es dir recht erscheint, und gibt ihn gemäß dem Gebot!

14.[115] 1. An jedem Herrentag[116] versammelt euch, brecht das Brot und sagt Dank, indem ihr dazu eure Übertretungen bekennt, damit euer Opfer rein sei! 2. Jeder aber, der Streit mit seinem Nächsten hat, soll nicht mit euch zusammenkommen, bis sie sich ausgesöhnt haben,[117] damit euer Opfer nicht entweiht werde! 3. Denn das ist das vom Herrn über das Opfer Gesagte: An jedem Ort und zu jeder Zeit mir ein reines Opfer darzubringen; denn ein großer König bin ich, sagt der Herr, und mein Name ist wunderbar unter den Völkern.[118]

---

[104] [A. 104 s. S. 98 f.]
[105] Vgl. 2Thess 3,7–12.
[106] Das Wort χριστέμπορος ist eine Neubildung, die erstmals an dieser Stelle begegnet. Es bezeichnet denjenigen reisenden „Händler", der seinen Unterhalt mit dem Namen Christus verdient, der sich also aufgrund der Behauptung, ein Christ zu sein, von christlichen Gemeinden versorgen läßt.
[107] Vgl. o. S. 40.
[108] Vgl. o. S. 28.
[109] Vgl. o. S. 41.
[110] Mt 10,10.
[111] Hier zeigt sich wieder deutlich der jüdische Einfluß. Zu den „Abgaben von den Bodenerzeugnissen" im Judentum vgl. Bill. IV/2, 640–697. Über das entsprechende Verfahren in der frühen Kirche vgl. Lukas Vischer, Die Zehntforderung in der Alten Kirche, in: Ders., Ökumenische Skizzen, Frankfurt a. M. 1972, 88–108 (= ZKG 70, 1959, 201–217).
[112] Vgl. Num 15,20f.; dort steht allerdings φύραμα = Teig.
[113] Vgl. o. S. 29.
[114] Von Vers 5 an wurde der Begriff der ἀπαρχή ausgeweitet, um auch diejenigen zu erfassen, die nicht von der Landwirtschaft leben.
[115] Zu Kap. 14 vgl. o. S. 53–56.
[116] Die Bezeichnung des Sonntags als „Herrentag" (hier pleonastisch κυριακή κυρίου) begegnet noch Apk 1,10; IgnMagn 9,1; EvPetr 9 (35). 12 (50); der Sonntag als Tag der christlichen Gemeindeversammlung 1Kor 16,2; Act 20,7; Barn 15,9.
[117] Vgl. Mt 5,23 f.
[118] Mal 1,11. 14; vgl. o. S. 55 f.

Didache (Apostellehre)

15. 1. ᵃχειροτονήσατε οὖν ἑαυτοῖς ἐπισκόπους καὶ διακόνους ἀξίους τοῦ κυρίουᵃ, ἄνδρας ᵇπραεῖς καὶ ἀφιλαργύρους καὶ ἀληθεῖς καὶ δεδοκιμασμένουςᵇ· ᶜὑμῖν γὰρ λειτουργοῦσιν καὶ αὐτοὶ τὴν λειτουργίαν τῶν προφητῶν καὶ διδασκάλων.ᶜ **2.** ᵃμὴ οὖν ὑπερίδητε αὐτούς· αὐτοὶ γάρ εἰσιν οἱ τετιμημένοι ὑμῶν μετὰ τῶν προφητῶν καὶ διδασκάλων.ᵃ

3. ἐλέγχετε δὲ ἀλλήλους μὴ ἐν ὀργῇ, ἀλλ' ἐν ᵃεἰρήνῃ, ὡς ἔχετε ἐν τῷ εὐαγγελίῳ· καὶ παντὶ ἀστοχοῦντι κατὰ τοῦ ἑτέρου μηδεὶς λαλείτω μηδὲ παρ' ὑμῶν ἀκουέτω, ἕως οὗ μετανοήσῃᵃ.

4. ᵃτὰς δὲ εὐχὰς ὑμῶν καὶ τὰς ἐλεημοσύνας καὶ πάσας τὰς πράξεις οὕτως ποιήσατε, ὡς ᵇἔχετεᵇ ἐν τῷ εὐαγγελίῳ τοῦ κυρίου ἡμῶν ᶜᶜ·ᵃ

16. 1. γρηγορεῖτε ὑπὲρ τῆς ζωῆς ᵃὑμῶνᵃ· ᵇοἱ λύχνοι ὑμῶν μὴ σβεσθήτωσαν, καὶ αἱ ὀσφύες ὑμῶν μὴ ἐκλυέσθωσαν, ἀλλὰ γίνεσθε ἕτοιμοι· οὐ γὰρ οἴδατε τὴν ὥραν, ἐν ᾗ ὁ κύριος ἡμῶν ἔρχεται.ᵇ

2. ᵃπυκνῶς δὲ συναχθήσεσθε ζητοῦντες τὰ ἀνήκοντα ταῖς ψυχαῖς ὑμῶν·ᵃ οὐ γὰρ ᵇὠφελήσειᵇ ὑμᾶς ᶜὁ πᾶς χρόνος τῆς πίστεως ὑμῶν, ἐὰν μὴ ἐν τῷ ἐσχάτῳ καιρῷ τελειωθῆτεᶜ. **3.** ἐν γὰρ ταῖς ἐσχάταις ἡμέραις πληθυνθήσονται οἱ ψευδοπροφῆται καὶ οἱ φθορεῖς ᵃᵃ καὶ στραφήσονται τὰ πρόβατα εἰς λύκους καὶ ἡ ἀγάπη ᵇᵇ εἰς μῖσος· **4.** ᵃαὐξανούσηςᵃ γὰρ τῆς ἀνομίας ᵇᵇ μισήσουσιν ᶜᶜ ἀλλήλους ᵈᵈ καὶ διώξουσιν καὶ ᵉπαραδώσουσινᵉ, καὶ τότε φανήσεται ὁ κοσμοπλάνος ᶠὡς υἱὸς

---

15. 1. ᵃ H; προχειρίσασθε δὲ ἐπισκ. ἀξ. τ.κ. καὶ πρεσβυτέρους κ. διακ. CA   ᵇ H; εὐλαβεῖς, δικαίους, πρ., ἀφ., φιλαλήθεις, δεδ., ὁσίους... CA   ᶜ H; om. CA   **2.** ᵃ H; ὑμεῖς δὲ τιμᾶτε τούτους ὡς πατέρας, ὡς κυρίους, ὡς εὐεργέτας, ὡς τοῦ εὖ εἶναι αἰτίους CA   **3.** ᵃ H; μακροθυμίᾳ μετὰ χρηστότητος καὶ εἰρήνης CA   **4.** ᵃ H; πάντα τὰ προστεταγμένα ὑμῖν ὑπὸ τοῦ κυρίου φυλάξατε CA   ᵇ H; ἐμάθετε G   ᶜ H; Ἰησοῦ Χριστοῦ G
16. 1. ᵃ H CA; om. G   ᵇ H; ἔστωσαν αἱ ὀ. ὑ. περιεζωσμέναι καὶ οἱ λ. καιόμενοι καὶ ὑμεῖς ὅμοιοι ἀνθρώποις προσδεχομένοις τὸν κύριον ἑαυτῶν (cf. Lk 12, 35f.), πότε ἥξει... ᾗ γὰρ ὥρα οὐ προσδοκῶσιν (cf. Lk 12, 46/Mt 24, 50), ἐλεύσεται ὁ κύριος... CA   **2.** ᵃ H; om. CA   ᵇ H B; ὀνήσει CA   ᶜ H; τὰ πρότερα κατορθώματα, ἐὰν εἰς τὰ ἔσχατα ὑμῶν ἀποπλανηθῆτε τῆς πίστεως τῆς ἀληθοῦς CA; ad. τῇ πίστει καὶ ἀγάπῃ G   **3.** ᵃ H; τοῦ λόγου CA   ᵇ CA; στραφήσεται H   **4.** ᵃ H; πληθυνθείσης CA (cf. Mt 24, 12)   ᵇ H; ψυγήσεται ἡ ἀγάπη τῶν πολλῶν CA (cf. Mt 24, 12)   ᶜ H; γὰρ CA   ᵈ H; οἱ ἄνθρωποι CA   ᵉ H; προδώσουσιν CA   ᶠ H; ὁ τῆς ἀληθείας ἐχθρός... CA

15. 1. Wählt euch nun Bischöfe und Diakone,[119] würdig des Herrn, sanftmütige Männer, nicht geldgierig, aufrichtig und bewährt! Sie leisten euch nämlich ebenfalls den Dienst von Propheten und Lehrern. 2. Achtet sie also nicht gering! Denn sie sind die ehrenvoll Ausgezeichneten unter euch samt den Propheten und Lehrern.
3. Weist einander zurecht, nicht im Zorn, sondern im Frieden,[120] wie ihr es im Evangelium habt![121] Und mit jedem, der sich gegen den anderen verfehlt, soll keiner reden, noch soll er ein Wort von euch hören, bis daß er Buße getan hat![122]
4. Mit euren Gebeten, Almosen und allen Handlungen verfahrt so, wie ihr es im Evangelium unseres Herrn habt![123]

16.[124] 1. Wacht über eurem Leben! Eure Lampen sollen nicht verlöschen, und eure Lenden sollen nicht erschlaffen,[125] sondern seid bereit! Denn ihr kennt nicht die Stunde, in der unser Herr kommt.[126]
2. Ihr sollt zahlreich[127] zusammenkommen und danach suchen, was sich für euch gebührt![128] Die ganze Zeit eures Glaubens wird euch nämlich nichts nützen, wenn ihr nicht in der Endzeit vollkommen werdet.[129] 3. In den letzten Tagen nämlich werden die Lügenpropheten und die Verderber zahlreich werden, und die Schafe werden sich in Wölfe verwandeln und die Liebe in Haß.[130] 4. Wenn nämlich die Gesetzlosigkeit zunimmt, wird man einander hassen, verfolgen und verraten.[131] Und dann wird der Weltverführer erscheinen wie der Sohn Gottes und Zei-

---

[119] Vgl. o. S. 41f.
[120] TestGad 6, 3: „Und wenn jemand gegen dich sündigt, so sage es ihm friedlich." Vgl. weiter 1QS V 24–26; CD IX 2–8.
[121] Vgl. o. S. 25f.
[122] Vgl. 1Kor 5, 11.
[123] Vgl. o. S. 26.
[124] [A. 124 s. S. 99.]
[125] Vgl. Lk 12, 35.
[126] [A. 126 s. S. 99.]
[127] πυκνῶς kann ebensogut „häufig", „oft" bedeuten. Aber es ist unwahrscheinlich, daß der Didachist hier zu häufigeren Zusammenkünften mahnt, da er ja in 14, 1 gerade die sonntägliche Zusammenkunft angeordnet hatte, was gewiß keine Neuerung, sondern geläufige Praxis war. Ohne das Wort πυκνῶς zu gebrauchen, ist die Mahnung in diesem Sinne ausgesprochen in Hebr 10, 25; Barn 4, 10b; vgl. weiter IgnEph 13, 1; IgnPol 4, 2; 2Klem 17, 3.
[128] In Did 16, 2 ist die Mahnung zu zahlreicher Zusammenkunft verbunden mit der zur Suche nach dem rechten Tun. In kollektiver Anstrengung soll in der Versammlung der Gemeinde nach dem geforscht werden, was zu tun notwendig ist. Darin konkretisiert sich die Vers 1 geforderte wache Bereitschaft. – Wie in 2, 7 steht ψυχή auch hier für das Reflexivpronomen.
[129] Die beiden Sätze von Did 16, 2 haben in umgekehrter Reihenfolge eine enge Parallele in Barn 4, 9b.10b. Vgl. dazu Rordorf/Tuilier, Doctrine 82; Wengst, Tradition 22 A. 36.
[130] Vgl. Mt 7, 15; 24, 11. 24. Das Überhandnehmen des Übels vor dem Ende ist verbreitete apokalyptische Tradition.
[131] Vgl. Mt 24, 10. Ursprünglich sind solche Aussagen aus konkreter Erfahrung hervorgegangen; man sah sich in schlimme Geschehnisse verwickelt, die auf eine ausweglose Kata-

Didache (Apostellehre)

θεοῦ^f g καὶ ποιήσει σημεῖα καὶ τέρατα, καὶ ἡ γῆ παραδοθήσεται εἰς χεῖρας αὐτοῦ, καὶ ποιήσει ἀθέμιτα, ἃ οὐδέποτε γέγονεν ἐξ αἰῶνος^g.

5. ^a τότε ἥξει ἡ κτίσις τῶν ἀνθρώπων εἰς τὴν πύρωσιν τῆς δοκιμασίας^a καὶ σκανδαλισθήσονται πολλοὶ ^b καὶ ἀπολοῦνται^b, οἱ δὲ ὑπομείναντες ^c ἐν τῇ πίστει αὐτῶν^c σωθήσονται ^d ὑπ' αὐτοῦ τοῦ καταθέματος^d.

6. καὶ τότε φανήσεται ^a τὰ σημεῖα τῆς ἀληθείας· πρῶτον σημεῖον ἐκπετάσεως ἐν οὐρανῷ^a, εἶτα ^b σημεῖον φωνῆς σάλπιγγος καὶ τὸ τρίτον ἀνάστασις νεκρῶν^b. 7. ^a οὐ πάντων δέ, ἀλλ' ὡς ἐρρέθη· ἥξει^a ὁ κύριος καὶ πάντες οἱ ἅγιοι ^bb μετ' αὐτοῦ. 8. ^a τότε ὄψεται ὁ κόσμος ^bb τὸν κύριον ^cc ἐρχόμενον^a ἐπάνω τῶν νεφελῶν ^d τοῦ οὐρανοῦ^d ^ee ^f ἀποδοῦναι ἑκάστῳ κατὰ ^g τὴν πρᾶξιν^g αὐτοῦ^f ^hh.

---

g et   5. ^a H; om. CA   ^b H; ἐπ' αὐτῷ CA   ^c H; εἰς τέλος, οὗτοι CA (cf. Mt 24, 13)   ^d H; om. CA   6. ^a H; τὸ σημεῖον τοῦ υἱοῦ τοῦ ἀνθρώπου ἐν τῷ οὐρανῷ CA (cf. Mt 24, 30)   ^b H; φωνὴ σάλπιγγος ἔσται δι' ἀρχαγγέλου καὶ μεταξὺ ἀναβίωσις τῶν κεκοιμημένων CA   7. ^a H; καὶ τότε ἥ. CA   ^b H CA; αὐτοῦ G   8. ^a H; ἐν συσσεισμῷ CA   ^b H; οὗτος G   ^c H; ἡμῶν Ἰησοῦν Χριστόν, τὸν υἱὸν τοῦ ἀνθρώπου, ὅς ἐστιν θεοῦ υἱός G   ^d H; μετ' ἀγγέλων δυνάμεως αὐτοῦ ἐπὶ θρόνου βασιλείας CA; μετὰ δυνάμεως καὶ δόξης πολλῆς G (cf. Mk 13, 26/Lk 21, 27/Mt 24, 30)   ^e G; κατακρῖναι τὸν κοσμοπλάνον διάβολον καὶ CA   ^f CA (G); om. H   ^g CA; τὰ ἔργα G   ^h τότε ἀπελεύσονται οἱ μὲν πονηροὶ εἰς αἰώνιον κόλασιν, οἱ δὲ δίκαιοι πορεύσονται εἰς ζωὴν αἰώνιον (cf. Mt 25, 46), κληρονομοῦντες ἐκεῖνα, ἃ ὀφθαλμὸς οὐκ εἶδεν καὶ οὓς οὐκ ἤκουσεν καὶ ἐπὶ καρδίαν ἀνθρώπου οὐκ ἀνέβη, ἃ ἡτοίμασεν ὁ θεὸς τοῖς ἀγαπῶσιν αὐτόν (cf. 1Kor 2, 9), καὶ χαρήσονται ἐν τῇ βασιλείᾳ τοῦ θεοῦ τῇ ἐν Χριστῷ Ἰησοῦ CA; ἐν τῇ ἁγίᾳ δικαιοσύνῃ αὐτοῦ ἔμπροσθεν τοῦ παντὸς γένους ἀνθρώπων καὶ ἔμπροσθεν τῶν ἀγγέλων. ἀμήν G.

chen und Wunder tun.¹³² Und die Erde wird in seine Hände ausgeliefert werden, und er wird Freveltaten begehen, wie sie noch niemals von Urzeiten her geschehen sind.¹³³

5. Dann wird die Menschenwelt in das Feuer der Bewährung kommen.¹³⁴ Und viele werden abfallen und verlorengehen;¹³⁵ die aber durchhalten in ihrem Glauben, werden gerettet werden¹³⁶ von dem „Verfluchten"¹³⁷ selbst.

6. Und dann werden die Zeichen der Wahrheit erscheinen¹³⁸: zuerst das Zeichen der Ausbreitung am Himmel,¹³⁹ danach das Zeichen des Trompetenstoßes¹⁴⁰ und drittens die Auferstehung der Toten.¹⁴¹ 7. Nicht aller jedoch, sondern wie gesagt worden ist: Kommen wird der Herr und alle Heiligen mit ihm.¹⁴² 8. Dann wird die Welt den Herrn kommen sehen auf den Wolken des Himmels, um jedem zu vergelten gemäß seinem Handeln.¹⁴³

strophe zuzulaufen schienen und das Ende bringen mußten. Nach der Katastrophe werden solche Aussagen Bestandteil der Tradition und geben Merkmale an für den Ablauf eines noch zu erwartenden Endgeschehens.

¹³² Hier ist die Vorstellung aufgenommen, die man mit dem Stichwort „Antichrist" kennzeichnet; vgl. 1Joh 2, 18. 22; 4, 3; 2Joh 7; Pol2Phil 7, 1, wo das Wort „Antichrist" begegnet. Zur Sache vgl. 2Thess 2, 1–12; Apk 13; 16, 13 f.; 19, 20; 20, 10; für das Judentum syrBar 36–40. Zur Gestalt des „Weltverführers" und seiner Taten in Did 16, 4 vgl. auch die „Lügenchristusse" in Mt 24, 24; ausführliche Beschreibung der Wunder des Antichristen in ApkEl 32, 9–33, 10.

¹³³ Vgl. Joel 2, 2.

¹³⁴ Das Bild von der Feuerprobe begegnet öfter; vgl. etwa 1Petr 1, 7 und – in ebenfalls endzeitlichem Zusammenhang – 1Kor 3, 13.

¹³⁵ Vgl. Mt 24, 10.

¹³⁶ Vgl. Mt 10, 22; 24, 13.

¹³⁷ [A. 137 s. S. 99.]

¹³⁸ [A. 138 s. S. 99.]

¹³⁹ [A. 139 s. S. 99 f.]

¹⁴⁰ Vgl. Mt 24, 31; 1Thess 4, 16; 1Kor 15, 52.

¹⁴¹ Vgl. 1Thess 4, 16; 1Kor 15, 52.

¹⁴² Sach 14, 5.

¹⁴³ Zum Text s. o. S. 20. – Vgl. Mt 16, 27; 24, 30; 26, 64. Zur Vergeltung gemäß den Werken vgl. Jes 40, 10; 62, 11; Prov 24, 12; Sir 35, 22; ψ 61, 13; Röm 2, 6; Apk 20, 13; 1Klem 34, 3; ActThom 28.

ANMERKUNGEN (Rest)

Die umfangreicheren Anmerkungen konnten nicht unter der Übersetzung abgedruckt werden. Sie sind hier zusammengefaßt. Ein entsprechender Hinweis findet sich jeweils unter der Übersetzung.

[1] Vgl. den Abschnitt 4.a der Einleitung. Die Unterscheidung eines Lebens- und Todesweges findet sich schon im AT. In Dtn 30, 15–20 stehen sich gegenüber Leben und Tod, das Gute und das Böse, Segen und Fluch; und es ist die Rede vom Wandel in den Wegen Gottes, die durch seine Gebote, Gesetze und Rechte gekennzeichnet sind. Eine genaue terminologische Entsprechung bietet Jer 31, 8, wo der Prophet im Namen Jahwes spricht: „Siehe, ich lege euch vor den Weg zum Leben und den Weg zum Tode." Doch geht es hier im Kontext nicht um Moral, sondern um eine politische Entscheidung, die für den Propheten theologische Relevanz hat. Sachlich näher ist Prov 12, 28 (LXX): „Auf den Wegen der Gerechtigkeit ist Leben; die Wege der Böses Nachtragenden aber führen zum Tod."

Aus dem NT ist als nächste Parallele Mt 7, 13 f. zu nennen; vgl. 2Petr 2, 15. – Zu den „Zwei Wegen" in Qumran und in der sapientialen Literatur und zu deren Verhältnis zu den „Zwei Wegen" der Doctrina sowie von Barn 18–20 und Did 1–6 vgl. Rordorf/Tuilier, Doctrine 23–27; weiter Ehrhard Kamlah, Die Form der katalogischen Paränese im Neuen Testament, WUNT 7, Tübingen 1964, 210–214.

[2] Der Lebensweg wird bis 4, 14 ausgeführt. Gegenüber Barn 19, wo mehr oder weniger nur eine Materialsammlung vorliegt, ist hier eine Gliederung des Stoffes versucht worden. 1, 2 enthält mit dem Doppelgebot der Liebe und der Goldenen Regel sozusagen eine Grundsatzerklärung. Sie wird in 1, 3; 2, 2–7 in Einzelvorschriften ausgelegt, die sich an der zweiten Dekalogtafel orientieren und bis auf die abschließende Mahnung in 2, 7 aus lauter Negationen bestehen. 3, 1–6 liegt ein durchgeformtes, ursprünglich selbständiges Stück vor, dem in 3, 7–10 weitere, dazu passende Mahnungen angehängt wurden. In 4, 1–8 finden sich Zusammenstellungen unter zwei thematischen Gesichtspunkten: Verhalten in der Gemeinde (4, 1–4) und Almosen (4, 5–8). Es folgen in 4, 9–11 eine kleine Haustafel und schließlich in 4, 12–14 Mahnungen ohne thematische Einheit. Hier, am Schluß, bietet der Redaktor der Zwei-Wege-Lehre, die dem Didachisten schon vorlag, wohl das Material, das er bei seinem Gliederungsversuch vorher nicht unterzubringen wußte.

[9] Pseudo-Phokylides 184 f.: „Ein Weib darf nicht sein Kind im Mutterleib vernichten, noch das Geborene zum Fraß den Hunden und den Geiern geben." Knopf erklärt die Aufeinanderfolge im Text von Giftmischen und Abtreiben so: „... die gleichen Vetteln sicher machten Gift- und Liebestränke und mischten die Abortiermittel oder griffen in den Leib der Schwangeren ein" (Komm. 11). – Die Tötung der Neugeborenen erfolgte in der Regel so, daß man sie aussetzte. Das ist auch bei Pseudo-Phokylides gemeint, wenn vom Fraß für Hunde und Geier die Rede ist. Solche Kindesaussetzungen waren häufig. Die christlichen Apologeten warfen das den Heiden vor, z. B. Minucius Felix, Octavius 30, 2: „Ich sehe

Anmerkungen (Rest)

vielmehr, daß ihr selbst eure eigenen neugeborenen Kinder bald wilden Tieren und Vögeln aussetzt, bald durch Erwürgen eines elenden Todes sterben laßt. Und es gibt Frauen, die im eigenen Leib den Keim des künftigen Menschen mit Gifttränken zum Absterben bringen; sie begehen Kindesmord, noch ehe sie gebären." Daß diese Polemik Anhalt an der Realität hatte, belegt etwa ein Brief aus dem Jahre 1 v. Chr., den ein ägyptischer Arbeiter aus Oxyrhynchos, der im fernen Alexandria sein Geld verdient, an seine Frau in der Heimat schreibt: „... Ich bitte dich und flehe dich an, sorge für das Kindchen. Und sobald wir erst Lohn erhalten, werde ich (ihn) dich (sic) hinaufsenden. Wenn du – viel, viel Glück! – gebierst, wenn es männlich war, laß es (leben); wenn es weiblich war, setze es aus! Du hast der Aphrodisias aufgetragen: 'Vergiß mich nicht!' Wie könnte ich dich vergessen? Ich bitte dich also, dich nicht zu ängstigen" (vollständiger Text bei Adolf Deißmann, Licht vom Osten. Das Neue Testament und die neuentdeckten Texte der hellenistisch-römischen Welt, Tübingen [4]1923, 134). Dieser Brief läßt deutlich das schwierige soziale Klima erkennen. Die Aussetzung der neugeborenen Tochter soll zusätzliche Lasten von einer Gastarbeiterfamilie fernhalten. Söhne waren willkommen als Alterssicherung. Daß Aussetzungen aber auch in höheren Gesellschaftsschichten vorkamen, zeigt eine Stelle bei Apuleius, Metamorphosen 10, 23, wo es von einem Manne vor Aufbruch zu einer Reise heißt, daß er „seiner Frau, die er gesegneten Leibes zurückließ, befahl, daß sie, wenn sie eine Tochter zur Welt brächte, dieselbe gleich umbringen sollte".

[13] Der Vers 2, 7 schließt den 2, 2 begonnenen Abschnitt mit einem pauschalen Verbot und einem darauf bezogenen dreifach differenzierten Gebot ab; vgl. Jud 22 f. Die Did 2, 7 am Beginn stehende Mahnung, keinen Menschen zu hassen, findet sich als positive Aussage in TestIss 7, 6: „Den Herrn liebte ich und ebenso jeden Menschen mit aller meiner Kraft." Fragt man, worin Did 2, 7 der Ausschluß des Hasses begründet ist, wird daran zu erinnern sein, daß die ganze Aufzählung 2, 2–7 Auslegung der „Grundsatzerklärung" von 1, 2 ist, daß sie also das Gebot der Nächstenliebe expliziert, in der die Gottesliebe konkret in Erscheinung tritt. In 1, 2 aber war Gott als Schöpfer gekennzeichnet worden. Daraus folgt also: Der sich seiner Geschöpflichkeit bewußte Mensch kann den anderen Menschen, sein Mitgeschöpf, nicht hassen. Jüdisch und christlich läßt sich Haß gegen Menschen nicht rechtfertigen; es gibt hier keinen notwendigen oder gar heiligen Haß. Der Ausschluß des Hasses bedeutet aber keine in romantischer Verklärung alle Bosheiten und alle Gegensätze zudeckende, allgemeine und daher letztlich unverbindlich bleibende Menschenliebe. Das zeigt gerade die dreifache positive Differenzierung. Nach der ersten Aussage (Zurechtweisung, Überführung) gewinnt die Liebe ihre Gestalt darin, daß sie Fehlverhalten und Unrecht aufdeckt, daß sie demjenigen, der sich falsch verhält, zur Einsicht in sein Unrecht verhilft. Bei der zweiten Aussage (Fürbitte) sind wohl solche Leute im Blick, bei denen eine Überführung oder Zurechtweisung – aus welchen Gründen auch immer – nicht möglich oder aussichtslos ist. Eine Sachparallele hierzu bildet Jesu Gebot der Feindesliebe, nach dem sich die Feindesliebe in der Fürbitte konkretisiert (Mt 5, 44/Lk 6, 27 f.). Daß die Fürbitte „für manche" in Did 2, 7 wie in IgnSm 4, 1 (auch) Ketzer im Blick hat, ist unwahrscheinlich, da die Problematik von Rechtgläubigkeit und Ketzerei in der Didache nicht angedeutet ist. Die dritte Aussage, nach der man manche mehr lieben soll als sich selbst, dürfte die Glaubensgenossen meinen. Hier ist also das angesprochen, was johanneisch „Bruderliebe" und „Einanderlieben" heißt. Liebe ist dann nicht nur Ausschluß des Hasses in verschiedenen Erscheinungsformen, sondern sie hat ihre eigenste und volle Wirklichkeit in der Gegenseitigkeit.

Didache (Apostellehre)

Wörtlich heißt es in der letzten Mahnung: „... mehr als deine Seele". Hier ist deutlich, daß ψυχή für das Reflexivpronomen steht, vgl. 16, 2; s. Walter Bauer, Griechisch-deutsches Wörterbuch, Berlin ⁵1958, 1767 (ψυχή 1. f).

²³ Diese Aussage bietet die positive Entsprechung zum Verbot des Murrens in 3, 6; vgl. Röm 8, 28; 1QS XI 10 f. und den Rabbi Akiba zugeschriebenen Ausspruch: „Immer gewöhne sich ein Mensch zu sagen: Alles, was der Allbarmherzige tut, tut er zum Guten" (bBer 60b). Nach Corpus hermeticum 9, 4 hält der wahrhaft Fromme allem stand; πάντα γὰρ τῷ τοιούτῳ, κἂν τοῖς ἄλλοις τὰ κακά, ἀγαθά ἐστιν· καὶ ἐπιβουλευόμενος πάντα ἀναφέρει εἰς τὴν γνῶσιν, καὶ τὰ κακὰ μόνος ἀγαθοποιεῖ. Plotin begreift erfahrenes Unrecht innerhalb eines postulierten Gesamtzusammenhangs: συντεταγμένον δ' ἐν τῷ παντὶ οὐκ ἄδικον ἐν ἐκείνῳ οὐδ' εἰς τὸν παθόντα, ἀλλ' οὕτως ἐχρῆν. εἰ δ' ἀγαθὸς ὁ παθών, εἰς ἀγαθὸν ἡ τελευτὴ τούτων (enneades IV 3, 16).

²⁴ Hier sind der Katechumene und der Katechet, der Lehrer, im Blick. Das stützt die These, daß es sich bei der Zwei-Wege-Lehre um einen Bestandteil des präbaptismalen Unterrichts handelt. Das „Gedenken" dürfte seinen Ort im fürbittenden Gebet haben. Die Parallele in Barn 19, 9 f. weicht hier stark ab: „Wie deinen Augapfel sollst du jeden lieben, der dir das Wort des Herrn sagt. Sei eingedenk des Gerichtstages Tag und Nacht...". Es ist durchaus möglich, daß die etwas befremdliche Wendung, des Lehrers Tag und Nacht zu gedenken, aus einem Abschreibfehler resultiert (so Peterson, Probleme 153 f.); doch muß man dann „schon den Verfasser der Didache selbst für diesen Irrtum verantwortlich machen" (154).

²⁶ Der Herr ist gegenwärtig im Wort, das seine Herrschaft proklamiert. Im Vollzug solcher Proklamation tritt die Herrschaft dieses Herrn in Erscheinung und gewinnt er selbst Raum. Sachlich parallel ist Mt 18, 20. Während in der Mt-Stelle von der Versammlung beliebiger Personen im Namen Jesu die Rede ist, zeichnet sich in der Did-Stelle die Bindung der Verkündigung an bestimmte Personen ab, hier an Lehrer und Katecheten. – Zur hohen Schätzung der Lehrer im Judentum vgl. Dan 12, 3 und die von Knopf, Komm. 16 f., zitierten rabbinischen Stellen.

²⁷ Auch an dieser Stelle weicht die Parallele in Barn 19, 10 ab. Dort geht es beim Besuchen der Heiligen um eigene Aktivität und Leistung des Besuchers in Form von Verkündigung und Diakonie, während hier der Besucher selbst Nutzen haben soll. Mit „den Heiligen" sind – nach der Verwendung des Begriffes in 10, 6 und 16, 7 zu urteilen – alle Gemeindemitglieder gemeint, sofern sie sich recht verhalten. Dann ist deutlich, daß diese Mahnung wieder den Katechumenen im Blick hat: Er soll auch außerhalb des Unterrichts ständigen Kontakt mit Gemeindemitgliedern haben, um so Stützung für das von ihm als Christen erwartete Verhalten zu erfahren.

³⁰ Wenn mit dieser Aussage nach der Mahnung zu gerechtem Urteil auf die Parusie ausgeblickt wird, die das gerechte Endurteil bringt, ergäbe sich ein sinnvoller Zusammenhang. Auf ein solches Verständnis weist auch die nahe Parallele in Herm vis III 4, 3: Dem Hermas ist Offenbarung über die Endzeit widerfahren διὰ τοὺς διψύχους, τοὺς διαλογιζομένους ἐν ταῖς καρδίαις αὐτῶν εἰ ἄρα ἔστιν ταῦτα ἢ οὐκ ἔστιν. In dieser Weise versteht auch die georgische Übersetzung, die so paraphrasiert: „Darüber sollst du auch nicht zweifeln, ob das Gericht Gottes über alle Menschen gemäß ihren Werken kommen wird oder nicht." CA und KO beziehen den Zweifel auf das Gebet; vgl. Sir 7, 10; ApkEl 24, 8–10; Jak 1, 6; Herm mand IX 1, 8. Aber ein solcher Bezug steht unverbunden im Kontext. – Nach Audet bezieht

Anmerkungen (Rest)

sich der Satz auf die Situation des Richters, der bei seinem Urteilsspruch nicht erwägen soll, welche Konsequenzen daraus für ihn erwachsen (Didachè 329 f.). Das ergäbe einen sinnvollen Zusammenhang; aber erlaubt der Wortlaut des Satzes ein solches Verständnis?

[32] Hier ist einmal der Gedanke zum Ausdruck gebracht, daß der, der etwas hat und vermag, zum Abgeben verpflichtet ist. Vgl. z. B. Pseudo-Phokylides 28: „Ist Reichtum dir beschert, dann öffne dem Armen deine Hand." Noch näher ist Herm mand II 4: „Wirke das Gute, und aus deiner Arbeit, die dir Gott gibt, teile allen Bedürftigen aufrichtig mit, ohne zu zögern, wem du gibst oder wem du nicht gibst; allen gib!" – Zum anderen ist damit die Vorstellung verbunden, daß Almosen Sühne der Sünden bewirkt; es ist ein verdienstvolles Werk. Vgl. zu dieser häufigen Vorstellung nur Tob 4, 10; 12, 9.

[37] Die Infragestellung des Eigentumsbegriffes wird zunächst durch ein schon im Judentum geläufiges Schlußverfahren begründet: Die Genossen im ewigen Heil sind es erst recht in irdischen Dingen. Das ewige Gut relativiert die irdischen Güter nicht in der Weise, daß es angesichts dieser so großen Gabe gleichgültig sei, ob einer irdisch im Mangel oder im Überfluß lebt, sondern es relativiert die irdischen Besitzverhältnisse. Gemeinschaft im einen verlangt nach Gemeinschaft im anderen. Wer die Gemeinschaft im Vorletzten verweigert, verrät damit die Gemeinschaft im Letzten.

[38] Der Satz wird an dieser Stelle von L bezeugt. In H findet er sich innerhalb der Interpolation in 1, 5. Zusammen mit ähnlichen Aussagen wie in der Interpolation steht er auch in Herm mand II 4 f. Der Interpolator hat also offensichtlich einen traditionellen Komplex aufgenommen und dann in 4, 8 den letzten Satz ausgelassen, weil er ihn in anderem Zusammenhang schon vorher gebracht hatte. Zum Problem vgl. auch Köster, Überlieferung 233 A. 2. – Wenn Franz Xaver Funk meint, nur in 1, 5 sei der Satz im Kontext verankert und also dort ursprünglich, während es sich bei ihm in 4, 8 in L um ein „offenbares Einschiebsel" handle (Zur Didache, der Frage nach der Grundschrift und ihren Rezensionen, in: Ders., Kirchengeschichtliche Abhandlungen und Untersuchungen III, Paderborn 1907, [218–229] 222 f.), so ist das lediglich ein Geschmacksurteil. Auch in den Zusammenhang von 4, 5–8 paßt er ausgezeichnet; in Herm mand II 4 finden sich unmittelbar vorher die Gedanken von Did 4, 6a. 7a. 8a verbunden. – Auch Layton hält den fraglichen Satz für einen Einschub in die Doctrina, der noch nicht in deren griechischer Vorlage gestanden habe; er stamme entweder aus einer gemeinsamen Quelle oder sei, wahrscheinlicher, aus Hermas oder gar der Didache selbst in die Übersetzung eingedrungen (Sources 362 A. 37). Letzteres ist ganz unwahrscheinlich: Wieso wurde dann nur dieser Satz – und an dieser Stelle – und nicht die ganze Interpolation aufgenommen?

Der Satz begründet die Infragestellung des Eigentumsbegriffes damit, daß alles, was einer hat, als χάρισμα gilt. Selbst wenn sein Besitz das Ergebnis seiner Leistung ist, so ist doch auch die Fähigkeit zur Leistung χάρισμα von Gott her, Gabe des Schöpfers. Weil also jeder seine Fähigkeiten und das mit ihnen Erworbene nur geschenkweise hat, kann es nicht ἴδια sein. Als χάρισμα vom Schöpfer ist das, was einer kann und hat, zugleich auch für die Mitgeschöpfe da.

[52] In jüdischem Kontext wäre dieser Vers sofort verständlich. So schreibt A. Stuiber: „Wenn wir *Did.* 6, 2–3 als jüdischen Nachtrag zur jüdischen Zweiwegelehre betrachten, entgehen wir allen Schwierigkeiten" („Das ganze Joch des Herrn" [Didache 6, 2–3], in: Studia Patristica IV, TU 79, Berlin 1961, [323–329] 327). „Das ganze Joch des Herrn" ist dann das mosaische Gesetz in seinem vollen Umfang, das der Proselyt auf sich zu nehmen bereit

ist, während der „Gottesfürchtige" bzw. „Gottesverehrer" (vgl. o. S. 60 mit A. 203) genau diesen Schritt, sich nämlich mit der Übernahme der Beschneidung zur Einhaltung der ganzen Ritualgesetzgebung zu verpflichten, nicht vollziehen will. Ihm wird geraten, das zu tragen, was er vermag. „... man sieht es doch gerne, wenn diese Heiden auch die rituellen Gebote soweit als möglich befolgen, weil das ja die volle Bekehrung vorbereiten kann" (328). – Mögen diese Aussagen also ursprünglich jüdisch gewesen sein, weil sie unter dieser Voraussetzung unmittelbar verständlich sind, so stehen sie doch jetzt als Bestandteil der Didache in einem christlichen Kontext und müssen daher auch einen christlichen Sinn haben – will man dem Didachisten nicht unterstellen, wie Stuiber es tut, er habe bestimmter Sätze wegen andere mitgeschleppt oder auch einfach sorglos gehandelt (ebd.). Ausgeschlossen ist es, unter dem „ganzen Joch des Herrn" die Zwei-Wege-Lehre zu verstehen. Wie gerade der vorangehende Vers deutlich machte, kann es davon keine Abstriche geben. Folgende weitere Möglichkeiten kommen in Betracht: 1. „Das ganze Joch des Herrn" meint Ehelosigkeit, so daß es hier um Geschlechtsaskese ginge (so Knopf, Komm. 21). Dagegen spricht, daß ein solches Verständnis dieser Wendung sonst nicht belegt ist und der Zusammenhang mit 6, 3 sehr locker wäre (Stuiber 325 f.). 2. Die Wendung bezieht sich auf den Spruch Mt 11, 29 f. und meint die Forderungen der Bergpredigt, wie sie Did 1, 3b–2, 1 formuliert wurden (so Rordorf/Tuilier, Doctrine 32 f.). Auch hier besteht kein Zusammenhang mit 6, 3; und zum anderen ist 1, 3b–2, 1 als Bestandteil der Didache vorausgesetzt. 3. Die Wendung meint auch unter christlichem Vorzeichen das alttestamentliche Gesetz; und der Vers hält es dann zwar nicht für nötig, aber doch für wünschenswert, daß auch Heidenchristen sich an dieses Gesetz halten (so Audet, Didachè 353, der allerdings Did 6, 2 f. einem Interpolator zuschreibt). Wenn Stuiber demgegenüber einwendet, daß sich Did 8 ein scharfer Gegensatz zum Judentum zeige (327), so ist zu bemerken, daß dieser Gegensatz nur ein formaler ist, der lediglich die Art und Weise der Gesetzesbefolgung betrifft.

[53] Auch 6, 3 ist gut als eine ursprünglich jüdische Weisung verständlich, die sich an „Gottesfürchtige" und „Gottesverehrer" wendet: Soweit sie es vermögen, sollen sie die mosaische Speisegesetzgebung beachten; aber sie wird nicht verbindlich gemacht; verbindlich ist nur das strikte Verbot des Götzenopferfleisches (vgl. den in der vorigen Anmerkung genannten Aufsatz von Stuiber). Das Verbot des Götzenopferfleisches ist auch christlich weit verbreitet; vgl. das sogenannte Aposteldekret Act 15, 29. In Apk 2, 14. 20 werden vom Seher Johannes andere Christen scharf angegriffen, die lehren, daß Götzenopferfleisch gegessen werden darf. Paulus hält den Genuß von Götzenopferfleisch grundsätzlich für erlaubt, gebietet aber, Rücksicht auf das Gewissen des schwachen Bruders zu nehmen (1 Kor 8; Röm 14, 1–15, 6). – Daß in Did 6, 3a ein individuelles Fasten im Blick sei, wie es Hermas in sim V 3, 7 beschreibt (Knopf, Komm. 21), ist unwahrscheinlich (Stuiber 326).

[54] Daß die heidnischen Götter tote Götter sind, ist eine Einsicht, die in der jüdisch-hellenistischen und christlichen Propaganda oft gebraucht wurde; vgl. nur Weish 13, 10: „Elende, die ihre Hoffnung auf Tote setzen, sogenannte Götter, Werke von Menschenhand." Aber genau dieselbe Einsicht, die hier die Enthaltung von Götzenopferfleisch begründen soll, war den korinthischen Enthusiasten Begründung für ihre Freiheit zum Genuß des Götzenopferfleisches (1 Kor 8, 1–6). – Da die Verse 6, 2 f. am besten unter jüdischen Voraussetzungen verstehbar sind, ist es wahrscheinlich, daß sie auch zur (jüdischen) Vorlage des Didachisten gehörten, die von L repräsentiert wird. Eine Erwägung, warum die beiden Verse in L ausgefallen sein könnten, bietet Schlecht, Doctrina 64.

Anmerkungen (Rest)

62 Das Fasten vor der Taufe als dem Initiationsakt hat seine religionsgeschichtliche Analogie in den Mysterienreligionen; vgl. die Belege bei Knopf, Komm. 22 f. Eine nahe Parallele zu Did 7 bietet Justin in seiner Beschreibung der Taufe in apol. I 61. Die Betonung der Ethik, das gemeinsame Fasten des Täuflings mit bereits Getauften zur Vorbereitung, das Untertauchen im Wasser und die triadische Taufformel finden sich auch hier.
Zwei Punkte, die sich in bezug auf die Taufe aus den Anordnungen der Didache ergeben, sind noch herauszustellen:
1. Die der Taufe vorangehende Unterweisung in der Zwei-Wege-Lehre und das Fasten setzen voraus, daß ausschließlich eine Taufe von bereits Herangewachsenen im Blick ist. Die Möglichkeit einer Taufe von Säuglingen und Kindern wird nicht erwogen; und dieses Schweigen wiegt für eine Kirchenordnung, die sich sogar über Prioritäten in der Wasserbenutzung ausläßt, schwer (vgl. Kurt Aland, Die Säuglingstaufe im Neuen Testament. Eine Antwort an Joachim Jeremias, TEH 86, München 1961, 29).
2. Der Taufvollzug wird nicht an bestimmte Personen gebunden; er kann offensichtlich von jedem Christen durchgeführt werden. Die einleitende Aufforderung „Tauft so!" richtet sich ja an alle. Konstitutiv für die Taufe ist nicht eine Amtsperson, sondern der ordentliche Vollzug unter Gebrauch der triadischen Taufformel. Der Text von CA weicht an dieser Stelle charakteristisch ab: „Betreffs der Taufe, o *Bischof* oder *Presbyter*...". Hier ist der Vollzug der Taufe an eine Amtsperson gebunden (vgl. schon IgnSm 8, 2).

64 Zum jüdischen Fasten vgl. Bill. II, 242–244; IV/1, 77–114. Obligatorisch war das Fasten im Judentum nur am Versöhnungstag und zu allgemeinen Notzeiten. Doch hatte sich das zweimalige Fasten in der Woche als private Sitte eingebürgert. Dafür sind Lk 18, 12 und Did 8, 1 die ältesten Belege. Diese christlichen Angaben werden von späteren jüdischen Stellen bestätigt. Aus einer von ihnen erschließt Billerbeck, warum man auf den zweiten und fünften Wochentag kam: „Man wünschte dazu zwei Tage in der Woche, die einmal sich nicht mit dem Sabbat berührten, und die ferner möglichst voneinander getrennt lagen, damit das sich längere Zeit wiederholende Fasten keine allzu großen Ansprüche an die körperlichen Kräfte des Menschen stelle. Solcher Tage gab es in der Woche nur zwei, das waren eben der Montag und der Donnerstag" (II, 243 A. 2).

65 Jesus selbst hat das Fasten als Frömmigkeitsübung verworfen (Mk 2, 18b. 19a; vgl. das Schimpfwort vom „Fresser und Weinsäufer" in Mt 11, 19/Lk 7, 34). Mk 2, 20 zeigt jedoch, daß sich im Urchristentum die Fastenpraxis eingebürgert hat. Man kann fragen, ob zunächst nur am Karfreitag gefastet wurde (ἐν ἐκείνῃ τῇ ἡμέρᾳ). Aus Did 8, 1 ist jedenfalls zu erschließen, daß das Fasten bald wöchentlich geübt wurde. Für Christen lag dabei vom Karfreitag her der Freitag als Fasttag nahe. Das zweimalige Wochenfasten beruht gewiß auf jüdischem Einfluß – nämlich so, daß man sich von „den Heuchlern" nicht übertreffen lassen wollte. Fielen der Sonntag und die jüdischen Fasttage aus sowie der Samstag wegen der Nähe zum Sonntag und Freitag, blieb für den zweiten Fasttag nur der Dienstag oder Mittwoch übrig.

71 H hat hier und in 9, 4 das Wort κλάσμα: das (Bruch-)Stück, das Gebrochene, der Brocken. In 9, 4 wird dadurch „der Sprachgebrauch... direkt sinnlos" (Peterson, Probleme 168), da vom Gedanken her ja ein Wort zu erwarten ist, „das gerade die Ganzheit des Brotlaibes bezeichnet" (Riesenfeld, Brot 143). Zum anderen ist zu beachten, daß überall sonst, wo dieses Motiv in der alten Kirche begegnet (vgl. die Zusammenstellung der Texte bei Magne, Klasma 199–201), das Wort ἄρτος steht. So folgert Peterson: „Das Wort κλάσμα im

Br.(yennios)-Text erklärt sich nur aus dem eucharistisch-liturgischen Sprachgebrauch der (ägyptischen) Kirche, die damit die Hostienpartikel bezeichnet" (Probleme 169; vgl. den ganzen Zusammenhang 168 f.; weiter Riesenfeld, Brot 143–145; Vööbus, Background 83 f.; ders., Traditions 87–89. 146–148). – Wieso aber damit „erwiesen" sein soll, „daß die Deutung der Gebete in c. 9 und 10 der Didache als Mahlgebete auf jeden Fall sekundär ist", sie also ursprünglich eucharistisch zu verstehen sind (Peterson, Probleme 169), bleibt unerfindlich.

[73] Eine klare Zurückweisung der Versuche, diesen Vers als abhängig von der johanneischen Form der Erzählung von der wunderbaren Brotvermehrung zu verstehen (z. B. Lucien Cerfaux, La multiplication des pains dans la Liturgie de la Didachè [Did IX, 4], Bibl. 40, 1959, 943–958), bietet Vööbus, Traditions 137–155; ders., Background passim; vgl. auch Riesenfeld, Brot passim; Clerici, Einsammlung 92–94. – Eine Zusammenstellung der Literatur zu Did 9, 4 gibt Magne, Klasma 198 A. 2. – Zur Traditionsgeschichte des Motivs von der Sammlung der Zerstreuten vgl. Clerici, Einsammlung 65–92. – Magnes Lösung des Problems von Did 9, 4 – κλάσμα ist relativ ursprünglicher Did-Text, dem aber zwei Redaktionsstufen vorausgingen, indem zuerst ποίμνιον stand, das durch σπέρμα ersetzt wurde und das wiederum durch κλάσμα (Klasma 206–208) – ist gewiß phantasievoll; die Folgerung, die sich ihm daraus ergibt, die Didache sei das Produkt eines seinen Ursprüngen noch ganz nahen Gnostizismus (208), ist sicher ein Fehlurteil.

[74] H, hier einziger Textzeuge, hat an dieser Stelle διὰ Ἰησοῦ Χριστοῦ. Die Aussage einer christologischen Vermittlung fehlt sowohl in den kurzen Doxologien in 9, 2. 3; 10, 2. 4 (vgl. 10, 8) als auch in der 9, 4 im übrigen genau parallelen längeren in 10, 5. Daraus hat Peterson mit Recht auf die Sekundarität dieser Wendung in 9, 4 geschlossen (Probleme 146 f.). Zusätzlich weist er darauf hin, daß das Gebet in Athanasius, de virginitate 13, das Did 9, 3 f. aufnimmt und mit der zweiten Hälfte von Vers 4 (ab καὶ συναχθέν) nahezu wörtlich übereinstimmt, ebenfalls die christologische Wendung nicht bietet.

[99] Hinter dieser umstrittenen Stelle (vgl. Rordorf/Tuilier, Doctrine 186–188 A. 5) dürfte die Vorstellung von Christus als dem Bräutigam und der Kirche als seiner unbefleckten Braut, der reinen Jungfrau stehen; vgl. Eph 5, 31 f. Wenn nun im Propheten das Geheimnis der Kirche auf die Erde nachvollzieht, dann ist hier wohl an Syneisaktentum gedacht: „... es handelt sich in der Tat um das Zusammenleben eines Propheten mit einer παρθένος in geistlicher Gemeinschaft und geschlechtlicher Enthaltsamkeit als Darstellung des himmlischen Geheimnisses der Kirche in irdischen Verhältnissen" (Adam, Erwägungen 43). Dieses Syneisaktentum ist nach der wahrscheinlichsten Erklärung von 1 Kor 7, 36–38 schon für die paulinische Zeit vorauszusetzen (vgl. Hans Conzelmann, Der erste Brief an die Korinther, KEK 5, Göttingen 1969, 160 f.), ist also in der Kirche uralt. Auf solche Verhältnisse spielt Hermas in der Turmvision in sim IV 11 an; vgl. auch Irenäus, haer. I 6, 3. – Albert Broek-Utne bezieht die Stelle auf die besondere Begabung des Propheten, geheime Entschlüsse Gottes zu schauen und von daher Anweisungen zu geben, die der gemeine Mann nicht geben kann (Eine schwierige Stelle in einer alten Gemeindeordnung [Did. 11/11], ZKG 54, 1935, 576–581). Diese Lösung überzeugt nicht, da die spezifische Tätigkeit des Propheten ja keinen Anlaß bot, sie zu hinterfragen. Seltsam ist auch die Lösung von Audet, es handle sich um die Darstellung prophetischer Zeichenhandlungen, an denen andere nicht mitwirken sollten (Didachè 452).

[104] Außerhalb der Landwirtschaft, in der man nur als Bodenbesitzer oder Tagelöhner und

Anmerkungen (Rest)

Sklave arbeiten konnte, war das Handwerk *die* Berufsmöglichkeit. Ein ansiedlungswilliger Handwerker bot der Gemeinde offensichtlich keine Probleme; er konnte sich seinen Lebensunterhalt selbst verdienen. Die Hilfestellung der Gemeinde bestand wohl darin, daß ihn ein christlicher Zunftgenosse in seine Werkstatt aufnahm, wie es Act 18, 2f. beschrieben wird: Paulus kommt von Athen nach Korinth und trifft dort Aquila und Priscilla, die kürzlich von Rom dorthin übergesiedelt waren, und geht zu ihnen; „und weil er dasselbe Handwerk hatte, blieb er bei ihnen und arbeitete; sie waren nämlich Zeltmacher von Beruf".

[124] Der Aufbau von Kap. 16 macht klar, daß hier eine bewußte Konzeption vorliegt, die sich freilich ganz und gar der Tradition bedient. Den Anfang bilden in den Versen 1f. zwei Mahnungen, eine zur Wachsamkeit und Bereitschaft, begründet im Nichtwissen über die Stunde des Kommens des Herrn, die andere zu zahlreicher Zusammenkunft in der Gemeinde, begründet in der Notwendigkeit, in der letzten Zeit die Vollkommenheit zu erlangen, weil sonst das ganze vorangehende Glaubensleben nichts nützt. In den Versen 3–8 folgt ein Überblick über die Endzeit und das Ende. Dabei beschreiben die Verse 3f. zunächst die Schrecknisse der letzten Zeit; sie kennzeichnen also die Situation, auf die hin die einleitenden Mahnungen gegeben worden waren und für die die letzte Bewährung gilt. Diesen Aspekt der entscheidenden Bewährungsprobe betont dann noch einmal Vers 5. In ihr gibt es einen doppelten Ausgang: Die einen nehmen Anstoß und gehen zugrunde; die anderen harren aus und werden gerettet. Danach nehmen die Verse 6–8 das letzte Geschehen selbst in den Blick, das sich durch drei Zeichen ankündigt, bis der Herr zum Gericht kommt.

[126] Vgl. Mt 24, 44/Lk 12, 40; Mt 24, 42; 25, 13. – Der von B. C. Butler versuchte Nachweis, Did 16, 1 sei direkt abhängig von Lk 12, 35–40 (Relations 265–268), überzeugt nicht: Das Motiv von Lk 12, 40 ist auch sonst belegt; und die Motive von Lk 12, 35 entstammen nicht lukanischer Redaktion (sie finden sich auch sonst; das Gürten: Eph 6, 14; 1Petr 1, 13; die Lampen: Mk 4, 21parr.; Mt 25, 1–12) und begegnen Did 16, 1 in anderer Form, so daß hier nicht auf Benutzung des Lukasevangeliums geschlossen werden kann, wofür es auch sonst keinen weiteren Beleg gibt.

[137] Falls hier wirklich der ursprüngliche Text vorliegt – aufgrund der Überlieferungslage haben wir keine Möglichkeit, einen anderen zu erschließen –, muß mit κατάθεμα Jesus selbst gemeint sein. Der Verfasser würde dann eine Bezeichnung von Außenstehenden, von Juden, aufnehmen. Vgl. Gal 3, 13, wo Paulus Dtn 27, 26 zitiert: „Verflucht jeder, der am Holze hängt!" – Vgl. Rordorf/Tuilier, Doctrine 197f., wo andere Deutungsversuche zurückgewiesen werden.

[138] Mt 24, 30 spricht an dieser Stelle von der Erscheinung des „Zeichens des Menschensohnes am Himmel". Die Bezeichnung „Menschensohn" wird in der Didache vermieden, wahrscheinlich deshalb, weil sie als Hoheitstitel nicht mehr verständlich war. Die Wendung „Zeichen der Wahrheit" könnte sich unmittelbar zurückbeziehen auf die von Gegnern aufgenommene Bezeichnung Jesu als „Verfluchter". So schreibt Knopf: „... die Wahrheit, der wahre Sachverhalt wird sich zeigen, nämlich daß der Gekreuzigte der himmlische Herr ist und nicht etwa ein κατάθεμα" (Komm. 39).

[139] Das Verständnis dieser Wendung ist umstritten. ἐκπέτασις kann auch „Öffnung" bedeuten (so Audet, Didachè 473): Die bis dahin verschlossene himmlische Welt öffnet sich und tritt machtvoll in Erscheinung. – Geht man von der Bedeutung „Ausbreitung" aus, so läge auch hier ein Bezug auf das Kreuz vor. So gilt in Barn 12, 4 das Schriftwort: „Den ganzen Tag habe ich meine Hände ausgebreitet (ἐξεπέτασα)..." als Prophetie auf das Kreuz;

vgl. OdSal 42, 1 f. „Sehr frühzeitig taucht die Phantasie von der Himmelfahrt des Kreuzes auf. ... Daran schloß sich die später weitverbreitete Phantasie, daß Jesus bei seiner Rückkehr auf dem (Licht)=Kreuze hängend erscheinen werde. Das σημεῖον ἐκπετάσεως ἐν οὐρανῷ in der Apostellehre (XVI 6) kann kaum anders verstanden werden, als unter dieser Voraussetzung" (Wilhelm Bousset, Kyrios Christos. Geschichte des Christusglaubens von den Anfängen des Christentums bis Irenaeus, Göttingen ^{5}1965 = [^{2}1921], 238). Daneben gibt es die Vorstellung, daß dem auf den Wolken kommenden Messias das Zeichen des Kreuzes vorangeht: ApkEl 32, 4; vgl. weiter die Texte und Hinweise in A. d auf S. 251 bei Wolfgang Schrage, Die Elia-Apokalypse, JSHRZ V/3, Gütersloh 1980. Für einen Bezug auf das Kreuz in Did 16, 6 spricht, daß dann eine Verbindung zu der vorangehenden Bezeichnung Jesu als κατάθεμα besteht: Derjenige, der „Verfluchter" genannt wird, weil er am Kreuz aufgehängt wurde, erscheint genau unter diesem Zeichen bei der endlichen Offenbarung seiner Macht. – Vgl. auch Butler, Relations 276–280.

BARNABASBRIEF

LITERATUR

Barnard, Leslie William, Judaism in Egypt A.D. 70–135, in: Ders., Studies in the Apostolic Fathers and their Background, Oxford 1966, 41–55 (Judaism).

Ders., The Problem of the Epistle of Barnabas, CQR 159, 1958, 211–230 (Problem).

Bousset, Wilhelm, Eine jüdische Gebetssammlung im siebenten Buch der apostolischen Konstitutionen, in: Ders., Religionsgeschichtliche Studien. Aufsätze zur Religionsgeschichte des Hellenistischen Zeitalters, hrsg. von Anthonie F. Verheulen, NT.S 50, Leiden 1979, 231–286 (= NGWG.Ph 1915, 435–489) (Gebetssammlung).

Campenhausen, Hans von, Die Entstehung der christlichen Bibel, BHTh 39, Tübingen 1968 (Entstehung).

Funk, Franz Xaver, Die Zeit des Barnabasbriefes, in: Ders., Kirchengeschichtliche Abhandlungen und Untersuchungen II, Paderborn 1899, 77–108 (Barnabasbrief).

Harnack, Adolf, Geschichte der altchristlichen Literatur bis Eusebius. I.: Die Überlieferung und der Bestand. 1. Halbband ([1]1893); II.: Die Chronologie. Band 1: Die Chronologie der Literatur bis Irenäus nebst einleitenden Untersuchungen ([1]1897), Leipzig [2]1958 (Geschichte).

Heer, Joseph Michael, Die versio latina des Barnabasbriefes und ihr Verhältnis zur altlateinischen Bibel, Freiburg 1908 (versio).

Helm, Lothar, Studien zur typologischen Schriftauslegung im zweiten Jahrhundert. Barnabas und Justin, Diss. ev.-theol. Heidelberg 1970 (Studien).

Hommes, Nicolaas Jan, Het Testimoniaboek. Studiën over O. T. Citaten in het N. T. en bij de Patres, met critische Beschouwingen over de Theorieën van J. Rendel Harris en D. Plooy, Amsterdam 1935 (Testimoniaboek).

Klevinghaus, Johannes, Die theologische Stellung der Apostolischen Väter zur alttestamentlichen Offenbarung, BFChTh 44/1, Gütersloh 1948 (Stellung).

Knopf, Rudolf, Das nachapostolische Zeitalter. Geschichte der christlichen Gemeinde vom Beginn der Flavierdynastie bis zum Ende Hadrians, Tübingen 1905 (Zeitalter).

Köster, Helmut, Synoptische Überlieferung bei den Apostolischen Vätern, TU 65, Berlin 1957 (Überlieferung).

Kraft, Robert A., Barnabas and the Didache, The Apostolic Fathers 3, Toronto u. a. 1965 (Fathers).

Ladeuze, P., L'épître de Barnabé. La date de sa composition et son caractère générale, RHE 1, 1900, 31–40. 212–225 (Date).

Lipsius, Art. Barnabasbrief, Bibel-Lexikon (Schenkel) I, Leipzig 1869, 363–373 (Barnabasbrief).

Meinhold, Peter, Geschichte und Exegese im Barnabasbrief, ZKG 59, 1940, 255–303 (Geschichte).

Muilenburg, James, The Literary Relations of the Epistle of Barnabas and the Teaching of the Twelve Apostles, Marburg 1929 (Relations).

Prigent, Pierre, Les Testimonia dans le Christianisme primitif. L'Épître de Barnabé I–XVI et ses sources, Paris 1961 (Testimonia).
Prigent, Pierre/Kraft, Robert A., Épître de Barnabé. Introduction, traduction et notes par P. Prigent, texte grec établi et présenté par R. A. Kraft, SC 172, Paris 1971 (Barnabé).
Shea, William H., The Sabbath in the Epistle of Barnabas, AUSS 4, 1966, 149–175 (Sabbath).
Stegemann, Hartmut, Rez. Pierre Prigent, Les testimonia dans le christianisme primitif. L'Épître de Barnabé I–XVI et ses sources, Paris 1961, ZKG 73, 1962, 142–153 (Rez.).
Veldhuizen, Adrianus van, De Brief van Barnabas, Groningen 1901 (Barnabas).
Vielhauer, Philipp, Geschichte der urchristlichen Literatur. Einleitung in das Neue Testament, die Apokryphen und die Apostolischen Väter, Berlin und New York 1975 (Urchristliche Literatur).
Wengst, Klaus, Tradition und Theologie des Barnabasbriefes, AKG 42, Berlin und New York 1971 (Tradition).
Ders., Christologische Formeln und Lieder des Urchristentums, StNT 7, Gütersloh ²1974 (Formeln).
Windisch, Hans, Der Barnabasbrief. Die Apostolischen Väter III, HNT Ergänzungsband, Tübingen 1920, 299–413 (Barnabasbrief).

EINLEITUNG

1. Überlieferung und Bezeugung

Den Text des Barnabasbriefs bieten nur zwei Handschriften vollständig. An erster Stelle ist der berühmte Codex Sinaiticus (abgekürzt: S) aus dem 4. Jh., 1859 von Tischendorf entdeckt, zu nennen; in ihm folgt der Barnabasbrief auf das NT und geht Teilen des Pastor Hermae voran. Sodann ist er im Codex Hierosolymitanus 54 (abgekürzt: H) enthalten.[1] Mindestens acht griechische Handschriften haben den Text erst ab 5,7 (beginnend mit den Worten τὸν λαὸν τὸν καινόν), unmittelbar anschließend an Pol2Phil 9, 2 (bis zu den Worten καὶ δι' ἡμᾶς ὑπό); von ihnen ist der Codex Vaticanus graecus 859 (abgekürzt: V) aus dem 11. Jh. der Archetyp der anderen.[2] Eine lateinische Übersetzung bringt die Kapitel 1–17; sie ist in einer einzigen Handschrift enthalten (abgekürzt: L), geschrieben im 10. Jh. in Nordfrankreich.[3] Sie geht aber sehr wahrscheinlich auf eine alte Übersetzung aus dem 3. Jh. zurück.[4] Hinzu kommen ein Papyrusfragment (abgekürzt: P) aus dem Ende des 4. Jh., das Barn 9,1–6 enthält,[5] und einige Zitate bei Klemens von Alexandrien (abgekürzt: Cl).

Im Blick auf den Wert der Textzeugen steht die große Bedeutung von S außer Frage. Mit ihm ist H verwandt. Demgegenüber erweckt L auf den ersten Blick wenig Vertrauen. Nach Heer ist der Übersetzer bestrebt, „den Lesern einen möglichst durchsichtigen, leicht verständlichen und ihren in etwa veränderten Anschauungen entsprechenden Text zu bieten. Wo bereits der griechische Text dem entgegenkam, schloss er sich eng der Vorlage an, wo nicht, nahm er sich die Freiheit, zu vereinfachen, zu streichen und auch zu ändern"[6]. Doch es bleibt „ein gutes Mass treuer Übertragung übrig"[7], so daß L im „treuen Bestand", also außerhalb der Bibelzitate, Abkürzungen und Vereinfachungen, hohe Bedeutung zu-

---

[1] Zu H vgl. o. S. 5f.
[2] Den Nachweis erbrachte Franz Xaver Funk, Der Codex Vaticanus gr. 859 und seine Descendenten, ThQ 62, 1880, 629–637.
[3] Heer, versio XIIIs.
[4] Das hohe Alter der lateinischen Übersetzung hat Heer überzeugend nachgewiesen. Versio XL–LII datiert er sie vor Cyprian; in einer weiteren Arbeit zieht er „bedächtig" die Konsequenz, daß sie „möglicherweise nun noch älter wäre als Tertullian" (Der lateinische Barnabasbrief und die Bibel, RQ 23, 1909 [215–245], 224).
[5] Robert A. Kraft, An Unnoticed Papyrus Fragment of Barnabas, VigChr 21, 1967, 150–163.
[6] Versio LXVII.
[7] Versio LXIX.

kommt.[8] Da V möglicherweise mit L verwandt ist,[9] darf auch V gegenüber S und H nicht unterschätzt werden, zumal weiter zu beachten ist, daß P die größte Nähe zu V aufweist und daneben einige Übereinstimmungen mit L gegen alle anderen Zeugen hat.[10] Das aber unterstreicht die vermutete Verwandtschaft zwischen V und L insofern, als damit das hohe Alter des Textes von V erwiesen ist, und verbietet es, eine von L allein gebotene Lesart von vornherein zu verwerfen.[11] Daher dürfen textkritische Entscheidungen nicht einseitig einem Strang der Überlieferung folgen, sondern sie sind von Fall zu Fall neu zu treffen.

Der erste sichere Zeuge des Barnabasbriefs ist Klemens von Alexandrien.[12] Er schreibt ihn dem Apostel Barnabas zu, den er jedoch nach Euseb, h.e. II 1, 4, zu den „Siebzig" (vgl. Lk 10, 1.17) rechnet. Aus einer Notiz Eusebs ist zu schließen, daß Klemens den Barnabasbrief in die Nähe der biblischen Schriften rückte, wenn nicht zu ihnen zählte: „In den Hypotyposen gibt Klemens, um es kurz zu sagen, gedrängte Auslegungen der ganzen Bibel, ohne die bestrittenen Schriften wie den Brief des Judas, die übrigen katholischen Briefe, den Brief des Barnabas und die sogenannte Petrus-Apokalypse zu übergehen."[13] Origenes spricht vom „katholischen Brief des Barnabas"[14]. Er hat ihn wahrscheinlich als Schrift zitiert.[15] Den gottesdienstlichen Gebrauch des Barnabasbriefs bezeugt der Codex Sinaiticus, wenn er ihn auch nur im Anhang zum NT bietet. Bei Euseb rangiert er mal unter den bestrittenen,[16] mal unter den unechten Schriften.[17] Nach Hieronymus hat der Paulusbegleiter Barnabas „einen Brief zur Erbauung der Kirche geschrieben, der unter die apokryphen Schriften gerechnet wird"[18]. Das Verzeichnis der 60 kanonischen Schriften führt den Barnabasbrief ebenfalls unter den apokryphen an, die Stichometrie des Nicephorus unter den bestrittenen.

Für den Barnabasbrief gilt damit ganz Ähnliches wie für die Didache. Er muß über eine gewisse Zeit hin und in bestimmten Bereichen kanonisches Ansehen besessen haben, ist also in gottesdienstlichen Versammlungen von Gemeinden gelesen worden; er hat sich aber nicht überall durchsetzen können und ist so bei der auf

---

[8] Versio LXXIV.
[9] Zum Verhältnis der Textzeugen vgl. die Zusammenfassung von Heer, versio LXXXIIIs.
[10] Vgl. o. A. 5.
[11] Ebd. 157.
[12] Vgl. die Zusammenstellung der Zeugnisse bei Harnack, Geschichte I/1, 59–62. Windisch, Barnabasbrief 301, und Hommes, Testimoniabuch 193, halten es für zweifelsfrei, daß schon Justin den Barnabasbrief benutzt habe. Harnack, der Geschichte I/1, 59 die Parallelen zusammenstellt, ist wesentlich vorsichtiger: „Vielleicht hat ihn Justin benutzt" (59). Mehr läßt sich auf keinen Fall sagen; die Parallelen lassen sich leichter durch Benutzung gemeinsamer Traditionen erklären.
[13] H.e. VI 14, 1; vgl. 13, 6.
[14] Contra Celsum I 63.
[15] Vgl. de principiis III 2, 4 mit 2, 7 (Barn 19, 6).
[16] Vgl. die o. zitierte Stelle h.e. VI 14, 1 und VI 13, 6.
[17] H.e. III 25, 4; vgl. o. S. 5.
[18] De viris illustribus 6.

einen allgemeinen Konsens zulaufenden Kanonisierung an den Rand und in weitgehende Vergessenheit gedrängt worden.

2. Aufbau und Gliederung

Wenn man den Barnabasbrief zu lesen beginnt, drängt sich sehr schnell der Eindruck auf, daß es schwierig, wenn nicht unmöglich ist, Übersicht zu gewinnen und einen klar gegliederten Aufbau mit sinnvoller Gedankenfolge auszumachen. Überblickt man aber die ganze Schrift, so lassen sich doch einige Haftpunkte erkennen. Ohne Zweifel bildet Kap. 17 einen Einschnitt: Mit ihm und dem ersten Satz von Kap. 18 zerlegt der Verfasser sein Schreiben deutlich in zwei Teile. Vor allem die Worte: ταῦτα μὲν οὕτως. μεταβῶμεν δὲ καὶ ἐπὶ ἑτέραν γνῶσιν καὶ διδαχήν zeigen den Einschnitt an. Er hat also im vorangehenden „Erkenntnis und Lehre" mitgeteilt, und er bietet im folgenden eine andere Art davon. Ebenso klar heben sich Kap. 1 als Einleitung und Kap. 21 als Schluß vom übrigen Schreiben ab. In Kap. 1 bedenkt der Verfasser sein Publikum mit überschwenglicher Lobrede und sagt, warum er schreibt. Kap. 21 bringt er Schlußbemerkungen, die wie in Did 16 durch einen eschatologischen Ausblick unterstrichen werden, und Schlußwünsche. Damit ergibt sich folgende grobe Gliederung:

Einleitung	1
1. Hauptteil	2–16
Überleitung	17,1–18,1a
2. Hauptteil	18,1b–20,2
Schluß	21 [19]

Eine Untergliederung der beiden Hauptteile ist einfach beim zweiten, da es sich hier um eine traditionelle Zwei-Wege-Lehre handelt, gegliedert in Einleitung (18;1b–2), Weg des Lichtes (19), Weg der Finsternis bzw. des Schwarzen (20).

Die Darlegungen des ersten Hauptteiles beruhen so gut wie durchgängig auf Zitaten aus der „Schrift". Hier fällt eine Gliederung nicht leicht, da der Verfasser die Fülle seines Stoffes nicht einer planmäßigen Durchführung unterstellt hat. Der folgende Versuch orientiert sich stärker an seinen relativ spärlichen redaktionellen Bemerkungen und weniger am Inhalt des Stoffes.[20]

---

[19] Zu den Versuchen von Gottfried Schille, Zur urchristlichen Taufehre. Stilistische Beobachtungen am Barnabasbrief, ZNW 49, 1958, 31–52; Klaus Baltzer, Das Bundesformular, WMANT 4, Neukirchen 1960, 128–131; Barnard, Judaism 47f., im Barnabasbrief ein jeweils zugrunde liegendes Schema zu erkennen (Schille: ein katechetisches; Baltzer: das Bundesformular; Barnard: ein Talmud aus Haggada und Halacha), vgl. Wengst, Tradition 6f.

[20] Zur Begründung der Gliederung im einzelnen vgl. die entsprechenden Anmerkungen zur Übersetzung.

Barnabasbrief

I. Einleitung	1, 1–8
1. Gruß	1, 1
2. Proömium	1, 2–8
II. Erster Hauptteil: Erkenntnis aus der Schrift	2, 1–16, 10
1. Rechtsforderungen des Herrn nach der Schrift: Nicht Opfer und Fasten, sondern Gottesverehrung und Nächstenliebe	2, 1–3, 6
a) Einleitung	2, 1–3
b) Ablehnung der Opfer	2, 4–7
c) Die ethische Forderung	2, 8–10
d) Ablehnung des Fastens	3, 1 f.
e) Das rechte Fasten	3, 3–5
f) Schlußfolgerung	3, 6
2. Mahnungen	4, 1–5, 4
a) Mahnung zu vollständiger Abkehr von der Gesetzlosigkeit	4, 1 f.
b) Das unerwartet nahe Ende als Begründung	4, 3–5
c) Das warnende Beispiel Israels	4, 6–8
d) Weitere allgemeine Mahnungen mit Begründungen	4, 9–14
3. Das Leiden des Herrn und Gottessohnes	5, 1–8, 6
a) Einführende Bemerkungen und Formulierung der Ausgangsfrage	5, 1–5
b) Fleischwerdung, irdisches Wirken, Leiden und Auferstehung Jesu als Erfüllung prophetischer Aussagen	5, 6–6, 7
c) Auslegung des Wortes vom Einzug in das Land, das von Milch und Honig fließt	6, 8–19
α) Themaangabe	6, 8
β) Christologische Auslegung auf das Leiden Jesu	6, 9 f.
γ) Ekklesiologische Auslegung	6, 11–16
δ) Eschatologische Auslegung	6, 17–19
d) Beantwortung der Ausgangsfrage	7, 1 f.
e) Auslegung der Böcke des Versöhnungstages	7, 3–11
α) Schriftbeweis für die Tränkung Jesu mit Essig und Galle	7, 3–5
β) Der verfluchte Bock als Typos des leidenden und wiederkommenden Jesus	7, 6–11
f) Auslegung des Opfers der roten Kuh	8, 1–6
4. Das den Juden verborgene rechte Hören und Verstehen der Christen	8, 7–10, 12
a) Die Ausgangsthese	8, 7

Einleitung

b) Begründung des rechten Hörens der Christen in der Herzensbeschneidung	9, 1–3
c) Die Verfehltheit der fleischlichen Beschneidung	9, 4–6
d) Das rechte Verständnis der Abrahamsbeschneidung	9, 7–9
e) Das rechte Hören und Verstehen am Beispiel der Speisegesetze	10, 1–11
f) Wiederholung der Ausgangsthese	10, 12
5. Vorausoffenbarungen über Taufe und Kreuz	11, 1–12, 11
a) Vorausoffenbarungen über die Taufe	11, 1–11
α) Schriftbegründung für die Ablehnung der Taufe durch Israel	11, 1 f.
β) Schriftbegründung für die Taufe und ihre Wirkung	11, 3–11
b) Vorausoffenbarungen über das Kreuz	12, 1–11
α) Ein Schriftwort über das Kreuz und den Gekreuzigten	12, 1
β) Die Vorausdarstellung des Kreuzes durch Mose in der Amalekiterschlacht	12, 2 f.
γ) Ein weiteres Schriftwort über das Kreuz	12, 4
δ) Die Vorausdarstellung Jesu durch Mose mit der ehernen Schlange	12, 5–7
ε) Die Vorausdarstellung des Gottessohnes Jesus durch die Umbenennung des Nave-Sohnes	12, 8–10a
ζ) Schriftzitate für Jesus als Herrn und nicht Sohn Davids	12, 10b. 11
6. Die Schrift zur Frage nach dem Erbvolk und dem Empfänger des Testamentes	13, 1–14, 9
a) Die Ausgangsfrage	13, 1
b) Schriftaussagen über das Erbvolk	13, 2–7
α) Das Zeugnis Isaaks und Rebekkas	13, 2–4
β) Das Zeugnis Jakobs	13, 5 f.
γ) Das Zeugnis Abrahams	13, 7
c) Die Empfänger des Testamentes	14, 1–9
α) Israels Sünde als Grund für den Nicht-Empfang des Testamentes	14, 1–4a
β) Die Erlösungstat Jesu als Ermöglichung für den Empfang des Testamentes durch die Christen	14, 4b. 5
γ) Schriftbegründung für den Empfang des Testamentes durch die Christen	14, 6–9
7. Das rechte Verständnis des Sabbats	15, 1–9
a) Die Forderung der Sabbatheiligung	15, 1 f.

      b) Die Ruhe Gottes am siebten Tag als Ruhe
          nach der endzeitlichen Veränderung der Welt   15, 3–5
      c) Die Sabbatheiligung der Christen als
          Sündlosigkeit in der kommenden neuen Welt   15, 6f.
      d) Der von den Christen gefeierte achte Tag
          als Zeichen der kommenden neuen Welt   15, 8f.
   8. Das rechte Verständnis des Tempels   16, 1–10
      a) Schriftworte gegen den jüdischen Tempel   16, 1–5
      b) Der Christ als Tempel Gottes nach der Schrift   16, 6–10
III. Überleitung   17, 1–18, 1a
IV. Zweiter Hauptteil: Erkenntnis und Lehre, wie sie in
    den Zwei Wegen geschrieben steht   18, 1b–20, 2
   1. Einleitung: Die Zwei Wege und ihre Machthaber   18, 1b–2
   2. Der Weg des Lichtes   19, 1–12
   3. Der Weg des Schwarzen   20, 1f.
V. Schluß   21, 1–9
   1. Einschärfung der Mahnungen durch den Blick
      auf das Gericht   21, 1–4
   2. Mahnung zum rechten Tun im Blick auf den Verfasser   21, 5–9a
   3. Schlußgruß und Segenswunsch   21, 9b. c

3. Literarische Integrität – Interpolationshypothesen

In diesem Abschnitt sind in aller Kürze zwei Problempunkte anzusprechen. Obwohl bereits Carl Joseph Hefele alle wesentlichen Gründe dafür beigebracht hat, daß L kein Zeuge für ein ursprünglich nur die Kapitel 1–17 umfassendes Dokument ist,[21] wurde doch immer wieder die These vertreten, bei den Kapiteln 18–21 handle es sich um einen späteren Nachtrag. In neuerer Zeit findet sie sich nur noch – eher beiläufig vorgebracht – bei Edgar J. Goodspeed[22] und Leslie William Barnard.[23] Die lateinische Übersetzung kann für diese These nicht ins Feld geführt werden. Denn einmal setzt sie die Schlußwendung von Kap. 17 voraus (ταῦτα μὲν οὕτως), die nur sinnvoll ist im Zusammenhang mit dem ersten Satz von Kap. 18; und zum anderen hat sie den letzten Satz von 12,7 an den Schluß von Kap. 17 transponiert, was deutlich darin motiviert ist, der gekürzten Übersetzung einen klangvollen Abschluß zu geben.[24] Sie setzt also einen über Kap. 17 hinaus-

---

[21] Das Sendschreiben des Apostels Barnabas, Tübingen 1840, 197–199.
[22] The Didache, Barnabas and the Doctrina, AThR 27, 1945 (228–247), 231. 235.
[23] Problem 214f. Nach Barnard stammt der „Nachtrag" von derselben Hand.
[24] Vgl. Muilenburg, Relations 15f., der auch gute Gründe dafür anzuführen vermag, warum L die Kap. 18–21 ausgelassen hat.

gehenden griechischen Text voraus und ist kein Zeuge für ein ursprünglich kürzeres Schreiben.[25]

Die teilweise sehr eigenartige, wirr und gebrochen erscheinende Gedankenführung des Barnabasbriefs, der auch Stellen enthält, die im Widerspruch zueinander zu stehen scheinen, hat man – früher häufig,[26] heute nur noch vereinzelt[27] – auf literarkritischem Weg zu erklären versucht: Man rekonstruierte einen Ur-Barnabas, der dann eine (oder mehrere) spätere Überarbeitung(en) erfuhr. Doch jeder dieser Versuche zeigte, daß eine Profilierung verschiedener Hände nur durch gewaltsame Interpretation gelingt. Die sprachliche Einheit und vor allem die Gleichartigkeit der Überleitungen zwischen den einzelnen Themen beweisen die ursprüngliche Einheitlichkeit des Schreibens. Es umfaßte von Anfang an die Kapitel 1–21 in ihrer jetzigen Gestalt. Andererseits ist aber festzuhalten, daß die Beobachtungen, die zu Interpolationshypothesen führten (Unterbrechungen des Zusammenhangs,[28] eingestreut erscheinende Stücke,[29] vom Inhalt des Kontextes her unmotivierte Bemerkungen,[30] offensichtliche Zusätze und Erweiterungen,[31] Spannungen[32]), nicht einfach ignoriert werden dürfen, sondern erklärt werden müssen.

4. Form und Zweck

Wie die mehrfache Feststellung, er schreibe seinen Lesern,[33] zeigt, will der Verfasser sein Werk der Form nach als Brief verstanden wissen. Er gibt ihm auch ansatzweise eine briefliche Rahmung. In 1,1 kann man Elemente des Präskripts

---

[25] Daß auch die auf den Barnabasbrief bezogene Angabe in der Stichometrie des Codex Claromontanus nicht für ein ursprünglich kürzeres Dokument herangezogen werden kann, dazu vgl. Carl Franklin Andry, „Barnabae Epist. Ver. DCCCL", JBL 70, 1951, 233–238.

[26] Zu den älteren Interpolationshypothesen vgl. die Darstellung bei Veldhuizen, Barnabas 79–94, sowie die kurzen Abrisse bei Prigent, Testimonia 11–13, und Wengst, Tradition 5.

[27] Der letzte Versuch dieser Art, der die alte Literarkritik wiederaufleben ließ, stammt von Edmond Robillard, L'épître de Barnabé: trois époques, trois théologies, trois rédacteurs, RB 78, 1971, 184–209. Er nimmt folgende Entwicklung an: Am Anfang steht ein Brief von B1 (un juif chrétien en attente du retour du Seigneur), bei dem es sich um den Paulusbegleiter Barnabas gehandelt haben kann. Zwischen 90 und 115 wurde der Brief von B2 (un gnostique et un juif hellénisé) überarbeitet; und schließlich gab ihm B3 (un antijuif et un prégnosticiste) um 130 seine abschließende Gestalt. – Auf Robillards Argumentation sei hier nicht eingegangen, sondern nur vermerkt, daß der Weg von B1 zu B3 schon deshalb schwer nachvollziehbar ist, weil Übernahme von Tradition kaum in bloßer Negation erfolgen kann.

[28] Vgl. den sachlichen Zusammenhang von 4, 9b–13 mit 4, 1–5, der durch 4, 6–9a unterbrochen wird.

[29] Vgl. 5, 8–10; 6, 6f.; 10, 6–8.

[30] Vgl. 4, 9a; 5, 3; 7, 1.

[31] Vgl. 6, 17–19; 7, 11; 8, 4–6; 12, 8b. c; 13, 7.

[32] Vgl. 9, 4–6 im Verhältnis zu 9, 7f.

[33] 4, 9; 6, 5; 17, 2; 21, 9; vgl. 1, 5.

erkennen, in 1, 2–8 Anklänge an ein Proömium vernehmen und in 21, 7–9 Fragmente eines Briefschlusses finden. Aber die Spärlichkeit der hier gemachten Angaben weist schon darauf hin, daß es sich nicht um einen wirklichen Brief handelt, aus bestimmtem Anlaß an bestimmte Personen geschrieben. Es fehlen Aussagen über Absender, Empfänger und Situation. Die Leser werden lediglich als „Söhne und Töchter" angeredet (1, 1); die Ausführungen über sie sind völlig unkonkret. Sie zeichnen sich durch einen so hohen Grad an Allgemeinheit aus, daß sie auf jeden christlichen Leserkreis zutreffen können. Eine Absenderangabe fehlt; die Äußerungen des Verfassers über sich selbst bleiben reichlich unbestimmt.[34] Im Schlußteil des Schreibens stehen weder Grußbestellungen noch Angaben über weitere Pläne. Daher dient die Behauptung, schon bei den Lesern gewesen zu sein (1, 3),[35] nur dazu, die Briefform des Schreibens zu rechtfertigen.[36] Sie ist nichts anderes als „literarische Konvention"[37].

Eine präzis bestimmbare Situation, in die hinein der Brief sprechen sollte, läßt sich ebenfalls nicht ermitteln. Innerhalb der Kapitel 2–16 finden sich zwar immer wieder mehr oder weniger heftige Ausfälle gegen „jene" bzw. „Israel"[38]; aber nirgendwo ist erkennbar, daß die Situation der Empfänger durch die Auseinandersetzung zwischen Synagoge und Kirche gekennzeichnet wäre.[39] Die Abgrenzung gegenüber „Israel" bezieht sich ausschließlich auf das Verständnis der Schrift; der Verfasser spricht dem Judentum jegliches Recht der Berufung auf sie ab. Dabei dient ihm das jüdische Verständnis lediglich als dunkle Folie, von der er seine eigene Schriftauslegung abhebt. Seine Frontstellung gegen das Judentum ist rein theoretischer Art und nicht in aktuellen Auseinandersetzungen begründet.[40]

---

[34] Zu 1, 8; 4, 9 vgl. u. S. 119.

[35] Der Hinweis auf früheren oder geplanten Besuch des Verfassers bei den Lesern begegnet in der urchristlichen Briefliteratur öfters; vgl. 1Tess 1, 5 f.; Röm 1, 10–13; 15, 22–24; IgnRöm 1, 1. Angesichts des Fehlens einer Adresse und aller konkreten Bezüge erweist er sich hier als Fiktion.

[36] „Im Grunde beschränkt sich die briefliche 'Einkleidung' auf die sehr allgemein bleibende Skizzierung der Beziehungen zwischen einem durch die Schrift sich mitteilenden Lehrer und der von ihm erwarteten Lesergemeinde" (Windisch, Barnabasbrief 411).

[37] So Johannes Quasten, Patrology I. The Beginnings of Patristic Literature, Utrecht und Brüssel 1950, 85. Nach Hermann Jordan hatte das Christentum zu jener Zeit „noch keine andere literarische Form gefunden, um lehrhafte oder ermahnende Gegenstände einem größeren Leserkreis vorzulegen" (Geschichte der altchristlichen Literatur, Leipzig 1911, 139). Eine gründliche Beweisführung für den fiktiven Briefcharakter des Schreibens bietet William Wrede im Anhang seines Buches ›Das literarische Rätsel des Hebräerbriefes‹ (Göttingen 1906, 87–96).

[38] 2, 9; 3, 6; 4, 7 f.; 5, 2. 11; 7, 5; 8, 2. 7; 9, 4; 10, 9. 12; 11, 1; 12, 2; 13, 1; 14, 1–4a; 15, 8; 16, 1 f.

[39] Vgl. schon Ladeuze, Barnabé 34: « Bref, nous trouvons dans l'Épître les paisibles spéculations du catéchète, et non les cris d'alarme du pasteur.» Vgl. weiter James Armitage Robinson, The Epistle of Barnabas and the Didache, ed. with Preface by R. H. Connolly, JThS 35, 1934, (113–146. 225–248) 125 f. 145.

[40] Vgl. auch Windisch, Barnabasbrief 322 f.

Dagegen scheint sich zumindest an einer Stelle aktuelle Polemik gegen eine andere Front zu zeigen, wenn es in 4, 6 heißt: „Auch das noch bitte ich euch . . ., auf euch achtzugeben und euch nicht gewissen Leuten gleichzumachen, indem ihr ihren Sünden weitere hinzufügt und sagt: Das Testament jener ist auch das unsrige." Diese „gewissen Leute" vertreten ja offenbar nichts anderes als die übliche urchristliche Auffassung von der Schrift und Israel, die „das Testament" den Juden nicht schlechterdings abspricht, sondern es das „Alte Testament" nennen wird.[41] Wenn der Verfasser in 4, 6 so heftig polemisiert, daß er das Nachsprechen der These: „Das Testament jener ist auch das unsrige" für überaus große Sünde erklärt, zeigt er, daß nicht nur ein theoretisches, sondern ein aktuelles Gegenüber vorliegt. Diese Front wird wohl auch in 9, 6 greifbar, wo er die Beschneidung – auch schon die im alten Israel geübte – schlicht für ein Mißverständnis erklärt und die These abwehrt, das Volk Israel sei „zur Bestätigung" beschnitten worden.[42] Und schließlich dürfte er diese christliche Front – und nicht Juden – im Blick haben, wenn er in 12, 10 den Satz, „daß Christus ein Sohn Davids sei", als „Irrtum von Sündern" bezeichnet. Zu einer solchen Front paßt die Angabe über den Zweck des Schreibens ausgezeichnet, die der Verfasser in 1, 5 gibt: „damit ihr zusammen mit eurem Glauben vollkommene Erkenntnis habt . . .". Den Glauben setzt er bei seinen Lesern voraus; sie sind also Christen. Aber „vollkommene Erkenntnis" fehlt ihnen; sie will er vermitteln, und das heißt nichts anderes als seine besondere Sicht des Christentums. Er schreibt an ein ideales christliches Publikum, in dem er die verbreitete Auffassung über einen heilsgeschichtlichen Zusammenhang zwischen Israel und Kirche voraussetzt; in ihm will er für seine „Erkenntnis" werben. Deshalb wird man sein Werk am besten als ein in Briefform gekleidetes Propagandaschreiben charakterisieren. Diese Form ist dabei nichts weiter als die Anwendung eines beliebten Stilmittels, um sich die Leserschaft durch Grußformeln zu verpflichten und ihr Ohr durch den übertreibenden Hinweis auf ihren Geistbesitz (1, 2–4) und die ebenso übermäßige Selbsterniedrigung des Absenders als „alleruntertänigster Diener" (4, 9; 6, 5) für die eigene Botschaft geneigt zu machen.[43]

---

[41] Natürlich ist diese Bezeichnung nicht von vornherein da. Was aber schon da ist – und vom Verfasser des Barnabasbriefs schlechterdings ausgeschlossen wird –, ist – „bei aller Vielfalt ihrer Variationen" – „die Vorstellung eines heilsgeschichtlichen Zusammenhangs Israels mit der Kirche" bzw. „eine typologische Verhältnisbestimmung beider Größen" (Vielhauer, Urchristliche Literatur 605; vgl. 606). – Die in 4, 6 skizzierte These spricht entschieden dagegen, daß es sich bei den Gegnern um Juden handelt, wie Shea will (Sabbath 154). Selbst seine eigenartige Formulierung der These von 4, 6 ("saying that our covenant remains to them also": 153), die er nicht diskutiert und die kein Textzeuge bietet, schließt die Annahme jüdischer Gegnerschaft aus.
[42] Vgl. Röm 4, 11 sowie u. A. 154 zur Übersetzung.
[43] Aufnahme aus den Vorarbeiten von Hartmut Stegemann.

5. Zeit und Ort der Abfassung

Für die Datierung des Barnabasbriefs wurden immer wieder zwei Stellen untersucht, aus denen man in dieser Hinsicht Aufschluß zu gewinnen erhoffte, weil sie möglicherweise zeitgeschichtliche Anspielungen enthalten: 4, 3–5 und 16, 3 f. Die zuerst genannte muß hier allerdings ausscheiden, da sie nicht bei Abfassung des Briefes formuliert wurde. Es handelt sich bei ihr um eine ursprünglich selbständige Einheit, die dem Verfasser innerhalb eines paränetischen Traditionsstückes vorlag.[44] Das in ihr anvisierte zeitgeschichtliche Ereignis[45] läßt also keinen Rückschluß auf die Datierung des Barnabasbriefs zu.

Dagegen stammt die zweite Stelle, 16, 3 f., vom Verfasser des Barnabasbriefs selber und ist der Abfassung des Schreibens gleichzeitig.[46] Spielt sie auf ein zeitgeschichtliches Ereignis an, dann ist damit auch ein Anhaltspunkt für die Datierung des ganzen Schreibens gegeben.[47] Es ist allerdings bestritten worden, daß in 16, 3 f. überhaupt ein bestimmtes Ereignis der Zeitgeschichte im Blick sei; vielmehr werde hier schon vom geistlichen Tempel geredet, den die Kirche darstelle.[48] Dagegen aber spricht entschieden der Kontext: In den Versen 1 f. polemisiert der Verfasser gegen den Tempel der Juden; ihre Hoffnung auf das Gebäude war vergeblich. In Vers 5 bringt er eine Prophetie über die Dahingabe von Stadt, Tempel und Volk Israel. Am Schluß des Verses stellt er ausdrücklich fest, daß sie inzwischen erfüllt wurde. Welchen Sinn sollte innerhalb eines solchen Zusammenhanges ein Bezug auf den geistlichen Tempel haben? Auf ihn kommt der Verfasser erst ab Vers 6 mit betontem Neueinsatz zu sprechen: „Laßt uns aber untersuchen, ob es einen Tempel Gottes gibt." Im vorangehenden war also nur von einem Gebäude die Rede, das nicht Tempel *Gottes* war; jetzt erst nimmt er den wirklichen, den geistigen Tempel in den Blick. Auch der Wortlaut von 16, 3 f., der Zerstörer und Erbauer des Tempels identifiziert, fügt sich nur sehr schwer einem übertragenen Verständnis des neu aufgebauten Tempels ein.

Es ist also davon auszugehen, daß der Verfasser einen steinernen Tempel meint. In der Forschungsgeschichte wurde oft die These verfochten, er bezöge sich auf einen jüdischen Tempelbau, der auf einem Versprechen Hadrians beruhe, das er kurz nach seinem Regierungsantritt gegeben habe.[49] Dagegen spricht erstens, daß

---

[44] Vgl. den Nachweis bei Wengst, Tradition 21–23.
[45] Dazu vgl. u. A. 41 zur Übersetzung.
[46] Vgl. den Nachweis bei Wengst, Tradition 52.
[47] Die Diskussion darüber, ob überhaupt eine zeitgeschichtliche Anspielung und welche vorliegt, wird ausführlich geführt bei Wengst, Tradition 106–113. Im folgenden wird nur eine knapp zusammenfassende Darstellung geboten.
[48] So Prigent, Testimonia 75–78; Prigent/Kraft, Barnabé 191; früher vor allem Franz Xaver Funk, Der Barnabasbrief, eine Schrift vom Ende des ersten Jahrhunderts, ThQ 66, 1884, (3–33) 19–23; ders., Barnabasbrief 99–106.
[49] Diese These wurde in neuerer Zeit vor allem von Leslie William Barnard in mehreren

Einleitung

auch hier die Identität von Tempelzerstörern und Wiedererbauern nur sehr gezwungen festgehalten werden kann. Sodann läßt sich ein solches Versprechen Hadrians historisch nicht erweisen.[50] Schließlich ist vor allem zu betonen, daß Vers 3 als Schriftzitat ausgegeben wird, die Wiedererbauung des Tempels also als gottgewollt gilt. Wie aber fügt sich das in die Polemik des Kontextes gegen den jüdischen Tempel, wenn es sich in den Versen 3 f. um einen jüdischen Tempelneubau handeln soll?

Damit bleibt nur eine Möglichkeit übrig, die auch ausgezeichnet zu dem polemischen Kontext paßt: Gedacht ist an den Bau des römischen Jupitertempels an der Stelle und aus den Trümmern des jüdischen Tempels in Jerusalem, den Hadrian im Jahre 130 befahl. Daß der Tempel der Juden, von dem der Verfasser schon in Vers 2 sagte, sie hätten in ihm Gott „fast wie die Heiden" verehrt, eine solche heidnische Fortsetzung erhält, das disqualifiziert ihn vollends in seinen Augen.

Auf seiner Orientreise kam Hadrian im Jahre 130 nach Jerusalem; er ließ es als Aelia neu aufbauen und auf dem Tempelplatz einen Tempel für Zeus errichten. Solange er sich im Osten aufhielt, blieben die Juden ruhig. Der römische Tempelbau führte dann aber zum jüdischen Aufstand unter Barkochba in den Jahren 132–135.[51] Auf den Beginn des römischen Tempelbaus läßt sich die Stelle 16, 3 f. genau beziehen. So heißt es in der Auslegung in Vers 4 einmal: γίνεται und dann: νῦν ... ἀνοικοδομήσουσιν. Da der Barnabasbrief an keiner Stelle Kenntnis des Barkochba-Krieges voraussetzt, die zeitgeschichtliche Anspielung in 16, 3 f. sich also nicht auf die Fortsetzung des durch den Aufstand unterbrochenen Baues von Aelia nach dem Krieg beziehen läßt, dürfte er zwischen 130 und 132 geschrieben worden sein.[52]

Läßt sich also der Barnabasbrief mit Wahrscheinlichkeit in chronologischer Hinsicht recht genau fixieren, so ist das in bezug auf seinen Entstehungsort leider nicht möglich. Als der wird zwar immer wieder mit großer Zuversicht Ägypten

---

Aufsätzen vorgetragen (vgl. z. B. The Date of the Epistle of Barnabas – A Document of Early Egyptian Christianity, JEA 44, 1958, [101–107] 102 f.); frühere Vertreter waren vor allem Adolf Schlatter, Die Tage Trajans und Hadrians, in: Ders., Synagoge und Kirche bis zum Barkochba-Aufstand. Vier Studien zur Geschichte des Rabbinats und der jüdischen Christenheit in den ersten zwei Jahrhunderten, Kleinere Schriften 3, hrsg. von Theodor Schlatter, Stuttgart 1966, (9–99) 63–67, und Heinrich Veil, Barnabasbrief, in: Handbuch zu den Neutestamentlichen Apokryphen, hrsg. von Edgar Hennecke, Tübingen 1904, (206–238) 214. 223–235.

[50] Vgl. dazu Wengst, Tradition 108–111; schon Veldhuizen bemerkte treffend: „Die vermeintliche Erlaubnis zum Bau eines jüdischen Tempels durch Hadrian ruht nicht auf solidem Grund und ist eine spätere Legende" (Barnabas 127).
[51] Dio Cassius, Historiarum Romanorum 69, 12.
[52] Als Vertreter dieser These seien genannt Lipsius, Barnabasbrief 371 f.; Harnack, Geschichte II/1, 425–427; Ladeuze, Barnabé 214–221; Windisch, Barnabasbrief 388–390; Stegemann, Rez. 149 f.

– und noch genauer Alexandrien – angegeben, aber die dafür vorgebrachten drei Gründe sind alles andere als durchschlagend:

1. Der Barnabasbrief ist in früher Zeit durch Klemens von Alexandrien, Origenes und den Codex Sinaiticus ausschließlich in Ägypten bezeugt. – Dieser Tatbestand weist jedoch lediglich auf eine Möglichkeit hin, die andere Möglichkeiten nicht ausschließt. Eine Schrift muß nicht unbedingt in ihrem Entstehungsgebiet ihre stärkste frühe Verbreitung haben. Dabei ist weiter zu bedenken, daß zwischen der wahrscheinlichen Entstehungszeit und der ersten Bezeugung durch Klemens immerhin etwa sechzig Jahre liegen und daß das christliche Ägypten gegenüber literarischen Produkten besonders aufnahmefreudig war.[53]

2. Die im Barnabasbrief geübte Schriftauslegung sei „alexandrinisch". Als Elemente solcher Auslegung nennt Barnard das nicht-wörtliche Verständnis der Tora, die Unterbewertung der historischen Bedeutung von Geschichten und Anordnungen der Schrift und die Allegorisierung auch der kleinsten Details.[54] – Aber diese Art der Auslegung war keinesfalls auf Alexandrien und Ägypten beschränkt. Sie findet sich ebenso bei Melito, Justin, Irenäus, Tertullian, um nur einige Namen von Nichtägyptern zu nennen.

3. In 9, 6 heißt es: „Aber auch jeder Syrer und Araber und alle Götzenpriester" sind beschnitten. Die letzte Behauptung trifft nicht zu. Beschnitten waren aber die ägyptischen Priester. So folgerte man: Der Verfasser verallgemeinert hier fälschlicherweise den ägyptischen Brauch der Priesterbeschneidung; das aber könnte nur in Ägypten geschehen.[55] – Diese Argumentation klingt überzeugend – wenn nicht am Ende von 9, 6 stünde: „Aber auch die Ägypter sind in der Beschneidung." Das trifft jedoch für die hellenistische Zeit nicht mehr zu. Nun darf aus dieser Feststellung nicht gefolgert werden, ein in Ägypten lebender Verfasser könne so nicht formulieren, da er ja wissen müsse, daß diese Aussage für die Gegenwart nicht mehr gilt.[56] Denn der Alexandriner Philon spricht von der Beschneidung als einer „Einrichtung, die auch bei anderen Völkern nicht wenig geschätzt wird und besonders beim ägyptischen"[57]. Aber der Vergleich mit Philon ist auch insofern aufschlußreich, als der Alexandriner namentlich nur und sofort die Ägypter nennt, während sie in Barn 9, 6 nachgetragen werden.[58] Das spricht nicht gerade dafür, daß der Verfasser in Ägypten lebte. Ein Argument gegen seine Herkunft aus Alex-

---

[53] Vgl. Campenhausen, Entstehung 248. 370.
[54] Judaism 46.
[55] Vgl. Vielhauer, Urchristliche Literatur 612: „Ein solcher Irrtum scheint nur möglich zu sein, wenn der Verfasser nur ägyptische Priester kennt."
[56] Gegen Wengst, Tradition 114; ders., Art. Barnabasbrief, TRE 5, Berlin und New York 1980, (238–241) 239.
[57] SpecLeg I 2.
[58] Daß aus diesem Nachtragscharakter nicht auf eine Glosse zu schließen ist, dazu s. A. 157 zur Übersetzung; gegen Knopf, Zeitalter 38 A. 1.

Einleitung

andrien ist die Beobachtung, daß ihm bestenfalls von nur vier biblischen Büchern Abschriften oder Exzerpte zur Verfügung standen.[59]

Eine andere Lokalisierung hat Prigent versucht, indem er als Entstehungsort Syrien[60] bzw. Syrien-Palästina[61] vermutet. Anlaß dafür bietet ihm die Beobachtung inhaltlicher Berührungen zwischen dem Barnabasbrief und Schriften, die in Syrien und Palästina beheimatet sind. Aber diese Berührungen sind keineswegs von so spezifischer Art, als daß sie die Herkunft des Barnabasbriefs aus diesem Raum wahrscheinlich machen könnten.

Schließlich ist das westliche Kleinasien als Entstehungsort des Barnabasbriefs vorgeschlagen worden.[62] Die besondere theologische Eigenart des Barnabasbriefs[63] ist in den uns überlieferten Dokumenten des Urchristentums nur noch ein einziges Mal belegt, nämlich für die Gegner des Ignatius in seinem Brief an die Philadelphier (8, 2). Diese Übereinstimmung macht es zwar nicht evident, legt es aber doch nahe, auch eine geographische Nähe anzunehmen, zumal die zeitliche Differenz zwischen dem Brief an die Philadelphier und dem Barnabasbrief weniger als zwanzig Jahre beträgt.

Die Lokalisierung des Barnabasbriefs im westlichen Kleinasien erfährt dadurch eine Stütze, daß sich deutliche Gemeinsamkeiten mit den Pastoralbriefen zeigen, und zwar betreffen sie auf seiten des Barnabasbriefs besonders traditionelle Partien.[64] Die ausdrücklich in paulinischer Tradition stehenden Pastoralbriefe nehmen nur an einer Stelle – und da noch mit beträchtlicher sachlicher Verschiebung – die für Paulus zentrale Verhältnisbestimmung von Glaube und Rechtfertigung auf: 2Tim 4, 7f.[65] Sie begegnet – Paulus sachlich näher stehend – auch in Barn 13, 7[66], hat jedoch keine Auswirkung auf den übrigen Brief. Sowohl in den Pastoralbriefen als auch im Barnabasbrief gewinnt δικαιοσύνη vielmehr die Bedeutung von „Rechtschaffenheit".[67] An die Stelle von δικαιόω und δικαιοσύνη als soteriologische Begriffe treten σῴζειν und σωτηρία.[68] πίστις gewinnt die Bedeutung von Gläubigkeit zur Charakterisierung der Christen[69] und kann in eine Reihe mit anderen Tugenden gestellt werden.[70] Das Werk Christi wird in Anlehnung an traditionelle Sühneformeln beschrie-

---

[59] Vgl. u. S. 125–129.
[60] Testimonia 218 f.
[61] Prigent/Kraft, Barnabé 23 f.
[62] Wengst, Tradition 114–118.
[63] Vgl. dazu S. 129–133.
[64] Die folgenden Erwägungen hängen sehr weitgehend von Ausführungen ab, die Hartmut Stegemann in seinen Vorarbeiten niedergelegt hat, als er noch die vorliegende Ausgabe plante. – Zum „Paulinismus" des Barnabasbriefs vgl. auch Hans Lietzmann, Geschichte der Alten Kirche, 1.: Die Anfänge, Berlin ⁴1961, 230.
[65] τὴν πίστιν τετήρηκα· λοιπὸν ἀπόκειταί μοι ὁ τῆς δικαιοσύνης στέφανος.
[66] ... τῷ Ἀβραάμ, ὅτε μόνος πιστεύσας ἐτέθη εἰς δικαιοσύνην.
[67] 1Tim 6, 11; 2Tim 2, 22; 3, 16; Barn 1, 4. 6; 4, 12; 5, 1.
[68] 1Tim 1, 15; 2, 4. 15; 4, 16; 2Tim 1, 9; 2, 10; 3, 15; 4, 18; Tit 3, 5; Barn 1, 3; 2, 10; 4, 1; 5, 10; 8, 6; 12, 3. 7; 16, 10.
[69] 1Tim 1, 5. 19; 5, 8; 2Tim 1, 5; Tit 1, 4; Barn 1, 4. 5. 6; 4, 9.
[70] 1Tim 1, 14; 4, 12; 6, 11; 2Tim 2, 22; 3, 10; Barn 2, 2; s. bes. die Wendung ἐν πίστει καὶ

ben.⁷¹ Es bewirkt Erneuerung, vermittelt durch die Taufe.⁷² Das Christenleben ist aber wesentlich durch die Hoffnung bestimmt als Erwartung der Rettung⁷³ und des Gerichts.⁷⁴ Gewiß könnte man auf diese Weise Berührungen des Barnabasbriefs mit vielen urchristlichen Schriften zusammenstellen; und es wären auf der anderen Seite auch signifikante Unterschiede hervorzuheben. Aber die Anzahl und doch auch recht spezifische Art der Berührungen mit den Pastoralbriefen dürften kaum zufällig sein. Hinzu kommt nun, daß die Polemik des Barnabasbriefs Aussagen betrifft, die gerade Paulus vertreten hat.⁷⁵ Es zeigt sich also bei ihm einerseits weithin Anschluß an die paulinische Tradition, andererseits aber auch Abgrenzung. Die gemachten Beobachtungen legen die Annahme nahe, daß die Pastoralbriefe und der Barnabasbrief demselben Traditionsbereich zugehören, aber in einigen Fragen gegenteilige Tendenzen verfolgen. Beide sind „literarischer Ausdruck des Wesens und der Theologie zweier miteinander rivalisierender geistiger und zumindest im Falle der Pastoralbriefe auch organisatorisch faßbarer Bereiche in der 'Kirche' um 130 n. Chr." (Stegemann).⁷⁶

6. Verfasser

Außer daß er „ich" sagt, nennt sich der Verfasser des Briefes selber nicht. Doch schon Klemens von Alexandrien, sein erster Zeuge, schreibt ihn dem Paulusbegleiter Barnabas zu.⁷⁷ Das tun auch Origenes und die Handschriften. Seine „Echtheit" aber – falls unter diesen Umständen überhaupt von einer solchen geredet werden kann – ist in den letzten 90 Jahren in der wissenschaftlichen Diskussion, soweit ich sehe, nicht mehr vertreten worden.⁷⁸ Abgesehen davon, daß Barnabas bei der wahrscheinlichen Abfassung des Briefes um 131 nicht mehr am Leben gewesen sein dürfte, spricht u. a. folgende Erwägung entscheidend gegen dessen Abfassung durch ihn: Der Mann, der sich so verhielt, wie es Paulus in Gal 2,12 be-

---

ἀγάπῃ bzw. ἐν πίστει καὶ ἀληθείᾳ 1Tim 2,7.15; 2Tim 1,13; Barn 11,8 und vgl. τοῖς λόγοις τῆς πίστεως καὶ τῆς καλῆς διδασκαλίας 1Tim 4,6 mit ὁ λόγος αὐτοῦ τῆς πίστεως ..., αἱ ἐντολαὶ τῆς διδαχῆς Barn 16,9.

⁷¹ 1Tim 2,6; Tit 2,14; Barn 5,1f.; 7,2; 14,6.
⁷² Tit 3,5; Barn 6,11.14.
⁷³ 1Tim 1,16; Tit 1,2; 2,13; 3,7; Barn 1,4.6; 4,8; 11,11.
⁷⁴ 1Tim 5,24; 2Tim 4,1; Barn 4,12; 5,7; 7,2; 15,5; 21,6.
⁷⁵ An erster Stelle ist hier die These zu nennen, daß Israel niemals der διαθήκη teilhaftig war (Barn 4,6–8; 14,1–4); vgl. dagegen Röm 9,4; 11,27. Zur Bestreitung dessen, daß der Christus Sohn Davids ist (Barn 12,10f.), vgl. die von Paulus zitierte Formel Röm 1,3f., deren wesentliche Teile auch in 2Tim 2,8 aufgenommen sind. Mit der abgelehnten Aussage, das Volk sei εἰς σφραγῖδα beschnitten (Barn 9,6), vgl. Röm 4,11. Schließlich wäre noch anzuführen, daß nach Barn 4,10 die Annahme schon erfolgter Rechtfertigung falsch ist (ὡς ἤδη δεδικαιωμένοι, s. 15,7); vgl. demgegenüber nur Röm 5,1; s. Tit 3,7.
⁷⁶ Diese Aussage bedeutet natürlich nicht, daß die in den Pastoralbriefen angegriffene „Irrlehre" mit den Aussagen des Barnabasbriefs zu identifizieren wäre.
⁷⁷ S. o. S. 106.
⁷⁸ Zu den m. W. letzten Verfechtern der Autorschaft des Barnabas s. Funk, Barnabasbrief 3–15.

schreibt, kann nicht derselbe sein, der als Verfasser des Barnabasbriefs das jüdische Ritualgesetz in radikaler Weise verwirft. Ihn mit einer uns bekannten Person des Urchristentums identifizieren zu wollen, ist ein aussichtsloses Unterfangen. Da er in 7, 4 und 8, 1 grobe Mißverständnisse jüdischer Riten zeigt,[79] ist es unwahrscheinlich, daß es sich bei ihm um einen Judenchristen handelt. Auf der anderen Seite sprechen zwingend für einen Heidenchristen die Formulierungen in der 1. pers. plur. in 14, 5 und 16, 7, die die Bekehrung vom Heidentum zum Christentum beschreiben.[80] In 1, 8 und 4, 9 läßt dieser Heidenchrist „durch seine Bescheidenheitsfloskeln deutlich den stolzen Anspruch durchschimmern, ein Lehrer zu sein".[81] Er ist Lehrer einmal als Vermittler der Zwei-Wege-Lehre,[82] und er ist es vor allem als Ausleger der Schrift.[83] Dafür besonders begabt zu sein, ist er sich bewußt (9, 9). Die Schrift ist voller Rätsel; aber der „Weise und Sachkundige und seinen Herrn Liebende" – und für einen solchen hält sich der Verfasser ganz offensichtlich – vermag sie aufzuschließen (6, 10). In der Auslegung der Schrift gibt er sein Wissen an die Leser weiter (17, 1).

7. Tradition

Was der Verfasser des Barnabasbriefs als Lehrer seinen Lesern vermittelt, entstammt zumeist der Tradition. Seine eigene Leistung besteht vor allem in der Zusammenstellung seines Stoffes. Daß dessen Gliederung mit nur bescheidenen Mitteln erfolgte, wurde schon deutlich. Die Traditionalität des zweiten Hauptteils (Kap. 18–20), der eine Zwei-Wege-Lehre enthält, liegt durch die Parallele Did 1–5 auf der Hand.[84] Dann weist der Verfasser an zwei Stellen selbst darauf hin, daß sie ihm schon vorgegeben war. In der redaktionellen Einführung in 19, 1c[85] spricht er im Vorblick auf den Lichtweg von „der uns *gegebenen* Erkenntnis" und in 21, 1 im Rückblick von „allen Rechtsforderungen des Herrn, wie sie *geschrieben* stehen".

Daß aber auch der erste Teil (Kap. 2–16) vorwiegend traditionell ist, zeigt die Bemerkung des Verfassers in 1, 5 an, er wolle seinen Lesern „etwas von dem mit-

---

[79] Vgl. A. 117 und 130 zur Übersetzung. Diese Beobachtung spricht entschieden gegen die These von Barnard, der Verfasser sei ein konvertierter Rabbi (Judaism 47), die vorher schon in ähnlicher Form Muilenburg, Relations 68 f. 98–101, vertreten hatte.
[80] Besonders klar ist in dieser Hinsicht 16, 7: Kein Judenchrist könnte seine vorchristliche Zeit als „Götzendienst" beschreiben und formulieren: „bevor wir zum Glauben an Gott (!) kamen"; s. auch 16, 2. – Vgl. Kraft, Fathers 39, und schon Veldhuizen, Barnabas 102. 122.
[81] Knopf, Zeitalter 405; vgl. auch Prigent/Kraft, Barnabé 75 A. 5.
[82] Das paßt zu der Angabe in Did 7, 1, nach der die Zwei Wege Bestandteil des Katechumenenunterrichts sind.
[83] Vgl. o. S. 41 mit A. 139.
[84] Zum Verhältnis von Barn 18–20 zu Did 1–5 vgl. o. S. 20 f.
[85] Vgl. den Nachweis bei Wengst, Tradition 62.

teilen, was ich empfangen habe". Die hier gebrauchten Termini μεταδίδωμι und λαμβάνω bezeichnen die Überlieferung von Tradition. In dieselbe Richtung weist die Notiz in 4, 9, „nichts von dem auszulassen, was wir haben". Und wenn er in 9, 9 mit der stolzen Aussage: „Keiner hat eine echtere Aussage von mir erfahren" soviel Aufhebens von seiner unmittelbar vorher gegebenen Auslegung macht, wird er sonst nicht viel Eigenes zu bieten haben.[86]

In durchgehender Analyse hat Windisch den Nachweis zu erbringen versucht, daß auch im ersten Teil des Barnabasbriefs in großem Umfang Tradition verarbeitet ist, die er als ein zusammenhängendes „Testimonienbuch" bzw. als „Testimonienstoff" charakterisierte.[87] Dieser „Testimonienstoff" müsse „eine Sammlung von alttest. Beweisstellen gewesen sein, die sachlich geordnet und wohl schon mit kurzen, das Thema angebenden Einleitungen und Überschriften, aber kaum schon mit 'Auslegung' versehen waren".[88] Zwingend sind Windischs Nachweise insoweit, daß der Verfasser die Zitate nicht direkt aus der LXX genommen hat.[89] Seine weitere richtige Beobachtung einer Reihe von Sätzen, die den Eindruck von Glossen machen, und die unbegründete Annahme einer durchgehenden Testimonienquelle ohne Auslegungen zwingen ihn allerdings zur Konstruktion einer sehr hypothetischen Entstehungsgeschichte des Barnabasbriefs mit zwei Bearbeitungen.[90] Er hatte richtig gesehen, daß die von ihm als Glossen bezeichneten Sätze durch ihre Bezüge zu den Rahmenkapiteln dem Verfasser selbst zugeschrieben werden müssen.[91] Wenn er sie aber einer zweiten Bearbeitung des Testimonienstoffes durch den Verfasser zuweist, bleibt es völlig unerfindlich, warum dieser so gehandelt haben soll, welchen Sinn die „Glossen" haben könnten. Einige dieser Sätze, die sich auf die Kap. 4–7 konzentrieren,[92] stehen ohne jeden inhaltlichen Bezug zu ihrem Kontext. Eine solch seltsame Erscheinung, daß eigene Bildungen des Verfassers sich nicht in den Gedankengang des Kontextes einpassen, sondern im Gegenteil deutlich aus ihm herausfallen, läßt sich zureichend nur so erklären, daß der Kontext dem Verfasser bei Abfassung seiner Schrift schon in fester Gestalt vorlag. Wenn also die „Glossen" eine Funktion wahrnehmen, kann es nur eine *formale* sein. Eine Analyse des Textes zeigt, daß sie das in der Tat tun: Sie bilden Nahtstellen, mit deren Hilfe der Verfasser verschiedene Traditionsstücke mitein-

---

[86] "It appears probable that, if his favourite flight of exegesis (9, 8–9) was his own discovery, he is for the most part following up and adapting the labours of predecessors" (J. M. Creed, The Didache, JThS 39, 1938, [370–387] 378). Vgl. schon Veldhuizen, Barnabas 70 f.

[87] Windisch, Barnabasbrief passim, bes. 313–316. 409 f.

[88] Barnabasbrief 410.

[89] Vgl. vor allem Barnabasbrief 315; hinzu kommt die Beobachtung, daß sich parallele Zitatenreihen bei Justin, Irenäus, Tertullian und anderen finden.

[90] Barnabasbrief 410 f.; hier ist Windisch Erbe der alten literarkritischen Versuche, die er S. 408 f. anführt.

[91] Barnabasbrief 409.

[92] 4, 9a; 5, 3; 6, 5. 10b; 7, 1; vgl. dazu Wengst, Tradition 14–17.

ander verschachtelt.[93] Daraus ergibt sich, daß ihm einerseits nicht nur Zitate, sondern bereits kommentierte Schriftstellen vorlagen und daß er andererseits nicht eine durchgehende Quelle benutzte, sondern eine Vielzahl einzelner Traditionsstücke. Beides wird dadurch bestätigt, daß die Einzelstücke unabhängig von ihrem jetzigen Kontext in sich jeweils voll und ganz verständlich sind, nach keiner Fortsetzung verlangen und von sich aus auf keinen größeren Zusammenhang hinweisen.[94]

Bei vielen dieser Stücke läßt es sich zeigen, daß sie nicht in einem Zug formuliert wurden, sondern stufenweise angewachsen sind. Als Beispiel sei Kap. 10 genannt. Mit Vers 12 ordnet der Verfasser das Kapitel im Zusammenhang seines Schreibens dem 8, 7; 9, 1a. 3d angesprochenen Thema „Hören" zu. Aber dafür war es ursprünglich nicht konzipiert; es geht in ihm um das rechte Verständnis der Speisegesetze. Als Grundbestand schälen sich die Verse 1. 3–5. 9 heraus. Ein zusammenfassendes Zitat nennt in Vers 1 Land-, Luft- und Wassertiere, die zu essen verboten sind. Die Verse 3–5 geben zu jeder Gruppe jeweils im selben Schema eine Auslegung; Vers 9 faßt abschließend das Ergebnis zusammen, daß das nicht fleischlich zu verstehen sei, weil Mose drei Weisungen im Geist gegeben habe. Vers 10 bietet eine erste Erweiterung: Auch David habe Erkenntnis derselben drei Weisungen empfangen. Das wird gezeigt, indem die drei Kola von Ps 1, 1 etwas gekünstelt auf die drei Auslegungsgänge in den Versen 3–5 bezogen werden. Wieder folgt eine klare Abschlußbildung. Dennoch wird in Vers 11 neu angesetzt, indem jetzt die zu essen erlaubten Tiere ausgelegt werden. Einen deutlich späteren Einschub bilden die Verse 6–8. Hier werden drei zu essen verbotene Einzeltiere ausgelegt, wobei das Schema anders ist als in den Versen 3–5. Obwohl dadurch die „Weisungen" auf sechs angewachsen sind, steht in den Versen 9f. die Zahl „drei". Da Vers 2 mit einer dem Verfasser eigentümlichen Übergangswendung eingeleitet wird und es sich bei ihm sachlich um eine Dublette zu Vers 9 handelt, dürfte er ein Einschub des Verfassers sein. Dieser Einschub muß aber nicht erst bei Abfassung des Briefes erfolgt sein, weil er sich inhaltlich nicht auf das redaktionelle Thema „Hören" bezieht, sondern auf das Thema der Speisegebote.

Das Wachsen der Tradition konnte bei Kap. 10 ausschließlich anhand formaler Beobachtungen festgestellt werden. Das gilt auch für die übrigen Stücke. Die Erweiterungen und Zusätze zum jeweiligen Grundbestand zeigen keine nennenswerten sachlichen Spannungen; auch die stilistischen Unterschiede sind nicht beträchtlich. Das gilt es festzuhalten, wenn nach Art und Herkunft der in den Kap. 2–16 aufgenommenen Tradition gefragt wird.

Zu deren Bestimmung ist auf ein weiteres Phänomen hinzuweisen. Schon die Tradition zeigt Anredecharakter; der ist nicht erst durch die fingierte Briefsituation hinzugekommen. Hier sind die zahlreichen Aufforderungen zur Aufmerk-

---

[93] Vgl. den Nachweis bei Wengst, Tradition 20–29. Dieses Phänomen der Verschachtelung begegnet nur in den Kapiteln 4–7.
[94] Zur Analyse der Tradition in Barn 2–16 vgl. Wengst, Tradition 17–53, und die Zusammenfassung zur schriftstellerischen Tätigkeit des Verfassers S. 53f.

samkeit zu nennen [95], die Aufforderung, zu lernen [96], zu sehen [97] und zu hören [98], die häufigen Fragen [99], die Aufnahme eines Einwandes [100], die Ankündigung, etwas zu zeigen [101].

Nimmt man schließlich hinzu, daß der Verfasser des Barnabasbriefs ein Lehrer war,[102] führen alle Beobachtungen folgerichtig zu der zuerst von Wilhelm Bousset vermuteten Lösung, die er als Fragestellung formulierte,[103] daß die in Barn 2–16 dargebotene Tradition einem „Schulbetrieb" entstammt.[104] In ihm sind die einzelnen Stücke überliefert und dabei auch weitergebildet worden. Der Verfasser nimmt als Lehrer am Überlieferungsprozeß selbst gestaltend teil, indem er bearbeitet, variiert, ergänzt, erweitert und auch selbständig neue Stücke schafft.[105]

[95] 2, 9f.; 6,18; 7, 4. 6. 7. 9; 13, 3; 15, 4; 16, 8.
[96] 5, 5; 14, 4; 16, 2.7. 8.
[97] 6,14; 10,11; 12,10f.; 13, 6; 15,7f.
[98] 7, 3; 13, 2.
[99] 5, 5; 6,17f.; 7, 5. 10f.; 8, 4–6; 10, 6f. 11; 12, 3; 14, 4; 16,7–9. Hierhin gehört auch, daß die Zitationsformel einige Male in Frageform steht (6, 6. 8; 7, 4. 9; 13, 5.7; 16, 2) und daß die Wiedergabe von Zitaten mit εἶτα τί λέγει unterbrochen wird (6, 3; 11,10).
[100] 9, 6.
[101] 6, 13.
[102] S. o. S. 119.
[103] Jüdisch-christlicher Schulbetrieb in Alexandria und Rom. Literarische Untersuchungen zu Philo und Clemens von Alexandria, Justin und Irenäus, FRLANT NF 6, Göttingen 1915: „Es käme darauf an, die einzelnen Stücke, die so als Lehrvorträge für sich bestanden haben könnten, herauszuarbeiten. Mir liegt hier nur noch daran, die Fragestellung herauszustellen" (313 A. 1). „Ein fertiger Lehrvortrag oder einzelne Lehrvorträge sind vom Verfasser des Schreibens zu einem Brief mit bestimmter Tendenz umgemodelt" (312f.). „Es kann sehr gut sein, daß diese Stücke, relativ geurteilt, sein Eigentum waren. Er bezeichnet sich nicht ohne Grund als διδάσκαλος . . . Aber jene Ausführungen lagen ihm fertig vor, als er den Brief schrieb, und so hat dieser den akademischen Ton einer Abhandlung bekommen, so sehr, daß uns der Brief nun kaum mehr als ein Brief erscheinen möchte" (313).
[104] Vgl. die Hinweise bei Stegemann, Rez. 150f.; weiter Kraft: "Barnabas... is concerned with correct understanding of how to interpret the past (present and future), as well as how to live in the present. Thus Barnabas transmits instructions which, in origin, may more helpfully be called 'school' interests (exegetical traditions, commentary, etc.) than 'community' materials in a strict sense (liturgical conduct, church order etc.)" (Fathers 3; s. vor allem § 4. Barnabas as a "School" Product: 19–22); ders., Barnabas' Isaiah Text and the "Testimony Book" Hypothesis, JBL 79, 1960, (336–350) 350; Wengst, Tradition 53–57. – Auch Helm findet es im Blick auf die Kapitel 7 und 8 naheliegend, „an die Boussetsche Vorstellung der 'Lehrvorträge' anzuknüpfen" (Studien 24. – Auf S. 23 hatte er aus den Zwischenbemerkungen des Verfassers auf ein „katechetisches Interesse" geschlossen.). Dagegen nimmt er für die Stücke in Kap. 12 einen anderen Sitz im Leben an; er erkennt dort – schwerlich zu Recht – „missionarischen Eifer, dem die Rettung Israels am Herzen liegt" (32f.). Vgl. seine Zusammenfassung: „Der ursprüngliche 'Sitz im Leben' ist in den meisten Fällen die frühe christliche Lehrtradition, für K. 12 vielleicht der 'missionarische' Dialog mit Israel. Barn selbst versteht sich als christlicher Lehrer und gibt diese ihm überkommene Tradition zusammen mit anderen Lehrstücken verschiedenster Prägung an seine Leser (= Schüler) weiter, ohne allzu viel Veränderungen vorzunehmen" (47). Daß allerdings „die Rettung Israels" dem Verfasser eine Herzenssache war, läßt sich aus Kap. 12 nicht herauslesen.
[105] Das Verhältnis zwischen 1, 5 und 9, 9 kennzeichnete schon Arthur von Ungern-

Diese Überlieferung lebt vorwiegend in mündlicher Form. Im Schulbetrieb und für ihn sind einzelne kleine Stücke ausgebildet worden, die durch immer wiederholten Vortrag einerseits feste Form gewannen, andererseits aber auch ständiger Varianz ausgesetzt waren.[106] Da sich der Barnabasbrief im ersten Teil als von Schulgut abhängig erweist, wird deutlich, daß sein Verfasser kein Einzelgänger ist, sondern Repräsentant eines Kreises, der bei der Abfassung des Barnabasbriefs schon einige Zeit existiert haben muß.[107]

8. Das Problem der Testimonien [108]

An mindestens zwei Stellen läßt sich der Nachweis führen, daß der Verfasser unmittelbar auf unkommentierte Zitatensammlungen zurückgreift. Das ist einmal in 9, 1–3 der Fall. Der einleitende Satz ist unmittelbare Fortsetzung der redaktionellen Ausführung in 8, 7. Der Verfasser will begründen, warum den Christen die Schrift im Unterschied zu den Juden offenbar ist. Seine Antwort lautet: Weil Gott ihre Ohren und Herzen beschnitten hat. Diese Antwort wiederholt er am Schluß von 9, 3.[109] Zwischen diesen beiden redaktionellen Bemerkungen steht eine unkommentierte Zitatenreihe. Nur in einem einzigen der Zitate ist von Beschneidung die Rede. Während in der Einleitung aller übrigen Zitate – außer natürlich im ersten – stereotyp ein πάλιν wiederkehrt, fehlt es hier. Es ist lediglich mit καί und dem ersten Wort des Zitates nachgestelltem λέγει κύριος eingeleitet. Entweder wurde es vom Verfasser eingefügt, um die Verbindung mit seinem Kontext herzustellen, oder es wurde gar nicht als eigenes Zitat empfunden, sondern gehörte mit

---

Sternberg treffend als „Abhängigkeit von der Tradition und Bereicherung der Tradition durch eigene Erkenntnisse und Gedanken" (Der traditionelle alttestamentliche Schriftbeweis „de Christo" und „de evangelio" in der Alten Kirche bis zur Zeit Eusebs von Caesarea, Halle 1913, 236).

[106] Vgl. Barn 4, 6–8; 5, 1 f. und 14, 1–9 miteinander, wo der Verfasser dasselbe Lehrstück in verschiedener Weise wiedergibt.

[107] Das unterstreicht, daß es für die o. S. 117 hergestellte Verbindung zwischen den Gegnern des Ignatius in Philadelphia und dem Barnabasbrief kein chronologisches Hindernis gibt.

[108] Zum Testimonienproblem vgl. zuletzt Robert Hodgson Jr., The Testimony Hypothesis, JBL 98, 1979, 361–378 (dort auch Verweise auf weitere Literatur), der allerdings auf den Barnabasbrief nicht eingeht und das Vorhandensein eines „Testimonien-Zyklus" bzw. von „Testimonien-Tradition" schon für die Frühzeit des Urchristentums wahrscheinlich zu machen sucht. Vgl. weiter die forschungsgeschichtlichen Skizzen bei Joseph A. Fitzmyer, "4QTestimonia" and the New Testament, TS 18, 1957, (513–537) 514–526; Prigent, Testimonia 16–28; Leslie William Barnard, The Use of Testimonies in the Early Church and in the Epistle of Barnabas, in: Ders., Studies in the Apostolic Fathers and Their Background, Oxford 1966, (109–135) 109–111; Martin Rese, Alttestamentliche Motive in der Christologie des Lukas, StNT 1, Gütersloh 1969, 217–223.

[109] In 10, 12 nimmt er sie, den ganzen Zusammenhang abschließend, noch einmal auf.

dem vorangehenden als Mischzitat zusammen. In jedem Fall muß auf eine dem Verfasser vorausliegende Zitatenreihe geschlossen werden, die zum Stichwort „Hören" zusammengestellt wurde.

Die andere Stelle ist 11, 4f. Hier folgen, nur durch καί verbunden, zwei relativ umfangreiche Zitate aufeinander, die ohne jede Kommentierung bleiben. Der Verfasser hat sie wohl als Einheit verstanden. Denn von seinem Kontext her will er Vorausoffenbarungen über die Taufe bieten. Das bloße Vorkommen des Wortes ὕδωρ ist ihm Beleg für die Taufe. Dieses Wort begegnet aber nur in dem Zitat von Vers 5. Aussagen über die Taufe zu machen, kann aber nicht der ursprüngliche Sinn der Zusammenstellung der Zitate gewesen sein, da das erste Zitat nicht den mindesten Hinweis darauf gibt. Es liegt also in 11, 4f. eine dem Verfasser bereits überlieferte Zusammenstellung unkommentierter Zitate vor, die unter einem bestimmten Gesichtspunkt erfolgt sein muß.[110]

Das Recht der Frage nach Testimonien ist also auch für den Barnabasbrief erwiesen.[111] Aber wenn andererseits festgestellt werden muß, daß die in den Kap. 2–16 aufgenommene Tradition zum weitaus größten Teil aus schon kommentierten Zitaten besteht, hat das zur Folge, daß der Barnabasbrief für diese Frage nicht unmittelbar ausgewertet werden kann. Denn es ist ja zu beachten, daß der Schrifttext in einzelne kleine Lehrvorträge hineingearbeitet und so mit ihnen überliefert wurde, was sehr leicht zu Veränderungen des Textes führen konnte. Auffällige Abweichungen können also durch die besondere Tendenz des neuen Kontextes veranlaßt sein und dürfen nicht ohne weiteres als Hinweise auf die Herkunft aus einer Zitatensammlung gewertet werden.

Dafür seien drei Beispiele angeführt. In 13, 5 ist der Singular „und er segnete *ihn*" (sc. Efraim) statt „sie" (sc. Efraim und Manasse) tendenziöse Änderung von der beabsichtigten Auslegung her. Ebenfalls tendenziös ist die Auslassung von Ἰσραήλ nach θεός in 14, 8 im Zitat von Jes 49, 6f. Und das Zitat in 16, 3 aus Jes 49, 17a ist vom Verfasser selber im Interesse seiner Vers 4 beabsichtigten Auslegung zurechtgemacht worden.

Auch die im Barnabasbrief häufigen Mischzitate sind keinesfalls ein selbstverständlicher Ausweis für das Vorliegen von Testimonien. Andere Erklärungen können wesentlich näher liegen.

Bei den meisten der Mischzitate im Barnabasbrief braucht man nämlich zu ihrer Erklärung nicht verschwommen auf Testimonien zu verweisen, sondern man kann zeigen, wie sie zustande gekommen sind. Zwei sind unbewußt durch einen Gedächtnisfehler beim freien Zitieren entstanden. Barn 6, 6 erklärt sich unter der Voraussetzung, daß der Verfasser des Tra-

---

[110] Erwägungen dazu, die notwendig hypothetisch bleiben müssen, bei Prigent, Testimonia 94f.
[111] Die grundsätzliche Möglichkeit solcher Zitatenreihen für das Urchristentum ist durch den analogen Vorgang in der Qumrangemeinde gegeben: 4QTest und 4QFlor.

ditionsstückes, zu dem dieser Vers gehört, ψ 21,17 zitieren wollte: (ὅτι) ἐκύκλωσάν με κύνες πολλοί, συναγωγὴ πονηρευομένων περιέσχον με. Er hatte diesen Vers aber nicht mehr genau im Gedächtnis. Was die Reihenfolge betrifft, so beginnt er mit der zweiten Zeile in etwas anderer Stellung: περιέσχεν με συναγωγὴ πονηρευομένων. Dann unterläuft ihm statt der ersten Zeile die ganz ähnliche Aussage von ψ 117,12a: ἐκύκλωσάν με ὡσεὶ μέλισσαι κηρίον.

Dasselbe Phänomen läßt sich Barn 9, 2b beobachten. Der Kompilator der Zitatensammlung wollte Jes 50,10 anführen: τίς ἐν ὑμῖν ὁ φοβούμενος τὸν κύριον; ἀκουσάτω τῆς φωνῆς τοῦ παιδὸς αὐτοῦ. Statt der Anfangsfrage fließt ihm aber die von ψ 33,13a (τίς ἐστιν ἄνθρωπος ὁ θέλων ζωήν) in die Feder, wobei er zudem noch – wohl ebenfalls unbewußt – in eine geläufige Wendung ändert: τίς ἐστιν ὁ θέλων ζῆσαι εἰς τὸν αἰῶνα;

In Barn 5, 13 ist die zweite Hälfte eines Mischzitates wiederum ein Mischzitat. Für letzteres dürfte ebenfalls ein Gedächtnisfehler verantwortlich sein. Der Verfasser des Stückes hatte ψ 26,12 vor Augen: ὅτι ἐπανέστησάν μοι μάρτυρες ἄδικοι. Statt der „ungerechten Zeugen" bietet er aber den ihm wohl geläufigeren Ausdruck πονηρευομένων συναγωγαί nach ψ 21,17b, wobei er auch die Satzglieder noch umstellt.[112]

Mischzitate können allerdings auch ganz bewußt gebildet worden sein im Zusammenhang eines auslegenden Kontextes. Ein aufschlußreiches Beispiel dafür bietet Barn 6,13. In 6, 8 hatte der Verfasser des Traditionsstückes das Themazitat gebracht: εἰσέλθατε εἰς τὴν γῆν κτλ. Im Vollzug seiner Auslegung zitiert er in Vers 12 Gen 1, 28aα–γ. In einem vorläufigen Resümee in Vers 13 aber wiederholt er einen Teil des Themazitates und hängt unmittelbar daran die Fortsetzung des zuvor gegebenen Gen-Zitates an: εἰσέλθατε εἰς γῆν ῥέουσαν γάλα καὶ μέλι καὶ κατακυριεύσατε αὐτῆς. Die Möglichkeit der Verbindung beider Stellen zu einem Zitat liegt darin, daß beide von der γῆ handeln.

Bewußte Verschmelzung zweier Zitate liegt auch in Barn 9, 8 vor, einer Stelle, die vom Schreiber des Briefes selber stammt. Er verbindet die Nachricht von Gen 17, 23, daß Abraham beschnitt, mit der Zahl 318 aus Gen 14, 14. Für seine Auslegung brauchte er diese Zahlenangabe. Er schloß, daß – wenn nach 17, 23 zu den von Abraham Beschnittenen auch die Knechte gehörten – deren Zahl 318 betragen habe, da in 14,14 von ebenso vielen Knechten Abrahams die Rede ist. Das verbindende Element zwischen beiden Stellen ist die Erwähnung der οἰκογενεῖς. Der Verfasser kann also eine von ihm selbst vollzogene Kombination als Schriftzitat ausgeben.

Ob es sich bei den Mischzitaten in Barn 2, 7f. (Jer 7, 22f./Sach 8, 17[; 7, 10]) und 16, 2 (Jes 40,12/Jes 66,1) um bewußte Zusammenstellungen handelt, was wahrscheinlicher zu sein scheint, oder auch um unbewußte – klar ist jedenfalls, daß sie nicht als „Testimonien" vollzogen wurden, sondern vom jetzigen auslegenden Kontext her.

Im Blick auf die Kap. 2–16 muß die Fragestellung, statt vorschnell auf die Konstatierung von „Testimonien" aus zu sein, vielmehr so formuliert werden: In welchen Formen lag der Schule, die im Barnabasbrief greifbar wird, das Schriftmaterial vor, mit dem hier gearbeitet wurde? Daß so gefragt werden muß, darauf weist noch folgender auffälliger Tatbestand: Innerhalb desselben Stückes stehen genaue

---

[112] Auf einem solchen Gedächtnisfehler wird auch die zweite Hälfte des Mischzitates in Barn 2,7f. aus Sach 8,17 und 7,10 beruhen. Hierhin gehört wahrscheinlich auch noch das Mischzitat in 6,16 aus ψ 21, 23 und ψ 107, 4.

und ungenaue Zitate. Die (relative) Genauigkeit der Zitate hängt weitgehend daran, aus welchem biblischen Buch sie stammen.

Das kann folgende Übersicht verdeutlichen:
2,1–3, 6: Genaue Jes-Zitate; ungenaues Mischzitat aus Jer und Sach; relativ genaues Ps-Zitat mit unbekanntem Anhang.
4,1–5. 9–14: Genaues Jes-Zitat; ungenaue Dan-Zitate.
4, 6–8; 5,1f.: Freie Wiedergabe aus Dtn; genaues Jes-Zitat.
5, 5–7. 11–13; 6,1–4: Genaues Jes-Zitat; ungenaues Sach-Zitat; relativ genaue Jes- und Ps-Zitate.
12,1–11: Genaue Jes-Zitate; genaues Ps-Zitat; sehr ungenaue Ex- und Num-Zitate.
14,1–9: Freie Wiedergabe aus Dtn; genaue Jes-Zitate.
15,1–9: Genaues Jes-Zitat; sehr ungenaue aus anderen Büchern.

Aus diesen Beobachtungen ergibt sich einmal die Folgerung, daß der Schule keine vollständige LXX zur Verfügung gestanden haben kann.[113] Und zum anderen ist die Aufgabe gestellt, die Zitate aus jedem biblischen Buch im Zusammenhang miteinander zu untersuchen.

Die meisten Zitate, nämlich 24, stammen aus Jesaja. Nur ein einziges von ihnen, 49,17 in Barn 16, 3, gibt den Jes-Text sehr ungenau wieder. Hier handelt es sich um eine bewußte Umgestaltung des Verfassers im Interesse seiner Auslegung. Das aber heißt: Diese Abweichung sagt nichts über die Gestalt des Zitates, die er vorfand. Alle übrigen Zitate kommen dem LXX-Text auffällig nahe, ja stimmen zu einem guten Teil wörtlich mit ihm überein. Wörtliche Übereinstimmung ist nicht nur dann zu konstatieren, wenn der Text eines Zitates dem unserer kritischen LXX-Ausgaben entspricht, sondern auch dann, wenn Abweichungen durch LXX-Varianten gedeckt werden; darüber hinaus auch in solchen Fällen, in denen die Abweichungen von solcher Art sind, wie sie in der handschriftlichen Überlieferung leicht erfolgen können. Denn es ist eine größere Varianz vorauszusetzen, als sie die uns erhaltenen Handschriften bieten. Unter diesen Bedingungen müssen die Zitate in Barn 3,1f.; 4,11; 6,7; 12,11; 14,7. 9; 16, 2 als wörtlich gelten. Die Besonderheiten sechs weiterer Zitate erklären sich von der Tendenz ihres jetzigen Kontextes her. Da sie im übrigen in dem eben angegebenen Sinn wörtlich sind, haben diejenigen, die sie zitierten, sie wahrscheinlich im Wortlaut der LXX vorgefunden. Es handelt sich um Barn 3, 3–5[114]; 9,1c[115]; 9, 2c[116]; 9, 3c[117]; 11, 3[118]; 14, 8[119].

---

[113] Das ist gegen Albert C. Sundberg jr. anzuführen, der in Aufnahme einer Aussage Kilpatricks meint, das Testimonienbuch der frühen Kirche sei die Bibel selbst gewesen (On Testimonies, NT 3, 1959, [268–281] 280f.).
[114] Lediglich kontextbedingte Änderung des Anfangs.
[115.116] Hinzufügung von ἀκοῇ zur Unterstreichung des Themas „Hören", unter dem die Sammlung der Zitate erfolgte.
[117] An den Kontext anpassende Hinzufügung von ἀκούσατε τέκνα.
[118] Tendenziös ist hier die Änderung des Singulars in den Plural: Statt der am Schluß aus-

Weitere neun Zitate sind ebenfalls wörtlich, weisen aber als Besonderheit kleinere oder größere Auslassungen auf, ohne daß sich ein sachlicher Grund dafür finden ließe. In Barn 2, 5 könnte man die Auslassung von κριῶν, καὶ ἡμέραν μεγάλην aus Jes 1,11–13 noch auf das Konto handschriftlicher Überlieferung setzen, vielleicht auch in 6, 2 f. die von εἰς τὰ θεμέλια αὐτῆς aus Jes 28,16; in allen anderen Fällen ist aber als Motiv nur das Bestreben nach Verkürzung zu erkennen: Barn 5, 2[120]. 14; 6,1 f.; 9, 3b; 11, 4. 5; 16, 2b.

Die starke Nähe der weitaus größten Zahl der Jes-Zitate zum LXX-Text könnte die Annahme nahelegen, daß der Schule eine Jes-Handschrift zur Verfügung stand. Angesichts der eben erwähnten unmotivierten Auslassungen ist es aber wohl wahrscheinlicher, daß sie lediglich ein relativ ausführliches Exzerpt einer Jes-Handschrift besaß.[121]

Daß die meisten Zitate im Barnabasbrief aus Jesaja stammen, liegt also nicht unmittelbar daran, daß dieses Buch (zusammen mit den Psalmen) bei Christen (und Juden) das beliebteste war;[122] diese Beliebtheit hatte ihrerseits zur Folge, daß dieses Buch am meisten abgeschrieben und überliefert wurde und so auch am stärksten verbreitet war. Die Häufigkeit und Genauigkeit der Jes-Zitate im Barnabasbrief erklärt sich vielmehr von daher, daß die Schule über ein relativ ausführliches Exzerpt des Jes-Buches verfügte.

An zweiter Stelle stehen die Ps-Zitate. Auch hier ist ein großer Teil als wörtliches Zitat anzusehen: Barn 5, 13; 6, 4a. 6; 9, 1. 2; 10, 10; 11, 6 f.; 12, 10b. Besonders aufschlußreich sind einige Mischzitate, die zeigen, daß aus dem Gedächtnis zitiert wurde.[123] Das mag auch die Ursache dafür sein, daß an anderen Stellen Ps-Zitate nicht so genau sind; dabei spielen auch mitunter kontextbedingte Änderungen eine Rolle: Barn 2, 10a; 6, 4b. 16a; 15, 4.

Da ein Großteil der Ps-Zitate sehr genau mit dem LXX-Text übereinstimmt, war in der Schule wohl auch eine Ps-Handschrift vorhanden, die aber nicht für jede Zitierung eingesehen wurde. Ob es sich um ein vollständiges Exemplar handelte oder um ein mehr oder weniger umfangreiches Exzerpt, läßt sich nicht entscheiden, da bis auf eine Ausnahme die Ps-Zitate sehr kurz sind, also keine Erwägungen von möglichen Auslassungen her angestellt werden können.

Gegenüber den Jes-Zitaten fällt die geringe Zahl der Zitate aus dem Jer-Buch

---

gelassenen „Tochter Moab" sind jetzt die Juden angeredet. Die Ersetzung von „Zion" durch „Sinai" ist wohl unbewußtes Versehen.

[119] Statt ῥυσάμενος das im Kontext geläufige λυτρωσάμενος.

[120] Hier ist Jes 53, 5 (mit Ausnahme eines Sätzchens) .7b zitiert; ausgelassen sind die Verse 6. 7a. Besonders auffällig ist die Auslassung von Vers 6b, der ausgezeichnet in die Tendenz des Kontextes gepaßt hätte.

[121] Von daher könnte auch das am Schluß verkürzte Zitat von Jes 65, 2 in Barn 12, 4 erklärt werden.

[122] Vgl. dazu Hommes, Testimoniaboek 335.

[123] S. o. S. 124 f.

auf, von denen zudem keines genau mit dem LXX-Text übereinstimmt.[124] Die Textgrundlage muß hier für die Schule eine andere gewesen sein. Sie läßt sich allerdings nicht ermitteln.

Noch ungenauer sind die Ez-Zitate in Barn 6, 14; 11, 9f. Wenn nach der Zitierung von Ez 20, 6 in 11, 9 gefragt wird: εἶτα τί λέγει; und dann ein Extrakt aus Ez 47, 1–9 folgt, ist vorausgesetzt, daß die Textgrundlage beides nacheinander enthielt. Hier könnten also wieder „Testimonien" benutzt sein.

Die zwei Dan-Zitate in Barn 4, 4f. sind ebenfalls sehr frei. Da nur das zweite als Dan-Zitat identifiziert wird, darf man vielleicht folgern, daß Dan 7, 7f. in der Schule als Einzelzitat mit Verfasserangabe umlief oder Bestandteil einer kleineren Sammlung war.

Größere Nähe zur LXX zeigen die Gen-Zitate. Sieht man von der durch christliche Tradition geprägten Aussage in Barn 13, 7[125] und dem Willkürakt in 9, 8[126] ab, müssen die verbleibenden sechs Zitate als relativ wörtlich angesehen werden. Dabei besteht bei der Wortüberlieferung[127] allerdings eine größere Nähe als bei der Erzählüberlieferung[128]. Die Annahme einer Gen-Handschrift oder eines Exzerptes davon ist möglich.

Das scheint auch für das Deuteronomium zu gelten. Es findet sich zwar nur ein wörtliches Zitat,[129] aber Einfluß zeigt sich in Barn 6, 8; 9, 2a; 10, 2; 14, 1a; hier haben eine Reihe von Stellen aus dem Deuteronomium auf den Sprachgebrauch eingewirkt. Und die Darstellung von Dtn 9, 9–17 steht deutlich im Hintergrund von Barn 4, 7f.; 14, 1–4.

Die Bücher Exodus, Leviticus und Numeri spielen eine geringe Rolle im Barnabasbrief. Daß die Schule Handschriften davon hatte, erscheint ausgeschlossen. Der stärkste Bezug auf einen Ex-Bericht, Barn 12, 2f., beruht nicht unmittelbar auf dem Bibeltext von Ex 17, 8–16, sondern hat eine besondere Überlieferungsgestalt des Stoffes zur Voraussetzung.[130] Dasselbe gilt für die drei Zitate aus dem Buch Numeri in Barn 8, 1[131], 12, 5–7[132] und 12, 8f.[133] Die möglichen Lev-Zitate

---

[124] Am nächsten stehen der LXX noch die beiden Zitate in 9, 5; die übrigen haben teilweise beträchtliche Abweichungen.

[125] Vgl. Röm 4, 9b. 11.

[126] Vgl. o. S. 125.

[127] Barn 5, 5; 6, 12f.; 15, 3. 5a.

[128] Barn 13, 2. 4f.

[129] Dtn 10, 16 in Barn 9, 5.

[130] Das zeigt das Motiv, daß Mose inmitten der Schlacht einen Schild auf den anderen legte, während von einem Berg nicht die Rede ist.

[131] Vgl. A. 129–134 zur Übersetzung.

[132] Hier liegt eine sehr freie Wiedergabe von Num 21, 4–9 vor. Zu beachten ist, daß bereits im Judentum diese Erzählung mit der in Barn 12, 2f. wiedergegebenen von Ex 17, 8–16 verbunden war. In solcher Zusammenstellung dürfte der Text der Schule vorgelegen haben.

[133] Freie Aufnahme von Num 13, 16f. Das „Zitat" bildet die Situationsangabe zu einem weiteren Zitat, das in einer ganz anderen Situation angesiedelt ist. Dem Autor dürfte also nicht der biblische Text im Zusammenhang vor Augen gewesen sein.

Einleitung

in Barn 10 stammen wahrscheinlicher aus Dtn 14. Die Bezüge auf Lev 23, 29 in Barn 7, 3 und auf Lev 16, 5. 6–10. 21f. in Barn 7, 6–8 gehen nicht unmittelbar auf den Bibeltext zurück, sondern beruhen auf einer selbständigen Tradition.[134]

Als Ergebnis dieser Untersuchungen ist damit festzuhalten, daß der hinter dem Barnabasbrief stehenden Schule der biblische Text für die verschiedenen Bücher der Bibel in sehr verschiedener Gestalt vorlag. Nur für vier Bücher, Jesaja, Psalmen, Genesis und Deuteronomium, läßt sich die Existenz von Abschriften bzw. Exzerpten wahrscheinlich machen. Im übrigen ist eine Mehrzahl von Überlieferungsformen vorauszusetzen, sowohl in mündlicher als auch in schriftlicher Gestalt: Einzellogien, Spruchsammlungen, Testimonien, freie Wiedergabe von Erzählungen, Kombinationen von Erzählungen.[135]

9. Theologie

Die Bestimmung einer möglichen Theologie des Barnabasbriefs[136] muß bei seinem Verständnis der „Schrift" einsetzen,[137] da deren dominierende Rolle in dem weitaus größeren ersten Hauptteil auf der Hand liegt und auch die Zwei-Wege-Lehre des zweiten Hauptteiles als „Schrift" gilt.[138]

Im Blick auf die Methode der Auslegung gibt es keinen starren Schematismus, sondern verschiedene Methoden kommen zur Anwendung. Ein Schriftwort bildet den Schlüssel zur Erklärung für andere. Wenn der Verfasser in 10, 2 zitiert: „Und ich will an dieses Volk meine Rechtsforderungen erlassen", so ist damit gesagt, daß die zuvor wiedergegebenen Speiseverbote ethisch verstanden werden müssen, da der Begriff δικαίωμα für ihn nur die ethische Forderung meint.[139] In 15, 4 erschließt die Aussage von ψ 89, 4, daß ein Tag des Herrn wie 1000 Jahre sei, das Verständnis von Gen 2, 2f. von der Vollendung der Welt in sechs Tagen.

Ein Widerspruch in der Schrift ist Hinweis auf eine besondere Bedeutung. Wenn nach 7, 3 f. am Versöhnungstag einerseits ein vollständiges Fastengebot besteht, andererseits aber die Priester doch essen sollen, so wird damit, wie Vers 5 ausführt, auf ein bestimmtes Ereignis bei der Kreuzigung Jesu hingewiesen.[140]

---

[134] Vgl. A. 113 u. 120 zur Übersetzung.

[135] Präzisere Angaben werden erst dann zu machen sein, wenn das gesamte urchristliche und altkirchliche Material unter der hier aufgezeigten Fragestellung aufgearbeitet wird.

[136] Das ist zugleich die Frage nach der Theologie der Schule, da sich ja zwischen den redaktionellen Partien und den aufgenommenen Traditionsstücken keine sachlichen Differenzen von Gewicht zeigen.

[137] Vgl. dazu Wengst, Tradition 71–82.

[138] Vgl. das ὅσα γέγραπται in 21, 1.

[139] So gilt prinzipiell, daß Gebote und Verbote im rituellen Bereich auf die ethische Ebene verlagert werden müssen, wie es in 10, 3–8. 11 vorgeführt wird; vgl. 9, 5.

[140] Vgl. dasselbe Verfahren in 12, 6. In eben dieser Weise ist wohl auch das Verhältnis zwischen 9, 4–6, wonach das Beschneidungsverbot nicht im fleischlichen Sinne gemeint

Bestimmte Worte meinen etwas anderes, als sie sagen. „Holz" bedeutet ohne weiteres das Kreuz Jesu,[141] „Wasser" bezeichnet die Taufe,[142] und die „rote Wolle" ist ein Hinweis auf das sühnende Leiden Jesu.[143]

Sodann begegnet die aus den Qumrantexten bekannte Peschermethode,[144] daß also ein Text stückweise zitiert und dann jeweils seine gegenwärtige Bedeutung für die Gemeinde angeführt wird. Diese Form der Auslegung ist besonders klar in 11, 9–11 durchgeführt. An einer Stelle findet sich Gematrie (9, 8).

Doch gibt es auch eine ganze Reihe von Stellen, an denen Texte in ihrem Wortsinn verstanden werden. Hierbei handelt es sich um Schelten, Drohungen, Voraussagen, Verheißungen und ethische Gebote. Allerdings stellt der Verfasser hier in den meisten Fällen eine auffällige Beziehung her, indem er in das aufteilt, was „ihnen" (= Israel) und was „uns" (= den Christen) gilt. Besonders aufschlußreich ist in dieser Hinsicht das umfangreiche Zitat von Jes 58, 4f. in Barn 3, 1–5: Die Scheltrede läßt er Israel gesagt sein, die sich in der Ethik vollziehende Bestimmung des rechten Fastens und die diesem gegebene Verheißung aber „uns".[145] Es ist jedoch nicht so, daß alles Negative für Israel geschrieben sei und das Positive für die Christen. So haben die Worte gegen Israel zugleich die Funktion von Mahnungen an die Christen.[146] Und auf der anderen Seite kann der Verfasser auch ethische Gebote als „an sie" gerichtet zitieren.[147] Da „sie" aber nicht verstanden haben und nicht verstehen, hat die Aufteilung der Adressaten faktisch doch grundsätzlichen Charakter.

Alle Auslegungsmethoden werden sachlich dadurch zusammengehalten, daß die Schrift ihrem Wesen nach Vorausoffenbarung ist. Was sie sagt, bezieht sich auf Christus[148], das ihn verwerfende Israel[149], die ihn anerkennenden Glaubenden[150]

---

war, und 9, 7f., wo Abraham die fleischliche Beschneidung ἐν πνεύματι προβλέψας εἰς τὸν Ἰησοῦν vollzieht, zu verstehen.

[141] 8, 1. 5; 11, 8; 12, 1. 7.
[142] 11, 1. 8. 11.
[143] 7, 11; 8, 1. 5.
[144] Vgl. vor allem 1QpHab.
[145] Vgl. 6, 7. 12. 13; 9, 1. Die Zitationsformel in 5, 2 – γέγραπται γὰρ περὶ αὐτοῦ ἃ μὲν πρὸς τὸν Ἰσραήλ, ἃ δὲ πρὸς ἡμᾶς – ist wohl so zu verstehen, daß die Aussagen über das Leiden Jesu im folgenden Zitat „sie" als Verursacher betreffen sollen, diejenigen über Sinn und Nutzen dieses Leidens aber „uns"; vgl. zu dieser Aufteilung 14, 5 und 5, 6f. 11.
[146] Vgl. 2, 9; 3, 6. In 4, 14 wird Israel als warnendes Beispiel angeführt und in 4, 11 innerhalb einer Paränese an Christen sogar ein Weheruf zitiert.
[147] 2, 8; 9, 5.
[148] Im Blick auf das 6, 8 gebrachte Zitat und die in Vers 9 gebotene Auslegung stellt der Verfasser in Vers 10 in einer hermeneutischen Bemerkung fest: λέγει γὰρ ὁ προφήτης παραβολὴν κυρίου.
[149] Vgl. z. B. die hermeneutische Zwischenbemerkung in 6, 7: „Weil er also im Fleisch erscheinen und leiden sollte, ist sein Leiden im voraus offenbart worden", auf die eine gegen Israel gewandte Zitationsformel folgt.
[150] Vgl. 6, 13; 16, 6–10.

und die erwartete Zukunft[151]. Gott hat in ihr „über alles im voraus Offenbarung zuteil werden lassen"[152]. Entsprechend wird in der Schrift „vorausgesehen"[153] bzw. etwas Künftiges „gesehen"[154]. Von daher erklärt sich der außerordentlich häufige Gebrauch der Worte vom Stamm προφητ-.[155] Die ganze Schrift ist prophetisch. Nicht nur die Männer sind Propheten, von denen es traditionell gesagt wird, sondern auch alle anderen großen Gestalten der Schrift.[156]

Die Besonderheit des Barnabasbriefs besteht nun darin, daß die Schrift *nur* Vorausoffenbarung der christlichen und der kommenden vollkommenen Zeit ist. Dafür beansprucht er „die Väter" insgesamt (5,7) und alle hervorragenden Einzelgestalten, während er das Volk Israel völlig von ihnen trennt. Was die Propheten gesagt und gewollt haben, hat sich in der Geschichte des Volkes Israel in keiner Weise und zu keiner Zeit erfüllt. Eine wie immer geartete heilsgeschichtliche Konzeption ist hier ausgeschlossen. So bestreitet der Verfasser mit seiner Tradition, daß die διαθήκη, die Mose schon erhalten hatte, vom Volk empfangen worden ist.[157] Und er wendet sich entschieden gegen die Ansicht: „Das Testament jener ist auch das unsrige."[158] Die διαθήκη gehört *nur* den Christen. So kennt er auch nur *eine* διαθήκη und unterscheidet nicht eine neue von einer alten. Radikal von der Geschichte des Volkes Israel losgelöst, wird die Schrift zum bloßen Buchstaben, dessen zeitlosen Sinn[159] „jene" nicht erkennen, wohl aber „wir".[160] Über die Er-

[151] Vgl. 6,18f.; 15,5-8.
[152] 3,6; vgl. 6,7; 7,1; 11,1. Im selben Sinn spricht der Verfasser von „offenbaren" (2,4; 7,3.7; 12,8; 16,5), „wissen lassen" (1,7; 5,3), „hinweisen" (9,8).
[153] 3,6 von Gott, 6,14 vom „Geist des Herrn" im Blick auf die Christen, 9,7 von Abraham im Blick auf Jesus.
[154] 10,11 von Mose im Blick auf das von den Christen erkannte Gebot, 13,5 von Jakob im Blick auf die Christen.
[155] Das Wort προφήτης begegnet 26mal, προφητεύω fünfmal und einmal προφητεία.
[156] Mose (6,8), Josua (12,8) und David (12,10) werden ausdrücklich als Propheten bezeichnet. Wenn nach 9,2 „der Geist des Herrn prophezeit" und wenn es von dem als Propheten gekennzeichneten Mose heißt, er habe „im Geist" gesprochen (10,2.9; vgl. 12,2), dann werden auch Abraham und Jakob als Propheten verstanden sein, wenn sie nach 9,7 und 13,5 ἐν bzw. τῷ πνεύματι vorausblickend gehandelt haben. Durch die Propheten spricht Gott in der Schrift; vgl. 1,7; 2,4 und die grundsätzliche Ausführung in 5,6f.
[157] Die διαθήκη wird mit den beiden Gesetzestafeln identifiziert; ihr Zerbrechen bedeutet daher, daß Israel sie nicht erhalten hat (4,8; 14,4). Daß nach Ex 34 zwei neue Gesetzestafeln geschrieben und nicht zerbrochen wurden, war der Schule offenbar nicht bekannt. Aber selbst wenn es bekannt gewesen wäre, hätte man bestimmt Mittel und Wege gefunden, diesen Tatbestand „richtig" zu interpretieren.
[158] 4,6; vgl. u. o. S. 113.
[159] Vgl. nur die Auslegung des Gebotes, in das Land von Milch und Honig einzuziehen, in 6,9: ἐλπίσατε ... ἐπὶ τὸν ἐν σαρκὶ μέλλοντα φανεροῦσθαι ὑμῖν Ἰησοῦν, oder die Angabe des Sinnes der Umbenennung des Nave-Sohnes in 12,8, ἵνα μόνον ἀκούσῃ πᾶς ὁ λαός, ὅτι πάντα ὁ πατὴρ φανεροῖ περὶ τοῦ υἱοῦ Ἰησοῦ.
[160] Für den Barnabasbrief gilt damit in extremer Weise, was Euseb als jüdischen Vorwurf gegen christliche Schriftdeutung mitteilt, daß „wir als Ausländer und Fremde ... ihre Bücher mißbrauchen ... und daß wir uns schamlos ... und unverschämt hineindrängen, die

kenntnis der Schrift äußert sich der Verfasser in den redaktionellen Bemerkungen in 8, 7; 9, 1. 3 und 10, 12, mit denen er diesen ganzen Zusammenhang zu gliedern versucht. Als Begründung für das Nicht-Verstehen Israels gibt er in 8, 7 an: „weil sie nicht auf die Stimme des Herrn gehört haben". Nach 9, 4 hat sich Israel in bezug auf die nicht fleischlich gemeinte Beschneidung falsch verhalten, „weil ein böser Engel ihnen etwas weiszumachen suchte". Israel hat also beim Hören auf die Schrift gewissermaßen nicht auf Gottes Stimme gehört, sondern auf den dazwischenredenden Teufel.[161] Ist es hier schon auffällig genug, daß der Verfasser für das Nicht-Verstehen Israels keine christologische Begründung anführt, so noch mehr bei den positiven Aussagen über das Verstehen der Christen. Nach 9, 1. 3 und 10, 12 „hören" die Christen und verstehen richtig, weil Gott ihre Herzen und Ohren beschnitten hat; und als Beleg dafür werden in 9, 1–3 wieder Schriftzitate beigebracht. Nur mit Schriftzitaten und nicht von der Christologie her wird auch die Nichtigkeit ritueller Vollzüge und kultischer Einrichtungen begründet.[162] Damit ist aber auch klar, daß die Nichtigkeit dieser Dinge nicht erst von einem bestimmten Zeitpunkt an gilt, sondern schon immer. Nicht ein christologisches Heilsdatum relativiert eschatologisch die Geschichte Israels und den mit ihr verbundenen Ritus und Kult, sondern die Schrift selber sagt, daß dieses Volk sich schon immer falsch verhalten hat und daß die Aussagen der Schrift nie anders gemeint waren, als sie jetzt christlich verstanden werden.[163] So heißt es in 9, 4 ausdrücklich: „Er hat gesagt, daß die Beschneidung nicht am Fleisch erfolgen soll"; statt dessen findet der Verfasser in 9, 5 da ein „Gebot", wo mit der Beschneidungsterminologie ethisches Verhalten anvisiert ist. Nach Kap. 10 waren die Speisegesetze nie anders als ethisch gemeint; „sie aber haben es dem sinnlichen Verlangen gemäß aufgefaßt, als ginge es ums Essen" (10, 9). Daß Gott die Sabbate nicht mag, hat er ihnen auch schon gesagt (15, 8); und die Schrift selber erschließt das richtige Sabbatverständnis (15, 3–7). „Fast als ein Postskript"[164] erwähnt der Verfasser in 15, 9 noch den christlichen Sonntag. Dessen Feier wird von der vorangegangenen Schriftauslegung begründet und dann nachklappend *auch* noch festgestellt, daß Jesus an ihm auferstanden, erschienen und in den Himmel aufgestiegen ist.[165] Die

Angehörigen und Angestammten aber aus dem ihnen gehörenden väterlichen Besitz gewaltsam hinausdrängen" (praeparatio evangelica I 2, 5).

[161] Vgl. 2, 10.
[162] So in 2, 1–3, 6 die Nichtigkeit von Opfern und Fasten, in 9, 4–6 der Beschneidung, in 15, 1–9 des Sabbats, in 16, 1–10 des Tempels.
[163] Diesen Sachverhalt stellt Klevinghaus sehr klar heraus: Die von den Juden gehaltenen kultischen Gebote werden nicht als erst im Neuen Bund aufgehoben betrachtet; weil es nur das eine Testament gibt, wird vielmehr mit exegetischen Mitteln gezeigt, daß die Kirche „die einzig richtige Einsicht in die eine Heilsordnung Gottes empfangen hat" (Stellung 29). „Die Geschichte wird aufgelöst. Übrig bleibt das Buch und die Gnosis, es auszulegen" (39).
[164] Shea, Sabbath 172.
[165] Vgl. Shea, Sabbath 174: "This subordinate clause does not give the resurrection or a commemoration of it as the reason for keeping Sunday, but that event on the eighth day was

Einleitung

in christlicher Überlieferung vorgegebene christologische Begründung der Sonntagsfeier wird also nicht übernommen, sondern durch eine Begründung aus der Schrift ersetzt.

Das alles weist darauf hin, daß die Schrift für den Verfasser und seine Schule die alles entscheidende Norm ist. Zwar wird ihre Auslegung von einem naiven christlichen Vorverständnis geleitet, wie es ausdrücklich am Ende von 12, 7 ausgesprochen wird.[166] Aber nirgends heißt es, daß sich die Schrift erst „in Christus" erschließt; und nichts im Barnabasbrief macht es wahrscheinlich, daß ein solches Verständnis stillschweigend vorausgesetzt wäre. Die Schrift spricht zwar wesentlich von Jesus; aber Jesus ist keine eigene Autorität neben oder gar über ihr. Zugespitzt formuliert: Gilt für die neutestamentlichen Autoren der Kanon, daß das Christusgeschehen Norm und Regulativ aller Schriftbenutzung ist, so für den Barnabasbrief umgekehrt, daß sich an der Schrift erst ausweisen muß, was legitime christliche Rede sein will. Es besteht hier eine wechselseitige Normierung: Die Voraussetzung, die Schrift sei ein „christliches" Buch, leitet zwar ihre Auslegung; es haben aber andererseits nur die christlichen Erkenntnisse und Daten Anspruch auf Gültigkeit, die sich von der Schrift her rechtfertigen lassen.[167]

Aus diesem Ansatz ergibt sich die doppelte Konsequenz, daß einerseits jede christliche Aussage aus der Schrift zu belegen ist, andererseits aber auch jedem Satz der Schrift ein zeitlos gültiger Sinn abgewonnen werden muß. Von daher lassen sich die vermeintlichen Widersprüche im Barnabasbrief erklären, daß er einmal Opfer und Beschneidung für schon immer nichtig erklärt, in den Auslegungen in den Kap. 7f. und 9, 8f. ihren rechtmäßigen Vollzug aber voraussetzt.[168] Die erste Aussage hat für ihn grundsätzliche Bedeutung; und so muß er die Berichte von gebotenen Opfervollzügen und der Abrahamsbeschneidung so interpretieren, daß sie mit Opfer und Beschneidung im ursprünglichen Sinn des Wortes nichts mehr zu tun haben.[169] Nach 9, 9 ist er sehr stolz darauf, wie gut ihm das gelingt.

---

mentioned here to lend its influence to the conclusion already finalized on the basis of the millenial ages outline." Shea bringt diese Beoachtung allerdings nicht mit dem Schriftverständnis des Autors in Zusammenhang.

[166] Vgl. auch 1, 7; 3, 6; 5, 3. 6; 6, 10; 7, 1; 9, 9.

[167] An dieser Stelle sei nochmals an die These der Gegner des Ignatius in Phld 8, 2 erinnert: „Wenn ich es nicht in den Urkunden (sc. der Schrift) finde, als Bestandteil nur des Evangeliums, glaube ich es nicht."

[168] Vgl. z. B. Windisch, Barnabasbrief 343. 348. 357. 393.

[169] Gegen Windisch vgl. auch Campenhausen, Entstehung 85 A. 49; s. weiter Klevinghaus, Stellung 22 f.; Leonhard Goppelt, Christentum und Judentum im ersten und zweiten Jahrhundert. Ein Aufriß der Urgeschichte der Kirche, BFChTh II/55, Gütersloh 1954, 216 A. 2. Sehr klar stellt Meinhold fest: Wäre dem Verfasser die Auslegung der Abrahamsbeschneidung in 9, 7 nicht gelungen, „wäre seine ganze Beweisführung (sc. in 9, 4–6) durch diesen Bericht zerstört worden" (Geschichte 270). Das Faktum der Abrahamsbeschneidung widerstreitet seiner These von 9, 4; „den Widerspruch beseitigt er, indem er das Faktum in einem neuen Licht erscheinen läßt" (271).

Von dem gekennzeichneten Auslegungsansatz her, der der Geschichte des Volkes Israel keinerlei Wert beimißt, ergibt es sich auch, daß die Auslegungen des Barnabasbriefs nicht als „Typologien" gekennzeichnet werden können.[170] Auch wo er selbst das Wort τύπος verwendet, handelt es sich um nichts als Allegorien. Das damalige Geschehen hat keine relative eigenständige Dignität, sondern erschöpft sich in der bloßen Anzeige; nur der geschriebene Buchstabe ist wichtig, dessen immer gültigen Sinn der Ausleger erkennt.[171] In seiner allegorischen Auslegung des Buchstabens ist der Barnabasbrief faktisch recht frei, ja geradezu willkürlich, aber prinzipiell ist er denkbar fest an die Schrift gebunden, da es keinen Punkt für ihn gibt, von dem aus sie relativiert werden könnte.[172]

Ist die Schrift von zentraler Wichtigkeit, stellt sich die Frage, für was sie in erster Linie im Barnabasbrief in Anspruch genommen wird. Was wird aus ihr vor allem gewonnen? Nach 2,1 geht es darum, τὰ δικαιώματα κυρίου zu erforschen. Diese „Rechtsforderungen" erwähnt auch das für die Auslegung des ganzen Kapitels konstitutive Schriftzitat in 10, 2. Gottes Gebote müssen gehalten werden, „damit wir uns an seinen Rechtsforderungen erfreuen"[173]. Das, „was uns zu retten vermag" und nach 4,1 ermittelt werden soll, kann dem Kontext gemäß wieder nichts anderes als diese δικαιώματα sein, also die ethischen Forderungen Gottes. Deren Befolgung schärft der Barnabasbrief immer wieder ein,[174] was er nicht zuletzt mit dem Gericht und seiner Nähe begründet.[175] Ist aber nach 21,1 der Sinn der Auf-

[170] Gegen Angelo O'Hagan, Early Christian Exegesis Exemplified from the Epistle of Barnabas, ABR 11, 1963, 33–40, der meint, zwischen einer typologisch-historischen (= jüdischen) und allegorischen (= alexandrinischen) Auslegung unterscheiden zu können. Sogar zu 9, 6–9 bemerkt er: "Even the Alexandrian style reference to Abraham's gnosis in 9, 8 does not destroy the feeling for historical continuity created by the typological method of exegesis here used" (37). Aber diese „Empfindsamkeit für Kontinuität" rührt – hier und sonst – nicht von der angewandten Methode, sondern vom gebrauchten Stoff.

[171] Als Beleg sei hier nur auf die beiden Berichte in 12, 2f. 5–7 hingewiesen, in denen das Wort τύπος begegnet und die auffälligen futurischen Formen schon im Bericht (πολεμηθήσονται in Vers 3 und παραδοθήσονται in Vers 5) deutlich machen, daß die historische Situation nicht im Blick ist, sondern prinzipielle Aussagen gemacht werden sollen. Vgl. auch Leonhard Goppelt, Typos. Die typologische Auslegung des Alten Testaments im Neuen, Darmstadt 1969 (= Gütersloh 1939), 245–247.

[172] Zum Schriftverständnis des Barnabasbriefs vgl. noch Vielhauers doppelt abgrenzende Charakterisierung: „Von allem urchristlichen Gebrauch des AT unterscheidet sich Barn grundsätzlich dadurch, daß er jede positive Beziehung der Juden zum AT und zur Kirche radikal bestreitet. Von Markion und allen gnostischen Systemen aber unterscheidet er sich dadurch, daß er das AT nicht verwirft, sondern als die einzige Offenbarungsurkunde versteht" (Urchristliche Literatur 604).

[173] 4,11; vgl. weiter 10,11; 16, 9; 21,1. 5.

[174] Peter Schineller, The Kerygma of the Letter of Barnabas, BiTod 10, 1971, 252–256, betont mit Recht die Bedeutung, die dem Tun im Barnabasbrief zukommt; wenn er aber die in ihm geübte Schriftauslegung für nicht zentral hält und nur darin begründet sieht, Gott als „Herrn der Geschichte" zu zeigen (255), verfehlt er den originären Ansatz dieses eigentümlichen Schrifttheologen.

[175] 4, 3. 12; 21, 3.

erstehung die Vergeltung in Entsprechung zur Erfüllung oder Übertretung der Rechtsforderungen und also deren Befolgung heilskonstitutiv, muß gefragt werden, welche Rolle die Christologie im Barnabasbrief spielt.

Nach 14, 4 (vgl. 4, 8) hat Jesus den Christen die διαθήκη vermittelt, die Mose zwar schon empfangen, das Volk Israel aber nicht erhalten hatte. Was ist die διαθήκη? Mehrfach steht sie in Verbindung mit Worten vom Stamm κληρονομ-[176], so daß sie formal die Bedeutung einer testamentarischen Verfügung hat und also mit „Testament" zu übersetzen ist. Da es im Barnabasbrief mit den Gesetzestafeln identifiziert wird, genauer mit dem auf ihnen Geschriebenen[177], ist dieses Testament inhaltlich als der sich in Geboten zu erkennen gebende Wille Gottes zu bestimmen. Es ist identisch mit dem „neuen Gesetz unseres Herrn Jesus Christus" in 2, 6; denn dieses „neue Gesetz" stellt sich im Kontext als nichts anderes heraus als der in der Schrift dokumentierte Wille Gottes, der rechtes ethisches Verhalten verlangt. Die διαθήκη ist daher die Schrift selbst, insofern sie die δικαιώματα κυρίου enthält, die es in ihr zu erkennen gilt. Inhalt des Testamentes ist also der sich in Geboten und Verboten konkretisierende Wille Gottes.[178] Das ist die „vollkommene Erkenntnis", die der Verfasser nach 1, 5 vermitteln will, „die Weisheit der Rechtsforderungen", wie 16, 9 prägnant formuliert wird. Es geht um „Erkenntnis des Weges der Gerechtigkeit" (5, 4). Wenn daher der Verfasser in 18, 1 sagt, zu einer „anderen Erkenntnis" überzugehen, nämlich zu einer Zwei-Wege-Lehre, so nimmt er damit nur eine formale Unterscheidung vor, insofern die Zwei Wege ein geschlossener Traditionsblock mit durchgehend ethischen Weisungen sind, während vorher verschiedene Stücke aneinandergereiht wurden, in denen oft genug erst nach dem eigentlichen Sinn geforscht werden mußte. Sachlich besteht eine Einheit, so daß die Kap. 18–20 geradezu als eine krönende und einprägsame Zusammenfassung des vorher Ausgeführten erscheinen.[179]

[176] 6, 19; 13, 1. 6; 14, 4.
[177] 4, 7 f.; 14, 2 f.
[178] Vgl. auch Klevinghaus: Die Heilsoffenbarung der christlichen Kirche ist für den Barnabasbrief identisch mit dem Testament, das Gott Mose in Gestalt der steinernen Tafeln gab. Er kennt keine Unterscheidung von Altem und Neuem Testament, sondern nur das eine in Christus gegebene Testament, das sich bereits in Gestalt der steinernen Tafeln repräsentierte (Stellung 16–20). Somit ist „nicht nur deutlich, daß der Barnabasbrief die atl Heilsordnung als *Gesetzes*ordnung versteht, sondern auch, daß diese Gesetzesordnung für ihn *Heils*charakter hat" (30). Er versteht unter dem Evangelium Gesetz und verkündigt das Gesetz als Evangelium (31 f.). S. auch Thomas F. Torrance, The Doctrine of Grace in the Apostolic Fathers, Edinburgh 1948, 108, und Hans Pohlmann, Art. Diatheke B.II, RAC 3, Stuttgart 1957, (987–990) 989: „Διαθήκη ist für Barn. einfach der Ausdruck des von Anfang an und für alle Zeiten gleichen göttlichen Heilswillen."
[179] Hier handelt es sich um eine Aufnahme aus den Vorarbeiten von Hartmut Stegemann. – Die Einheit beider Teile wird auch von daher deutlich, daß der Verfasser in 21, 1 die Gebote des Lichtweges τὰ δικαιώματα τοῦ κυρίου nennt, nach denen der erste Teil in der Schrift geforscht hatte. – Im Blick auf den Erkenntnisbegriff ist es nicht ohne Ironie, daß ihn der Verfasser weitgehend dem hellenistischen Judentum verdankt, während er dem Judentum jed-

Ist das den Christen gegebene Testament identisch mit den schon in der Schrift enthaltenen Rechtsforderungen Gottes, die zur Erlangung des Heils erfüllt werden müssen, stellt sich die Frage nach der Funktion der Christologie noch einmal schärfer. Anders formuliert: Warum hat Israel dieses Testament nicht erhalten, wohl aber die Christen? „Sie haben sich wegen ihrer Sünden nicht als würdig erwiesen, es zu empfangen", heißt es lapidar in 14,1, was in Vers 4 verkürzt wiederholt wird. Nach 4, 8 „verloren sie es, weil sie sich zu den Götzen hinwandten". Gedacht wird hier wohl so, daß das Testament das Verbot des Götzendienstes enthält, das dem entgegenstehende Verhalten Israels gegenüber dem Goldenen Kalb den Empfang dieses Testamentes aber unmöglich machte. Aber auch von den Christen heißt es, daß sie vor ihrer Zeit als Christen, bevor sie also „das Testament erbten", voller Sünde waren.[180] An dieser Stelle erhält nun die Christologie ihre Funktion: „Der Herr selbst gab es (sc. das Testament) uns, damit wir das Erbvolk sind, indem er unseretwegen duldete" (14, 4). Die Passion Jesu, deren Frucht die Sündenvergebung ist,[181] schaffte die Voraussetzung dafür, daß die Christen das Testament erhielten.[182] Der Ort der Übermittlung des Testamentes ist „die Taufe, die Sündenvergebung bringt".[183] Mit ihr wird ein Schlußstrich unter das bisherige sündige Leben gezogen und die Möglichkeit eines neuen Lebens für die Christen eröffnet, das sich an den Rechtsforderungen orientiert; „von den Werken hängt es ab, ob sie das gute Ende erreichen werden".[184] So wird die δικαιοσύνη einseitig als Rechtschaffenheit verstanden, die sich im Befolgen der δικαιώματα bzw. im Wandel auf der ὁδὸς δικαιοσύνης erweist.[185] Damit partizipiert der Barnabasbrief an der sich auch in anderen späten Schriften des Urchristentums zeigenden Gesetzlichkeit. Sie wird an zwei Stellen durchbrochen (6, 19; 15, 7), die deutlich machen, daß das Heil letztlich nicht Werk des Menschen ist, sondern Gottes Tat. Aber diese Stellen stehen aufs ganze gesehen doch am Rande und bleiben ohne Einfluß auf die theologische Gedankenentwicklung, wie sie sich im Barnabasbrief zeigt.

---

wede Gotteserkenntnis abspricht. Dort reflektierte man über das Verhältnis von πίστις und γνῶσις (vgl. Barn 1, 5; 2, 2) und stellte ἡ ἔμφυτος γνῶσις (vgl. den Gebrauch des Wortes ἔμφυτος in Barn 1, 2 und 9, 9), ἡ φυσικὴ κρίσις, ἡ τοῦ νόμου ὑποφώνησις in Beziehung zueinander; vgl. Bousset, Gebetssammlung 259–265.

[180] Vgl. 5, 9; 11, 11; 14, 5; 16, 7.
[181] Vgl. 5, 1. 5; 7, 2f. 5.
[182] Zum Ausschluß Israels durch dasselbe Ereignis vgl. Wengst, Tradition 85.
[183] 11, 1; vgl. 6, 11; 11, 11; 16, 8.
[184] Veldhuizen, Barnabas 112; vgl. Johannes Weiß, Der Barnabasbrief kritisch untersucht, Berlin 1888, 86.
[185] Aufnahme aus den Vorarbeiten von Hartmut Stegemann.

TEXTZEUGEN

S   Codex Sinaiticus; Barn 1, 1–21, 9; nach dem Faksimile von Kirsopp Lake, Codex Sinaiticus Petropolitanus. The New Testament, the Epistle of Barnabas and the Shepherd of Hermas, Oxford 1911. Vom Schreiber der Handschrift selbst getilgte Lesarten werden nicht angegeben; seine Verbesserungen erscheinen unter S, andere Korrekturen unter S^c

H   Codex Hierosolymitanus 54; Barn 1, 1–21, 9; nach einem Mikrofilm der Handschrift

V   Codex Vaticanus graecus 859; Barn 5, 7–21, 9; nach einer Fotokopie des Codex

L   Codex Corbeiensis; Barn 1, 1–17, 2; nach Heer, versio 2–16

P   Papyrus PSI 757; Barn 9, 1–6; nach Kraft (s. A. 5 auf S. 105)

D   Didache; Barn 18, 1–20, 2

Cl   Clemens Alexandrinus

Or   Origenes

KO   Apostolische Kirchenordnung (s. bei der Didache)

ΒΑΡΝΑΒΑ ΕΠΙΣΤΟΛΗ

1. 1. χαίρετε, υἱοὶ καὶ θυγατέρες, ἐν ὀνόματι κυρίου ᵃᵃ τοῦ ἀγαπήσαντος ᵇἡμᾶςᵇ ἐν εἰρήνῃ.

2. μεγάλων μὲν ὄντων καὶ πλουσίων τῶν τοῦ θεοῦ δικαιωμάτων εἰς ᵃὑμᾶςᵃ, ὑπέρ τι καὶ ᵇκαθ' ὑπερβολὴνᵇ ὑπερευφραίνομαι ἐπὶ τοῖς μακαρίοις καὶ ἐνδόξοις ᶜὑμῶνᶜ πνεύμασιν, ᵈὅτι οὕτωςᵈ ἔμφυτον ᵉδωρεᾶς πνευματικῆςᵉ χάριν εἰλήφατε. 3. διὸ καὶ μᾶλλον συγχαίρω ἐμαυτῷ ἐλπίζων σωθῆναι, ὅτι ἀληθῶς βλέπω ἐν ὑμῖν ἐκκεχυμένον ἀπὸ ᵃτοῦ πλουσίου τῆς ἀγάπης κυρίουᵃ πνεῦμα ᵇἐφ' ὑμᾶς· οὕτως με ἐξέπληξεν ἐπὶ ὑμῶν ἡ ᶜἐπιποθήτηᶜ ὄψις ὑμῶνᵇ. 4. πεπεισμένος οὖν τοῦτο καὶ ᵃσυνειδὼςᵃ ἐμαυτῷ, ὅτι ᵇᵇ ἐν ὑμῖν λαλήσας ᶜπολλὰ ἐπίσταμαι, ὅτι ἐμοὶ συνώδευσενᶜ ἐν ὁδῷ δικαιοσύνης ᵈκύριοςᵈ, καὶ πάντως ἀναγκάζομαι κἀγὼ εἰς τοῦτο, ἀγαπᾶν ὑμᾶς ὑπὲρ τὴν ψυχήν μου, ὅτι μεγάλη πίστις καὶ ἀγάπη ἐγκατοικεῖ ἐν ᵉὑμῖν ᶠἐπ'ᶠ ἐλπίδιᵉ ζωῆς αὐτοῦ. 5. λογισάμενος οὖν τοῦτο ὅτι ἐὰν μελήσῃ μοι περὶ ὑμῶν τοῦ μέρος τι μεταδοῦναι ἀφ' οὗ ἔλαβον, ὅτι ἔσται μοι τοιούτοις πνεύμασιν ὑπηρετήσαντι εἰς μισθόν, ἐσπούδασα κατὰ μικρὸν ὑμῖν ᵃπέμπεινᵃ, ἵνα μετὰ τῆς πίστεως ὑμῶν τελείαν ἔχητε ᵇᵇ τὴν γνῶσιν.

---

0. Βαρνάβα ἐπιστολή H; Incipit epistola Barnabae feliciter L
1. 1. ᵃ S H; ἡμῶν Ἰησοῦ Χριστοῦ L (KO) ᵇ S H; ὑμᾶς L 2. ᵃ S L; ἡμᾶς H ᵇ S; καθ' ὑπεροχήν H; supra modum L ᶜ S L; ἡμῶν H ᵈ L; οὗ τό S H ᵉ H; τῆς δ.π. S; om. L 3. ᵃ S; τ.π.τ. πηγῆς κ. H; τῆς πλουσίας πηγῆς τοῦ θεοῦ L ᵇ S (H); om. L ᶜ S; ἐμοὶ ἐπιπόθητος H 4. ᵃ Sᶜ H; συνιδών S; sciam L ᵇ S; ὁ H ᶜ S H; multa mihi bona successerunt L ᵈ S H; κυρίου L ᵉ (S) H; illo et spes L ᶠ H; om. S
5. ᵃ S H; πέμψαι Cl ᵇ S H; καί L Cl

BARNABASBRIEF

1. 1. Seid gegrüßt in Frieden,[1] Söhne und Töchter,[2] im Namen des Herrn, der uns Liebe erwiesen hat![3] 2. Angesichts der großen und reichen Rechtstaten[4] Gottes an euch freue ich mich übermäßig und überschwenglich über eure beglückenden und herrlichen Geistesgaben,[5] weil ihr in solchem Maße die Gnade der Geistbegabung eingepflanzt[6] erhalten habt. 3. Deshalb beglückwünsche ich mich noch mehr, in der Hoffnung gerettet zu werden, weil ich wahrhaftig bei euch sehe, daß von dem an Liebe reichen Herrn Geist[7] auf euch ausgegossen ist. So sehr hat mich euer ersehnter Anblick bei euch überwältigt![8] 4. Davon nun überzeugt und mir bewußt – weil ich dadurch, daß ich bei euch geredet habe, vieles weiß –, daß mich der Herr auf dem Wege der Gerechtigkeit begleitet hat, fühle auch ich mich sogar ganz und gar dazu gedrungen, euch mehr zu lieben als mich selbst, weil in eurer Mitte großer Glaube und Liebe wohnen aufgrund der Hoffnung auf sein Leben. 5. Nachdem ich nun dies erwogen habe, daß es, wenn ich es mir euretwegen angelegen sein lasse, etwas von dem mitzuteilen, was ich empfangen habe,[9] daß es mir also Gewinn bringen wird,[10] solchen Geistbegabten[11] zu dienen, bemühe ich mich, euch ein kurzes Schreiben zu schicken, damit ihr zusammen mit eurem Glauben vollkommene Erkenntnis habt.[12]

---

[1] Die Grußformel ist ohne überlieferte Parallele; am nächsten kommt noch 2Makk 1, 1.
[2] [A. 2 s. S. 196.]
[3] Hier liegt eine formelhafte Wendung vor, die aus der Dahingabeformel stammt (vgl. dazu Wengst, Formeln 57 f.). Von dieser Tradition her liegt die Annahme nahe, daß mit dem „Herrn" Jesus gemeint ist.
[4] [A. 4 s. S. 196.]
[5] [A. 5 s. S. 196.]
[6] Vgl. o. S. 136 A. 179.
[7] Die keinen Sinn ergebende Lesart von H läßt sich als Verschreibung aus der Lesart von S erklären. L setzt die Lesart von H voraus und versucht, sie sinnvoll zu machen.
[8] Zum Anspruch des Vf.s, bei den Adressaten schon aufgetreten zu sein, vgl. o. S. 112.
[9] Zur hier aufgenommenen Überlieferungsterminologie vgl. o. S. 119 f.
[10] Vgl. 2Klem 15, 1; 19, 1; bei Paulus erscheint die Hoffnung auf „Gewinn" in der Form, daß die von ihm gegründeten Gemeinden seinen „Ruhm" bei der Parusie Jesu bilden: 2Kor 1, 14; Phil 2, 16; 1Thess 2, 19.
[11] Wörtlich: „solchen Geistern". Die Stelle dürfte im Zusammenhang mit 1, 2 zu verstehen sein (vgl. A. 5), also „Geist" nicht anthropologisch begreifen, sondern die Leser insofern als „Geister" bezeichnen, als sie Geist von Gott empfangen haben und damit „Geistbegabte" sind.
[12] Zum hier angegebenen Zweck des Schreibens vgl. o. S. 113.

6. τρία οὖν δόγματά ἐστιν κυρίου· ᵃζωῆς ἐλπὶς ἀρχὴ καὶ τέλος πίστεωςᵃ ᵇἡμῶν καὶ δικαιοσύνη κρίσεως ἀρχὴ καὶ τέλος, ἀγάπη ᶜεὐφροσύνηςᶜ καὶ ἀγαλλιάσεως ἔργων ἐν ᵈδικαιοσύνῃᵈ μαρτυρίαᵇ.
7. ἐγνώρισεν γὰρ ᵃἡμῖνᵃ ὁ δεσπότης διὰ τῶν προφητῶν τὰ παρεληλυθότα ᵇκαὶ τὰ ἐνεστῶταᵇ ᶜ,ᶜ τῶν μελλόντων δοὺς ἀπαρχὰς ἡμῖν ᵈγεύσεως. ὧν τὰ καθ' ἕκαστα βλέποντες ἐνεργούμεναᵈ καθὼς ἐλάλησεν, ὀφείλομεν πλουσιώτερον καὶ ὑψηλότερον προσάγειν ᵉτῷ φόβῳᵉ αὐτοῦ. 8. ἐγὼ δὲ οὐχ ὡς διδάσκαλος, ἀλλ' ὡς εἷς ἐξ ὑμῶν ὑποδείξω ὀλίγα, δι' ὧν ἐν ᵃτοῖς παροῦσινᵃ ᵇεὐφρανθήσεσθεᵇ.

2. 1. ἡμερῶν ᵃοὖνᵃ οὐσῶν πονηρῶν καὶ ᵇαὐτοῦ τοῦ ἐνεργοῦντοςᵇ ἔχοντος ᶜᶜ τὴν ἐξουσίαν ὀφείλομεν ἑαυτοῖς ᵈπροσέχοντεςᵈ ἐκζητεῖν τὰ δικαιώματα κυρίου. 2. τῆς ᵃᵃ οὖν πίστεως ἡμῶν εἰσιν ᵇβοηθοὶᵇ φόβος ᶜ,ᶜ ὑπομονή, τὰ δὲ συμμαχοῦντα ἡμῖν μακροθυμία καὶ ἐγκράτεια. 3. τούτων ᵃᵃ μενόντων τὰ πρὸς κύριον ἁγνῶς συνευφραίνονται αὐτοῖς σοφία, σύνεσις, ᵇἐπιστήμη, γνῶσιςᵇ. 4. πεφανέρωκεν γὰρ ἡμῖν διὰ πάντων τῶν προφητῶν, ὅτι οὔτε θυσιῶν ᵃᵃ οὔτε ὁλοκαυτωμάτων οὔτε προσφορῶν χρῄζει λέγων ὁτὲ μέν· 5. τί μοι πλῆθος τῶν θυσιῶν ὑμῶν; λέγει κύριος· πλήρης εἰμὶ ὁλοκαυτωμάτων ᵃᵃ, καὶ στέαρ ἀρνῶν καὶ αἷμα ταύρων καὶ τράγων οὐ βούλομαι, οὐδ' ἂν ἔρχησθε ὀφθῆναί μοι. τίς γὰρ ἐξεζήτησεν ταῦτα ἐκ τῶν χειρῶν ὑμῶν; πατεῖν μου τὴν αὐλὴν οὐ προσθήσεσθε ᵇ·ᵇ ἐὰν φέρητε ᶜᶜ σεμίδαλιν, μάταιον· θυμίαμα βδέλυγμά μοί ἐστιν· τὰς νεομηνίας ὑμῶν καὶ τὰ σάββατα ᵈᵈ οὐκ ἀνέχομαι ᵉᵉ. 6. ταῦτα οὖν κατήργησεν, ἵνα ὁ καινὸς νόμος τοῦ κυρίου ἡμῶν Ἰησοῦ Χριστοῦ ᵃἄνευᵃ ζυγοῦ ἀνάγκης ὢν ᵇμὴᵇ ἀνθρωποποίητον ἔχῃ τὴν ᶜπροσφοράνᶜ. 7. λέγει ᵃδὲ πάλινᵃ πρὸς αὐτούς· μὴ ἐγὼ ἐνετειλάμην τοῖς πατράσιν ὑμῶν ἐκπο-

---

6. ᵃ H; 1–5 L; ζωή, πίστις, ἐλπίς· ἀρχὴ καὶ τέλος S   ᵇ (S H); om. L   ᶜ H; εὐφροσύνη S   ᵈ H; δικαιοσύναις S   7. ᵃ S; ὑμῖν H; om. L   ᵇ S H; om. L   ᶜ S H L; καί Sᶜ   ᵈ S H; γνώσεως L   ᵉ S H; ad aram L   8. ᵃ S H; plurimis L   ᵇ S L; – θησόμεθα H
2. 1. ᵃ S L; om. H   ᵇ S H; contrarius L   ᶜ S H; huius saeculi L   ᵈ S H L; προσέχειν καί Sᶜ   2. ᵃ S H; μέν Cl   ᵇ S H; οἱ συλλήπτορες Cl   ᶜ S H; καί L Cl   3. ᵃ S L; οὖν H Cl   ᵇ S H Cl; om. L   4. ᵃ S H; ἡμῶν L   5. ᵃ S; κριῶν H L   ᵇ H L; οὐδέ S   ᶜ S H; μοι L   ᵈ S H; καὶ ἡμέραν μεγάλην L   ᵉ S H; νηστείαν καὶ ἀργίαν καὶ τὰς ἑορτὰς ὑμῶν μισεῖ ἡ ψυχή μου L   6. ᵃ S; ἄτερ H   ᵇ S H; om. L   ᶜ S L; συμφοράν H   7. ᵃ S H; iterum dominus L

6. Drei Grundsätze des Herrn gibt es also: Hoffnung auf das Leben ist Anfang und Ende unseres Glaubens; und Gerechtigkeit ist Anfang und Ende des Gerichts; fröhliche und freudige[13] Liebe ist Zeugnis gerechter Werke.[14]
7. Der Herrscher hat uns nämlich durch die Propheten[15] das Vergangene und Gegenwärtige wissen lassen, vom Zukünftigen uns einen Vorgeschmack gewährt.[16] Da wir sehen, wie sich davon eins nach dem anderen verwirklicht, wie er geredet hat, müssen wir uns in reichlicherem und höherem Maße der Furcht vor ihm nähern. 8. Ich aber will nicht wie ein Lehrer, sondern wie einer von euch[17] auf Weniges hinweisen[18], woran ihr in den gegenwärtigen Verhältnissen Freude haben werdet.

2. 1. Da nun böse Tage sind und der, der sie bewirkt, selbst die Macht hat,[19] müssen wir auf uns achtgeben und die Rechtsforderungen des Herrn erforschen. 2. Unseres Glaubens Helfer sind nun Ehrfurcht, Ausdauer, unsere Mitstreiter Langmut und Selbstbeherrschung. 3. Wenn diese in dem, was den Herrn betrifft, rein bleiben, freuen sich mit ihnen Weisheit, Verstehen, Wissen, Erkenntnis.[20] 4. Er hat uns nämlich durch alle Propheten kundgetan, daß er weder Schlachtopfer noch Brandopfer, noch Opfergaben braucht,[21] indem er einmal sagt: 5. Was soll mir die Menge eurer Schlachtopfer? spricht der Herr. Der Brandopfer bin ich satt, und Fett von Lämmern und Blut von Stieren und Böcken will ich nicht, nicht einmal, wenn ihr kommt, um vor mir zu erscheinen. Denn wer hat das von euren Händen gefordert? Meinen Vorhof sollt ihr nicht länger betreten. Wenn ihr Feinmehl bringt: Vergeblich! Räucherwerk ist mir ein Greuel. Eure Neumonde und Sabbate ertrage ich nicht.[22] 6. Das also hat er ungültig gemacht, damit im neuen Gesetz unseres Herrn Jesus Christus, das ohne Zwangsjoch ist, die Opfergabe nicht von Menschen bereitet sei.[23] 7. Wiederum aber sagt er zu ihnen: Habe ich etwa euren Vätern geboten, als sie aus dem Land Ägypten auszogen, mir Brand-

---

[13] Zur Zusammenstellung von εὐφροσύνη und ἀγαλλίασις vgl. ψ 44,16; 50,10; 99,2.
[14] [A. 14 s. S. 196.]
[15] Unter „Propheten" versteht der Verfasser nicht nur einen Teil der Schrift, sondern die ganze Schrift gilt ihm als prophetisches Buch; vgl. o. S. 130f.
[16] Vgl. TestHiob 47, 9; Jub 1, 4. 26; weiter Barn 5, 3; 17, 2. Zur inhaltlichen Bedeutung bzw. Bedeutungslosigkeit solcher Aussagen s. o. S. 120f.
[17] Zu dieser Bescheidenheitsfloskel vgl. o. S. 119.
[18] [A. 18 s. S. 196f.]
[19] ὁ ἐνεργῶν, wobei die „bösen Tage" als Objekt zu ergänzen sind, ist Bezeichnung des „Widersachers" (so übersetzt L). Hier wird die Gegenwart als endzeitliche Drangsal charakterisiert; vgl. zu diesem Topos Karl Georg Kuhn, Πειρασμός – ἁμαρτία – σάρξ, ZThK 49, 1952, 200-222.
[20] Hier erfolgt eine für den Barnabasbrief typische Zuordnung von theoretischen und praktischen Tugenden: Die theoretischen kommen nur dann wirklich zum Zuge und haben nur dann Sinn, wenn die praktischen sich im Dienst des Herrn bewähren; vgl. 21, 5.
[21] [A. 21 s. S. 197.]
[22] Jes. 1, 11–13.
[23] Vgl. o. S. 135.

ρευομένοις ἐκ γῆς Αἰγύπτου προσενέγκαι μοι ὁλοκαυτώματα καὶ θυσίας; 8. ἀλλ' ἢ τοῦτο ἐνετειλάμην αὐτοῖς [a.a] ἕκαστος ὑμῶν κατὰ τοῦ πλησίον [b]ἐν τῇ καρδίᾳ [c]ἑαυτοῦ[cb] κακίαν μὴ μνησικακείτω καὶ ὅρκον ψευδῆ μὴ [d]ἀγαπᾶτε[d]. 9. αἰσθάνεσθαι [a]οὖν[a] ὀφείλομεν μὴ ὄντες ἀσύνετοι τὴν γνώμην τῆς ἀγαθωσύνης τοῦ πατρὸς ἡμῶν, ὅτι ἡμῖν λέγει θέλων ἡμᾶς [b]μὴ[b] ὁμοίως πλανωμένους [c]ἐκείνοις[c] ζητεῖν, πῶς προσάγωμεν αὐτῷ. 10. ἡμῖν [a]οὖν[a] οὕτως λέγει· θυσία τῷ [b]κυρίῳ[b] καρδία συντετριμμένη, [c]ὀσμὴ εὐωδίας τῷ κυρίῳ καρδία δοξάζουσα τὸν πεπλακότα αὐτήν[c]. ἀκριβεύεσθαι οὖν ὀφείλομεν, ἀδελφοί, περὶ τῆς σωτηρίας ἡμῶν, ἵνα μὴ [d]ὁ πονηρὸς[d] παρείσδυσιν [e]πλάνης ποιήσας ἐν[e] ἡμῖν ἐκσφενδονήσῃ ἡμᾶς ἀπὸ τῆς ζωῆς ἡμῶν.

3. 1. λέγει οὖν πάλιν περὶ τούτων πρὸς αὐτούς· ἱνατί μοι νηστεύετε, [a]λέγει κύριος[a], ὡς σήμερον ἀκουσθῆναι [bb] κραυγῇ τὴν φωνὴν ὑμῶν; οὐ ταύτην τὴν νηστείαν [c]ἐγὼ[c] ἐξελεξάμην, [d]λέγει κύριος[d], [e]οὐκ[e] ἄνθρωπον [f]ταπεινοῦντα[f] τὴν ψυχὴν αὐτοῦ [gg], 2. [a]οὐδ' ἂν[a] [b]κάμψητε[b] ὡς κρίκον τὸν τράχηλον [c]ὑμῶν[c] καὶ σάκκον [d]καὶ σποδὸν ὑποστρώσητε[d], οὐδ' οὕτως [e]καλέσετε[e] νηστείαν δεκτήν. 3. πρὸς ἡμᾶς [aa] λέγει· [b]ἰδοὺ αὕτη [c]ἡ[c] νηστεία, ἣν ἐγὼ ἐξελεξάμην, λέγει κύριος[b]. [dd] λύε [e]πᾶν[e] σύνδεσμον ἀδικίας [ff], διάλυε [g]στραγγαλιὰς[g] βιαίων συναλλαγμάτων, ἀπόστελλε τεθραυσμένους ἐν ἀφέσει καὶ πᾶσαν ἄδικον συγγραφὴν διάσπα· διάθρυπτε [h]πεινῶσιν[h] τὸν ἄρτον σου καὶ γυμνὸν ἐὰν ἴδῃς περίβαλε, ἀστέγους εἴσαγε εἰς τὸν οἶκόν σου καὶ [i]ἐὰν ἴδῃς ταπεινὸν[i] οὐχ ὑπερόψῃ [k]αὐτὸν οὐδὲ[k] ἀπὸ τῶν οἰκείων τοῦ σπέρματός σου. 4. τότε ῥαγήσεται [a]πρόϊμον[a] τὸ φῶς σου καὶ τὰ [b]ἱμάτιά[b] σου ταχέως ἀνατελεῖ καὶ [c]προπορεύσεται[c] ἔμπροσθέν σου ἡ δικαιοσύνη [dd] καὶ ἡ δόξα τοῦ θεοῦ περιστελεῖ σε. 5. τότε [a]βοήσεις[a] καὶ ὁ θεὸς [b]ἐπακούσεταί[b] σου, ἔτι λαλοῦντός σου ἐρεῖ· ἰδοὺ πάρειμι· ἐὰν ἀφέλῃς ἀπὸ σοῦ σύνδεσμον καὶ χειροτονίαν καὶ ῥῆμα γογγυσμοῦ καὶ

---

8. [a] S H; λέγων L   [b] S (H); suum L   [c] S; αὐτοῦ H   [d] S H; habet L   9. [a] S L; om. H   [b] et [c] S H; om. L   10. [a] S H; γάρ L   [b] H L; θεῷ S   [c] S H; habet ψ 50, 19b L   [d] S H; om. L   [e] S[c] H; 1 2 S; 3 L
3. 1. [a] S H; om. L   [b] S; ἐν H L   [c] S; om. H L   [d] S L; om. H   [e] S; ἡμέραν H; ut L   [f] S; ταπεινοῦν H   [g] S H; sine causa L   2. [a] S; οὐδὲ ἐάν H   [b] S H; κάμψῃς L   [c] S H; σου L   [d] S; κ.σπ. ἐνδύσησθε H; te circumdederis et cinerem straveris L   [e] S H; celebrabis mihi L   3. [a] S; δέ S[c] H; autem sic L   [b] (S) H; cum ieiunaveritis L   [c] H; om. S   [d] H L; οὐκ ἄνθρωπον ταπεινοῦντα τὴν ψυχὴν αὐτοῦ, ἀλλά S   [e] S; πάντα H   [f] S H; et omnem consignationem iniquam dele L   [g] S L; -λιάν L   [h] S H; -νῶντι S   [i] et   [k] S H; om. L   4. [a] S; πρώϊμον H;   [b] L; ἱάματα S H   [c] S L; πορεύσεται H   [d] S L; σου H   5. [a] S; βοήσῃ H   [b] S; εἴσακ. H

opfer und Schlachtopfer darzubringen? 8. Statt dessen habe ich ihnen das geboten: Keiner von euch soll in seinem Herzen dem Nächsten Böses nachtragen, und einen Meineid liebt nicht![24] 9. Wir müssen nun, wenn wir nicht unverständig sind, die gütige Absicht unseres Vaters verstehen, denn er sagt uns, wie wir uns ihm nähern sollen, da er will, daß wir nicht jenen[25] gleich im Irrtum befangen suchen.[26] 10. Zu uns also spricht er so[27]: Opfer ist für den Herrn ein zerknirschtes Herz; wohlriechender Opferduft ist für den Herrn ein Herz, das seinen Bildner preist.[28] Wir müssen also, Brüder, genau auf unser Heil achten, damit nicht der Böse den Irrtum in uns einschleichen lasse und uns von unserem Leben verdränge.

3. 1. Darüber[29] spricht er nun wiederum zu ihnen: Weshalb fastet ihr für mich, spricht der Herr, in der Erwartung, daß eure Stimme durch ihr Geschrei heute erhört wird? Nicht dieses Fasten habe ich mir erwählt, spricht der Herr, nicht einen Menschen, der sich selbst kasteit; 2. und selbst wenn ihr euren Nacken wie einen Ring krümmt und Sack und Asche unter euch breitet, selbst so dürft ihr es nicht ein wohlgefälliges Fasten nennen.[30] 3. Zu uns spricht er: Siehe, das ist das Fasten, das ich mir erwählt habe, spricht der Herr: Löse jede ungerechte Fessel, löse die Verstrickungen erzwungener Verträge auf, laß Unterdrückte frei gehen, und jeden ungerechten Vertrag zerreiße! Brich Hungrigen dein Brot, und wenn du einen Nackten erblickst, bekleide ihn; Obdachlose führe in dein Haus, und wenn du einen Heruntergekommenen erblickst, nimm ihn zur Kenntnis, auch wenn er zu deinen Verwandten gehört! 4. Dann wird bald dein Licht hervorbrechen, und deine Kleider werden sogleich aufstrahlen, und die Gerechtigkeit wird dir vorangehen und die Herrlichkeit Gottes dich umhüllen. 5. Dann wirst du rufen, und Gott wird dich erhören; während du noch redest, wird er sagen: Siehe, hier bin ich; wenn du Fesselung unterläßt und die Hände nicht erhebst und das Murren

---

[24] Mischzitat aus Jer 7, 22. 23a und Sach 8, 17a (vgl. Sach 7, 10).
[25] ἐκεῖνοι als (abwertende) Bezeichnung der Juden findet sich häufig im Barnabasbrief.
[26] Vers 9 ist nicht Auslegung des vorangehenden Schriftzitates, sondern Hinführung auf das folgende.
[27] Zur Aufteilung der Adressaten vgl. o. S. 130.
[28] Mischzitat aus ψ 50, 19 und einer unbekannten Stelle, nach einer Randnotiz in H ἐν ἀποκαλύψει Ἀδάμ zu finden.
[29] Die Worte περὶ τούτων zeigen, daß der Verfasser die Kapitel 2 und 3 als Einheit versteht. Die Einleitungsformel in 3, 1 steht in einer Reihe mit denen in 2, 4. 7. 10; 3, 3 und zeigt keinen Neueinsatz an. Zu beachten ist auch das Korrespondenzverhältnis zwischen 2, 6 und 3, 6.
[30] Jes 58, 4b–5. – Zum Fasten vgl. A. 65 zur Übersetzung der Did (o. S. 97). – Nach dem Verfasser des Barnabasbriefes hat Gott das Fasten nie gewollt. Eine entschiedene Ablehnung der These: „Es gibt kein Fasten, noch hat Gott es geschaffen" findet sich ApkEl 22, 2–23, 16; vgl. die Anmerkungen z. St. bei Wolfgang Schrage, Die Elia-Apokalypse, JSHRZ V/3, Gütersloh 1980, 235–237.

δῷς πεινῶντι τὸν ἄρτον ᶜσουᶜ ἐκ ψυχῆς ᵈσου καὶ ψυχὴν τεταπεινωμένην ᵉἐλεήσῃςᵉ ᵈ. 6. εἰς τοῦτο οὖν, ἀδελφοί, ὁ μακρόθυμος προβλέψας ᵃᵃ ὡς ἐν ἀκεραιοσύνῃ πιστεύσει ᵇᵇ ὁ λαός, ὃν ἡτοίμασεν ᶜᶜ τῷ ἠγαπημένῳ αὐτοῦ, προεφανέρωσεν ᵈᵈ ἡμῖν περὶ πάντων, ἵνα μὴ προσρησσώμεθα ὡς ᵉἐπήλυτοιᵉ τῷ ἐκείνων νόμῳ.

4. 1. δεῖ οὖν ἡμᾶς περὶ τῶν ἐνεστώτων ᵃἐπιπολὺ ἐραυνῶνταςᵃ ᵇἐκζητεῖνᵇ τὰ δυνάμενα ἡμᾶς σῴζειν. φύγωμεν οὖν ᶜτελείως ἀπὸ πάντων τῶν ἔργωνᶜ τῆς ἀνομίας, ᵈμήποτε καταλάβῃ ἡμᾶς τὰ ἔργα τῆς ἀνομίαςᵈ, καὶ μισήσωμεν τὴν πλάνην τοῦ νῦν καιροῦ, ἵνα εἰς τὸν μέλλοντα ᵉἀγαπηθῶμενᵉ. 2. μὴ δῶμεν τῇ ἑαυτῶν ψυχῇ ἄνεσιν, ὥστε ἔχειν ᵃαὐτὴνᵃ ἐξουσίαν μετὰ ἁμαρτωλῶν καὶ πονηρῶν συντρέχειν, μήποτε ὁμοιωθῶμεν αὐτοῖς. 3. τὸ ᵃᵃ τέλειον σκάνδαλον ἤγγικεν, περὶ οὗ γέγραπται ὡς ᵇἘνὼχᵇ λέγει. εἰς τοῦτο γὰρ ὁ δεσπότης συντέτμηκεν τοὺς καιροὺς καὶ τὰς ἡμέρας, ἵνα ταχύνῃ ὁ ἠγαπημένος αὐτοῦ ᶜκαὶᶜ ἐπὶ τὴν κληρονομίαν ᵈἥξειᵈ. 4. λέγει δὲ ᵃοὕτως καὶ ὁ προφήτηςᵃ· ᵇβασιλεῖαιᵇ δέκα ἐπὶ τῆς γῆς βασιλεύσουσιν καὶ ἐξαναστήσεται ὄπισθεν ᶜᶜ μικρὸς βασιλεύς, ὃς ταπεινώσει τρεῖς ὑφ᾽ ἓν ᵈτῶν βασιλέωνᵈ. 5. ὁμοίως περὶ τοῦ αὐτοῦ λέγει ᵃᵃ Δανιήλ· ᵇεἶδονᵇ τὸ τέταρτον θηρίον ᶜᶜ πονηρὸν καὶ ἰσχυρὸν καὶ χαλεπώτερον παρὰ πάντα τὰ θηρία τῆς ᵈγῆςᵈ καὶ ὡς ἐξ αὐτοῦ ἀνέτειλεν δέκα κέρατα καὶ ἐξ αὐτῶν μικρὸν κέρας παραφυάδιον καὶ ὡς ἐταπείνωσεν ᵉὑφ᾽ ἓνᵉ τρία τῶν μεγάλων κεράτων. 6. συνιέναι ᵃοὖνᵃ ᵇὀφείλετεᵇ.

ἔτι ᶜᶜ καὶ τοῦτο ἐρωτῶ ᵈὑμᾶςᵈ ὡς εἷς ἐξ ὑμῶν ᵉὤνᵉ, ᶠἰδίως δὲ καὶᶠ πάντας ἀγαπῶν ὑπὲρ τὴν ψυχήν μου, προσέχειν ᵍᵍ ἑαυτοῖς καὶ μὴ ὁμοιοῦσθαί τισιν ʰἐπισωρεύονταςʰ ταῖς ἁμαρτίαις ⁱαὐτῶνⁱ λέγοντας, ὅτι ἡ διαθήκη ᵏἐκείνων καὶ ἡμῶν. 7. ἡμῶν μένᵏ· ἀλλ᾽ ἐκεῖνοι ᵃοὕτωςᵃ

ᶜ S H; om. L   ᵈ S (H); om. L   ᵉ S; ἐμπλήσῃς H   6. ᵃ S H; deus L   ᵇ S H; καί L   ᶜ H L; ἐν S   ᵈ H L; γάρ S   ᵉ S; προσήλυτοι H L
4. 1. ᵃ S; πολὺ ἐρευν. H (L)   ᵇ S H; scribere L   ᶜ S H; ab omni opere L   ᵈ S H; om. L   ᵉ Sᶜ H L; ἀγαπήσωμεν S   2. ᵃ S; τήν H   3. ᵃ S H; γάρ L   ᵇ S H; Δανιήλ L   ᶜ S H; om. L   ᵈ S H; αὐτοῦ L   4. ᵃ S; 3 4 1 H; 1 3 4 L   ᵇ S L; βασιλεῖς H   ᶜ H L; αὐτῶν S   ᵈ S H; de regnis L   5. ᵃ S H; πάλιν L   ᵇ S L; εἶδε H   ᶜ S; τό H   ᵈ S; θαλάσσης H L   ᵉ S H; om. L   6. ᵃ S L; om. H   ᵇ S H; ὀφείλομεν L   ᶜ H L; δέ S   ᵈ S L; ἡμᾶς H   ᵉ S; om. H   ᶠ S H; om. L   ᵍ H L; νῦν S   ʰ H L; -οντες S   ⁱ L; ὑμῶν S; ἡμῶν H   ᵏ L; 4 5 S; ὑμῶν ὑμῖν μένει H   7. ᵃ et   ᵇ S H; om. L

sein läßt und dem Hungrigen dein Brot von Herzen gibst und des Unterdrückten dich erbarmst.[31] 6. Dazu also, Brüder, und im voraus darauf bedacht, daß das Volk in Reinheit glauben solle, das er für seinen Geliebten bereitet hat, hat uns der Langmütige über alles im voraus Offenbarung zuteil werden lassen, damit wir nicht wie solche, die nachträglich hinzugekommen sind,[32] am Gesetz jener scheitern.

4. 1. Wir müssen nun, was unsere Gegenwart betrifft, durch intensives Forschen[33] herauszufinden suchen, was uns retten kann.[34] Ergreifen wir also die totale Flucht vor allen gesetzlosen Werken, damit die gesetzlosen Werke uns nicht ergreifen; und hassen wir den Irrtum der jetzigen Zeit, damit wir in der künftigen geliebt werden! 2. Gewähren wir uns keine Freiheit, daß es uns erlaubt wäre, mit Sündern und Missetätern zusammenzugehen, damit wir ihnen nicht gleich werden! 3. Das vollendete Ärgernis[35] ist nahegekommen, über das geschrieben steht, wie Henoch sagt;[36] denn dazu hat der Herrscher die Zeiten und Tage verkürzt,[37] damit sein Geliebter schnell komme und das Erbe antrete. 4. So spricht aber auch der Prophet: Zehn Königreiche werden auf der Erde herrschen; und nach ihnen wird sich ein kleiner König erheben, der drei von den Königen auf einmal niedermachen wird.[38] 5. Über denselben spricht ähnlich Daniel[39]: Und ich sah das vierte Tier, böse und stark und schlimmer als alle Tiere der Erde, und wie aus ihm zehn Hörner hervorbrachen und aus ihnen ein kleines Horn als Nebenschößling und wie es auf einmal drei von den großen Hörnern niedermachte.[40] 6. Ihr müßt euch also einsichtig danach verhalten![41]

Auch das noch[42] bitte ich euch als einer euresgleichen, der euch einzeln und alle zusammen mehr als sich selbst liebt, auf euch achtzugeben und euch nicht gewissen Leuten[43] gleichzumachen, indem ihr ihren Sünden weitere hinzufügt und sagt: Das Testament jener ist auch das unsrige.[44] 7. Das unsrige freilich; aber jene haben

---

[31] Jes 58, 6–10.
[32] ἐπήλυτοι ist sicher gegenüber προσήλυτοι ursprünglich, da als Gefahr nicht der Übertritt zum Judentum im Blick ist, sondern ein Handeln wie das der Juden.
[33] Gedacht ist dabei wohl an die Erforschung derjenigen *Schriftstellen*, die „die gegenwärtige Lage" betreffen.
[34] [A. 34 s. S. 197.]
[35] [A. 35 s. S. 197.]
[36] Das bisher bekannte Henochschrifttum bietet hierfür keinen Beleg; die üblichen Verweise auf aethHen 89, 61–64 und 90, 17 f. sind Verlegenheitsauskünfte. Möglicherweise liegt ein Irrtum des Verfassers vor.
[37] Vgl. aethHen 80, 2; syrBar 20, 1; 5Esr 2, 13; ApkAbr 29, 13; Mk 13, 20par.
[38] Freies Zitat nach Dan 7, 24.
[39] [A. 39 s. S. 197.]
[40] Sehr freies Zitat nach Dan 7, 7f.
[41] [A. 41 s. S. 197.]
[42] [A. 42 s. S. 197f.]
[43] Vgl. o. S. 113.
[44] Dieser Text wird nur von L geboten. Was S und H als These von „Sündern" anführen,

εἰς τέλος ἀπώλεσαν αὐτὴν λαβόντος ᵇἤδηᵇ τοῦ Μωϋσέως· λέγει γὰρ ἡ γραφή· καὶ ἦν Μωϋσῆς ἐν τῷ ὄρει νηστεύων ἡμέρας τεσσεράκοντα καὶ νύκτας τεσσεράκοντα καὶ ἔλαβεν τὴν διαθήκην ἀπὸ τοῦ κυρίου πλάκας λιθίνας γεγραμμένας ᶜτῷ δακτύλῳ τῆς χειρὸς ᵈτοῦᵈ κυρίουᶜ. 8. ἀλλὰ ἐπιστραφέντες ἐπὶ τὰ εἴδωλα ἀπώλεσαν αὐτήν· λέγει γὰρ ᵃοὕτωςᵃ κύριοςᵇ· Μωϋσῆᵇ, Μωϋσῆ, κατάβηθι τὸ τάχος, ὅτι ἠνόμησεν ὁ λαός σου, οὓς ἐξήγαγες ἐκ γῆς Αἰγύπτου. καὶ ᶜσυνῆκεν Μωϋσῆς καὶ ἔρριψενᶜ τὰς δύο ᵈᵈ πλάκας ἐκ τῶν χειρῶν αὐτοῦ· καὶ συνετρίβη αὐτῶν ἡ διαθήκη, ἵνα ἡ τοῦ ἠγαπημένου Ἰησοῦ ἐγκατασφραγισθῇ εἰς τὴν καρδίαν ᵉἡμῶνᵉ ἐν ἐλπίδι τῆς πίστεως αὐτοῦ.

9. ᵃπολλὰ δὲ θέλων γράφειν οὐχ ὡς διδάσκαλος, ἀλλ' ὡς πρέπει ἀγαπῶντι, ἀφ' ὧν ἔχομεν μὴ ἐλλείπειν, γράφειν ἐσπούδασαᵃ ᵇπερίψημα ὑμῶν.

διὸᵇ ᶜπροσέχωμενᶜ ἐν ταῖς ἐσχάταις ἡμέραις· οὐδὲν γὰρ ὠφελήσει ᵈἡμᾶςᵈ ὁ πᾶς χρόνος τῆς ᵉζωῆςᵉ ᶠἡμῶνᶠ, ἐὰν μὴ ᵍνῦνᵍ ἐν τῷ ἀνόμῳ καιρῷ καὶ τοῖς μέλλουσιν σκανδάλοις ὡς πρέπει υἱοῖς θεοῦ ἀντιστῶμεν. 10. ᵃἵνα ᵇᵇ μὴ σχῇ παρείσδυσιν ὁ μέλας, φύγωμενᵃ ἀπὸ πάσης ματαιότητος· μισήσωμεν τελείως τὰ ἔργα ᶜᶜ τῆς ᵈπονηρᾶςᵈ ὁδοῦ. μὴ καθ' ἑαυτοὺς ἐνδύνοντες μονάζετε ὡς ᵉἤδηᵉ δεδικαιωμένοι, ἀλλ' ἐπὶ τὸ αὐτὸ συνερχόμενοι συνζητεῖτε περὶ τοῦ κοινῇ ᶠᶠ συμφέροντος. 11. λέγει γὰρ ἡ γραφή· οὐαὶ οἱ συνετοὶ ᵃᵃ ἑαυτοῖς καὶ ἐνώπιον ᵇἑαυτῶνᵇ ἐπιστήμονες. γενώμεθα πνευματικοί, γενώμεθα ναὸς τέλειος τῷ θεῷ, ἐφ' ὅσον ἐστὶν ᶜἐνᶜ ἡμῖν· μελετῶμεν τὸν φόβον ᵈτοῦ θεοῦ καὶᵈ φυλάσσειν ᵉἀγωνιζώμεθαᵉ τὰς ἐντολὰς αὐτοῦ, ᶠἵνα ἐν τοῖς δικαιώμασιν αὐτοῦ εὐφρανθῶμενᶠ. 12. ὁ κύριος ἀπροσωπο-

---

ᶜ S(H); manu dei L   ᵈ S; om. H   8.   ᵃ S H; om. L   ᵇ S H; Μωϋσῇ L   ᶜ S H; 4 2 L
ᵈ S H; lapideas L   ᵉ S H; ὑμῶν L   9.   ᵃ S H; om. L   ᵇ 3 1 2 S H; 3 L   ᶜ H L;
προσέχομεν S   ᵈ H L; ὑμᾶς S   ᵉ H; πίστεως S; vitae . . . et fidei L   ᶠ H L; ὑμῶν S
ᵍ S H; om. L   10.   ᵃ S(H); om. L   ᵇ S; οὖν H   ᶜ S L; κακά H   ᵈ H L; πονηρίας S
ᵉ S H; om. L   ᶠ S H; dilectis L   11.   ᵃ S L; ἐν H   ᵇ S; αὐτῶν H   ᶜ S L; ἐφ' H
ᵈ L; 1 2 S; κυρίου καί H   ᵉ S L; -ζόμεθα H   ᶠ Sᶜ H; 1 3 4 S; om. L

es auf folgende Weise für immer eingebüßt, obwohl Mose es schon empfangen hatte. Denn es sagt die Schrift: Und Mose fastete auf dem Berg vierzig Tage und vierzig Nächte; und er empfing das Testament vom Herrn, steinerne Tafeln, beschrieben mit dem Finger der Hand des Herrn.[45] 8. Aber weil sie sich zu den Götzen hinwandten,[46] verloren sie es. So spricht nämlich der Herr: Mose, Mose, steige schnell hinab, denn dein Volk hat gesetzwidrig gehandelt, das du aus dem Land Ägypten herausgeführt hast. Und Mose verstand; und er warf die zwei Tafeln aus seinen Händen.[47] Und ihr Testament zerbrach, damit das des Geliebten, Jesu, in unser Herz eingesiegelt werde durch die Hoffnung, die der Glaube an ihn gibt.[48]

9. Weil ich aber vieles schreiben will, nicht wie ein Lehrer, sondern wie es einem Liebenden geziemt, nichts von dem auszulassen, was wir haben, bemühe ich mich zu schreiben als euer allaruntertänigster Diener.[49]

Deshalb laßt uns in den letzten Tagen achtgeben! Denn unsere ganze Lebenszeit wird uns nichts nützen, wenn wir nicht jetzt in der gesetzlosen Zeit und in den kommenden Ärgernissen widerstehen, wie es Söhnen Gottes geziemt.[50] 10. Damit der Schwarze[51] keine Gelegenheit zum Einschleichen habe, laßt uns alle Eitelkeit fliehen! Hassen wir völlig die Werke des bösen Weges![52] Verkriecht euch nicht in euch selbst und sondert euch nicht ab,[53] als wäret ihr schon gerechtfertigt, sondern kommt zusammen und sucht miteinander nach dem gemeinsamen Nutzen![54] 11. Die Schrift sagt nämlich: Wehe den nur für sich Verständigen und nur nach ihrem eigenen Urteil Kundigen![55] Werden wir geistlich, werden wir ein vollkommener Tempel in Gottes Augen[56], soweit es an uns liegt! Laßt uns die Gottesfurcht üben[57] und darum ringen, seine Gebote zu halten, damit wir an seinen Rechtsforderungen Freude erleben![58] 12. Der Herr wird die Welt ohne Ansehen

ergibt im Zusammenhang keinen Sinn, so daß bei ihnen Verschreibung angenommen werden muß.

[45] Frei nach Dtn 9, 9–11; vgl. Ex 24, 18; 31, 18.
[46] Dtn 9, 16; Ex 32, 1–6.
[47] Frei nach Dtn 9, 12. 16 f.; vgl. Ex 32, 7. 19.
[48] „Bemerkenswert ist nicht nur diese Interpretation, sondern auch der Anspruch, mit dem sie auftritt: die Behauptung, daß die Auffassung, der Mosebund gelte Israel, Sünde ist" (Vielhauer, Urchristliche Literatur 605); vgl. zu 4, 6–8 o. S. 131. 135 f.
[49] Zu dieser und ähnlichen Floskeln vgl. o. S. 120 f.
[50] Vgl. Did 16, 2.
[51] Zu dieser Satansbezeichnung (auch 20, 1) vgl. Franz Joseph Dölger, Die Sonne der Gerechtigkeit und der Schwarze. Eine religionsgeschichtliche Studie zum Taufgelöbnis, LQF 14, München ²1971 (¹1918), 49–75.
[52] Gemeint ist „der Weg der Finsternis" (18, 1) bzw. „der Weg des Schwarzen" (20, 1).
[53] Die Versammlung der Christen gilt auch IgnEph 13, 1 als Abwehr gegen „die Mächte des Satans".
[54] Vgl. Did 16, 2.
[55] Jes 5, 21.
[56] Vgl. 6, 15; 16, 6–10.
[57] Anspielung auf Jes 33, 18a, zitiert in 11, 5.
[58] Anspielung auf ψ 18, 9.

λήμπτως κρινεῖ τὸν κόσμον. ἕκαστος καθὼς ἐποίησεν κομιεῖται· ἐὰν ᾖ ἀγαθός, ᵃἡᵃ δικαιοσύνη ᵇαὐτοῦᵇ προηγήσεται αὐτοῦ· ἐὰν ᾖ πονηρός, ὁ μισθὸς τῆς πονηρίας ἔμπροσθεν αὐτοῦ. 13. ᵃᵃ ἵνα μήποτε ἐπαναπαυόμενοι ὡς κλητοὶ ἐπικαθυπνώσωμεν ταῖς ἁμαρτίαις ἡμῶν καὶ ὁ πονηρὸς ἄρχων λαβὼν τὴν καθ' ἡμῶν ἐξουσίαν ἀπώσηται ἡμᾶς ἀπὸ τῆς βασιλείας τοῦ κυρίου. 14. ἔτι ᵃδὲ κἀκεῖνο, ἀδελφοί μου,ᵃ νοεῖτε· ὅταν βλέπετε ᵇμετὰ τηλικαῦτα σημεῖα καὶ τέρατα γεγονόταᵇ ἐν τῷ Ἰσραὴλ καὶ οὕτως ἐγκαταλελεῖφθαι αὐτούς, προσέχωμεν ᶜᶜ μήποτε, ὡς γέγραπται, πολλοὶ κλητοί, ὀλίγοι ᵈδὲᵈ ἐκλεκτοὶ εὑρεθῶμεν.

5. 1. εἰς τοῦτο ᵃγὰρᵃ ὑπέμεινεν ὁ κύριος παραδοῦναι τὴν σάρκα ᵇᵇ εἰς ᶜκαταφθοράνᶜ, ἵνα τῇ ἀφέσει τῶν ἁμαρτιῶν ἁγνισθῶμεν, ὅ ἐστιν ἐν τῷ ᵈῥαντίσματι αὐτοῦ τοῦ αἵματοςᵈ. 2. γέγραπται γὰρ περὶ αὐτοῦ ἃ μὲν πρὸς τὸν Ἰσραήλ, ἃ δὲ πρὸς ἡμᾶς· λέγει δὲ οὕτως· ἐτραυματίσθη διὰ τὰς ἀνομίας ἡμῶν καὶ μεμαλάκισται διὰ τὰς ἁμαρτίας ἡμῶν· τῷ ᵃαἵματιᵃ αὐτοῦ ἡμεῖς ἰάθημεν· ὡς πρόβατον ἐπὶ σφαγὴν ἤχθη καὶ ὡς ἀμνὸς ᵇἄφωνοςᵇ ἐναντίον τοῦ κείραντος αὐτόν ᶜᶜ.
3. οὐκοῦν ὑπερευχαριστεῖν ὀφείλομεν τῷ κυρίῳ, ὅτι καὶ τὰ παρεληλυθότα ἡμῖν ἐγνώρισεν καὶ ᵃἐν τοῖς ἐνεστῶσιν ἡμᾶςᵃ ἐσόφισεν καὶ εἰς τὰ μέλλοντα οὐκ ἐσμὲν ἀσύνετοι.
4. λέγει δὲ ᵃἡ γραφήᵃ· οὐκ ἀδίκως ἐκτείνεται δίκτυα πτερωτοῖς· τοῦτο λέγει, ὅτι δικαίως ἀπολεῖται ἄνθρωπος ᵇὃςᵇ ἔχων ὁδοῦ δικαιοσύνης γνῶσιν ᶜᶜ ἑαυτὸν εἰς ὁδὸν σκότους ἀποσυνέχει.
5. ἔτι ᵃδὲ καὶ τοῦτο, ἀδελφοί μου· εἰᵃ ὁ κύριος ᵇᵇ ὑπέμεινεν παθεῖν ᶜπερὶᶜ τῆς ψυχῆς ἡμῶν, ὢν παντὸς τοῦ κόσμου κύριος, ᵈᾧᵈ εἶπεν ὁ ᵉθεόςᵉ ἀπὸ καταβολῆς κόσμου· ποιήσωμεν ἄνθρωπον κατ' εἰκόνα καὶ καθ' ὁμοίωσιν ἡμετέραν· πῶς οὖν ὑπέμεινεν ὑπὸ χειρὸς

---

12. ᵃ S; om. H   ᵇ S H; om. L   13. ᵃ S H; προσέχετε L   14. ᵃ S H; 2 L   ᵇ S H; 2-5 L   ᶜ S H; οὖν L   ᵈ S H; om. L
5. 1. ᵃ S H; om. L   ᵇ S H; αὐτοῦ L   ᶜ S; φθοράν H   ᵈ H L; αἵματι τοῦ ῥαντίσματος αὐτοῦ S   2. ᵃ L; μώλωπι S H   ᵇ S H; om. L   ᶜ S H; οὕτως οὐκ ἀνοίγει τὸ στόμα αὐτοῦ L   3. ᵃ S H; om. L   4. ᵃ S H; om. L   ᵇ H; ὅ S   ᶜ S H; καί L
5. ᵃ S H; et ad hoc L   ᵇ S L; ἡμῶν H   ᶜ S; ὑπέρ H   ᵈ S L; ὡς H   ᵉ S L; κύριος H

der Person richten.⁵⁹ Jeder wird empfangen gemäß dem, wie er gehandelt hat⁶⁰: Wenn er gut ist, wird ihm seine Gerechtigkeit vorangehen; wenn er böse ist, steht ihm der Lohn der Bosheit bevor. 13. Daß wir uns niemals als Berufene der Ruhe hingeben und über unseren Sünden einschlafen, und der böse Fürst Macht über uns gewinnt und uns vom Reich des Herrn wegstößt!⁶¹ 14. Aber auch noch jenes, meine Brüder, bedenkt: Da ihr seht, daß nach so vielen Zeichen und Wundern, die in Israel geschehen waren,⁶² sie trotzdem verlassen sind,⁶³ laßt uns achtgeben, daß wir nicht, wie geschrieben steht als „viele berufen, wenige aber auserwählt" befunden werden!⁶⁴

5. 1. Dazu nämlich hat es der Herr ertragen, das Fleisch der Vernichtung zu überliefern, damit wir durch die Vergebung der Sünden rein werden, d. h. durch die Besprengung mit seinem Blut.⁶⁵ 2. Denn es steht über ihn geschrieben teils an Israel, teils an uns;⁶⁶ so aber heißt es: Verwundet wurde er wegen unserer Untaten und geschwächt wegen unserer Sünden. Durch sein Blut⁶⁷ sind wir geheilt worden. Wie ein Schaf ließ er sich zum Schlachten führen und wie ein Lamm stumm vor seinem Scherer.⁶⁸

3. Wir müssen also dem Herrn innigsten Dank dafür sagen, daß er uns das Vergangene hat wissen lassen und uns im Gegenwärtigen weise gemacht hat und wir in bezug auf das Zukünftige nicht unverständig sind.

4. Die Schrift aber sagt: Nicht zu Unrecht werden Vögeln Netze ausgespannt.⁶⁹ Das meint: Zu Recht wird ein Mensch zugrunde gehen, der Erkenntnis über den Weg der Gerechtigkeit hat und dem Weg der Finsternis zustrebt.⁷⁰

5. Aber auch das noch, meine Brüder⁷¹: Wenn es der Herr ertragen hat, für uns zu leiden,⁷² obwohl er Herr der ganzen Welt ist, zu dem Gott gleich nach Grundlegung der Welt gesprochen hat: Laßt uns einen Menschen machen nach unserem Bild und uns ähnlich⁷³ – wieso hat er es nun ertragen, von Menschenhand zu lei-

---

⁵⁹ Vgl. Dtn 10, 17f.; aethHen 63, 8; Kol 3, 25; 1Petr 1, 17.
⁶⁰ Allgemein jüdische und von daher auch christliche Anschauung; s. z. B. 2Kor 5, 10.
⁶¹ Vgl. 1QS III 20–24.
⁶² S. 5, 8.
⁶³ Die theologische Bewertung der „Wüstengeneration", wie sie etwa 1Kor 10, 1–10; Hebr 3, 7–11; Jud 5 vorliegt, wird hier auf Israel als Ganzes übertragen.
⁶⁴ [A. 64 s. S. 198.]
⁶⁵ Vgl. Wengst, Formeln 85f. 91.
⁶⁶ Vgl. o. S. 130 mit A. 145.
⁶⁷ Die Lesart αἵματι wird nur von L geboten; S und H folgen mit μώλωπι der LXX. Da L sonst die starke Tendenz zeigt, Zitate nach dem Bibeltext zu korrigieren, ist ihr hier, wo es sich anders verhält, der Vorzug zu geben.
⁶⁸ Jes 53, 5. 7.
⁶⁹ Prov 1, 17.
⁷⁰ Vgl. syrBar 15, 6; 19, 3; 4Esr 7, 72.
⁷¹ [A. 71 s. S. 198.]
⁷² S. o. A. 65.
⁷³ [A. 73 s. S. 198.]

ἀνθρώπων παθεῖν; μάθετε. 6. οἱ προφῆται ἀπ' αὐτοῦ ἔχοντες τὴν χάριν εἰς αὐτὸν ἐπροφήτευσαν· αὐτὸς δέ, ἵνα ᵃκαταργήσῃᵃ τὸν θάνατον καὶ τὴν ἐκ νεκρῶν ἀνάστασιν ᵇδείξῃᵇ, ὅτι ἐν σαρκὶ ἔδει αὐτὸν φανερωθῆναι ὑπέμεινεν, 7. ἵνα ᵃᵃ τοῖς πατράσιν τὴν ἐπαγγελίαν ἀποδῷ καὶ αὐτὸς ἑαυτῷ τὸν λαὸν ᵇτὸν καινὸνᵇ ᶜἑτοιμάζωνᶜ ᵈἐπιδείξῃᵈ ἐπὶ τῆς γῆς ὤν, ὅτι τὴν ἀνάστασιν αὐτὸς ποιήσας κρινεῖ. 8. πέρας γέ τοι διδάσκων τὸν Ἰσραὴλ καὶ τηλικαῦτα τέρατα καὶ σημεῖα ποιῶν ᵃἐκήρυξεν καὶ ὑπερηγάπησεν αὐτόνᵃ. 9. ᵃὅτε δὲᵃ τοὺς ἰδίους ἀποστόλους τοὺς μέλλοντας κηρύσσειν τὸ εὐαγγέλιον αὐτοῦ ἐξελέξατο ὄντας ὑπὲρ πᾶσαν ᵇἁμαρτίανᵇ ἀνομωτέρους, ἵνα δείξῃ, ὅτι οὐκ ἦλθεν καλέσαι δικαίους, ἀλλ' ἁμαρτωλούς ᶜᶜ, τότε ἐφανέρωσεν ἑαυτὸν ᵈεἶναι υἱὸν θεοῦᵈ. 10. εἰ γὰρ μὴ ἦλθεν ἐν σαρκί, ᵃοὐδ' ἂν πῶς οἱ ἄνθρωποι ἐσώθησαν βλέποντες αὐτόνᵃ ᵇὅτεᵇ ᶜτὸν μέλλοντα μὴ εἶναιᶜ ἥλιον ἔργον ᵈτῶνᵈ χειρῶν ᵉαὐτοῦᵉ ὑπάρχοντα ᶠἐμβλέποντεςᶠ οὐκ ᵍἰσχύουσινᵍ εἰς τὰς ἀκτῖνας αὐτοῦ ἀντοφθαλμῆσαι. 11. οὐκοῦν ὁ υἱὸς τοῦ θεοῦ ᵃεἰς τοῦτοᵃ ἐν σαρκὶ ἦλθεν, ἵνα τὸ τέλειον τῶν ᵇἁμαρτιῶνᵇ ᶜἀνακεφαλαιώσῃᶜ τοῖς διώξασιν ἐν θανάτῳ τοὺς προφήτας ᵈαὐτοῦᵈ. 12. ᵃοὐκοῦν εἰς τοῦτο ὑπέμεινενᵃ.

λέγει ᵇγὰρ ὁ θεόςᵇ ᶜτὴν πληγὴν τῆς σαρκὸς αὐτοῦ, ᵈὅτιᵈ ἐξ αὐτῶνᶜ· ᵉὅταν ᶠπατάξωσινᶠ τὸν ποιμένα ᵍἑαυτῶνᵍ, τότε ʰἀπολεῖταιʰᵉ τὰ πρόβατα τῆς ποίμνης. 13. αὐτὸς ᵃδὲᵃ ἠθέλησεν οὕτως παθεῖν· ᵇἔδει γάρ, ἵνα ἐπὶ ξύλου πάθῃᵇ. λέγει γὰρ ὁ προφητεύων ἐπ' αὐτῷ· φεῖσαί μου τῆς ψυχῆς ἀπὸ ῥομφαίας, ᶜκαὶᶜ καθήλοσόν μου τὰς σάρκας, ὅτι ᵈπονηρευομένων συναγωγαὶᵈ ᵉἐπανέστησάν μοιᵉ. 14. καὶ πάλιν λέγει· ἰδού, ᵃτέθεικάᵃ μου τὸν νῶτον εἰς μάστιγας ᵇκαὶ τὰςᵇ σιαγόνας ᶜᶜ εἰς ῥαπίσματα, τὸ δὲ πρόσωπόν μου ἔθηκα ὡς στερεὰν πέτραν.

6. ᵃ H; -γήσει S ᵇ H; δείξει S 7. ᵃ H L; καί S ᵇ S H V; om. L ᶜ Sᶜ H V L; ὀνομάζων S ᵈ H; -δείξει S V; om. L 8. ᵃ V; ἐκήρυσσεν καὶ ὑπερηγάπησαν αὐτόν S; οὐχ ὅτι ἐκήρυσσεν καὶ ὑπερηγάπησαν αὐτόν H; non crediderunt nec dilexerunt illum L
9. ᵃ S H V; tunc L ᵇ S H V L; ἀνομίαν Or ᶜ S H L; εἰς μετάνοιαν V (cf. Lk 5, 32) ᵈ S L; 2 3 H; 2 3 1 V 10. ᵃ S; οὐκ ἂν οἱ ἄνθρ. ἐσώθησαν ἐμβλέποντες α. H; πῶς ἂν ἐσώθησαν οἱ ἄνθρ. βλέπ. α. V; πῶς ἂν ἐσώθησαν οἱ ἄνθρ. L ᵇ S H L; ὅτι V ᶜ S H V; om. L ᵈ S H; om. V ᵉ S H V; dei L ᶠ S H; βλέποντες V ᵍ S H; ἰσχύσουσιν V 11. H V L; om. S ᵃ S V; ἁμαρτημάτων H ᶜ S H; κεφαλαιώσει V ᶜ Sᶜ H V L; αὐτῶν S 12. ᵃ S H V; om. L ᵇ Sᶜ H V; 2 3 S; δὲ Ἡσαΐας L ᶜ Sᶜ V (S H); τῇ πληγῇ τῆς σαρκὸς αὐτοῦ ἡμεῖς πάντες ἰάθημεν L ᵈ Sᶜ V; om. S H ᵉ S (H V); καὶ ἕτερος προφήτης· πατάξω τὸν ποιμένα καὶ σκορπισθήσεται L ᶠ S H; πατάξω V ᵍ S; αὐτῶν H; om. V ʰ S H; σκορπισθήσεται Sᶜ V 13. ᵃ S H L; om. V ᵇ S H V; om. L ᶜ S H L; om. V ᵈ V L; συναγωγὴ π. S H ᵉ S V L; περιέσχον με H 14. ᵃ S H; τέθηκα V ᵇ V L; τὰς δέ S ᶜ H V; μου S L

den? Lernt es! 6. Weil die Propheten von ihm die Gabe dazu hatten, haben sie auf ihn hin prophezeit. Er aber, damit er den Tod vernichte und die Auferstehung von den Toten zeige, hat es ertragen, daß er im Fleisch erscheinen mußte, 7. um den Vätern die Verheißung zu erfüllen und dadurch, daß er selbst sich sein neues Volk bereitete,[74] (schon) während seines Erdenlebens darauf hinzuweisen, daß er die Auferstehung selbst wirken und das Urteil sprechen werde.

8. Ferner verkündigte er, indem er Israel lehrte und so große Wunder und Zeichen tat, und liebte es über alle Maßen.[75] 9. Als er aber seine Apostel auswählte, die sein Evangelium verkünden sollten und die über jede Sünde hinaus gesetzlos waren, damit er zeige, daß er nicht gekommen war, Gerechte zu berufen, sondern Sünder, da offenbarte er, daß er der Sohn Gottes sei.[76] 10. Wenn er nämlich nicht im Fleisch gekommen wäre, hätten die Menschen unmöglich bei seinem Anblick gerettet werden können,[77] da sie ja schon beim Anschauen der Sonne, die einmal nicht mehr sein wird und ein Werk seiner Hände ist, gerade in ihre Strahlen nicht hineinzusehen vermögen.[78] 11. Der Sohn Gottes kam also dazu im Fleisch, damit er denen die Summe ihrer Sünden vollmache,[79] die seine Propheten tödlich verfolgt hatten.[80] 12. Dazu also hat er es ertragen.

Gott sagt nämlich, daß die Wunde an seinem Fleisch von ihnen herrührt[81]: Wenn sie ihren Hirten erschlagen haben, dann werden die Schafe der Herde zugrunde gehen.[82] 13. Er aber wollte auf diese Weise leiden; es war nämlich nötig, daß er auf dem Holz litte. Denn so spricht, der über ihn prophezeit: Verschone mich vor dem Schwert, und nagele mein Fleisch an, denn Rotten von Bösewichtern haben sich gegen mich erhoben.[83] 14. Und wiederum sagt er: Siehe, ich habe meinen Rücken für Geißelhiebe hingehalten und die Wangen für Schläge, mein Gesicht aber machte ich gleichsam zu einem harten Felsen.[84]

---

[74] Vgl. OdSal 31, 12f.: „Und ich ertrug ihre Bitterkeit aus Demut, weil ich erlösen wollte mein Volk und es zum Erbe haben; und daß ich nicht zunichte machen möchte die Verheißungen an die Erzväter, die ich verheißen hatte zur Erlösung ihres Samens."
[75] [A. 75 s. S. 198.]
[76] [A. 76 s. S. 198.]
[77] [A. 77 s. S. 198f.]
[78] [A. 78 s. S. 199.]
[79] Vgl. 1Thess 2, 16; Mt 23, 32 und vor allem EvPetr 5 (17).
[80] Vgl. zu diesem Motiv die Übersicht bei Marie-Louise Gubler, Die frühesten Deutungen des Todes Jesu. Eine motivgeschichtliche Darstellung aufgrund der neueren exegetischen Forschung, OBO 15, Freiburg und Göttingen 1977, 34–42. 85–87 (Literatur).
[81] Nach Sach 13, 6.
[82] Nach Sach 13, 7b; vgl. Mk 14, 27par; Ev.apocr. (PFaj; s. Albert Huck/Heinrich Greeven, Synopse der drei ersten Evangelien, Tübingen [13 (1)]1981, 243).
[83] Mischzitat aus ψ 21, 21a. 17b; 26, 12b; 118, 20a.
[84] Aus Jes 50, 6f.

6. 1. ὅτε ᵃοὖνᵃ ἐποίησεν ᵇᵇ τὴν ἐντολήν, ᶜτίᶜ λέγει; τίς ὁ κρινόμενός ᵈμοιᵈ; ἀντιστήτω μοι. ᵉἤᵉ τίς ὁ ᶠδικαζόμενόςᶠ ᵍμοιᵍ; ἐγγισάτω ʰτῷʰ παιδὶ ⁱκυρίουⁱ. 2. οὐαὶ ὑμῖν, ὅτι ὑμεῖς πάντες ὡς ἱμάτιον παλαιωθήσεσθε καὶ σὴς καταφάγεται ὑμᾶς. ᵃκαὶᵃ πάλιν λέγει ὁ προφήτης, ᵇἐπεὶᵇ ὡς λίθος ᶜἰσχυρὸςᶜ ἐτέθη εἰς συντριβήν· ἰδού, ἐμβαλῶ εἰς τὰ θεμέλια Σιὼν λίθον πολυτελῆ, ἐκλεκτόν, ᵈἀκρογωνιαῖον, ἔντιμονᵈ. 3. ᵃεἶταᵃ ᵇτίᵇ λέγει; καὶ ᶜὁ πιστεύων εἰς αὐτὸνᶜ ᵈζήσεται εἰς τὸν αἰῶναᵈ. ἐπὶ λίθον οὖν ἡμῶν ἡ ἐλπίς· μὴ γένοιτο. ᵉἀλλ' ἐπεὶᵉ ἐν ἰσχύϊ ᶠτέθεικενᶠ τὴν σάρκα αὐτοῦ ᵍὁ κύριοςᵍ. ʰλέγει γάρ· καὶ ἔθηκέν με ὡς στερεὰν πέτρανʰ. 4. λέγει ᵃδὲᵃ πάλιν ὁ προφήτης· λίθον ὃν ἀπεδοκίμασαν οἱ οἰκοδομοῦντες οὗτος ἐγενήθη εἰς κεφαλὴν γωνίας. ᵇκαὶ πάλιν λέγει·ᵇ αὕτη ἐστὶν ἡ ἡμέρα ᶜἡ μεγάλη καὶ θαυμαστήᶜ, ἣν ἐποίησεν ὁ κύριος.

5. ᵃἁπλούστερον ὑμῖν γράφω, ἵνα ᵇσυνιῆτεᵇ, ἐγὼ περίψημα τῆς ἀγάπης ὑμῶν.ᵃ

6. τί οὖν λέγει ᵃπάλιν ὁ προφήτηςᵃ; ᵇπεριέσχενᵇ με συναγωγὴ πονηρευομένων, ἐκύκλωσάν με ὡσεὶ μέλισσαι ᶜκηρίον· καὶᶜ ἐπὶ τὸν ἱματισμόν μου ἔβαλον κλῆρον. 7. ἐν σαρκὶ οὖν αὐτοῦ μέλλοντος φανεροῦσθαι καὶ πάσχειν ᵃπροεφανερώθηᵃ τὸ πάθος. λέγει ᵇγὰρᵇ ὁ προφήτης ἐπὶ τὸν Ἰσραήλ· οὐαὶ τῇ ψυχῇ ᶜαὐτῶνᶜ, ὅτι ᵈβεβούλευνταιᵈ βουλὴν πονηρὰν καθ' ἑαυτῶν εἰπόντες· δήσωμεν τὸν δίκαιον, ὅτι δύσχρηστος ἡμῖν ἐστιν.

8. ᵃτί λέγει ὁ ἄλλος προφήτηςᵃ Μωϋσῆς αὐτοῖς; ᵇἰδούᵇ, τάδε λέγει κύριος ὁ θεός, ᶜεἰσέλθατεᶜ εἰς τὴν γῆν τὴν ἀγαθήν, ἣν ὤμοσεν κύριος ᵈᵈ ᵉτῷ Ἀβραὰμ καὶ Ἰσαὰκ καὶ Ἰακώβᵉ, καὶ ᶠκατακληρονομήσατε αὐτήν, γῆνᶠ ῥέουσαν γάλα καὶ μέλι. 9. τί ᵃδὲᵃ λέγει ἡ γνῶσις; μάθετε· ἐλπίσατε, ᵇφησίν,ᵇ ἐπὶ τὸν ἐν σαρκὶ μέλλοντα ᶜφανεροῦσθαι ὑμῖνᶜ Ἰησοῦν. ἄνθρωπος ᵈγὰρᵈ γῆ ἐστιν ᵉπάσχουσα· ἀπὸ προσώπουᵉ γὰρ τῆς γῆς ἡ πλάσις τοῦ Ἀδὰμ ἐγένετο.

6. 1. ᵃ S H V; δέ L   ᵇ S H V; dei L   ᶜ S V L; om. H   ᵈ et ᵉ S H V; om. L   ᶠ V; δικαιούμενος S H; εἰκαζόμενος L   ᵍ S V L; om. H   ʰ SV; om. H   ⁱ S H V; dei L   2. ᵃ⁻ᵈ S H V; om. L   3. ᵃ S H V; καί L   ᵇ S V L; om. H   ᶜ S H; ὃς ἐλπίσει ἐπ' αὐτόν V; qui crediderit in illum L   ᵈ S H V; οὐκ αἰσχυνθήσεται L   ᵉ H V L; ἀλλὰ εἶπεν S   ᶠ S H; ἔθηκε V   ᵍ H V; 2 S; om. L   ʰ S H V; om. L   4. ᵃ⁻ᶜ S H V; om. L   5. ᵃ H V (S Cl); om. L   ᵇ (H V) Cl; συνίετε S   6. ᵃ S H V; om. L   ᵇ S V; περιέσχον H L   ᶜ S H V; πάλιν εἶπεν L   7. ᵃ S H; -ροῦτο V   ᵇ S H V; οὖν L   ᶜ S H(V); iniquorum qui L   ᵈ S H; -λευται V   8. ᵃ S Cl; 2–5 H; λέγει δὲ καί V L   ᵇ S H V Cl; om. L   ᶜ S V; εἰσέλθετε H Cl   ᵈ S H V L; ὁ θεός, ὁ θεός Cl   ᵉ S H V L Cl; τοῖς πατράσιν ὑμῶν Sᶜ   ᶠ Sᶜ H V Cl; κατακληρονομησάτω τὴν γῆν S; domini estote illius terrae, quae L   9. ᵃ S H; om. V L Cl   ᵇ Sᶜ H L Cl; om. S V   ᶜ S V Cl; 2 1 H; 1 L   ᵈ S H L Cl; om. V   ᵉ S H V Cl; 2 L

6. 1. Als er nun das Gebot ausgeführt hatte, was sagt er da? Wer will mit mir streiten? Er trete mir entgegen! Oder wer will mit mir rechten? Er nähere sich dem Knecht des Herrn! 2. Wehe euch, denn ihr werdet alle vermodern wie ein Gewand, und die Motte wird euch fressen![85] Und wiederum spricht der Prophet, da er wie ein fester Stein zum Zermalmen hingestellt worden ist[86]: Siehe, ich werde in die Grundmauern Zions einen sehr kostbaren, ausgewählten Stein einsetzen, einen wertvollen Eckstein.[87] 3. Was sagt er danach? Und wer an ihn glaubt, wird ewig leben.[88] Auf einen Stein also unsere Hoffnung? Keineswegs! Sondern weil der Herr sein Fleisch stark gemacht hat. Es heißt nämlich: Und er machte mich gleichsam zu einem harten Felsen.[89] 4. Wiederum aber spricht der Prophet[90]: Der Stein, den die Bauleute für unbrauchbar hielten, der ist zum Eckstein geworden.[91] Und wiederum spricht er: Dies ist der große und wunderbare Tag, den der Herr gemacht hat.[92]

5. Recht schlicht schreibe ich euch, damit ihr es versteht, ich, euer alleruntertänigster, lieber Diener.

6. Was sagt nun wiederum der Prophet? Eine Rotte von Bösewichtern hat mich umzingelt, sie haben mich umringt wie Bienen die Wabe, und über meine Kleidung haben sie das Los geworfen.[93] 7. Weil er also im Fleisch erscheinen und leiden sollte, ist sein Leiden im voraus offenbart worden. Der Prophet sagt nämlich über Israel: Wehe ihnen, denn sie haben einen bösen Beschluß gegen sich selbst gefaßt, indem sie gesagt haben: Binden wir den Gerechten, denn er ist uns unbequem![94]

8. Was sagt ihnen der andere Prophet,[95] Mose? Siehe, das spricht der Herr, Gott: Geht hinein in das gute Land, das der Herr Abraham, Isaak und Jakob geschworen hat, und nehmt es in Besitz, ein Land, das von Honig und Milch fließt![96] 9. Was aber sagt die Erkenntnis? Lernt es! Hofft, sagt sie, auf den, der euch im Fleisch erscheinen soll, Jesus! Der Mensch ist nämlich leidende Erde; denn aus Erde wurde Adam gebildet.[97]

---

[85] Aus Jes 50, 8f.
[86] Vgl. Jes. 8, 14; Röm 9, 32f.; 1Petr 2, 7f.
[87] Jes 28, 16a.
[88] Jes 28, 16b; vgl. Röm 9, 33; 10, 11; 1Petr 2, 6.
[89] Nach Jes 50, 7.
[90] Hier ist deutlich, daß dem Verfasser auch der Psalter als „prophetisch" gilt; vgl. o. S. 130f.
[91] ψ 117, 22; vgl. Mk 12, 10parr.; Act 4, 11; 1Petr 2, 7.
[92] ψ 117, (23.) 24.
[93] Mischzitat aus ψ 21, 17; (117, 12a;) 21, 19b.
[94] Jes 3, 9f.; vgl. Weish 2, 12.
[95] Die Redeweise von Mose als dem „anderen Propheten" scheint eine Zweiteilung des Kanons in „Gesetz und Propheten" vorauszusetzen. Dabei ist aber klar, daß für den Verfasser der ganze Kanon „prophetischen" Charakter hat (vgl. o. S. 130f.).
[96] Aufnahme von Stellen aus dem Deuteronomium; vgl. vor allem Dtn 1, 8.
[97] [A. 97 s. S. 199.]

10. τί οὖν λέγει· ᵃεἰςᵃ τὴν γῆν τὴν ἀγαθήν, ᵇγῆνᵇ ῥέουσαν γάλα καὶ μέλι;

εὐλογητὸς ὁ κύριος ᶜἡμῶν, ἀδελφοί,ᶜ ὁ σοφίαν καὶ νοῦν θέμενος ἐν ἡμῖν τῶν κρυφίων αὐτοῦ· λέγει ᵈγὰρᵈ ὁ προφήτης παραβολὴν κυρίου. τίς νοήσει εἰ μὴ σοφὸς ᵉκαὶ ἐπιστήμωνᵉ καὶ ἀγαπῶν τὸν κύριον ᶠαὐτοῦᶠ;

11. ἐπεὶ οὖν ᵃἀνακαινίσαςᵃ ἡμᾶς ἐν τῇ ἀφέσει τῶν ἁμαρτιῶν ἐποίησεν ἡμᾶς ἄλλον τύπον ὡς ᵇ ᶜπαιδίωνᶜ ἔχειν τὴν ψυχὴν ὡς ἂν ᵈδὴ ἀναπλάσσοντος αὐτοῦ ἡμᾶςᵈ ᵇ. 12. λέγει γὰρ ἡ γραφὴ περὶ ἡμῶν ὡς λέγει ᵃτῷ υἱῷᵃ· ποιήσωμεν καθ' εἰκόνα καὶ καθ' ὁμοίωσιν ἡμῶν τὸν ἄνθρωπον καὶ ἀρχέτωσαν τῶν θηρίων τῆς γῆς καὶ τῶν πετεινῶν τοῦ οὐρανοῦ καὶ τῶν ἰχθύων τῆς θαλάσσης· καὶ εἶπεν κύριος ἰδὼν τὸ καλὸν πλάσμα ᵇἡμῶνᵇ· αὐξάνεσθε καὶ πληθύνεσθε καὶ πληρώσατε τὴν γῆν. ᶜταῦτα πρὸς τὸν υἱόν.ᶜ 13. πάλιν ᵃσοιᵃ ἐπιδείξω, πῶς ᵇπρὸς ἡμᾶς λέγειᵇ· δευτέραν πλάσιν ᶜᶜ ἐπ' ἐσχάτων ᵈἐποίησενᵈ. λέγει ᵉᵉ κύριος· ἰδού, ᶠποιῶᶠ τὰ ἔσχατα ὡς τὰ πρῶτα. εἰς τοῦτο οὖν ἐκήρυξεν ὁ προφήτης· ᵍεἰσέλθατεᵍ εἰς γῆν ῥέουσαν γάλα καὶ μέλι καὶ κατακυριεύσατε αὐτῆς. 14. ᵃἴδε οὖν ἡμεῖς ἀναπεπλάσμεθα καθὼς πάλιν ἐν ἑτέρῳ προφήτῃ λέγει· ἰδού, λέγει κύριος, ἐξελῶ τούτων, τοῦτ' ἔστιν ὧν προέβλεπεν τὸ πνεῦμα κυρίου, τὰς λιθίνας καρδίας καὶ ᵇἐμβαλῶᵇ σαρκίνας,ᵃ ᶜὅτι αὐτὸς ἐν σαρκὶ ἔμελλενᶜ φανεροῦσθαι καὶ ἐν ἡμῖν κατοικεῖν. 15. ναὸς γὰρ ᵃἅγιος, ἀδελφοί μου, τῷ κυρίῳᵃ τὸ κατοικητήριον ἡμῶν τῆς καρδίας. 16. λέγει ᵃγὰρ κύριος πάλινᵃ· καὶ ἐν τίνι ὀφθήσομαι ᵇτῷ κυρίῳ τῷᵇ θεῷ μου καὶ δοξασθήσομαι; ᶜλέγει·ᶜ ἐξομολογήσομαί ᵈσοιᵈ ἐν ἐκκλησίᾳ ᵉᵉ ἀδελφῶν μου καὶ ψαλῶ σοι ἀναμέσον ἐκκλησίας ἁγίων. οὐκοῦν ἡμεῖς ἐσμεν, οὓς εἰσήγαγεν εἰς τὴν γῆν τὴν ἀγαθήν.

17. τί οὖν τὸ γάλα καὶ ᵃτὸᵃ μέλι; ὅτι πρῶτον τὸ παιδίον μέλιτι ᵇκαὶᵇ γάλακτι ζωοποιεῖται· οὕτως ᶜοὖν καὶ ἡμεῖςᶜ τῇ πίστει τῆς

---

10. ᵃ S H L Cl; om. V   ᵇ Sᶜ H Cl; γῆ S; τήν V; om. L   ᶜ S H Cl; 1 V; om. L   ᵈ S H V Cl; δὲ καί L   ᵉ S H V Cl; om. L   ᶠ S V Cl; ἑαυτοῦ H   11. ᵃ Sᶜ H (V); ἐκαίνισεν S; cognovit L   ᵇ S (H V); pueros habere, ut spiritu figuraret nos L   ᶜ S; παιδίον H V   ᵈ S; 1 2 4 3 H; δὲ ἀναπλασσομένους αὐτοὺς ἡμᾶς V   12. ᵃ S H V; om. L   ᵇ S H L; ἄνθρωπον V   ᶜ S V; om. H L   13. ᵃ S H V; ὑμῖν L   ᵇ ad. κύριος S; 2 3 H; 1 2 V; vobis dicit L   ᶜ S H L; πρὸς ἡμᾶς V   ᵈ S H V; om. L   ᵉ V L; δέ S H   ᶠ S H L; ποιήσω V   ᵍ S V; εἰσέλθετε H   14. ᵃ S H (V); om. L   ᵇ S H; βαλῶ V   ᶜ S H; αὐτοῖς, ὅτι ἤμελλεν ἐν σαρκί V; 1 2 5 L   15. ᵃ S H V; domini L   16. ᵃ S; 1 3 2 H V; οὖν πάλιν L   ᵇ S; 2 3 H; 1 2 V   ᶜ H V L; om. S   ᵈ S H V; om. L   ᵉ S H L; ἐν μέσῳ V   17. ᵃ S H; om. V   ᵇ L; εἶτα S H V   ᶜ S H; 2 3 V; om. L

10. Was heißt nun: In das gute Land, ein Land, das von Honig und Milch fließt? Gepriesen sei unser Herr, Brüder, der Weisheit und Verstehen für seine Geheimnisse in uns gelegt hat! Denn der Prophet spricht ein Rätselwort auf den Herrn. Wer soll es verstehen, wenn nicht ein Weiser und Sachkundiger und seinen Herrn Liebender?[98]

11. Denn dadurch also, daß er uns durch die Vergebung der Sünden erneuert hat, hat er uns zu einem anderen Typus gemacht, so daß wir die Seele von Kindern haben,[99] wie es ja wäre, wenn er uns von neuem schüfe. 12. Die Schrift spricht nämlich über uns, wie er zum Sohn sagt[100]: Laßt uns den Menschen machen nach unserem Bild und uns ähnlich, und sie sollen herrschen über die Tiere der Erde und die Vögel des Himmels und die Fische des Meeres.[101] Und der Herr sprach, als er unsere schöne Gestalt sah: Nehmt zu und vermehret euch und füllt die Erde.[102] Das zum Sohn. 13. Wiederum will ich dir zeigen, wie er im Hinblick auf uns spricht; eine zweite Schöpfung hat er in der Endzeit gemacht.[103] Der Herr spricht: Siehe, ich mache das Letzte wie das Erste.[104] Im Hinblick darauf also hat der Prophet verkündet: Geht hinein in ein Land, das von Honig und Milch fließt, und macht es euch untertan.[105] 14. Siehe also, wir sind es, die von neuem geschaffen sind, wie es wiederum bei einem anderen Propheten heißt: Siehe, spricht der Herr, ich werde aus diesen, das heißt aus denen, die der Geist des Herrn voraussah, die steinernen Herzen herausreißen und fleischerne einsetzen,[106] weil er im Fleisch erscheinen und in uns wohnen sollte. 15. Denn, meine Brüder, ein heiliger Tempel für den Herrn ist die Wohnung unseres Herzens.[107] 16. Denn wiederum spricht der Herr: Und in wem soll ich dem Herrn, meinem Gott, erscheinen und verherrlicht werden?[108] Er spricht: Ich will dich preisen in der Versammlung meiner Brüder und dir lobsingen inmitten der Versammlung Heiliger.[109] Wir also sind es, die er in das gute Land hineingeführt hat.

17. Was bedeuten nun die Milch und der Honig? Das Kind wird zuerst mit Honig und Milch am Leben erhalten.[110] So nun auch wir: Weil wir durch den Glau-

---

[98] Vgl. Prov 1, 5 f.
[99] Vgl. 1Petr 2, 2; Joh 3, 3. 5.
[100] S. o. A. 73.
[101] Gen 1, 26.
[102] Gen 1, 28.
[103] Die „zweite Schöpfung" sind die Christen, mit deren Existenz die Endzeit schon begonnen hat; vgl. 2Kor 5, 17; 6, 2; Gal 6, 15.
[104] Zitat aus einer uns unbekannten apokryphen Schrift (Köster, Überlieferung 127).
[105] Mischzitat aus Dtn 1, 8 (oder ähnlichen Stellen) und Gen 1, 28.
[106] Nach Ez 11, 19; 36, 26.
[107] S. zu 16, 6–10.
[108] Mischzitat aus ψ 41, 3b; Jes 49, 3; vgl. Lev 10, 3; ψ 16, 15.
[109] Mischzitat aus ψ 21, 23 und ψ 107, 4.
[110] [A. 110 s. S. 199.]

ἐπαγγελίας καὶ τῷ λόγῳ ζωοποιούμενοι ᵈζήσομενᵈ κατακυριεύοντες τῆς γῆς. 18. ᵃ ᵇπροείρηκενᵇ δὲ ἐπάνω· ᶜκαὶᶜ αὐξανέσθωσαν ᵈκαὶ πληθυνέσθωσανᵈ καὶ ἀρχέτωσαν τῶν ᵉἰχθύωνᵉ.ᵃ τίς ᶠοὖνᶠ ὁ δυνάμενος ᵍνῦνᵍ ἄρχειν θηρίων ἢ ἰχθύων ἢ ʰʰπετεινῶν ⁱτοῦ οὐρανοῦⁱ; αἰσθάνεσθαι ᵏγὰρ ὀφείλομενᵏ, ὅτι τὸ ἄρχειν ˡἐξουσίαςˡ ἐστίν, ἵνα τις ἐπιτάξας ᵐκυριεύσῃᵐ. 19. ᵃεἰ οὖν ᵇοὐᵇ γίνεται τοῦτο νῦν, ἄρα ἡμῖν εἴρηκεν ᶜπότεᶜ, ὅταν καὶ αὐτοὶ τελειωθῶμεν κληρονόμοι τῆς διαθήκης κυρίου γενέσθαι.ᵃ

7. 1. οὐκοῦν ᵃνοεῖτεᵃ, τέκνα εὐφροσύνης, ὅτι πάντα ὁ καλὸς κύριος προεφανέρωσεν ἡμῖν, ἵνα γνῶμεν, ᾧ κατὰ πάντα εὐχαριστοῦντες ὀφείλομεν αἰνεῖν.

2. εἰ οὖν ὁ υἱὸς τοῦ θεοῦ ὢν κύριος ᵃᵃ καὶ μέλλων κρίνειν ζῶντας καὶ νεκροὺς ἔπαθεν, ἵνα ἡ πληγὴ αὐτοῦ ᵇζωοποιήσῃᵇ ἡμᾶς, πιστεύσωμεν, ὅτι ὁ υἱὸς ᶜτοῦ θεοῦᶜ οὐκ ἠδύνατο παθεῖν εἰ μὴ δι' ἡμᾶς.

3. ἀλλὰ καὶ ᵃσταυρωθεὶςᵃ ἐποτίζετο ὄξει καὶ χολῇ. ἀκούσατε, ᵇπῶς περὶ τούτουᵇ πεφανέρωκαν οἱ ἱερεῖς τοῦ ᶜναοῦᶜ. γεγραμμένης ἐντολῆς ᵈᵈ· ὃς ἂν μὴ νηστεύσῃ ᵉτὴνᵉ νηστείαν, ᶠθανάτῳᶠ ἐξολεθρευθήσεται, ἐνετείλατο κύριος, ἐπεὶ καὶ αὐτὸς ᵍὑπὲρᵍ τῶν ἡμετέρων ἁμαρτιῶν ʰἔμελλενʰ τὸ σκεῦος τοῦ πνεύματος ⁱⁱ προσφέρειν θυσίαν, ἵνα καὶ ᵏὁ τύποςᵏ ὁ γενόμενος ἐπὶ Ἰσαὰκ τοῦ προσενεχθέντος ἐπὶ τὸ ˡθυσιαστήριον τελεσθῇˡ. 4. τί ᵃοὖνᵃ λέγει ᵇἐν τῷ προφήτῃᵇ; καὶ φαγέτωσαν ᶜἐκᶜ τοῦ τράγου τοῦ προσφερομένου τῇ νηστείᾳ ὑπὲρ πασῶν τῶν ἁμαρτιῶν. προσέχετε ἀκριβῶς· καὶ φαγέτωσαν οἱ ἱερεῖς μόνοι ᵈπάντεςᵈ τὸ ἔντερον ἄπλυτον μετὰ ὄξους. 5. πρὸς τί; ᵃἐπειδὴᵃ ἐμὲ ᵇὑπὲρ ἁμαρτιῶν μέλλονταᵇ τοῦ λαοῦ ᶜμου τοῦ καινοῦᶜ προσφέρειν τὴν σάρκα μου μέλλετε ποτίζειν χολὴν μετὰ ὄξους, φάγετε ὑμεῖς μόνοι τοῦ λαοῦ νηστεύοντος καὶ κοπτομένου ἐπὶ σάκκου καὶ σποδοῦ, ᵈᵈ ἵνα ᵉδείξῃᵉ, ὅτι δεῖ αὐτὸν ᶠᶠ παθεῖν ᵍὑπ'ᵍ αὐτῶν.

ᵈ S; ζήσωμεν H V   18. ᵃ (S H V); om. L   ᵇ H V; -ρήκαμεν S   ᶜ S H; ὅτι V   ᵈ S H; om. V   ᵉ S V; θηρίων H   ᶠ S H V; om. L   ᵍ V L; om. S H   ʰ S V L; περί H   ⁱ S H V; om. L   ᵏ S H V; ὀφείλετε L   ˡ S H L; ἐξουσία V   ᵐ H V; -εύσει S   19. ᵃ S (H) V; om. L   ᵇ S V; om. H   ᶜ S V; τότε H
7. 1. ᵃ S H; νοῆτε V   2. ᵃ H V L; προεφανέρωσεν, ἵνα γνῶμεν, ᾧ κατὰ πάντα εὐχαριστοῦντες S   ᵇ H; -ήσει S V   ᶜ S H V; om. L   3. ᵃ S H V; om. L   ᵇ V L; 2 3 S; 2 3 1 H   ᶜ S H L; λαοῦ V   ᵈ S H L; αὐτοῦ V   ᵉ S V; om. H   ᶠ Sᶜ H V L; om. S   ᵍ Sᶜ H V; ἐπί S; pro L   ʰ S H; ἤμελλε V   ⁱ S H V; αὐτοῦ L   ᵏ Sᶜ H V L; οὗτος S   ˡ H V L; θυσίαν τελεσθῆναι S   4. ᵃ S H V; om. L   ᵇ S H V; ὁ προφήτης L   ᶜ S V; ἀπό H   ᵈ S H V; om. L   5. ᵃ Sᶜ H V; ἐπεί S   ᵇ S; μ.περὶ ἁ. H; εἶδον ὑ. ἁ. μ. V   ᶜ S H; 2 3 V; 1 L   ᵈ S H V; καί L   ᵉ S H; δείξει V   ᶠ H V L; πολλά S   ᵍ S H L; ὑπέρ V

ben an die Verheißung und durch das Wort am Leben erhalten werden, werden wir leben als Beherrscher der Erde. 18. Er hat aber vorher oben gesagt: Und sie sollen zunehmen und sich vermehren und über die Fische herrschen. Wer vermag denn jetzt schon über Tiere oder Fische oder Vögel des Himmels zu herrschen? Wir müssen nämlich verstehen, daß das Herrschen eine Sache der Macht ist, daß man sich durch Befehlen als Herr erweist. 19. Wenn das nun nicht jetzt geschieht, da hat er uns gesagt, wann[111], nämlich wenn auch wir vollkommen geworden sind, um Erben des Testaments des Herrn zu werden.

7. 1. Begreift also, Kinder der Freude, daß uns der gütige Herr alles im voraus offenbart hat, damit wir erkennen, wem wir in jeder Hinsicht Lob durch Danken schulden.

2. Wenn also der Sohn Gottes, obwohl er Herr ist und die Lebenden und Toten richten wird, gelitten hat, damit seine Wunde uns lebendig mache, dann wollen wir glauben, daß der Sohn Gottes nur unseretwegen leiden konnte.

3. Indes wurde er auch als Gekreuzigter mit Essig und Galle getränkt.[112] Hört, wie darüber die Tempelpriester Offenbarung gegeben haben! Obwohl als Gebot geschrieben steht: Wer nicht am Fasttag fastet, soll durch den Tod ausgerottet werden,[113] hat es der Herr doch geboten,[114] da auch er für unsere Sünden das Gefäß des Geistes[115] als Opfer darbringen sollte, damit auch das Vorbild verwirklicht werde, das an Isaak geschah, der auf dem Altar dargebracht wurde.[116] 4. Was sagt er also beim Propheten? Und sie sollen von dem Bock essen, der am Fasttag für alle Sünden dargebracht wird! Paßt genau auf: Und allein alle Priester sollen das Gedärm ungewaschen mit Essig essen![117] 5. Wozu? Da ihr ja mir, wenn ich mein Fleisch für die Sünden meines neuen Volkes darbringen soll, Galle mit Essig zu trinken geben werdet,[118] eßt ihr allein, während das Volk fastet und in Sack und Asche trauert,[119] damit er zeige, daß er von ihnen leiden muß.

---

[111] Vgl. syrBar 73, 6 und Papias bei Irenäus, haer. V 33, 4; biblische Grundlage ist Jes 11, 6–9.

[112] Die Synoptiker (Mk 15, 36parr.) und das JohEv (19, 29 f.) sprechen von der Tränkung mit Essig; EvPetr 5 (16) heißt es: ποτίσατε αὐτὸν χολὴν μετὰ ὄξους. Wurzel ist ψ 68, 22. Vgl. Köster, Überlieferung 151 f.

[113] Nach Lev 23, 29. Der Verfasser setzt den Versöhnungstag, der obligatorischer Fasttag war, mit Christi Todestag gleich.

[114] Gemeint dürfte sein, daß den Priestern trotz des Fasttages zu essen geboten worden ist (vgl. Vers 4).

[115] Bezeichnung des Fleisches; vgl. 5, 1; 7, 5.

[116] Gen 22, 9 f.

[117] [A. 117 s. S. 199.]

[118] [A. 118 s. S. 199.]

[119] Aus Aussagen des unbekannten Zitates in Vers 4 ist hier ein neues Zitat als Ich-Wort entstanden; vgl. dazu Köster, Überlieferung 127 f.

6. ᵃᾷᵃ ἐνετείλατο, ᵇπροσέχετεᵇ· λάβετε δύο τράγους καλοὺς καὶ ὁμοίους καὶ προσενέγκατε καὶ ᶜλαβέτω ὁ ἱερεὺςᶜ τὸν ἕνα εἰς ὁλοκαύτωμα ᵈᵈ ὑπὲρ ἁμαρτιῶν. 7. τὸν δὲ ἕνα ᵃτί ᵇποιήσουσινᵇ; ἐπικατάρατος, φησίν, ὁ εἷςᵃ. προσέχετε, πῶς ὁ τύπος τοῦ ᶜ'Ἰησοῦᶜ φανεροῦται· 8. καὶ ἐμπτύσατε ᵃᵃ πάντες καὶ κατακεντήσατε καὶ ᵇπερίθετεᵇ τὸ ἔριον τὸ κόκκινον περὶ τὴν κεφαλὴν αὐτοῦ καὶ οὕτως εἰς ᶜἔρημονᶜ βληθήτω· καὶ ὅταν γένηται οὕτως, ἄγει ὁ βαστάζων τὸν τράγον εἰς τὴν ἔρημον ᵈκαὶ ἀφαιρεῖᵈ τὸ ἔριον καὶ ᵉἐπιτίθησινᵉ ᶠαὐτὸᶠ ἐπὶ φρύγανον τὸ ᵍλεγόμενονᵍ ʰῥαχίανʰ, οὗ καὶ τοὺς ⁱβλαστοὺςⁱ εἰώθαμεν ᵏτρώγεινᵏ ἐν τῇ χώρᾳ εὑρίσκοντες. ˡοὕτως μόνης τῆς ᵐῥάχουᵐ οἱ καρποὶ γλυκεῖς εἰσιν.ˡ 9. ᵃτί οὖν τοῦτό ἐστινᵃ; προσέχετε· τὸν μὲν ἕνα ᵇἐπὶᵇ τὸ θυσιαστήριον, τὸν δὲ ἕνα ἐπικατάρατον, ᶜκαὶ ὅτι τὸν ἐπικατάρατον ἐστεφανωμένονᶜ, ἐπειδὴ ὄψονται αὐτὸν τότε τῇ ἡμέρᾳ τὸν ποδήρη ἔχοντα τὸν κόκκινον περὶ τὴν σάρκα καὶ ἐροῦσιν· οὐχ οὗτός ἐστιν, ὅν ᵈποτεᵈ ἡμεῖς ἐσταυρώσαμεν ᵉἐξουθενήσαντεςᵉ καὶ ᶠκατακεντήσαντες καὶ ἐμπτύσαντεςᶠ; ἀληθῶς οὗτος ἦν, ὁ τότε λέγων ἑαυτὸν υἱὸν ᵍᵍ θεοῦ εἶναι. 10. ᵃπῶς γὰρ ὅμοιος ἐκείνῳ; εἰς τοῦτοᵃ ὁμοίους τοὺς τράγους, ᵇκαλούςᵇ, ἴσους, ἵνα ὅταν ἴδωσιν ᶜαὐτὸν τότε ἐρχόμενονᶜ, ᵈἐκπλαγῶσινᵈ ἐπὶ τῇ ὁμοιότητι ᵉτοῦ τράγουᵉ. οὐκοῦν ᶠἴδεᶠ ᵍᵍ τὸν τύπον τοῦ μέλλοντος πάσχειν Ἰησοῦ.

11. τί δέ, ὅτι τὸ ἔριον ᵃεἰς μέσονᵃ τῶν ἀκανθῶν τιθέασιν; τύπος ἐστὶν τοῦ Ἰησοῦ τῇ ἐκκλησίᾳ ᵇκείμενοςᵇ, ᶜὅτι ὃς ἐὰνᶜ θέλῃ τὸ ἔριον ἆραι τὸ κόκκινον ᵈδεῖᵈ αὐτὸν πολλὰ παθεῖν διὰ τὸ εἶναι φοβερὰν τὴν ἄκανθαν καὶ θλιβέντα κυριεῦσαι ᵉαὐτοῦᵉ. οὕτως, φησίν, οἱ θέλοντές με ἰδεῖν καὶ ἅψασθαί μου τῆς βασιλείας, ὀφείλουσιν θλιβέντες καὶ ᶠᶠ παθόντες λαβεῖν ᵍμεᵍ.

8. 1. τίνα δὲ ᵃδοκεῖτεᵃ τύπον εἶναι, ὅτι ᵇἐντέταλταιᵇ τῷ Ἰσραὴλ

---

6. ᵃ S H; πῶς οὖν V; sic L ᵇ S H V; om. L ᶜ S H V; λαβέτωσαν οἱ ἱερεῖς L ᵈ H V L; τὸν ἕνα S 7. ᵃ (S) H V; in maledictione L ᵇ H V; ποιήσωσιν S ᶜ Sᶜ H V L; θεοῦ S 8. ᵃ S H V; εἰς αὐτόν, φησίν L ᵇ S H L; περιθῆτε V ᶜ S H V; aram L ᵈ Sᶜ H V L; φέρει S ᵉ S V; τίθησιν H ᶠ S H L; om. V ᵍ Sᶜ H V L; γενόμενον S ʰ ῥαχήλ S; ῥαχῇ H; ῥαχίλ V; rubus L ⁱ S V; καρπούς H L ᵏ S V; ἐσθίειν H; manducare L ˡ (S H V); huius stirpis dulces fructus inveniuntur L ᵐ ῥάχους S V; ῥαχῆς H 9. ᵃ S H; τ.ο. καὶ τοῦτο V; ad quid ergo hoc L ᵇ V L; 1 2 3 5 4 S; 5 H ᵈ S V; τότε H; om. L ᵉ H V L; καὶ ἐξουθενήσαμεν S ᶠ H; 3 S; κ.κ. ἐμπαίξαντες V; 3 2 1 L ᵍ H V; τοῦ S 10. ᵃ S H; 1 2 3 5 6 V; sicut ergo similis, sic L ᵇ S V; καὶ καλ. H; καί L ᶜ S H V; unum ex illis tunc pascentem L ᵈ S H; -γήσονται V ᵉ S V L; αὐτοῦ H ᶠ S H V; ἴδετε Sᶜ L ᵍ H V L; τὸν τράγον S 11. ᵃ V L; 2 S; εἰς τὸ μ. H ᵇ H V; θέμενος S ᶜ ὅ.ὡς ἔ. S; ὅστις ἂν H; ἵνα ὅ. ἔ. V; quia qui L ᵈ H V; ἔδει S ᵉ S H L; om. V ᶠ S H V; πολλά L ᵍ S H V; om. L

8. 1. ᵃ S V L; δοκεῖ τόν H ᵇ S H L; ἐντέλλεται V

6. Achtet darauf, was er geboten hat: Nehmt zwei einwandfreie und einander ähnliche Böcke und bringt sie dar; und der Priester soll den einen zum Brandopfer für die Sünden nehmen![120] 7. Was aber sollen sie mit dem anderen machen? Verflucht, heißt es, der andere.[121] Paßt auf, wie das Vorbild Jesu offenbart wird! 8. Und bespuckt ihn alle und durchstecht ihn und legt die rote Wolle um seinen Kopf; und so soll er in die Wüste fortgeschafft werden! Und wenn es so geschieht, geht der, der den Bock trägt, in die Wüste und nimmt die Wolle ab und legt sie auf einen Strauch, der Brombeerstrauch[122] heißt. Dessen Früchte pflegen wir auch zu essen, wenn wir sie auf dem Feld finden. So sind die Früchte allein dieses Dornstrauches süß. 9. Was bedeutet das nun? Paßt auf! Den einen auf den Altar, den anderen verflucht und den Verfluchten bekränzt, da sie ihn ja am einst kommenden Tag mit dem roten Mantel[123] um sein Fleisch erblicken und sagen werden: Ist das nicht der, den wir einst gekreuzigt haben, nachdem wir ihn verhöhnt, durchstochen und bespuckt hatten? Wahrhaftig, das war er, der damals sagte, er sei Gottes Sohn.[124] 10. Weshalb nämlich ist er jenem ähnlich? Deshalb einander ähnliche, einwandfreie und gleiche Böcke, damit sie, wenn sie ihn einst kommen sehen, erschrecken über die Ähnlichkeit mit dem Bock.[125] Sieh nun: das Vorbild Jesu, der leiden sollte.

11. Was aber bedeutet es, daß man die Wolle mitten in die Dornen legt?[126] Darin liegt ein Vorbild Jesu für die Gemeinde,[127] weil derjenige, der die rote Wolle aufheben will, wegen der Schrecklichkeit des Dornstrauchs viel leiden und sich ihrer unter Mühsal bemächtigen muß. So müssen auch diejenigen, sagt er, die mich sehen und in mein Reich gelangen wollen, mich unter Mühsal und Leiden empfangen.[128]

8. 1. Welches Vorbild aber, meint ihr, liegt darin, daß Israel geboten ist,[129] daß

---

[120] Das bis Vers 8 reichende Zitat ist aus Lev 16, 5. 6–10. 21 f. gebildet worden, verbunden mit jüdischen Interpretationen (mYom VI 4a. 6a) und christlicher Passionsüberlieferung (vgl. Köster, Überlieferung 152–156).
[121] Prigent erkennt hier Einfluß von Dtn 21, 23 und Gal 3, 13 (Prigent/Kraft, Barnabé 133 A. 4).
[122] Der Text von S, H und V scheint hier verderbt zu sein; er läßt sich als Verschreibung aus ῥαχία erklären, dem wahrscheinlich das rubus von L entspricht. Das im nächsten Satz folgende ῥάχου wird von den Textzeugen nicht geboten, bei denen wiederum Verschreibung vorliegen dürfte.
[123] Vgl. Mt 27, 28; Mk 15, 17; Joh 19, 2; EvPetr 3 (7).
[124] Zum hier gebrauchten Schema vgl. Weish 5, 1–5 und dazu Annie Jaubert, Écho du livre de la Sagesse en Barnabé 7, 9, in: Judéo-Christianisme. Recherches historiques et théologiques offerts en hommage à Jean Daniélou, Paris 1972, 193–198.
[125] [A. 125 s. S. 199.]
[126] [A. 126 s. S. 199.]
[127] Vgl. Herm sim II 2: ταῦτα τὰ δύο δένδρα, φησίν, εἰς τύπον κεῖνται τοῖς δούλοις τοῦ θεοῦ.
[128] [A. 128 s. S. 199.]
[129] Das folgende Material geht auf Num 19 zurück, weicht aber in einzelnen Punkten

προσφέρειν δάμαλιν τοὺς ἄνδρας, ἐν οἷς ᶜεἰσινᶜ ἁμαρτίαι τέλειαι, καὶ ᵈσφάξανταςᵈ κατακαίειν καὶ αἴρειν τότε ᵉτὴν σποδὸν παιδίαᵉ καὶ ᶠβάλλεινᶠ εἰς ἄγγη ᵍᵍ καὶ περιτιθέναι τὸ ἔριον τὸ κόκκινον ʰἐπὶ ξύλονʰ – ⁱἴδε πάλιν ᵏὁ τύπος ὁᵏ τοῦ σταυροῦ ˡκαὶˡ τὸ ἔριον τὸ κόκκινονⁱ – καὶ τὸ ὕσσωπον καὶ οὕτως ῥαντίζειν τὰ παιδία καθ' ἕνα τὸν λαόν, ἵνα ᵐἁγνίζωνται ἀπὸᵐ τῶν ἁμαρτιῶν; 2. ᵃνοεῖτεᵃ, πῶς ᵇἐνᵇ ἁπλότητι ᶜλέγειᶜ ὑμῖν. ᵈὁ μόσχος Ἰησοῦς ἐστινᵈ, οἱ προσφέροντες ἄνδρες ἁμαρτωλοὶ οἱ προσενέγκαντες αὐτὸν ἐπὶ ᵉτὴνᵉ σφαγήν. ᶠεἶτα οὐκέτι ἄνδρες, οὐκέτι ἁμαρτωλῶν ἡ δόξα.ᶠ 3. οἱ ᵃᵃ ῥαντίζοντες παῖδες ᵇᵇ ᶜεὐαγγελιζομένοιᶜ ἡμῖν τὴν ἄφεσιν τῶν ἁμαρτιῶν καὶ τὸν ἁγνισμὸν ᵈτῆς καρδίαςᵈ, οἷς ἔδωκεν τοῦ εὐαγγελίου τὴν ἐξουσίαν, οὖσιν δεκαδύο εἰς μαρτύριον τῶν φυλῶν, ὅτι δεκαδύο ᵉᵉ φυλαὶ τοῦ Ἰσραήλ, ᶠεἰς τὸ κηρύσσεινᶠ. 4. ᵃδιὰ τί δὲ τρεῖς παῖδες οἱ ῥαντίζοντες; εἰς μαρτύριον Ἀβραάμ, Ἰσαάκ, ᵇᵇ Ἰακώβ, ὅτι οὗτοι μεγάλοι τῷ θεῷ.ᵃ 5. ὅτι ᵃδὲᵃ τὸ ἔριον ᵇᵇ ἐπὶ τὸ ξύλον; ᶜὅτι ἡ βασιλεία ᵈᵈ Ἰησοῦ ἐπὶ ᵉξύλουᵉᶜ ᶠκαὶ ὅτιᶠ ᵍοἱ ἐλπίζοντεςᵍ ἐπ' αὐτὸν ʰζήσονταιʰ εἰς τὸν αἰῶνα. 6. διὰ τί ᵃδὲᵃ ἅμα τὸ ἔριον καὶ τὸ ὕσσωπον; ὅτι ἐν τῇ βασιλείᾳ αὐτοῦ ἡμέραι ἔσονται πονηραὶ καὶ ῥυπαραί, ἐν αἷς ἡμεῖς σωθησόμεθα. ᵇὅτι ᶜὁᶜ ἀλγῶν σάρκα διὰ τοῦ ῥύπου τοῦ ὑσσώπου ἰᾶται.ᵇ

7. καὶ διὰ τοῦτο οὕτως γενόμενα ἡμῖν μέν ἐστιν φανερά, ἐκείνοις δὲ ᵃσκοτεινάᵃ, ὅτι οὐκ ἤκουσαν φωνῆς κυρίου.

9. 1. λέγει ᵃγὰρ πάλινᵃ περὶ τῶν ὠτίων, πῶς περιέτεμεν ᵇἡμῶν τὴν

ᶜ S H L; om. V   ᵈ S H; -τες V   ᵉ H V; τὰ παιδία σποδόν S   ᶠ H V; βαλεῖν S
ᵍ S H V; ὀστράκινα L   ʰ V; om. S; ἐπὶ ξύλου H; ἐπὶ ξύλων Sᶜ; in ligno L   ⁱ S (H V); om. L
ᵏ S; 1 2 H; 3 V   ˡ S H; om. V   ᵐ S H; ἁγνίζωνται ὑπό V   2. ᵃ S H V; ἴδετε οὖν L
ᵇ S H L; om. V   ᶜ V L; λέγεται S H   ᵈ H; νόμος Χριστὸς Ἰησοῦς ἐστιν S; ὁ μ. ὁ Ἰ. ἐ. Sᶜ; ὁ μ. οὖν ἐστιν ὁ Ἰ. V; vacca erat Jesus L   ᵉ S H; om. V   ᶠ S H V; om. L   3. ᵃ S H L; δέ Sᶜ V   ᵇ S V; om. S H   ᶜ S H; -σάμενοι S   ᵈ Sᶜ V; om. S H; τ.κ. ἡμῶν L   ᵉ S H; αἱ V   ᶠ S H V; om. L   4. ᵃ S H (V); om. L   ᵇ S H; καί V   5. ᵃ S H V; οὖν καί L   ᵇ S V L; τὸ κόκκινον H   ᶜ (S) H (V); om. L   ᵈ S V; τοῦ H   ᵉ S H; ξύλῳ V   ᶠ S H; διότι V; quia L   ᵍ S H V; qui crediderit L   ʰ S H V; vivit L   6. ᵃ S H V; om. L
ᵇ S (H V); om. L   ᶜ S; καί ὁ H; καί V   7. ᵃ Sᶜ H V L; σκοτία S

9. 1. ᵃ S H V; δέ L   ᵇ S H; ἡ. καί τ.κ. V; ἡ. τὰς ἀκοάς (?) P; aures praecordiae nostrae L

solche Männer eine junge Kuh darbringen, an denen vollendete Sünden sind,[130] und daß sie sie nach dem Schlachten verbrennen[131] und daß dann Kinder die Asche aufheben und in Gefäße füllen[132] und die rote Wolle um ein Holz legen – siehe wiederum das Vorbild des Kreuzes und die rote Wolle! – samt dem Ysop[133] und daß die Kinder so das Volk einzeln besprengen, damit sie von den Sünden gereinigt werden?[134] 2. Versteht, wie schlicht er zu euch spricht: Der junge Stier[135] ist Jesus, die darbringenden sündigen Männer sind die, die ihn zur Schlachtung dargebracht haben.[136] Danach ist es vorbei mit den Männern, vorbei mit der Herrlichkeit von Sündern! 3. Die besprengenden Knaben sind diejenigen, die uns die Vergebung der Sünden verkündigen und die Reinigung des Herzens, denen er die Vollmacht zur Verkündigung des Evangeliums gegeben hat. Zwölf sind es zum Zeugnis der Stämme, denn zwölf Stämme Israels gibt es. 4. Warum aber sind es drei[137] Knaben, die besprengen? Zum Zeugnis für Abraham, Isaak und Jakob, denn diese sind groß bei Gott. 5. Was aber bedeutet es, daß man die Wolle auf das Holz legt? Daß das Reich Jesu auf dem Holz beruht[138] und daß diejenigen, die auf ihn hoffen, ewig leben werden. 6. Warum aber werden die Wolle und der Ysop zugleich erwähnt? Weil in seinem Reich schlimme und trübe Tage sein werden, in denen wir gerettet werden sollen. Denn der leiblich Kranke wird durch den trüben Saft des Ysop geheilt.

7. Und daß es so geschieht, ist uns zwar offenbar, jenen aber deshalb dunkel, weil sie nicht auf die Stimme des Herrn gehört haben.[139]

9. 1. Wiederum spricht er nämlich über die Ohren, wie er unser Herz beschnit-

---

stark ab; vgl. dazu mPar 3, 1–11 und tPar 3, 1–11. Motive aus Lev 16 (Barn 7, 6–11) und Num 19 (Barn 8, 1–6) sind Hebr 9, 13. 19 miteinander verknüpft.

[130] Dieses Motiv stammt wohl aus einem Mißverständnis der „Unreinheit" in Num 19, 7–10 (vgl. mPar III 7b).

[131] Nach Num 19, 2–5.

[132] Die Erwähnung der Kinder und Gefäße stammt aus jüdischer Tradition: mPar III 2.

[133] [A. 133 s. S. 199f.]

[134] Vgl. Num 19, 11–22; da sich diese Stelle nur auf „Leichenberührungen und Todesfälle" bezieht, vermutet Windisch, daß „Barn. die Zeremonie mit der Bundesschließung Ex 24, 8 zusammengeworfen" hat (Barnabasbrief 348).

[135] Da δάμαλις feminin ist, der Verfasser sie aber auf Jesus deuten will, wechselt er zu dem maskulinen Begriff μόσχος.

[136] Vgl. 5, 2 = Jes 53, 7.

[137] Die Zahl „drei" erscheint hier – wie vorher schon die mit ihr konkurrierende Zahl „zwölf" – völlig unmotiviert. Es liegt ein in der Überlieferung des Stoffes zugewachsenes Element vor.

[138] „Wolle" gilt hier als Typos für das „Reich" (βασιλεία; vgl. 7, 11). Das beruht wahrscheinlich auf einer frühchristlichen Lesart von ψ 95, 10, die den Worten ὁ κύριος ἐβασίλευσεν hinzufügte: „vom Holze her" (Justin, apol. I 41; dial. 73, 1. 4; Tertullian, adv. Marc. III 19).

[139] S. o. S. 131 f. Dieser Satz blickt einerseits zurück auf die zuvor gegebenen Auslegungen von Opferaussagen; andererseits aber eröffnet er den bis 10, 12 reichenden Zusammenhang über das rechte Hören und Verstehen.

καρδίαν[b]. λέγει [c]κύριος[c] ἐν τῷ προφήτῃ· εἰς ἀκοὴν ὠτίου [d]ὑπήκουσάν[d] μου. καὶ πάλιν λέγει· ἀκοῇ ἀκούσονται οἱ πόρρωθεν, [ee] ἃ ἐποίησα, [ff] γνώσονται. [g]καί·[g] [h]περιτμήθητε[h], λέγει κύριος, τὰς [i]καρδίας[i] ὑμῶν. 2. καὶ πάλιν λέγει· ἄκουε, Ἰσραήλ, ὅτι τάδε λέγει κύριος ὁ θεός σου. [a]καὶ πάλιν τὸ πνεῦμα κυρίου προφητεύει·[a] τίς ἐστιν ὁ θέλων ζῆσαι εἰς [b]τὸν αἰῶνα[b]; ἀκοῇ [c]ἀκουσάτω[c] τῆς φωνῆς τοῦ παιδός μου. 3. καὶ πάλιν λέγει· ἄκουε, οὐρανέ, καὶ ἐνωτίζου, γῆ, ὅτι κύριος ἐλάλησεν [a]ταῦτα εἰς μαρτύριον[a]. καὶ πάλιν λέγει· [b]ἀκούσατε λόγον κυρίου, ἄρχοντες τοῦ λαοῦ τούτου.[b] καὶ πάλιν [c]λέγει·[c] ἀκούσατε, [d]τέκνα[d], [e]φωνῆς[e] βοῶντος ἐν τῇ ἐρήμῳ. οὐκοῦν [f]περιέτεμεν[f] ἡμῶν τὰς ἀκοάς, ἵνα [g]ἀκούσαντες λόγον πιστεύσωμεν[g] [h]ἡμεῖς[h].

4. [a] [b]ἀλλὰ καὶ ἡ[b] περιτομή, ἐφ' [c]ᾗ[c] [d]πεποίθασιν[d], κατήργηται·[a] περιτομὴν [e]γὰρ[e] εἴρηκεν οὐ σαρκὸς γενηθῆναι. ἀλλὰ παρέβησαν, ὅτι ἄγγελος [ff] πονηρὸς [g]ἐσόφιζεν[g] αὐτούς. 5. λέγει [aa] πρὸς αὐτούς· τάδε λέγει [b]κύριος[b] ὁ θεὸς [c]ὑμῶν[c] – ὧδε εὑρίσκω ἐντολήν [dd] – [e]μὴ σπείρετε[e] ἐπ' [f]ἀκάνθαις[f]· περιτμήθητε τῷ [g]κυρίῳ ὑμῶν[g] [hh]. καὶ [i]τί λέγει;[i] περιτμήθητε [k]τὸ σκληρὸν τῆς καρδίας[k] ὑμῶν [l]καὶ τὸν τράχηλον ὑμῶν [m]οὐ σκληρυνεῖτε[m] [l]. [n]λάβε πάλιν[n]. [o]ἰδού, λέγει κύριος,[o] πάντα τὰ ἔθνη [p]ἀπερίτμητα[p] [q]ἀκροβυστίαν[q], ὁ δὲ λαὸς οὗτος ἀπερίτμητος [r]καρδίας[r]. 6. ἀλλ' [a]ἐρεῖς·[a] καὶ μὴν [b]περιτέτμηται[b] ὁ λαὸς εἰς σφραγῖδα. [c]ἀλλὰ[c] καὶ [d]πᾶς Σύρος[d] καὶ Ἄραψ καὶ πάντες οἱ ἱερεῖς τῶν εἰδώλων [ee]· ἆρα οὖν κἀκεῖνοι ἐκ [f]τῆς διαθήκης αὐτῶν[f] εἰσιν. [g]ἀλλὰ καὶ οἱ Αἰγύπτιοι [h]ἐν περιτομῇ[h] εἰσιν.[g]

---

[c] S H; ὁ κ. V; om. L   [d] S H V; κυρίου· οὐκ ἐπήκουσαν P; exaudivit L   [e] S H V; καί P L   [f] S H V P; καί L   [g] S H V P; om. L   [h] S[c] H L; περίτμητε S; περιτμηθήσεται V   [i] S H V; ἀκοάς P L   2.   [a] V P L; om. S H   [b] S V P; τοὺς αἰῶνας H   [c] S[c] H V P L; ἀκούσατε S   3.   [a] S H V P; om. L   [b] S V P L; H habet hoc loco sequentem sententiam et illic hanc   [c] et   [d] S H V P; om. L   [e] S[c] H; φωνή S; τῆς φωνῆς V   [f] S V; ἔτεμεν H   [g] H V L; ἀ. τὸν λ. π. P; ἀκούσωμεν λόγον καὶ μὴ μόνον π. S   [h] S H; om. V L   4.   [a] (S H V P); om. L   [b] S H P; εἰ γάρ V   [c] H V; ἧς S   [d] S V P; ἐπεπείθησαν H   [e] S H V P; δέ L   [f] S H V; ὁ P   [g] S[c] H V P L; ἔσφαξεν S   5.   [a] S V; δέ H P L   [b] S H V L; om. P   [c] S H V P; ἡμῶν H   [d] S H V P; καινήν L   [e] S V; vae illis, qui seminant L   [f] S H P; ἀκάνθας V   [g] V L; θεῷ ὑμ. S; κ. ἡμῶν H   [h] S H V P; hoc est: audite dominum vestrum L   [i] S H V P; om. L   [k] V P L; τὴν σκληροκαρδίαν S H   [l] S (H V P); om. L   [m] S H; οὐ μὴ σκληρύνητε V; οὐ μὴ (?) σ. P   [n] S H; 2 V; πάλιν λέγει (?) P; λέγει δὲ πάλιν L   [o] S H V L; om. P   [p] H V P L; om. S   [q] S P; -τία H; -τα V   [r] S; -δία H V   6.   [a] S H V P; om. L   [b] S H L; περιτέμνεται V   [c] S V L; om. H   [d] S H V; Judaeus L   [e] S H V; καὶ οἱ Αἰγύπτιοι L   [f] S H; τῶν διαθήκων α. V; 1 2 L   [g] S (H) V; om. L   [h] S V; ἐμπερίτομοι H

ten hat.¹⁴⁰ Der Herr spricht beim Propheten: Aufs Hören mit dem Ohr hin haben sie mir gehorcht.¹⁴¹ Und wiederum spricht er: Hören, hören werden die Fernen; was ich getan habe, werden sie erkennen.¹⁴² Und: Laßt euch, spricht der Herr, an euren Herzen beschneiden!¹⁴³ 2. Und wiederum spricht er: Höre, Israel, denn das sagt der Herr, dein Gott!¹⁴⁴ Und wiederum prophezeit der Geist des Herrn: Wer will ewig leben? Hören, hören soll er auf die Stimme meines Knechtes!¹⁴⁵ 3. Und wiederum spricht er: Höre, Himmel, und merke auf, Erde, denn der Herr hat das zum Zeugnis geredet!¹⁴⁶ Und wiederum spricht er: Hört das Wort des Herrn, ihr Fürsten dieses Volkes!¹⁴⁷ Und wiederum spricht er: Hört, Kinder, die Stimme des Rufers in der Wüste!¹⁴⁸ Er hat also unsere Ohren beschnitten, damit wir das Wort hören und glauben.

4. Aber auch die Beschneidung, auf die sie vertrauen, ist ungültig gemacht. Denn er hat gesagt, daß die Beschneidung nicht am Fleisch erfolgen soll. Aber sie haben das übertreten, weil ein böser Engel¹⁴⁹ ihnen etwas weiszumachen suchte. 5. Er spricht zu ihnen: Das spricht der Herr, euer Gott – hier finde ich ein Gebot¹⁵⁰ –: Sät nicht unter Dornen; laßt euch beschneiden für euren Herrn!¹⁵¹ Und was sagt er? Laßt euch das Harte an euren Herzen beschneiden, und euren Nacken verhärtet nicht!¹⁵² Nimm wiederum: Siehe, spricht der Herr, alle Völker sind unbeschnitten an der Vorhaut, dieses Volk aber ist unbeschnitten am Herzen.¹⁵³ 6. Aber du wirst sagen: Und doch ist das Volk beschnitten zur Bestätigung.¹⁵⁴ Aber auch jeder Syrer und Araber und alle Götzenpriester.¹⁵⁵ Folglich gehörten also auch jene zu ihrem Testament.¹⁵⁶ Aber auch die Ägypter sind in der Beschneidung.¹⁵⁷

¹⁴⁰ Vgl. zu der Zitatensammlung in 9,1–3 o. S. 123 f. sowie Prigent, Testimonia 50 f.
¹⁴¹ ψ 17, 45a (= 2Reg 22, 45b).
¹⁴² Jes 33, 13.
¹⁴³ Jer 4, 4.
¹⁴⁴ Jes 7, 2f. mit Einfluß von Dtn 5, 1; 6, 4.
¹⁴⁵ Mischzitat aus ψ 33, 13 und Jes 50, 10.
¹⁴⁶ Jes 1, 2.
¹⁴⁷ Jes 28, 14.
¹⁴⁸ Jes 40, 3; vgl. Mk 1, 3parr.; Joh 1, 23.
¹⁴⁹ Vgl. 18, 1; Mt 25, 41.
¹⁵⁰ Das Gebot zur Beschneidung ist allein im ethischen Sinn zu verstehen, nicht aber als Anweisung, eine kultische Handlung auszuführen.
¹⁵¹ Aus Jer 4, 3 f.
¹⁵² Dtn 10, 16.
¹⁵³ Jer 9, 25.
¹⁵⁴ [A. 154 s. S. 200.]
¹⁵⁵ Zur Beschneidung in der Alten Welt vgl. Windisch, Barnabasbrief 354 f.; Friedrich Stummer, Art. Beschneidung, RAC 2, Stuttgart 1954, 159–169.
¹⁵⁶ Vgl. Kelsos bei Origenes, contra Celsum V 41: „Keineswegs dürften sie (sc. die Juden) deshalb heiliger als die anderen sein, weil sie sich beschneiden lassen – denn das taten die Ägypter und Kolcher früher."
¹⁵⁷ Natürlich handelt es sich hier formal um einen Nachtrag. Aber deshalb muß der Satz

7. ᵃμάθετε οὖν, τέκνα ᵇἀγάπηςᵇ, περὶ πάντων ᶜπλουσίωςᶜ ᵃ, ὅτι Ἀβραὰμ ᵈᵈ πρῶτος περιτομὴν δοὺς ἐν πνεύματι ᵉᵉ προβλέψας εἰς τὸν Ἰησοῦν ᶠπεριέτεμεν λαβὼν τριῶν γραμμάτων δόγματα. 8. λέγει γάρ· καὶᶠ περιέτεμεν ᵃ᾽Ἀβραὰμᵃ ᵇἐκ τοῦ οἴκου αὐτοῦᵇ ἄνδρας ᶜδεκαοκτὼ καὶ τριακοσίουςᶜ. ᵈτίς οὖν ἡ δοθεῖσα ᵉαὐτῷᵉ γνῶσις; μάθετε,ᵈ ᶠὅτιᶠ ᵍτοὺς δεκαοκτὼ πρώτουςᵍ ʰκαὶ διάστημα ποιήσας λέγειʰ ⁱτριακοσίουςⁱ· ᵏτὸ δεκαοκτώ· ἰῶτα δέκα, ἦτα ὀκτώ· ἔχεις Ἰησοῦνᵏ. ˡὅτι δὲ ὁ σταυρὸς ἐν τῷ ταῦˡ ἤμελλεν ἔχειν τὴν χάριν, ᵐᵐ λέγει ⁿκαὶ τοὺςⁿ τριακοσίους. ᵒδηλοῖ οὖν ᵖτὸν μὲν Ἰησοῦνᵖ ἐν τοῖς δυσὶν γράμμασιν καὶ ἐν ᵠτῷᵠ ἑνὶᵒ τὸν σταυρόν. 9. ᵃοἶδεν ᵈᵃ τὴν ἔμφυτον δωρεὰν τῆς ᵇδιδαχῆςᵇ αὐτοῦ θέμενος ἐν ἡμῖν· οὐδεὶς γνησιώτερον ἔμαθεν ἀπ᾽ ἐμοῦ λόγον· ἀλλ᾽ ᶜοἶδαᶜ, ὅτι ἄξιοί ἐστε ὑμεῖς.

10. 1. ὅτι δὲ ᵃΜωϋσῆςᵃ ᵇεἶπενᵇ· οὐ ᶜφάγεσθε χοῖρονᶜ ᵈοὔτεᵈ ἀετὸν ᵈοὔτεᵈ ὀξύπτερον ᵈοὔτεᵈ κόρακα ᵉοὔτε ᶠπάνταᶠ ἰχθύν, ᵍὃςᵍ οὐκ ἔχει ʰλεπίδαʰ ἐν ἑαυτῷ, τρία ἔλαβεν ⁱἐν τῇ συνέσειⁱ δόγματα. 2. πέρας ᵃγέᵃ τοι λέγει αὐτοῖς ἐν τῷ Δευτερονομίῳ· καὶ διαθήσομαι πρὸς τὸν λαὸν τοῦτον τὰ δικαιώματά μου. ἄρα ᵇοὖνᵇ οὐκ ἔστιν ἐντολὴ θεοῦ τὸ μὴ τρώγειν, Μωϋσῆς δὲ ἐν ᶜπνεύματιᶜ ἐλάλησεν ᵈᵈ.

3. τὸ οὖν χοιρίον πρὸς τοῦτο ᵃεἶπενᵃ· οὐ ᵇᵇ κολληθήσῃ, ᶜφησίνᶜ, ἀνθρώποις τοιούτοις, οἵτινες ᵈεἰσὶν ὅμοιοι χοίροιςᵈ· ᵉτοῦτ᾽ ἔστιν ὅτανᵉ σπαταλῶσιν, ἐπιλανθάνονται τοῦ κυρίου ᶠᶠ, ᵍὅταν δὲ ʰὑστερῶνταιʰ, ἐπιγινώσκουσιν τὸν κύριον· ⁱὡςⁱ καὶᵍ ὁ χοῖρος, ὅταν τρώγει, τὸν κύριον οὐκ οἶδεν, ὅταν ᵏδὲ πεινᾷ, κραυγάζειᵏ καὶ λαβὼν πάλιν σιωπᾷ.

4. ᵃοὔτε φάγῃᵃ τὸν ἀετὸν ᵇοὐδὲᵇ τὸν ὀξύπτερον ᶜοὐδὲ τὸν ἰκτῖναᶜ

7. ᵃ (S) H (V); quos dicit filios Abrahae de omnibus gentibus L ᵇ S H; om. V ᶜ H V; om. S ᵈ S H; ὁ V ᵉ H V L; πλουσίως S ᶠ S H V; om. L 8. ᵃ S H V; om. L ᵇ S V L; om. H ᶜ S H; δέκα καὶ ὀκτὼ κ.τ. V; trecentos XVIII L ᵈ S H (V); om. L ᵉ S H; τοῦτο V ᶠ S H; om. V; quia L ᵍ S H V; primatum trecenti sunt L ʰ S H L; εἶτα τούς V ⁱ S H V; X et VIII L ᵏ S; 1–6 H; 1 δὲ 2–8 V; ἔχεις ἐν τοῖς δυσὶν γράμμασιν Ἰησοῦν L ˡ H; 1–6 τριακοστῷ S; 1–5 τούτῳ Sᶜ; ἔτι 2–7 V; ἐν οἷς L ᵐ S H V; εἶτα L ⁿ V; 1 S L; 2 H ᵒ S (H V); ἔχεις ἐν (τῷ) ἑνὶ γράμματι, ταῦ L ᵖ S V; τὸ μὲν ὀκτωκαίδεκα H ᵠ S H; om. V 9. ᵃ H V; οἵ. ὅτι S; scitote quia L ᵇ V L; διαθήκης S H ᶜ H V L; om. S

10. 1. ᵃ S V L; ἀετός H ᵇ S H; εἴρηκεν V ᶜ S V Cl; φ. χοιρίον H; manducabis porcinam L ᵈ S H Clᵖᵗ; οὐδέ V Clᵖᵗ ᵉ S H V; οὐδέ Cl ᶠ H Cl (L); πᾶν V; om. S ᵍ S H Cl; ὁ V ʰ Sᶜ H V L Cl; μερίδα S ⁱ S V; τῇ συνειδήσει H; Moyses in conscientia sua L 2. ᵃ S V; om. H ᵇ S H L; om. V ᶜ S H V; τύπῳ L ᵈ S H V (V); αὐτοῖς L 3. ᵃ S H; εἴρηκεν V ᵇ S H; μή V ᶜ S H V; om. L ᵈ H; 2 1 3 V; 1 2 χοίρων S; om. L ᵉ S H; ὅταν γάρ V; 3 L ᶠ S H; ἑαυτῶν V L ᵍ S (H V); om. L ʰ S; -ρῶνται H; -ρηθῶσιν V ⁱ S H; om. V ᵏ (Sᶜ) H; δὲ ἐπικραυγάζει S; δὲ πεινάσῃ κ. V; esurit, tunc clamat L 4. ᵃ S; οὐδὲ φ. H; οὐδὲ μὴ φάγῃς, φησίν V; nec manducabis, inquit L; οὐ φ. Cl ᵇ S H V L; om. Cl ᶜ S H V; om. L; καὶ τὸν ἰκτῖνον Cl

7. Lernt also, geliebte Kinder, über alles in reichem Maße, daß Abraham, der als erster die Beschneidung vollzog, beschnitten hat, weil er im Geist auf Jesus vorausblickte; dabei empfing er von drei Buchstaben Weisungen. 8. Es heißt nämlich: Und Abraham beschnitt aus seinem Hause achtzehn und dreihundert Männer.[158] Was ist nun die ihm gewährte Erkenntnis? Bemerkt, daß er die Achtzehn zuerst nennt, einen Abstand läßt und dann die Dreihundert nennt.[159] Die Achtzehn: Jota = zehn, Eta = acht. Da hast du Jesus.[160] Weil aber das Kreuz, mit dem Tau dargestellt, die Gnade in sich schließen sollte, nennt er auch die Dreihundert.[161] Er weist also auf Jesus mit den zwei Buchstaben hin und mit dem einen auf das Kreuz.[162] 9. Es weiß, der die eingepflanzte Gabe seiner Lehre in uns gelegt hat: Keiner hat eine echtere Aussage von mir erfahren.[163] Aber ich weiß, daß ihr dessen würdig seid.

10. 1. Wenn aber Mose sagte: Ihr sollt kein Schwein essen, noch einen Adler oder Habicht oder Raben, noch irgendeinen Fisch, der keine Schuppen an sich trägt,[164] empfing er im richtigen Verständnis[165] drei Weisungen.[166] 2. Ferner spricht er zu ihnen im Deuteronomium: Und ich will an dieses Volk meine Rechtsforderungen erlassen.[167] Folglich ist also das Speiseverbot nicht Gebot Gottes; vielmehr hat Mose im geistlichen Sinne geredet.[168]

3. Das Schwein nun hat er im Hinblick darauf genannt: Du sollst nicht, meint er, solchen Leuten anhängen, die den Schweinen ähnlich sind. Das heißt, wenn sie üppig leben, vergessen sie den Herrn, wenn sie aber Mangel leiden, erkennen sie den Herrn wieder. Wie auch das Schwein, wenn es frißt, seinen Herrn nicht kennt, wenn es aber hungert, schreit und, hat es bekommen, wieder still ist.

4. Weder sollst du den Adler essen noch den Habicht, noch den Hühnergeier,

---

keinesfalls als Glosse ausgeschieden werden; vgl. in dieser Hinsicht 1Kor 1, 14–16. – Zur Sache vgl. Artapanos F 3,10 und die zugehörige A. b bei Nikolaus Walter, Fragmente jüdisch-hellenistischer Historiker, JSHRZ I/2, 131.

[158] Freie Kombination von Gen 17, 23 mit Gen 14, 14.
[159] Zu der hier für Gen 14, 14 vorausgesetzten Reihenfolge bei der Zahl 318 (10, 8 und 300) s. Wengst, Tradition 68f.
[160] [A. 160 s. S. 200.]
[161] Das griechische T, das den Zahlwert 300 hat, gilt hier seiner Form wegen als Darstellung des Kreuzes.
[162] Zur Gematrie vgl. E. Kautzsch, Art. Zahlen, RE³ 21, Leipzig 1908, 598–607; Dorothea Forstner, Die Welt der Symbole, Innsbruck u. a. ²1967, 29–63.
[163] Vgl. aethHen 37, 4: „Bis jetzt ist niemals von dem Herrn der Geister solche Weisheit verliehen worden, wie ich sie nach meiner Einsicht und nach dem Wohlgefallen des Herrn der Geister empfangen habe."
[164] Zusammenstellung aus Dtn 14, 4.7f. 10. 12–14; vgl. Lev 11, 4. 7. 10. 13–15.
[165] Ein wörtliches Verstehen wird vom Verfasser von vornherein und selbstverständlich ausgeschlossen.
[166] Zum Aufbau von Kap. 10 vgl. o. S. 121.
[167] Frei nach Dtn 4, 1. 5; 6, 4 oder ähnlichen Stellen.
[168] Vgl. o. S. 129.

ᵈοὐδὲᵈ τὸν κόρακα· οὐ ᵉμή ᵉ, φησίν, κολληθήσῃ ᶠοὐδὲ ὁμοιωθήσῃᶠ ἀνθρώποις τοιούτοις, οἵτινες οὐκ ᵍοἴδασιν ᵍ διὰ ʰκόπου ʰ καὶ ἱδρῶτος ἑαυτοῖς πορίζειν τὴν τροφήν, ἀλλὰ ἁρπάζουσιν τὰ ἀλλότρια ἐν ἀνομίᾳ αὐτῶν καὶ ⁱἐπιτηροῦσιν ⁱ ᵏὥς ᵏ ἐν ἀκεραιοσύνῃ περιπατοῦντες ˡκαὶ περιβλέπονται ˡ, ᵐτίνα ἐκδύσωσιν ⁿδιὰ τὴν πλεονεξίαν ⁿ. ὡς καὶ τὰ ὄρνεα ταῦτα μόνα ἑαυτοῖς οὐ πορίζει τὴν τροφήν, ἀλλὰ ᵐ ᵒἀργὰ καθήμενα ᵒ ἐκζητεῖ, πῶς ἀλλοτρίας σάρκας ᵖκαταφάγῃ ᵖ ὄντα λοιμὰ τῇ πονηρίᾳ αὐτῶν.

5. καὶ ᵃοὐ φάγῃ ᵃ, φησίν ᵇσμύραιναν ᵇ οὐδὲ ᶜπολύποδα ᶜ οὐδὲ σηπίαν· ᵈᵈ οὐ μή, φησίν, ὁμοιωθήσῃ ᵉᵉ ἀνθρώποις τοιούτοις, οἵτινες εἰς τέλος εἰσὶν ἀσεβεῖς καὶ κεκριμένοι ᶠἤδη ᶠ τῷ θανάτῳ· ᵍὡς καὶ ταῦτα ᵍ τὰ ἰχθύδια μόνα ἐπικατάρατα ʰἐν τῷ βύθῳ νήχεται ʰ, μὴ κολυμβῶντα ὡς ⁱⁱ τὰ λοιπά, ἀλλ' ἐν τῇ γῇ κάτω τοῦ βύτου κατοικεῖ.

6. ἀλλὰ καὶ τὸν δασύποδα οὐ ᵃᵃ φάγῃ. ᵇᵇ πρὸς τί; ᶜᶜ οὐ μὴ ᵈγένῃ, φησίν, ᵈ παιδοφθόρος οὐδὲ ὁμοιωθήσῃ ᵉᵉ τοῖς τοιούτοις· ὅτι ὁ λαγωὸς κατ' ἐνιαυτὸν ᶠπλεονεκτεῖ τὴν ἀφόδευσιν ᶠ. ᵍὅσα γὰρ ᵍ ἔτη ζῇ, τοσαύτας ἔχει τρύπας. 7. ἀλλ' οὐδὲ τὴν ὕαιναν ᵃᵃ φάγῃ· οὐ ᵇμή ᵇ, φησίν, γένῃ μοιχὸς ᶜᶜ οὐδὲ φθορεὺς οὐδὲ ὁμοιωθήσῃ ᵈᵈ τοῖς τοιούτοις· ᵉπρὸς τί; ᵉ ᶠὅτι τὸ ζῷον τοῦτο ᶠ παρ' ἐνιαυτὸν ᵍἀλλάσσει ᵍ τὴν φύσιν καὶ ποτὲ μὲν ἄρρεν, ποτὲ ʰδὲ ʰ θῆλυ γίνεται. 8. ἀλλὰ καὶ ᵃτὴν γαλῆν ἐμίσησεν καλῶς ᵃ. οὐ μή ᵇᵇ, φησίν, ᶜγενηθῇς τοιοῦτος ᶜ, ᵈοἵους ἀκούομεν ᵉἀνομίαν ᵉ ποιοῦντας ᶠἐν ᶠ τῷ ᵍστόματι ᵍ δι' ἀκαθαρσίαν οὐδὲ ᵈ ʰ ⁱκολληθήσῃ ⁱ ταῖς ἀκαθάρτοις ταῖς τὴν ἀνομίαν ποιούσαις ᵏἐν ᵏ τῷ στόματι ˡˡ ʰ. ᵐτὸ γὰρ ζῷον τοῦτο τῷ στόματι κύει. ᵐ

9. περὶ μὲν τῶν βρωμάτων ᵃλαβὼν ᵃ Μωϋσῆς τρία δόγματα ᵇοὕτως ᵇ

ᵈ H V; οὔτε S; καί Cl   ᵉ S H V; om. Cl   ᶠ S L Cl; ἢ ὅ. H; om. V   ᵍ S H V; ἴσασι Cl   ʰ S H V; πόνου Cl   ⁱ H V; περιτ. S   ᵏ V L; om. S H   ˡ S; κ. περιβλέπουσι H; 1 V; om. L   ᵐ S H (L); om. V   ⁿ S H; om. L   ᵒ Sᶜ L; καὶ τὰ καθ. S; ἀ. καὶ κ. H; κ. ἀ. ταῦτα V   ᵖ H V; φάγῃ S   5. ᵃ S H; οὐ μὴ φάγῃς V   ᵇ H V; σμυρναν S   ᶜ V; πωλυπαν S; πόλυπα H   ᵈ H V L; οὐ μὴ φάγωσιν S   ᵉ S H; κολλώμενος V L   ᶠ S H L; om. V   ᵍ S H V; ταῦτα γάρ L   ʰ S H V; om. L   ⁱ H V L; καί S   6. ᵃ H V L; μή S   ᵇ S H L; φησίν V;   ᶜ S H V; λέγει L   ᵈ H L; 1 S; γένηται V   ᵉ S V L; φησί H   ᶠ S; π. τῇ ἀφοδεύσει H; πλεονεκτῇ τ. ἀ. V   ᵍ S H V; καὶ ὅσα L   7. ᵃ S H V; φησίν L   ᵇ S H; μήν V   ᶜ S H V; οὐδὲ πόρνος V   ᵈ S V L; φησί H   ᵉ S H V; om. L   ᶠ S H L; τοῦτο γὰρ τ. ζ. V   ᵍ S H; -σῃ V   ʰ H V; om. S L   8. ᵃ S H V; ἃ λέγει· τὴν γαλῆν μισήσεις L   ᵇ S H L; γάρ V   ᶜ S H L; ὁμοιωθήσῃ τοῖς τοιούτοις V   ᵈ (S H V); οἷος ἀκούει ἀνομίαν καὶ λαλεῖ ἀκαθαρσίαν, οὔ, φησίν L   ᵉ H V; -ας S   ᶠ S H; om. V   ᵍ H V; σώματι S   ʰ (V L); ταῖς τ. ἀνομίαν ποιοῦσαι (ποιούσαις Sᶜ) ἐν τῷ στόματι καὶ ἀκαθαρσία κολληθήσει S; κολληθήσῃ αὐτοῖς H   ⁱ H L; -θήσει S   ᵏ S L; om. V   ˡ S V; αὐτῶν L   ᵐ S H V; om. L   9. ᵃ S H; οὖν V; οὖν λ. L   ᵇ S H L; om. V

noch den Raben. Du sollst ja nicht, meint er, solchen Leuten anhängen, noch dich ihnen angleichen, die sich den Lebensunterhalt nicht durch Mühe und Schweiß zu verschaffen wissen, sondern in ihrer Gesetzlosigkeit fremden Besitz rauben und in scheinbar reinem Lebenswandel darauf lauern und umherspähen, wen sie um ihrer Habgier willen ausziehen sollen. Wie auch allein diese Vögel sich nicht den Lebensunterhalt selbst verschaffen, sondern untätig herumsitzend Ausschau halten, wie sie fremdes Fleisch verschlingen sollen, verseucht von ihrer Bosheit.

5. Auch die Muräne, sagt er, sollst du nicht essen, noch den Polypen, noch den Tintenfisch.[169] Du sollst dich ja nicht, meint er, solchen Leuten angleichen, die ganz und gar gottlos und schon zum Tode verurteilt sind. Wie auch allein diese Fische verflucht in der Tiefe schwimmen, ohne auf- und abzutauchen wie die übrigen, sondern tief unten auf dem Meeresboden hausen.

6. Aber auch den Hasen sollst du nicht essen![170] Unter welchem Gesichtspunkt? Werde ja nicht, meint er, ein Knabenschänder,[171] noch gleiche dich solchen an. Denn der Hase vermehrt jährlich den After; wie viele Jahre er nämlich lebt, so viele Löcher hat er. 7. Aber auch die Hyäne sollst du nicht essen![172] Werde ja nicht, meint er, ein Ehebrecher, noch ein Verführer, noch gleiche dich solchen an. Unter welchem Gesichtspunkt? Weil dieses Tier jährlich seine Natur verändert und mal männlich, mal weiblich wird. 8. Aber auch das Wiesel hat er zu Recht gehaßt.[173] Du sollst ja nicht, meint er, so einer werden, von denen wir hören, daß sie aus Lasterhaftigkeit Unzucht mit dem Mund treiben,[174] noch hänge solchen lasterhaften Frauen an, die die Unzucht mit dem Munde treiben. Denn dieses Tier empfängt mit dem Maul.

9. Über die Speisen hat Mose, nachdem er drei Weisungen empfing, auf diese

---

[169] Diese Namen von Wassertieren, die unter die Kategorie „schuppenlos" fallen, fehlen in LXX.
[170] Nach Dtn 14,7; vgl. Lev 11,5.
[171] Vgl. A. 7 zur Übersetzung der Didache.
[172] Dieses Verbot ist in LXX nicht nachweisbar.
[173] Nach Lev 11,29.
[174] Vgl. Sib 5,392, wo der Kontext darauf hinweist, daß der Satz in diesem Sinne zu verstehen ist.

ἐν πνεύματι ἐλάλησεν, οἱ δὲ κατ' ἐπιθυμίαν τῆς σαρκὸς ὡς περὶ ᶜβρώσεωςᶜ ᵈπροσεδέξαντοᵈ.

10. λαμβάνει δὲ ᵃτῶν αὐτῶνᵃ τριῶν δογμάτων γνῶσιν Δαυὶδ καὶ λέγει ᵇᵇ· μακάριος ἀνήρ, ὃς οὐκ ἐπορεύθη ἐν βουλῇ ἀσεβῶν, καθὼς ᶜᶜ οἱ ἰχθύες πορεύονται ἐν σκότει ᵈεἰς τὰ βάθηᵈ· ᵉκαὶᵉ ἐν ὁδῷ ἁμαρτωλῶν ᶠοὐκ ἔστηᶠ, καθὼς οἱ δοκοῦντες φοβεῖσθαι ᵍτὸν κύριονᵍ ἁμαρτάνουσιν ὡς ʰὁ χοῖροςʰ· ⁱκαὶⁱ ἐπὶ καθέδραν λοιμῶν ᵏοὐκᵏ ἐκάθισεν, καθὼς τὰ πετεινὰ ˡˡ ᵐκαθήμενα εἰς ἁρπαγήνᵐ. ἔχετε τελείως καὶ περὶ τῆς ⁿβρώσεωςⁿ.

11. ᵃπάλιν λέγειᵃ Μωϋσῆς· ᵇᵇ ᶜφάγεσθεᶜ πᾶν ᵈδιχηλοῦν καὶᵈ μαρυκώμενον. τί λέγει; ᵉὅτιᵉ τὴν τροφὴν λαμβάνων οἶδεν τὸν τρέφοντα αὐτὸν καὶ ᶠἐπ᾽ᶠ αὐτῷ ἀναπαυόμενος ᵍεὐφραίνεσθαι δοκεῖᵍ. καλῶς εἶπεν βλέπων τὴν ἐντολήν. τί οὖν λέγει; κολλᾶσθε ʰμετὰ τῶν φοβουμένων τὸν κύριονʰ, μετὰ ⁱτῶν μελετώντων ὃ ἔλαβονⁱ διάσταλμα ῥήματος ἐν τῇ καρδίᾳ, μετὰ τῶν λαλούντων ᵏτὰᵏ δικαιώματα κυρίου ˡκαὶ τηρούντωνˡ, μετὰ τῶν εἰδότων ὅτι ᵐἡ μελέτη ἐστὶν ἔργον εὐφροσύνης καὶ ⁿἀναμαρυκωμένωνⁿ τὸν λόγον ᵒᵒ κυρίου. τί δὲ τὸ διχηλοῦν; ὅτι ᵖὁ δίκαιος καὶᵖ ἐν ᑫτούτῳᑫ τῷ κόσμῳ περιπατεῖ καὶ τὸν ἅγιον αἰῶνα ἐκδέχεταιᵐ.

βλέπετε, πῶς ἐνομοθέτησεν ʳΜωϋσῆς καλῶςʳ. 12. ἀλλὰ πόθεν ἐκείνοις ταῦτα νοῆσαι ᵃἢ συνιέναιᵃ; ἡμεῖς ᵇδὲ δικαίωςᵇ νοήσαντες τὰς ἐντολὰς ᶜᶜ λαλοῦμεν, ὡς ἠθέλησεν ᵈὁᵈ κύριος. ᵉδιὰ τοῦτο περιέτεμεν τὰς ἀκοὰς ἡμῶν καὶ τὰς καρδίας, ἵνα συνιῶμεν ταῦτα.ᵉ

11. 1. ζητήσωμεν ᵃδέᵃ, εἰ ἐμέλησεν τῷ κυρίῳ ᵇπροφανερῶσαιᵇ περὶ τοῦ ὕδατος καὶ ᶜπερὶᶜ τοῦ σταυροῦ. περὶ μὲν τοῦ ὕδατος γέγραπται ἐπὶ τὸν Ἰσραήλ, πῶς τὸ βάπτισμα τὸ φέρον ᵈᵈ ἄφεσιν ἁμαρτιῶν οὐ μὴ ᵉπροσδέξονταιᵉ, ἀλλ' ἑαυτοῖς οἰκοδομήσουσιν. 2. λέγει ᵃγὰρᵃ ὁ προφήτης· ἔκστηθι, οὐρανέ, καὶ ἐπὶ τούτῳ ᵇπλεῖονᵇ

ᶜ S H; βρωμάτων V L   ᵈ S V; ἐδέξαντο H; diceret sic perceperunt L   10. ᵃ S H L; om. V   ᵇ S L; ὁμοίως Sᶜ H V   ᶜ V L Cl; καί S H   ᵈ S H V Cl; om. L   ᵉ S H V; οὐδέ L Cl   ᶠ S V; οὐκ ἔστι H; 2 L Cl   ᵍ S H V Cl; καί L   ʰ H V L Cl; οἱ χοῖροι S   ⁱ S H V; οὐδέ L Cl   ᵏ S H V; om. L Cl   ˡ S H Cl; τά V   ᵐ S H V L; εἰς ἁ. ἔτοιμα Cl   ⁿ S H L; γνώσεως V   11. ᵃ S H; ἀλλ' εἶπε V L   ᵇ H V L; καί S   ᶜ S H V; φάγῃ L   ᵈ S H V; om. L   ᵉ S H; ὁ V L;   ᶠ S V; ἐν H   ᵍ S H V; om. L   ʰ S H V Cl; om. L   ⁱ (S) H V Cl; qui tenent L   ᵏ S H Cl; om. H Cl   ˡ S H V Cl; om. L   ᵐ (S H V) Cl; adsidua lectio utilis est L   ⁿ S H Cl; μαρ. 0   ᵒ H V Cl; τοῦ S   ᵖ H V Cl; 3 1 2 S   ᑫ S V Cl; om. H   ʳ S V; κ. ὁ Μ. H; ὁ Μ. κ. Cl; Μ. πνευματικῶς L   12. ᵃ S H V Cl; om. L   ᵇ S H; οὖν δ. V; 1 L; 2 Cl   ᶜ H V L Cl; δικαίως S   ᵈ S H; om. V Cl   ᵉ S H V Cl; om. L

11. 1. ᵃ H V; ταῦτα S; om. L   ᵇ Sᶜ H V L; προεφανέρωσεν S   ᶜ S H L; om. V   ᵈ S H L; εἰς V   ᵉ S V; -δέξωνται H   2. ᵃ S H; οὖν V; οὖν οὕτως L   ᵇ S; πλέον H; om. V; plurimum L

Weise im geistlichen Sinne geredet; sie aber haben es dem sinnlichen Verlangen gemäß aufgefaßt, als ginge es ums Essen.

10. Erkenntnis derselben drei Weisungen aber erhält David und spricht: Heil dem Manne, der nicht in den Rat der Gottlosen geht, wie die Fische sich im Finsteren in die Tiefe begeben; und auf den Weg der Sünder nicht tritt, wie diejenigen, die den Herrn scheinbar fürchten, wie das Schwein sündigen; und auf den Sitz Verdorbener nicht Platz nimmt,[175] wie die Vögel, die zum Raub dasitzen. Verhaltet euch vollkommen, auch was das „Essen" betrifft!

11. Wiederum spricht Mose: Ihr sollt alle Spalthufer und Wiederkäuer essen.[176] Was meint er damit? Daß sie, wenn sie die Nahrung erhalten, ihren Ernährer kennen und sich, wenn sie ausruhen, anscheinend über ihn freuen. Richtig hat er gesprochen im Blick auf das Gebot. Was meint er also? Hängt denen an, die den Herrn fürchten, die das, was sie als besonderen Inhalt des Wortes in ihr Herz aufgenommen haben, einüben, die die Rechtsforderungen des Herrn verkünden und halten, die wissen, daß die Einübung ein freudiges Werk ist, und die das Wort des Herrn wiederkäuen.[177] Was aber bedeutet der Spalthufer? Daß der Gerechte zwar einerseits in dieser Welt das Leben führt, aber andererseits den heiligen Äon erwartet.

Seht, wie richtig Mose das Gesetz gegeben hat! 12. Aber wie hätten jene dazu kommen sollen, das zu begreifen oder zu verstehen? Weil wir aber die Gebote richtig begriffen haben, verkünden wir sie, wie es der Herr gewollt hat. Deshalb hat er unsere Ohren und Herzen beschnitten, damit wir das verstehen.[178]

11. 1. Untersuchen wir, ob es sich der Herr hat angelegen sein lassen, über das Wasser und über das Kreuz im voraus Offenbarung zu geben! Über das Wasser steht mit Bezug auf Israel geschrieben, wie sie die Taufe, die Sündenvergebung bringt, gewiß nicht annehmen, sondern sich selbst etwas aufbauen werden.[179] 2. Der Prophet spricht nämlich: Entsetze dich, Himmel, und mehr noch erschau-

---

[175] ψ 1, 1, dessen drei Zeilen gemäß den Auslegungen in den Versen 3–5 gedeutet werden.
[176] Nach Dtn 14, 6; vgl. Lev 11, 3.
[177] Vgl. Ps 1, 2b.
[178] Der Verfasser bezieht sich hier deutlich auf 8, 7 zurück und schließt so diesen Zusammenhang ab.
[179] [A. 179 s. S. 200.]

ᶜφριξάτωᶜ ἡ γῆ, ὅτι δύο ᵈκαὶᵈ πονηρὰ ἐποίησεν ὁ λαὸς οὗτος· ἐμὲ ἐγκατέλιπον, πηγὴν ᵉζωῆςᵉ, καὶ ἑαυτοῖς ὤρυξαν ᶠβόθρον θανάτουᶠ. 3. μὴ πέτρα ἔρημός ἐστιν τὸ ὄρος τὸ ἅγιόν μου Σινᾶ; ἔσεσθε γὰρ ὡς πετεινοῦ νοσσοὶ ᵃἀνιπτάμενοι νοσσιᾶς ἀφῃρημένοιᵃ. 4. καὶ πάλιν λέγει ᵃὁ προφήτηςᵃ· ἐγὼ πορεύσομαι ἔμπροσθέν σου καὶ ὄρη ὁμαλιῶ καὶ ᵇπύλαςᵇ χαλκᾶς συντρίψω καὶ μοχλοὺς σιδηροῦς συγκλάσω καὶ δώσω σοι θησαυροὺς ᶜσκοτεινούς, ἀποκρύφουςᶜ, ἀοράτους, ἵνα γνῶσιν, ὅτι ᵈἐγὼᵈ κύριος ὁ θεός. 5. ᵃκαὶ κατοικήσειςᵃ ἐν ὑψηλῷ σπηλαίῳ πέτρας ἰσχυρᾶς ᵇκαὶᵇ τὸ ὕδωρ αὐτοῦ πιστόν. βασιλέα μετὰ δόξης ὄψεσθε καὶ ἡ ψυχὴ ᶜὑμῶνᶜ μελετήσει φόβον ᵈκυρίουᵈ. 6. καὶ πάλιν ᵃἐν ἄλλῳ προφήτῃᵃ λέγει· ᵇᵇἔσται ὁ ταῦτα ποιῶν ὡς τὸ ξύλον τὸ πεφυτευμένον παρὰ τὰς διεξόδους τῶν ὑδάτων, ὃ τὸν καρπὸν αὐτοῦ δώσει ἐν καιρῷ αὐτοῦ καὶ τὸ φύλλον αὐτοῦ οὐκ ἀπορρυήσεται ᶜκαὶ πάντα, ὅσα ἂν ποιῇ, κατευοδωθήσεταιᶜ. 7. οὐχ οὕτως οἱ ἀσεβεῖς, οὐχ οὕτως, ἀλλ᾽ ἢ ᵃὡς ὁᵃ χνοῦς, ὃν ἐκρίπτει ὁ ἄνεμος ἀπὸ προσώπου τῆς γῆς· διὰ τοῦτο οὐκ ἀναστήσονται ᵇοἱᵇ ἀσεβεῖς ἐν κρίσει οὐδὲ ἁμαρτωλοὶ ἐν βουλῇ δικαίων, ὅτι γινώσκει ᶜκύριοςᶜ ὁδὸν δικαίων καὶ ὁδὸς ἀσεβῶν ἀπολεῖται.

8. ᵃαἰσθάνεσθεᵃ, πῶς τὸ ὕδωρ καὶ τὸν σταυρὸν ἐπὶ τὸ αὐτὸ ὥρισεν· τοῦτο ᵇγὰρᵇ λέγει· μακάριοι οἳ ᶜᶜ ἐπὶ τὸν σταυρὸν ἐλπίσαντες ᵈκατέβησαν εἰς τὸ ὕδωρ, ὅτιᵈ τὸν μὲν μισθὸν ᵉλέγειᵉ ἐν καιρῷ αὐτοῦ· τότε, φησίν, ἀποδώσω. νῦν δὲ ᶠδᶠ λέγει τὰ φύλλα ᵍᵍ οὐκ ἀπορρυήσεται τοῦτο λέγει, ὅτι πᾶν ῥῆμα ὃ ἐὰν ʰἐξελεύσεται ἐξ ὑμῶν διὰʰ τοῦ στόματος ⁱὑμῶν ἐν πίστει καὶ ἀγάπῃⁱ ἔσται ᵏεἰς ἐπιστροφὴν καὶ ἐλπίδαᵏ πολλοῖς.

9. ᵃκαὶᵃ πάλιν ἕτερος προφήτης λέγει· ᵇκαὶ ἦν ἡ γῆ τοῦ Ἰακὼβ ἐπαινουμένηᵇ παρὰ πᾶσαν τὴν γῆν. ᶜτοῦτο λέγει·ᶜ τὸ σκεῦος τοῦ πνεύματος αὐτοῦ ᵈδοξάζειᵈ. 10. εἶτα τί λέγει; ᵃκαὶᵃ ἦν ποταμὸς

ᶜ Sᶜ V; φραξάτω S; φρίξον H; expavit L   ᵈ S H; μεγάλα κ. V; om. L   ᵉ S; ὕδατος ζῶσαν H; ζῶσαν V; ὕδατος ζωῆς L   ᶠ S H; λάκκους συντετριμμένους (οἳ οὐ δυνήσονται ὕδωρ συνέχειν) V (L)   3.   ᵃ Sᶜ H; ἀνεπτάμενοι ν. ἀ. S; ἀν. ν. ἀφῃρημένης V; 3 L   4.   ᵃ S H V; Ἡσαΐας L   ᵇ S H; θύρας V L   ᶜ H V; σκότους ἀ. S; 1 L   ᵈ S H L; om. V   5.   ᵃ S H; κ. κατοικήσῃς V; inhabitans L   ᵇ S H L   ᶜ S V L; ἡμῶν H   ᵈ S H V; om. L   6.   ᵃ S H V; Δαυΐδ L   ᵇ V L; καί S H   ᶜ S H V; om. L   7.   ᵃ S H; ὡσεί V   ᵇ S; om. H V   ᶜ S H V; deus L   8.   ᵃ S H V; αἰσθάνεσθαι δὲ ὀφείλετε L   ᵇ S H V; οὖν L   ᶜ S H V; in aquam et L   ᵈ et ᵉ S H V; om. L   ᶠ S H L; om. V   ᵍ S H V; αὐτοῦ L   ʰ S; 1 3 ἐκ H; ἐξέλθῃ 2–4 V; exierit per L   ⁱ S; 2–5 H V; 1 L   ᵏ H; καί 2–4 S; εἰς ἐπιτροφὴν κ. ἐ. V; εἰς ἐλπίδα καὶ ἀνάστασιν L   9.   ᵃ S H L; om. V   ᵇ S H V Cl; erit Jacob laudabilis L   ᶜ S H V; om. L   ᵈ S H L; (ὁ) δοξάσει Sᶜ (V)   10.   ᵃ S H V; om. L

dere darüber die Erde; denn zwei Untaten hat dieses Volk begangen: Mich haben sie verlassen, die Quelle des Lebens, und sich selbst eine Todesgrube ausgehoben. 3. Ist etwa mein heiliger Berg Zion ein öder Fels? Ihr werdet nämlich wie die Jungen eines Vogels sein, die aufflattern, des Nestes beraubt.[180] 4. Und wiederum spricht der Prophet: Ich werde vor dir hergehen, Berge einebnen, eherne Tore zerschmettern, eiserne Riegel zerbrechen und dir im Dunkeln liegende, verborgene, unentdeckte Schätze geben, damit man erkenne, daß ich der Herr, Gott, bin. 5. Und du wirst in einer hohen Grotte wohnen von festem Felsen und mit beständigem Wasser. Einen glanzvollen König werdet ihr sehen, und ihr werdet euch in der Furcht des Herrn üben.[181] 6. Und wiederum heißt es bei einem anderen Propheten: Wer das tut, wird wie der Baum sein, der an den Quellen gepflanzt ist, der seine Frucht zu seiner Zeit bringen und dessen Laub nicht abfallen wird, und alles, was er tut, wird wohl geraten. 7. Nicht so die Gottlosen, nicht so; vielmehr wie der Staub, den der Wind verweht von der Erde. Deshalb werden die Gottlosen nicht aufstehen im Gericht, noch Sünder im Rat der Gerechten. Denn der Herr kennt den Weg der Gerechten, und der Weg der Gottlosen wird vergehen.[182]

8. Bemerkt, wie er das Wasser und das Kreuz[183] zugleich gekennzeichnet hat! Das bedeutet nämlich: Heil denen, die in der Hoffnung auf das Kreuz in das Wasser hinabgestiegen sind; denn vom Lohn sagt er: zu seiner Zeit; dann, meint er, werde ich ihn auszahlen.[184] Was aber die Gegenwart betrifft: wenn er sagt: Die Blätter werden nicht abfallen, meint er dies: Jedes Wort, das aus eurem Munde in Glaube und Liebe hervorgeht, wird vielen zur Bekehrung und Hoffnung dienen.

9. Und wiederum spricht ein anderer Prophet: Und das Land Jakobs war gepriesen vor der ganzen Erde.[185] Das bedeutet: Das Gefäß seines Geistes verherrlicht er.[186] 10. Was sagt er danach? Und es zog ein Fluß zur Rechten hin, und aus ihm

---

[180] Mischzitat aus Jer 2,12f. und Jes 16,1f. (vgl. ψ 67,18).
[181] Mischzitat aus Jes 45, 2f. und Jes 33,16–18.
[182] ψ 1, 3–6.
[183] [A. 183 s. S. 200.]
[184] Die Deutung eines Teiles des in Vers 6 gebrachten Zitates erfolgt hier wieder in der Ich-Rede (vgl. 7, 5 mit A. 119).
[185] Das Zitat ist so in LXX nicht nachzuweisen; doch vgl. Ez 20, 6, wo es am Schluß vom Land heißt, in das Gott Israel führte: κηρίον ἐστὶν παρὰ πᾶσαν τὴν γῆν. Klemens bietet statt κηρίον die Lesart ἐπαινουμένη.
[186] „D. h. nach dem Zusammenhang: in den Getauften nimmt Christus durch den Geist Wohnung und gestaltet sie so herrlich um" (Knopf, Zeitalter 282). Zugleich dürfte aber auch der Leib des Fleischgewordenen im Blick sein (vgl. 7, 3).

ἕλκων ἐκ δεξιῶν καὶ ἀνέβαινεν ἐξ αὐτοῦ δένδρα ὡραῖα καὶ ὃς ᵇἂνᵇ φάγῃ ἐξ αὐτῶν, ζήσεται εἰς τὸν αἰῶνα. 11. ᵃτοῦτο λέγει·ᵃ ὅτι ἡμεῖς μὲν καταβαίνομεν εἰς τὸ ὕδωρ γέμοντες ἁμαρτιῶν καὶ ῥύπου καὶ ἀναβαίνομεν καρποφοροῦντες ἐν τῇ καρδίᾳ ᵇᵇ τὸν φόβον καὶ τὴν ἐλπίδα ᶜεἰς τὸν Ἰησοῦν ἐν τῷ πνεύματι ἔχοντες·ᶜ καὶ ὃς ᵈἂνᵈ φάγῃ ᵉἀπὸ τούτωνᵉ, ζήσεται εἰς τὸν αἰῶνα, ᶠτοῦτο λέγει· ὃς ἄν, φησίν, ᵍἀκούσῃᵍ τούτων λαλουμένων καὶ ʰπιστεύσῃʰ, ζήσεται εἰς τὸν αἰῶναᶠ.

12. 1. ὁμοίως ᵃπάλινᵃ περὶ τοῦ σταυροῦ ὁρίζει ἐν ἄλλῳ προφήτῃ ᵇλέγοντιᵇ· καὶ πότε ταῦτα συντελεσθήσεται; ᶜᶜ λέγει κύριος· ὅταν ξύλον κλιθῇ καὶ ἀναστῇ καὶ ὅταν ἐκ ξύλου αἷμα στάξῃ. ἔχεις πάλιν ᵈπερὶ τοῦᵈ σταυροῦ καὶ τοῦ σταυροῦσθαι μέλλοντος.

2. λέγει δὲ πάλιν ᵃᵃ τῷ Μωϋσῇ πολεμουμένου τοῦ Ἰσραὴλ ᵇᵇ ὑπὸ τῶν ἀλλοφύλων, καὶ ἵνα ᶜὑπομνήσῃᶜ αὐτοὺς πολεμουμένους, ὅτι διὰ τὰς ἁμαρτίας αὐτῶν παρεδόθησαν εἰς θάνατον. λέγει εἰς τὴν καρδίαν Μωϋσέως τὸ πνεῦμα, ᵈἵνα ποιήσῃᵈ τύπον ᵉτοῦᵉ σταυροῦ ᶠκαὶ τοῦ μέλλοντος πάσχεινᶠ, ὅτι ἐὰν μή, ᵍφησίνᵍ, ἐλπίσωσιν ἐπ' αὐτῷ, εἰς τὸν αἰῶνα πολεμηθήσονται. ʰτίθησιν οὖν Μωϋσῆς ἓν ἐφ' ἓν ὅπλον ἐν μέσῳ τῆς πυγμῆς καὶ σταθεὶς ὑψηλότερος πάντωνʰ ἐξέτεινεν τὰς χεῖρας καὶ ⁱοὕτως πάλινⁱ ἐνίκα ὁ Ἰσραήλ· εἶτα ὁπόταν ᵏᵏ καθεῖλεν, ˡπάλιν ἐθανατοῦντοˡ. 3. πρὸς τί; ἵνα γνῶσιν, ὅτι οὐ δύνανται σωθῆναι ἐὰν μὴ ᵃἐπ' αὐτῷᵃ ἐλπίσωσιν.

4. καὶ ᵃπάλινᵃ ἐν ἑτέρῳ προφήτῃ λέγει· ὅλην τὴν ἡμέραν ᵇἐξεπέτασαᵇ τὰς χεῖράς μου πρὸς λαὸν ᶜἀπειθῆᶜ καὶ ἀντιλέγοντα ὁδῷ δικαίᾳ ᵈμουᵈ.

5. ᵃᵃ πάλιν Μωϋσῆς ποιεῖ τύπον τοῦ Ἰησοῦ, ὅτι δεῖ αὐτὸν παθεῖν καὶ ᵇαὐτὸς ζωοποιήσει, ὃν δόξουσινᵇ ἀπολωλεκέναι ᶜἐν σημείῳᶜ πίπτοντος τοῦ Ἰσραήλ. ἐποίησεν γὰρ ᵈκύριοςᵈ πάντα ὄφιν δάκνειν αὐτοὺς καὶ ἀπέθνησκον, ἐπειδὴ ἡ παράβασις διὰ τοῦ ὄφεως ἐν Εὔᾳ ᵉἐγένετοᵉ, ἵνα ἐλέγξῃ αὐτούς, ὅτι διὰ τὴν παράβασιν αὐτῶν ᶠεἰς

ᵇ S H; ἐάν V   11. ᵃ H V L; om. S   ᵇ H V; καί S; ἡμῶν L   ᶜ S H (V); habentes in deum. ideo dicit L   ᵈ S H; ἐάν V   ᵉ S H V; om. L   ᶠ (S) H (V); om. L   ᵍ S H; -σει V   ʰ -σει S V
12. 1. ᵃ S H V; καί L   ᵇ H V L; λέγων ὅτι S   ᶜ S H V; καί L   ᵈ S H L; ἐπί V
2. ᵃ S H; ἐν V L   ᵇ S H V; et ceciderunt Iudei L   ᶜ H V; -σει S   ᵈ S H V; fac L   ᵉ S H; om. V   ᶠ H V; 2–4 S; om. L   ᵍ S H; om. V L   ʰ S H V; et iterum: ascendit Moyses in aggerem et stans L   ⁱ S H V; om. L   ᵏ S H L; πάλιν V   ˡ H V; 2 S; vincebat Amalech L   3. ᵃ S H V; in cruce Christi L   4. ᵃ S H L; om. V   ᵇ S V; διεπ. H   ᶜ S; -θοῦντα H V   ᵈ S H V; om. L   5. ᵃ S H L; καί V   ᵇ S; 1–3 ἄν 4 Sᶜ; παθόντα ζωοποιῆσαι ἐνδοξάζουσι H; αὐτὸν ζωοποιήσουσιν, ὃν δ. V; ὅτι 1–4 L   ᶜ S H V; om. L   ᵈ S H L; om. V   ᵉ S H; γέγονεν V   ᶠ S H; ἐν θλίψει V

ragten schöne Bäume auf; und wer immer von ihnen ißt, wird ewig leben.[187]
11. Das bedeutet: Wir steigen in das Wasser hinab[188] voll von Sünden und Schmutz, und wir steigen hinauf, indem wir Frucht im Herzen bringen, weil wir die Furcht und die Hoffnung auf Jesus im Geist haben. Und wer immer von diesen ißt, wird ewig leben, bedeutet dies: Wer immer, meint er, diese Verkündigung hört und zum Glauben kommt, wird ewig leben.
12. 1. In gleicher Weise wiederum kennzeichnet er das Kreuz bei einem anderen Propheten, wenn der spricht: Und wann wird sich das vollziehen? Der Herr spricht: Wenn ein Baum sich neigt und aufrichtet und wenn aus dem Baum Blut tropft.[189] Da hast du wiederum eine Aussage über das Kreuz und über den, der gekreuzigt werden sollte.
2. Wiederum aber spricht er zu Mose, als Israel von den Heiden bekriegt wurde und damit er sie in ihrem Kriege daran erinnere, daß sie um ihrer Sünden willen dem Tode preisgegeben wurden. Der Geist sagt es Mose ins Herz, daß er ein Vorbild des Kreuzes herstelle und dessen, der leiden sollte, weil sie, sagt er, ewig bekriegt werden würden, wenn sie nicht auf ihn hofften. Mose legt nun mitten im Handgemenge einen Schild auf den anderen, trat darauf, so daß er alle überragte, und streckte seine Hände aus. Und so siegte Israel wieder. Jedesmal dann, wenn er sie sinken ließ, wurden sie wieder getötet.[190] 3. Wozu? Damit sie erkennen, daß sie nur gerettet werden können, wenn sie auf ihn hoffen.
4. Und wiederum spricht er bei einem anderen Propheten: Den ganzen Tag habe ich meine Hände ausgestreckt nach einem ungehorsamen Volk, das meinem gerechten Weg widerspricht.[191]
5. Wiederum stellt Mose, während Israel zugrunde geht, zeichenhaft ein Vorbild Jesu dar, daß er leiden muß und selbst lebendig machen wird, von dem sie meinen werden, sie hätten ihn umgebracht. Der Herr veranlaßte nämlich alle Schlangen, sie zu beißen; und sie starben – da ja die Übertretung bei Eva durch die Schlange geschehen war[192] –, damit er ihnen beweise, daß sie um ihrer Übertre-

---

[187] Neubildung aus Ez 47,1f. 6f. 9.12 unter Einfluß von Gen 3,22.
[188] Die Deutung des Flusses auf das Taufwasser ist durch die christliche Sitte nahegelegt, in fließendem Wasser zu taufen; vgl. Did 7,1f.
[189] [A. 189 s. S. 200.]
[190] Midrasch zu Ex 17, 8–13.
[191] Jes 65, 2.
[192] S. Gen 3,1–6; vgl. 2Kor 11, 3; 1Tim 2,14.

θλῖψιν^f θανάτου παραδοθήσονται. 6. πέρας γέ τοι ^aαὐτὸς^a Μωϋσῆς ἐντειλάμενος· οὐκ ^bἔσται^b ὑμῖν οὔτε χωνευτὸν οὔτε γλυπτὸν ^cεἰς θεὸν ὑμῖν, αὐτὸς^c ποιεῖ ^dd, ἵνα τύπον τοῦ Ἰησοῦ ^eδείξῃ^e. ^fποιεῖ οὖν Μωϋσῆς χαλκοῦν ὄφιν^f καὶ τίθησιν ^gἐνδόξως^g καὶ κηρύγματι καλεῖ τὸν λαόν. 7. ἐλθόντες ^aοὖν ἐπὶ τὸ αὐτὸ^a ἐδέοντο Μωϋσέως, ἵνα ^bπερὶ αὐτῶν^b ἀνενέγκῃ ^cδέησιν^c περὶ τῆς ἰάσεως αὐτων. ^dεἶπεν δὲ^d πρὸς αὐτοὺς Μωϋσῆς· ὅταν, ^eφησίν^e, δηχθῇ τις ὑμῶν, ἐλθέτω ἐπὶ τὸν ὄφιν ^ff ^gτὸν ἐπὶ τοῦ ξύλου ^hἐπικείμενον^h ^g καὶ ἐλπισάτω πιστεύσας, ὅτι ^iαὐτὸς ὢν νεκρὸς^i δύναται ^kk ζωοποιῆσαι, καὶ παραχρῆμα σωθήσεται· καὶ οὕτως ἐποίουν. ^lἔχεις ^mπάλιν^m καὶ ἐν ^nτούτοις^n τὴν δόξαν τοῦ Ἰησοῦ, ὅτι ἐν αὐτῷ ^oo πάντα καὶ εἰς αὐτόν.^l
8. τί λέγει πάλιν Μωϋσῆς ^aἸησοῦ υἱῷ Ναυῆ^a ^bἐπιθεὶς αὐτῷ τοῦτο ^cτὸ^c ὄνομα, ὄντι προφήτῃ, ἵνα μόνον ἀκούσῃ πᾶς ὁ λαός^b, ὅτι πάντα ὁ πατὴρ φανεροῖ ^dπερὶ τοῦ υἱοῦ Ἰησοῦ^d; 9. ^a ^bλέγει οὖν Μωϋσῆς Ἰησοῦ^b υἱῷ Ναυῆ ^cc ἐπιθεὶς ^dd τοῦτο ^eτὸ^e ὄνομα, ὁπότε ἔπεμψεν ^fαὐτὸν^f κατάσκοπον τῆς γῆς·^a λάβε βιβλίον εἰς τὰς χεῖράς σου καὶ γράψον, ἃ λέγει κύριος, ὅτι ^gἐκκόψει ἐκ ῥιζῶν πάντα τὸν οἶκον^g τοῦ Ἀμαλὴκ ὁ υἱὸς τοῦ θεοῦ ^hh ἐπ' ἐσχάτων τῶν ἡμερῶν. 10. ἴδε πάλιν Ἰησοῦς ^aοὐχ^a υἱὸς ^bἀνθρώπου^b, ἀλλ' ^cc υἱὸς τοῦ θεοῦ, ^dτύπῳ δὲ^d ἐν σαρκὶ φανερωθείς.
^eἐπεὶ οὖν μέλλουσιν λέγειν, ὅτι ^ff Χριστὸς υἱὸς ^gΔαυίδ ἐστιν^g, ^e ^hαὐτὸς προφητεύει Δαυίδ^h ^iφοβούμενος καὶ συνίων τὴν πλάνην τῶν ἁμαρτωλῶν^i· εἶπεν ^kk κύριος τῷ κυρίῳ μου· κάθου ἐκ δεξιῶν μου ἕως ἂν θῶ τοὺς ἐχθρούς σου ὑποπόδιον τῶν ποδῶν σου. 11. καὶ πάλιν λέγει ^aοὕτως^a Ἡσαΐας. ^bεἶπεν^b κύριος τῷ ^cκυρίῳ μου^c, οὗ ^dἐκράτη-

6. ^a H V L; οὗτος S ^b H V L; ἔστιν S ^c S H; 1–3 V; 4 L ^d S H V; χαλκοῦν ὄφιν L ^e H V; δείξει S ^f S H V; om. L ^g S H V; in cruce L 7. ^a et ^b S H V; om. L ^c S H; δεόμενος V ^d S H V; τότε εἶπεν L ^e S H V; om. L ^f S V L; τὸν νεκρόν H ^g S (H) V; om. L ^h S V; κείμενον H ^i S H L; 3 2 V ^k S H V; ἄλλους L ^l S H (V); transponit ad 17, 2 L ^m S H; om. V ^n S H; τούτῳ V ^o S H V; τά S^c 8. ^a S H; τῷ Ἰ. τῷ τοῦ Ν. ὑ. V ^b S H V; ut ostenderet Iesum esse filium dei audiente populo L ^c S H; om. V ^d S H V; filio suo L 9. ^a (S H V); om. L ^b S H; om. V ^c S H; καί V ^d S V; αὐτῷ H ^e H; om. S V ^f S H; om. V ^g L; ἐκκόψεις 2 3 5 6 4 S; 1–3. 5 6 H; 2 3 1.4–6 V ^h S H V; Ἰησοῦς L 10. ^a V; οὐχί S; οὐχ ὁ H ^b S H V; Ναυῆ L ^c S V; ὁ H ^d S H V; om. L ^e (S H V); om. L ^f S; ὁ H V ^g S; 2 τοῦ 1 H; 2 1 V ^h S; 1 2 ὁ 3 H; om. V; πάλιν λέγει Δ. L ^i S H; ad. λέγει V; om. L ^k S; ὁ H V 11. ^a S H (V); om. L ^b S H V; οὕτως λέγει L ^c S H; Χριστῷ μου Κύρῳ (κυρίῳ) S^c V (L)

tung willen der Todesbedrängnis preisgegeben werden sollten. 6. Schließlich, obwohl Mose selbst geboten hatte: Ihr sollt weder ein Gußbild noch ein Schnitzbild als Gott für euch haben,[193] stellt er selbst eins her,[194] damit er ein Vorbild Jesu zeige. Mose stellt also eine eherne Schlange her und richtet sie mit Gepränge auf und ruft das Volk durch Heroldsruf zusammen. 7. Als sie nun zusammengekommen waren, baten sie Mose, daß er für sie eine Bitte darbringe betreffs ihrer Heilung. Mose aber sprach zu ihnen: Wenn einer von euch, sagt er, gebissen worden ist, komme er zu der Schlange, die auf dem Holz liegt, und fasse Hoffnung aufgrund des Glaubens, daß sie, obwohl sie tot ist, lebendig machen kann; und sogleich wird er geheilt werden. Und so verfuhren sie.[195] Da hast du wiederum auch darin die Herrlichkeit Jesu, denn in ihm ist alles und auf ihn hin.[196]

8. Was sagt wiederum Mose zu Jesus, dem Sohn des Nave, als er ihm, der ein Prophet war,[197] diesen Namen beilegte, damit nur ja das ganze Volk höre, daß der Vater alles über den Sohn Jesus offenbart?[198] 9. Mose sagte also zu Jesus, dem Sohn des Nave, dem er diesen Namen beigelegt hatte, da er ihn als Kundschafter des Landes ausschickte[199]: Nimm ein Buch in deine Hände und schreibe, was der Herr sagt, daß der Sohn Gottes das ganze Haus Amalek mit Stumpf und Stiel ausrotten wird am Ende der Tage.[200] 10. Siehe, wiederum Jesus, nicht Menschensohn, sondern Gottessohn,[201] als Vorbild aber im Fleisch erschienen.[202]

Da nun zu erwarten ist, daß sie sagen, der Christus sei ein Sohn Davids,[203] prophezeit David selbst, weil er den Irrtum der Sünder befürchtete und erkannte: Es sprach der Herr zu meinem Herrn: Setze dich zu meiner Rechten, bis ich deine Feinde zum Schemel deiner Füße gemacht habe.[204] 11. Und wiederum spricht Je-

---

[193] Nach Dtn 27, 15.
[194] Dieselbe Argumentationsweise bei Justin, dial. 94, 1; vgl. zu ihr o. S. 129.
[195] Midrasch zu Num 21, 4–9, der den Text recht frei aufnimmt. Insbesondere das „Zitat" in Vers 7 ist von der zuvor in Vers 5 gegebenen christlichen Auslegung her gestaltet.
[196] Die Allmachtsformel (vgl. etwa Röm 11, 36; 1 Kor 8, 6; Kol 1, 16) wird hier als hermeneutisches Prinzip der Schriftauslegung hingestellt.
[197] Als Prophet gilt Josua auch Sir 46, 1, insofern er Nachfolger des Mose ἐν προφητείαις ist.
[198] Nach Num 13, 16 nannte Mose den Hosea (הוֹשֵׁעַ; LXX: Αὐσή), den Sohn des Nave, Josua (יְהוֹשֻׁעַ; LXX: Ἰησοῦς). Das hat im frühen Christentum – wie an unserer Stelle auch – zu christologischen Spekulationen geführt: Justin, dial. 75, 2; 113; 132, 1. 3; Irenäus, epideixis 27.
[199] Die Situation der Aussendung der Kundschafter von Num 13, in der Josua seinen Namen erhält, wird hier mit der der Amalekiterschlacht von Ex 17 identifiziert.
[200] Frei nach Ex 17, 14. 16; vgl. Jer 43, 2.
[201] „Menschensohn" ist hier nicht mehr als Würdetitel verstanden und wird als „bloßer Mensch" im Gegensatz zum „Gottessohn" gesehen.
[202] An Josua als τύπος des Gottessohnes ist deutlich, daß dieser im Fleisch erscheinen wird.
[203] Vgl. Bill. I 11 f. sowie PsSal 17, 4; Mk 12, 35parr.; Joh 7, 42; Röm 1, 3 f.; 2Tim 2, 8; IgnEph 18, 2; 20, 2; Trall 9, 1; Röm 7, 3; Sm 1, 1.
[204] ψ 109, 1; auch Mk 12, 36parr.; Act 2, 34 f.; Hebr 1, 13; 1Klem 36, 5 zitiert.

σεν^d τῆς ^ee δεξιᾶς ^fαὐτοῦ^f, ἐπακοῦσαι ^gg αὐτοῦ ἔθνη καὶ ἰσχὺν βασιλέων διαρρήξω. ^hἴδε^h, πῶς ^iΔαυὶδ λέγει αὐτὸν^i κύριον καὶ υἱὸν ^kοὐ λέγει^k.

13. 1. ^aἴδωμεν δέ^a, εἰ οὗτος ὁ λαὸς ^bκληρονομεῖ^b ^cἢ ὁ πρῶτος^c καὶ ^dεἰ^d ἡ διαθήκη εἰς ἡμᾶς ἢ εἰς ἐκείνους. 2. ἀκούσατε ^aοὖν^a περὶ ^bτοῦ λαοῦ τί λέγει ἡ γραφή^b· ἐδεῖτο ^cδὲ^c Ἰσαὰκ περὶ Ῥεβέκκας τῆς γυναικὸς αὐτοῦ, ὅτι στεῖρα ἦν, καὶ ^dd ^eσυνέλαβεν. εἶτα ^ff ἐξῆλθεν Ῥεβέκκα πυθέσθαι^e παρὰ κυρίου ^gg καὶ εἶπεν κύριος πρὸς αὐτήν· δύο ἔθνη ἐν τῇ γαστρί σου καὶ δύο λαοὶ ^hἐν τῇ κοιλίᾳ σου, καὶ ὑπερέξει λαὸς λαοῦ^h καὶ ὁ μείζων δουλεύσει τῷ ἐλάσσονι. 3. ^aαἰσθάνεσθαι ὀφείλετε^a, τίς ^bὁ^b Ἰσαὰκ ^cκαὶ^c τίς ἡ Ῥεβέκκα καὶ ^dἐπὶ τίνων δέδειχεν, ὅτι μείζων ὁ λαὸς οὗτος ἢ ἐκεῖνος^d.

4. ^aκαὶ ἐν ἄλλῃ προφητείᾳ λέγει φανερώτερον ὁ Ἰακὼβ πρὸς ^bb Ἰωσὴφ τὸν υἱὸν αὐτοῦ λέγων^a· ἰδού, οὐκ ἐστέρησέν με κύριος τοῦ προσώπου σου· προσάγαγέ μοι τοὺς υἱούς σου, ἵνα εὐλογήσω αὐτούς. 5. καὶ προσήγαγεν ^aἘφραῒμ καὶ Μανασσῆ^a, ^bτὸν Μανασσῆ θέλων ἵνα εὐλογηθῇ^b, ὅτι πρεσβύτερος ἦν. ^cὁ γὰρ Ἰωσήφ^c προσήγαγεν ^dd εἰς τὴν δεξιὰν χεῖρα τοῦ πατρὸς ^eἸακώβ^e. εἶδεν δὲ Ἰακὼβ τύπον τῷ πνεύματι τοῦ λαοῦ τοῦ μεταξύ. ^fκαὶ τί λέγει;^f καὶ ἐποίησεν ^gἸακώβ^g ἐναλλὰξ τὰς χεῖρας ^hαὐτοῦ^h καὶ ἐπέθηκεν ^iτὴν δεξιὰν^i ἐπὶ τὴν κεφαλὴν ^kἘφραῒμ^k τοῦ ^lδευτέρου καὶ^l νεωτέρου· καὶ εὐλόγησεν αὐτόν. καὶ εἶπεν Ἰωσὴφ πρὸς ^mm Ἰακώβ· μετάθες σου τὴν δεξιὰν ἐπὶ τὴν κεφαλὴν ^nΜανασσῆ^n, ὅτι πρωτότοκός μου υἱός ἐστιν. καὶ εἶπεν Ἰακὼβ ^oπρὸς Ἰωσήφ^o· οἶδα, τέκνον, οἶδα, ἀλλ' ὁ μείζων δουλεύσει τῷ ἐλάσσονι, καὶ οὗτος δὲ εὐλογηθήσεται. 6. βλέπετε, ^aἐπὶ τίνων ^bτέθεικεν^b τὸν λαὸν τοῦτον εἶναι πρῶτον καὶ^a τῆς διαθήκης κληρονόμον.

^d S H; -σα V L   ^e S H V L; χειρὸς τῆς S^c   ^f S H V; om. L   ^g S L; ἔμπροσθεν S^c H V
^h S H V; ἴδετε L   ^i S H; 2 1 V; illum prophetae . . . dicunt L   ^k H (L); θεοῦ S V
13. 1.   ^a S H; ἀλλ' ἴ. V; quaeramus igitur L   ^b S L; κληρονόμος H V   ^c V; 2 3 S; εἰ ὁ. π. S^c; ἢ ἐκεῖνος H; om. L   ^d H V; om. S L   2.   ^a S H; νῦν V; om. L   ^b S H V; τούτου, καθὼς γέγραπται L   ^c S H V; om. L   ^d S V; οὗ H   ^e S (H V); Rebecca quaerebat L   ^f S; καί H V   ^g S H V; quid portaret L   ^h S; 1–5. 7 8 6 H V; ex utero tuo nascentur L   3.   ^a S H V; αἰσθάνεσθε L   ^b S V; om. H   ^c S H L; om. V   ^d S H V; qui populus minor aut maior L   4.   ^a S H (V); iterum dixit Jacob Joseph filio suo L
^b S H; τόν V   5.   ^a S H; 1 V; 3 2 1 L   ^b H V (L); θέλων τὸν Ἐφραῒμ, ἵνα εὐλογήσῃ ^c S H V; om. L   ^d S H V; αὐτόν L   ^e S H V; αὐτοῦ L   ^f, g et ^h S H V; om. L   ^i S L; τ. δ. αὐτοῦ H; om. V   ^k H V L; Μανασσῆ S   ^l S H V; om. L   ^m S H V; τὸν πατέρα αὐτοῦ L   ^n H V L; Ἐφραῒμ S   ^o H V; π. Ἰακώβ S; om. L   6.   ^a (S) H (V); quem voluerit L   ^b H V; ἔοικεν S

saja so: Es sprach der Herr zu meinem Herrn, dessen Rechte er ergriffen hat, daß Völker ihm gehorsam werden: Und die Macht von Königen will ich zerbrechen.[205] Siehe, wie David ihn Herrn nennt, und Sohn nennt er ihn nicht.[206]
13. 1. Betrachten wir aber, ob dieses Volk erbt oder das erste und ob das Testament uns gilt oder jenen.[207] 2. Hört also, was die Schrift über das Volk sagt: Isaak aber bat für Rebekka, seine Frau, weil sie unfruchtbar war; und sie empfing. Dann: Rebekka ging hinaus, um vom Herrn Auskunft zu erhalten; und der Herr sprach zu ihr: Zwei Nationen sind in deinem Leib und zwei Völker in deinem Schoß; und ein Volk wird das andere übertreffen, und das ältere wird dem jüngeren dienen.[208] 3. Verstehen müßt ihr, wer Isaak und wer Rebekka ist und an welchen er gezeigt hat, daß dieses Volk größer ist als jenes.[209]

4. Und in einer anderen Prophetie[210] spricht Jakob deutlicher zu Josef, seinem Sohn, mit den Worten: Siehe, der Herr hat mich deiner Gegenwart nicht beraubt. Bringe deine Söhne zu mir, damit ich sie segne. 5. Und er brachte Efraim und Manasse her in der Absicht, daß Manasse gesegnet würde, weil er älter war. Josef führte ihn nämlich zur rechten Hand des Vaters Jakob. Jakob aber sah durch den Geist das Vorbild des späteren Volkes.[211] Und wie heißt es? Und Jakob kreuzte seine Hände und legte die Rechte auf den Kopf Efraims, des zweiten und jüngeren; und er segnete ihn.[212] Und Josef sprach zu Jakob: Lege deine Rechte hinüber auf den Kopf Manasses; denn er ist mein erstgeborener Sohn. Und Jakob sprach zu Josef: Ich weiß, Kind, ich weiß; aber der ältere soll dem jüngeren dienen, und dieser soll eben gesegnet werden.[213] 6. Seht, an welchen Personen er es festgelegt hat, daß dieses Volk erster ist und des Testamentes Erbe!

---

[205] Jes 45, 1. Die Übersetzung folgt im wesentlichen dem Text von S und H; V und L haben an den LXX-Text angeglichen.
[206] Zum Verhältnis von Barn 12,10f. zu Mk 12, 35–37parr. vgl. Köster, Überlieferung 145 f.
[207] Dieser Satz ist Überschrift über die Kap. 13 f. Ob die Juden oder die Christen Gottes Volk sind, ist für den Verfasser von vornherein und ausschließlich eine Alternative. Zur sachlichen Verknüpfung von Kap. 13 und Kap. 14 vgl. Klevinghaus, Stellung 17.
[208] Gen 25, 21–23; vgl. Röm 9,12.
[209] Vgl. Gal 4, 21–31; Röm 9, 6–13; 2Klem 2,1. 3.
[210] Bis zum Ende von Vers 5 folgt ein Midrasch zu Gen 48, 9–19.
[211] Das erweist Jakob als „Propheten".
[212] Gegenüber Gen 48,15 ist hier der Singular auffällig: Jakob segnet nur Efraim.
[213] [A. 213 s. S. 200.]

7. εἰ οὖν ἔτι καὶ διὰ τοῦ Ἀβραὰμ ἐμνήσθη, ᵃἀπέχομενᵃ τὸ τέλειον τῆς γνώσεως ἡμῶν. τί οὖν λέγει τῷ Ἀβραάμ, ὅτε ᵇμόνος πιστεύσαςᵇ ἐτέθη εἰς δικαιοσύνην; ἰδού, ᶜτέθεικά σε, Ἀβραάμ,ᶜ πατέρα ἐθνῶν τῶν πιστευόντων δι' ᵈἀκροβυστίαςᵈ τῷ ᵉθεῷᵉ.

14. 1. ᵃναί,ᵃ ἀλλὰ ᵇἴδωμενᵇ, εἰ ἡ διαθήκηᵇ, ἣν ὤμοσεν ᶜᶜ τοῖς πατράσιν δοῦναι τῷ λαῷ, εἰ δέδωκεν ᵈζητῶμενᵈ. δέδωκεν· αὐτοὶ δὲ οὐκ ἐγένοντο ἄξιοι λαβεῖν διὰ τὰς ἁμαρτίας αὐτῶν. 2. λέγει γὰρ ὁ προφήτης· καὶ ἦν Μωϋσῆς νηστεύων ἐν ὄρει Σινᾶ, τοῦ λαβεῖν τὴν διαθήκην ᵃκυρίου πρὸς τὸν λαόνᵃ, ἡμέρας τεσσεράκοντα καὶ νύκτας τεσσεράκοντα καὶ ἔλαβεν ᵇΜωϋσῆς παρὰ κυρίουᵇ τὰς ᶜδύοᶜ πλάκας ᵈτὰςᵈ γεγραμμένας ᵉτῷ δακτύλῳ τῆς χειρὸς κυρίου ᶠἐνᶠ πνεύματιᵉ καὶ λαβὼν ᵍΜωϋσῆςᵍ κατέφερεν πρὸς τὸν λαὸν δοῦναι ʰʰ. 3. καὶ εἶπεν κύριος ᵃπρὸς Μωϋσῆνᵃ· Μωϋσῆ, Μωϋσῆ, κατάβηθι τὸ τάχος, ὅτι ὁ λαός σου, ᵇὃνᵇ ἐξήγαγες ἐκ γῆς Αἰγύπτου, ᶜἠνόμησενᶜ· καὶ συνῆκεν Μωϋσῆς, ὅτι ᵈἐποίησαν ἑαυτοῖς χωνεύματαᵈ, καὶ ἔρριψεν ἐκ τῶν χειρῶν ᵉτὰς πλάκαςᵉ καὶ συνετρίβησαν ᶠαἱ πλάκες τῆς διαθήκης κυρίουᶠ. 4. Μωϋσῆς μὲν ᵃᵃ ἔλαβεν, αὐτοὶ δὲ οὐκ ἐγένοντο ἄξιοι. πῶς ᵇδὲᵇ ἡμεῖς ἐλάβομεν; μάθετε· ᶜΜωϋσῆς θεράπων ὢν ἔλαβεν, αὐτὸς δὲ ᵈᵈ κύριος ᵉἡμῖν ἔδωκενᵉ εἰς λαὸν κληρονομίαςᶜ δι' ᶠἡμᾶςᶠ ὑπομείνας. 5. ἐφανερώθη ᵃδέᵃ, ἵνα κἀκεῖνοι τελειωθῶσιν τοῖς ἁμαρτήμασιν καὶ ἡμεῖς ᵇδιὰ τοῦ ᶜκληρονομοῦντοςᶜ διαθήκην κυρίουᵇ Ἰησοῦ λάβωμεν, ᵈᵈ ὃς εἰς τοῦτο ἡτοιμάσθη, ἵνα αὐτὸς φανεὶς τὰς ἤδη δεδαπανημένας ἡμῶν ᵉκαρδίαςᵉ τῷ θανάτῳ καὶ παραδεδομένας τῇ ᶠτῆς πλάνηςᶠ ἀνομίᾳ λυτρωσάμενος ἐκ τοῦ σκότους διάθηται ᵍἐνᵍ ἡμῖν διαθήκην ʰλόγῳʰ. 6. γέγραπται γάρ, ᵃπῶς αὐτῷ ὁ πατὴρ ἐντέλλεταιᵃ ᵇλυτρωσάμενονᵇ ἡμᾶς ἐκ τοῦ σκότους ᶜἑτοιμάσαι ἑαυτῷᶜ λαὸν ἅγιον. 7. λέγει οὖν ὁ προφήτης ᵃᵃ· ἐγὼ κύριος ὁ θεός σου, ἐκάλεσά σε ἐν δικαιο-

7. ᵃ S L; ἀπείχομεν H V ᵇ S H (L); ἐπίστευσας V ᶜ S H (L); τέθηκά σε V ᵈ H V; -αν S ᵉ S H; κυρίῳ V L
14. 1. ᵃ S V; om. H L ᵇ S H; τὴν διαθήκην V L ᶜ H V L; δοῦναι S ᵈ L; om. S; ζητοῦμεν H V 2. ᵃ S H V; a domino L ᵇ S; 1 H; 2 3 V; a deo L ᶜ S H V; om. L ᵈ S; om. H V ᵉ S (H) V; manu dei L ᶠ S V; τῷ H ᵍ S H V; om. L ʰ S H V; αὐτοῖς L 3. ᵃ S H V; om. L ᵇ S H L, οὕς V ᶜ S H L; transtulit ante ὁ λαός σου V ᵈ S; ἐποίησε χων. H; 1 πάλιν 3 V; fecerunt sibi iterum conflatile L ᵉ Sᶜ V L; om. S H ᶠ S H V; om. L 4. ᵃ S H; γάρ V ᵇ S H V; om. L ᶜ S (H V); ille cui nos in hereditatem L ᵈ S; ὁ H V ᵉ S V; ἡμῶν δέδωκεν H ᶠ S H; ἡῦμᾶς (sic) V; ἡ. πάντα L 5. ᵃ S H V; om. L ᵇ S (H) V; per illum hereditatem testamenti domini nostri L ᶜ S V; κληρονόμου H ᵈ S H L; habet hic 14, 8 V ᵉ S H L; κακίας V ᶠ S H V; om. L ᵍ S V L; om. H ʰ S V; λέγω H; servorum suorum L 6. ᵃ S V L; πῶς ὁ π. ἐ. τῷ υἱῷ H ᵇ S H; -μενος V ᶜ (H) V; ἑαυτῷ ἡτοίμασε S 7. ᵃ S H V; οὕτως L

7. Wenn es nun auch noch durch Abraham in Erinnerung gebracht ist, haben wir vollkommene Erkenntnis empfangen.[214] Was sagt er also zu Abraham, als der, allein weil er glaubte, zur Gerechtigkeit bestimmt wurde?[215] Siehe, Abraham, ich habe dich zum Vater der Völker bestimmt, die an Gott als Unbeschnittene glauben.[216]

14. 1. Ja, so laßt uns doch sehen, ob das Testament, von dem er den Vätern geschworen hat, es dem Volk zu geben, ob er es gegeben hat, laßt uns untersuchen! Er hat es gegeben. Sie aber haben sich wegen ihrer Sünden nicht als würdig erwiesen, es zu empfangen. 2. Der Prophet spricht nämlich[217]: Und Mose fastete auf dem Berg Sinai vierzig Tage und vierzig Nächte, um das Testament des Herrn an das Volk zu empfangen. Und Mose empfing vom Herrn die zwei Tafeln, im Geist[218] beschrieben mit dem Finger der Hand des Herrn; und als Mose sie empfangen hatte, trug er sie hinunter zum Volk, um sie ihnen zu geben. 3. Und der Herr sprach zu Mose: Mose, Mose, steige schnell hinab, denn dein Volk, das du aus dem Land Ägypten herausgeführt hast, hat gesetzwidrig gehandelt. Und Mose verstand, daß sie sich selbst Gußbilder gemacht hatten, und er warf die Tafeln aus seinen Händen, und die Tafeln mit dem Testament des Herrn zerbrachen. 4. Zwar hatte Mose es empfangen, sie aber erwiesen sich nicht als würdig. Wie aber haben wir es empfangen? Lernt es! Mose empfing es als Diener,[219] der Herr selbst aber gab es uns, damit wir das Erbvolk sind, indem er unseretwegen duldete. 5. Er ist aber dazu erschienen, damit einerseits jene das Sündenmaß erfüllt bekämen und andererseits wir durch den Herrn Jesus, der Erbe des Testamentes ist, es empfingen. Der ist dazu bereitet worden, daß er durch sein eigenes Erscheinen unsere schon zu Tode erschöpften und dem gesetzlosen Irrtum ausgelieferten Herzen aus der Finsternis erlöse und unter uns das Testament durchs Wort verfüge. 6. Es steht nämlich geschrieben,[220] wie ihm der Vater gebietet, uns aus der Finsternis zu erlösen und sich selbst dadurch ein heiliges Volk zu bereiten. 7. Der Prophet spricht also: Ich, der Herr, dein Gott, habe dich gerufen in Gerechtigkeit;

---

[214] Die Vollkommenheit besteht hier darin, daß der Verfasser alle drei Erzväter für seine These aufbieten kann; vgl. 1Klem 31, 2–4.
[215] Anspielung auf Gen 15, 6; vgl. Röm 4, 3.
[216] Frei nach Gen 17, 4f. mit stark christlich beeinflußter Formulierung; vgl. Röm 4, 11.
[217] Zu den Versen 2f. vgl. 4, 7f. Ähnlich wie dort erfolgt hier eine freie Wiedergabe von Dtn 9, 12. 16f.; Ex 24, 18; 31, 18; 32, 7f. 19.
[218] Diese Bemerkung fehlt in 4, 7. Soll sie den Anthropomorphismus abschwächen? Oder soll sie den auf das spätere Volk vorausblickenden Sinn der Handlung (vgl. 9, 7; 10, 2. 9; 13, 5) zum Ausdruck bringen?
[219] Nach Num 12, 7; Jos 1, 2; vgl. Hebr 3, 5; 1Klem 43, 1.
[220] Vorausblick auf die Zitate in den Versen 7–9.

σύνη ᵇκαὶᵇ κρατήσω τῆς χειρός σου καὶ ᶜἰσχύσωᶜ σε ᵈκαὶᵈ ἔδωκά σε ᵉεἰς διαθήκην γένους,ᵉ εἰς φῶς ἐθνῶν, ἀνοῖξαι ὀφθαλμοὺς τυφλῶν καὶ ἐξαγαγεῖν ἐκ δεσμῶν πεπεδημένους ᶠ ᵍκαὶᵍ ἐξ ʰοἴκουʰ φυλακῆς καθημένους ἐν σκότειᶠ. ⁱγινώσκομενⁱ οὖν, πόθεν ἐλυτρώθημεν. 8. ᵃ ᵇᵇ πάλιν ὁ προφήτης λέγει· ᶜἰδού,ᶜ ᵈτέθεικάᵈ σε εἰς φῶς ἐθνῶν ᵉτοῦ εἶναι ᶠᶠ εἰς σωτηρίανᵉ ἕως ἐσχάτου τῆς γῆς. ᵍοὕτωςᵍ λέγει κύριος ὁ λυτρωσάμενός σε ʰʰ θεός ⁱⁱ. ᵃ 9. ᵃᵃ πάλιν ὁ προφήτης λέγει· πνεῦμα κυρίου ἐπ' ἐμέ, οὗ εἵνεκεν ἔχρισέν με εὐαγγελίσασθαι ᵇπτωχοῖςᵇ, ᶜἀπέσταλκέν με ἰάσασθαιᶜ τοὺς συντετριμμένους τὴν καρδίαν, κηρύξαι αἰχμαλώτοις ἄφεσιν καὶ τυφλοῖς ἀνάβλεψιν, ᵈᵈ καλέσαι ἐνιαυτὸν κυρίου δεκτὸν ᵉκαὶ ἡμέραν ἀνταποδόσεως, παρακαλέσαι πάντας τοὺς πενθοῦνταςᵉ.

15. 1. ᵃἔτι οὖνᵃ καὶ περὶ τοῦ σαββάτου γέγραπται ἐν τοῖς δέκα λόγοις, ἐν οἷς ἐλάλησεν ἐν τῷ ὄρει Σινᾶ πρὸς Μωϋσῆν ᵇκατὰ πρόσωπον· καὶᵇ ἁγιάσατε τὸ σάββατον κυρίου χερσὶν καθαραῖς καὶ καρδίᾳ καθαρᾷ. 2. καὶ ἐν ἑτέρῳ λέγει· ἐὰν φυλάξωσιν οἱ υἱοί ᵃμουᵃ τὸ σάββατον, τότε ἐπιθήσω τὸ ἔλεός ᵇμουᵇ ἐπ' αὐτούς.

3. τὸ σάββατον λέγει ἐν ἀρχῇ τῆς κτίσεως· καὶ ἐποίησεν ὁ θεὸς ἐν ἓξ ἡμέραις τὰ ἔργα ᵃτῶν χειρῶνᵃ αὐτοῦ καὶ συνετέλεσεν ᵇἐν τῇᵇ ἡμέρᾳ τῇ ἑβδόμῃ καὶ κατέπαυσεν ᶜἐν αὐτῇᶜ ᵈκαὶ ἡγίασεν αὐτήνᵈ. 4. προσέχετε, τέκνα, τί λέγει τὸ συνετέλεσεν ἐν ἓξ ἡμέραις· τοῦτο λέγει, ὅτι ἐν ἑξακισχιλίοις ἔτεσιν ᵃσυντελέσειᵃ ᵇκύριοςᵇ τὰ ᶜσυμπάνταᶜ· ἡ γὰρ ἡμέρα παρ' αὐτῷ ᵈσημαίνειᵈ χίλια ἔτη. αὐτὸς ᵉδέ μοιᵉ μαρτυρεῖ λέγων· ἰδού, ᶠἡμέρα κυρίουᶠ ἔσται ὡς χίλια ἔτη. οὐκοῦν, ᵍτέκνα, ἐν ἓξ ἡμέραιςᵍ ἐν τοῖς ἑξακισχιλίοις ἔτεσιν συντελεσθήσεται τὰ ʰσυμπάνταʰ. 5. ᵃᵃ καὶ κατέπαυσεν ᵇᵇ τῇ ἡμέρᾳ τῇ ἑβδόμῃ, τοῦτο λέγει· ὅταν ἐλθὼν ὁ υἱὸς αὐτοῦ ᶜκαταργήσειᶜ τὸν καιρὸν ᵈτῆς ἀνομίαςᵈ καὶ ᵉκρινεῖᵉ τοὺς ἀσεβεῖς καὶ ᶠἀλλάξειᶠ τὸν ἥλιον καὶ τὴν σελήνην καὶ τοὺς

ᵇ S H V; om. L   ᶜ S H; ἔνισχ. V   ᵈ S H V; om. L   ᵉ S H V; testimonium gentibus et L   ᶠ S(H V); om. L   ᵍ S H; om. V   ʰ S V; οἴκων H   ⁱ S H; γινώσκετε V L   8. ᵃ Habent versum hoc loco H L; transponit post 14, 9 S; in 14, 5 post λάβωμεν V   ᵇ S H; καί V L   ᶜ S H V; om. L   ᵈ S H; τέθηκα V   ᵉ S H (V); ut sit sanctitas tua L   ᶠ S H; σε Sᶜ   ᵍ S H L; om. V   ʰ S H V; ὁ Sᶜ   ⁱ H V L; Ἰσραήλ S   9. ᵃ S L; καί H V   ᵇ S; om. H; ταπεινοῖς χάριν V; hominibus L   ᶜ S V L; om. H   ᵈ S H L; καί V   ᵉ S H V; om. L

15. 1. ᵃ Sᶜ H; ὅτι οὖν S; 1 V L   ᵇ S H V; om. L   2. ᵃ S (H) V L; Ἰσραήλ Sᶜ   ᵇ S H V; om. L   3. ᵃ S H V; om. L   ᵇ V L; 2 S; 1 H   ᶜ H V; αὐτήν S; in illo die L   ᵈ S H V; om. L   4. ᵃ S H; συντελεῖ V; consummavit L   ᵇ S H V; deus L   ᶜ S H; πάντα V   ᵈ S H; om. V; sunt L   ᵉ S H; 1 V; 2 L   ᶠ S H; σήμερον ἡμέρα V L   ᵍ S H V; scire debetis quia L   ʰ S H; πάντα V   5. ᵃ S H V; καὶ τί λέγει L   ᵇ S H V; deus L   ᶜ S V L; -ση H   ᵈ L; om. S H; αὐτοῦ V   ᵉ S V L; κρίνη H   ᶠ S L; -ξη H V

und ich will deine Hand ergreifen und dich stark machen; und ich habe dich zum Bund mit dem Menschengeschlecht eingesetzt, zum Licht der Völker, um die Augen der Blinden zu öffnen und Gefesselte aus der Gefangenschaft herauszuführen und aus dem Gefängnis, die in Finsternis sitzen.[221] Wir erkennen also, woraus wir erlöst worden sind. 8. Wiederum spricht der Prophet: Siehe, ich habe dich zum Licht der Völker bestimmt, damit du ihre Rettung bist bis ans Ende der Erde. So spricht der Herr, der Gott, der dich erlöst hat.[222] 9. Wiederum spricht der Prophet: Der Geist des Herrn ist über mir, darum weil er mich gesalbt hat, Armen frohe Botschaft zu verkündigen; ausgesandt hat er mich, zu heilen, die zerknirschten Herzens sind, den Gefangenen Entlassung zu verkünden und Blinden das Augenlicht, auszurufen ein angenehmes Jahr des Herrn und den Tag der Vergeltung, zu trösten alle Trauernden.[223]

15. 1. Auch noch über den Sabbat steht nun in den Zehn Geboten geschrieben, die er Mose auf dem Berg Sinai persönlich mitgeteilt hat: Und heiligt den Sabbat des Herrn mit reinen Händen und reinem Herzen![224] 2. Und an anderer Stelle heißt es: Wenn meine Söhne den Sabbat halten, dann will ich ihnen mein Erbarmen zuteil werden lassen.[225]

3. Vom Sabbat heißt es am Anfang bei der Schöpfung: Und Gott schuf in sechs Tagen die Werke seiner Hände; und er vollendete sie am siebten Tag und ruhte an ihm und heiligte ihn.[226] 4. Paßt auf, Kinder, was die Worte bedeuten: Er vollendete sie in sechs Tagen.[227] Das bedeutet, daß der Herr das All in 6000 Jahren vollenden wird.[228] Denn der Tag bezeichnet bei ihm tausend Jahre. Er selbst aber bezeugt es mir mit den Worten: Siehe, ein Tag des Herrn wird wie tausend Jahre sein.[229] Also, Kinder, wird das All in sechs Tagen = sechstausend Jahren vollendet werden. 5. Und er ruhte am siebten Tag – das bedeutet: Wenn sein Sohn gekommen ist und die Zeit des Gesetzlosen beendet, die Gottlosen richtet und die Sonne, den Mond und die Sterne verwandelt,[230] dann wird er recht ruhen am sieb-

---

[221] Jes 42, 6f.
[222] Jes 49, 6f. Das Zitat ist nahezu wörtlich. Bezeichnenderweise fehlt am Schluß die nähere Kennzeichnung Gottes als ὁ θεὸς ᾽Ισραήλ.
[223] Jes 61, 1f.; vgl. Lk 4, 18f.; Mt 11, 5par.
[224] Mischzitat aus Ex 20, 8/Dtn 5, 12; Jer 17, 22; ψ 23, 4a.
[225] Aus Motiven von Jer 17, 24f.; Ex 31, 16 und Jes 44, 3 gebildetes Zitat.
[226] [A. 226 s. S. 200.]
[227] Hier jetzt anders als in Vers 3; s. vorige Anmerkung.
[228] Zur Traditionsgeschichte der Vorstellung von Jahrtausend-Einheiten vgl. Shea, Sabbath 159–166.
[229] Nach ψ 89, 4. Vgl. Jub 4, 30: „Tausend Jahre sind ein Tag im Zeugnis der Himmel." Zitat der Psalmstelle oder Anspielung auf sie auch 2Petr 3, 8; Justin, dial. 81, 3; Irenäus, haer. V 23, 2; 28, 3.
[230] Vgl. AssMos 10, 5: „Die Sonne wird kein Licht mehr geben und sich in Finsternis verwandeln; die Hörner des Mondes werden zerbrechen, und er wird sich ganz in Blut verwandeln, und der Kreis der Sterne wird verwirrt." Vgl. weiter Mk 13, 24f. parr.; Apk 6, 12f.

ἀστέρας, τότε καλῶς καταπαύσεται ᵍἐνᵍ τῇ ἡμέρᾳ τῇ ἑβδόμῃ. 6. πέρας γέ τοι ᵃᵃ λέγει· ἁγιάσεις ᵇαὐτὴνᵇ χερσὶν καθαραῖς καὶ καρδίᾳ καθαρᾷ. εἰ οὖν, ἣν ὁ θεὸς ἡμέραν ᶜἡγίασενᶜ, νῦν τις δύναται ἁγιάσαι ᵈᵈ καθαρὸς ὢν τῇ καρδίᾳ, ἐν πᾶσιν πεπλανήμεθα. 7. ᵃεἰ δὲ οὐ νῦν,ᵃ ᵇἄρα τότε καλῶς ᶜκαταπαυόμενοι ἁγιάσομενᶜ αὐτήν, ὅτε δυνησόμεθα αὐτοὶ ᵈδικαιωθέντες καὶᵈ ἀπολαβόντες τὴν ἐπαγγελίαν ᵉμηκέτιᵉ οὔσης ᶠτῆςᶠ ἀνομίας, καινῶν δὲ γεγονότων πάντων ὑπὸ ᵍᵍ κυρίου, ʰτότεʰ δυνησόμεθα αὐτὴνᵇ ἁγιάσαι αὐτοὶ ἁγιασθέντες πρῶτον. 8. πέρας γέ τοι λέγει αὐτοῖς· τὰς νεομηνίας ὑμῶν καὶ τὰ σάββατα ᵃᵃ οὐκ ἀνέχομαι. ὁρᾶτε, πῶς λέγει· οὐ τὰ νῦν σάββατα ᵇἐμοὶᵇ δεκτά, ἀλλ' ὃ ᶜπεποίηκαᶜ, ἐν ᾧ καταπαύσας τὰ πάντα ἀρχὴν ἡμέρας ὀγδόης ᵈποιήσωᵈ, ὅ ἐστιν ἄλλου κόσμου ᵉἀρχήνᵉ. 9. διὸ ᵃκαὶ ἄγομενᵃ τὴν ἡμέραν τὴν ὀγδόην εἰς εὐφροσύνην, ἐν ᾗ καὶ ὁ Ἰησοῦς ἀνέστη ἐκ νεκρῶν καὶ φανερωθεὶς ἀνέβη εἰς ᵇᵇ οὐρανούς.

16. 1. ἔτι ᵃδὲᵃ καὶ περὶ τοῦ ναοῦ ᵇἐρῶ ὑμῖν, ὡςᵇ πλανώμενοι ᶜοἱ ταλαίπωροιᶜ ᵈεἰςᵈ τὴν ᵉοἰκοδομὴνᵉ ἤλπισαν ᶠκαὶ οὐκᶠ ἐπὶ τὸν θεὸν ᵍαὐτῶνᵍ τὸν ποιήσαντα αὐτοὺς ʰʰ, ὡς ὄντα οἶκον θεοῦ. 2. σχεδὸν ᵃγὰρ ὡς τὰ ἔθνη ἀφιέρωσανᵃ αὐτὸν ἐν τῷ ναῷ. ἀλλὰ πῶς λέγει κύριος καταργῶν ᵇαὐτόνᵇ; μάθετε· τίς ἐμέτρησεν τὸν οὐρανὸν σπιθαμῇ ἢ ᶜᶜ τὴν γῆν δρακί ᵈᵈ; οὐκ ἐγώ; λέγει κύριος. ὁ οὐρανός ᵉμοιᵉ θρόνος, ἡ δὲ γῆ ὑποπόδιον τῶν ποδῶν μου. ᶠᶠ ποῖον οἶκον οἰκοδομήσετέ μοι ἢ τίς τόπος τῆς καταπαύσεώς μου; ᵍἐγνώκατεᵍ, ὅτι ματαία ἡ ἐλπὶς ʰαὐτῶνʰ.

3. ᵃπέρας ᵇγέ τοιᵇ πάλιν λέγει· ἰδού,ᵃ οἱ καθελόντες τὸν ναὸν τοῦ-

---

ᵍ H V L; om. S   6. ᵃ S H V; τοῦτο L   ᵇ S H V; illum diem L   ᶜ S H; -κεν V   ᵈ S H; εἰ μή Sᶜ V L   7. ᵃ cj. Kraft, cf. 6, 19; εἰ δὲ οὐ (οὖν) S (Sᶜ); εἰ δὲ ὅτι H; εἰ δὲ οὐδ' V; videns ergo L   ᵇ (S) H (V); quia refrigerans sanctificavit illum et nos tunc poterimus L   ᶜ S H; -νος ἁγιάζῃ V, cf. L   ᵈ S H; δίκαια V   ᵉ S H; οὐκέτι V   ᶠ S H; om. V   ᵍ H V; τοῦ S   ʰ Sᶜ H V, cf. L; οὔ S   8. ᵃ S H L; ὑμῶν V   ᵇ H V; om. S; sibi L   ᶜ S H V; fecit L   ᵈ S H; πονήσω V; faciet L   ᵉ S V; ἀρχή H   9. ᵃ S H; κ. ἄγωμεν V; 2 L   ᵇ S H; τούς V
16. 1. ᵃ S H; om. V L   ᵇ S H; ἐ. ὑ., πῶς V; dicemus quomodo L   ᶜ S H V; om. L   ᵈ S H; ἐπί V   ᵉ S H L; ὁδόν V   ᶠ S H V; ὡς L   ᵍ S H V; om. L   ʰ S H L; ἀλλ' 2.   ᵃ H V L; εἰς τὰ ἔ. ἀ. γάρ S   ᵇ S H V; templum L   ᶜ S H; τίς V; τίς πᾶσαν L   ᵈ S H V; adprehendit L   ᵉ S H V; om. L   ᶠ S V L; καί H   ᵍ S H; γνῶτε V; unde cognoscitis L   ʰ Sᶜ H V L; ὑμῶν S   3. ᵃ S H (V); καὶ πάλιν L   ᵇ S H; γοῦν V

ten Tag. 6. Ferner heißt es: Du sollst ihn heiligen mit reinen Händen und reinem Herzen.[231] Wenn nun einer den Tag, den Gott geheiligt hat, jetzt heiligen kann, weil er reinen Herzens sei, sind wir in jeder Hinsicht im Irrtum. 7. Wenn aber nicht jetzt,[232] dann werden wir also zu der Zeit recht ruhen und ihn heiligen, wann wir dazu in der Lage sein werden, nachdem wir selbst gerechtfertigt worden sind und die Verheißung empfangen haben, wenn es die Gesetzlosigkeit nicht mehr gibt,[233] alles vielmehr neu geworden ist vom Herrn[234] – dann werden wir zu seiner Heiligung in der Lage sein, wenn wir selbst zuvor geheiligt worden sind.[235]

8. Ferner sagt er ihnen: Eure Neumonde und Sabbate ertrage ich nicht.[236] Seht, wie er es meint[237]: Nicht die jetzigen Sabbate sind mir angenehm, sondern der, den ich gemacht habe, an dem ich das All zur Ruhe bringen und den Anfang eines achten Tages machen werde, das heißt den Anfang einer anderen Welt.[238] 9. Deshalb begehen wir auch den achten Tag uns zur Freude,[239] an dem auch Jesus von den Toten auferstanden[240] und, nachdem er erschienen war, in den Himmel aufgestiegen ist.[241]

16. 1. Aber auch noch über den Tempel will ich euch mitteilen, wie die Unglückseligen dem Irrtum verfallen auf das Gebäude ihre Hoffnung setzten, als wäre es Gottes Haus, und nicht auf ihren Gott, der sie geschaffen hat. 2. Fast nämlich wie die Heiden haben sie seine Heiligkeit auf den Tempel begrenzt. Aber wie spricht der Herr, indem er ihn ungültig macht? Lernt es! Wer hat den Himmel mit der Spanne gemessen oder die Erde mit ausgespreizter Hand? Nicht ich? spricht der Herr. Der Himmel ist mir Thron, die Erde Schemel meiner Füße. Was für ein Haus wollt ihr mir bauen? Was soll der Ort meiner Ruhe sein?[242] Ihr habt erkannt, daß ihre Hoffnung nichtig war.

3. Ferner spricht er wiederum: Siehe, die diesen Tempel niedergerissen haben,

---

[231] Wiederaufnahme von Vers 1.
[232] Der wiedergegebene Text folgt hier der Konjektur von Kraft (in: Prigent/Kraft, Barnabé), die sich an 6,19 orientiert.
[233] Vgl. 1QS IV 23.
[234] Zum Verhältnis der hier in den Blick gefaßten zukünftigen „Neuschöpfung", die auch die Gemeinde erst vollenden sein lassen wird, zur bereits erfolgten „neuen Schöpfung", die die Gemeinde schon darstellt (6, 11–16; 16, 8), vgl. o. S. 136.
[235] Vgl. aethHen 107,1: „Ich sah darauf (sc. auf den himmlischen Tafeln) geschrieben, daß Geschlecht auf Geschlecht sündigen wird, bis ein Geschlecht der Gerechtigkeit ersteht und der Frevel vernichtet wird, die Sünde von der Erde verschwindet und alles Gute auf sie herabkommt."
[236] Jes 1,13.
[237] Wieder erfolgt die Auslegung in Ich-Rede; vgl. o. A. 119.
[238] [A. 238 s. S. 200f.]
[239] Vgl. Tertullian, apol. 16,11: si diem solis laetitiae indulgemus.
[240] Vgl. 1Kor 15, 4; Mk 16, 1–6parr.; Justin, apol. I 67, 8; dial. 41, 4; 138,1.
[241] [A. 241 s. S. 201.]
[242] Mischzitat aus Jes 40,12 und Jes 66,1.

τον αὐτοὶ ᶜαὐτὸνᶜ οἰκοδομήσουσιν. 4. ᵃγίνεται·ᵃ διὰ γὰρ τὸ πολεμεῖν αὐτοὺς καθῃρέθη ὑπὸ τῶν ἐχθρῶν. νῦν καὶ αὐτοὶ ᵇᵇ οἱ τῶν ἐχθρῶν ὑπηρέται ᶜἀνοικοδομήσουσινᶜ αὐτόν.

5. πάλιν ὡς ᵃἔμελλενᵃ ἡ πόλις καὶ ᵇὁ ναὸς καὶ ὁ λαὸς Ἰσραὴλᵇ παραδίδοσθαι, ἐφανερώθη. λέγει γὰρ ἡ γραφή· καὶ ἔσται ἐπ' ἐσχάτων ᶜτῶνᶜ ἡμερῶν ᵈκαὶᵈ παραδώσει κύριος τὰ πρόβατα τῆς νομῆς καὶ τὴν μάνδραν καὶ τὸν ᵉπύργονᵉ αὐτῶν εἰς καταφθοράν. καὶ ἐγένετο καθ' ἃ ἐλάλησεν κύριος.

6. ζητήσωμεν ᵃδέᵃ, εἰ ἔστιν ναὸς θεοῦ. ἔστιν, ὅπου αὐτὸς λέγει ποιεῖν καὶ καταρτίζειν. γέγραπται ᵇγάρᵇ· καὶ ἔσται τῆς ἑβδομάδος συντελουμένης οἰκοδομηθήσεται ναὸς θεοῦ ἐνδόξως ἐπὶ τῷ ὀνόματι κυρίου. 7. εὑρίσκω ᵃοὖνᵃ, ὅτι ἔστιν ναός. πῶς οὖν οἰκοδομηθήσεται ᵇἐπὶ τῷᵇ ὀνόματι κυρίου; μάθετε· πρὸ τοῦ ᶜἡμᾶςᶜ πιστεῦσαι τῷ θεῷ ᵈἦνᵈ ἡμῶν τὸ ᵉκατοικητήριονᵉ ᶠτῆς καρδίαςᶠ φθαρτὸν καὶ ἀσθενὲς ᵍὡς ἀληθῶςᵍ οἰκοδομητὸς ναὸς διὰ χειρός, ὅτι ʰἦν πλήρηςʰ μὲν εἰδωλολατρίας ⁱκαὶⁱ ἦν οἶκος ᵏδαιμονίωνᵏ διὰ τὸ ποιεῖν ὅσα ἦν ἐναντία τῷ θεῷ. 8. οἰκοδομηθήσεται δὲ ᵃἐπὶᵃ τῷ ὀνόματι κυρίου. ᵇπροσέχετε ᶜδέᶜ, ἵνα ὁ ναὸς ᵈτοῦ θεοῦᵈ ἐνδόξως οἰκοδομηθῇ.ᵇ πῶς; μάθετε· λαβόντες τὴν ἄφεσιν τῶν ἁμαρτιῶν καὶ ἐλπίσαντες ἐπὶ τὸ ὄνομα ᵉᵉ ᶠἐγενόμεθα καινοὶ πάλινᶠ ἐξ ἀρχῆς κτιζόμενοι· διὸ ᵍἐν τῷ κατοικητηρίῳ ἡμῶνᵍ ἀληθῶς ὁ θεὸς κατοικεῖ ἐν ἡμῖν. 9. πῶς; ὁ λόγος αὐτοῦ τῆς πίστεως, ἡ κλῆσις ᵃαὐτοῦᵃ τῆς ἐπαγγελίας, ἡ σοφία τῶν δικαιωμάτων, αἱ ἐντολαὶ ᵇτῆς διδαχῆςᵇ, ᶜαὐτὸς ἐν ἡμῖν προφητεύωνᶜ, ᵈαὐτὸςᵈ ἐν ἡμῖν κατοικῶν, ᵉτοὺς τῷ θανάτῳ δεδουλωμένουςᵉ ἀνοίγων ᶠἡμῖν ᵍτὴνᵍ θύραν τοῦ ναοῦᶠ, ʰὅʰ ἐστιν στόμα ⁱⁱ, ᵏμετάνοιαν διδοὺς

ᶜ (Sᶜ) H V; om. S; ad. καί L   4. ᵃ V; om. S H; et fiet L   ᵇ H V L; καί S   ᶜ H V; -σωσιν S; ab initio aedificant L   5. ᵃ S H; ἤμελλεν V   ᵇ H V; 1 5 3 4 2 6 S; populus totus Judeorum L   ᶜ S H; om. V   ᵈ S H; om. V L   ᵉ S V L; τύπον H   6. ᵃ S H; οὖν V L   ᵇ et   7. ᵃ S H V; om. L   ᵇ S H V; ἐν V; in L   ᶜ V L Cl; ὑμᾶς S H   ᵈ H V L Cl; om. S   ᵉ S H V; οἰκητ. Cl   ᶠ S H V Cl; om. L   ᵍ S H V; 1 L; 2 Cl   ʰ S H V Cl; pleni eramus L   ⁱ S H L Cl; οἶκος. εἰδωλολατρεία V   ᵏ S H V; δαιμόνων Cl   8. ᵃ S V; om. H   ᵇ S H (V); praeclare templum deo, adtendite, et L   ᶜ S H; om. V   ᵈ S H; κυρίου V   ᵉ S H V; κυρίου Sᶜ L   ᶠ S H V; nos sumus iam tales quales L   ᵍ S H V; om. L   9. ᵃ H V L; om. S   ᵇ S H V; testamenti illius L   ᶜ S V L; om. H   ᵈ S H V; καί L   ᵉ H V; τοῖς τ. θ. -μένοις S   ᶠ S (V); ἡμῶν 2–5 H; ostium templi nostri L   ᵍ S H; om. V   ʰ Sᶜ H V L; om. S   ⁱ S H V; σοφίας L   ᵏ S H V; fecit de nobis domum

werden ihn selbst aufbauen.[243] 4. Das geschieht. Weil sie nämlich Krieg führten, wurde er von den Feinden niedergerissen. Jetzt sollen ebenfalls die Diener der Feinde ihn wieder aufbauen.[244]

5. Wiederum, wie die Stadt und der Tempel und das Volk Israel dahingegeben werden sollten, ist offenbart worden. Die Schrift sagt nämlich: Und es wird geschehen am Ende der Tage, da wird der Herr die Schafe der Weide und ihren Pferch und Turm dem Verderben dahingeben.[245] Und es geschah so, wie der Herr geredet hatte.

6. Laßt uns aber untersuchen, ob es einen Tempel Gottes gibt. Es gibt ihn da, wo, wie er sagt, er selbst ihn schafft und herstellt. Es steht nämlich geschrieben: Und es wird geschehen, wenn die Woche zu Ende geht, da wird der Tempel Gottes herrlich aufgebaut werden im Namen des Herrn.[246] 7. Ich finde also, daß es einen Tempel gibt. Wie wird er nun im Namen des Herrn aufgebaut werden? Lernt es![247] Bevor wir zum Glauben an Gott gelangten, war die Wohnung unseres Herzens vergänglich und schwach, wie es in der Tat ein von Hand gemachter Tempel ist; denn es war voll von Götzendienst, und es war eine Behausung der Dämonen, weil es tat, was Gott entgegen war.[248] 8. Er wird aber aufgebaut werden im Namen des Herrn. Paßt aber auf, daß der Tempel Gottes herrlich aufgebaut wird! Wie? Lernt es! Dadurch daß wir die Vergebung der Sünden empfingen und auf den Namen unsere Hoffnung setzten, sind wir neu geworden, nochmals von Grund auf geschaffen; deshalb wohnt wahrhaftig in unserer Wohnung Gott in uns.[249] 9. Wie? Das Wort vom Glauben an ihn, die Berufung zu seiner Verheißung, die Weisheit der Rechtsforderungen, die Gebote der Lehre, er selbst in uns prophezeiend, er selbst in uns wohnend;[250] er führt die dem Tode Versklavten, indem er uns die Tür des Tempels, das heißt den Mund, öffnet und uns Buße schenkt, in den

---

[243] Sehr frei nach Jes 49,17; wahrscheinlich ist der Text bereits im Hinblick auf die Deutung formuliert worden.
[244] Vgl. hierzu o. S. 114f.
[245] [A. 245 s. S. 201.]
[246] AethHen 91,13: „Am Schlusse derselben (sc. der achten Woche) werden sie Häuser durch ihre Gerechtigkeit erwerben, und das Haus des großen Königs (= der Tempel) wird in Herrlichkeit für immerdar gebaut werden." Vgl. Tob 14, 5.
[247] Die Verse 7. 8a bringen die Exegese des ἐν τῷ ὀνόματι κυρίου, Vers 8b die des ἐνδόξως.
[248] Das dem Willen Gottes entgegengesetzte Verhalten erscheint hier nicht als Folge des dämonischen Einflusses (so 1QS III 20–23), sondern als seine Voraussetzung.
[249] Vgl. TestJos 10, 2f.; Benj 6, 4; Herm mand III 1.
[250] „Gott wohnt in uns insofern, als er uns durch sein Wort erleuchtet und zur Reue, zum Glauben, zur Hoffnung, zum rechten Verständniß unserer sittlichen Aufgabe führt" (Lipsius, Barnabasbrief 369).

ἡμῖν εἰσάγει εἰς τὸν ἄφθαρτον ναόν^k. 10. ὁ γὰρ ποθῶν σωθῆναι βλέπει οὐκ εἰς τὸν ἄνθρωπον, ἀλλ' εἰς τὸν ἐν αὐτῷ ^aκατοικοῦντα^a ^bκαὶ λαλοῦντα^b, ^cἐπ'^c αὐτῷ ἐκπλησσόμενος, ἐπὶ τῷ μηδέποτε μήτε τοῦ λέγοντος τὰ ῥήματα ἀκηκοέναι ^dἐκ τοῦ στόματος^d μήτε αὐτός ποτε ἐπιτεθυμηκέναι ἀκούειν. τοῦτό ^{ee} ἐστιν πνευματικὸς ^fναὸς^f οἰκοδομούμενος ^gτῷ κυρίῳ^g.

17. 1. ἐφ' ὅσον ἦν ἐν ^aδυνατῷ καὶ^a ἁπλότητι δηλῶσαι ὑμῖν, ^bἐλπίζει μου ἡ ψυχὴ^b ^cμή^c παραλελοιπέναι ^{dd} τι ^{ee}. 2. ἐὰν γὰρ περὶ τῶν ^aἐνεστότων ἢ^a μελλόντων ^bγράφω^b ὑμῖν, οὐ μὴ νοήσητε διὰ τὸ ἐν παραβολαῖς κεῖσθαι ^{cc}. ταῦτα μὲν οὕτως. ^{dd}

18. 1. μεταβῶμεν δὲ ^aκαὶ^a ἐπὶ ἑτέραν γνῶσιν καὶ διδαχήν. ὁδοὶ δύο εἰσὶν διδαχῆς καὶ ἐξουσίας, ἥ ^bτε^b τοῦ φωτὸς καὶ ἡ τοῦ σκότους· διαφορὰ δὲ πολλὴ τῶν δύο ὁδῶν· ἐφ' ἧς μὲν γάρ εἰσιν τεταγμένοι φωταγωγοὶ ἄγγελοι ^cτοῦ^c θεοῦ, ἐφ' ἧς δὲ ἄγγελοι τοῦ σατανᾶ. 2. καὶ ὁ μέν ἐστιν κύριος ἀπ' αἰώνων καὶ εἰς τοὺς αἰῶνας, ὁ δὲ ἄρχων καιροῦ ^aτοῦ νῦν^a τῆς ἀνομίας.

19. 1. ἡ οὖν ὁδὸς τοῦ φωτός ἐστιν ^aαὕτη^a· ἐάν τις θέλων ὁδὸν ὁδεύειν ἐπὶ τὸν ὡρισμένον τόπον, ^bσπεύσῃ^b τοῖς ἔργοις αὐτοῦ. ἔστιν οὖν ἡ δοθεῖσα ἡμῖν γνῶσις τοῦ περιπατεῖν ἐν ^cαὐτῇ^c τοιαύτη·

2. ἀγαπήσεις τὸν ποιήσαντά σε, ^aφοβηθήσῃ τόν σε πλάσαντα,^a δο-

---

incorruptam L   10. ^a S H; ἔνοικ. V   ^b S H V; om. L   ^c S V; ἐν H   ^d S H V; om. L   ^e S V L; δέ H   ^f et ^g S H V; om. L

17. 1. ^a S H V; om. L   ^b S H; ad. ὁ νοῦς καί post μου S^c et ad. τῇ ἐπιθυμίᾳ μου S^c V; om. L   ^c S^c H V L; om. S   ^d S H L; με V   ^e S H L; τῶν ἀνηκόντων (ὑμῖν) εἰς σωτηρίαν (ἐνεστότων) S^c (V)   2. ^a S H; om. V; 1 ac L   ^b S H V; γράψω S^c L   ^c S H V; multa L   ^d S H V; habes interim de maiestate Christi, quomodo omnia in illum et per illum facta sunt (cf. 12, 8). cui sit honor, virtus, gloria, nunc et in saecula saeculorum. explicit epistola Barnabae L

18. 1. ^a V; om. S H   ^b H V; om. S   ^c S V; om. H   2. ^a S H; om. V

19. 1. ^a H V; τοιαύτῃ S   ^b S H; -σει V   ^c H V; ταύτῃ S   2. ^a S H; om. V

unvergänglichen Tempel.[251] 10. Wer nämlich begehrt, gerettet zu werden, blickt nicht auf den Menschen,[252] sondern auf den, der in ihm wohnt und redet, außer sich über ihn, darüber, daß er noch niemals die Worte dessen, der da redet, aus seinem Munde gehört, noch auch selbst jemals zu hören begehrt hat.[253] Das ist der geistliche Tempel, der dem Herrn aufgebaut wird.

17. 1. Soweit ich in der Lage war, euch sogar ganz einfach Aufschluß zu geben, hoffe ich, nichts ausgelassen zu haben. 2. Wenn ich euch nämlich über Gegenwärtiges[254] oder Zukünftiges schreibe, werdet ihr es gewiß nicht begreifen, weil es in Rätselworten beschlossen liegt. Das wär's.

18. 1. Wir wollen aber auch noch zu einer anderen Erkenntnis[255] und Lehre übergehen! Zwei Wege der Lehre und Machtbefugnis[256] gibt es, den des Lichtes und den der Finsternis;[257] der Unterschied beider Wege aber ist groß.[258] Denn über den einen sind lichtspendende Engel Gottes gesetzt, über den anderen aber Engel des Satans;[259] 2. und der eine ist Herr von Ewigkeit zu Ewigkeit, der andere aber Fürst der jetzigen Zeit der Gesetzlosigkeit.[260]

19. 1. Das nun ist der Weg des Lichtes[261]: Wenn einer den Weg zum festgesetzten Ort[262] zurücklegen will, strenge er sich an mit seinen Werken. Die uns gegebene Erkenntnis, um in ihr das Leben zu führen, ist nun folgende: 2. Du sollst den lieben, der dich geschaffen,[263] den fürchten, der dich gebildet,

---

[251] [A. 251 s. S. 201.]
[252] Es geht hier nicht im Blick auf die Rechtfertigung um den Gegensatz zwischen dem, was der Mensch tun kann bzw. nicht kann, und dem, was Gott bewirkt; gemeint ist vielmehr, daß nicht auf die Person des Verkündigers zu blicken ist, sondern auf Gott, der durch ihn redet.
[253] Vgl. 1Kor 14, 23–25; 2Petr 1, 21.
[254] „Gegenwärtiges" hat hier wohl den Sinn des „Anstehenden" und „Herandrängenden".
[255] Zum Gnosis-Begriff vgl. o. S. 135. Bei der folgenden Zwei-Wege-Lehre werden die Parallelen der Didache in Anmerkungen bezeichnet. Etwaige Erläuterungen stehen in den Anmerkungen zu den Did-Stellen. Zu den Zwei Wegen vgl. in der Einführung zur Didache o. S. 20–22.
[256] ἐξουσία (vgl. Kol 1, 13; Act 26, 18; 1QS I 22–24; III 20–23; 1QM XIII 11) ist hier der Herrschaftsbereich persönlich gedachter Mächte in ihrem Einfluß auf die Lebensführung des Menschen.
[257] [A. 257 s. S. 201.]
[258] Did 1,1.
[259] Für diesen Satz in 18, 1d hatte Karl Franklin Arnold in seiner Dissertation ›Quaestionum de compositione et fontibus Barnabae epistulae capita nonnulla‹, Regimonti 1886, die Existenz einer verlorengegangenen Quelle postuliert (13); dieses Postulat ist durch 1QS III f. bestätigt worden.
[260] Hier wird der schroffe Dualismus durch den Gedanken der Zeit aufgehoben, in 1QS III 25 durch den der Schöpfung.
[261] Did 1, 2.
[262] 1Klem 5, 4 ist vom τόπος τῆς δόξης die Rede, Vers 7 vom ἅγιος τόπος; vgl. 44, 5; 50, 3; Pol2Phil 9, 2; Passio SS. Perpetuae et Felicitatis 12.
[263] Did 1, 2.

ξάσεις τόν σε λυτρωσάμενον ἐκ θανάτου. ἔσῃ ἁπλοῦς τῇ καρδίᾳ καὶ πλούσιος τῷ πνεύματι· οὐ κολληθήσῃ μετὰ ᵇτῶν πορευομένων ἐν ᵇ ὁδῷ θανάτου· μισήσεις πᾶν, ὃ οὐκ ᶜἔστιν ᶜ ἀρεστὸν τῷ θεῷ, μισήσεις πᾶσαν ὑπόκρισιν· οὐ μὴ ἐγκαταλίπῃς ἐντολὰς κυρίου. 3. οὐχ ὑψώσεις σεαυτόν, ἔσῃ δὲ ταπεινόφρων ᵃκατὰ πάντα ᵃ· οὐκ ἀρεῖς ἐπὶ σεαυτὸν δόξαν· οὐ λήψῃ βουλὴν πονηρὰν κατὰ τοῦ πλησίον σου· ᵇοὐ δώσεις τῇ ψυχῇ ᶜσου ᶜ θράσος. ᵇ 4. οὐ πορνεύσεις, οὐ μοιχεύσεις, οὐ παιδοφθορήσεις, οὐ μή σου ὁ λόγος ᵃᵃ τοῦ θεοῦ ἐξέλθῃ ἐν ἀκαθαρσίᾳ τινῶν· οὐ λήψῃ πρόσωπον ἐλέγξαι τινὰ ἐπὶ παραπτώματι· ἔσῃ πραΰς, ἔσῃ ἡσύχιος, ἔσῃ τρέμων τοὺς λόγους, οὓς ἤκουσας· ᵇοὐ μνησικακήσεις ᵇ τῷ ἀδελφῷ σου. 5. ᵃοὐ μὴ διψυχήσῃς ᵃ, πότερον ἔσται ἢ οὔ· ᵇοὐ μὴ λάβῃς ἐπὶ ματαίῳ ᶜτὸ ᶜ ὄνομα ᵈκυρίου ᵈ ᵇ· ᵉἀγαπήσεις ᵉ τὸν πλησίον σου ὑπὲρ τὴν ψυχήν σου· οὐ φονεύσεις τέκνον ᶠᶠ ἐν φθορᾷ οὐδὲ πάλιν γεννηθὲν ᵍἀνελεῖς ᵍ· ʰοὐ μὴ ἄρῃς ʰ τὴν χεῖρά σου ἀπὸ τοῦ υἱοῦ σου ἢ ἀπὸ τῆς θυγατρός σου, ἀλλ' ἀπὸ ⁱⁱ νεότητος διδάξεις φόβον ᵏθεοῦ ᵏ. 6. ᵃοὐ μὴ γένῃ ἐπιθυμῶν τὰ τοῦ πλησίον σου·ᵃ οὐ μὴ γένῃ πλεονέκτης οὐδὲ κολληθήσῃ ἐκ ψυχῆς σου μετὰ ὑψηλῶν, ἀλλὰ μετὰ ᵇταπεινῶν καὶ δικαίων ᵇ ἀναστραφήσῃ· τὰ συμβαίνοντά σοι ἐνεργήματα ᶜὡς ᶜ ἀγαθὰ προσδέξῃ ᵈεἰδώς, ὅτι ἄνευ θεοῦ οὐδὲν γίνεται ᵈ. 7. οὐκ ἔσῃ ᵃδιγνώμων ᵃ οὐδὲ ᵇγλωσσώδης ᵇ ᶜᶜ· ᵈὑποταγήσῃ ᵈ ᵉᵉ κυρίοις ὡς τύπῳ θεοῦ ᶠἐν ᶠ αἰσχύνῃ καὶ φόβῳ· ᵍοὐ μὴ ἐπιτάξῃς ᵍ ʰδούλῳ σου ἢ παιδίσκῃ ʰ ἐν πικρίᾳ, τοῖς ἐπὶ τὸν αὐτὸν ⁱθεὸν ⁱ ἐλπίζουσιν, μήποτε οὐ ᵏμὴ φοβηθήσονται ᵏ τὸν ἐπ' ἀμφοτέροις θεόν· ˡὅτι

ᵇ V; πορ. ἐν S; τ. πονηρευομένων H   ᶜ S H; om. V D   3.   ᵃ S H; om. V   ᵇ S V; habet ante οὐκ ἀρεῖς H   ᶜ S H; om. V   4.   ᵃ S H; ὁ V   ᵇ S H D; οὐ μὴ -σῃς V   5.   ᵃ V; οὐ μὴ -σεις S; οὐ -σεις H D   ᵇ S V; habet sententiam post ἤκουσας (19, 4) H   ᶜ S H; om. V   ᵈ Sᶜ H V; σου S   ᵉ S H; -σῃς V   ᶠ S V D; σου H   ᵍ H V; ἀποκτενεῖς S D   ʰ H V; οὐ μὴ ἀρεῖς S; οὐκ ἀρεῖς D   ⁱ S V D; τῆς H   ᵏ S D; κυρίου H V   6.   ᵃ S V; om. H   ᵇ S; 1 H; 3 2 1 V D   ᶜ S V D; om. H   ᵈ S H D; om. V   7.   ᵃ S H D; δίγνωμος V   ᵇ S; δίγλωσσος H V D   ᶜ S H; παγὶς γὰρ θανάτου ἐστὶν ἡ διγλωσσία V (D)   ᵈ H V; ὑποταγῇ S   ᵉ S H; κυρίῳ V   ᶠ H V D; om. S   ᵍ H V; οὐ μὴ -ξεις S; οὐκ -ξεις D   ʰ S D; ad. σου H; 4 3 1 2 V   ⁱ S H D; om. V   ᵏ S D; φοβηθῶσι H; φοβηθήσῃ V

den preisen, der dich vom Tode erlöst hat! Sei einfachen Herzens und reich an Geist![264] Du sollst denen nicht anhängen, die auf dem Weg des Todes das Leben führen! Du sollst alles hassen, was Gott nicht gefällt; du sollst jede Heuchelei hassen![265] Verlasse keinesfalls die Gebote des Herrn![266] 3. Du sollst dich nicht selbst erhöhen,[267] vielmehr in jeder Hinsicht demütig sein! Du sollst dir keine Ehre anmaßen! Du sollst keinen bösen Entschluß gegen deinen Nächsten fassen![268] Du sollst nicht frech werden![269] 4. Du sollst nicht huren, nicht ehebrechen, nicht Knaben schänden![270] Das Wort Gottes gehe ja nicht von dir aus in Gegenwart Unreiner![271] Du sollst nicht die Person ansehen, um jemanden bei einer Übertretung zurechtzuweisen![272] Du sollst sanftmütig sein, gelassen, ehrfürchtig vor den Worten, die du gehört hast![273] Du sollst deinem Bruder nichts Böses nachtragen![274] 5. Zweifle ja nicht, ob es sein wird oder nicht![275] Gebrauche ja nicht zu eitlem Zweck den Namen des Herrn![276] Du sollst deinen Nächsten mehr als dich selbst lieben![277] Du sollst nicht abtreiben, noch ein Neugeborenes wieder beseitigen![278] Ziehe ja nicht deine Hand von deinem Sohn oder deiner Tochter ab, sondern du sollst sie von Jugend an die Furcht Gottes lehren![279] 6. Werde ja nicht begierig auf den Besitz deines Nächsten![280] Werde ja nicht habgierig,[281] noch hänge mit deiner Seele Hochmütigen an, sondern mit Demütigen und Gerechten sollst du verkehren! Was dir an Fügungen widerfährt, sollst du als Gutes annehmen im Wissen, daß ohne Gott nichts geschieht![282] 7. Du sollst nicht doppelsinnig noch schwatzhaft sein![283] Du sollst den Herren als einem Abbild Gottes mit Respekt und Ehrfurcht gehorchen! Gebiete nicht, wenn du bitter bist, deinem Sklaven oder deiner Magd, die auf denselben Gott hoffen, damit sie nicht etwa aufhören, den zu fürch-

---

[264] Zwischen dieser Aussage und Mt 5, 3 (πτωχοὶ τῷ πνεύματι) besteht kein sachlicher Gegensatz; denn hier ist die reichliche Ausstattung mit Geistesgaben gemeint, dort die Demut, wie ein Vergleich mit 1QM XIV 7; 1QS IV 3; XI 7 sowie der mt Kontext zeigen.
[265] Did 4, 12.
[266] Did 4, 13.
[267] Did 3, 9.
[268] Did 2, 6.
[269] Did 3, 9.
[270] Did 2, 2.
[271] Vgl. 1QS V 10–18; IX 16 f.
[272] Did 4, 3.
[273] Did 3, 8.
[274] Did 2, 3.
[275] Did 4, 4.
[276] Ex 20, 7/Dtn 5, 11.
[277] Did 1, 2.
[278] Did 2, 2.
[279] Did 4, 9.
[280] Did 2, 3.
[281] Did 2, 6.
[282] Did 3, 9 f.
[283] Did 2, 4.

ἦλθεν οὐ¹ κατὰ πρόσωπον καλέσαι, ἀλλ' ἐφ' οὓς τὸ πνεῦμα ἡτοίμασεν. 8. κοινωνήσεις ἐν πᾶσιν τῷ πλησίον σου ᵃκαὶᵃ οὐκ ἐρεῖς ἴδια ᵇεἶναιᵇ· εἰ γὰρ ἐν ᶜτῷ ἀφθάρτῳᶜ κοινωνοί ἐστε, πόσῳ μᾶλλον ἐν τοῖς ᵈφθαρτοῖςᵈ. οὐκ ἔσῃ πρόγλωσσος· παγὶς γὰρ ᵉᵉ στόμα θανάτου· ὅσον δύνασαι, ὑπὲρ ᶠτῆς ψυχῆςᶠ σου ἁγνεύσεις. 9. μὴ γίνου πρὸς μὲν τὸ λαβεῖν ἐκτείνων τὰς χεῖρας, πρὸς δὲ τὸ δοῦναι ᵃσυσπῶνᵃ. ἀγαπήσεις ὡς κόρην ᵇᵇ ὀφθαλμοῦ σου πάντα τὸν λαλοῦντά σοι τὸν λόγον ᶜᶜ κυρίου. 10. μνησθήσῃ ᵃἡμέρανᵃ κρίσεως νυκτὸς καὶ ἡμέρας ᵇκαὶᵇ ἐκζητήσεις καθ' ἑκάστην ἡμέραν ᶜτὰ πρόσωπα τῶν ἁγίωνᶜ, ἢ διὰ λόγου ᵈᵈ κοπιῶν καὶ πορευόμενος εἰς τὸ παρακαλέσαι καὶ μελετῶν εἰς τὸ σῶσαι ψυχὴν τῷ λόγῳ ἢ διὰ τῶν χειρῶν σου ᵉἐργάσῃᵉ εἰς ᶠλύτρονᶠ ἁμαρτιῶν σου. 11.ᵃᵃ οὐ διστάσεις δοῦναι οὐδὲ ᵇδιδοὺς γογγύσειςᵇ. ᶜᶜ γνώσῃ δέ, τίς ὁ τοῦ μισθοῦ καλὸς ἀνταποδότης. φυλάξεις, ἃ παρέλαβες μήτε ᵈπροστιθεὶςᵈ μήτε ἀφαιρῶν. εἰς τέλος μισήσεις ᵉτὸᵉ πονηρόν· ᶠᶠ κρινεῖς δικαίως. 12. οὐ ποιήσεις σχίσμα, εἰρηνεύσεις ᵃδὲᵃ μαχομένους ᵇσυναγαγώνᵇ· ᶜἐξομολογήσῃᶜ ᵈἐπὶ ἁμαρτίαιςᵈ σου, οὐ ᵉπροσήξεις ἐπὶ προσευχήνᵉ ἐν συνειδήσει πονηρᾷ. ᶠᶠ

20. 1. ἡ δὲ τοῦ μέλανος ὁδός ᵃἐστιν σκολιὰᵃ καὶ κατάρας μεστή· ᵇὁδὸς γάρ ἐστινᵇ θανάτου ᶜαἰωνίουᶜ μετὰ τιμωρίας, ἐν ᾗ ἐστιν ᵈτὰᵈ ἀπολλύντα τὴν ψυχὴν αὐτῶν· εἰδωλολατρία, θρασύτης, ὕψος δυνάμεως, ὑπόκρισις, διπλοκαρδία, μοιχεία, φόνος, ἁρπαγή, ὑπερηφανία, παράβασις, δόλος, κακία, αὐθάδεια, φαρμακεία, ᵉμαγεία,

---

¹ H V; 1 3 2 S; οὐ γὰρ ἔρχεται D   8. ᵃ et ᵇ S H D; om. V   ᶜ S H; τοῖς -ρτοις V; τῷ ἀθανάτῳ D   ᵈ Sᶜ H V; θνητοῖς S D   ᵉ H V; τό S   ᶠ S H; τὴν ψυχήν V   9. ᵃ S H V D; συστέλλων Sᶜ   ᵇ H V; τοῦ S   ᶜ S V; τοῦ H   10. ᵃ S H; -ρας V   ᵇ S H; om. V   ᶜ Sᶜ V D; om. S H   ᵈ S H V; καὶ ἔργου καὶ κόπου Sᶜ   ᵉ S H; -σει V   ᶠ S H; λύτρωσιν V D   11. ᵃ S V; καί H   ᵇ Sᶜ V D; δ. -σῃ S; δοὺς γ. H   ᶜ S H; παντὶ (τῷ) αἰτοῦντί σε δίδου (Sᶜ) V   ᵈ H V D; προσθεὶς S   ᵉ H V; om. S   ᶠ H V; καί S   12. ᵃ H V; om. S D   ᵇ S H; συνάγων V; om. D   ᶜ H V D; -σεις S   ᵈ V; ἐν ἁ. S; ἐπὶ -τία H   ᵉ S H; ἥξεις ἐν προσευχῇ σου V; προσελεύσῃ ἐπὶ π. σου D   ᶠ S H; αὕτη ἐστὶν ἡ ὁδὸς τοῦ φωτός (τῆς ζωῆς) Sᶜ V (D)

20. 1. ᵃ V; ἐ. -ᾶς S; 2 1 H   ᵇ S; ὅλος γ. ἐ. H; 3 2 1 V   ᶜ H V; αἰωνία S   ᵈ Sᶜ H V; om. S

ten, der Gott über beiden ist! Denn er ist nicht gekommen, um nach dem Ansehen der Person zu berufen, sondern zu denen, die der Geist bereitet hat.[284] 8. Du sollst an allem deinem Nächsten Anteil geben und nicht sagen, daß es dein Eigentum sei! Wenn ihr nämlich Genossen im Unvergänglichen seid, um wieviel mehr im Vergänglichen.[285] Du sollst nicht vorwitzig sein; denn eine Schlinge des Todes ist der Mund! Soweit du es vermagst, sollst du um deiner selbst willen rein sein![286] 9. Werde nicht jemand, der zum Nehmen die Hände ausstreckt, zum Geben aber einzieht![287] Du sollst wie deinen Augapfel jeden lieben, der dir das Wort des Herrn verkündigt! 10. Des Gerichtstages sollst du Tag und Nacht gedenken und jeden Tag das Angesicht der Heiligen aufsuchen, indem du mit dem Wort dich abmühst und gehst, um zu ermuntern, und Sorge trägst, jemanden durchs Wort zu retten; sei es so, oder du sollst mit deinen Händen arbeiten als Lösegeld für deine Sünden![288] 11. Du sollst nicht zögern, zu geben, noch murren, wenn du gibst; du sollst vielmehr erkennen, wer der gütige Lohnerstatter ist![289] Du sollst bewahren, was du empfangen hast, nichts hinzufügen, nichts wegnehmen![290] Ganz und gar sollst du das Böse hassen! Du sollst gerecht urteilen![291] 12. Du sollst keine Spaltung verursachen, vielmehr Frieden schaffen,[292] indem du Streitende versöhnst! Du sollst ein Geständnis über deine Sünden ablegen, nicht mit schlechtem Gewissen zum Gebet kommen![293]

20. 1. Der Weg des Schwarzen aber ist krumm und voll Fluchs.[294] Denn er ist ein Weg ewigen Todes mit Strafe, auf dem das ist, was sie ins Verderben bringt[295]: Götzendienst, Frechheit, Machtdünkel, Heuchelei, Doppelsinnigkeit, Ehebruch, Mord, Raub, Stolz, Übertretung, Betrug, Bosheit, Rücksichtslosigkeit, Gift-

---

[284] Did 4,10f.
[285] Did 4,8.
[286] [A. 286 s. S. 201.]
[287] Did 4,5.
[288] Did 4,1f.
[289] Did 4,7.
[290] Did 4,13.
[291] Did 4,3.
[292] Did 4,3.
[293] Did 4,14.
[294] Did 5,1.
[295] [A. 295 s. S. 201f.]

πλεονεξία,ᵉ ἀφοβία ᶠθεοῦᶠ· 2. διῶκται τῶν ἀγαθῶν, μισοῦντες ἀλήθειαν, ἀγαπῶντες ᵃψεύδηᵃ, οὐ γινώσκοντες μισθὸν δικαιοσύνης, οὐ κολλώμενοι ἀγαθῷ, οὐ κρίσει δικαίᾳ, χήρᾳ ᵇκαὶᵇ ὀρφανῷ ᶜοὐᶜ προσέχοντες, ἀγρυπνοῦντες οὐκ εἰς φόβον θεοῦ, ἀλλ' ἐπὶ τὸ πονηρόν, ὧν μακρὰν καὶ πόρρω πραΰτης καὶ ὑπομονή, ἀγαπῶντες ᵈματαιότηταᵈ, διώκοντες ἀνταπόδομα, οὐκ ἐλεοῦντες πτωχόν, οὐ πονοῦντες ἐπὶ καταπονουμένῳ, εὐχερεῖς ᵉἐνᵉ καταλαλιᾷ, οὐ γινώσκοντες τὸν ποιήσαντα αὐτούς, φονεῖς τέκνων, φθορεῖς πλάσματος θεοῦ, ἀποστρεφόμενοι τὸν ἐνδεόμενον, ᶠᶠ καταπονοῦντες τὸν θλιβόμενον, πλουσίων παράκλητοι, πενήτων ἄνομοι κριταί, πανθαμάρτητοι.

21. 1. καλὸν ᵃοὖνᵃ ἐστιν ᵇμαθόνταᵇ τὰ δικαιώματα ᶜτοῦᶜ κυρίου, ὅσα ᵈγέγραπταιᵈ, ἐν τούτοις περιπατεῖν. ὁ γὰρ ταῦτα ποιῶν ἐν τῇ βασιλείᾳ τοῦ θεοῦ δοξασθήσεται· ὁ ἐκεῖνα ἐκλεγόμενος μετὰ τῶν ἔργων αὐτοῦ συναπολεῖται· διὰ τοῦτο ἀνάστασις, διὰ τοῦτα ᵉἀνταπόδομαᵉ. 2. ἐρωτῶ τοὺς ὑπερέχοντας, εἴ τινά ᵃμουᵃ γνώμης ἀγαθῆς λαμβάνετε συμβουλίαν· ἔχετε μεθ' ἑαυτῶν, εἰς οὓς ᵇἐργάσησθεᵇ ᶜτὸ καλόνᶜ· μὴ ᵈἐλλείπητεᵈ. 3. ἐγγὺς ᵃᵃ ἡ ἡμέρα, ἐν ᾗ συναπολεῖται ᵇᵇ πάντα τῷ πονηρῷ· ἐγγὺς ὁ κύριος καὶ ὁ μισθὸς ᶜᶜ αὐτοῦ. 4. ἔτι καὶ ἔτι ἐρωτῶ ὑμᾶς· ἑαυτῶν γίνεσθε νομοθέται ᵃἀγαθοίᵃ, ἑαυτῶν μένετε σύμβουλοι ᵇπιστοίᵇ· ἄρατε ἐξ ὑμῶν πᾶσαν ὑπόκρισιν. 5. ὁ δὲ θεὸς ὁ ᵃτοῦ παντὸςᵃ κόσμου κυριεύων δῴη ᵇᵇ ὑμῖν σοφίαν, ᶜᶜ σύνεσιν, ἐπιστήμην, γνῶσιν τῶν δικαιωμάτων αὐτοῦ, ᵈὑπομονήνᵈ. 6. γίνεσθε ᵃδὲᵃ ᵇθεοδίδακτοιᵇ ἐκζητοῦντες, τί ζητεῖ ᶜᶜ κύριος ἀφ' ὑμῶν, καὶ ποιεῖτε, ἵνα ᵈεὑρεθῆτεᵈ ἐν ἡμέρᾳ κρίσεως.

7. εἰ δέ ᵃτίςᵃ ἐστιν ἀγαθοῦ μνεία, μνημονεύετέ μου μελετῶντες ταῦτα, ἵνα καὶ ἡ ἐπιθυμία καὶ ἡ ἀγρυπνία εἴς τι ἀγαθὸν χωρήσῃ· ἐρωτῶ ὑμᾶς χάριν αἰτούμενος. 8. ᵃἕωςᵃ ἔτι τὸ καλὸν σκεῦός ἐστιν μεθ' ὑμῶν, μὴ ἐλλείπητε μηδενὶ ᵇαὐτῶνᵇ, ἀλλὰ συνεχῶς ἐκζητεῖτε ταῦτα καὶ ἀναπληροῦτε πᾶσαν ἐντολήν· ἔστιν γὰρ ᶜἄξιαᶜ. 9. διὸ

ᵉ H V D; om. S   ᶠ Sᶜ H V; om. S   2. ᵃ S; ψεῦδος H D; om. V   ᵇ S V; om. H
ᶜ S H; om. V   ᵈ S; μάταια H V D   ᵉ S V; ἐπί H   ᶠ H V D; καί S
21. 1. ᵃ H V; om. S   ᵇ S V; μανθάνοντα H   ᶜ S H; om. V   ᵈ S H; προγέγρ. V
ᵉ S H; ἀνταπόδοσις V   2. ᵃ S V; om. H   ᵇ S; -σεσθε H; -σασθε V; -ζεσθε KO
ᶜ S H; om. V KO   ᵈ S H; ἐγκαταλείπητε V; ἐκλίπητε KO   3. ᵃ S H; γάρ V KO
ᵇ S V KO; τά H   ᶜ S V KO; ὁ H   4. ᵃ H V; -θῶν S; om. KO   ᵇ S H V; ἀγαθοί
KO   5. ᵃ S Cl; σύμπαντος H; 2 1 V   ᵇ et ᶜ S H V; καί Cl   ᵈ S H Cl; ἐν ὑπομονῇ V
6. ᵃ S V; om. H; οὖν Cl   ᵇ H V Cl; om. S   ᶜ S H V; ὁ Cl   ᵈ S; εὕρητε H Cl; σωθῆτε V   7. ᵃ H V; τί S   8. ᵃ S H; ὡς V   ᵇ H V; ἑαυτῶν S   ᶜ S H; ἄξιον Sᶜ; ταῦτα ἄξια V

mischerei, Zauberei, Habgier, Mangel an Gottesfurcht.[296] 2. Verfolger der Guten, die Wahrheit hassen, Lügen lieben, den Lohn für die Gerechtigkeit nicht kennen, Gutem nicht anhängen, noch gerechtem Urteil, sich um Witwe und Waise nicht kümmern,[297] nicht auf Gottesfurcht achten, sondern auf das Böse, denen Sanftmut und Ausdauer weit und entfernt liegen, die Nichtiges lieben, nach Lohn jagen, des Armen sich nicht erbarmen, sich um den Mühseligen nicht mühen, rasch bei der Hand im Lästern,[298] die den nicht erkennen, der sie geschaffen hat, Kindermörder, Vernichter des Geschöpfes Gottes, die sich vom Bedürftigen abwenden, den Bedrängten bedrücken, Fürsprecher der Reichen, ungerechte Richter der Armen, durch und durch Sünder.[299]

21. 1. Es ist also gut, alle Rechtsforderungen des Herrn, wie sie geschrieben stehen,[300] zu lernen und in ihnen das Leben zu führen.[301] Denn wer diese befolgt, wird im Reiche Gottes verherrlicht werden; wer jene wählt, wird mit seinen Werken zugrunde gehen. Deshalb Auferstehung, deshalb Vergeltung.[302] 2. Ich bitte die Höhergestellten, wenn ihr meinen gutgemeinten Rat annehmen wollt: Ihr habt bei euch Leute, denen ihr Gutes erweisen könnt;[303] laßt darin nicht nach! 3. Nahe ist der Tag, an dem alles zusammen mit dem Bösen zugrunde gehen wird. Nahe ist der Herr und sein Lohn.[304] 4. Noch und noch bitte ich euch: Werdet eure eigenen guten Gesetzgeber, bleibt eure eigenen zuverlässigen Berater,[305] entfernt von euch jede Heuchelei! 5. Gott aber, der der ganzen Welt Herr ist, gebe euch Weisheit, Verstehen, Wissen, Erkenntnis seiner Rechtsforderungen, Ausdauer. 6. Laßt euch von Gott belehren,[306] indem ihr danach sucht, was der Herr von euch sucht, und tut es, damit ihr am Tag des Gerichts bestehen könnt!

7. Wenn es ein Gedenken an das Gute gibt, gedenkt meiner, indem ihr euch in diese Dinge einübt, damit mein Bestreben wie meine Sorge zu etwas Gutem führe; ich bitte euch darum als um eine Gunst. 8. Solange noch das schöne Gefäß bei euch ist, laßt es in keiner Hinsicht an euch fehlen, sondern strebt unablässig danach und erfüllt jedes Gebot; es ist es nämlich wert. 9. Deshalb habe ich mich besonders be-

---

[296] Did 5, 1.
[297] Vgl. Ex 22, 21; Jes 1, 17. 23; Jak 1, 27; IgnSm 6, 2; Pol2Phil 6, 1; Herm mand VIII 10.
[298] Hartmut Stegemann schlägt in seinen Vorarbeiten die Übersetzung vor: „die um Ausflüchte nicht verlegen sind".
[299] Did 5, 2.
[300] Das ὅσα γέγραπται weist darauf hin, daß der Verfasser die Zwei-Wege-Lehre als autoritative „Schrift" angesehen hat.
[301] Vgl. 1QS IX 12 f.; 1QSa I 6–8.
[302] Die Aussage von der Auferstehung hat also, wie die im folgenden angeführte von der Parusie, vor allem die Funktion, die Mahnungen eindringlich zu machen.
[303] Vgl. Dtn 15, 11; Mk 14, 7 par.; Joh 12, 8. Die Aussage kann auch als Imperativ verstanden werden; vgl. Herm vis III 9, 5.
[304] Vgl. Jes 40, 10; 62, 11; Apk 22, 12; 1Klem 34, 3.
[305] Vgl. Philo, Op 148; quod omnis probus liber sit 91; Abr 6.
[306] Vgl. Jes 54, 13; 1Thess 4, 9; Joh 6, 45.

μᾶλλον ἐσπούδασα γράψαι, ἀφ' ὧν ἠδυνήθην ᵃᵃ. ᵇσώζεσθε, ἀγάπης τέκνα καὶ εἰρήνης.ᵇ ὁ κύριος τῆς δόξης καὶ πάσης χάριτος μετὰ τοῦ πνεύματος ὑμῶν. ᶜᶜ

9. ᵃ S H; εἰς τὸ εὐφρᾶναι ὑμᾶς Sᶜ V   ᵇ S V; om. H   ᶜ H; ἐπιστολὴ Βαρνάβα S; ἀμήν. ἐπιστολὴ Βαρνάβα τοῦ ἀποστόλου συνεκδήμου Παύλου τοῦ ἁγίου ἀποστόλου V

21,9

müht, etwas von dem zu schreiben, was ich vermochte. Bleibt gesund, der Liebe Kinder und des Friedens! Der Herr der Herrlichkeit und aller Gnade sei mit eurem Geist![307]

---

[307] Vgl. Gal 6,18; Phil 4,23; Phlm 25; 2Tim 4,22.

ANMERKUNGEN (Rest)

Die umfangreicheren Anmerkungen konnten nicht unter der Übersetzung abgedruckt werden. Sie sind hier zusammengefaßt. Ein entsprechender Hinweis findet sich jeweils unter der Übersetzung.

² Diese Anrede ist im Barnabasbrief singulär; der Verfasser spricht seine Leser sonst als τέκνα oder ἀδελφοί an. Daß auch die Leserinnen bzw. Hörerinnen eigens angeredet werden, begegnet im urchristlichen Schrifttum 2Klem 19,1; 20, 2 (ἀδελφοὶ καὶ ἀδελφαί). Die Zusammenstellung „Söhne und Töchter" findet sich noch Epistola Apostolorum 1: „Wie wir (es = das Wort des Evangeliums) gehört, behalten und für alle Welt aufgeschrieben haben, so vertrauen wir (es) euch, ihr unsere Söhne und Töchter, in Freude an im Namen Gottes des Vaters, des Herrschers der Welt, und in Jesus Christus" (NTApo³ 127); vgl. weiter Act 2,17 (= Joel 3,1) und das veränderte alttestamentliche Zitat von 2Kor 6,18.

⁴ δικαιώματα hat sonst im Barnabasbrief die Bedeutung „Rechtsforderungen". Hier aber ist es analog צִדְקַת/צִדְקוֹת יהוה bzw. אֵל (Heilstaten Gottes) in 1Sam 12, 7; Mi 6, 5; 1QS I 21; X 23; XI 3; 1QH XVII 17 zu verstehen; vgl. Röm 5, 18; Apk 15, 4 und *beneficia divina* in Cyprian, de opere et eleemosynis 1. Die letztgenannte Stelle ist Barn 1, 2–4 im ganzen ähnlich.

⁵ Prigent versteht πνεῦμα an dieser Stelle anthropologisch: «l'esprit est, dans l'homme, ce qui reçoit et accueille le salut de Dieu tel qu'il lui est signifié et accordé dans le baptême» (Prigent/Kraft, Barnabé 33 f.). Der letzte Satz von Vers 2 macht es aber wahrscheinlicher, daß die Leser wegen des von Gott empfangenen Geistes beglückwünscht werden, der sich als „Geistesgabe" auswirkt (vgl. 1Kor 14,12).

¹⁴ Der Text der „drei Grundsätze" ist recht uneinheitlich überliefert. L bietet eine offensichtliche Verkürzung und kommt so nur für den Anfang in Betracht, wo die Übersetzung den Genitiv ζωῆς von H gegenüber dem Nominativ bei S stützt. Die Vorwegnahme von πίστις bei S, wodurch die Reihe ζωή, πίστις, ἐλπίς gewonnen wird, dürfte gegenüber H sekundär sein. Im zweiten Glied stimmen H und S völlig überein. Im dritten ist gegenüber dem Nominativ εὐφροσύνη von S der Genitiv bei H wiederum vorzuziehen. Die oft akzeptierte Konjektur δικαιοσύνης von Bryennios statt ἐν δικαιοσύνῃ ist unnötig. H hat nicht, wie oft angegeben, nur δικαιοσύνη, sondern davor auch ein ἐν. Das *iota subscriptum* wird in der Handschrift nicht gesetzt, nur gelegentlich ein *iota adscriptum*. – In sonstigen urchristlichen Reihungen dieser Art nimmt immer der Glaube eine wichtige Position ein; vgl. 1Kor 13,13; Kol 1, 4 f.; 1Thess 1, 3; 5, 8; IgnEph 14, 1: ἀρχὴ μὲν πίστις, τέλος δὲ ἀγάπη. Nach Pol2Phil 3, 3 ergibt sich die Reihe: ἀγάπη, πίστις, ἐλπίς. Sachlich nahe steht Barn 1, 6 die Reihe in syrBar 57, 2: die Werke der Gebote, der Glaube an das kommende Gericht und die Hoffnung auf die erneuerte Welt.

¹⁸ Leslie William Barnard will aus 1, 8a zeigen, daß der Verfasser ein „Reiseapostel", ähnlich den in Did 11 genannten, gewesen sei (Barnabas 1, 8, ET 69, 1957/58, 239). Belegen läßt

Anmerkungen (Rest)

sich diese These freilich nicht. Daß es sich bei dem Verfasser um einen „umherziehenden Lehrer" gehandelt habe, vermutete schon – allerdings ebenfalls ohne gute Gründe – Veldhuizen, Barnabas 124–148; ähnlich, unter Berufung auf 1, 4, auch Meinhold, Geschichte 258.

²¹ Das Motiv der Bedürfnislosigkeit Gottes hat das Urchristentum (vgl. z. B. Act 17, 25) vom hellenistischen Judentum (vgl. z. B. 2Makk 14, 35; 3Makk 2, 9) übernommen; das wiederum verdankt es der griechischen Aufklärung (vgl. die Stellen bei Martin Dibelius, Paulus auf dem Areopag, in: Ders., Aufsätze zur Apostelgeschichte, hrsg. von Heinrich Greeven, Göttingen ³1957, [29–70] 43).

³⁴ Im jetzigen Zusammenhang des Barnabasbriefes bildet Kap. 4 eine Einheit, die durch das Thema „Mahnungen" zusammengehalten wird. In sie sind auch die Verse 6–8 integriert, insofern sie Israel als warnendes Beispiel herausstellen (vgl. Vers 14). Wie die Parallele in Kap. 14 zeigt, war das aber nicht ihr ursprünglicher Sinn; diese Parallele macht weiter deutlich, daß sie ihre ursprüngliche Fortsetzung in 5, 1 f. hatten. Der Verfasser verschachtelt hier zwei Traditionsstücke – 4, 6–8; 5, 1 f. einerseits und 4, 1b–5. 9b–13; 5, 4 andererseits – ineinander.

³⁵ τὸ τέλειον σκάνδαλον entspricht dem βδέλυγμα ἐρημώσεως aus Dan 9, 27; 11, 31; 12, 11, das zum traditionellen apokalyptischen Topos geworden war (1Makk 1, 54; Mk 13, 14par.); vgl. Weish 14, 11, wo βδέλυγμα und σκάνδαλα parallel stehen. Die Nähe des „vollendeten Ärgernisses" zeigt an, daß Höhepunkt und Ende der eschatologischen Drangsal (vgl. o. A. 19) kurz bevorstehen.

³⁹ Daß nach dem Zitat eines unbenannt gebliebenen Propheten, das jedoch aus Daniel stammt, ein weiteres ausdrücklich als Danielzitat eingeführt wird und daß beide Zitate gemäß der Aussage von Vers 3 inhaltlich verändert wurden, läßt den Schluß zu, daß es sich bei 4, 3–5 um ein vorgegebenes Traditionsstück handelt, dessen zweites Zitat ein Überlieferer als aus Daniel stammend erkannte und kenntlich machte, dem aber das ganze Danielbuch nicht geläufig und dessen Text wohl auch nicht zugänglich war.

⁴¹ Bei der ebenfalls möglichen Übersetzung: „Ihr müßt das also verstehen!" überläßt dieser Satz nicht dem Leser die Deutung, sondern verlangt von ihm aufgrund der gegebenen Schriftzitate die Einsicht, daß Zeitverkürzung geschehen ist und damit „sein Geliebter" vor der Tür steht. – Ist erkannt, daß es sich bei 4, 3–5 um ein ursprünglich selbständiges Traditionsstück handelt (vgl. o. A. 39), muß die zeitgeschichtliche Anspielung nicht auf die Abfassungszeit des Barnabasbriefes bezogen werden. Es ist deutlich, daß das Stück das römische Reich und seine Herrscher im Blick hat und ein bestimmtes Ereignis meint. Alle wesentlichen Elemente des Textes finden nur dann eine befriedigende Erklärung, wenn man ihn im Zusammenhang des Herrschaftsantrittes von Vespasian versteht. Diese These ist schon von Karl Heinrich von Weizsäcker vertreten worden: Zur Kritik des Barnabasbriefes aus dem Codex Sinaiticus. Einladung zur akademischen Feier des Geburtsfestes Seiner Majestät des Königs Wilhelm von Württemberg den 27. September 1863, Tübingen 1863, 28–30. Sie ist dann voll ausgebaut und abgesichert worden von Michel d'Herbigny, La date de l'épître de Barnabé, RSR 1, 1910, 417–443. 540–566, dessen Fehler es lediglich war, die Entstehungszeit des Stückes 4, 3–5 mit der Abfassungszeit des Barnabasbriefes gleichzusetzen. Vgl. zum ganzen Wengst, Tradition 105 f.

⁴² Mit dieser für ihn typischen Übergangswendung (4, 14; 5, 5; vgl. 13, 7; 15, 1; 16, 1) fügt der Verfasser hier einen Teil des Traditionsstückes ein, das er in Variation auch in Kap. 14 anführt. Die nach seiner Meinung völlig falsche Sicht über das „Testament", die er in Vers 6

zitiert, versteht er als Irrlehre, die Bestandteil der letzten Zeit ist. Von daher sind die Mahnungen in Kap. 4 motiviert und werden sie zusammengehalten.

⁶⁴ Der Satz entspricht zwar ziemlich genau Mt 22,14 (20,16 v. l.); aber nichts sonst im Barnabasbrief kann es wahrscheinlich machen, daß der Verfasser das Matthäusevangelium als „Schrift" zitiert. Möglicherweise handelt es sich um ein Zitat aus einer uns unbekannten jüdischen Schrift (so Köster, Überlieferung 126), das als „Herrenwort" auch Eingang in die synoptische Tradition fand. Ähnlich ist 4Esr 8, 3: „Viele sind zwar geschaffen, aber nur wenige werden gerettet"; vgl. 9,15.

⁷¹ Die typische Übergangswendung deutet an, daß der Verfasser ein neues Traditionsstück aufnimmt. Die Ausgangsfrage in 5, 5 findet ihre abschließende Antwort in 7, 2; damit sind Anfang und Ende dieses Stückes markiert. Zu ihm dürften noch 5, 6f. 11b–14; 6,1–4 gehört haben. Außer eigenen Bemerkungen und aufgenommenen Einzelaussagen hat der Verfasser vor allem ein zweites Stück eingearbeitet, nämlich 6, 8.11–16 (.17–19), wobei an den Nahtstellen wiederum auffällige, mit dem Kontext unverbundene Sätze stehen (6, 5; 7,1). Durch die vorangehende Verschachtelung hat der Verfasser bereits mit 5,1 ein Thema gewonnen (die Passion Jesu), das bis 8, 6 bestimmend bleibt.

⁷³ Gen 1, 26. Diese in der patristischen Literatur beliebte Beziehung der Pluralformen auf Gott und Christus (vgl. Windisch, Barnabasbrief 328) begegnet hier erstmals. Sie hat ihre Wurzeln in der christologischen Deutung der an der Schöpfung beteiligten Weisheit (vgl. z. B. Prov 8, 22–25; Weish 7, 22–27), wie sie schon in den neutestamentlichen Liedern erfolgte (vgl. z. B. Kol 1,15–17; Joh 1, 3). In den Apostolischen Konstitutionen VII 34, 6 und VIII 12,16, wo eine jüdisch-hellenistische Quelle zugrunde liegt, wird „das ποιήσωμεν von Gen 1, 26 auf Gott und seine σοφία" gedeutet (Bousset, Gebetssammlung 253; vgl. die Texte auf S. 248).

⁷⁵ Diesen Text bietet nur V. Die Aussage, daß Jesus Israel sehr liebte, ist zwar im Barnabasbrief erstaunlich, steht aber nicht im Widerspruch zu 4,14; 5,11 und ähnlichen Stellen; dadurch wird das ablehnende Verhalten Israels nur um so schärfer herausgestellt. Einen unauflöslichen Widerspruch bedeutet allerdings der Text von S; der von L ist eindeutig eine Glättung und der von H unverständlich. Vgl. auch Windisch, Barnabasbrief 329.

⁷⁶ Origenes, contra Celsum I 63, vermutet, Kelsos verdanke dieser Stelle seinen I 62 referierten Vorwurf, „Jesus habe zehn oder elf verrufene Menschen an sich gefesselt, ganz nichtswürdige Zöllner und Fischer". Es zeigt sich jedoch kein wörtlicher Anklang; wahrscheinlich geht die Information des Kelsos ebenso wie die des Verfassers des Barnabasbriefes auf die freie Gemeindeüberlieferung zurück (vgl. zu Barn 5, 8f. Köster, Überlieferung 138–145), wie sie sich auch in Stellen der synoptischen Tradition niedergeschlagen hat (vgl. Mk 1,16–20parr.; 2,13–17parr.). Wieso die Auswahl von großen Sündern Göttlichkeit des Berufenden erweist, wird bei Origenes deutlich: „Was ist daran nun widersinnig, wenn Jesus, um dem Menschengeschlecht zu zeigen, eine wie große Heilkraft der Seelen er besitze, diese 'verrufenen und ganz nichtswürdigen Leute' erwählte und es mit ihnen so weit brachte, daß sie Vorbild der reinsten Gesinnung für die waren, die durch sie zum Evangelium Christi geführt wurden?" (I 63).

⁷⁷ Die hier gebrauchte Formulierung läßt kaum daran denken, daß die Fleischwerdung als bloße Konzession an die Schwachheit menschlicher Erkenntnis verstanden ist (vgl. OdSal 7, 3–6; Act Thom 80; Irenäus, haer. I 15, 2), sondern wesentlich näher liegt der Gedanke, daß die unmittelbare Gegenwart Gottes für Menschen tödlich ist (vgl. Gen 32, 31; Ex 33, 20;

Anmerkungen (Rest)

Jes 6, 5). Die Auseinandersetzung um den Doketismus scheint für den Verfasser keine Rolle zu spielen.

[78] Vgl. Theophilus, ad Autolycum 1, 5: „Denn wenn der Mensch nicht einmal in die Sonne, einen so kleinen Himmelskörper, schauen kann wegen deren außerordentlichen Hitze und Kraft, um wieviel weniger kann das Auge eines sterblichen Menschen der Herrlichkeit Gottes, die unaussprechlich ist, standhalten!" Weitere Parallelen bei Windisch, Barnabasbrief 330f; vgl. auch Clemens Alexandrinus, protr. VI (71, 3f.).

[97] Diese Interpretation setzt voraus: 1. Das Land (γῆ), in das Israel einzog, ist mit „Erde" (γῆ = Erdboden, Materie) gleichzusetzen. 2. Der Mensch (אָדָם) ist aus Erde (אֲדָמָה) geschaffen. 3. Durch diesen Akt hat die Erde „gelitten" (wahrscheinlich ist hier die philosophische Vorstellung von der „leidenden Materie" aufgenommen; vgl. Windisch, Barnabasbrief 335). 4. Die Aussage von der Menschwerdung Christi impliziert somit sein Leidenmüssen.

[110] Nur L stützt die Übersetzung „zuerst mit Honig und Milch"; nach den übrigen Zeugen müßte es heißen: „zuerst mit Honig, dann mit Milch". Die folgende Auswertung, auf die hin ja schon das Bild formuliert wurde, ordnet aber „den Glauben an die Verheißung" und „das Wort" nicht in einem Nacheinander zu. Daher dürfte das εἶτα, veranlaßt durch das πρῶτον, sekundär in den Text eingedrungen sein.

[117] Zitat unbekannter Herkunft mit Verwendung von Motiven aus Ex 12, 8f.; 29, 32f.; Lev 1, 9; 10, 17f.; Num 18, 9f.; 29, 7–11; ψ 68, 22. Nach Anführung jüdischer Texte schreibt Windisch: „Außer den genannten Bibelstellen scheint Barn. also auch jüdische Traditionen (in entstellter Form freilich) verwertet und aus ihnen einen angeblich bei Moses zu findenden Text zusammengestellt zu haben" (Barnabasbrief 344). Grundlage der seltsamen Behauptung könnte ein Mißverständnis von Ex 12, 9 sein.

[118] Der Bezug zu Vers 4 ist wohl so zu sehen: „Die 'ungewaschenen Eingeweide' enthielten auf alle Fälle Gallenflüssigkeit. Somit wurden also schon die Priester in dem von Barn zitierten 'Gebot' angewiesen, Galle und Essig zu trinken (bzw. zu essen)" (Helm, Studien 12). Das von den Priestern so mit Essig und Galle gegessene Opfertier ist Typos für Christus als das von 'den Juden' mit Essig und Galle getränkte Opfer.

[125] Vgl. die ähnlichen Darstellungen bei Justin, dial. 40, 4, und Tertullian, adv. Marc. III 7, 7. Bei Tertullian ist auffällig, daß er wie Barn 7, 3 von „den Tempelpriestern" *(sacerdotes templi)* spricht, die essen, und wie Barn 7, 5 das Fasten der anderen erwähnt. Er zitiert also einen Bericht, der Barn 7, 3–10 entsprach und nicht nur 7, 6–10.

[126] Die Herkunft des Dornenmotivs in diesem Zusammenhang ist unbekannt. Geht es auf einen alten Lesefehler im hebräischen Text von Lev 16, 21 zurück: עַל רֹאשׁ הַשָּׁמִיר („oben auf den Dornenstrauch") statt עַל רֹאשׁ הַשָּׂעִיר („auf den Kopf des Ziegenbockes")? Ein anderer Erklärungsversuch bei Windisch, Barnabasbrief 346.

[128] Was die Form betrifft, verhält es sich hier wie in 7, 5; vgl. o. A. 119. Daß kein Logion vorausliegt, sondern daß dieser Satz vom Verfasser des Kontextes stammt, zeigt sich daran, daß die Bildung des Satzes vom Kontext bestimmt ist; das ἅψασθαι ist nur vom vorangehenden Bild her verständlich. Vgl. James Hardy Ropes, Die Sprüche Jesu, die in den kanonischen Evangelien nicht überliefert sind. Eine kritische Bearbeitung des von D. Alfred Resch gesammelten Materials, TU 14/2, Leipzig 1896, 17f.

[133] Die Motive stammen zwar aus Num 19, 6; doch spielt gerade die „rote Wolle" in jüdischen Spekulationen eine große Rolle (vgl. die Texte bei Bill. I 769). Daß der Barn-Text davon beeinflußt ist, läßt sich allerdings nicht erweisen. Es könnte sein, was Helm vermutet,

daß „die Abweichungen vom alttestamentlichen Text mehr durch Angleichung an den christlichen Antitypos als durch Bekanntschaft mit jüdischer Überlieferung zustande kamen" (Studien 20).

[154] Gemeint ist, daß die Beschneidung als ein Zeichen der Besiegelung des Bundes gilt, den Gott mit Abraham geschlossen hat (Gen 17, 11). Vgl. Jub 15, 26: „Und alles, was geboren ist und dessen Fleisch der Scham nicht beschnitten ist bis zum achten Tag, wird nicht sein von den Kindern der Ordnung, die der Herr dem Abraham als Bund gesetzt . . . Und das Zeichen ist nicht mehr an ihm, daß er dem Herrn gehört . . ." Bei solcher Bewertung würde die Beschneidung als gottgewolltes Zeichen der besonderen Erwählung Israels zu Recht geübt.

[160] Daß die ersten beiden Buchstaben des Namens „Jesus" als Zahlzeichen ausgewertet wurden, referiert Irenäus als gnostische Spekulation (haer. I 32; vgl. I 15, 2). – CD 15, 1 gelten Aleph und Lamed als Abkürzung für אֱלֹהִים sowie Aleph und Dalet für אֲדוֹנָי, dort allerdings nicht mit Zahlenspekulationen verbunden.

[179] Hier handelt es sich entweder um eine Polemik gegen das mit der christlichen Taufe konkurrierende Proselytentauchbad (vgl. dazu Karl Georg Kuhn, Art. προσήλυτος CIII3b, ThWNT 6, Stuttgart 1959, 738 f.) oder um eine Polemik gegen jüdische Wasserriten (vgl. Mk 7, 3 f.; Joh 2, 6) oder – ohne konkretes Gegenüber – um eine Abwertung des „Nichtchristlichen" als dunkle Folie für die positive Darstellung in den Versen 4–11.

[183] Der „Baum" (ξύλον) gilt dem Verfasser ohne weiteres als Typos des Kreuzes (s. 8, 1; 12, 1); vgl. weiter Sib 5, 256–259, die christliche Ergänzung zu ψ 95, 10 (s. o. A. 138) und die christliche Redeweise vom „Holz des Lebens" und der „Auferstehung des Fleisches vom Holz" nach Kelsos (bei Origenes, contra Celsum VI 34).

[189] Zitat unbekannter Herkunft; vgl. Hi 14, 7; 4Esr 4, 33; 5, 5. Wenig hilfreich ist der Aufsatz von Jean Daniélou, Un testimonium sur la vigne dans Barnabé XII, 1, RSR 50, 1962, 389–399. Daniélou geht weder auf den Anfang des Zitates ein noch auf eine mögliche Beziehung zu den 4Esr-Texten. Aus beidem dürfte deutlich sein, daß das Logion ursprünglich im apokalyptischen Kontext verstanden wurde und wunderhafte Ereignisse vor dem Ende beschrieb (Windisch, Barnabasbrief 369).

[213] Sprachlich möglich ist auch die Übersetzung: „Auch dieser soll gesegnet werden", so daß also auch Manasse (= Israel) in den Segen einbezogen wäre. So verstehen James A. Kleist, The Didache, the Epistle of Barnabas, the Epistles and the Martyrdom of St. Polycarp, the Fragments of Papias, the Epistle to Diognetus, newly translated and annotated, ACW 6, Westminster, Maryland 1948, 171, und Karl Thieme, Kirche und Synagoge, Olten 1945, 233 (A. 69 von S. 51). Das aber ist vom Gesamtkontext des Barnabasbriefes her schlechterdings ausgeschlossen.

[226] Nach Gen 2, 2 f. In der Aussage von der Vollendung der Werke „am siebten Tag" stimmt Barn 15, 3 mit dem hebräischen Text, mit dem Targum, der Vulgata und mit Philo, VitMos I 207 (dort aber nicht als Zitat) überein. „Am sechsten Tag" haben LXX, der samaritanische Pentateuch, die syrische Übersetzung, Jub 2, 16, Philo, All I 2 f.; Irenäus, haer. V 28, 3.

[238] Zur Geschichte und Entstehung des Symbols der Acht vgl. Reinhart Staats, Ogdoas als ein Symbol für die Auferstehung, VigChr 26, 1972, 29–52. Sein Ergebnis: „Die Ogdoas ist ein ursprünglich judenchristliches Symbol für die Auferstehung, in dem die allgemeine spätjüdische Auferstehungstheologie durch die geschichtliche Erfahrung der Auferstehung

Christi eine jeweils aktuelle, personale und darum verbindliche Form gefunden hatte" (49). Wenn Staats allerdings diese Personalisierung und Vergegenwärtigung jüdischer Hoffnung in der „Ogdoas-Christologie" neben die „sich realisierende Eschatologie" der Gleichnisse Jesu stellt und darin „ein erstaunliches Beispiel für die Kontinuität vom predigenden Jesus und gepredigten Christus gefunden" zu haben meint (46), ist das doch eine sehr merkwürdige Folgerung. – Vgl. auch Angelo P. O'Hagan, Material Re-creation in the Apostolic Fathers, TU 100, Berlin 1968, 64.

[241] Auferstehung und Erscheinung werden Justin, apol. I 67, 8 auf denselben Sonntag datiert, ja wird aus der Erscheinung am Sonntag auf die am selben Tag erfolgte Auferstehung geschlossen (vgl. dial 138, 1). Auf ihn wird an einer Reihe von Stellen auch die „Himmelfahrt" – unabhängig von der besonderen Ausgestaltung dieses Motivs (vgl. Act 1, 3–11) – verlegt: Lk 24, 51; Mk 16, 19; EvPetr 13 (56). Diese Tradition beruht wahrscheinlich auf hymnischen und bekenntnismäßigen Aussagen, die Auferstehung und „Himmelfahrt" ohne weitere Angaben hintereinander aufzählen (1Petr 3, 18. 22; 1Tim 3, 16; Justin, apol. I 21, 1; dial. 85, 2; vgl. Köster, Überlieferung 146–148).

[245] Zitat unbekannter Herkunft, dessen Anfang sprachlich an Mi 4, 1 anklingt. Sachlich vgl. aethHen 89, 56. 58. 66–88, wo von der Tötung der Schafe und der Vernichtung des Turmes die Rede ist, die das Volk Israel und den salomonischen Tempel repräsentieren. In 4, 3 gilt Henoch als „Schrift" (wie Jud 14); vgl. 16, 6.

[251] „Der Gebrauch von οἰκοδομεῖσθαι bei Barn ist durch die Vorstellung des πνευματικὸς ναός bestimmt, als welcher der bekehrte und inspirierte Christ bezeichnet wird ... Οἰκοδομεῖσθαι bezeichnet den Prozeß, durch den ein Mensch zum Tempel Gottes wird, die Bekehrung ... Aber der Tempel, der bei Pls bald der Einzelne, bald die Gemeinde sein kann, ist bei ihm ausschließlich Bezeichnung des einzelnen Christen; und das οἰκοδομεῖν, das bei Pls immer sich auf die Gemeinde oder auf den Nächsten als den christlichen Bruder bezieht, bezieht sich bei Barn nur auf das einzelne Individuum. Der Unterschied von Pls liegt also auf der Betonung des Individuums und im Verschwinden des Kirchengedankens. Damit ist der individualistische Begriff der 'Erbauung' inauguriert" (Philipp Vielhauer, Oikodome. Das Bild vom Bau in der christlichen Literatur vom Neuen Testament bis Clemens Alexandrinus, in: Ders., Oikodome. Aufsätze zum Neuen Testament 2, hrsg. von Günter Klein, ThB 65, München 1979 [1–168 = Karlsruhe-Durlach 1939], 153 f.). Das hängt zusammen mit dem Verständnis der „Bekehrung" im Barnabasbrief; sie ist ja vor allem begriffen als Sündenvergebung, die den Menschen in dem Sinne neu macht, daß er nun die διαθήκη erhalten hat und also die in ihr enthaltenen Gebote erfüllen kann und muß.

[257] Zum Gegensatz von Licht und Finsternis im Blick auf die Lebensführung vgl. aeth Hen 108, 11–15; TestLevi 19, 1; 1QS III 19–IV 16; 1QM passim; 1Thess 5, 4 f.; 2Kor 6, 14 f.; Röm 13, 12; Eph 5, 8–11. – Zum Vergleich zwischen Barn 18–20 und 1QS III 19–IV 16 s. Leslie William Barnard, The Dead Sea Scrolls, Barnabas, the Didache and the Later History of the 'Two Ways', in: Ders., Studies in the Apostolic Fathers and Their Background, Oxford 1966, (87–106) 94–97; vgl. auch ders., Problem 228 f.

[286] Die Mahnung kann ganz allgemein verstanden werden, aber auch im speziellen Sinn sexueller Askese; vgl. IgnPol 5, 2. Zur geschlechtlichen Askese im Urchristentum s. Hans von Campenhausen, Die Askese im Urchristentum, in: Ders., Tradition und Leben. Kräfte der Kirchengeschichte. Aufsätze und Vorträge, Tübingen 1960, (114–156) 133–153.

[295] 1QS IV 11–14: „Und die Heimsuchung aller, die darin (sc. auf allen Wegen der Fin-

sternis und bösen Lust) wandeln, geschieht zum Übermaß an Plagen durch die Hand aller Plageengel zu ewigem Verderben durch Gottes rächenden Zorngrimm, zu immerwährendem Zittern und ewiger Schmach mit Schaden der Vernichtung in finsterem Feuer. Und alle ihre Zeiten werden für ihre Geschlechter verbracht in trauerndem Jammern und bitterem Unglück, in finsterem Verderben, bis sie vernichtet sind, ohne daß ein Rest oder Entronnene ihnen bleiben." Vgl. CD II 6 f.

ZWEITER KLEMENSBRIEF

LITERATUR

Bauer, Walter, Rechtgläubigkeit und Ketzerei im ältesten Christentum, BHTh 10, Tübingen ²1964 (hrsg. von Georg Strecker) (Rechtgläubigkeit).
Donfried, Karl Paul, The Setting of Second Clement in Early Christianity, NT.S 38, Leiden 1974 (Setting).
Ders., The Theology of Second Clement, HThR 66, 1973, 487–501 (Theology).
Frank, A., Studien zur Ekklesiologie des Hirten, II Klemens, der Didache und der Ignatiusbriefe unter besonderer Berücksichtigung der Idee einer präexistenten Kirche, Diss. theol. München 1975 (Studien).
Funk, Franz Xaver, Der sogenannte zweite Klemensbrief, in: Ders., Kirchengeschichtliche Abhandlungen und Untersuchungen 3, Paderborn 1907, 261–275 (Klemensbrief).
Harnack, Adolf, Über den sogenannten zweiten Brief des Clemens an die Korinther, ZKG 1, 1877, 264–283. 329–364 (Brief).
Ders., Geschichte der altchristlichen Literatur bis Eusebius. I: Die Überlieferung und der Bestand. 1. Halbband (¹1893); II: Die Chronologie. Band I: Die Chronologie der Literatur bis Irenäus nebst einleitenden Untersuchungen (¹1897), Leipzig ²1958 (Geschichte).
Ders., Zum Ursprung des sog. 2. Clemensbriefs, ZNW 6, 1905, 67–71 (Ursprung).
Knopf, Rudolf, Die Anagnose zum zweiten Clemensbriefe, ZNW 3, 1902, 266–279 (Anagnose).
Ders., Die Lehre der zwölf Apostel. Die zwei Clemensbriefe, Die Apostolischen Väter I, HNT Ergänzungsband, Tübingen 1920 (Komm.).
Ders., Das nachapostolische Zeitalter. Geschichte der christlichen Gemeinden vom Beginn der Flavierdynastie bis zum Ende Hadrians, Tübingen 1905 (Zeitalter).
Köster, Helmut, Einführung in das Neue Testament im Rahmen der Religionsgeschichte und Kulturgeschichte der hellenistischen und römischen Zeit, Berlin und New York 1980 (Einführung).
Ders., Synoptische Überlieferung bei den apostolischen Vätern, TU 65, Berlin 1957 (Überlieferung).
Lightfoot, Joseph Barber, The Apostolic Fathers I/1. 2. S. Clement of Rome, Hildesheim und New York 1973 (= London und New York ²1890) (Fathers).
Poschmann, Bernhard, Paenitentia secunda. Die kirchliche Buße im ältesten Christentum bis Cyprian und Origenes, Theoph. 1, Bonn 1940 (Paenitentia).
Stegemann, Christa, Herkunft und Entstehung des sogenannten zweiten Klemensbriefes, Diss. ev.-theol. Bonn 1974 (Herkunft).
Vielhauer, Philipp, Geschichte der urchristlichen Literatur. Einleitung in das Neue Testament, die Apokryphen und die Apostolischen Väter, Berlin und New York 1975 (Urchristliche Literatur).

Völter, Daniel, Die Apostolischen Väter neu untersucht II/1. Die älteste Predigt aus Rom (Der sogenannte zweite Clemensbrief), Leiden 1908 (Väter).

Windisch, Hans, Das Christentum des zweiten Clemensbriefes, in: Harnack-Ehrung. Beiträge zur Kirchengeschichte, Leipzig 1921, 119–134 (Christentum).

EINLEITUNG

1. *Überlieferung und Bezeugung* [1]

In der handschriftlichen Überlieferung „begegnet der 2Kl(em) nur im Schlepptau des ersten Schreibens" [2] (sc. des 1. Klemensbriefs). Allerdings ist er lediglich in drei Handschriften enthalten. Dieser schmale Überlieferungsbestand sollte von vornherein davor warnen, aus der Beobachtung, daß der 2. Klemensbrief ausschließlich in Verbindung mit dem 1. Klemensbrief erscheint, letzterer aber auch ohne ersteren, weitreichende Folgerungen zu ziehen.[3]

An erster Stelle ist der Codex Alexandrinus zu nennen (abgekürzt: A), die bekannte Bibelhandschrift aus dem fünften Jahrhundert. Er enthält den Text des 2. Klemensbriefs allerdings nur bis 12, 5 (οὔτε ἄρσεν οὔτε θῆλυ, τοῦτ); der Schlußteil ist verlorengegangen. Das Schreiben folgt auf den 1. Klemensbrief ohne eigene Überschrift, wird jedoch im Inhaltsverzeichnis genannt. Die Art der Aufzählung im Inhaltsverzeichnis wie auch eine dort erhaltene Angabe über die zum neutestamentlichen Kanon gehörenden Bücher zeigen „einwandfrei, daß diesen beiden Briefen hier kanonischer Rang zuerkannt worden ist".[4] Sie stehen im Anschluß an die Apokalypse.

Den vollständigen griechischen Text des 2. Klemensbriefs bietet als einzige Handschrift der Codex Hierosolymitanus graecus 54 (abgekürzt: H), der auch den Barnabasbrief und die Didache enthält.[5] Hier wird das Schreiben als „zweiter (Brief) des Klemens an die Korinther" gekennzeichnet.

Schließlich ist eine 1170 geschriebene syrische Übersetzung des Neuen Testaments zu nennen (abgekürzt: S), in der die beiden Klemensbriefe zwischen den katholischen Briefen und der paulinischen Briefsammlung stehen, also kanonische Geltung haben.[6] Hier wird der 2. Klemensbrief sowohl in der Überschrift als auch in der Unterschrift als solcher gekennzeichnet.

---

[1] Eine ausführliche Darstellung zu diesem Komplex bietet Stegemann, Herkunft 31-67.148-168; vgl. weiter Harnack, Geschichte I/1, 47-49.
[2] Stegemann, Herkunft 31.
[3] Einen knappen Überblick über die Geschichte der Forschung zum 2. Klemensbrief gibt Donfried, Setting 16-19; eine kritische Übersicht Stegemann, Herkunft 16-30.143-148.
[4] Stegemann, Herkunft 35; vgl. auch A. 110 auf S. 153f.
[5] Zu ihm vgl. o. S. 5f.
[6] Stegemann zeigt, daß es sich dabei um „eine erst nachträgliche Einfügung dieser Briefe in eine Fassung des syrischen NT" handelt, die aber immerhin deren „noch hohe Geltung ... im Bereich der syrischen Kirche" zeigt (Herkunft 38).

Der älteste Zeuge für den 2. Klemensbrief ist Euseb. Er schreibt: „Bemerkenswert ist, daß man auch noch von einem zweiten Klemensbriefe spricht. Doch wissen wir, daß er nicht gleich dem ersten Klemensbriefe anerkannt wird; denn wie uns bekannt ist, haben ihn auch die Alten nicht benützt" (h.e. III 38, 4). Diese Art der Formulierung macht es nicht wahrscheinlich, daß Euseb das Schreiben selbst in der Hand hatte; er kannte es offenbar nur vom Hörensagen.[7] Von Euseb ist Hieronymus in *de viris illustribus* 15 abhängig. „Aber mit dem 5. Jahrh. tritt die Homilie als 2. Korintherbrief des Clemens regelmässig und fast unbeanstandet neben dem ersten bei den Griechen und Syrern auf und nimmt an dem Ansehen des ersten Theil."[8]

2. Inhalt und Gliederung

Der 2. Klemensbrief hat keinen strengen Aufbau und keine klare Gedankenfolge. Ein Zusammenhalt im ganzen ergibt sich jedoch von dem her, was dieses Schreiben nach 19, 1 sein will: eine ἔντευξις. Damit wird eine „Eingabe" oder „Bittschrift" bezeichnet;[9] vom engeren Kontext in 19, 1 als auch vom Gesamtcharakter des Schreibens her[10] dürfte „Bittschrift" hier in die Bedeutung von „Ermahnung" übergehen. Einzig daß es sich um eine „Ermahnung" handelt, gibt dem ganzen Schreiben einen Zusammenhalt. Für die ständig neu aufgenommene Mahnung zum rechten Handeln werden immer wieder andere Motivationen genannt, die in lockerer Reihung aufeinanderfolgen. Dabei ist lediglich bemerkenswert, daß der Verfasser seine Mahnungen zu Beginn christologisch-soteriologisch und am Ende eschatologisch motiviert. Mit dieser Rahmung scheint er einem schon traditionellen Gliederungsschema zu folgen. Versuche, darüber hinaus im 2. Klemensbrief eine bewußte Konzeption mit klar durchgeführter Gliederung zu entdecken, sind m. E. nicht gelungen.[11] Er besteht aus einer Anhäufung von Mahnungen, die immer wieder neu und anders begründet werden. Von daher läßt sich dann folgende Gliederung durchführen:

[7] Harnack hatte zunächst mit Gewißheit formuliert, „dass ihm (sc. Euseb) der Brief *nicht* zu Gesicht gekommen ist" (Brief 269), später aber einschränkend geschrieben: „doch ist das nicht ganz sicher" (Geschichte I/1, 47); „jedenfalls hat er ihn bei den Alten nicht benutzt gefunden und nicht für echt gehalten" (Geschichte II/1, 439).
[8] Harnack, Geschichte I/1, 48; dort werden auch die Zeugnisse im einzelnen aufgeführt.
[9] Vgl. Walter Bauer, Griechisch-deutsches Wörterbuch zu den Schriften des Neuen Testaments und der übrigen urchristlichen Literatur, Berlin ⁵1958, s.v.
[10] Vgl. den vierten Abschnitt dieser Einleitung.
[11] Stegemann meint, nach einem Überblick über 2Klem 1–18 (Herkunft 84–90) feststellen zu können, „daß wir hier eine bewußt konzipierte, durchdacht aufgebaute, klar gegliederte und in sich geschlossene Größe vor uns haben" (89 f.). Allerdings ist sie den Nachweis dieser Behauptung schuldig geblieben, was sich etwa daran zeigt, daß sie Kap. 13 überhaupt nicht erwähnt und Kap. 14 „eine Art Exkurs" (!) sein läßt (88). Zur These von Donfried, "that 2Clement follows a very definite three-fold pattern" (Setting 42), vgl. u. S. 215.

Ermahnung
1. durch den Hinweis auf das Tun Christi, das als
   Gegenleistung die Befolgung der Gebote verlangt   1, 1–4, 5
2. im Blick auf das Verhältnis dieses und des kommenden Äons
   zueinander   5, 1–6, 9
3. durch den Vergleich des christlichen Lebens mit einem Wettkampf 7, 1–6
4. angesichts der nur begrenzten Möglichkeit zur Buße und
   angesichts des Gerichts über das Fleisch   8, 1–9, 11
5. durch Verteidigung der künftigen Verheißung gegen Zweifel
   an der Parusie   10, 1–12, 6
6. durch den Hinweis darauf, daß bei Nichtbeachtung der Worte
   Gottes der Name verlästert wird   13, 1–4
7. durch den Aufweis, daß zur geistlichen Kirche nur gehört,
   wer den Willen Gottes tut   14, 1–5
8. durch den Hinweis auf die positiven Folgen des Gehorsams
   für Hörer und Redner   15, 1–5
9. angesichts des kommenden Gerichts   16, 1–18, 2
10. Schlußbemerkungen mit besonderer Berücksichtigung des
    Problems des Reichtums der Ungerechten und der Not der
    Frommen   19, 1–20, 4
11. Schlußdoxologie   20, 5

3. Literarische Integrität

Die gegebene Gliederung zeigt, daß sich die Ermahnungen durch ihre unterschiedlichen Motivationen in verschiedene Abschnitte aufteilen lassen. Diesem Schema fügen sich die Kap. 19 f. nicht mehr ein; hier findet sich ein Rückblick mit einer Reflexion über das Vorgetragene, von daher erneut aufgenommene Mahnungen und Betrachtungen über ein besonderes Problem, das aber eng mit der Paränese verbunden ist. Da darüber hinaus schon Kap. 18 einen gewissen abschließenden Charakter zeigt, die Anrede in den Kap. 1–18 ἀδελφοί lautet, in 19, 1 und 20, 2 aber ἀδελφοὶ καὶ ἀδελφαί und weitere Unterschiede zwischen den Kap. 1–18 einerseits und den Kap. 19 f. andererseits festgestellt werden können,[12] hat man gelegentlich den Schluß gezogen, bei den Kap. 19 f. handle es sich um einen sekundären Nachtrag von anderer Hand.[13] Die Unterschiede sind jedoch kei-

---

[12] Vgl. die Zusammenstellung bei Stegemann, Herkunft 70–72.
[13] So Andreas di Pauli, Zum sog. 2. Korintherbrief des Clemens Romanus, ZNW 4, 1903, 321–329; Walter Schüssler, Ist der zweite Klemensbrief ein einheitliches Ganzes? ZKG 28, 1907, 1–13. Eine wesentlich umfangreichere Interpolationshypothese hat Völter vertreten: Durch Ausscheiden aller spezifisch christlichen Elemente aus Kap. 1–18 gewinnt er eine ursprüngliche Predigt ohne besondere christliche Prägung; die Kap. 19 f. gelten ihm

neswegs so signifikant, daß sie diesen Schluß rechtfertigen könnten; und sie werden auch durch die ausgesprochen schmale Textbasis relativiert.[14] Andererseits gibt es zwischen beiden Teilen charakteristische Übereinstimmungen im Sprachgebrauch.[15] Es besteht daher kein hinreichender Grund, an der literarischen Integrität des 2. Klemensbriefs, wie ihn die Handschriften überliefern, zu zweifeln.[16]

4. Literarischer Charakter

Daß es sich bei dem 2. Klemensbrief um keinen Brief handelt, ist offensichtlich. Das Schreiben enthält nicht einmal in Andeutungen die Formalien eines Briefes; und es zeigt auch ansonsten durch nichts an, daß es als Brief verstanden sein will. Sein erster Zeuge, Euseb, und die Handschriften führen es als Brief des Klemens, und zwar immer in Verbindung mit dem 1. Klemensbrief. Diese Beobachtung läßt vermuten, daß es die Bezeichnung „Brief" erhielt, als es dem römischen Klemens als Verfasser zugeschrieben und mit dem 1. Klemensbrief verbunden wurde, um ihm größeres Ansehen und bessere Verbreitung zu sichern. Besteht darüber Konsens, daß der 2. Klemensbrief weder Brief ist noch sein will, so ist es nach wie vor umstritten, um was für eine Art Schrift es sich bei ihm wirklich handelt. Die beiden letzten, fast gleichzeitig geschriebenen Monographien beantworten diese Frage sehr verschieden. Beide Antworten hängen mit der jeweiligen Gesamtthese zusammen, die über die Bestimmung des literarischen Charakters weit hinausgeht.

Nach Stegemann hat der 2. Klemensbrief nie für sich existiert, sondern ist von vornherein als Anhang zum 1. Klemensbrief geschrieben worden. Dafür führt sie

als „Zusatz des Anagnosten"; und schließlich sei das Ganze „in specifisch christlichem Sinne überarbeitet" worden (Väter 1–54). Dieses Unternehmen ist z. B. von Bihlmeyer zu Recht „als ganz verfehlt" abgewiesen worden (Die Apostolischen Väter I, Neubearbeitung der Funkschen Ausgabe von Karl Bihlmeyer, Tübingen ²1956 [mit einem Nachtrag von Wilhelm Schneemelcher], XXX).

[14] Bei den Unterschieden scheint der gewichtigste Punkt die verschiedene Anrede zu sein. S hat allerdings schon in 10, 1 die Variante ἀδελφοί μου καὶ ἀδελφαί. Sie kann kaum schon von 19, 1; 20, 2 her entstanden sein. Dann zeigt sich aber, daß ein solcher Wechsel in der Anrede im Rahmen des Möglichen liegt.

[15] Vgl. die Zusammenstellung bei Stegemann, Herkunft 73 f.

[16] Vgl. das Urteil von Vielhauer: „Sprache und Stil sind so einheitlich, daß die Schrift als literarische Einheit, als Werk eines Verfassers verstanden werden muß" (Urchristliche Literatur 739). In diesem Zusammenhang ist noch auf eine Erwägung Harnacks hinzuweisen: Im Interesse seiner These von der römischen Herkunft des 2. Klemensbriefs schrieb er gegenüber denen, die Kap. 7 für eine korinthische Herkunft beanspruchten: „Will man aber durchaus dem 7. Cap. eine specielle Beziehung zu Korinth geben, so hindert schliesslich nichts, anzunehmen, dass dies Capitel mit besonderer Berücksichtigung der korinthischen Gemeinde nachträglich von den Römern in die Predigt eingestellt ist" (Geschichte II/1, 441 f. [A. 4 von S. 441]). Er fügte freilich sofort hinzu: „Indessen bin ich nicht geneigt, das anzunehmen." Vgl. noch ders., Ursprung 71.

Einleitung

den Überlieferungsbefund ins Feld, daß wohl der 1. Klemensbrief für sich tradiert wurde, nicht aber der 2. Klemensbrief, sowie die Annahme, daß die Handschriften, die die beiden Klemensbriefe bieten, einem bestimmten geographischen Gebiet entstammten, nämlich Syrien. Die Kap. 19 f. des 2. Klemensbriefs seien als gemeinsamer Schluß für den 1. Klemensbrief und 2 Klem 1–18 konzipiert. Daher rühre die gewisse sprachliche Eigenständigkeit der Kap. 19 f. des 2. Klemensbriefs, die deutliche Bezüge zum 1. Klemensbrief aufwiesen. Ein syrischer Christ (zwischen 120 und 160) habe den aus Rom stammenden 1. Klemensbrief wegen dessen disziplinierender Wirkung verbreiten wollen, um der „Orthodoxie" in seiner Gegend zum Siege zu verhelfen. 2 Klem 1–18 seien hinzugefügt worden, um die etwas rückständige Christologie des 1. Klemensbriefs und die Aspekte der Buße und der Askese zu ergänzen.[17]

Aus den folgenden Gründen ist diese Hypothese m. E. nicht haltbar:
1. Das Hauptargument, daß der 2. Klemensbrief in der Überlieferung immer nur gemeinsam mit dem 1. Klemensbrief auftritt, kann angesichts des schmalen Bestandes von nur drei Handschriften und des großen zeitlichen Abstandes der übrigen Zeugen als auch der Handschriften allenfalls eine Möglichkeit aufzeigen.[18] Zwischen der ältesten Handschrift, dem Codex Alexandrinus, und der wahrscheinlichen Abfassungszeit liegen rund 300 Jahre. Der Abstand zum ältesten Zeugen, Euseb, der den 2. Klemensbrief im Zusammenhang mit dem 1. Klemensbrief nennt, beträgt etwa 200 Jahre. Die Verbindung beider Schreiben ist gewiß älter, wie die Bemerkung Eusebs zeigt.[19] Aber selbst wenn es zutreffen sollte, daß der Archetyp der Handschriften auf die Zeit um 200 datiert werden kann,[20] wäre das kein durchschlagendes Argument für diese Ausdeutung des Befundes. Andere Erklärungsmöglichkeiten sind nicht weniger wahrscheinlich. Der Befund kann genausogut auch so erklärt werden: Der unabhängig vom 1. Klemensbrief entstandene 2. Klemensbrief konnte sich nur da in der Überlieferung behaupten,

---

[17] Herkunft passim; vgl. besonders die Zusammenfassung 136–140. 189 f.
[18] Dieses Argument ist im übrigen nicht über jeden Zweifel erhaben. Harnack schloß aus der Zitierung von 2 Klem 1,1 durch Timotheus von Alexandrien als aus dem dritten Klemensbrief stammend, daß der 2. Klemensbrief „nicht überall, wo er gelesen wurde, als *Korintherbrief* galt, also sich wohl erst allmählich den Platz neben dem alten Korintherbriefe des Clemens erobert hat" (Brief 275). Die Entgegnung von Stegemann (Herkunft 54–57) vermag zwar ihrerseits zu hinterfragen, ob das wirklich ein Zeugnis für eine vom 1. Klemensbrief unabhängige Überlieferung des 2. Klemensbriefs ist, kann das aber keinesfalls „mit Bestimmtheit" (56) ausschließen.
[19] Köster will aus der Notiz des Euseb schließen, „daß die beiden Schreiben in der Zeit vor Eusebius nichts miteinander zu tun hatten" (Einführung 671). Doch dem widerspricht, daß Euseb ausdrücklich von einem zweiten Brief des Klemens spricht, den er zu dem ersten in Relation stellt, wobei deutlich ist, daß die Zählung nicht erst von ihm stammt. Im übrigen vgl. Harnack: „Daß diese Verbindung nach der Zeit des Origenes noch erfolgt sein sollte, ist nach dem Gange der Kanonsgeschichte nicht möglich anzunehmen" (Geschichte II/1, 439).
[20] Lightfoot, Fathers I/1, 145.

wo er dem römischen Klemens untergeschoben war und gemeinsam mit dem 1. Klemensbrief und unter dessen Schutz tradiert wurde.

2. Die Behauptung, die Kap. 19f. des 2. Klemensbriefs seien vom 1. Klemensbrief abhängig, soll zwar durch eine stattliche Liste von zehn Belegen begründet werden;[21] aber die „Berührungen" sind so unspezifisch, daß sie den Beweis in keiner Hinsicht erbringen können.[22]

3. Die der Verbreitung des postulierten Gesamtwerks (1. und 2. Klemensbrief) unterstellte Absicht, für die „Orthodoxie" zu wirken, ist völlig aus der Luft gegriffen. Falls die Hypothese zuträfe, müßte diese Absicht besonders deutlich in 2Klem 19f. als dem Abschluß des Gesamtwerkes zum Ausdruck kommen. Das aber ist in keiner Weise der Fall. Zwar ist im vorangehenden gelegentliche Auseinandersetzung mit einer bestimmten Front spürbar,[23] doch abschließend beschäftigt sich der Verfasser mit dem Problem des Reichtums der Ungerechten und der Not der Frommen, also mit einem Problem der Paränese, die auch sonst bei ihm im Mittelpunkt steht. Von Auseinandersetzungen um „Rechtgläubigkeit und Ketzerei" ist in den Kap. 19f. nichts zu spüren. Für was für eine „Orthodoxie" sich der Verfasser des 2. Klemensbriefs einsetzen soll, bleibt verschwommen.

4. Christologie und Buße bilden im 2. Klemensbrief keine eigenständigen Themen, die – gemäß der Hypothese – aus Ergänzungsgründen dem 1. Klemensbrief noch hinzuzufügen wären. Sie sind vielmehr vollständig der Paränese dienstbar gemacht.[24]

Als negatives Ergebnis ist daher festzuhalten, daß die literarische Eigenart des 2. Klemensbriefs nicht von daher erklärt werden kann, daß er von vornherein als Anhang des 1. Klemensbriefs konzipiert worden sei. Er muß als ein selbständiges Schriftstück betrachtet und befragt werden.

---

[21] Herkunft 78–83.171.

[22] Es ist hier nicht der Raum, alle zehn Punkte vorzuführen. Als ersten nennt Stegemann 2Klem 19,1 im Verhältnis zu 1Klem 62,1, besonders aber zu 63,2. Was die erstgenannte Stelle aus dem 1. Klemensbrief betrifft, so ist die einzige Entsprechung, daß hier wie dort auf den vorangehenden Teil zurückgeblickt wird. Mit noch größerem Recht könnte man dann die Abhängigkeit von Barn 17,1 von 1Klem 62,1 behaupten. – „Daß die unmittelbare Anlehnung von 2Kl 19,1 an 1Kl 63,2 mit Händen zu greifen ist" (78), vermag ich nicht gewahr zu werden. Die einzigen Berührungen sind der jeweilige Hinweis auf „das Geschriebene", worunter aber einmal das vorangehende Schreiben verstanden ist, zum anderen die verlesene Schriftstelle (s. u. S. 216), und die Bezeichnung des jeweiligen Werkes als ἔντευξις. – Überhaupt sollen einzelne Begriffe die Beweislast tragen – auch wenn sie jeweils verschiedene Bedeutungen haben, in der LXX oder im Urchristentum vorkommen. Mit dieser „Methode" kann man „Abhängigkeit" zwischen nahezu allen Schriften konstatieren. Besonders willkürlich ist das Verfahren beim letzten „Beleg" (A. 280 auf S. 171): Die Verwendung des Begriffes ἀλήθεια in 2Klem 19,1 soll von 1Klem 63,1 abhängig sein. In 2Klem 19,1 steht die Wendung ὁ θεὸς τῆς ἀληθείας (vgl. 1Esr 4, 40; ψ 30, 6; vgl. die ähnliche Wendung ὁ πατὴρ τῆς ἀληθείας in 2Klem 3,1; 20, 5), die jedoch im 1. Klemensbrief nicht begegnet.

[23] S. u. S. 226f.

[24] Zur Askese, die Stegemann als drittes Ergänzungsthema nennt, s. u. S. 231f.

Einleitung

Auch Donfried, der Autor der anderen Monographie zum 2. Klemensbrief aus jüngster Zeit, bringt dieses Schreiben in engen Zusammenhang mit dem 1. Klemensbrief. Seine These scheint, mehr noch als die von Stegemann, fast alle Probleme mit einem Schlag zu lösen: "The intervention of 1 Clement was successful and those presbyters who had been removed from office were in all probability reinstated. It is our thesis that shortly after their reinstatement these presbyters wrote a hortatory discourse, known to us as 2 Clement, which one of them read to the Corinthian congregation assembled for worship."[25] Daß diese These phantasievoll ist, läßt sich nicht gut bestreiten; daß sie aber gut begründet wäre, kann nicht bejaht werden. Donfried führt zur Begründung seiner These drei Punkte an:

1. Der 2. Klemensbrief steht sowohl in den Handschriften als auch in der sonstigen Überlieferung immer mit dem 1. Klemensbrief zusammen.[26] – Das ist offenbar ein vieldeutiges Phänomen; dafür bieten Donfried und Stegemann zwei, aber längst nicht alle Erklärungsmöglichkeiten.

2. Die Verwendung von καταπλέω in 2Klem 7,1 und das Vorkommen der Agon-Motive in Kap. 7 wiesen auf Korinth als Entstehungsort.[27] – Selbst wenn καταπλέω prägnant verstanden werden muß und die Agon-Motive eine Festspielstadt verlangen,[28] muß das nicht Korinth sein.

3. Im 2. Klemensbrief spiegele sich dieselbe Situation wider wie im 1. Klemensbrief;[29] abschließend stellt Donfried sogar fest: "Thus 2 Clement is far better acquainted with the reality of the situation than 1 Clement."[30] – Doch mit diesem Urteil sind „die Dinge schlechterdings auf den Kopf gestellt".[31] Eine dem 1. Klemensbrief analoge Situation ist aus dem 2. Klemensbrief nur durch äußerst gewaltsame Interpretation herauszupressen.

Ist so Donfrieds zugespitzte These, der 2. Klemensbrief sei die schriftlich ausgearbeitete Rede der abgesetzten korinthischen Presbyter nach ihrer Wiedereinsetzung, abzulehnen, so verdienen doch seine weiteren Erwägungen zum literarischen Genus Beachtung, da sie nicht von dieser Zuspitzung abhängen.

Donfried geht von den Selbstaussagen des 2. Klemensbriefs aus. Dabei bezieht er sich auf die drei Stellen 15,1; 17,3 und 19,1.[32] Von ihnen haben besonders die beiden letzten schon immer eine gewichtige Rolle gespielt; sie seien deshalb auch

---

[25] Setting 1; vgl. ders., Theology 498–501. Zur Situation des 1. Klemensbriefs vgl. Vielhauer, Urchristliche Literatur 535 f.
[26] Setting 1 f.
[27] Setting 2–7.
[28] Dazu vgl. u. S. 225 mit A. 90.
[29] Setting 7–13.
[30] Setting 13.
[31] So August Strobel in seiner Rezension der Arbeit von Donfried in ThLZ 102, 1977, (516–518) 517.
[32] Setting 34–36.

hier angeführt. In 17, 3 ist deutlich die Situation der versammelten Gemeinde im Blick, der die Situation nach der Versammlung, die Situation zu Hause, gegenübergestellt wird;[33] und das, was durch den 2. Klemensbrief vollzogen wird, gilt als Ermahntwerden (νουθετεῖσθαι) der Gemeinde durch die Presbyter. Der 2. Klemensbrief ist also hiernach eine Ermahnung, die in der Gemeindeversammlung vorgetragen wird. Dieselbe Situation läßt die Stelle 19,1 erkennen; sie gibt auch eine ähnliche Charakterisierung des Schreibens: Der 2. Klemensbrief ist eine ἔντευξις (= Ermahnung[34]), die in der Gemeinde vorgelesen wird.[35] Nach 15,1 gibt der Verfasser einen „Rat (συμβουλία) über die Selbstbeherrschung"; wenn unmittelbar danach (15, 2) vom Redner und Hörer gesprochen wird, ist vorausgesetzt, daß dieser Rat mündlich, also in der Gemeindeversammlung, erfolgt.[36] Donfried kann zeigen, daß die an den drei genannten Stellen gebrauchten Schlüsselworte (νουθετεῖσθαι, ἀναγινώσκω ἔντευξιν, συμβουλία), die ja den 2. Klemensbrief im ganzen charakterisieren, Bestandteil der griechischen rhetorischen Tradition sind. So gelangt er zu der These: ". . . that use of the terms συμβουλία, νουθετέω and ἔντευξις in close relationship with one another reveals a usage quite similar to that of the Greek rhetorical traditions, and permits us to understand 2 Clement as a hortatory address influenced by Hellenistic rhetoric."[37] Und im folgenden vermag er es dann auch, den starken Einfluß dieser Rhetorik auf den Stil des 2. Klemensbriefs nachzuweisen.[38]

Die Bezeichnung des 2. Klemensbriefs als „Mahnrede" (hortatory address) dürfte ihn zutreffend charakterisieren. Sie hat die Selbstaussagen dieses Dokumentes für sich und stimmt mit seiner Gesamttendenz und der oben gegebenen möglichen Gliederung überein.

[33] Gegen Stegemann, Herkunft 115f.; ihr Versuch, 2Klem 17, 3 durch Parallelisierung mit 1Klem 34,7 als „Formulierungsgut aus dem gottesdienstlichen Gebrauch" zu bestimmen, das „im Rahmen einer literarischen Darbietung paränetisch verwendet" wird (116), schlägt nicht durch: Beide Stellen sind nicht vergleichbar, da gerade die prägnante Gegenüberstellung der jetzigen Situation im Gottesdienst und der späteren Situation zu Hause in 2Klem 17, 3 ohne Parallele in 1Klem 34,7 ist.
[34] S. o. S. 208.
[35] Stegemann übersetzt den Ausdruck ἀναγινώσκω ὑμῖν ἔντευξιν mit: „ich spreche euch schriftlich eine Mahnung aus", „ich ermahne euch" (Herkunft 100 mit A. 314 auf S. 175). Sie beruft sich dafür auf G. W. H. Lampe, A Patristic Greek Lexicon, Oxford 1961, der s.v. ἀναγι(γ)νώσκω D als Bedeutung "say in writing" angibt und außer auf 2Klem 19,1 auf Euseb von Emesa, Fragment 1 (PG 86, 541B) hinweist. Aber auch die Euseb-Stelle kann diese Bedeutung nicht sichern. Dort heißt es: προσέλθωμεν τοῖς εὐαγγελισταῖς. πῶς παρελάβετε παρὰ κυρίου, πῶς ἀπέθανεν ὁ κύριος; ἀναγινώσκουσιν ὅτι πάτερ, εἰς τὰς χεῖράς σου παρατίθημι τὸ πνεῦμά μου. Hier dürfte zweifellos primär an das Vorlesen aus den Evangelien und nicht an den Schreibvorgang gedacht sein.
[36] Gegen Stegemann, die 15, 2 wie 17, 3 erklären will (Herkunft 116).
[37] Setting 36.
[38] Setting 37–41.

Donfrieds weitergehende These zur literarischen Gattung, der 2. Klemensbrief folge als Mahnrede einem schon traditionellen „dreiteiligen Muster" [39], läßt sich allerdings nicht aufrechterhalten. Er teilt folgendermaßen auf: 1. Theologischer Teil (1, 1–2, 7) als Grundlage der Rede: Gottes Heilstat in Jesus Christus wird beschrieben. 2. Ethischer Teil (3, 1–14, 5) als Entwicklung der Konsequenzen für das Tun aus den theologischen Sätzen des ersten Teils. 3. Eschatologischer Teil (15, 1–18, 2), in dem das Schema von Segen und Fluch zur Anwendung komme. – Diese Aufteilung ist gewaltsam. Denn schon im „theologischen" Teil stehen ethische Aussagen, in den eschatologischen Teil wird „das Thema von Segen und Fluch" hineingelesen; und vor allem lassen sich die vielfältigen Ausführungen in 3, 1–14, 5 schlechterdings nicht als Folgerungen von 1, 1–2, 7 verstehen. Begründungen für die ethischen Forderungen werden hier immer wieder neu gegeben. Auch aus den anderen von Donfried angeführten Schriften – ActJoh, 1 Joh, 1 Petr, Hebr – ist der Beweis für die Existenz eines solchen „dreiteiligen Musters" nicht erbracht.

Wenn also der 2. Klemensbrief als „Mahnrede" zu charakterisieren ist, die verschiedene Mahnungen in lockerer Aufreihung darbietet, wobei ein fester Rahmen lediglich dadurch vorgegeben ist, daß christologisch-soteriologische Ausführungen am Anfang stehen und eschatologische am Schluß – wie verhält es sich dann mit der alten These, der 2. Klemensbrief sei die älteste uns erhaltene Homilie oder Predigt? [40]

Bei der Beantwortung dieser Frage darf selbstverständlich nicht das spätere Verständnis von Homilie und Predigt vorausgesetzt werden, daß es sich also um die Auslegung eines Bibeltextes handelt, sei es, daß er Vers für Vers ausgedeutet wird oder daß er das Thema abgibt, in jedem Falle also konstitutiv ist. Um überhaupt von Homilie oder Predigt sprechen zu können, reicht es aus, wenn es sich um eine in der Gemeindeversammlung vorgetragene Rede handelt, der die Verlesung eines

---

[39] Setting 41–48; vgl. Theology 487. 501.
[40] „IIClem ist eine Homilie, und zwar die älteste christliche Homilie, die wir besitzen" (Knopf, Anagnose 266; vgl. ders., Zeitalter 231). „... die älteste uns vollständig erhaltene christliche Gemeindepredigt" (Hans von Schubert, Der sog. zweite Clemensbrief, eine Gemeindepredigt, in: NTApo ², [588–595] 589). Diese These hat sich weithin durchgesetzt. Auch Donfried stellt sie nicht grundsätzlich in Frage; er hält nur – mit Recht – die Kategorie „Homilie" für zu vage und sucht nach einer präziseren Bestimmung; vgl. Setting 25–34. Lediglich Stegemann hat die Einordnung des 2. Klemensbriefs als Homilie radikal abgewiesen. Das ergibt sich zunächst selbstverständlich von ihrer Hauptthese her, der 2. Klemensbrief habe nie eigenständig existiert, sondern sei von vornherein als Ergänzung zum 1. Klemensbrief verfaßt worden. Sie versucht allerdings auch von anderen Gesichtspunkten her eine Widerlegung, indem sie nach Kriterien für eine Homilie fragt (Herkunft 108–114). Diese Kriterien erhebt sie aus Origenes, Chrysostomus und Augustin, um dann festzustellen, daß der 2. Klemensbrief ihnen nicht genügt. Aber dieses Vorgehen ist methodisch äußerst bedenklich: Galten denn diese Kriterien schon für die Zeit des 2. Klemensbriefs? Am wichtigsten ist die Frage nach dem Verhältnis der Rede zum vorher verlesenen Bibeltext. Was läßt sich darüber für die frühe Zeit feststellen? Hier ist nicht Origenes zu befragen, sondern der dem 2. Klemensbrief wesentlich näherstehende Justin. – Zu Stegemanns Beurteilung der Stellen 15, 1 f.; 17, 3 und 19, 1, die für die Frage, ob eine Homilie vorliegt, entscheidend wichtig sind, vgl. o. A. 33, 35 und 36.

Bibeltextes voranging, auf den sie in irgendeiner Weise bezogen ist. Beide Punkte treffen auf den 2. Klemensbrief zu. Für den ersten belegen das die schon besprochenen Stellen 15, 1 f.; 17, 3 und 19, 1.[41] Aus der zuletzt genannten Stelle ergibt sich zudem, daß auch das zweite Kriterium erfüllt ist: Die Wendung „nachdem der Gott der Wahrheit geredet hat" (μετὰ τὸν θεὸν τῆς ἀληθείας) als auch die Mahnung, „auf das Geschriebene (τὰ γεγραμμένα) achtzugeben", kann nicht gut anders verstanden werden denn als Hinweis auf eine vorangegangene Schriftlesung.[42] In welchem Verhältnis stehen Rede und Schriftlesung zueinander? Knopf hatte mit Recht auf die Ausführungen Justins in apol. I 67, 3 f. hingewiesen,[43] wonach in der Gemeindeversammlung am Sonntag „die Denkwürdigkeiten (τὰ ἀπομνημονεύματα) der Apostel oder die Schriften (τὰ συγγράμματα) der Propheten vorgelesen werden, solange es angeht. Danach, wenn der Vorleser aufgehört hat, ermahnt und appelliert der Vorsteher mit einer Rede zur Nachahmung dieser guten Dinge (ὁ προεστὼς διὰ λόγου τὴν νουθεσίαν καὶ πρόκλησιν τῆς τῶν καλῶν τούτων μιμήσεως ποιεῖται)." Hiernach folgen also Schriftlesung und „Rede" aufeinander. Dabei machen die Begriffe νουθεσία und πρόκλησις deutlich, daß die Rede ganz und gar paränetisch bestimmt ist. Der Bezug zur vorangegangenen Schriftlesung ist ausgesprochen locker: Das in ihr gehörte Gute soll nachgeahmt werden. Es kann also in keiner Weise davon ausgegangen werden, daß zur Zeit Justins die auf die Schriftlesung folgende Rede in irgendeinem programmatischen Sinn Auslegung gewesen ist. Sie war „Mahnrede", ein in sehr freier Weise auf die Schriftlesung bezogener ethischer Appell.[44] Diese Zuordnung läßt sich aber auch in 2Klem 19, 1 erkennen, wo das Schreiben als „Ermahnung" (ἔντευξις) gekennzeichnet wird, das in der Gemeinde zur Verlesung kommt, „um auf das Geschriebene achtzugeben"[45]; und sie liegt wohl auch in 17, 3 vor, wenn dort das Ermahntwerden (νουθετεῖσθαι) beim Hören auf den 2. Klemensbrief und das Sich-Erinnern an die Anordnungen des Herrn (τὰ τοῦ κυρίου ἐντάλματα) zueinander in Beziehung gesetzt werden.

Folgte der 2. Klemensbrief als Mahnrede ursprünglich auf eine Schriftlesung, legte sich natürlich der Versuch nahe, die verlesene Schriftstelle zu identifizieren. War aber der Bezug auf sie nur locker, konnte ein solcher Versuch naturgemäß nicht zu einem zwingenden Resultat führen. Knopf hat die These verfochten, der verlesene Text sei Jes 54–66 gewesen.[46]

[41] S. o. S. 213 f.
[42] Vgl. Knopf, Anagnose 266 f. Zum Widerspruch Stegemanns vgl. S. 212 A. 22.
[43] Anagnose 266.
[44] Vgl. Knopf, Anagnose 277 f. – „Die Rede verfolgt den Zweck, die Hörer zur Beherzigung des Schriftwortes anzuhalten, ist aber keine Auslegung dieses Textes" (Vielhauer, Urchristliche Literatur 740).
[45] „Damit ist dasselbe Verhältnis zwischen Anagnose und Homilie gesetzt wie bei Justin" (Knopf, Anagnose 267).
[46] Anagnose 268–278. Er hielt daran auch in späteren Arbeiten fest (Zeitalter 235; Komm. 156. 180), fand allerdings, soweit ich sehe, keine Anhänger.

Einleitung

Er verwies dabei vor allem auf den Tatbestand, daß die meisten und genauesten Schriftzitate aus diesen Kapiteln stammen. Dem könnte man entgegenhalten, daß auch in anderen urchristlichen Schriften die meisten und genauesten Zitate aus Jesaja stammen.[47] Aber das ist ein ambivalentes Argument. War aus der genannten Beobachtung zu schließen, daß den Gemeinden vornehmlich Jes-Handschriften zur Verfügung standen, so folgt daraus selbstverständlich, daß Jes-Texte auch am meisten zur Verlesung kamen. Auch diese Erwägung erzwingt natürlich nicht die Richtigkeit der Annahme von Knopf. Das sieht er – was die Abgrenzung Jes 54–66 betrifft – auch selbst: „Freilich ist dieser Schluß, den wir aus dem Bestande an Citaten zogen, kein absolut zwingender ..."[48] Auf einem Punkte insistiert er aber, wenn er unmittelbar fortfährt: „Sicher und über allen Zweifel hinaus scheint mir nur die aus den Citaten sich ergebende Folgerung zu sein, dass Jes 54, 1 in der Anagnose vorkam. Die Art, wie dieser Vers in IIClem 2, 1 f. eingeführt und verwertet wird, kann ich mir nicht anders deuten als so, dass ihn die Gemeinde eben erst in dem verlesenen Schriftabschnitte zu hören bekommen hatte."

M. E. ist man über die These Knopfs und besonders über dieses Argument zu schnell hinweggegangen.

Der 2. Klemensbrief ist also eine in der Gemeindeversammlung von einem der Presbyter vorgetragene Mahnrede (17, 3). Nach 19, 1 hat er sie vorher schriftlich ausgearbeitet. Sie hatte ihren Ort nach der Schriftlesung, auf die sie sich zwar bezieht, die sie aber nicht auslegt.[49]

5. Die Schrift und ihre Auslegung [50]

Dieser Abschnitt wird nach den alttestamentlichen und neutestamentlichen Zitaten und solchen unbekannter Herkunft gegliedert. Nur die ausdrücklichen Zitate finden Erwähnung, nicht die bloßen Anspielungen.

a) Die alttestamentlichen Zitate

In den Zitationsformeln der neun alttestamentlichen Zitate wird als autoritatives Subjekt viermal ἡ γραφή genannt.[51] An ihrer Stelle können aber auch ὁ θεός[52] und ὁ κύριος[53] stehen. Dabei ist unter dem κύριος in 17, 4 deutlich Jesus verstanden, während es in 13, 2 unsicher bleibt, ob der Verfasser an Gott oder Jesus

---

[47] Vgl. o. S. 126 f.
[48] Anagnose 272.
[49] Vgl. zum literarischen Charakter des 2. Klemensbriefs auch Vielhauer, Urchristliche Literatur 739–741.
[50] Vgl. hierzu Köster, Überlieferung 62–111.
[51] 2, 1 (vgl. 2, 4); 6, 8; 14, 1; 14, 2.
[52] 15, 3.
[53] 13, 2; 17, 4.

denkt. An einer Stelle ist aus dem Kontext ὁ Χριστός als Subjekt zu erschließen.[54] Das Subjekt spricht, wobei sechsmal eine Präsensform von λέγειν steht, einmal φησίν und einmal der Aorist εἶπεν. Aus dieser Zitationsweise ergibt sich, daß das Alte Testament für den Verfasser des 2. Klemensbriefs „Schrift" ist, in der Gott bzw. Christus autoritativ in die Gegenwart hineinspricht.[55]

Der Einzelvergleich der Zitate mit den alttestamentlichen Texten und anderen urchristlichen Zitierungen soll hier nicht vorgeführt werden.[56] Am auffälligsten ist, daß es sich bei zwei Dritteln um Jes-Texte handelt, von denen einer auch explizit als in Jesaja stehend kenntlich gemacht wird.[57] Diese relativ ausführliche Verwendung könnte dafür sprechen, daß dem Verfasser des 2. Klemensbriefs eine Jes-Handschrift zur Verfügung stand. Dafür sprechen weiter die weitgehende Genauigkeit dieser Zitate – sie stimmen alle fast wörtlich mit dem LXX-Text überein – und der Umstand, daß einige dieser Jes-Zitate allein vom 2. Klemensbrief im Urchristentum geboten werden[58] oder nicht von sonstigen urchristlichen Zitierungen beeinflußt sind.[59] Eine Gegeninstanz bildet Jes 29, 13 in 3, 5, wo das Zitat mit anderen urchristlichen Zitierungen gegen den LXX-Text übereinstimmt.[60] Hier ist wohl der Einfluß einer christlichen Zitatentradition greifbar.

Die Betrachtung der drei nicht aus Jesaja stammenden Zitate[61] macht es wahrscheinlich, daß der Verfasser aus der Erinnerung zitiert bzw. zusammenfaßt. Daß er Texte aus Genesis und Jeremia zitiert, ist nicht weiter auffällig, da diese Bücher auch sonst im Urchristentum häufiger herangezogen wurden. Auffällig ist allerdings das Zitat aus Hesekiel, das einen ganzen Abschnitt dem Sinn nach zusammenfaßt und dabei teilweise wörtliche Aufnahmen bietet. Es ist im übrigen Urchristentum nicht belegt.[62] Als eigenartig ist schließlich festzuhalten, daß sich kein einziges Zitat aus den Psalmen findet.

Die meisten alttestamentlichen Zitate dienen ohne jede Auslegung einfach zur Bekräftigung und Bestätigung der Paränese des Verfassers. Die Schrift spricht hier immer unmittelbar in die Gegenwart hinein. Dabei fällt auf, daß zwei Zitate, die in früheren urchristlichen Verwendungen gegen die Juden gerichtet wurden, hier jetzt innerchristlich gebraucht werden.[63] Daraus ist zu schließen: Die Auseinandersetzung mit dem Judentum spielt für den 2. Klemensbrief nicht die mindeste Rolle. Dieses Urteil wird von dem Schreiben an keiner Stelle in Frage gestellt.

[54] 3, 5.
[55] Vgl. Köster, Überlieferung 63: „Das AT ist für den Verfasser von 2. Clem. feste schriftliche Autorität."
[56] Das tut Köster; s. o. A. 50.
[57] 3, 5.
[58] Jes 58, 9 in 15, 3; Jes 66, 18 in 17, 4.
[59] Jes 52, 5 in 13, 2; Jes 54, 1 in 2, 1; Jes 66, 24 in 7, 6/17, 5.
[60] Vgl. Mk 7, 6 par. Mt 15, 8; 1Klem 15, 2.
[61] Gen 1, 27 in 14, 2; Jer 7, 11 in 14, 1; Ez 14, 12–20 (14. 18) in 6, 8.
[62] Vgl. aber Justin, dial. 45, 3.
[63] In dem Streitgespräch über rein und unrein (Mk 7, 1–23par.) ist das Zitat aus Jes 29, 13

Einleitung

Einige Zitate werden vom Verfasser aber auch explizit ausgelegt. So deutet er in 14, 2 die Aussage von Gen 1, 27, daß Gott den Menschen als Mann und Frau schuf, auf Christus und die Kirche. Das im Zitat erzählte Geschehen der Schaffung von Mann und Frau wird hier gar nicht als solches in den Blick genommen, sondern es wird selbstverständlich vorausgesetzt, daß die Worte der Schrift eine spezifisch christliche Bedeutung haben, die dann auch gefunden wird. Anzumerken bleibt noch, daß diese Auslegung im folgenden paränetisch ausgewertet wird.

Eine abschnittsweise Auslegung eines längeren Zitates, die der Pescher-Methode von Qumran entspricht,[64] findet sich in 2, 1–3. Dort wird Jes 54, 1 zitiert und in drei Abschnitten ausgelegt. Auch hier wird der Bibeltext unmittelbar auf christliche Sachverhalte bezogen.[65] Das geschieht nicht in einem fortlaufenden Sinnzusammenhang, sondern in assoziativer Weise werden recht willkürlich Bezüge hergestellt. Besonders der mittlere Teil macht das deutlich, der ohne jeden Zusammenhang das Thema „Gebet" anspricht.

Der Verfasser kann aber auch, wenn es ihm passend erscheint, ein Zitat in seinem wörtlichen Sinn aufnehmen und diesen unterstreichen. Das ist der Fall bei dem Zitat aus Jes 58, 9 in 15, 3 f.

Zusammenfassend läßt sich zum Schriftgebrauch des 2. Klemensbriefs in bezug auf die alttestamentlichen Zitate sagen: Die Schrift ist ein ganz und gar christliches Buch. Daß sie etwas mit den Juden zu tun hatte oder hat, kommt überhaupt nicht in den Blick. In 2, 3 werden die Juden kurz gestreift als diejenigen, die Gott zu haben meinen. Aber das ist für den Verfasser kein Punkt, der Auseinandersetzungen nötig machte. Er kann sogar Zitate, die früher in der christlichen Polemik den Juden entgegengehalten wurden, innerchristlich verwenden. Eine heilsgeschichtliche Perspektive ist nicht zu erkennen. Die Schrift spricht unmittelbar in die christliche Gegenwart hinein und bezieht sich auf christliche Sachverhalte. Dabei geht es aber kaum um ein Lernen aus der Schrift als vielmehr um ein Anwenden der Schrift, mit dem bekräftigt wird, was man ohnehin weiß und zu sagen hat.

b) Die neutestamentlichen Zitate

Als Sprecher der acht neutestamentlichen Zitate erscheint an den meisten Stellen „der Herr"[66] oder „der Christus"[67]; es sind also „Herrenworte". An den hier ge-

---

in Mk 7, 6 f. eine Anklage gegen die Pharisäer; in 2 Klem 3, 5 dient es als Mahnung gegenüber Christen. In 13, 2 werden sie mit Jes 52, 5 gemahnt, während Paulus dasselbe Zitat in Röm 2, 24 gegen die Juden wendete.
[64] Vgl. vor allem 1QpHab.
[65] Zu dieser Methode vgl. auch 17, 4, wo Jes 66, 18 ausgelegt wird.
[66] 6, 1; 8, 5; 9, 11.
[67] 3, 2; 4, 2.

brauchten Zitationsformeln läßt sich der Übergang von „Herrenworten" zur „Schrift" ablesen. In 13, 4 wird als Sprecher eines Herrenwortes ὁ θεός genannt, wobei deutlich sein dürfte, daß damit Jesus gemeint ist. Weil nach 1, 1 über Jesus Christus wie über Gott gedacht werden muß, wird das Herrenwort zum Gotteswort, hat es dieselbe Dignität wie das Gotteswort der Schrift. Hinzu kommt, daß Jesus schon bei einigen alttestamentlichen Zitaten als Sprecher galt. Von daher liegt der Schluß nahe, daß seinen überlieferten Worten dieselbe Autorität zugesprochen wurde wie den in der Schrift festgehaltenen. Hinzu kommt weiter, daß es in 8, 5 heißt: „Der Herr sagt im Evangelium." Die Formulierung entspricht genau der von 3, 5: „Er (sc. Christus) sagt aber auch in Jesaja" und der von 6, 8: „Es sagt aber auch die Schrift in Hesekiel." Von daher dürfte klar sein, daß Evangelium hier nicht die mündliche Predigt, sondern ein geschriebenes Buch meint. Die „Herrenworte", die Gottesworte sind, stehen also „geschrieben". Daher ist es nur folgerichtig, wenn in 2, 4 ein Herrenwort auch ausdrücklich als „Schrift" bezeichnet wird. Man muß diese Stelle keineswegs „mit einer gewissen Unsicherheit belastet" sehen;[68] die Bezeichnung eines „Herrenwortes" als „Schrift" paßt vielmehr völlig zum Befund bei den übrigen Zitationsformeln.

Bei den im Neuen Testament verifizierbaren Zitaten des 2. Klemensbriefs[69] handelt es sich ausschließlich um solche synoptischer Herkunft und dabei wiederum durchgängig um Herrenworte. Ihrer Herkunft nach lassen sie sich aufgliedern in Mk-Stoff[70], Q-Stoff[71] und Lk-Sondergut[72]. Wo es sich um Mk-Stoff handelt und die Seitenreferenten von Markus abweichen[73], besteht nie die relativ größte Nähe zu Markus.[74] Der im 2. Klemensbrief aufgenommene Q-Stoff hat teilweise größere Nähe zu Matthäus, teilweise zu Lukas, letzteres überwiegt im ganzen. Das einzige Zitat aus dem Lk-Sondergut zeigt gegenüber Lukas kräftige Abweichungen. Dieser Befund macht es völlig unwahrscheinlich, daß der Verfasser des 2. Klemensbriefs *ein* synoptisches Evangelium als *das* Evangelium kannte.

Der bisherige Befund läßt aber die Möglichkeit offen, daß er zwei, nämlich Matthäus und Lukas,[75] oder auch alle drei Synoptiker kannte. Hinzu kommt nun aber folgende Beobachtung: An einer Reihe von Zitaten läßt sich feststellen, daß ihr Text eine Form aufweist, die einen über die Synoptiker hinaus weitergehenden

---

[68] So Köster, Überlieferung 62; vgl. seine Erwägungen auf S. 62f.
[69] Auch hier soll der Einzelvergleich nicht vorgeführt werden; vgl. dazu die ausführliche Darstellung Kösters (Überlieferung 70–105).
[70] Die Zitate in 2, 4; 6, 2; 9, 11.
[71] Die Zitate in 3, 2; 4, 2; 6, 1; 13, 4.
[72] Das Zitat in 8, 5; nicht vertreten ist also das Mt-Sondergut.
[73] Das trifft für zwei von drei Fällen zu: 6, 2; 9, 11.
[74] Sie besteht vielmehr zu Matthäus, wobei aber in einem Fall (9, 11) die Satzstruktur der lukanischen Fassung entspricht.
[75] Köster zeigt im Einzelvergleich, daß einige Zitate redaktionelle Besonderheiten des ersten und dritten Evangelisten aufweisen.

Überlieferungsprozeß anzeigt.[76] Beachtet man dann noch, daß der Verfasser in der Zitationsformel von 8, 5 angibt, daß der Herr „im Evangelium" spricht, liegt die Annahme nahe, daß er ein post-synoptisches Evangelium benutzte, das aufgrund seiner Nicht-Kanonisierung verlorengegangen ist. Diese Annahme wird sich bei der Untersuchung der Zitate unbekannter Herkunft bestätigen.

Fragt man schließlich noch, wie der Verfasser des 2. Klemensbriefs die neutestamentlichen Zitate anwendet und auslegt, so ist festzustellen: Was sich schon bei der Betrachtung der Zitationsformeln zeigte, wird bestätigt, daß nämlich kein Autoritätsunterschied zu den alttestamentlichen Zitaten besteht. Auch die Art der „Auslegung" ist dieselbe: Wo überhaupt eine solche erfolgt und nicht eine bloße Anwendung stattfindet, wird die Bedeutung eines Zitates nach einer Einleitung mit τοῦτο λέγει herausgestellt. Alle neutestamentlichen Zitate dienen ausschließlich der Paränese. Das ist nicht weiter verwunderlich, da der 2. Klemensbrief im ganzen ja nichts anderes als eine „Mahnrede" ist.

c) Zitate unbekannter Herkunft

Von den fünf Zitaten, die ausdrücklich als solche kenntlich gemacht sind und deren Herkunft nicht verifiziert werden kann, ist eins den alttestamentlichen zuzuordnen[77], während vier in die neutestamentliche Reihe gehören.[78] Eine solche Einteilung ergibt sich einmal vom Inhalt der Zitate her und andererseits vor allem aus den Zitationsformeln.

So wird das den alttestamentlichen Zitaten zugehörige Wort in 11, 2 mit der Wendung eingeleitet: „Denn es sagt auch das prophetische Wort." Der Begriff ὁ προφητικὸς λόγος begegnet noch 2Petr 1, 19; und in dem sekundären Anhang Röm 16, 25–27 ist Vers 26 von γραφαὶ προφητικαί die Rede. An beiden Stellen dürfte „die Schrift" (= das Alte Testament) gemeint sein.[79]

Daß der Verfasser des 2. Klemensbriefs bei dem „prophetischen Wort" an „die Schrift" denkt, wird auch von daher bestätigt, daß in 1Klem 23, 3f. dasselbe Zitat,

---

[76] Als Beispiel sei 2Klem 4, 2 angeführt, wo Mt 7, 21/Lk 6, 46 zitiert wird. Lk 6, 46 dürfte den Q-Text bieten: „Was aber nennt ihr mich: 'Herr, Herr', und tut nicht, was ich sage?" Mt 7, 21 heißt es: „Nicht jeder, der zu mir sagt: 'Herr, Herr', wird in das Himmelreich hineingehen, sondern wer den Willen meines himmlischen Vaters tut." Und 2Klem 4, 2 steht: „Nicht jeder der zu mir sagt: 'Herr, Herr', wird gerettet werden, sondern wer die Gerechtigkeit tut." Aus einer Anrede (Q) wurde ein Regelsatz (Mt), dessen Formulierung dann noch „gängiger" gemacht wird (2Klem). Vgl. weiter 2Klem 3, 2 im Verhältnis zu Mk 8, 38 und Lk 12, 18f./Mt 10, 32f.; 2Klem 6, 2 im Verhältnis zu Mk 8, 36parr; 2Klem 8, 5 im Verhältnis zu Lk 16, 10–12; 2Klem 13, 4 im Verhältnis zu Lk 6, 27. 32/Mt 5, 44. 46.

[77] 11, 2–4.

[78] 4, 5; 5, 2–4; 12, 2; 13, 2.

[79] Bei Röm 16, 26 ist das nicht unbestritten; vgl. dazu Ernst Käsemann, An die Römer, HNT 8a, Tübingen 1973, 406.

allerdings ohne den Schlußsatz, als „Schrift" eingeführt wird. Es entstammt offenbar einer verlorengegangenen jüdischen Schrift, die bei Klemens von Rom und dem Verfasser des 2. Klemensbriefs in kanonischem Ansehen stand. Daß letzterer das Zitat aus dem 1. Klemensbrief entnommen habe, ist ausgeschlossen, da er einen über den 1. Klemensbrief hinausgehenden Text des Zitates bietet. Im 2. Klemensbrief dient das Zitat als Vergewisserung der eschatologischen Verheißung; und die wiederum ist der Mahnung zum Tun der Gerechtigkeit unterstellt. Das Zitat steht also im Kontext eschatologisch motivierter Paränese.

In drei Zitationsformeln der neutestamentlichen Zitate unbekannter Herkunft ist Subjekt „der Herr", einmal „Jesus". Es handelt sich bei diesen Zitaten also – wie bei den im Neuen Testament verifizierbaren – um „Herrenworte". Prädikat ist zweimal λέγει und zweimal εἶπεν. „Der Herr" ist also sowohl als der im Blick, der während seines Erdenwirkens „gesprochen hat", als auch als der, der in der Gegenwart der Gemeinde „spricht".

Vergleicht man das Zitat in 4, 5 mit den möglichen Parallelen in den kanonischen Evangelien, so kann man nicht umhin festzustellen, daß es sich hier um ein sehr eigenartiges Gebilde handelt. Der Anfang („wenn ihr mit mir an meiner Brust vereint seid") hat „johanneischen Klang", ohne daß sich jedoch eine genaue Parallelstelle angeben ließe. Das Motiv vom Liegen an der Brust Jesu findet sich im Neuen Testament nur Joh 13, 23, dort aber bezogen auf den Lieblingsjünger. Das Motiv von der Sammlung begegnet mit anderem Akzent Joh 11, 52. Der Schluß des Zitates in 2Klem 4, 5 („... und werde ich euch sagen: Weicht von mir, ich weiß nicht, woher ihr seid, ihr Übeltäter!") hat starke Anklänge an Lk 13, 25. 27/Mt 7, 23 bei teilweise wörtlicher Übereinstimmung mit Lukas. In dem Matthäus und Lukas zugrunde liegenden Q-Logion ist Ps 6, 9 verwertet. Das Zitat in 2Klem 4, 5 geht aber nicht auf die Ps-Stelle zurück, wie die darüber hinausgehenden Motive zeigen, von denen eins schon Matthäus und Lukas gemeinsam ist.[80] Nimmt man alle Beobachtungen zusammen in den Blick, wird man sagen müssen: Das Zitat ist freie Fortbildung synoptischer Tradition. Es zeigt einen noch nicht durch Kanonisierung gehemmten und unterbundenen Traditionsbildungsprozeß. Der „johanneische Klang" zu Anfang muß keineswegs auf Kenntnis des Johannesevangeliums beruhen; es ist die einzige Stelle dieser Art im 2. Klemensbrief. Er wird vielmehr durch eine ähnliche Art der Traditionsweiterbildung bedingt sein, wie sie das Johannesevangelium widerspiegelt. Daß dieses Urteil zutrifft und es darüber hinaus wahrscheinlich ist, daß der Verfasser des 2. Klemensbriefs das Zitat aus einer apokryphen Evangelienschrift hat, wird durch eine weitere Beobachtung bestätigt. Das Zitat hat nämlich seine nächste Parallele im apokryphen Nazaräerevangelium, Fragment 6: „Wenn ihr an meiner Brust seid

---

[80] Es handelt sich um das Motiv, daß der endzeitliche Richter die Übeltäter nicht als sich zugehörig kennt.

und den Willen meines Vaters im Himmel nicht tut, werde ich euch von meiner Brust stoßen."[81] Wegen der auch deutlichen Unterschiede kann die vom Verfasser des 2. Klemensbriefs benutzte Evangelienschrift nicht das Nazaräerevangelium gewesen sein. Die Gemeinsamkeiten zeigen jedoch, daß hier wie dort derselbe Prozeß der Weiterbildung synoptischer Tradition vorliegt.

Dasselbe gilt für das Zitat in 5, 2–4, wo auf ein Jesuswort eine Petrusfrage folgt, die wiederum ein weiteres Jesuswort auslöst. Das erste Jesuswort von den Schafen und Wölfen hat eine enge Parallele in Lk 10, 3/Mt 10, 16. Dort handelt es sich um eine Sendungsaussage: „Ich sende euch wie Schafe inmitten von Wölfen." Sie ist hier umgewandelt in eine im Futur stehende Feststellung. Im übrigen besteht fast wörtliche Übereinstimmung. Das zweite Jesuswort von der Furchtlosigkeit vor denen, die nur töten können, und der Furcht vor dem, der Leib und Seele in die Hölle werfen kann, hat eine Parallele in Lk 12, 4f./Mt 10, 28. Der Text von 2Klem 5, 4 hat größere Nähe zu Lukas, aber auch Gemeinsamkeiten mit der matthäischen Formulierung.[82] Beide Jesusworte deuten auf ein fortgeschrittenes Stadium der Tradition,[83] die ganz offensichtlich nicht an einen fest formulierten Wortlaut gebunden ist, sondern immer wieder in Variationen neu formuliert wird. Vor allem aber ist hier zu erkennen, wie völlig neue Traditionseinheiten entstehen. Die beiden Logien, die bei Matthäus und Lukas in keinem gemeinsamen Zusammenhang stehen, werden durch die Petrusfrage in 2Klem 5, 3 miteinander verbunden. Dadurch wird eine neue Szene gebildet. Hier kann man also beobachten, wie aus isoliert überlieferten Herrenworten sekundär eine kleine Szene entsteht. Der Prozeß, der in der Gegenüberstellung von Matthäus und Lukas zu Markus und Q verfolgt werden kann, geht hier noch ungebrochen weiter. Er wird erst durch die Kanonisierung abgeschnitten, wodurch die nicht kanonisierten Evangelienschriften den Stempel des Apokryphen aufgedrückt erhielten.

Hatten die beiden bisher besprochenen neutestamentlichen Zitate unbekannter Herkunft noch Anhalt an synoptischen Logien, so ist das bei dem Zitat in 12, 2 nicht der Fall. Klemens von Alexandrien zitiert eine sehr nahe Parallele, die er ausdrücklich als aus dem Ägypterevangelium stammend kennzeichnet.[84] Aufgrund der großen Übereinstimmung hat man gemeint, der Verfasser des 2. Klemensbriefs habe sein Zitat aus dem Ägypterevangelium.[85] Das ist allerdings sehr unsicher, da es auch zwei signifikante Unterschiede gibt.[86]

Aus dem Kontext des Zitates bei Klemens von Alexandrien, aber auch aus sei-

---

[81] NTApo ³1, 95.
[82] Mit Matthäus gemeinsam ist das zweimalige φοβεῖσϑε (statt φοβηϑῆτε und φοβήϑητε) und die Erwähnung von „Seele und Leib".
[83] Es zeigt sich hier vor allem in der abgeschliffeneren Formulierung.
[84] Strom. III 13, 92.
[85] Knopf, Komm. 170.
[86] Das Zitat in 2Klem 12, 2 hat nicht die Wendung vom Treten des Gewandes der Scham mit den Füßen; und es bietet außer der Gegenüberstellung von männlich und weiblich auch

nem Inhalt selbst geht hervor, daß es seinem Ursprung nach einen gnostisch-enkratitischen Sinn hat. Das geistige Selbst des Menschen, sein innerstes Wesen, der jenseitige Lichtfunke, ist durch das Fleisch an diese äußere Welt gefesselt; und durch die Differenzierung in Mann und Frau und durch die Geschlechtlichkeit geht der Fesselungsprozeß weiter. Erlösung ist daher gleichbedeutend mit Aufhebung der Geschlechtlichkeit. Die Gleichheitsaussagen sind hier also lediglich auf das von den irdischen Differenzierungen befreite geistige Selbst bezogen.

Der Verfasser des 2. Klemensbriefs versteht das Zitat nicht im gnostischen Sinn, sondern legt es in 12, 3–5 paränetisch aus. In seiner ethisierenden Deutung wird das Kommen des Reiches vom Verhalten des Menschen abhängig gemacht. In formaler Hinsicht erfährt dieses apokryphe Logion dieselbe Auslegung wie das Zitat aus Jes 54, 1 in 2, 1–3; es hat also für den Verfasser des 2. Klemensbriefs dieselbe Autorität.

Das letzte neutestamentliche Zitat unbekannter Herkunft steht in 13, 2. Nachdem der Verfasser Jes 52, 5 als Wort des Herrn zitiert hat: „Ständig wird mein Name euretwegen unter allen Heiden verlästert", fährt er fort: „Und wiederum: Wehe dem, dessentwegen mein Name verlästert wird!" Die Anknüpfung mit καὶ πάλιν bedeutet die Einführung eines neuen Zitates.[87] Und daß es ein selbständiges Herrenwort dieser Art gegeben hat, belegt das Vorkommen desselben Zitates bei Ignatius und Polykarp.[88] Hier läßt sich die Entstehung eines neuen Herrenwortes beobachten. Die Struktur des Logions hat ihr Modell an dem synoptischen Jesuswort Mk 14, 21parr. und Mt 18, 17/Lk 17, 1. In dieser Struktur wird der Inhalt von Jes 52, 5 geboten – und so ist ein neues Herrenwort entstanden.

Das Ergebnis dieses Abschnitts läßt sich ganz knapp dahin gehend zusammenfassen, daß der Verfasser des 2. Klemensbriefs eine verlorengegangene apokryphe Evangelienschrift benutzte, die einen über die synoptischen Evangelien hinausgehenden Überlieferungsprozeß widerspiegelt und die als schriftliches Dokument neben „die Schrift" (= das Alte Testament) tritt.[89]

6. Abfassungsverhältnisse

Das Problem des Abfassungsortes des 2. Klemensbriefs wäre sofort gelöst, träfe die Spitzenthese Donfrieds zu, bei dem 2. Klemensbrief handle es sich um die Predigt der korinthischen Presbyter, die auf die Intervention des 1. Klemensbriefs hin wieder eingesetzt worden seien; aber diese Annahme mußte ja zurückgewiesen

---

noch die von innen und außen. Vgl. auch Wilhelm Schneemelcher, Ägypterevangelium, NTApo [3]1, (109–117) 114; S. 115 sind weitere Parallelen angeführt.

[87] Vgl. vor allem Barn 9, 1–3.
[88] IgnTrall 8, 2; Pol2Phil 10, 3.
[89] Vgl. auch das Ergebnis von Köster, Überlieferung 109–111.

Einleitung

werden.⁹⁰ Auch die ältere Zuweisung des 2. Klemensbriefs an Bischof Soter von Rom hat sich mit Recht nicht durchsetzen können.⁹¹ Bisweilen ist Rom als Abfassungsort genannt worden, ohne den 2. Klemensbrief mit dem Brief Soters zu identifizieren; aber die dafür beigebrachten Gründe vermögen allenfalls eine sehr vage Möglichkeit anzudeuten.⁹² Noch schwächer sind die Argumente für die Hypothese, der 2. Klemensbrief habe Julius Cassianus zum Verfasser.⁹³

Sehr ausführlich ist Stegemann in ihrer Dissertation auf das Problem der Herkunft des 2. Klemensbriefs eingegangen. Ihr Ausgangspunkt ist der handschriftliche Befund, daß zwar der 1. Klemensbrief ohne den 2. Klemensbrief überliefert ist, nicht aber der 2. Klemensbrief ohne den 1. Klemensbrief, und daß dieser Befund mit der geographischen Herkunft der Handschriften in Zusammenhang stehe: Alle Handschriften, die den 2. Klemensbrief enthalten, wiesen ihrer Herkunft nach auf den antiochenisch-syrischen Raum.⁹⁴ Daß damit jedoch nicht mehr als eine Möglichkeit aufgezeigt ist, wurde schon dargelegt.⁹⁵ Dasselbe gilt für die Auswertung der Angaben Eusebs. Daß Euseb eine Kenntnis des 2. Klemensbriefs durch die von ihm geschätzten Autoritäten in Abrede stellt und daß er selbst von dieser Schrift nur weiß, ohne sie genau zu kennen, schließt nach Stegemann eine

---

⁹⁰ Vgl. o. S. 213. Für Korinth als Entstehungsort ist oft 2Klem 7 ins Feld geführt worden. Besonders Lightfoot, Fathers I/2, 197 mit A. 2, hat dafür auf den Gebrauch von καταπλέω in Vers 1 hingewiesen, das dort ohne eine Zielangabe steht; ebenso Funk, Klemensbrief 268–270. Diese Argumentation ist ausführlich und überzeugend zurückgewiesen worden von G. R. Stanton, 2 Clement VII and the Origin of the Document, Classica et Mediaevalia (Kopenhagen) 28, 1967, 314–320.

⁹¹ Diese These ist vor allem von Harnack vertreten worden. Nach der Veröffentlichung des vollständigen Textes des 2. Klemensbriefs hatte er 1877 erklärt, es sei „fürder unmöglich, den sogenannten zweiten Clemensbrief mit dem Brief des römischen Bischofs Soter ... zu identificiren" (Brief 267 A. 2). Später aber verfocht er diese Annahme ausführlich in Geschichte II/1, 440–450, und dann noch einmal ergänzend in Ursprung passim. Auch Völter erblickte in der jetzt vorliegenden Fassung des 2. Klemensbriefs, die das Ergebnis zweier Bearbeitungen sei (s. o. A. 13 auf S. 209 f.), den Brief Soters, den er aber nicht erst als Bischof verfaßt habe (Väter 52–54). Gegen Harnack vgl. etwa Funk, Klemensbrief 262–266.

⁹² „Für einen römischen Autor spricht eine gewisse Ähnlichkeit der Gedanken mit Hermas" (Poschmann, Paenitentia 124; so auch schon Harnack, Geschichte II/1, 442). – Aus 2Klem 11, 2–4 will Knopf ein Argument für die Abfassung in Rom gewinnen. An dieser Stelle wird dasselbe apokryphe Zitat wie in 1Klem 23, 3 f. geboten, das aber der Verfasser nicht aus dem 1. Klemensbrief übernommen haben kann: „wenn ein sonst unbekanntes heiliges Buch zweimal gebraucht wird, das eine Mal in einer sicher römischen Schrift (IClem), dann wird die andere Schrift, die Kenntnis des Apokryphons verrät (eben IIClem), auch aus Rom stammen" (Zeitalter 43 f.; dasselbe Argument ebenfalls schon bei Harnack, Geschichte II/1, 442); dagegen bereits Funk, Klemensbrief 266 f.

⁹³ Diese Hypothese wurde aufgestellt von Rendel Harris, The Authorship of the so-called Second Epistle of Clement, ZNW 23, 1924, 193–200; und sie wurde überzeugend widerlegt von Hans Windisch, Julius Cassianus und die Clemenshomilie (IIClemens), ZNW 25, 1926, 258–262.

⁹⁴ Herkunft 31–67. 148–168.

⁹⁵ Vgl. o. S. 211.

„Herkunft des 2Kl aus Alexandrien, Palästina, Kleinasien, Korinth und Rom" aus.[96] Sie fährt fort: „Das äußerst geringe Interesse jedoch, welches der Bischof von Cäsarea den besonderen Verhältnissen in Syrien zollte, läßt vermuten, daß er sich über die dort im Umlauf befindliche Literatur ebenso oberflächlich informierte wie über die Geschichte der Kirche von Antiochien oder Edessa."[97] Selbst wenn diese Argumentation insofern schlüssig wäre, daß sie andere Gebiete ausschließen könnte, wäre damit lediglich etwas über die *Verbreitung* des 2. Klemensbriefs z. Z. Eusebs gesagt, nicht aber über seine Entstehung.

In jüngster Zeit hat Köster eine ägyptische Herkunft des 2. Klemensbriefs vorgeschlagen.[98] Er erkennt in ihm „ein Gemeindechristentum, das sich auf die Grundprinzipien praktischer und aktiver Frömmigkeit beruft, um sich so gegen die vorherrschende gnostische Richtung behaupten zu können. Daß der Verfasser sich im Kampfe mit den Gnostikern befindet, ist ganz eindeutig"[99]. Diesen „Kampf" deutet Köster kurz an[100] und resümiert nach der Darstellung der in 2Klem 12, 3–5 vorgenommenen entgnostisierenden Deutung des in 12, 2 zitierten Logions: „Die Beziehung zur ägyptischen Gnosis liegt auf der Hand!"[101] Kösters Argumentation ist gewiß nicht von solcher Art, daß sie die ägyptische Herkunft zu beweisen vermöchte; aber sie zeigt immerhin eine Möglichkeit auf, die zumindest so ernst zu nehmen ist wie der Hinweis auf Syrien. Daß der 2. Klemensbrief im Zusammenhang mit der Gnosis zu begreifen ist, dürfte Köster zutreffend herausgestellt haben.

Es könnte sich lohnen, einmal alle für diese Frage wesentlichen Punkte zusammenzustellen. In 1, 2 wird unbefangen eine typisch gnostische Fragestellung aufgenommen: „... woraus wir berufen worden sind, von wem und für welchen Ort", ebenso in 1, 6 gnostische

---

[96] Herkunft 52. Aus derselben Beobachtung hatte einst Harnack geschlossen: „also werden wir die Kreise, aus welchen eine ganz unbestimmte Kunde von der Existenz, wohl auch von der ehrenvollen Benutzung des Briefes zu Eusebius gedrungen ist, nicht in Alexandrien, nicht in dem griechischen Syrien, Kleinasien oder Byzanz zu suchen haben" (Brief 270). Im Unterschied zu Stegemann schließt Harnack aus dieser Beobachtung – völlig zu Recht – nicht auf die Herkunft des Schreibens. Im Blick auf Stegemanns These ist beachtlich, daß bei Harnack in der ausschließenden Aufzählung auch das *griechische* Syrien erscheint (vgl. auch Brief 282).

[97] Ebd. Das geringe Interesse Eusebs an Syrien belegt Stegemann durch Verweis auf Bauer, Rechtgläubigkeit. Das A. 171 gegebene Zitat von Bauer bezieht sich allerdings auf Mesopotamien. Nach der von Stegemann in bezug auf Euseb geführten Argumentation könnte der 2. Klemensbrief genausogut aus Ägypten und Mesopotamien (vgl. Bauer, Rechtgläubigkeit 112 f.) stammen.

[98] Einführung 670–673. In älterer Zeit war Vernon Bartlet für Alexandrien als Herkunftsort des 2. Klemensbriefs eingetreten: The Origin and Date of 2. Clement, ZNW 7, 1906, 123–135. Sein Hauptargument war die – irrige – Annahme, das vom Verfasser benutzte Evangelium sei das Ägypterevangelium gewesen.

[99] Köster, Einführung 672.
[100] Ebd. 672 f.
[101] Ebd. 673.

Einleitung

Bekehrungsterminologie: „rundum also mit Finsternis behaftet und die Augen voll von solchem Dunkel, haben wir die Sehkraft wieder erlangt, durch seinen Willen jene Wolke abstreifend, von der wir umfangen waren"; vgl. auch 1, 4: „er hat uns das Licht geschenkt". In 3, 1–4 wird der Begriff „Erkenntnis" (γνῶσις), der zunächst in bezug auf „den Vater der Wahrheit" erscheint – eine im Urchristentum außer hier und 2Klem 20, 5 (vgl. 19, 1) nicht belegte Gottesbezeichnung –, ins Ethische uminterpretiert. In 5, 5f. und 6, 6f. nimmt der Verfasser den das Heil beschreibenden gnostischen Begriff der „Ruhe" (ἀνάπαυσις) auf, deren Erlangen aber wiederum an die Ethik gebunden wird. Ausdrücklich wendet er sich gegen die These, „daß dieses Fleisch nicht gerichtet wird noch aufersteht" (9, 1). In denselben Zusammenhang gehört Kap. 14. Dort werden Spekulationen über die präexistente Kirche sowie die Interpretation von Gen 1, 27 auf die Syzygie Christus – Kirche aufgenommen, die dann nur dazu dienen, das rechte Verhalten „im Fleisch" zu betonen. Auf die ethisierende Interpretation des Logions von 12, 2, das ursprünglich einen gnostisch-enkratitischen Sinn hat, in 12, 3–5 wurde schon hingewiesen.[102]

Auffällig ist die Art, wie hier die „Auseinandersetzung" mit der Gnosis erfolgt. Es findet sich nämlich so gut wie keine ausdrückliche Polemik. Gnostische Termini und Sätze werden vielmehr unbefangen aufgenommen und ethisch interpretiert. Das scheint angesichts der für den 2. Klemensbrief anzunehmenden Abfassungszeit weitaus am ehesten in Ägypten denkbar zu sein, wo sich „Rechtgläubigkeit" und „Ketzerei" in ihrem Gegenüber erst sehr spät herausgebildet haben.[103]

Für die zeitliche Ansetzung bietet Euseb den *terminus ad quem*. Vermag man der These Stegemanns nicht zu folgen,[104] entfällt die Abfassungszeit des 1. Klemensbriefs als sicherer *terminus post quem*. Da aber der Verfasser des 2. Klemensbriefs eine apokryphe Evangelienschrift benutzt, die ihrerseits das Matthäusevangelium und das Lukasevangelium voraussetzt[105], dürfte damit ein noch späterer *terminus post quem* als durch den 1. Klemensbrief gesetzt sein. Überhaupt bietet die Zitierung von „Herrenworten" den besten Anhaltspunkt für eine Datierung des 2. Klemensbriefs. Die unbedenkliche Benutzung einer apokryphen Evangelienschrift, die geradezu als „Schrift" neben das Alte Testament tritt, spricht gegen eine Ansetzung in der zweiten Hälfte des zweiten Jahrhunderts. Man kann daher die Jahre 130–150 als wahrscheinliche Entstehungszeit für den 2. Klemensbrief angeben.[106]

---

[102] S. o. S. 224.
[103] Vgl. Bauer, Rechtgläubigkeit 49–65, bes. 60–65.
[104] S. o. S. 210–212.
[105] Köster, Überlieferung 110.
[106] Vgl. die Argumentation Lightfoots, der die Zeit von 120–140 annimmt (Fathers 201–204).

7. Christologie

Gleich mit der einleitenden Mahnung seines Schreibens, über Jesus Christus so zu denken wie über Gott, sagt der Verfasser des 2. Klemensbriefs von Jesus Gottheit aus. Dem entspricht es, wenn in 13, 3f. ein Jesuswort als Gotteswort zitiert wird. Auch in 4, 4 und 12, 1f. könnte mit „Gott" Jesus gemeint sein.[107] Damit steht der Verfasser in einer urchristlichen Überlieferungslinie, die ihre Wurzeln in hymnischer Tradition hat[108] und besonders deutlich bei Ignatius von Antiochien zum Vorschein kommt, dem die Bezeichnung Jesu als Gott selbstverständlich ist.[109] Im 2. Klemensbrief ist die Aussage von der Gottheit Jesu kein eigenständiges Thema. Sie dient von vornherein der Vorbereitung der Paränese: Die Größe Christi unterstreicht die Größe des von ihm gewirkten Heils, und das wiederum verlangt eine Gegengabe der Heilsempfänger, die in einem guten Lebenswandel besteht (1, 1–3).

Unmittelbar neben der Bezeichnung Jesu als Gott steht in 1, 1 die als „Richter der Lebenden und Toten".[110] Das ist vielleicht mitverursacht durch die „Auseinandersetzung" mit der Gnosis, in der der Verfasser steht;[111] sie veranlaßt ihn, den Gerichtsgedanken zu betonen. Aber auch er ist kein eigenständiges christologisches Thema, sondern dient ausschließlich der Paränese. Wenn der Verfasser fortfährt, über Jesus Christus gering zu denken, sei gleichbedeutend mit einer Hoffnung, die nur Geringes zu empfangen erwartet (1, 2), dann ist der Richter Jesus Christus nicht so sehr als Verurteilender im Blick, sondern als der, der den endzeitlichen Lohn ausgibt. Die Rettung ist damit wesentlich auf das künftige Heil bezogen und dient so als Motivation für das rechte Verhalten in der Gegenwart.

Die letzte Aussage in 1, 2, daß es zu wissen gelte, „was alles unseretwegen zu leiden Jesus Christus auf sich genommen hat", ist die einzige Stelle im 2. Klemensbrief, an der vom Leiden Jesu die Rede ist. Sie ist mit dem Kontext nur lose verbunden; in formelhafter Weise wird von der Heilsbedeutung des Leidens Jesu

---

[107] Nach Stegemann besteht im Blick auf 4, 4 angesichts des Kontextes „durchaus Anlaß zu der Vermutung, daß im Gegensatz zu den Parallelstellen Act 5, 29 und 1Kl 14, 1 mit ὁ θεός hier nicht der Vater, sondern Christus als der Herr des Endgerichts gemeint ist. 2Kl 12, 1–3 jedenfalls versteht unter ὁ θεός den Christus, was durch 2Kl 17, 5 bestätigt wird" (Herkunft 86f.).
[108] Vgl. Phil 2, 6; Joh 1, 1.
[109] Eph insc.; 1, 1; 15, 3; Trall 7, 1; Röm 3, 3; Sm 10, 1; Pol 3, 3.
[110] Auch diese Bezeichnung hat tiefe Wurzeln im Urchristentum. Sie reicht zurück bis in die Erwartung der frühen palästinischen Gemeinde, die im auferweckten Jesus vor allem den zum Gericht kommenden Menschensohn sah. Von dort her ist die Bezeichnung Jesu als des Richters der Lebenden und Toten traditionell geworden; vgl. Act 10, 42; 1Petr 4, 5; 2Tim 4, 1; Barn 7, 2; Pol2Phil 2, 1.
[111] S. o. S. 226f.

gesprochen.[112] Nach den vorangegangenen christologischen Aussagen dient die Erwähnung des Leidens Jesu besonders dem ersten Ansatz zur Paränese in 1, 3 im Sinne folgender Argumentation: Das hat Jesus Christus für uns getan; was ist unsere Gegengabe an ihn? Ein wesentliches Thema sind Leiden und Tod Jesu für den Verfasser jedenfalls nicht.[113]

Außer in 1, 1f. begegnen christologische Aussagen von Gewicht nur noch in 9, 5 und 14, 2–4. Aber auch an diesen Stellen bildet die Christologie kein selbständiges Thema; wie vom Charakter des gesamten Schreibens nicht anders zu erwarten, ist sie hier ebenfalls der Paränese unterstellt. Auch wenn es kaum möglich sein dürfte, in 14, 2–4 einen logischen Gedankengang zu erkennen, so lassen sich doch aus den beiden genannten Stellen in bezug auf die Christologie etwa folgende Vorstellungen herausschälen: Jesus Christus war Geist, und er wurde Fleisch. In der Seinsweise im Fleisch verkündete er. Als der, der damals redete, als der, dessen Worte im Evangelium überliefert werden, ist er der Berufende. Insofern ist der in die Gegenwart hineinredende Herr an den irdischen Jesus gebunden. Der gegenwärtige Herr gilt offensichtlich wieder als Geist;[114] in dieser Seinsweise ist er wohl als Richter der Lebenden und Toten vorgestellt. Dabei wird nach 17, 5 vorausgesetzt, daß die Ungläubigen den kommenden Weltherrscher als Jesus wiedererkennen. Diese Bindung der christologischen Ausführungen an Jesus wie auch die Aussage von der Fleischwerdung läßt den Verfasser weit davon entfernt sein, doketische oder gnostisierende Christologie zu treiben. Was er bietet, ist sozusagen kirchliches Normalmaß: Gottheit Jesu, Jesus als endzeitlicher Richter und vorzeitlicher Geist, der Fleisch wurde und durch sein Leiden die Rettung erwarb. Er hat an diesen Ausführungen kein besonderes Interesse; sie sind ihm lediglich wichtig im Blick auf die Paränese.[115] „Er predigt eine handfeste Werkgerechtigkeit. Die christologischen Gedanken (1) und ekklesiologischen Spekulationen über die präexistente Kirche (14) werden unverstanden als moralische Motivationen verwendet... Auch die zahlreichen eschatologischen Aussagen dienen ausschließ-

---

[112] Die Formulierung erinnert an die „Sterbensformel", die hier im Hintergrund steht. Ob der Satz in 2Klem 1, 2 als eigenständige Formel gebraucht wurde, ist zweifelhaft; vgl. dazu Klaus Wengst, Christologische Formeln und Lieder des Urchristentums, StNT 7, Gütersloh ²1974, 85f.

[113] Windisch stellte heraus, „daß der Kern der neutestamentlichen Christuslehre, das durch Tod und Auferstehung besiegelte Erlösungswerk des göttlichen Herrn, im II.Clem. ganz und gar keine Rolle spielt: vom Tod 'für uns' wird nur im Eingange flüchtig gesprochen, von seiner Auferstehung überhaupt nicht" (Christentum 129; vgl. 131).

[114] "Christ who was first spirit, was manifested in the flesh, but now because of his resurrection and ascension he is again in the spiritual realm" (Donfried, Setting 163).

[115] Das ist gegen Stegemann herauszustellen, die meint, „daß den Verfasser von 2Kl grundlegend christologische Interessen bestimmen und in seinen Ausführungen leiten" (Herkunft 86, vgl. 87). Dieses Urteil wird vom Text des Schreibens nicht abgedeckt, wie schon die nur wenigen christologischen Bezugnahmen zeigen. Es kann nur gefällt werden, wenn man das durchgängige paränetische Interesse des Verfassers verkennt.

lich dazu, durch Drohung und Verheißung die moralischen Forderungen einzuschärfen."[116]

8. Christliches Leben

Es wurde immer wieder deutlich, daß dem Verfasser des 2. Klemensbriefes zuerst und vor allem an der ethischen Mahnung liegt. So soll nun abschließend gefragt werden, wozu er eigentlich ermahnt und welchen theologischen Stellenwert das geforderte Verhalten einnimmt.

a) Die Verhaltensforderungen

Auffällig ist zunächst die große Anzahl allgemein gehaltener Forderungen. An erster Stelle wäre zu nennen, was man alles tun soll: den Willen Gottes, des Vaters[117], den Willen Christi[118], die Gerechtigkeit[119], die Gebote[120], die Worte[121], was Christus sagt[122], was der Herr will[123]; und was man nicht tun soll: Böses[124] und die bösen Begierden der Seele[125]. Zu trachten ist sodann nach Gerechtigkeit, Tugend und Frömmigkeit.[126] Weiter sind das Fleisch, das Siegel und die Taufe sowie die Kirche rein zu bewahren.[127] Die Gebote des Herrn soll man beachten,[128] den Anordnungen gehorchen[129] und Christus und seinen Geboten nicht ungehorsam sein.[130] Man soll sich mühen, Gutes zu tun,[131] Gott dienen,[132] ihn ehren,[133] fromm und gerecht wandeln,[134] den geraden Weg gehen,[135] nüchtern sein für das Gute,[136] Fortschritte machen in den Geboten des Herrn,[137] Gottes-

---

[116] Vielhauer, Urchristliche Literatur 742.
[117] 14, 1; vgl. 8, 4; 10, 1.
[118] 6, 7; vgl. 5, 1.
[119] 4, 2; 11, 7; 19, 3.
[120] 5, 5.
[121] 15, 5.
[122] 3, 4.
[123] 13, 2.
[124] 19, 2.
[125] 16, 2.
[126] 10, 1; 18, 2; 20, 4.
[127] 6, 9; 7, 6; 8, 4. 6; vgl. 9, 2; 14, 3.
[128] 8, 4.
[129] 19, 3.
[130] 3, 4; 6, 7.
[131] 10, 2.
[132] 11, 1; 18, 1.
[133] 3, 4.
[134] 5, 6.
[135] 7, 3.
[136] 13, 1.

Einleitung

furcht üben,[138] die Schlechtigkeit lassen,[139] Gottlosigkeit fliehen,[140] den wohligen Genüssen entsagen.[141] Es ist erstaunlich, wie variantenreich der Verfasser die ganz allgemeine Mahnung zum Tun des Guten vorzutragen weiß. Zu was aber fordert er konkret auf?

Man hat gemeint, daß der Verfasser enkratitische Tendenzen verfolge.[142] Am deutlichsten gilt in dieser Hinsicht 12, 5, wo der Schluß des in Vers 2 zitierten Logions („und das Männliche mit dem Weiblichen, weder Männliches noch Weibliches") so ausgelegt wird: „Ein Bruder soll beim Anblick einer Schwester in keiner Weise an sie als Frau denken, noch soll sie an ihn als Mann denken." Die Frage ist, ob der Verfasser hier als Zielpunkt vollständige geschlechtliche Askese im Blick hat, wie das bei der Parallelstelle im Ägypterevangelium[143] der Fall ist, oder ob er lediglich im Sinne von Mt 5, 27 das geschlechtliche Verlangen außerhalb der Ehe verurteilt.

In jüngerer Zeit ist Stegemann entschieden für die erste Möglichkeit eingetreten: „Charakteristisch für die im 2Klem empfohlene Enthaltsamkeit (ἐγκράτεια) ist, daß hier über das Maß dessen hinaus, was im frühen Christentum im allgemeinen an Selbstbeherrschung und Heiligung (ἁγνεία) erwartet wird, völlige sexuelle Askese verlangt wird."[144]

Aber gegen diese Einschätzung lassen sich gewichtige Bedenken geltend machen. Zunächst ist darauf hinzuweisen, daß bei der Auslegung des apokryphen Zitates die beiden unmittelbar vorangehenden Forderungen in 12, 3f. doch recht bieder sind: Wir sollen zueinander die Wahrheit sagen, und die Seele soll in guten Werken offenbar sein. Vor allem aber ist zu beachten, daß der Verfasser nirgends klar und ausdrücklich die Forderung völliger geschlechtlicher Askese aufstellt, obwohl er mehrfach auf den geschlechtlichen Bereich eingeht. Was er vielmehr ausdrücklich bringt, ist das Verbot des μοιχᾶσθαι in 4, 3; und in 6, 4 nennt er als von diesem Äon erhobene Forderungen die μοιχεία und die φθορά. Wer aber mit Ehebruch und Schändung bestimmtes geschlechtliches Fehlverhalten explizit verbietet, dürfte kaum ein Verfechter genereller Geschlechtsaskese sein. Eine solche Intention läßt sich auch nicht aus den Stellen herauslesen, an denen die Worte ἐγ-

[137] 17, 3.
[138] 20, 4.
[139] 10, 1.
[140] 10, 1.
[141] 16, 2.
[142] Z. B. Knopf, Zeitalter 412 f.; der 2. Klemensbrief sei „eine ausführliche, eindringliche Mahnung zur Enthaltsamkeit" (412); hier werde „die Askese als Ideal für die ganze Gemeinde aufgestellt" (413).
[143] Vgl. o. S. 223 f.
[144] Herkunft 127; unter den Vorgängern dieser These vgl. auch noch Windisch, Christentum 132, der sich allerdings an derselben Stelle zu Recht wundert: „Seltsam bleibt freilich, daß diese Askese gerade in einem Schriftstück empfohlen wird, das sich übrigens durch so große Nüchternheit auszeichnet."

κρατής und ἐγκράτεια begegnen. In 4, 3 steht ἐγκρατής unmittelbar nach einem Lasterkatalog am Beginn eines Tugendkatalogs vor den Forderungen, barmherzig und gut zu sein. Daß ἐγκρατής in dieser Reihe die Bedeutung völliger geschlechtlicher Askese haben soll, ist unwahrscheinlich; viel näherliegend ist in einem solchen Kontext die Bedeutung „selbstbeherrscht". Daneben begegnet nur noch einmal das Substantiv ἐγκράτεια an etwas hervorgehobener Stelle, wenn der Verfasser im Rückblick von einer συμβουλία περὶ ἐγκρατείας spricht (15, 1). Aber auch hier ist eine spezielle Bedeutung unwahrscheinlich, da im Kontext in allgemeiner Bekehrungsterminologie von der Rettung einer dem Irrtum verfallenen Seele die Rede ist. Schließlich ist noch die mehrfach begegnende Wendung τηρεῖν τὴν σάρκα zu nennen[145], die den Beweis für das Vorliegen der Forderung nach völliger Geschlechtsaskese ebenfalls nicht tragen kann. Immer macht der Kontext ein Verständnis in einem allgemeinen Sinn wahrscheinlicher. Sie steht parallel zu den Wendungen, das Siegel oder die Taufe zu bewahren, die die Bedeutung haben: Nach dem Empfang der Sündenvergebung in der Taufe soll sich der Christ nicht wieder mit Sünde beflecken. Somit bleibt als Ergebnis festzuhalten, daß der Verfasser des 2. Klemensbriefes den geschlechtlichen Bereich zwar anspricht und in 12, 5 auch eine besonders pointierte Aussage bietet, die eine sachliche Nähe zu der von Mt 5, 27 aufweist; aber weder an dieser Stelle noch anderswo fordert er völlige Geschlechtsaskese.

Einige Verhaltensforderungen betreffen den sozialen Bereich. In 16, 4 wird dem Almosengeben ein hoher Stellenwert eingeräumt: Es ist ebenso gut wie Buße für die Sünden und besser als Fasten und Beten. Praktische Hilfe rangiert vor rituellen Vollzügen. Almosen einschließend sind sicherlich auch die allgemeiner gehaltenen Forderungen in 4, 3, barmherzig und gut zu sein; das abgelehnte Gegenstück dazu bildet die Geldliebe. Diese steht in 6, 4 mit ἀπάτη zusammen, worunter in dieser Zusammenstellung der Betrug verstanden sein dürfte. Die den sozialen Bereich betreffenden Forderungen nehmen also keinen breiten Raum ein, und sie sind auch nicht – im urchristlichen Vergleich – besonders profiliert. Man soll einerseits erbarmungsvoll und gütig sein, was sich vor allem im Geben von Almosen ausdrückt, und andererseits keine Geldgier an den Tag legen. Auch hierin dürfte der 2. Klemensbrief kirchliche Normalität seiner Zeit widerspiegeln.[146]

Weiter sind solche Verhaltensforderungen zu nennen, die den Bereich der Gemeinde betreffen. So mahnt der Verfasser, einander zu lieben.[147] Wie die Kontexte dieser Mahnung zeigen, liegt auf ihr kein besonderer Ton. Sie hat nicht das Gewicht wie im Johannesevangelium und 1. Johannesbrief. Die Forderung in 4, 3,

---

[145] S. die Stellen in A. 127 o. S. 230.

[146] Die ist allerdings nicht geringzuachten, sondern kann für eine Zeit, in der es für die meisten Menschen keine soziale Absicherung von seiten des Staates gab, nicht hoch genug eingeschätzt werden; vgl. Justin, apol. I 67; Tertullian, apol. 39.

[147] 4, 3; 9, 6.

miteinander Mitleid zu haben, macht deutlich, daß die Liebe in erster Linie denen gebührt, die in irgendeiner Weise leiden. Die Mahnungen in 17, 2 beziehen sich auf die gegenseitige Stützung im Glauben; das geht aus dem Kontext eindeutig hervor. Auf den wahrhaftigen Umgang miteinander und Einmütigkeit in der Gemeinde ist der Verfasser in 12, 3 aus; letztere soll auch nach 17, 3 das Ziel zahlreichen Zusammenkommens sein. Auf der abgelehnten Gegenseite stehen in 4, 3 Verleumdung und Neid. Gewiß sind diese Mahnungen alle traditionell; aber das schließt nicht aus, daß hinter ihnen die Wirklichkeit einer durchaus lebendigen Gemeinde steht.

Schließlich sind noch die Forderungen anzuführen, die das Verhalten gegenüber der Welt betreffen. Neben der missionarischen Aktivität, die in 17, 1 in der Formulierung „von den Götzen abspenstig machen" erscheint, ist hier vor allem die differenzierte Mahnung in 13, 1 zu nennen: Man soll nicht den Leuten zu gefallen suchen, aber auch nicht nur sich selbst, der christlichen Gemeinde nämlich, „sondern auch den Menschen draußen aufgrund rechten Tuns". Nicht der Welt gefallen, sondern ihr Eindruck machen – das ist die Devise. Wenn in 13, 4 als Beispiel rechten Tuns die Feindesliebe genannt wird, ist deutlich, daß das die Welt beeindruckende Verhalten sich nicht an weltlichen Maßstäben orientieren soll, sondern an den der Gemeinde eigenen Normen. Was es heißt, den Leuten nicht zu gefallen zu suchen, führt der Verfasser in 5, 6f. aus, wenn er dazu auffordert, „diese weltlichen Dinge für fremdes Gut zu halten und sie nicht zu begehren. Wenn wir nämlich begehren, diese Dinge zu erwerben, fallen wir vom rechten Weg ab". Was in der Welt Rang und Geltung hat, was nach den dortigen Maßstäben als erstrebenswert gilt, soll nicht begehrt werden. In dieser Hinsicht ist auch die Ethik des 2. Klemensbriefs in gutem Sinne „weltfremd". Dem entspricht die Aufforderung in 17, 3, „uns nicht von den weltlichen Begierden in die entgegengesetzte Richtung ziehen zu lassen". Mit „weltlichen Begierden" ist wohl die Begehrlichkeit im weitesten Sinne gemeint, die durch „weltliche Dinge" geweckt wird. Die damit ausgedrückte Distanz zur Welt ist auch im letzten hier zu nennenden Aspekt deutlich, der im 2. Klemensbrief in dieser Hinsicht zur Sprache kommt: Furchtlosigkeit und Tapferkeit gegenüber der Feindschaft der Welt.[148] Allerdings taucht dieser Aspekt nur am Rande auf.

b) Der theologische Stellenwert der Ethik

In immer wieder neuen Wendungen wird das künftige Heil an das richtige ethische Verhalten gebunden. So hängt die Rettung ab vom Tun der Gerechtigkeit[149]

---

[148] 4, 4; 17, 7; vgl. 16, 2.
[149] 4, 1 f.; 9, 3.

und vom Ableisten der Buße, solange man in der Welt ist und also noch Gelegenheit dazu hat.[150] Wer den Ratschlag des Verfassers befolgt, wird sich selbst und den Ratgeber retten.[151] Ewige Strafe droht dem, der den Willen Christi nicht tut und seinen Geboten den Gehorsam verweigert.[152] Der Herr wird jeden „gemäß seinen Werken" richten.[153] In das Reich Gottes kommt, wer die Taufe rein und unbefleckt bewahrt und rechtschaffen handelt.[154] Diese Reihe ließe sich weiter fortsetzen. An allen Stellen ist das rechte christliche Handeln relevant für das in verschiedener Weise beschriebene zukünftige Heil; die Ethik ist heilskonstitutiv.

Doch außer von der erst im Endgericht erfolgenden Rettung spricht der Verfasser des 2. Klemensbriefs an einer ganzen Reihe von Stellen auch davon, daß Christus uns schon gerettet hat.[155] Man kann nun nicht so vorgehen, daß man die erste Aussagenreihe dem Verfasser zuschreibt und die zweite für traditionell erklärt.[156] Die erste ist nicht weniger traditionell als die zweite; und der Verfasser hat sich die eine ebenso zu eigen gemacht wie die andere. Daß er auch selbst eine Aussage über die schon erfolgte Rettung formulieren kann, ergibt sich aus seiner in 2, 5–7 gegebenen Auslegung des in 2, 4 zitierten Logions.

Wie aber ist das Verhältnis beider Aussagenreihen zueinander zu bestimmen? Zur Beantwortung dieser Frage muß zunächst geklärt werden, was der Verfasser unter der schon erfolgten Rettung versteht. Nach 3, 1 ist es nichts anderes als die Bekehrung vom Heidentum. Das Verhältnis dieser schon geschehenen Rettung und der Rettung im Endgericht zueinander ist dann so zu denken, daß die Bekehrung vom Heidentum und seiner Götzenanbetung die Voraussetzung für einen neuen Lebenswandel schuf; und dieser neue Lebenswandel wiederum ist Voraussetzung für die endgültige Rettung.[157] Sie erfolgt ja im Gericht, das sich an den nach der Bekehrung vollbrachten Taten orientiert. Es liegt somit dasselbe ethisch-soteriologische Konzept vor wie im Barnabasbrief. Das findet seinen prägnantesten Ausdruck im ersten Satz von 19, 3: „Laßt uns also das Rechte tun, damit wir εἰς τέλος gerettet werden!" εἰς τέλος heißt „am Ende" oder „ganz und gar", kann aber auch, wie es hier wohl der Fall ist, beide Aspekte zugleich zum Ausdruck bringen[158]: Die von Christus bereits vollbrachte Rettung ist noch nicht vollständig und endgültig; daß sie das wird, dazu müssen die von den Götzen abspenstig Gemachten durch ihr rechtes Handeln erst noch selbst entscheidend bei-

---

[150] 8, 2; vgl. 13, 1.
[151] 15, 1; vgl. 19, 1.
[152] 6, 7; vgl. 6, 8f.
[153] 17, 4; vgl. 11, 6.
[154] 6, 9; 11, 7; vgl. 9, 6; 12, 6.
[155] Vgl. nur 1, 4. 7; 2, 7.
[156] Das tut Donfried, Setting 103f.; Theology 488–490.
[157] Vgl. Donfried, Setting 181: "Thus, our writer never stresses baptism as a saving event, but merely as the beginning of the road to virtue."
[158] So auch in Joh 13, 1.

tragen.¹⁵⁹ Damit partizipiert der 2. Klemensbrief an der sich auch sonst im zweiten Jahrhundert zeigenden Gesetzlichkeit. Auch in dieser Beziehung dürfte er sozusagen das kirchliche Normalmaß seiner Zeit präsentieren.

---

¹⁵⁹ So schrieb schon Harnack: „Was Christus seiner Gemeinde bisher gebracht hat, ist... wesentlich nichts anderes als die sichere Anwartschaft auf ein zukünftiges Heil" (Brief 351); „der Mensch ist bei seinem Verhalten einzig und allein auf sich selber angewiesen. Hieraus folgt weiter, dass die Gerechtigkeit, welche Gott für den Eintritt in sein zukünftiges Reich fordert, lediglich abhängig erscheint von dem aufrichtigen Werkdienst, der aus eignen Kräften zu leisten ist" (ebd. 354). Vgl. auch das am Schluß des vorigen Abschnitts gegebene Zitat von Vielhauer (o. S. 229f.).

TEXTZEUGEN

A Codex Alexandrinus; 2Klem 1,1–12, 5; nach The Codex Alexandrinus in reduced photographic facsimile, with an introduction by F. G. Kenyon, London 1909

H Codex Hierosolymitanus 54; 2Klem 1,1–20, 5; nach einem Mikrofilm der Handschrift

S Codex Syriacus; 2Klem 1,1–20, 5; nach R. H. Kennett, The Epistles of S. Clement to the Corinthians in Syriac, edited from the Manuscripts with Notes by the late R. L. Bensly, Cambridge 1899

ΚΛΗΜΕΝΤΟΣ ΕΠΙΣΤΟΛΗ ΔΕΥΤΕΡΑ

1. 1. ἀδελφοί, οὕτως δεῖ ᵃἡμᾶςᵃ φρονεῖν περὶ Ἰησοῦ Χριστοῦ ὡς περὶ θεοῦ, ὡς περὶ κριτοῦ ζώντων καὶ νεκρῶν· καὶ οὐ δεῖ ᵇἡμᾶςᵇ μικρὰ φρονεῖν περὶ τῆς σωτηρίας ἡμῶν. 2. ἐν τῷ γὰρ φρονεῖν ἡμᾶς μικρὰ περὶ αὐτοῦ μικρὰ καὶ ἐλπίζομεν ᵃλαβεῖνᵃ· καὶ οἱ ἀκούοντες ᵇὡς περὶᵇ μικρῶν ᶜᶜ ἁμαρτάνομεν οὐκ εἰδότες πόθεν ἐκλήθημεν καὶ ὑπὸ τίνος καὶ εἰς ὃν τόπον, καὶ ὅσα ὑπέμεινεν Ἰησοῦς Χριστὸς παθεῖν ἕνεκα ἡμῶν. 3. τίνα οὖν ἡμεῖς αὐτῷ δώσομεν ἀντιμισθίαν; ἢ τίνα καρπὸν ἄξιον, οὗ ἡμῖν αὐτὸς ἔδωκεν; πόσα ᵃᵃ αὐτῷ ὀφείλομεν ὅσια; 4. τὸ φῶς γὰρ ἡμῖν ἐχαρίσατο, ὡς πατὴρ υἱοὺς ἡμᾶς προσηγόρευσεν, ἀπολλυμένους ἡμᾶς ἔσωσεν. 5. ᵃποῖον οὖνᵃ αἶνον ᵇδώσομεν αὐτῷᵇ ἢ μισθὸν ἀντιμισθίας, ὧν ἐλάβομεν, 6. ᵃπηροὶᵃ ὄντες τῇ διανοίᾳ, προσκυνοῦντες λίθους καὶ ξύλα, ᵇᵇ χρυσὸν καὶ ἄργυρον καὶ χαλκόν, ἔργα ἀνθρώπων; καὶ ὁ βίος ᶜἡμῶνᶜ ὅλος ᵈοὐδὲν ἄλλοᵈ ἦν εἰ μὴ θάνατος. ἀμαύρωσιν οὖν περικείμενοι καὶ τοιαύτης ἀχλύος γέμοντες ἐν τῇ ὁράσει ἀνεβλέψαμεν, ἀποθέμενοι ἐκεῖνο, ὃ περικείμεθα νέφος, τῇ ᵉθελήσει αὐτοῦᵉ. 7. ἠλέησεν γὰρ ἡμᾶς καὶ σπλαγχνισθεὶς ἔσωσεν

---

0. Κλήμεντος πρὸς Κορινθίους β' Η; τοῦ αὐτοῦ ἐπιστολὴ δευτέρα πρὸς Κορινθίους S.
1. 1. ᵃ et ᵇ A S; ὑμᾶς Η   2. ᵃ A; ἀπολαβεῖν Η   ᵇ H S; ὥσπερ A   ᶜ A H; ἁμαρτάνουσιν, καὶ ἡμεῖς S   3. ᵃ H; δέ A; γάρ S   5. ᵃ H; ποιουν A; ποῖον S   ᵇ H; 2 1 A   6. ᵃ A S; πονηροί H   ᵇ H S; καί A   ᶜ A H; αὐτῶν S   ᵈ H; 2 1 A   ᵉ H; 2 1 A; θελήσει ἡμῶν S

ZWEITER KLEMENSBRIEF

1. 1. Brüder, über Jesus Christus müssen wir so denken wie über Gott,[1] wie über den Richter der Lebenden und Toten;[2] und wir dürfen nicht gering über unsere Rettung denken. 2. Wenn wir nämlich gering über ihn denken, hoffen wir auch nur Geringes zu empfangen. Und wir, die wir in der Meinung zuhören, als ginge es um etwas Geringes, sündigen, weil wir nicht wissen, woher wir berufen worden sind, von wem und für welchen Ort[3] und was alles unseretwegen zu leiden Jesus Christus auf sich genommen hat.[4]
3. Welche Gegenleistung[5] werden wir ihm also abstatten oder welche Frucht, die dem entspricht, was er uns gegeben hat? Wieviel frommen Dank[6] schulden wir ihm? 4. Denn er hat uns das Licht geschenkt,[7] wie ein Vater uns Söhne genannt[8] und, als wir verlorengingen, uns gerettet.[9] 5. Was für einen Lobpreis werden wir ihm also abstatten oder was für ein Entgelt als Gegenleistung für das, was wir empfangen haben, 6. als wir beschränkt in unserem Denken waren, Steine anbeteten und Holz, Gold, Silber und Kupfer,[10] Werke von Menschen? Und unser ganzes Leben war nichts anderes als Tod.[11] Rundum also mit Finsternis behaftet und die Augen voll von solchem Dunkel, haben wir die Sehkraft wieder erlangt, durch seinen Willen jene Wolke abstreifend, von der wir umfangen waren.[12] 7. Denn er hat

---

[1] Zur Christologie des 2. Klemensbriefs vgl. o. S. 228–230.
[2] [A. 2 s. S. 270.]
[3] [A. 3 s. S. 270.]
[4] Vgl. Barn 5, 1. 5; 7, 2; IgnSm 2, 1; 7, 1; MartPol 17, 2.
[5] ἀντιμισθία ist ein für den 2. Klemensbrief typischer Begriff, der hier und in 1, 5; 9, 7 und 15, 2 der Motivierung der Paränese dient. Mit diesem Wort ist das Interesse des Verfassers an der Soteriologie auf den Begriff gebracht.
[6] „ὅσια steht parallel zu ἀντιμισθία und καρπός" und entspricht so „dem herrschenden griechischen Sprachgebrauche, wonach ὅσιον das ist, was sich auf die Götter bezieht, was man ihnen zu leisten schuldig ist" (Knopf, Komm. 154).
[7] [A. 7 s. S. 270.]
[8] Von der Mt 5, 9; Mt 5, 45/Lk 6, 35; Lk 20, 36 verheißenen Gottessohnschaft wird hier – allerdings im bildlichen Vergleich – im Aorist gesprochen; vgl. Joh 1, 12; 11, 52; 1Joh 3, 1. Im 2. Klemensbrief sind alle rückblickenden soteriologischen Aussagen auf die Bekehrung vom Heidentum bezogen; s. o. S. 234.
[9] Vgl. 2, 7.
[10] [A. 10 s. S. 270.]
[11] Zu diesem Gedanken vgl. Mt 8, 22/Lk 9, 60; Joh 5, 24f.; Eph 2, 1. 5; 5, 14; Kol 2, 13; 1Tim 5, 6; Apk 3, 1. Diese Vorstellung ist auch der Gnosis eigentümlich; vgl. nur Corpus hermeticum I (Poimandres) 15. 19. 20; Stellen aus der klassischen Antike bei Knopf, Komm. 155.
[12] Der Verfasser gebraucht hier eine Terminologie, die für die Bekehrung vom Heiden-

θεασάμενος ἐν ἡμῖν πολλὴν πλάνην καὶ ἀπώλειαν καὶ μηδεμίαν ἐλπίδα ἔχοντας σωτηρίας, εἰ μὴ τὴν παρ' αὐτοῦ. 8. ἐκάλεσεν γὰρ ἡμᾶς οὐκ ὄντας καὶ ἠθέλησεν ἐκ ᵃᵃ μὴ ὄντος εἶναι ἡμᾶς·

2. 1. εὐφράνθητι στεῖρα ἡ οὐ τίκτουσα, ῥῆξον καὶ βόησον ἡ οὐκ ὠδίνουσα, ὅτι πολλὰ τὰ τέκνα τῆς ἐρήμου μᾶλλον ἢ τῆς ἐχούσης τὸν ἄνδρα.

ὃ εἶπεν· εὐφράνθητι στεῖρα ἡ οὐ τίκτουσα, ἡμᾶς εἶπεν· στεῖρα γὰρ ἦν ἡ ἐκκλησία ἡμῶν πρὸ τοῦ δοθῆναι αὐτῇ τέκνα.

2. ὃ δὲ εἶπεν· βόησον ἡ οὐκ ὠδίνουσα, τοῦτο λέγει· τὰς προσευχὰς ἡμῶν ἁπλῶς ἀναφέρειν πρὸς τὸν θεόν, μὴ ὡς αἱ ὠδίνουσαι ἐγκακῶμεν.

3. ὃ δὲ εἶπεν, ὅτι πολλὰ τὰ τέκνα τῆς ἐρήμου μᾶλλον ἢ τῆς ἐχούσης τὸν ἄνδρα· ἐπεὶ ἔρημος ἐδόκει εἶναι ἀπὸ ᵃτοῦᵃ θεοῦ ὁ λαὸς ἡμῶν, νυνὶ δὲ πιστεύσαντες πλείονες ἐγενόμεθα τῶν δοκούντων ἔχειν θεόν.

4. καὶ ἑτέρα ᵃδὲᵃ γραφὴ λέγει, ὅτι οὐκ ἦλθον καλέσαι δικαίους, ἀλλὰ ἁμαρτωλούς· 5. τοῦτο λέγει, ὅτι δεῖ τοὺς ἀπολλυμένους σώζειν. 6. ἐκεῖνο γάρ ἐστιν μέγα καὶ θαυμαστόν, οὐ τὰ ἑστῶτα στηρίζειν, ἀλλὰ τὰ πίπτοντα. 7. οὕτως καὶ ὁ ᵃΧριστὸςᵃ ἠθέλησεν

---

8. ᵃ A; τοῦ H
2. 3. ᵃ A; om. H   4. ᵃ A S; om. H   7. ᵃ A S; κύριος H

sich unser erbarmt und voll Mitleid uns gerettet,[13] weil er in uns großen Irrtum und Verderben erblickte, und daß wir keine Hoffnung[14] auf Rettung hatten außer der, die von ihm kommt. 8. Er hat uns nämlich als Nichtse berufen und uns aus dem Nichts heraus sein lassen wollen:[15]

2. 1. Freue dich, Unfruchtbare, die du nicht gebierst; brich in Jubel aus und rufe laut, die du nicht in Wehen liegst! Denn zahlreich sind die Kinder der Einsamen, mehr als derjenigen, die den Mann hat.[16]

Wenn es heißt: Freue dich, Unfruchtbare, die du nicht gebierst, so meint das uns. Denn unfruchtbar war unsere Kirche, bevor ihr Kinder gegeben wurden.[17]

2. Wenn es heißt: Rufe laut, die du nicht in Wehen liegst, so bedeutet das folgendes: Unsere Gebete Gott schlicht darzubringen, damit wir nicht wie die Frauen in Wehen verzagen.[18]

3. Wenn es heißt: Denn zahlreich sind die Kinder der Einsamen, mehr als derjenigen, die den Mann hat: Unser Volk[19] schien ja von Gott verlassen zu sein, jetzt aber, da wir den Glauben ergriffen haben, sind wir mehr geworden als diejenigen, die Gott zu haben meinen.[20]

4. Und auch eine andere Schrift sagt: Ich bin nicht gekommen, Gerechte zu berufen, sondern Sünder.[21] 5. Das bedeutet: Man muß die Verlorengehenden retten.[22] 6. Denn jenes ist groß und wunderbar, nicht dem, was bereits steht, festen Stand zu geben, sondern dem, was dabei ist zu fallen. 7. So wollte auch Christus

---

tum charakteristisch ist; vgl. Act 26,18; Röm 2,19f.; Eph 4,17f.; 5, 8; 1Petr 2, 9; 1Klem 59, 2.

[13] Zur schon geschehenen Rettung vgl. Röm 8, 24; Eph 2, 5. 8; 2Tim 1, 9; Tit 3, 5; Pol2Phil 1, 3.

[14] Vgl. die Wendung ἐλπίδα μὴ ἔχοντες, die in Eph 2, 12 u. a. zur Beschreibung der vorchristlichen Zeit dient.

[15] Auch hier geht es um die Bekehrung vom Heidentum, die als Schöpfung aus dem Nichts beschrieben wird. Zu diesem Gedanken vgl. Röm 4, 17 und dazu mit weiteren Belegen Ernst Käsemann, An die Römer, HNT 8a; Tübingen 1973, 114f., und Ulrich Wilckens, Der Brief an die Römer (Röm 1–5), EKK 6/1, Neukirchen u. a. 1978, 274f.

[16] Jes 54, 1. Zur Verwendung dieser Stelle im Judentum, bei Paulus und Justin vgl. Frank, Studien 199–201.

[17] [A. 17 s. S. 270f.]

[18] [A. 18 s. S. 271.]

[19] Knopf schreibt: „ὁ λαὸς ἡμῶν ist das *tertium genus*, das Christenvolk, aus den Heiden gesammelt" (Komm. 156). Aber würde dann ἡμῶν stehen? Ist nicht wahrscheinlicher ein bestimmtes Volk gemeint, das nämlich, dem der Verfasser seiner Geburt nach angehört, also das ägyptische, falls der 2. Klemensbrief aus Ägypten stammt?

[20] [A. 20 s. S. 271.]

[21] Mt 9,13b (= Mk 2,17b; vgl. Lk 5, 32). Hier wird ein neutestamentlicher Text als Schrift zitiert; vgl. dazu o. S. 219f.

[22] Das Schriftwort wird ausgelegt als Aufforderung zur Mission; die weiteren Ausführungen zeigen, daß mit den Verlorengehenden die Verehrer von Götzen gemeint sind.

σῶσαι τὰ ἀπολλύμενα, καὶ ἔσωσεν πολλοὺς ἐλθὼν καὶ καλέσας ἡμᾶς ἤδη ἀπολλυμένους.

3. 1. τοσοῦτον οὖν ἔλεος ποιήσαντος αὐτοῦ εἰς ἡμᾶς ᵃκαὶ ἠλέησεν ἡμᾶςᵃ πρῶτον μέν, ὅτι ἡμεῖς οἱ ζῶντες τοῖς νεκροῖς θεοῖς οὐ θύομεν ᵇκαὶ οὐ προσκυνοῦμεν αὐτοῖςᵇ, ἀλλ' ἔγνωμεν δι' αὐτοῦ τὸν πατέρα τῆς ἀληθείας. τίς ᶜᶜ ἡ γνῶσις ᵈἡ πρὸς αὐτὸνᵈ ἢ τὸ μὴ ἀρνεῖσθαι ᵉαὐτόνᵉ, δι' οὗ ἔγνωμεν αὐτόν; 2. λέγει δὲ καὶ αὐτός· τὸν ὁμολογήσαντά με ᵃἐνώπιον τῶν ἀνθρώπωνᵃ ὁμολογήσω ᵇκαὶ αὐτὸνᵇ ἐνώπιον τοῦ πατρός ᶜᶜ.
3. οὗτος οὖν ἐστιν ὁ μισθὸς ᵃἡμῶνᵃ, ἐὰν ᵇᵇ ὁμολογήσωμεν ᶜᶜ, δι' οὗ ἐσώθημεν. 4. ἐν τίνι δὲ αὐτὸν ὁμολογοῦμεν; ἐν τῷ ποιεῖν, ἃ λέγει, καὶ μὴ παρακούειν αὐτοῦ τῶν ἐντολῶν καὶ μὴ μόνον χείλεσιν αὐτὸν τιμᾶν, ἀλλ' ἐξ ὅλης καρδίας ᵃᵃ καὶ ἐξ ὅλης ᵇᵇ διανοίας ᶜᶜ. 5. λέγει δὲ καὶ ἐν τῷ Ἡσαΐᾳ· ὁ λαὸς οὗτος τοῖς χείλεσίν με τιμᾷ ἡ δὲ καρδία ᵃαὐτοῦᵃ πόρρω ᵇἄπεστινᵇ ἀπ' ἐμοῦ.

4. 1. μὴ μόνον ᵃοὖνᵃ αὐτὸν καλῶμεν κύριον· οὐ γὰρ τοῦτο σώσει ἡμᾶς. 2. λέγει γάρ· οὐ πᾶς ὁ λέγων μοι κύριε, κύριε, σωθήσεται, ἀλλ' ὁ ποιῶν τὴν δικαιοσύνην. 3. ὥστε οὖν, ἀδελφοί, ἐν τοῖς ἔργοις ᵃαὐτὸνᵃ ᵇὁμολογήσωμενᵇ, ἐν τῷ ἀγαπᾶν ἑαυτούς, ἐν τῷ μὴ μοιχᾶσθαι, μηδὲ καταλαλεῖν ἀλλήλων, μηδὲ ζηλοῦν, ἀλλ' ἐγκρατεῖς εἶναι, ἐλεήμονας, ἀγαθούς· καὶ συμπάσχειν ἀλλήλοις ὀφείλομεν καὶ μὴ φιλαργυρεῖν. ἐν τούτοις τοῖς ἔργοις ὁμολογῶμεν αὐτὸν καὶ μὴ ἐν τοῖς ἐναντίοις. 4. καὶ οὐ δεῖ ἡμᾶς φοβεῖσθαι τοὺς ἀνθρώπους μᾶλλον,

3. 1. ᵃ S; om. A H   ᵇ A S; om. H   ᶜ A H; δέ S   ᵈ A S; τῆς ἀληθείας H   ᵉ H S; om. A   2. ᵃ A H; om. S   ᵇ S; αὐτόν A; om. H   ᶜ S; μου A H   3. ᵃ A H; μέγας S   ᵇ H S; οὖν A   ᶜ A H; αὐτόν S   4. ᵃ A H; ἡμῶν S   ᵇ H; τῆς A   ᶜ A H; ἡμῶν S   5. ᵃ H; αὐτῶν A S   ᵇ A; ἀπέστη H
4. 1. ᵃ A S; om. H   3. ᵃ H S; αὐτῶν A   ᵇ H; ὁμολογῶμεν A

das Verlorengehende retten;²³ und er hat viele gerettet, dadurch daß er kam und uns berief, die wir schon verlorengingen.

3. 1. Als er also so großes Erbarmen uns gegenüber erwies, vollzog sich gerade sein Erbarmen uns gegenüber in erster Linie darin, daß wir, die Lebendigen, nicht den toten Göttern opfern und sie nicht anbeten, sondern durch ihn den Vater der Wahrheit²⁴ erkannt haben. Was anders ist die Erkenntnis, die auf ihn gerichtet ist, als ihn nicht zu verleugnen, durch den wir ihn erkannt haben?²⁵ 2. Er sagt aber auch selbst: Wer mich vor den Menschen bekennt, den werde ich auch vor meinem Vater bekennen.²⁶

3. Das also ist unser Entgelt, wenn wir den bekennen, durch den wir gerettet worden sind. 4. Wodurch aber bekennen wir ihn? Indem wir tun, was er sagt, und seinen Geboten nicht ungehorsam sind, ihn nicht allein mit den Lippen ehren, sondern von ganzem Herzen und von ganzem Verstand.²⁷ 5. Es heißt aber auch bei Jesaja: Dieses Volk ehrt mich mit den Lippen, aber sein Herz ist ferne von mir.²⁸

4. 1. Laßt uns ihn also „Herrn" nicht nur nennen! Denn das wird uns nicht retten. 2. Denn er sagt: Nicht jeder, der zu mir „Herr, Herr" sagt, wird gerettet werden, sondern wer das Rechte tut.²⁹ 3. Laßt uns ihn also daher, Brüder, mit unseren Taten bekennen, indem wir einander lieben, indem wir nicht ehebrechen, noch einander verleumden, noch eifersüchtig sind, sondern selbstbeherrscht, barmherzig, gütig; auch müssen wir miteinander Mitleid haben und dürfen nicht geldgierig sein!³⁰ Mit diesen Taten laßt uns ihn bekennen und nicht mit den entgegengesetzten! 4. Und wir dürfen nicht die Menschen mehr fürchten, sondern Gott.³¹

---

²³ Vgl. Lk 19,10.
²⁴ Die Bezeichnung Gottes als „Vater der Wahrheit" begegnet im nicht-apokryphen urchristlichen Schrifttum nur hier und 2Klem 20, 5. "However, it is well attested in the gnostic literature of the second century" (Donfried, Setting 111; vgl. die Belege S. 111 f.).
²⁵ Es ist für den Verfasser des 2. Klemensbriefs bezeichnend, daß er vom Erkennen des Vaters der Wahrheit spricht und damit gnostische Terminologie aufnimmt und dann – wie schließlich in Vers 4 deutlich wird – die Erkenntnis ethisch interpretiert.
²⁶ Die Form des hier zitierten Logions, das sowohl in der Mk-Überlieferung (Mk 8, 38 par. Lk 9, 26) als auch in der Spruchquellen-Überlieferung (Mt 10, 32/Lk 12, 8) in verschiedener Gestalt begegnet, kommt der Fassung in Mt 10, 32 am nächsten.
²⁷ Vgl. die Aufnahme von Dtn 6, 5 in Mk 12, 30parr., die diese Wendung veranlaßt haben dürfte.
²⁸ Jes 29,13. Der Verfasser des 2. Klemensbriefs hat das Zitat aber kaum aus der LXX entnommen, sondern wohl aus dem von ihm benutzten apokryphen Evangelium (s. o. S. 218), das seinerseits das Matthäusevangelium voraussetzt. Bis auf eine kleine Abweichung steht Jes 29,13 in Mt 15, 8 (= Mk 7, 6) in derselben Fassung wie in 2Klem 3, 5.
²⁹ Das Logion hat Entsprechungen in Mt 7, 21 und Lk 6, 46; es steht der Mt-Fassung sehr viel näher, ist aber auch von ihr charakteristisch unterschieden; vgl. o. S. 221 A. 76.
³⁰ Zur Gliederung dieses kleinen „Sittenkatechismus" schreibt Knopf: „ἀγαπᾶν steht voran, dann kommen drei negative und drei positive Glieder, die je einander entsprechen, und ein antithetisches Doppelglied schließt ab" (Komm. 158).
³¹ Act 5, 29; vgl. weiter Act 4,19 und 1Klem 14, 1 sowie Knopf zur letztgenannten Stelle (Komm. 65). S. auch o. S. 228 mit A. 107.

ἀλλὰ τὸν θεόν. 5. διὰ τοῦτο, ταῦτα ᵃἡμῶνᵃ πρασσόντων, εἶπεν ὁ ᵇ᾽Ιησοῦςᵇ· ἐὰν ἦτε μετ᾽ ἐμοῦ συνηγμένοι ἐν τῷ κόλπῳ μου, καὶ μὴ ᶜποιῆτεᶜ τὰς ἐντολάς μου, ἀποβαλῶ ὑμᾶς καὶ ἐρῶ ὑμῖν· ὑπάγετε ἀπ᾽ ἐμοῦ, οὐκ οἶδα ὑμᾶς πόθεν ἐστέ, ἐργάται ἀνομίας.

5. 1. ὅθεν, ἀδελφοί, καταλείψαντες τὴν παροικίαν τοῦ κόσμου τούτου ποιήσωμεν τὸ θέλημα τοῦ καλέσαντος ἡμᾶς καὶ μὴ φοβηθῶμεν ἐξελθεῖν ἐκ τοῦ κόσμου τούτου. 2. λέγει γὰρ ὁ κύριος ᵃᵃ· ἔσεσθε ὡς ἀρνία ἐν μέσῳ λύκων. 3. ἀποκριθεὶς δὲ ὁ Πέτρος αὐτῷ λέγει· ἐὰν οὖν διασπαράξωσιν οἱ λύκοι τὰ ἀρνία; 4. εἶπεν ὁ ᾽Ιησοῦς τῷ Πέτρῳ· μὴ φοβείσθωσαν τὰ ἀρνία τοὺς λύκους μετὰ τὸ ἀποθανεῖν αὐτά· καὶ ὑμεῖς μὴ φοβεῖσθε τοὺς ἀποκτέννοντας ὑμᾶς καὶ μηδὲν ὑμῖν δυναμένους ποιεῖν· ἀλλὰ φοβεῖσθε τὸν μετὰ τὸ ἀποθανεῖν ὑμᾶς ἔχοντα ἐξουσίαν ψυχῆς καὶ σώματος τοῦ βαλεῖν ᵃᵃ εἰς γέενναν ᵇπυρόςᵇ. 5. καὶ γινώσκετε, ἀδελφοί, ὅτι ἡ ἐπιδημία ἡ ἐν τῷ κόσμῳ τούτῳ τῆς σαρκὸς ταύτης μικρά ἐστιν καὶ ὀλιγοχρόνιος, ἡ δὲ ἐπαγγελία τοῦ ᵃΧριστοῦᵃ μεγάλη καὶ θαυμαστή ἐστιν καὶ ᵇἡᵇ ἀνάπαυσις τῆς μελλούσης βασιλείας καὶ ζωῆς αἰωνίου. 6. τί οὖν ἔστιν ποιήσαντας ἐπιτυχεῖν αὐτῶν, εἰ μὴ τὸ ὁσίως καὶ δικαίως ἀναστρέφεσθαι καὶ τὰ κοσμικὰ ταῦτα ὡς ἀλλότρια ἡγεῖσθαι ᵃᵃ καὶ μὴ ἐπιθυμεῖν αὐτῶν; 7. ἐν γὰρ τῷ ἐπιθυμεῖν ἡμᾶς κτήσασθαι ᵃταῦταᵃ ἀποπίπτομεν τῆς ὁδοῦ τῆς δικαίας. 6. 1. λέγει ᵃδὲᵃ ὁ κύριος ᵇᵇ· οὐδεὶς οἰκέτης δύναται δυσὶ κυρίοις δουλεύειν. ἐὰν ᶜᶜ ἡμεῖς θέλωμεν καὶ θεῷ δουλεύειν καὶ μαμωνᾷ, ἀσύμφορον ἡμῖν ἐστιν. 2. τί γὰρ τὸ ὄφελος, ἐάν τις τὸν κόσμον ᵃὅλονᵃ κερδήσῃ, τὴν δὲ ψυχὴν ζημιωθῇ; 3. ἔστιν δὲ οὗτος ὁ αἰὼν καὶ ὁ μέλλων δύο ἐχθροί. 4. οὗτος λέγει μοιχείαν καὶ ᵃφθορὰν καὶᵃ φιλαργυρίαν καὶ ἀπάτην, ἐκεῖνος δὲ τούτοις ἀποτάσσεται. 5. οὐ δυνάμεθα οὖν τῶν δύο φίλοι εἶναι· δεῖ δὲ ἡμᾶς τούτῳ ἀποταξαμένους ἐκείνῳ χρᾶσθαι. 6. οἰόμεθα ᵃᵃ, ὅτι βέλτιόν ἐστιν τὰ ἔνθαδε μισῆσαι, ὅτι μικρὰ καὶ ὀλιγοχρόνια καὶ φθαρτά, ἐκεῖνα δὲ ἀγαπῆσαι

---

5. ᵃ H S; ὑμῶν A   ᵇ S; κύριος A H   ᶜ A S; ποιήσητε H
5. 2. ᵃ A H; ἡμῶν S   4. ᵃ A H; αὐτούς S   ᵇ A H; om. S   5. ᵃ A H; κυρίου S   ᵇ H; om. A   6. ᵃ A H; αὐτά S   7. ᵃ A S; αὐτά H
6. 1. ᵃ A H; καὶ γάρ S   ᵇ A H; ἡμῶν S   ᶜ A H; οὖν S   2. ᵃ A S; om. H   4 ᵃ A H; om. S   6. ᵃ A H; δέ, ἀδελφοί S

5. Deshalb – wenn wir das tun – hat Jesus gesagt: Wenn ihr mit mir an meiner Brust vereint seid und nicht meine Gebote ausführt, werde ich euch hinauswerfen und euch sagen: Weicht von mir, ich weiß nicht, woher ihr seid, ihr Übeltäter![32]
5. 1. Daher, Brüder, laßt uns den Aufenthalt in der Fremde dieser Welt[33] drangeben und den Willen dessen tun, der uns berufen hat, und laßt uns keine Furcht haben, aus dieser Welt hinauszugehen![34] 2. Denn der Herr sagt: Ihr sollt sein wie Schafe inmitten von Wölfen. 3. Petrus aber gab ihm zur Antwort: Wenn nun die Wölfe die Schafe zerreißen? 4. Jesus sagte zu Petrus: Die Schafe sollen die Wölfe nicht fürchten, nachdem sie (die Schafe) gestorben sind! Auch ihr: Fürchtet nicht, die euch töten und euch sonst nichts zu tun vermögen, sondern fürchtet den, der nach eurem Tod Macht hat über Seele und Leib, sie in die Feuerhölle zu werfen![35] 5. Und erkennt, Brüder, daß der Aufenthalt dieses Fleisches in dieser Welt kurz ist und von geringer Dauer, die Verheißung Christi aber groß und wunderbar, nämlich die Ruhe[36] des kommenden Reiches und des ewigen Lebens! 6. Was also ist zu tun, um sie zu erlangen, wenn nicht fromm und recht das Leben führen, diese weltlichen Dinge für fremdes Gut halten und sie nicht begehren?[37] 7. Wenn wir nämlich begehren, diese Dinge zu erwerben, fallen wir vom rechten Weg[38] ab.
6. 1. Der Herr sagt aber: Kein Knecht kann zwei Herren dienen.[39] Wenn wir sowohl Gott dienen wollen als auch dem Mammon,[40] ist das schädlich für uns. 2. Denn was ist der Nutzen, wenn einer die ganze Welt gewinnt, die Seele aber Schaden nimmt?[41] 3. Es sind aber dieser Äon und der kommende zwei Feinde.[42] 4. Dieser empfiehlt Ehebruch, Schändung, Geldgier, Betrug, jener aber kehrt sich von diesen Dingen ab. 5. Wir können also nicht beider Freunde sein; wir müssen vielmehr unter Abkehr von diesem jenem gemäß leben! 6. Wir meinen, daß es besser ist, die Dinge hier zu hassen, weil sie kurz, von geringer Dauer und vergänglich

---

[32] Zu diesem Zitat vgl. o. S. 222f.
[33] Vgl. 1Petr 1,17; 2,11; Hebr 11,13; 13,14 sowie u. S. 344 A. 39, 345 A. 41.
[34] Gegen Knopfs Interpretation dieser Stelle, der hier eine „Aufmunterung zum Martyrium" erkennt (Komm. 159f.), vgl. Donfried, Setting 118f., nach dem ἐξελθεῖν ἐκ τοῦ κόσμου "rather refers to the dualism between this world and the next. Only the one who is obedient here shall receive the future rewards" (118).
[35] Zu 5, 2–4 vgl. o. S. 223.
[36] Zum Begriff ἀνάπαυσις vgl. Donfried, Setting 121–124. Sein Ergebnis bestätigt die o. S. 226f. gegebene Verhältnisbestimmung zur Gnosis: "2 Clement stands in a stage of development between a speculative Hellenistic Judaism ... and the Gospel of Truth and later gnosticism" (124).
[37] Vgl. Herm sim I 3.11.
[38] Möglicherweise zeigt sich hier wie auch in 7, 3 Einfluß des Zwei-Wege-Schemas. Die Aufzählungen in 4, 3 und 6, 4 könnten einem „Lebensweg" und „Todesweg" entstammen; vgl. Windisch, Christentum 124.
[39] Das Zitat entspricht wörtlich Lk 16,13a; in der Parallele Mt 6,24a fehlt οἰκέτης.
[40] Aufnahme des Schlusses von Lk 16,13/Mt 6, 24.
[41] Das Zitat hat eine synoptische Parallele in Mk 8, 36parr. Mt 16, 26; Lk 9, 25. Die größte Nähe besteht zur matthäischen Fassung, ohne aber voll mit ihr übereinzustimmen.
[42] [A. 42 s. S. 271.]

τὰ ᵇἀγαθάᵇ, τὰ ἄφθαρτα. 7. ποιοῦντες ᵃᵃ τὸ θέλημα τοῦ Χριστοῦ εὑρήσομεν ἀνάπαυσιν ᵇᵇ· εἰ δὲ μήγε, οὐδὲν ἡμᾶς ῥύσεται ἐκ τῆς αἰωνίου κολάσεως, ἐὰν παρακούσωμεν τῶν ἐντολῶν αὐτοῦ ᶜᶜ. 8. λέγει δὲ καὶ ἡ γραφὴ ἐν τῷ Ἰεζεκιήλ, ὅτι ἐὰν ᵃἀναστῇᵃ Νῶε καὶ Ἰὼβ καὶ Δανιήλ, οὐ ῥύσονται τὰ τέκνα αὐτῶν ἐν τῇ αἰχμαλωσίᾳ. 9. εἰ δὲ καὶ ᵃοἱ τοιοῦτοι δίκαιοιᵃ ᵇταῖς ἑαυτῶν δικαιοσύναις οὐ δύνανται τὰ τέκνα ῥύσασθαιᵇ, ἡμεῖς ἐὰν μὴ τηρήσωμεν τὸ βάπτισμα ἁγνὸν καὶ ἀμίαντον, ποίᾳ πεποιθήσει εἰσελευσόμεθα εἰς τὸ βασίλειον τοῦ θεοῦ; ἢ τίς ἡμῶν παράκλητος ἔσται, ἐὰν μὴ εὑρεθῶμεν ἔργα ἔχοντες ὅσια καὶ δίκαια;

7. 1. ὥστε ᵃᵃ, ἀδελφοί ᵇᵇ, ἀγωνισώμεθα εἰδότες, ὅτι ἐν χερσὶν ὁ ᶜἀγών ᶜ καὶ ὅτι εἰς τοὺς φθαρτοὺς ἀγῶνας καταπλέουσιν πολλοί, ἀλλ' οὐ πάντες στεφανοῦνται, ᵈεἰ μήᵈ οἱ πολλὰ κοπιάσαντες καὶ καλῶς ἀγωνισάμενοι. 2. ἡμεῖς οὖν ἀγωνισώμεθα, ἵνα πάντες στεφανωθῶμεν. 3. ὥστε ᵃθέωμενᵃ τὴν ὁδὸν τὴν εὐθεῖαν, ἀγῶνα τὸν ἄφθαρτον, καὶ πολλοὶ εἰς αὐτὸν ᵇᵇ καταπλεύσωμεν ᶜκαὶᶜ ἀγωνισώμεθα, ἵνα καὶ στεφανωθῶμεν. καὶ εἰ μὴ δυνάμεθα πάντες στεφανωθῆναι, κἂν ἐγγὺς τοῦ στεφάνου γενώμεθα. 4. εἰδέναι ᵃδὲᵃ ἡμᾶς δεῖ, ὅτι ᵇὁᵇ τὸν φθαρτὸν ἀγῶνα ᶜᶜ ἀγωνιζόμενος, ἐὰν εὑρεθῇ φθείρων, μαστιγωθεὶς αἴρεται καὶ ἔξω βάλλεται τοῦ σταδίου. 5. τί δοκεῖτε; ὁ τὸν τῆς ἀφθαρσίας ἀγῶνα ᵃφθείρωνᵃ τί ᵇπείσεταιᵇ; 6. τῶν γὰρ μὴ τηρησάντων, φησίν, τὴν σφραγῖδα ὁ σκώληξ αὐτῶν οὐ τελευτήσει καὶ τὸ πῦρ ᵃᵃ οὐ σβεσθήσεται καὶ ἔσονται εἰς ὅρασιν πάσῃ σαρκί.

ᵇ H; ἀγαθὰ καί A; ὑπερέκεινα, ὅτι S   7. ᵃ H S; γάρ A   ᵇ A H; ἐκεῖ S   ᶜ A H; καὶ καταφρονήσωμεν αὐτῶν S   8. ᵃ A H; ἀναστῶσιν S   9. ᵃ A H; οὗτοι S   ᵇ H S; οὐ δύν. τ. ἑαυ. δικ. ῥύσ. τὰ τέκνα αὐτῶν A
7. 1. ᵃ H S; οὖν A   ᵇ H S; μου A   ᶜ H S; αἰών A   ᵈ H; οἱ μή A; εἰ μὴ μόνον S
3. ᵃ S; θῶμεν A H   ᵇ A H; ἀγῶνα S   ᶜ A H; om. S   4. ᵃ H S; om. A   ᵇ A S; om. H   ᶜ A; ὁ H S   5. ᵃ H S; φθείρας A   ᵇ H; παθεῖται A   6. ᵃ H; αὐτῶν A S

sind,⁴³ jene guten aber zu lieben, die unvergänglichen. 7. Wenn wir den Willen Christi tun, werden wir Ruhe finden.⁴⁴ Andernfalls aber wird uns nichts vor der ewigen Strafe retten,⁴⁵ wenn wir seinen Geboten ungehorsam werden.
8. Es sagt aber auch die Schrift bei Hesekiel: Wenn Noah, Hiob und Daniel auferstehen, werden sie ihre Kinder in der Gefangenschaft nicht retten.⁴⁶ 9. Wenn aber selbst solche Gerechte durch ihre rechtschaffenen Taten ihre Kinder nicht zu retten vermögen, mit welcher Zuversicht sollen wir in das Reich Gottes hineinkommen, wenn wir nicht die Taufe rein und unbefleckt bewahren?⁴⁷ Oder wer wird unser Beistand⁴⁸ sein, wenn man uns nicht im Besitz frommer und rechter Taten findet?⁴⁹

7. 1. Laßt uns daher, Brüder, im Wissen darum wettkämpfen,⁵⁰ daß der Wettkampf läuft und daß sich zu den vergänglichen Wettkämpfen viele begeben,⁵¹ aber nicht alle bekränzt werden,⁵² nur diejenigen, die sich viel abgemüht und gut gekämpft haben. 2. Wir wollen also kämpfen, damit wir alle bekränzt werden! 3. Daher wollen wir auf dem geraden Weg laufen,⁵³ den unvergänglichen Wettkampf, und zahlreich wollen wir uns zu ihm begeben und kämpfen, damit wir auch bekränzt werden! Und wenn wir nicht alle bekränzt werden können, wollen wir dem Kranz doch wenigstens nahekommen.⁵⁴ 4. Wir müssen aber wissen, daß der Kämpfer im vergänglichen Wettkampf, wenn sich herausstellt, daß er die Kampfregeln verletzt,⁵⁵ ausgepeitscht, weggeschafft und aus dem Stadion hinausgeworfen wird. 5. Was meint ihr? Was wird derjenige erleiden, der die Regeln des unvergänglichen Wettkampfes verletzt? 6. Denn von denen, die das Siegel nicht bewahren,⁵⁶ heißt es: Ihr Wurm wird nicht sterben, und das Feuer nicht verlöschen, und sie werden ein Schauspiel für alles Fleisch sein.⁵⁷

---

⁴³ Vgl. 1Joh 2,15–17.
⁴⁴ Vgl. o. A. 36.
⁴⁵ Von „ewiger Strafe" spricht auch Mt 25,46. Die Vorstellung geht zurück auf Dan 12,2, wo allerdings nicht von κόλασις die Rede ist, sondern von ὀνειδισμός und αἰσχύνη (Theodotion; in LXX zusätzlich von διασπορά). Zur Ausgestaltung dieser Vorstellung im Judentum s. die bei Bill. IV/2, 1059f. angegebenen Stellen.
⁴⁶ Vgl. zu diesem Zitat o. S. 218.
⁴⁷ [A. 47 s. S. 271.]
⁴⁸ Zu dieser Verwendung von παράκλητος vgl. 1Joh 2,1; sie ist charakteristisch unterschieden von der im Johannesevangelium vorliegenden (14,16. 26; 15,26; 16,7).
⁴⁹ [A. 49 s. S. 271.]
⁵⁰ [A. 50 s. S. 271.]
⁵¹ [A. 51 s. S. 271f.]
⁵² [A. 52 s. S. 272.]
⁵³ Das „Laufen auf dem geraden Weg" ist hier in übertragene Bedeutung übergegangen; vgl. Tob 4,19; ψ 106,7; Prov 2,13; 20,11; Hos 14,10; Act 13,10; 2Petr 2,15.
⁵⁴ [A. 54 s. S. 272.]
⁵⁵ In 2Tim 2,5 wird dieser Aspekt des Bildes vom Wettkampf in positiver Hinsicht herangezogen.
⁵⁶ [A. 56 s. S. 272.]
⁵⁷ Wörtlich Jes 66,24b LXX. Das Zitat findet sich auch Mk 9,48, allerdings ohne den

8. 1. ὡς οὖν ἐσμεν ἐπὶ γῆς, μετανοήσωμεν· 2. πηλὸς γάρ ἐσμεν εἰς τὴν χεῖρα τοῦ τεχνίτου. ὃν τρόπον γὰρ ὁ κεραμεὺς ἐὰν ᵃποιῇᵃ σκεῦος ᵇᵇταῖς χερσὶν αὐτοῦ ᶜκαὶᶜ διαστραφῇ ᵈἢᵈ συντριβῇ, πάλιν αὐτὸ ἀναπλάσσει, ᵉἐὰν δὲ προφθάσῃ εἰς τὴν κάμινον τοῦ πυρὸς αὐτὸ βαλεῖνᵉ, ᶠοὐκέτι ᵍβοηθεῖᵍ ᶠ αὐτῷ, οὕτως καὶ ἡμεῖς ἕως ἐσμὲν ἐν τούτῳ τῷ κόσμῳ, ἐν τῇ σαρκὶ ἃ ἐπράξαμεν πονηρά, μετανοήσωμεν ἐξ ὅλης ʰʰ καρδίας, ἵνα σωθῶμεν ὑπὸ τοῦ κυρίου, ⁱὡς ἔτι καιρὸν ἔχομενⁱ. 3. μετὰ γὰρ τὸ ἐξελθεῖν ἡμᾶς ἐκ τοῦ ᵃκόσμουᵃ οὐκέτι δυνάμεθα ἐκεῖ ἐξομολογήσασθαι ᵇἢᵇ μετανοεῖν ἔτι. 4. ὥστε, ἀδελφοί, ποιήσαντες τὸ θέλημα τοῦ πατρὸς καὶ τὴν σάρκα ᵃᵃ ἁγνὴν τηρήσαντες καὶ τὰς ἐντολὰς τοῦ κυρίου φυλάξαντες ληψόμεθα ζωὴν αἰώνιον. 5. λέγει γὰρ ὁ κύριος ἐν τῷ εὐαγγελίῳ· εἰ τὸ μικρὸν οὐκ ἐτηρήσατε, τὸ μέγα τίς ὑμῖν δώσει; ᵃᵃ λέγω γὰρ ὑμῖν, ὅτι ὁ πιστὸς ἐν ἐλαχίστῳ καὶ ἐν πολλῷ πιστός ἐστιν. 6. ἄρα οὖν τοῦτο λέγει· τηρήσατε τὴν σάρκα ἁγνὴν καὶ τὴν σφραγῖδα ἄσπιλον, ἵνα τὴν ᵃᵃ ζωὴν ᵇἀπολάβητεᵇ.

9. 1. καὶ μὴ λεγέτω τις ὑμῶν, ὅτι αὕτη ἡ σὰρξ οὐ κρίνεται ᵃοὐδὲᵃ ἀνίσταται. 2. γνῶτε, ἐν τίνι ἐσώθητε, ἐν τίνι ἀνεβλέψατε, εἰ μὴ ἐν τῇ σαρκὶ ταύτῃ ὄντες. 3. δεῖ οὖν ἡμᾶς ὡς ναὸν θεοῦ φυλάσσειν τὴν σάρκα· 4. ὃν τρόπον γὰρ ἐν τῇ σαρκὶ ἐκλήθητε, καὶ ἐν τῇ σαρκὶ ᵃἐλεύσεσθεᵃ. 5. εἷς Χριστός, ὁ κύριος, ὁ σώσας ἡμᾶς, ὢν μὲν τὸ

---

8. 2. ᵃ A; ποιήσῃ H   ᵇ H (S); καὶ ἐν A   ᶜ H S; om. A   ᵈ A S; om. H   ᵉ A H; 1–6. 9. 10 καὶ ἐνέπρησεν αὐτὴν καὶ διαστραφῇ S   ᶠ (A) H; οὐδέν τι πάλιν βοηθεῖ S   ᵍ H S; βοηθήσει A   ʰ H; τῆς A   ⁱ H; ἕως ἔχομεν καιρὸν μετανοίας A S   3. ᵃ A H; σαρκός S   ᵇ A H; τὰς ἁμαρτίας καὶ οὐκ S   4. ᵃ A H; ἡμῶν S   5. ᵃ A H; ἐγώ S   6. ᵃ S; αἰώνιον A H   ᵇ H S; ἀπολάβωμεν A
9. 1. ᵃ A; οὔτε H   4. ᵃ A H; ἦλθεν S

8. 1. Solange wir also auf Erden sind, laßt uns Buße tun![58] 2. Denn wir sind Ton für die Hand des Handwerkers.[59] Wie nämlich der Töpfer, wenn er ein Gefäß mit seinen Händen macht und es mißrät oder zerbricht, es wiederum neu bildet, wenn er es aber zuvor schon in den Feuerofen geschoben hat, ihm nicht mehr nachhelfen kann,[60] so laßt auch uns, solange wir in dieser Welt sind, von ganzem Herzen Buße tun für das Böse, das wir im Fleisch getan haben, damit wir vom Herrn gerettet werden, solange wir noch Gelegenheit dazu haben.[61] 3. Denn wenn wir erst aus der Welt hinausgegangen sind, können wir dort nicht mehr (Sünden) bekennen oder noch Buße tun.[62] 4. Daher, Brüder: wenn wir den Willen des Vaters tun, das Fleisch rein bewahren[63] und die Gebote des Herrn beachten, werden wir ewiges Leben empfangen. 5. Denn der Herr sagt im Evangelium[64]: Wenn ihr das Geringe nicht bewahrt habt, wer wird euch das Große geben? Denn ich sage euch: Der im Geringen Treue ist auch im Großen treu.[65] 6. Er meint also nun folgendes: Bewahrt das Fleisch rein und das Siegel unbefleckt, damit ihr das Leben empfangt![66]

9. 1. Und keiner von euch soll sagen, daß dieses Fleisch nicht gerichtet wird noch aufersteht![67] 2. Erkennt, worin ihr gerettet worden seid, worin ihr die Sehkraft wiedererlangt habt,[68] doch nur, während ihr in diesem Fleisch wart! 3. Wir müssen also das Fleisch wie einen Tempel Gottes hüten.[69] 4. Wie ihr nämlich im Fleisch berufen worden seid, werdet ihr auch im Fleisch hingelangen.[70] 5. Einer[71]

Schlußsatz und mit teilweise abweichendem Wortlaut. Zur Aufnahme von Jes 66, 24 im Judentum s. Bill. II, 19f.

[58] [A. 58 s. S. 272.]
[59] [A. 59 s. S. 272.]
[60] [A. 60 s. S. 272.]
[61] [A. 61 s. S. 272.]
[62] Der Verfasser kennt keine postmortale Möglichkeit der Buße; vgl. dagegen Herm vis III 7, 5 f., wo eine solche Möglichkeit für abgefallene Christen eingeräumt wird, wenn sie ihre Sünden abgebüßt haben. Sie gelangen allerdings auch dann nicht in den „Turm", sondern „an einen viel geringeren Platz".
[63] [A. 63 s. S. 272f.[
[64] Vgl. zu dieser Einführung o. S. 221.
[65] Der Schluß des Zitates stimmt wörtlich mit Lk 16, 10a überein, der Anfang entspricht mit etwas abweichender Formulierung Lk 16, 11. Wahrscheinlich hat es der Verfasser der auch sonst von ihm benutzten apokryphen Evangelienschrift entnommen, die ihrerseits das Lukasevangelium voraussetzt; vgl. o. S. 220f.
[66] Vgl. 6, 9; 7, 6 sowie A. 49 und 56. – Eine ähnliche Auslegung von Lk 16, 11 begegnet bei Irenäus, haer. II 34, 3.
[67] Nach Donfried "there can be little doubt that the writer is dealing with a similar phenomenon as was Paul in 1 Corinthians 15 and the author of 2 Timothy in chapter 2:18" (Setting 145).
[68] Vgl. 1, 4. 6.
[69] [A. 69 s. S. 273.]
[70] [A. 70 s. S. 273.]
[71] Alle Handschriften bieten die Lesart εἰς, die durchaus einen guten Sinn ergibt. Es besteht daher kein Anlaß, die erleichternde Lesart εἰ zu übernehmen, die ein syrisches Fragment voraussetzt (Lightfoot, Fathers I/1, 184f.).

πρῶτον ᵃπνεῦμαᵃ ἐγένετο ᵇσάρξᵇ, καὶ οὕτως ᶜᶜ ἡμᾶς ᵈἐκάλεσενᵈ. οὕτως καὶ ἡμεῖς ἐν ταύτῃ τῇ σαρκὶ ἀποληψόμεθα τὸν μισθόν. 6. ἀγαπῶμεν ᵃοὖνᵃ ἀλλήλους, ὅπως ἔλθωμεν πάντες εἰς τὴν βασιλείαν τοῦ θεοῦ. 7. ὡς ἔχομεν καιρὸν τοῦ ἰαθῆναι, ἐπιδῶμεν ἑαυτοὺς τῷ θεραπεύοντι ᵃθεῷᵃ ἀντιμισθίαν αὐτῷ διδόντες. 8. ποίαν; τὸ μετανοῆσαι ἐξ εἰλικρινοῦς καρδίας. 9. ᵃπρογνώστης γάρᵃ ἐστιν τῶν πάντων καὶ εἰδὼς ᵇἡμῶν τὰ ἐν καρδίᾳᵇ. 10. δῶμεν οὖν αὐτῷ ᵃαἶνονᵃ μὴ ἀπὸ στόματος μόνον, ἀλλὰ καὶ ἀπὸ καρδίας, ἵνα ᵇᵇ ἡμᾶς προσδέξηται ὡς υἱούς. 11. καὶ γὰρ εἶπεν ὁ κύριος· ἀδελφοί ᵃμουᵃ οὗτοί εἰσιν οἱ ποιοῦντες τὸ θέλημα τοῦ πατρός μου.

10. 1. ὥστε, ἀδελφοί ᵃμουᵃ, ποιήσωμεν τὸ θέλημα τοῦ πατρὸς τοῦ καλέσαντος ἡμᾶς, ἵνα ζήσωμεν, καὶ διώξωμεν μᾶλλον τὴν ἀρετήν, τὴν δὲ κακίαν καταλείψωμεν ὡς προοδοιπόρον τῶν ᵇἁμαρτιῶνᵇ ἡμῶν καὶ φύγωμεν τὴν ἀσέβειαν, μὴ ἡμᾶς καταλάβῃ κακά. 2. ἐὰν γὰρ σπουδάσωμεν ἀγαθοποιεῖν, διώξεται ἡμᾶς εἰρήνη. 3. διὰ ταύτην ᵃγὰρᵃ τὴν αἰτίαν οὐκ ἔστιν εὑρεῖν ἄνθρωπον, οἵτινες παράγουσιν φόβους ἀνθρωπίνους ᵇπροαιρούμενοιᵇ μᾶλλον τὴν ἐνθάδε ᶜἀπόλαυσινᶜ ἢ τὴν μέλλουσαν ἐπαγγελίαν. 4. ἀγνοοῦσιν γάρ, ἡλίκην ἔχει βάσανον ἡ ἐνθάδε ᵃἀπόλαυσιςᵃ καὶ ᵇοἵαν τρυφὴνᵇ ἔχει ἡ μέλλουσα ἐπαγγελία. 5. καὶ εἰ μὲν αὐτοὶ μόνοι ταῦτα ἔπρασσον, ἀνεκτὸν ἦν, νῦν δὲ ἐπιμένουσιν κακοδιδασκαλοῦντες τὰς ἀναιτίους ψυ-

5. ᵃ A S; λόγος H   ᵇ A H; δὲ ἐν σαρκί S   ᶜ A S; καί H   ᵈ A H; ἐγένετο ἐν σαρκί S
6. ᵃ A S; om. H   7. ᵃ A H; ἡμᾶς S   9. ᵃ A H; γινώσκων ὁ θεὸς προγνώστης S
ᵇ A; ἡμῶν τὰ ἐγκάρδια H; ταῦτα τὰ ἐν καρδίᾳ ἡμῶν S   10. ᵃ H S; αἰώνιον A
ᵇ A H; καί S   11. ᵃ A H; om. S
10. 1. ᵃ A; om. H; ad. καὶ ἀδελφαί S   ᵇ A; ἁμαρτημάτων H   3. ᵃ A S; δέ H
ᵇ S; προῃρημένοι A; προαιρούμεθα H   ᶜ A S; ἀνάπαυσιν H   4. ᵃ A S; ἀνάπαυσις H   ᵇ A H; ἡλίκην ἀπόλαυσιν S

ist Christus, der Herr, der uns gerettet hat, zuerst Geist gewesen, ist er Fleisch geworden;[72] und so hat er uns berufen; so werden wir auch in diesem Fleisch den Lohn empfangen. 6. Laßt uns also einander lieben,[73] damit wir alle in das Reich Gottes kommen! 7. Solange wir Gelegenheit haben, geheilt zu werden, wollen wir uns Gott, der uns ärztlich behandeln kann,[74] anvertrauen, indem wir ihm die Gegenleistung abstatten! 8. Welche? Buße tun aus reinem Herzen! 9. Denn er kennt schon alles im voraus[75] und weiß, was in unserem Herzen ist. 10. Statten wir ihm also Lobpreis ab, nicht allein mit dem Mund, sondern auch von Herzen, damit er uns als Söhne annimmt![76] 11. Denn der Herr hat auch gesagt: Das sind meine Brüder, die den Willen meines Vaters tun.[77]

10. 1. Tun wir daher, meine Brüder, den Willen des Vaters, der uns berufen hat, damit wir leben, und jagen wir mehr der Tugend[78] nach! Die Bosheit[79] aber laßt uns verlassen als Vorläuferin unserer Sünden[80], und laßt uns die Gottlosigkeit fliehen, damit nicht Böses uns ergreift![81] 2. Wenn wir uns nämlich bemühen, Gutes zu tun, wird uns Frieden nacheilen.[82] 3. Aus diesem Grunde nämlich kann er unmöglich jemanden finden, der zu all denen gehört, die Menschenfurcht einflößen, weil sie den hiesigen Genuß der künftigen Verheißung vorziehen.[83] 4. Sie verkennen nämlich, welch große Qual der hiesige Genuß nach sich zieht und welch üppige Wonne die künftige Verheißung in sich birgt.[84] 5. Und wenn sie das nur selbst täten, wäre es erträglich; jetzt aber bringen sie den unschuldigen Seelen

---

[72] Zur Christologie des 2. Klemensbriefs vgl. o. S. 228–230.

[73] Hier geht der Verfasser wieder zur ausdrücklichen Paränese über, der die vorangehenden Ausführungen dienten. Zur aufgestellten Forderung, einander zu lieben, vgl. o. S. 232f.

[74] Schon im AT gilt Gott als Arzt, der die Sünden aufgrund von Buße und Bekehrung vergibt; vgl. ψ 40, 5: ἐλέησόν με· ἴασαι τὴν ψυχήν μου, ὅτι ἥμαρτόν σοι. Weitere Texte und Ausführungen bei Albrecht Oepke, Art. ἰάομαι κτλ., ThWNT 3, Stuttgart 1938, (194–215) 202 f.

[75] Das Wort προγνώστης begegnet nur hier im urchristlichen Schrifttum, häufiger dann bei den Apologeten; vgl. die Belege bei Knopf, Komm. 167.

[76] Zur Annahme als Söhne vgl. o. A. 8, zum Verhältnis von futurischen und aoristischen Heilsaussagen o. S. 234.

[77] Der Struktur nach entspricht dieses Zitat Lk 8, 21; der Wortlaut aber kommt Mt 12, 50 näher, vgl. Mk 3, 35. – Der Zusammenhang mit der vorhergehenden Aussage ist so zu denken, daß die Brüder Christi – da er ja Sohn Gottes ist – dann auch Söhne Gottes sind.

[78] Der im klassischen Griechentum und im Hellenismus für die Ethik zentrale und im hellenistischen Judentum häufig gebrauchte Begriff ἀρετή begegnet als „Tugend" im Neuen Testament nur Phil 4, 8 und 2Petr 1, 5 (zweimal), im übrigen urchristlichen Schrifttum außer an unserer Stelle noch fünfmal bei Hermas, in anderer Bedeutung 1Petr 2, 9; 2Petr 1, 3.

[79] Zur Gegenüberstellung von ἀρετή und κακία vgl. Donfried, Setting 148.

[80] Die Funktion der κακία als Ursprung der Sünde hat in Jak 1, 14f. die ἐπιθυμία.

[81] Vgl. Barn 4, 1, wo dieselbe Struktur und ein ähnlicher Wortlaut begegnen. An beiden Stellen ist traditionelle Paränese aufgenommen.

[82] [A. 82 s. S. 273.]

[83] [A. 83 s. S. 273.]

[84] [A. 84 s. S. 273.]

χάς, οὐκ εἰδότες, ὅτι δισσὴν ἕξουσιν τὴν κρίσιν αὐτοί τε καὶ οἱ ἀκούοντες αὐτῶν.

11. 1. ἡμεῖς οὖν ἐν καθαρᾷ καρδίᾳ δουλεύσωμεν τῷ θεῷ καὶ ἐσόμεθα δίκαιοι. ἐὰν δὲ μὴ ᵃδουλεύσωμενᵃ διὰ ᵇτὸᵇ μὴ πιστεύειν ἡμᾶς τῇ ἐπαγγελίᾳ τοῦ θεοῦ, ταλαίπωροι ἐσόμεθα. 2. λέγει γὰρ καὶ ὁ προφητικὸς λόγος· ταλαίπωροί εἰσιν οἱ δίψυχοι, οἱ διστάζοντες τῇ καρδίᾳ, οἱ λέγοντες· ταῦτα πάλαι ᵃἠκούομεν καὶᵃ ἐπὶ τῶν πατέρων ἡμῶν, ἡμεῖς δὲ ἡμέραν ἐξ ἡμέρας προσδεχόμενοι οὐδὲν τούτων ἑωράκαμεν. 3. ἀνόητοι ᵃᵃ, συμβάλετε ἑαυτοὺς ξύλῳ, λάβετε ἄμπελον· πρῶτον μὲν φυλλοροεῖ, εἶτα βλαστὸς γίνεται, ᵇμετὰ ταῦταᵇ ᶜὄμφαξᶜ, εἶτα ᵈσταφυλὴᵈ παρεστηκυῖα. 4. οὕτως καὶ ὁ λαός μου ᵃᵃ ἀκαταστασίας καὶ θλίψεις ἔσχεν, ἔπειτα ἀπολήψεται τὰ ἀγαθά. 5. ὥστε, ἀδελφοί ᵃμουᵃ, μὴ διψυχῶμεν, ἀλλ' ἐλπίσαντες ὑπομείνωμεν, ᵇἵναᵇ καὶ τὸν μισθὸν κομισώμεθα. 6. πιστὸς γάρ ἐστιν ὁ ἐπαγγειλάμενος τὰς ἀντιμισθίας ἀποδιδόναι ἑκάστῳ τῶν ἔργων αὐτοῦ. 7. ἐὰν οὖν ποιήσωμεν τὴν δικαιοσύνην ἐναντίον τοῦ θεοῦ, εἰσήξομεν εἰς τὴν βασιλείαν αὐτοῦ καὶ ληψόμεθα τὰς ἐπαγγελίας, ἃς ᵃοὓς οὐκ ἤκουσεν οὐδὲ ὀφθαλμὸς εἶδενᵃ οὐδὲ ἐπὶ καρδίαν ἀνθρώπου ἀνέβη.

12. 1. ἐκδεχώμεθα οὖν καθ' ὥραν τὴν βασιλείαν τοῦ θεοῦ ἐν ἀγάπῃ καὶ δικαιοσύνῃ, ᵃἐπειδὴᵃ οὐκ οἴδαμεν τὴν ἡμέραν τῆς ἐπιφανείας ᵇτοῦ θεοῦᵇ. 2. ᵃἐπερωτηθεὶςᵃ γὰρ αὐτὸς ὁ κύριος ὑπό τινος, πότε ἥξει αὐτοῦ ἡ βασιλεία, εἶπεν· ὅταν ἔσται τὰ δύο ἓν καὶ ᵇτὸᵇ ἔξω ὡς ᶜτὸᶜ ἔσω καὶ τὸ ἄρσεν μετὰ τῆς θηλείας οὔτε ἄρσεν οὔτε θῆλυ.

---

11. 1. ᵃ A H; πιστεύσωμεν S   ᵇ H S; τοῦ A   2. ᵃ H; ἠκούσαμεν καί A; ἠκούομεν S   3. ᵃ A H; ἄφρονες καὶ τῆς ἐννοίας ἐνδεόμενοι S   ᵇ A S; εἶτα H   ᶜ A H; ὄμφακες S   ᵈ A S; βλαστός H   4. ᵃ A H; πρῶτον S   5. ᵃ A H; om. S   ᵇ A H; om. S   7. ᵃ H; 2–6 A; ὀφθ. οὐκ εἶδεν καὶ οὓς οὐκ ἤκ. S

12. 1. ᵃ A; ἐπεί H   ᵇ A H; αὐτοῦ S   2. ᵃ A; ἐρωτηθείς H   ᵇ et ᶜ A; τά H

dauernd falsche Lehren bei, in Unkenntnis darüber, daß sie doppeltes Gericht erhalten werden, sowohl sie selbst als auch ihre Hörer.[85]
11. 1. Laßt uns also Gott mit reinem Herzen dienen! Und wir werden gerecht[86] sein. Wenn wir ihm aber nicht dienen, weil wir der Verheißung Gottes nicht trauen,[87] werden wir unglückselig sein. 2. Denn es sagt auch das prophetische Wort: Unglückselig sind die Zweifler, die in ihrem Herzen schwanken, die sagen: Das haben wir schon vor langer Zeit gehört, sogar schon zur Zeit unserer Väter, wir aber warteten Tag um Tag und haben nichts davon gesehen. 3. Ihr Toren! Vergleicht euch mit einem Baum, nehmt den Weinstock! Zuerst verliert er das Laub, dann setzt er Sprossen an, danach der Herling, dann ist die reife Traube da. 4. So überkam auch mein Volk Unruhe und Bedrängnis; danach wird es das Gute empfangen.[88] 5. Daher laßt uns nicht zweifeln,[89] meine Brüder, sondern Hoffnung fassen und geduldig ausharren, damit wir auch den Lohn empfangen! 6. Denn treu ist, der verheißen hat,[90] jedem die Gegenleistung seiner Taten zu entrichten.[91] 7. Wenn wir also rechtschaffen handeln vor Gott, werden wir in sein Reich hineinkommen und die Verheißungen empfangen, die kein Ohr gehört noch ein Auge gesehen hat, noch ist es in eines Menschen Herz gedrungen.[92]

12. 1. Erwarten wir also jederzeit[93] das Reich Gottes in Liebe und Rechtschaffenheit, da wir ja den Tag der Erscheinung Gottes[94] nicht kennen! 2. Als nämlich der Herr selbst von einem gefragt wurde, wann sein Reich[95] komme, sagte er: Wenn die Zwei eins sein werden und das Äußere wie das Innere und das Männliche

---

[85] [A. 85 s. S. 274.]
[86] Durch den Bezug auf das Gericht (vgl. Vers 6) geht δίκαιος hier in die Bedeutung von „gerechtfertigt" über.
[87] Befolgung oder Verweigerung des sich in der Ethik vollziehenden „Gottesdienstes" hängen hiernach also davon ab, ob mit der Vergeltung im endzeitlichen Gericht „gerechnet" wird oder nicht.
[88] Dasselbe apokryphe Zitat (vgl. o. S. 221f.) wird ohne den Schlußsatz (V. 4) in 1Klem 23, 3f. als γραφή zitiert. Die Abweichungen im gemeinsamen Textbestand sind bei Knopf, Komm. 169, verzeichnet.
[89] Zum Zweifel im Blick auf die endzeitliche Verheißung vgl. 1Klem 23, 2–5 und Did 4, 4 (= Barn 19, 5) sowie A. 30 auf S. 94.
[90] [A. 90 s. S. 274.]
[91] Vgl. Did 16, 8 mit A. 143 auf S. 91.
[92] Der Relativsatz ist ein verbreitetes Zitat aus einer apokryphen Schrift, das auch von Paulus in 1Kor 2, 9 zitiert wird. Vgl. zu diesem Zitat die alle einschlägigen Texte aufarbeitende Untersuchung von Klaus Berger, Zur Diskussion über die Herkunft von 1 Kor II. 9, NTS 24, 1978, 270–283.
[93] καθ' ὥραν darf hier nicht mit „stündlich" übersetzt werden, was eine dringliche Erwartung zum Ausdruck brächte, die jedoch nach den weiteren Ausführungen dieses Kapitels keineswegs gegeben ist.
[94] [A. 94 s. S. 274.]
[95] Hier ist das Reich das des Herrn (= Jesus); einleitend war vom „Reich Gottes" die Rede, der Schlußvers nennt wieder „das Reich meines Vaters". Der Zusammenhang zeigt, daß für den Verfasser alle Begriffe dieselbe Sache bezeichnen. Demgemäß spricht Eph 5, 5 vom „Reich Christi und Gottes" (vgl. Apk 11, 15).

3. τὰ ᵃδὲ δύοᵃ ἕν ἐστιν, ὅταν λαλῶμεν ᵇἑαυτοῖςᵇ ἀλήθειαν καὶ ᶜεἷᶜ ἐν ᵈδυσὶᵈ σώμασιν ἀνυποκρίτως εἴη μία ψυχή. 4. καὶ τὸ ᵃἔσωᵃ ὡς τὸ ᵇἔξωᵇ τοῦτο λέγει· τὴν ψυχὴν λέγει τὸ ᶜἔσωᶜ· τὸ δὲ ᵈἔξωᵈ τὸ σῶμα λέγει. ὃν τρόπον οὖν σου τὸ σῶμα φαίνεται, οὕτως καὶ ἡ ψυχή σου ᵉδῆλοςᵉ ἔστω ἐν τοῖς καλοῖς ἔργοις. 5. καὶ τὸ ἄρσεν μετὰ τῆς θηλείας οὔτε ἄρσεν οὔτε θῆλυ, τοῦτο λέγει· ἵνα ἀδελφὸς ἰδὼν ἀδελφὴν οὐδὲν ᵃφρονῇᵃ περὶ αὐτῆς θηλυκὸν μηδὲ ᵇᵇ φρονῇ τι περὶ αὐτοῦ ἀρσενικόν. 6. ταῦτα ὑμῶν ποιούντων, φησίν, ἐλεύσεται ἡ βασιλεία τοῦ πατρός μου.

13. 1. ἀδελφοὶ ᵃοὖνᵃ, ἤδη ποτὲ μετανοήσωμεν, νήψωμεν ἐπὶ τὸ ἀγαθόν· μεστοὶ γάρ ἐσμεν πολλῆς ἀνοίας καὶ πονηρίας. ἐξαλείψωμεν ἀφ' ἡμῶν τὰ πρότερα ἁμαρτήματα καὶ μετανοήσαντες ἐκ ψυχῆς σωθῶμεν καὶ μὴ γινώμεθα ἀνθρωπάρεσκοι μηδὲ θέλωμεν μόνον ἑαυτοῖς ἀρέσκειν, ἀλλὰ καὶ τοῖς ἔξω ἀνθρώποις ἐπὶ τῇ δικαιοσύνῃ, ἵνα τὸ ὄνομα ᵇᵇ δι' ᶜἡμᾶςᶜ μὴ βλασφημῆται. 2. λέγει γὰρ ᵃκαὶᵃ ὁ κύριος· διὰ παντὸς τὸ ὄνομά μου βλασφημεῖται ᵇδι' ὑμᾶςᵇ ἐν πᾶσιν τοῖς ἔθνεσιν· καὶ ᶜπάλιν· οὐαὶ δι' ὃνᶜ βλασφημεῖται τὸ ὄνομά μου. ἐν τίνι ᵈᵈ βλασφημεῖται; ἐν τῷ μὴ ποιεῖν ᵉἡμᾶς ἃ λέγομενᵉ. 3. τὰ ἔθνη γὰρ ἀκούοντα ἐκ τοῦ στόματος ᵃἡμῶνᵃ τὰ λόγια τοῦ θεοῦ, ὡς καλὰ καὶ μεγάλα, ᵇταῦταᵇ θαυμάζει· ἔπειτα ᶜᶜ καταμαθόντα τὰ ἔργα ἡμῶν, ὅτι οὐκ ἔστιν ἄξια τῶν ῥημάτων, ὧν λέγομεν, ἔνθεν εἰς βλασφημίαν τρέπονται λέγοντες εἶναι μῦθόν τινα καὶ πλάνην. 4. ὅταν γὰρ ἀκούσωσιν παρ' ἡμῶν, ὅτι λέγει ὁ θεός· οὐ χάρις ὑμῖν, εἰ ἀγαπᾶτε τοὺς ἀγαπῶντας ὑμᾶς, ᵃἀλλὰᵃ χάρις ὑμῖν, εἰ ἀγαπᾶτε τοὺς ἐχθροὺς ᵇᵇ καὶ τοὺς μισοῦντας ὑμᾶς. ταῦτα ὅταν ἀκούσωσιν, θαυμάζουσιν

---

3. ᵃ H; 2 1 A   ᵇ H; αυτοις A   ᶜ cj.; om. A H S   ᵈ A; δύο H   4. ᵃ S; ἔξω A H   ᵇ S; ἔσω A H   ᶜ A S; ἔξω H   ᵈ A S; ἔσω H   ᵉ A; δήλη H; γνωστὴ καὶ δήλη S   5. ᵃ cj. Bryennios; φρονεῖ H   ᵇ H; ἀδελφὴ ἀδελφὸν ἰδοῦσα S

13. 1. ᵃ H; om. S   ᵇ H; τοῦ κυρίου S   ᶜ S; ὑμᾶς H   2. ᵃ S; om. H   ᵇ S; om. H   ᶜ S; διὸ H   ᵈ H; δέ S   ᵉ S; ὑμᾶς ἃ βούλομαι H   3. ᵃ S; ὑμῶν H   ᵇ S; om. H   ᶜ H; δέ S   4. ᵃ H; ἀλλ' οὖν S   ᵇ H; ὑμῶν S

mit dem Weiblichen, weder Männliches noch Weibliches.[96] 3. „Die Zwei" aber sind „eins", wenn wir einander die Wahrheit sagen und in zwei Leibern ohne Heuchelei *eine* Seele wäre.[97] 4. Mit „und das Äußere wie das Innere" meint er folgendes: Mit dem Inneren meint er die Seele, mit dem Äußeren meint er den Leib. Wie also dein Leib sichtbar ist, so soll auch deine Seele in deinen guten Taten offenbar sein! 5. Mit „und das Männliche wie das Weibliche, weder Männliches noch Weibliches" meint er folgendes: Ein Bruder soll beim Anblick einer Schwester in keiner Weise an sie als Frau denken, noch soll sie an ihn als Mann denken.[98] 6. Wenn ihr das tut, sagt er, wird das Reich meines Vaters kommen.[99]

13. 1. Also, Brüder, laßt uns endlich einmal Buße tun, laßt uns nüchtern werden[100] zum Guten! Wir sind nämlich voll großer Unvernunft und Bosheit. Laßt uns die früheren Sünden von uns abwischen,[101] von Herzen Buße tun und gerettet werden! Und seien wir nicht den Leuten zu Gefallen,[102] noch laßt uns nur einander gefallen, sondern auch den Menschen draußen[103] aufgrund rechten Tuns, damit der Name nicht unseretwegen verlästert wird![104] 2. Denn auch der Herr sagt: Ständig wird mein Name euretwegen unter allen Heiden verlästert; und wiederum: Wehe dem, dessentwegen mein Name verlästert wird![105] Wodurch wird er verlästert? Dadurch daß wir nicht tun, was wir sagen.[106] 3. Wenn die Heiden nämlich aus unserem Mund hören, wie schön und gewichtig die Worte Gottes[107] sind, bewundern sie diese; wenn sie danach bemerken, daß unsere Taten nicht den Worten entsprechen, die wir reden, wenden sie sich davon ab und der Lästerung zu und sagen, es handle sich nur um irgendwelche Fabelei und Irrtum. 4. Wenn sie nämlich von uns hören, daß Gott sagt: Ihr habt keinen Dank zu erwarten, wenn ihr liebt, die euch lieben, sondern ihr habt Dank zu erwarten, wenn ihr eure Feinde liebt und die euch hassen[108] – wenn sie das hören, bewundern sie das Übermaß an

---

[96] Vgl. zu diesem apokryphen Zitat o. S. 223f.
[97] [A. 97 s. S. 274.]
[98] Zum Streit, ob diese Auslegung eine generelle Askese fordert oder nicht, vgl. o. S. 231f.
[99] [A. 99 s. S. 274.]
[100] Die Aufforderung zur Nüchternheit im übertragenen Sinn als rechtes ethisches Verhalten im Horizont von Parusie und Gericht begegnet öfter: 1Thess 5, 6. 8; 1Petr 1, 13; 4, 7; 5, 8; IgnPol 2, 3; Pol2Phil 7, 2; vgl. 2Tim 4, 5.
[101] [A. 101 s. S. 274.]
[102] [A. 102 s. S. 274f.]
[103] [A. 103 s. S. 275.]
[104] [A. 104 s. S. 275.]
[105] Der erste Teil entstammt Jes 52, 5; der zweite ist eine Analogiebildung nach dem Muster der Logien Mk 14, 21parr.; Mt 18, 7/Lk 17, 1. Vgl. dazu und zu den sonstigen Zitierungen von Jes 52, 5 im Urchristentum o. S. 224.
[106] [A. 106 s. S. 275.]
[107] [A. 107 s. S. 275.]
[108] Das Zitat ist eine eigenartige Neubildung aufgrund des synoptischen Logions in Lk 6, 27. 32. 35/Mt 5, 44. 46 mit zum Teil wörtlichen Anklängen, wobei eine größere Nähe zum Lk-Text besteht.

τὴν ὑπερβολὴν τῆς ἀγαθότητος· ὅταν δὲ ἴδωσιν, ὅτι οὐ μόνον τοὺς μισοῦντας οὐκ ἀγαπῶμεν, ἀλλ' ὅτι οὐδὲ τοὺς ἀγαπῶντας, καταγελῶσιν ἡμῶν, ᶜἄραᶜ καὶ βλασφημεῖται τὸ ὄνομα ᵈᵈ.

14. 1. ὥστε, ἀδελφοί, ποιοῦντες τὸ θέλημα τοῦ πατρὸς ἡμῶν θεοῦ ἐσόμεθα ἐκ τῆς ἐκκλησίας τῆς πρώτης, τῆς πνευματικῆς, τῆς πρὸ ἡλίου καὶ σελήνης ἐκτισμένης· ἐὰν δὲ μὴ ποιήσωμεν τὸ θέλημα κυρίου, ἐσόμεθα ἐκ τῆς γραφῆς τῆς λεγούσης· ἐγενήθη ὁ οἶκός μου σπήλαιον λῃστῶν. ὥστε ᵃᵃ αἱρετισώμεθα ἀπὸ τῆς ἐκκλησίας τῆς ζωῆς εἶναι, ἵνα σωθῶμεν. 2. οὐκ οἴομαι δὲ ὑμᾶς ἀγνοεῖν, ὅτι ἐκκλησία ζῶσα σῶμά ἐστιν Χριστοῦ. λέγει γὰρ ἡ γραφή· ἐποίησεν ὁ θεὸς τὸν ἄνθρωπον ἄρσεν καὶ θῆλυ. τὸ ἄρσεν ἐστὶν ὁ Χριστός, τὸ θῆλυ ἡ ἐκκλησία. καὶ ᵃἔτιᵃ τὰ βιβλία ᵇτῶν προφητῶνᵇ καὶ ᶜἔτιᶜ οἱ ἀπόστολοι τὴν ἐκκλησίαν οὐ νῦν εἶναι, ᵈλέγουσινᵈ, ἀλλὰ ἄνωθεν. ἦν γὰρ πνευματικὴ ὡς καὶ ὁ Ἰησοῦς ᵉΧριστὸς ὁ κύριοςᵉ ἡμῶν, ἐφανερώθη δὲ ἐπ' ἐσχάτων τῶν ἡμερῶν, ἵνα ἡμᾶς σώσῃ. 3. ἡ ἐκκλησία δὲ πνευματικὴ οὖσα ἐφανερώθη ἐν τῇ σαρκὶ Χριστοῦ δηλοῦσα ἡμῖν, ὅτι ἐάν τις ἡμῶν τηρήσῃ αὐτὴν ἐν τῇ σαρκὶ ᵃᵃ καὶ μὴ φθείρῃ, ἀπολήψεται αὐτὴν ἐν τῷ πνεύματι τῷ ἁγίῳ· ἡ γὰρ σὰρξ αὕτη ᵇἀντίτυπόςᵇ ἐστιν τοῦ πνεύματος. οὐδεὶς οὖν ᶜτὸ ἀντίτυπονᶜ φθείρας τὸ αὐθεντικὸν μεταλήψεται. ἄρα οὖν τοῦτο λέγει, ἀδελφοί· τηρήσατε τὴν σάρκα, ἵνα τοῦ πνεύματος μεταλάβητε. 4. εἰ δὲ λέγομεν εἶναι τὴν σάρκα τὴν ἐκκλησίαν καὶ τὸ πνεῦμα Χριστόν, ἄρα οὖν ὁ ὑβρίσας τὴν σάρκα ᵃᵃ

ᶜ S; om. H   ᵈ H; τοῦ Χριστοῦ S
14. 1. ᵃ οὖν H; ἀδελφοί S   2. ᵃ S; ὅτι H   ᵇ S; om. H   ᶜ S; om. H   ᵈ S; om. H
ᵉ S; om. H   3. ᵃ H; αὐτοῦ S   ᵇ H; τύπος S   ᶜ H; τὸν τύπον S   4. ᵃ H; αὐτοῦ S

Güte. Wenn sie aber sehen, daß wir nicht nur die nicht lieben, die uns hassen, sondern nicht einmal die, die uns lieben, verspotten sie uns; und folglich wird der Name verlästert.[109]
14. 1. Wenn wir daher, Brüder, den Willen unseres Vaters, Gottes, tun, werden wir zu der ersten Kirche gehören, der geistlichen, die vor Sonne und Mond geschaffen ist.[110] Wenn wir aber nicht den Willen des Herrn tun, werden wir zu der Schrift gehören, die lautet: Mein Haus ist eine Räuberhöhle geworden.[111] Daher wollen wir es uns erwählen, zu der Kirche des Lebens[112] zu gehören, damit wir gerettet werden![113] 2. Ich halte euch aber nicht für unwissend darüber, daß die lebendige Kirche der Leib Christi ist.[114] Denn die Schrift sagt: Gott schuf den Menschen als Mann und Weib.[115] Der Mann ist Christus, das Weib die Kirche.[116] Und ferner sagen die Schriften der Propheten und dazu noch die Apostel[117], daß die Kirche nicht erst jetzt ist, sondern von Anfang an.[118] Sie war nämlich geistlich, wie auch Jesus Christus, unser Herr; er[119] wurde aber offenbar am Ende der Tage[120], damit er uns rette. 3. Die Kirche aber, die geistlich ist, wurde im Fleisch Christi offenbar[121] und tat uns dabei kund, daß – wenn einer von uns sie im Fleisch bewahrt und nicht zugrunde richtet – er sie im heiligen Geist empfangen wird.[122] Denn dieses Fleisch[123] ist das Abbild des Geistes. Keiner nun, der das Abbild zugrunde richtet, wird das Urbild empfangen.[124] Daher meint er also folgendes, Brüder: Bewahrt das Fleisch,[125] damit ihr am Geist Anteil bekommt! 4. Wenn wir aber sagen, das Fleisch sei die Kirche und der Geist Christus, frevelt also folglich

---

[109] Die Verspottung der Christen durch die Heiden, weil Wort und Tat auseinanderfallen, trifft den Urheber des Wortes als Lästerung, für die somit die Christen verantwortlich sind.
[110] [A. 110 s. S. 275.]
[111] Jer 7, 11 LXX: μὴ σπήλαιον λῃστῶν ὁ οἶκός μου; Vgl. Mk 11, 17parr.; Einfluß von diesen synoptischen Zitierungen ist aber nicht wahrscheinlich.
[112] [A. 112 s. S. 275.]
[113] Die paränetische Abzweckung wird schon in dieser Einführung des Kapitels deutlich. Die Zugehörigkeit zur „Kirche des Lebens" rettet. Für diese Zugehörigkeit kann und soll man sich entscheiden; sie erfolgt im Tun des Willens Gottes.
[114] [A. 114 s. S. 276.]
[115] Gen 1, 27.
[116] [A. 116 s. S. 276.]
[117] [A. 117 s. S. 276.]
[118] An welche Stellen der Verfasser denkt, läßt sich nur vermuten. Gen 1, 27 hat er zitiert. Von daher können Gen 2, 24; Ps 45; Eph 5, 29–32 genannt werden.
[119] [A. 119 s. S. 276.]
[120] Vgl. Hebr 1, 2; 1Petr 1, 20.
[121] [A. 121 s. S. 276f.]
[122] [A. 122 s. S. 277.]
[123] [A. 123 s. S. 277.]
[124] [A. 124 s. S. 277.]
[125] Auf diesen schlichten Imperativ laufen die komplizierten Spekulationen und philosophischen Anleihen hinaus.

ὕβρισεν ᵇᵇ τὴν ἐκκλησίαν. ὁ τοιοῦτος οὖν οὐ μεταλήψεται τοῦ πνεύματος, ὅ ἐστιν ὁ Χριστός. 5. τοσαύτην δύναται ἡ σὰρξ αὕτη μεταλαβεῖν ζωὴν καὶ ᵃἀφθαρσίανᵃ κολληθέντος αὐτῇ τοῦ πνεύματος τοῦ ἁγίου· οὔτε ἐξειπεῖν τις δύναται οὔτε λαλῆσαι, ἃ ἡτοίμασεν ὁ κύριος τοῖς ἐκλεκτοῖς αὐτοῦ.

15. 1. οὐκ οἴομαι δέ, ὅτι μικρὰν συμβουλίαν ᵃᵃ ἐποιησάμην περὶ ἐγκρατείας, ἣν ποιήσας τις οὐ μετανοήσει, ἀλλὰ καὶ ἑαυτὸν σώσει κἀμὲ τὸν συμβουλεύσαντα. μισθὸς γὰρ οὐκ ἔστιν μικρὸς πλανωμένην ψυχὴν καὶ ἀπολλυμένην ἀποστρέψαι εἰς τὸ σωθῆναι. 2. ταύτην γὰρ ἔχομεν τὴν ἀντιμισθίαν ἀποδοῦναι τῷ θεῷ τῷ κτίσαντι ἡμᾶς, ἐὰν ὁ λέγων καὶ ἀκούων μετὰ ᵃπίστεως καὶ ἀγάπηςᵃ καὶ λέγῃ καὶ ἀκούῃ. 3. ἐμμείνωμεν οὖν ἐφ' οἷς ἐπιστεύσαμεν δίκαιοι καὶ ὅσιοι, ἵνα μετὰ παρρησίας αἰτῶμεν τὸν θεὸν τὸν λέγοντα· ἔτι λαλοῦντός σου ἐρῶ· ἰδοὺ πάρειμι. 4. τοῦτο γὰρ τὸ ῥῆμα μεγάλης ἐστὶν ἐπαγγελίας σημεῖον· ἑτοιμότερον γὰρ ἑαυτὸν λέγει ὁ κύριος εἰς τὸ διδόναι τοῦ αἰτοῦντος. 5. τοσαύτης οὖν χρηστότητος ᵃᵃ μεταλαμβάνοντες μὴ φθονήσωμεν ἑαυτοῖς τυχεῖν τοσούτων ἀγαθῶν. ὅσην γὰρ ἡδονὴν ἔχει τὰ ῥήματα ταῦτα τοῖς ποιήσασιν αὐτά, τοσαύτην κατάκρισιν ἔχει τοῖς παρακούσασιν.

16. 1. ὥστε, ἀδελφοί, ἀφορμὴν λαβόντες οὐ μικρὰν εἰς τὸ μετανοῆσαι, καιρὸν ἔχοντες ἐπιστρέψωμεν ἐπὶ τὸν καλέσαντα ἡμᾶς θεόν, ἕως ἔτι ἔχομεν ᵃᵃ τὸν παραδεχόμενον ἡμᾶς. 2. ἐὰν γὰρ ταῖς ἡδυπαθείαις ταύταις ἀποταξώμεθα καὶ τὴν ψυχὴν ἡμῶν νικήσωμεν ἐν τῷ μὴ ποιεῖν τὰς ἐπιθυμίας αὐτῆς τὰς πονηράς, μεταληψόμεθα τοῦ ἐλέ-

---

ᵇ H; τὴν σάρκα τοῦ Χριστοῦ S   5. ᵃ S; ἀθανασίαν H
15. 1. ᵃ H; ὑμῖν S   2. ᵃ H; ἀγάπης καὶ μετὰ πίστεως S   5. ᵃ H; τοῦ θεοῦ S
16. 1. ᵃ H; τὸν πατέρα S

gegen die Kirche, wer gegen das Fleisch frevelt.[126] Solch einer wird also nicht Anteil bekommen am Geist, d. h. Christus.[127] 5. So großartiges Leben und Unvergänglichkeit kann dieses Fleisch empfangen,[128] wenn sich mit ihm der heilige Geist fest verbindet[129]: Keiner kann aussprechen noch verkünden, was der Herr seinen Erwählten bereitet hat.[130]

15. 1. Ich meine aber, daß ich keinen geringen Rat über die Selbstbeherrschung gegeben habe.[131] Wer ihn befolgt, wird es nicht bereuen, sondern er wird sowohl sich selbst retten als auch mich, den Ratgeber.[132] Es ist nämlich kein geringer Lohn, eine dem Irrtum verfallene und verlorengehende Seele davon abzubringen mit dem Erfolg, daß sie gerettet wird.[133] 2. Denn diese Gegenleistung können wir Gott entrichten, der uns geschaffen hat, wenn der Redende und der Hörer beide mit Glaube und Liebe reden bzw. hören.[134] 3. Bleiben wir also bei dem Glauben, den wir angenommen haben, rechtschaffen und fromm, damit wir mit Freimut Gott bitten, der da sagt: Während du noch redest, werde ich sagen: Siehe, ich bin da![135] 4. Dieses Wort ist nämlich Zeichen einer großen Verheißung. Denn der Herr sagt, daß er bereitwilliger zum Geben ist als der Beter zum Bitten.[136] 5. So großer Güte also teilhaftig, laßt es uns einander nicht neiden, so gute Gaben zu erlangen! Denn wieviel Wonne diese Worte für die enthalten, die sie getan haben, so viel Verdammung enthalten sie für die, die nicht auf sie haben hören wollen.[137]

16. 1. Daher, Brüder, weil wir nicht geringe Gelegenheit erhalten haben, Buße zu tun, wollen wir uns, da wir noch Zeit haben,[138] zu Gott hinwenden, der uns berufen hat, solange wir noch den haben, der uns annimmt![139] 2. Wenn wir nämlich diesen wohligen Genüssen entsagen und unsere Seele dadurch besiegen, daß wir ihre bösen Begierden nicht ausführen,[140] werden wir des Erbarmens Jesu teilhaftig

---

[126] Hier ist es besonders deutlich, daß die „Folgerung" aus dem Begriff σάρξ gewonnen wird, der einmal die irdische Gestalt der Kirche und zum anderen den Christen in seiner fleischlichen Existenz meint.
[127] [A. 127 s. S. 277.]
[128] [A. 128 s. S. 277f.]
[129] [A. 129 s. S. 278.]
[130] Vgl. 11, 7 mit A. 92.
[131] Zum Verständnis von ἐγκράτεια vgl. o. S. 231f.
[132] Vgl. 19, 1 sowie Barn 1, 5; 21, 7 mit A. 10 auf S. 139; weiter 1Tim 4, 16.
[133] [A. 133 s. S. 278.]
[134] Vgl. Apk 1, 3, wo sich „der Vorleser und die Hörer" gegenüberstehen.
[135] Jes 58, 9; vgl. Barn 3, 5. Bis auf die Umsetzung in die 1. pers. sing. ist das Zitat wörtlich. – Der Zusammenhang von Freimut und Bittgebet findet sich auch 1Joh 3, 21f., allerdings theologisch reflektierter als hier.
[136] Vgl. Mt 6, 8; 6, 32/Lk 12, 30.
[137] [A. 137 s. S. 278.]
[138] Vgl. 8, 1–3 mit A. 58, 61 und 62.
[139] Als der Berufende hat Gott Gelegenheit zur Buße gegeben, und er nimmt den an, der diese Gelegenheit nicht verstreichen läßt, sondern wahrnimmt.
[140] Das Wort ἡδυπάθεια begegnet im urchristlichen Schrifttum nur hier und in 17, 7. –

Zweiter Klemensbrief

ους [a]Ἰησοῦ[a]. 3. γινώσκετε δέ, ὅτι ἔρχεται ἤδη ἡ ἡμέρα τῆς κρίσεως ὡς κλίβανος καιόμενος, καὶ τακήσονταί τινες τῶν οὐρανῶν καὶ πᾶσα ἡ γῆ ὡς μόλιβος ἐπὶ πυρὶ τηκόμενος, καὶ τότε φανήσεται τὰ κρύφια καὶ φανερὰ ἔργα τῶν ἀνθρώπων. 4. καλὸν οὖν ἐλεημοσύνη ὡς μετάνοια ἁμαρτίας· κρείσσων νηστεία προσευχῆς, ἐλεημοσύνη δὲ ἀμφοτέρων· ἀγάπη δὲ καλύπτει πλῆθος ἁμαρτιῶν, προσευχὴ δὲ ἐκ καλῆς συνειδήσεως ἐκ θανάτου ῥύεται. μακάριος πᾶς ὁ εὑρεθεὶς ἐν τούτοις πλήρης. ἐλεημοσύνη γὰρ κούφισμα ἁμαρτίας γίνεται.

17. 1. μετανοήσωμεν οὖν ἐξ ὅλης καρδίας [aa], ἵνα μή τις ἡμῶν παραπόληται. εἰ γὰρ ἐντολὰς ἔχομεν καὶ τοῦτο [b]πράσσομεν[b], [c]καὶ[c] ἀπὸ τῶν εἰδώλων ἀποσπᾶν καὶ κατηχεῖν, πόσῳ μᾶλλον ψυχὴν ἤδη γινώσκουσαν τὸν θεόν οὐ δεῖ ἀπόλλυσθαι. 2. συλλάβωμεν οὖν ἑαυτοῖς καὶ τοὺς ἀσθενοῦντας ἀνάγειν περὶ τὸ ἀγαθόν, ὅπως σωθῶμεν ἅπαντες, καὶ ἐπιστρέψωμεν ἀλλήλους καὶ νουθετήσωμεν. 3. καὶ μὴ μόνον ἄρτι δοκῶμεν πιστεύειν καὶ προσέχειν ἐν τῷ νουθετεῖσθαι ἡμᾶς ὑπὸ τῶν πρεσβυτέρων, ἀλλὰ καὶ ὅταν εἰς οἶκον ἀπαλλαγῶμεν

2. [a] H; τοῦ κυρίου ἡμῶν Ἰησοῦ Χριστοῦ S
17. 1. [a] H; ἡμῶν S   [b] H; πράσσωμεν S   [c] S; om. H

werden. 3. Erkennt aber, daß der Tag des Gerichts schon kommt wie ein brennender Ofen![141] Und es werden einige der Himmel und die ganze Erde zerschmelzen, wie Blei über dem Feuer zerschmilzt.[142] Und dann werden die geheimen und offenbaren Taten der Menschen offenbar werden.[143] 4. Gut ist also Almosen wie Buße für Sünde; besser ist Fasten als Gebet, Almosen aber ist besser als beide.[144] Liebe jedoch deckt die Menge der Sünden zu;[145] Gebet aus reinem Gewissen rettet vom Tod.[146] Heil jedem, der in diesen Dingen hundertprozentig erfunden wird! Almosen erleichtert nämlich die Sünde.[147]

17. 1. Laßt uns also von ganzem Herzen Buße tun, damit keiner von uns verlorengeht! Wenn wir nämlich Gebote haben, und das auch tun, nämlich von den Götzen abspenstig zu machen und die Katechumenen zu unterweisen,[148] um wieviel weniger darf dann eine Seele, die Gott schon kennt, verlorengehen![149] 2. Laßt uns also einander helfen, auch die Schwachen in Hinsicht auf das Gute zu fördern, damit wir alle gerettet werden;[150] und laßt uns einander zurechtbringen und ermahnen![151] 3. Und laßt uns nicht nur jetzt, während wir von den Presbytern ermahnt werden, den Anschein haben zu glauben und aufzupassen, sondern auch wenn wir nach Hause gegangen sind,[152] wollen wir uns an die Anordnungen des

---

Zum ganzen Satz vgl. 4Makk 2, 1–4, wo neben der ἡδυπάθεια ebenfalls αἱ τῆς ψυχῆς ἐπιθυμίαι erwähnt werden.

[141] Mal 3, 19: διότι ἰδοὺ ἡμέρα κυρίου ἔρχεται καιομένη ὡς κλίβανος.

[142] Hier ist die Vorstellung vom Weltbrand aufgenommen; vgl. 2Petr 3, 10–12 und den Exkurs dazu bei Hans Windisch, Die Katholischen Briefe, HNT 15, Tübingen ²1930, 103. Vgl. weiter aethHen 1, 6, wo vom Schmelzen der Hügel wie Wachs vor dem Feuer die Rede ist, und 1QH III 29–36.

[143] Hier wird deutlich, daß die Aufnahme des apokalyptischen Szenariums der Paränese dient. Anschließend wird eine besondere Gruppe guter Taten aufgeführt.

[144] [A. 144 s. S. 278.]

[145] [A. 145 s. S. 278.]

[146] Tob 12, 9 wird dasselbe vom Almosen ausgesagt. Daß man nicht mit schlechtem Gewissen beten soll, ist Forderung des Lebensweges nach Did 4, 14/Barn 19, 12; vgl. A. 47 auf S. 75.

[147] Zum Ausdruck vgl. 1Esr 8, 84: σὺ γάρ, κύριε, ἐκούφισας τὰς ἁμαρτίας ἡμῶν, auch 2Esr 9, 13, zur Sache Tob 12, 9, wo es in Fortsetzung der in der vorigen Anmerkung genannten Aussage vom Almosen heißt: καὶ αὐτὴ ἀποκαθαριεῖ πᾶσαν ἁμαρτίαν. S. auch Did 4, 6.

[148] Es muß hier nicht an bestimmte Stellen der urchristlichen Überlieferung gedacht sein, wie etwa Knopf (Mt 28, 19f; Mk 16, 15: Komm. 177) oder Donfried (Mk 2, 17parr.: Setting 173f.) vermuten, da der Missionsauftrag dem Urchristentum eine Selbstverständlichkeit war.

[149] Mit dieser Einführung ist deutlich, daß der Verfasser in diesem Abschnitt innergemeindliche Probleme behandelt. Das ist ein erster Hinweis darauf, daß er mit den in Vers 5 genannten Ungläubigen keine Heiden meint, sondern Christen.

[150] Die gegenseitige Stützung in der Gemeinde zum Zwecke der Rettung aller wird auch in 1Klem 2, 4 zum Ausdruck gebracht.

[151] ἐπιστρέφω und νουθετέω stehen auch 19, 2 und Herm vis I 3, 1 nebeneinander; vgl. mand VIII 10.

[152] Vgl. o. S. 214.

ᵃᵃ, μνημονεύωμεν τῶν τοῦ κυρίου ἐνταλμάτων, καὶ μὴ ἀντιπαρελκώμεθα ἀπὸ τῶν κοσμικῶν ἐπιθυμιῶν, ἀλλὰ πυκνότερον ᵇπροσερχόμενοιᵇ πειρώμεθα προκόπτειν ἐν ταῖς ἐντολαῖς τοῦ κυρίου, ἵνα ᶜᶜ πάντες τὸ αὐτὸ φρονοῦντες συνηγμένοι ὦμεν ἐπὶ τὴν ζωήν. 4. εἶπεν γὰρ ὁ κύριος ᵃᵃ· ἔρχομαι συναγαγεῖν πάντα τὰ ἔθνη, φυλὰς καὶ γλώσσας. τοῦτο δὲ λέγει τὴν ἡμέραν τῆς ἐπιφανείας αὐτοῦ, ὅτε ἐλθὼν λυτρώσεται ἡμᾶς ἕκαστον κατὰ τὰ ἔργα αὐτοῦ. 5. καὶ ὄψονται τὴν δόξαν αὐτοῦ ᵃκαὶ τὸ κράτοςᵃ οἱ ἄπιστοι καὶ ξενισθήσονται ᵇἰδόντεςᵇ τὸ βασίλειον τοῦ κόσμου ᶜἐν τῷ Ἰησοῦ λέγοντεςᶜ· οὐαὶ ἡμῖν, ὅτι σὺ ἦς, καὶ οὐκ ᾔδειμεν καὶ οὐκ ἐπιστεύομεν καὶ οὐκ ἐπειθόμεθα τοῖς πρεσβυτέροις τοῖς ἀναγγέλλουσιν ἡμῖν περὶ τῆς σωτηρίας ἡμῶν· καὶ ὁ σκώληξ αὐτῶν οὐ τελευτήσει καὶ τὸ πῦρ αὐτῶν οὐ σβεσθήσεται καὶ ἔσονται εἰς ὅρασιν πάσῃ σαρκί. 6. τὴν ἡμέραν ἐκείνην λέγει τῆς κρίσεως, ὅταν ὄψονται τοὺς ἐν ᵃἡμῖνᵃ ἀσεβήσαντας καὶ παραλογισαμένους τὰς ἐντολὰς Ἰησοῦ Χριστοῦ. 7. οἱ δὲ δίκαιοι εὐπραγήσαντες καὶ ὑπομείναντες τὰς βασάνους καὶ μισήσαντες τὰς ἡδυπαθείας τῆς

3. ᵃ H; καὶ καταπαύσωμεν ἀπὸ πάντων S   ᵇ H; προσευχόμενοι S   ᶜ H; ἡμεῖς S
4. ᵃ H; ἡμῶν S   5. ᵃ H; ἐν κράτει καὶ ἐξουσίᾳ S   ᵇ H; εἰδότες S   ᶜ H; τούτου καὶ ἔπειτα ἐροῦσιν S   6. ᵃ S; ὑμῖν H

Herrn[153] erinnern und uns nicht von den weltlichen Begierden[154] in die entgegengesetzte Richtung ziehen lassen![155] Indem wir vielmehr zahlreicher zum Gottesdienst zusammenkommen,[156] wollen wir uns bemühen, in den Geboten des Herrn Fortschritte zu machen, damit wir alle einmütig versammelt sind zum Leben![157] 4. Denn der Herr hat gesagt: Ich komme, alle Völker, Stämme und Zungen zu versammeln.[158] Das aber meint den Tag seiner Erscheinung[159], wenn er kommt und uns erlösen wird, einen jeden gemäß seinen Taten.[160] 5. Und die Ungläubigen[161] werden seine Herrlichkeit und Macht sehen,[162] und sie werden befremdet reagieren, wenn sie die Weltherrschaft bei Jesus erblicken,[163] und sagen: Wehe uns, daß du es warst, und wir haben es nicht erkannt, nicht geglaubt und nicht den Presbytern gehorcht, die uns von unserer Rettung verkündigten.[164] Und ihr Wurm wird nicht sterben und ihr Feuer nicht verlöschen, und sie werden ein Schauspiel für alles Fleisch sein.[165] 6. Jenen Tag des Gerichts meint er, wenn man sehen wird, die unter uns gottlos gehandelt und ein falsches Spiel mit den Geboten Jesu Christi getrieben haben.[166] 7. Die Gerechten[167] aber, die gut gehandelt, die Qualen erduldet[168] und die wohligen Genüsse der Seele[169] gehaßt haben – wenn sie die sehen,

---

[153] Nur an dieser Stelle wird im urchristlichen Schrifttum das Wort ἐντάλματα zur Bezeichnung der Gebote Gottes gebraucht (in LXX: Hi 23, 11f.; Jes 55, 11). Die drei übrigen Verwendungen (Mk 7, 7 par. Mt 15, 9; Kol 2, 22) haben ἐντάλματα ἀνθρώπων in Aufnahme von Jes 29, 13 LXX.

[154] Vgl. Tit 2, 12.

[155] ἀντιπαρέλκω ist Hapaxlegomenon.

[156] Vgl. Did 16, 2 mit A. 127 auf S. 89 sowie die dort genannten Stellen.

[157] [A. 157 s. S. 278.]

[158] Jes 66, 18, wo allerdings φυλάς keine Entsprechung hat. Die Reihe ἔθνη, φυλαί, γλῶσσαι begegnet öfter in Daniel, z. B. 3, 2.7. Zur Sache vgl. Mt 25, 31 f.; Apk 14, 6 f.

[159] Vgl. 12, 1 mit A. 94 auf S. 274.

[160] Vgl. Did 16, 8 mit A. 143 auf S. 91.

[161] Daß es sich bei den „Ungläubigen" um Gemeindemitglieder handelt, die nach Ansicht des Verfassers keine rechten Christen sind, ergibt sich eindeutig aus Vers 6.

[162] Ein Stück der Fortsetzung des in Vers 4 gebrachten Zitates ist hier in den Text eingeflossen; Jes 66, 18 heißt es am Schluß: καὶ ὄψονται τὴν δόξαν μου.

[163] "They will be surprised precisely because they denied this eschatological function of Jesus" (Donfried, Setting 172). Dasselbe Motiv eschatologischer Überraschung begegnet Barn 7, 9; dort sind diejenigen betroffen, die ihn gekreuzigt haben, wenn er ihnen als Weltherrscher entgegentritt.

[164] Aufgabe der Presbyter war also hiernach – wie auch nach 17, 3 – die Verkündigung.

[165] Jes 66, 24b; dieselbe Stelle wurde schon 7, 6 zitiert, dort mit Zitationsformel. Vgl. o. A. 57.

[166] [A. 166 s. S. 278.]

[167] Hier ist der im Alten Testament häufige Gegensatz von Gottlosen und Gerechten (vgl. z. B. Gen 18, 23. 25; Ex 23, 7; ψ 1, 5 f.; 36, 28 f. 38 f.) aufgenommen, der auch im Neuen Testament begegnet: Röm 1, 17 f.; 5, 6 f.; 1Tim 1, 9; 1Petr 4, 18 (Zitat Prov 11, 31 LXX); 2Petr 2, 5–8.

[168] Vgl. Hebr 10, 32 f.; 1Klem 6, 1.

[169] Vgl. 16, 2 mit A. 140.

ψυχῆς, ὅταν θεάσωνται τοὺς ἀστοχήσαντας καὶ ἀρνησαμένους ᵃᵃ διὰ τῶν λόγων ἢ διὰ τῶν ἔργων τὸν Ἰησοῦν, ὅπως κολάζονται δειναῖς βασάνοις ᵇᵇ πυρὶ ἀσβέστῳ, ἔσονται ᶜᶜ δόξαν ᵈδιδόντεςᵈ τῷ θεῷ αὐτῶν λέγοντες, ὅτι ἔσται ἐλπὶς δεδουλευκότι θεῷ ἐξ ὅλης καρδίας ᵉᵉ.

18. 1. καὶ ἡμεῖς οὖν ᵃᵃ γενώμεθα ἐκ τῶν εὐχαριστούντων ᵇκαὶ τὸ ἔλεος λαμβανόντωνᵇ, τῶν δεδουλευκότων τῷ θεῷ, καὶ μὴ ἐκ τῶν κρινομένων ἀσεβῶν. 2. καὶ γὰρ αὐτὸς πανθαμαρτωλὸς ὢν καὶ μήπω ᵃφυγὼνᵃ τὸν πειρασμόν, ἀλλ' ἔτι ὢν ἐν μέσοις τοῖς ὀργάνοις τοῦ διαβόλου σπουδάζω τὴν δικαιοσύνην διώκειν, ὅπως ἰσχύσω κἂν ἐγγὺς αὐτῆς γενέσθαι, φοβούμενος τὴν κρίσιν τὴν μέλλουσαν.

19. 1. ὥστε, ἀδελφοὶ καὶ ἀδελφαί, μετὰ τὸν θεὸν τῆς ἀληθείας ἀναγινώσκω ὑμῖν ἔντευξιν ᵃᵃ εἰς τὸ προσέχειν τοῖς γεγραμμένοις, ἵνα καὶ ἑαυτοὺς σώσητε καὶ ᵇἐμὲᵇ τὸν ἀναγινώσκοντα ἐν ὑμῖν ᶜᶜ. μισθὸν γὰρ αἰτῶ ὑμᾶς τὸ μετανοῆσαι ἐξ ὅλης καρδίας ᵈᵈ σωτηρίαν ἑαυτοῖς καὶ ζωὴν διδόντας. τοῦτο γὰρ ποιήσαντες ᵉσκοπὸνᵉ πᾶσιν τοῖς νέοις θήσομεν, τοῖς βουλομένοις περὶ τὴν εὐσέβειαν καὶ τὴν χρηστότητα τοῦ θεοῦ φιλοπονεῖν. 2. καὶ μὴ ἀηδῶς ἔχωμεν καὶ ἀγανακτῶμεν οἱ ἄσοφοι, ὅταν τις ἡμᾶς νουθετῇ καὶ ἐπιστρέφῃ ἀπὸ τῆς ἀδικίας εἰς τὴν δικαιοσύνην. ᵃἔνιαᵃ γὰρ πονηρὰ πράσσοντες οὐ γινώσκομεν διὰ τὴν διψυχίαν καὶ ἀπιστίαν τὴν ἐνοῦσαν ἐν τοῖς στήθεσιν ἡμῶν καὶ ἐσκοτίσμεθα τὴν διάνοιαν ᵇᵇ ὑπὸ τῶν ἐπιθυμιῶν ᶜᶜ τῶν ματαίων.

---

7. ᵃ H; ἢ S   ᵇ H; καί S   ᶜ H; ἐν ἀγαλλιάσει S   ᵈ S; δόντες H   ᵉ H; αὐτοῦ S
18. 1. ᵃ H; ἀδελφοί S   ᵇ S; om. H   2. ᵃ S; φεύγων H
19. 1. ᵃ H; τοῦτ' ἔστιν νουθεσίαν S   ᵇ S; om. H   ᶜ H; τὰ λόγια τοῦ θεοῦ S   ᵈ H; ὑμῶν S   ᵉ S; κόπον H   2. ᵃ H; ἐνίοτε S   ᵇ H; ἡμῶν S   ᶜ H; τούτων S

die abgeirrt sind[170] und durch ihre Worte oder Taten Jesus verleugnet haben, wie sie bestraft werden mit schrecklichen Qualen durch unauslöschliches Feuer[171] – werden ihrem Gott die Ehre geben[172] und sagen: Es wird Hoffnung geben für den, der Gott von ganzem Herzen gedient hat.

18. 1. Laßt also auch uns zu denen gehören, die danken und Erbarmen empfangen, die Gott gedient haben, und nicht zu den Gottlosen, die gerichtet werden![173] 2. Auch ich selbst nämlich, obwohl ich ganz und gar sündig[174] und noch nicht der Anfechtung entflohen bin, sondern noch inmitten der Werkzeuge[175] des Teufels, bemühe mich doch, der Gerechtigkeit nachzujagen,[176] damit ich die Kraft erhalte, wenigstens nahe an sie heranzukommen,[177] weil ich das kommende Gericht fürchte.[178]

19. 1. Daher, Brüder und Schwestern[179], lese ich euch, nachdem der Gott der Wahrheit geredet hat, eine Ermahnung vor, auf das Geschriebene achtzugeben,[180] damit ihr sowohl euch selbst rettet als auch mich, der ich unter euch vorlese.[181] Als Lohn erbitte ich mir nämlich von euch, daß ihr von ganzem Herzen Buße tut, womit ihr euch Rettung und Leben verschafft.[182] Wenn wir das nämlich tun, werden wir allen jungen Leuten[183] ein Ziel setzen, die sich um die Frömmigkeit[184] und die Güte Gottes bemühen wollen. 2. Und wir wollen es uns gefallen lassen und uns nicht ärgern in Torheit, wenn uns einer ermahnt und vom Unrecht zur Rechtschaffenheit hinwendet![185] Manchmal nämlich erkennen wir es nicht, wenn wir Böses tun, wegen des Zweifels und des Unglaubens in unserer Brust und sind

---

[170] Mit demselben Wort wird das Abirren vom (rechten) Glauben bzw. der Wahrheit in 1Tim 1, 5 f.; 6, 20 f.; 2Tim 2, 18 gekennzeichnet.
[171] Vgl. Mt 3, 12/Lk 3, 17; Mk 9, 43par.; besonders eng berührt sich diese Stelle mit 4Makk 9, 9; 12, 12; vgl. 10, 11; aethHen 103, 8.
[172] Vgl. ψ 67, 35; Apk 11, 13.
[173] [A. 173 s. S. 278 f.]
[174] [A. 174 s. S. 279.]
[175] [A. 175 s. S. 279.]
[176] Terminologisch vgl. Röm 9, 30 f.; sachlich sind aber 1Tim 6, 11; 2Tim 2, 22 näher, wo δικαιοσύνη jeweils am Beginn einer Tugendreihe steht.
[177] Vgl. 7, 3 mit A. 54 auf S. 272; vgl. auch Phil 3, 12–14.
[178] Vom Fürchten Gottes im Blick auf das kommende Gericht ist auch in Apk 14, 7 die Rede; dort geht es aber um die Anerkenntnis der Überlegenheit Gottes, die sich in seinem Gericht zeigt. Ohne daß das Wort erscheint, ist die Furcht vor dem Gericht Motiv der Ethik in Herm vis III 9, 5 f.
[179] Zur Anrede vgl. A. 2 auf S. 196 und A. 14 auf S. 210.
[180] Vgl. o. S. 214, 216.
[181] Vgl. 15, 1 mit A. 132.
[182] Vgl. Barn 21, 6 f.
[183] [A. 183 s. S. 279.]
[184] [A. 184 s. S. 279.]
[185] Vgl. 1Klem 56, 2. Zu νουθετέω und ἐπιστρέφω vgl. 17, 2 mit A. 151. ἀδικία und δικαιοσύνη sind in ähnlicher Weise gegenübergestellt in Röm 6, 13 und Hebr 1, 9 (varia lectio).

3. πράξωμεν οὖν τὴν δικαιοσύνην, ἵνα εἰς τέλος σωθῶμεν. μακάριοι οἱ τούτοις ὑπακούοντες τοῖς προστάγμασιν· ᵃκἂνᵃ ὀλίγον χρόνον κακοπαθήσωσιν ἐν τῷ κόσμῳ ᵇτούτῳᵇ, τὸν ᶜἀθάνατονᶜ τῆς ἀναστάσεως καρπὸν ᵈτρυγήσουσινᵈ. 4. μὴ οὖν λυπείσθω ὁ εὐσεβής, ἐὰν ἐπὶ τοῖς νῦν χρόνοις ταλαιπωρῇ· μακάριος αὐτὸν ἀναμένει χρόνος. ἐκεῖνος ἄνω μετὰ τῶν πατέρων ἀναβιώσας εὐφρανθήσεται εἰς τὸν ἀλύπητον αἰῶνα.

20. 1. ἀλλὰ μηδὲ ἐκεῖνο τὴν διάνοιαν ᵃἡμῶνᵃ ταρασσέτω, ὅτι βλέπομεν τοὺς ἀδίκους πλουτοῦντας καὶ στενοχωρουμένους τοὺς τοῦ θεοῦ δούλους. 2. ᵃπιστεύωμενᵃ οὖν, ἀδελφοὶ καὶ ἀδελφαί, ᵇὅτιᵇ θεοῦ ζῶντος πεῖραν ἀθλοῦμεν καὶ γυμναζόμεθα τῷ νῦν βίῳ, ἵνα τῷ μέλλοντι στεφανωθῶμεν. 3. οὐδεὶς τῶν δικαίων ᵃταχὺν καρπὸνᵃ ἔλαβεν, ἀλλ' ἐκδέχεται ᵇαὐτόνᵇ. 4. εἰ γὰρ τὸν μισθὸν τῶν δικαίων ὁ θεὸς συντόμως ἀπεδίδου, εὐθέως ἐμπορίαν ἠσκοῦμεν καὶ οὐ θεοσέβειαν. ἐδοκοῦμεν γὰρ εἶναι δίκαιοι οὐ τὸ ᵃεὐσεβέςᵃ, ἀλλὰ τὸ κερδαλέον διώκοντες, καὶ διὰ τοῦτο θεία κρίσις ἔβλαψεν πνεῦμα, μὴ ὂν δίκαιον, καὶ ἐβάρυνεν ᵇδεσμοῖςᵇ.

---

3. [a] H; καί S [b] H; om. S [c] S; δὲ θάνατον H [d] H; τρυφήσουσιν S
20. 1. [a] S; ὑμῶν H 2. [a] S; πιστεύομεν H [b] S; om. H 3. [a] H; ταχὺ καρποὺς S [b] H; αὐτούς S 4. [a] H; θεοσεβές S [b] S; δεσμός H

verfinstert im Denken[186] von den nichtigen Begierden.[187] 3. Laßt uns also das Rechte tun, damit wir schließlich gerettet werden![188] Heil denen, die diesen Anordnungen gehorchen![189] Auch wenn sie nur kurze Zeit in dieser Welt Unglück erleiden, werden sie die unsterbliche Frucht der Auferstehung ernten.[190] 4. Der Fromme soll sich also nicht bekümmern, wenn er in den jetzigen Zeiten Ungemach leidet; glückselige Zeit erwartet ihn. Er wird oben inmitten der Väter neues Leben erhalten und Freude erleben in ungetrübter Ewigkeit.[191]

20. 1. Aber auch jenes soll unser Denken nicht verwirren, wenn wir die Ungerechten in Reichtum sehen und in Not die Knechte Gottes.[192] 2. Laßt uns also Vertrauen haben,[193] Brüder und Schwestern[194]: Des lebendigen Gottes Probe bestehen wir als Kämpfer und lassen uns durch das jetzige Leben stählen, damit wir im kommenden bekränzt werden.[195] 3. Keiner der Gerechten erhält schnellgereifte Frucht, sondern er wartet auf sie.[196] 4. Wenn nämlich Gott den Lohn der Gerechten sofort erstattete, trieben wir sogleich Handel und übten nicht Gottesverehrung[197]. Denn wir würden dann meinen, rechtschaffen zu sein, obwohl wir nicht auf das Frommsein, sondern nur auf den Gewinn aus wären;[198] und deswegen hat das göttliche Gericht einem Geist geschadet, der nicht rechtschaffen war, und ihn mit Ketten belastet.[199]

---

[186] Vgl. Röm 1, 21; Eph 4, 18; 1Klem 36, 2; 2Klem 1, 6.
[187] Nach Herm mand XII 6, 5 kann die Gebote halten, wer sein Herz „von den nichtigen Begierden dieser Welt" gereinigt hat; vgl. mand XI 8.
[188] Vgl. o. S. 234f.
[189] Vgl. 1Klem 50, 5; Apk 22, 7.
[190] Bei κακοπαθήσωσιν dürfte wie bei ταλαιπωρῇ in Vers 4 an Leiden aufgrund des Christseins gedacht sein; vgl. 2Tim 2, 8f.; 4, 5. Zur Gegenüberstellung von kurzem Unglück jetzt und künftiger Freude vgl. 5, 5; 6, 6f. sowie 1Petr 1, 6f.; 5, 10.
[191] [A. 191 s. S. 279.]
[192] [A. 192 s. S. 279.]
[193] Wie in 11, 1 hat πιστεύω hier die Bedeutung „vertrauen" im Blick auf die das zukünftige Heil betreffende Verheißung.
[194] Vgl. 19,1 mit A. 179.
[195] Zum hier wieder aufgenommenen Bild vom Wettkampf vgl. 7, 1 mit A. 50 auf S. 271. sowie Knopf, Komm. 182f.
[196] Der Gerechte darf nicht damit rechnen, schon im irdischen Leben den Lohn für sein Verhalten zu bekommen; er hat ihn hier allein unter der Perspektive der Hoffnung (s. 19, 3f.); anders Mk 10, 28–30parr.
[197] θεοσέβεια und θεοσεβής sind im urchristlichen Schrifttum sehr selten: Joh 9, 31; 1Tim 2,10; 1Klem 17, 3 (Zitat von Hi 1, 1). Mit θεοσεβ- verhält es sich ähnlich wie mit εὐσεβ-; vgl. u. A. 184 auf S. 279.
[198] Gottesverehrung bzw. Frömmigkeit weist sich hiernach gerade dadurch als echt aus, daß sie sich nicht unmittelbar „lohnt".
[199] [A. 199 s. S. 279f.]

5. τῷ μόνῳ θεῷ ἀοράτῳ, πατρὶ τῆς ἀληθείας, ᵃτῷ ἐξαποστείλαντι ἡμῖνᵃ τὸν σωτῆρα καὶ ἀρχηγὸν τῆς ᵇἀφθαρσίαςᵇ, δι' οὗ ᶜᶜ ἐφανέρωσεν ἡμῖν τὴν ἀλήθειαν καὶ τὴν ἐπουράνιον ᵈζωήνᵈ, αὐτῷ ᵉᵉ ἡ δόξα ᶠᶠ εἰς τοὺς αἰῶνας τῶν αἰώνων. ἀμήν. ᵍᵍ

5. ᵃ H; τῷ κυρίῳ ἡμῶν Ἰησοῦ Χριστῷ, αὐτὸν ἐξαπέστειλεν S   ᵇ H; ζωῆς καὶ εἰς σωτηρίαν ἡμῶν S   ᶜ S; καί H   ᵈ H; χαρὰν καί S   ᵉ H; Ἰησοῦ Χριστῷ τῷ κυρίῳ ἡμῶν σὺν τῷ πνεύματι ἁγίῳ S   ᶠ H; καὶ τὸ κράτος καὶ ἡ δύναμις S   ᵍ H; ἐτελειώθη Κλήμεντος ἐπιστολὴ δευτέρα πρὸς Κορινθίους S

5. Dem alleinigen und unsichtbaren Gott[200], dem Vater der Wahrheit[201], der uns den Retter und Urheber[202] der Unvergänglichkeit gesandt, durch den er uns die Wahrheit und das himmlische Leben offenbart hat,[203] ihm sei die Ehre in alle Ewigkeit! Amen.

---

[200] Vgl. 1Tim 1,17; weiter Röm 16, 27; Jud 25.
[201] Vgl. 3,1 mit A. 24.
[202] Vgl. Act 3,15; 5, 31; Hebr 2,10; 12, 2.
[203] Vgl. 2Kor 2,14; IgnMagn 8, 2.

ANMERKUNGEN (Rest)

Die umfangreicheren Anmerkungen konnten nicht unter der Übersetzung abgedruckt werden. Sie sind hier zusammengefaßt. Ein entsprechender Hinweis findet sich jeweils unter der Übersetzung.

[2] Bei dieser Wendung handelt es sich kaum um ein Zitat aus Act 10, 42, sondern wie in Pol2Phil 2, 1 um Aufnahme inzwischen traditionell gewordener Redeweise; vgl. 1Petr 4, 5; 2Tim 4, 1; Barn 7, 2; zur Sache: Eduard Lohse, Christus als Weltenrichter, in: Jesus Christus in Historie und Theologie. Festschrift Hans Conzelmann, hrsg. von Georg Strecker, Tübingen 1975, 475–486.

[3] Frank sieht den Prediger „hier nichts anderes" tun, „als die gnostische Grundfrage zur methodischen Ausgangsposition seiner Homilie zu verwenden", und stellt EV 22, 14 f. und Excerpta ex Theodoto 78 daneben (Studien 235). Vgl. weiter EV 22, 5; 40, 30–42, 35. Wenn Donfried für diese „Formel" auf Jdt 10, 12 verweist (Setting 102 A. 2), trägt das überhaupt nichts aus, da die Fragen dort völlig anderer Art sind. Gegenüber Frank ist allerdings zu betonen, daß der Verfasser den Gedanken des künftigen Ortes mit dem von Jesus Christus als Richter verbindet und damit „die gnostische Grundfrage" modifiziert. Zum Verhältnis des 2. Klemensbriefs zur Gnosis vgl. o. S. 226 f.

[7] Was der Verfasser unter der Beschenkung mit „Licht" versteht, erhellt aus Vers 6, nämlich die Bekehrung vom Heidentum; denn dort gilt die Anbetung der von Menschen gemachten Götzen als Beschränktheit des Denkens und Aufenthalt in der Finsternis. – Donfried will in 1, 4. 6–8 ein dem Verfasser vorgegebenes „hymnisches Bekenntnis" erkennen (Setting 104–107). Ohne Zweifel redet der Verfasser hier in gehobener Sprache, und er nimmt auch traditionelle Terminologie auf; aber im ganzen ist das von Donfried herausgehobene Stück (s. den Abdruck Setting 105) keineswegs so durchgeformt und durchstilisiert, daß die Annahme eines „Erlöserliedes" (107) wahrscheinlich wäre.

[10] Zu dieser Aufzählung vgl. Dan 5, 4. 23 (anders in LXX, jedoch bei Theodotion); Weish 13, 10; aethHen 99, 7; Sib 5, 82 f.; Apk 9, 20; Diog 2, 2. Was 2Klem 1, 6 im Rückblick auf die eigene heidnische Vergangenheit ausgesagt wird, ist dann – wie in Diog 2, 2 und Kerygma Petrou 2a (NTApo ³2, 61) – ein beliebter Topos christlicher Apologetik gegenüber dem Heidentum, die ihn dem hellenistischen Judentum verdankt, das seinerseits auf die griechische Aufklärungsphilosophie zurückgreift; vgl. Knopf, Komm. 154 f.

[17] Frank hat in ausführlicher Analyse gezeigt, daß hier nicht die Vorstellung einer präexistenten Kirche vorliegt (Studien 202–210). Er versteht die Deutung von Jes 54, 1 im Zusammenhang mit den vorangehenden Bekehrungsaussagen. Der Verfasser zeige seinen Hörern, „was sie geworden sind, aus dem, was sie waren". So werde „unsere Kirche" als die „gewesene στεῖρα verstanden, als die, die durch Christus aus dem Tod zum Leben und aus dem Nichts zum Sein gekommen ist" (209). „Damit offenbart sich gerade hier die genuin christo-

Anmerkungen (Rest)

logische Kausalität der Kirche als einer heilsgeschichtlichen Schöpfung vom Nichts zum Sein" (210).

[18] Diese Auslegung fällt aus dem Zusammenhang heraus. – Die Wendung ἀναφέρειν προσευχάς beruht wohl auf dem technischen Gebrauch von ἀναφέρειν im Opferwesen (vgl. im Urchristentum Hebr 7, 27; Jak 2, 21; 1 Petr 2, 24; Pol2Phil 8, 1) und auf dem Verständnis der Gebete als der wahren Opfer (vgl. o. S. 54–56). Den Übergang markieren die Wendungen ἀνενέγκαι πνευματικὰς θυσίας in 1Petr 2, 5 und ἀναφέρειν θυσίαν αἰνέσεως in Hebr 13, 15. Der Stelle 2Klem 2, 2 entspricht Barn 12, 7: ἀνενέγκαι δέησιν.

[20] Bei denen, „die Gott zu haben *meinen*", denkt der Verfasser sicherlich an die Juden; vgl. die ähnliche Ausdrucksweise im Kerygma Petrou 2a (Clemens Alexandrinus, strom. VI 5, 41: ἐκεῖνοι μόνοι οἰόμενοι τὸν θεὸν γινώσκειν) und Diog 3, 2. Darin zeigt sich eine große Distanz zum Judentum. Sie wird auch deutlich in dem quantitativen Vergleich: Im Bereich, den der Verfasser überschaut, gibt es mehr Christen als Juden. Bei Justin, apol. I 53, 5f., wird Jes 54, 1 so ausgelegt, daß diese Stelle die weitaus größere Zahl von Heidenchristen gegenüber den Judenchristen voraussage. Hier zeigt sich eine gemeinsame Auslegungstradition, aber keine Abhängigkeit, aus der historische Rückschlüsse gezogen werden könnten; gegen Harnack, der den 2. Klemensbrief später als Justin ansetzen will (Ursprung 70f.). Das Problem, das Paulus zutiefst betroffen machte und dem er sich in Röm 9–11 stellte, wird weder vom Verfasser des 2. Klemensbriefs noch von Justin empfunden; statt dessen findet sich lediglich Gefallen an der eigenen großen Zahl.

[42] Der Verfasser nimmt hier die aus der jüdischen Apokalyptik stammende Vorstellung von den zwei Äonen auf; vgl. dazu Wilhelm Bousset/Hugo Greßmann, Die Religion des Judentums im späthellenistischen Zeitalter, Göttingen [4]1966, 243–249. Im Neuen Testament ist von beiden Äonen als diesem und dem kommenden in Eph 1, 21 die Rede; der Gedanke, daß „dieser Äon" das sündige Leben bestimmt, begegnet Eph 2, 2; ähnlich 2Kor 4, 4.

[47] Die Redeweise rührt wohl von der in 7, 6; 8, 6 gebrauchten Paränese her: das Siegel rein bewahren (vgl. dazu u. A. 56). Sie ist in neuer Weise formulierte Paränese: Der durch die Taufe von Sünden Gereinigte soll sich nicht wieder neu mit Sünden beschmutzen. Vgl. auch die Seligpreisung in Acta Pauli et Theclae 6: μακάριοι οἱ τὸ βάπτισμα τηρήσαντες.

[49] Der Parallelismus von der Bewahrung der Taufe und dem Besitz guter Werke zeigt, daß hier nicht in der Weise rigoristisch gedacht wird, als kämen nur solche Christen ins Gottesreich, die ohne Sünde blieben. „Das Leben des Christen ist für den Prediger ein einziger großer Kampf mit Erfolgen und Niederlagen. Wer endgültig Sieger bleibt in diesem Kampf, der hat das Taufsiegel bewahrt, hat den ihm durch die Taufe verliehenen Anspruch auf das Heil nicht verloren" (Poschmann, Paenitentia 128). Anders als im Hebräerbrief und bei Hermas ist „die Möglichkeit der Christenbuße ... kein theologisches Problem mehr, sondern als selbstverständlich vorausgesetzt" (Vielhauer, Urchristliche Literatur 742).

[50] Der Verfasser nimmt in diesem Kapitel „das Bild des Kampfspieles" auf, das „in der zeitgenössischen philosophisch-ethischen Popularliteratur außerordentlich beliebt" ist (Knopf, Komm. 163; vgl. Donfried, Setting 128f.). Die weite Verbreitung dieses Motivs macht es unwahrscheinlich, daß der Verfasser speziell von 1Kor 9, 24–27 abhängig ist; zur weiteren Aufnahme von Wettkampfmotiven im Urchristentum vgl. Röm 9, 16; Gal 2, 2; 5, 7; Phil 2, 16; 3, 13f.; 2Tim 2, 5; 4, 7f.; Hebr 12, 1; Jak 1, 12; 1Klem 5, 1; 7, 1.

[51] Zu dem Wort καταπλεῖν vgl. o. S. 225 A. 90 sowie Knopf, Komm. 163: Es „bedeutet einfach: von der hohen See zum Lande hinab- oder herabfahren, nicht aber: über

See zu uns herfahren, und die Worte müssen nicht für eine Hörerschaft bestimmt sein, die an einem Orte wohnt, wo berühmte Wettspiele stattfinden und zu dem man über See fährt".

⁵² Hier gilt in noch stärkerem Maß, was Hans Conzelmann zu 1 Kor 9, 24–27 schreibt: „Weil das Bild allgemein verbreitet ist und weil der Sport in jeder griechischen Stadt alltäglich ist, braucht man nicht speziell an die isthmischen Spiele bei Korinth mit dem Fichtenkranz als Siegespreis ... zu denken" (Der erste Brief an die Korinther, KEK 5, Göttingen 1969, 191 A. 31). Zum Kranz vgl. jedoch genauer KP II 1475: „Der Siegerkranz, urspr. aus Fichte, wurde ab 475/474 durch Sellerie ersetzt, vom 2. Jh. v. Chr. ab wieder Fichte und/oder Sellerie."

⁵⁴ "The intention is to suggest that even those who do not make first place will receive recognition for their striving" (Donfried, Setting 129). Für solche übertragene Anwendung des Bildes vgl. die ebd. zitierte Stelle Philo, Agr. 120f. Zur Ausstattung auch der zweiten und dritten Plätze mit Preisen bei Wettkämpfen s. Josephus, Bell. I 415.

⁵⁶ Die Wendung τηρεῖν τὴν σφραγῖδα steht parallel zu der Wendung τηρεῖν τὸ βάπτισμα ἁγνὸν καὶ ἀμίαντον in 6, 9 (s. o. A. 47). Sie wird noch einmal aufgenommen in 8, 6: τηρεῖν τὴν σάρκα ἁγνὴν καὶ τὴν σφραγῖδα ἄσπιλον. Von dieser Gegenüberstellung sowie vom vorangehenden Kontext her, der vom Geringen und Großen spricht, legt es sich nahe, unter Siegel den Geist zu verstehen (so Gottfried Fitzer, Art. σφραγίς κτλ., ThWNT 7, Stuttgart 1964, [939–954] 952). Der Zusammenhang mit der Taufe besteht darin, daß der Geist ja bei der Taufe gegeben wird. Diese Verbindung von Taufe und Geist als Siegel dürfte schon hinter 2 Kor 1, 21 f. stehen. „Indem Gott die Glaubenden ... gesiegelt hat, hat er sie zu seinem unantastbaren Eigentum gemacht; das Pfand dafür ist der Geist Gottes im Herzen" (ebd. 950). Fitzer sieht zwar „eine Beziehung auf die Taufe ... unmittelbar ... nicht gegeben" (ebd.); aber daß ein Zusammenhang besteht, sollte nicht bestritten werden. Für den 2. Klemensbrief ist er jedenfalls durch die parallelen Formulierungen evident.

⁵⁸ Die im folgenden immer wieder gebrachte Mahnung zur Buße begegnet hier erstmals in den Ausführungen des Verfassers. Gemeint ist nicht der Umkehrruf an Ungetaufte, sondern die Bußmahnung an die Christen, wie die weiteren Darlegungen deutlich machen (gegen Knopf, Komm. 164f.). Zwischen dieser Mahnung zur Buße, die immer wieder neu zu vollziehen ist, solange das Leben währt, und der Mahnung, das Siegel rein zu bewahren, besteht für den Verfasser kein Gegensatz (s. o. A. 49).

⁵⁹ Grundlage dieser und der folgenden Aussagen ist wohl Jer 18, 4–6. Vers 2a hat große Nähe zu Jer 18, 6b; anschließend wird das Motiv aus Jer 18, 4 ausgeführt, daß der Töpfer aus einem nicht gelungenen Topf einen neuen formen kann. In jeweils verschiedener Weise wird dieses Motiv angewandt von Theophilus, ad Autolycum II 26, und in BerR 72 zu Gen 30, 21.

⁶⁰ Hier könnte eine „leise Allegorisierung" vorliegen: „hinter dem Töpfer blickt der Weltrichter heraus, der den Sünder ins höllische Feuer steckt" (Knopf, Komm. 165). Aber darauf liegt nicht der Akzent. Worauf es dem Verfasser hier ankommt, wird von Donfried treffend so beschrieben: "Just as the potter has a chance to *re*form his clay before he puts it in the furnace, so man has a chance to repent before the last day arrives" (Setting 85).

⁶¹ „Ausdrücklich und mit einer Deutlichkeit wie sonst kein Autor des Urchristentums erklärt der Prediger, daß wir die ganze Zeit unseres Lebens für eine Neuformung durch Gott fähig bleiben ... Erst der Tod beendet den καιρὸς μετανοίας und schneidet die Möglichkeit einer Erneuerung ab" (Poschmann, Paenitentia 126 f.).

⁶³ Knopf meint, der Ausdruck könne „kaum anders gedeutet werden als auf die Forde-

Anmerkungen (Rest)

rung der vollkommenen Askese, die auch den ehelichen Verkehr ausschließt" (Komm. 165). Eine so spezifische Bedeutung ist bei dem recht allgemeinen Ausdruck aber kaum anzunehmen, zumal er zwischen zwei ganz allgemein gehaltenen Forderungen steht; im übrigen vgl. o. S. 231 f.

[69] Nach Paulus ist der Leib (σῶμα) des Christen bzw. der Christ selbst Tempel Gottes aufgrund des ihm gegebenen heiligen Geistes (1 Kor 3, 16 f.; 6, 19; 2 Kor 6, 16); daraus folgert Paulus ethische Konsequenzen. Vgl. weiter IgnEph 15, 3: πάντα οὖν ποιῶμεν ὡς αὐτοῦ ἐν ἡμῖν κατοικοῦντος, ἵνα ὦμεν αὐτοῦ ναοὶ καὶ αὐτὸς ἐν ἡμῖν θεὸς ἡμῶν. Dieselbe Vorstellung dürfte dann auch hinter der Mahnung IgnPhld 7, 2 stehen: τὴν σάρκα ὑμῶν ὡς ναὸν θεοῦ τηρεῖτε. Ob das auch noch bei der sehr ähnlichen Wendung hier in 2 Klem 9, 3 der Fall ist, erscheint sehr fraglich, da der begründende Kontext anders argumentiert; s. nächste Anmerkung.

[70] ἐλεύσεσθε meint nach dem Kontext das Kommen vor das Gericht (V. 1. 5) und das Hineingehen in das Reich Gottes (V. 6). Der Verfasser argumentiert, daß die Berufung den Menschen in seiner Existenz „im Fleisch" antraf und daher – weil diese Berufung einen unter der Heilsverheißung stehenden neuen Lebenswandel ermöglichte (s. o. S. 234) – auch das ihr korrespondierende Gericht mit seinem Lohn den Menschen „im Fleisch" betreffen wird. Daß die Identität des Menschen hier mit dem Begriff σάρξ festgehalten wird – vgl. dagegen die Argumentation des Paulus in 1 Kor 15 –, ist sicherlich im abwehrenden Gegenüber zu gnostisierenden Christen begründet (vgl. Donfried, Setting 145).

[82] Zwar begegnet öfter die Wendung, nach Frieden zu trachten (διώκειν εἰρήνην; vgl. etwa ψ 33, 15; 2 Tim 2, 22; Hebr 12, 14), aber die hier gebrauchte Formulierung mit εἰρήνη als Subjekt des διώκειν ist mir sonst nicht bekannt. Doch erscheint sie von daher als nicht ganz ungewöhnlich, daß Gegenbegriffe zu εἰρήνη als Subjekt des διώκειν auftreten: Weish 11, 20 (vgl. 16, 16); Nah 1, 8; Jes 30, 28; Ez 35, 6.

[83] Die gegebene Übersetzung folgt dem Vorschlag von Knopf, „ein zu ergänzendes αὐτήν (sc. εἰρήνην) als Subjekt, ἄνθρωπον als Objekt" aufzufassen (Komm. 168). Der überlieferte Text kann dann so belassen werden; zu möglichen Textänderungen vgl. die von Knopf gegebenen Hinweise (ebd.) – Nach den im Anschluß an das vorige Kapitel allgemein gehaltenen Mahnungen geht der Verfasser hier offensichtlich auf ein konkretes Problem ein. Er nimmt nämlich Leute in den Blick, die sich anders verhalten, als er es für richtig hält, ja die sogar anders lehren (V. 5). Der Zusammenhang ist dann am besten zu verstehen, wenn die Möglichkeit einer Bekenntnissituation vorausgesetzt wird, die das Risiko des Martyriums in sich birgt. Die „Falschlehrer" hätten empfohlen, einer solchen Situation auszuweichen (bzw. nicht zu bekennen, wenn sie doch eintritt). Das kennzeichnet der Verfasser als Einflößen von Furcht vor Menschen und gibt als Grund solchen Verhaltens das Festhängen am Genuß an, den das Leben auf der Erde bietet. Dem stellt er die künftige Verheißung, das Erlangen des Heilszieles, das dem Martyrium gehört, alternativ gegenüber.

[84] Dem irdischen Genuß wird βάσανος zugeordnet, der künftigen Verheißung τρυφή, „ein starkes, sinnlich malendes Wort" (Knopf, Komm. 168). Zu βάσανος als ewiger Qual vgl. 17, 7. In Weish 3, 1 heißt es von den Seelen der Gerechten: καὶ οὐ μὴ ἅψηται αὐτῶν βάσανος. Das positive Gegenbild wird etwa aethHen 103, 3 so ausgeführt, „daß allerlei Gutes, Freude und Ehre für die Geister der in Gerechtigkeit Verstorbenen bereitet und aufgeschrieben ist, daß euch vielerlei Gutes zum Lohn für eure Mühen gegeben wird und daß euer Los besser als das der Lebenden ist".

⁸⁵ Eine Parallele findet sich in den Apostolischen Konstitutionen V 6, 5; sie ist deshalb besonders interessant, weil sie ebenfalls im Zusammenhang des Martyriums steht: „Wenn wir aber etwas am Bekenntnis preisgeben und dann die Religion verleugnen, weil die Überzeugung erschlafft ist und kürzeste Strafe gefürchtet wird, berauben wir uns nicht allein selbst der ewigen Herrlichkeit, sondern werden sogleich auch anderen zur Ursache ihres Verderbens und erleiden doppelte Strafe, weil wir durch unsere Verleugnung die Lehre, die einst von uns als Wahrheit gerühmt wurde, dem Verdacht des Irrtums ausgeliefert haben." – Daß der Irrlehrer und seine Hörer das vernichtende Gericht zu erwarten haben, wird auch IgnEph 16, 2 angeführt. Dort begegnet der Begriff κακὴ διδασκαλία (vgl. κακοδιδασκαλία in IgnPhld 2, 1), in 2Klem 10, 5 das Verb κακοδιδασκαλέω. Dem entspricht sachlich ἑτεροδιδασκαλέω in 1Tim 1, 3; 6, 3; IgnPol 3, 1.

⁹⁰ Die Übereinstimmung mit πιστὸς γὰρ ὁ ἐπαγγειλάμενος in Hebr 10, 23 ist keine ausreichende Basis für die Annahme, der Verfasser des 2. Klemensbriefs kenne den Hebräerbrief (gegen Knopf, Komm. 170). Die Wendung hat liturgischen Klang; von Gott ausgesagt, findet sich πιστός mit folgendem Partizip auch 1Thess 5, 24, mit folgendem Relativsatz 1Kor 1, 9; 10, 13; 2Thess 3, 3; mit folgendem Infinitiv IgnTrall 13, 3. Sachlich entspricht unserer Stelle 1Klem 27, 1, wo Gott ὁ πιστὸς ἐν ταῖς ἐπαγγελίαις genannt wird.

⁹⁴ Die Parusie wird hier und in 17, 4 – wie in 2Thess 2, 8; 1Tim 6, 14; 2Tim 4, 1. 8; Tit 2, 13 – mit dem typisch hellenistischen Begriff der „Epiphanie" bezeichnet; vgl. dazu Martin Dibelius, Die Pastoralbriefe, HNT 13, Tübingen ⁴1966 (von Hans Conzelmann ergänzt), 77f.; Dieter Lührmann, Epiphaneia. Zur Bedeutungsgeschichte eines griechischen Wortes, in: Tradition und Glaube. Festschrift Karl Georg Kuhn, hrsg. von Gert Jeremias u. a., Göttingen 1971, 185–199.

⁹⁷ Die im letzten Nebensatz vorgenommene Konjektur – Ergänzung von εἰ für den potentialen Optativ εἴη – ist ein Vorschlag von Prof. D. H. Krämer. Daß zwischen καί und ἐν ein εἰ ausgefallen ist, läßt sich leicht vorstellen. Das εἰ kann auch unmittelbar vor εἴη gestanden haben, wenn auch diese Wortstellung etwas ungewöhnlich wäre. – Die Auslegung des Verfassers in diesem Vers und in den beiden folgenden wird von Donfried treffend so charakterisiert: "He 'de-gnosticizes' this text in terms which are completely on the moral and ethical plane" (Setting 153).

⁹⁹ Hier dürfte nicht ein überkommenes Logion zitiert werden, sondern der Verfasser formuliert eine Folgerung aus dem vorangehenden als Jesuswort; vgl. den analogen Vorgang in Barn 7, 5. 11 und dazu A. 119 auf S. 157 sowie Knopf, Komm. 171. – Gegenüber der Erwartung Jesu, wie sie sich vor allem in der zweiten Bitte des Unservater und im Gleichnis von der selbstwachsenden Saat (Mk 4, 26–29) ausspricht, daß das Reich Gottes allein von Gott her kommt, ohne daß Menschen Vorbedingungen zu erfüllen hätten, wird hier eine bedeutsame Verschiebung sichtbar. Auf der Suche nach weiterer und stärkerer Motivation für die Paränese wird unter der Hand die Ethik zur Vorbedingung des endzeitlichen Handelns Gottes.

¹⁰¹ Vgl. Act 3, 19: μετανοήσατε οὖν καὶ ἐπιστρέψατε εἰς τὸ ἐξαλειφθῆναι ὑμῶν τὰς ἁμαρτίας. Der Zusammenhang von Buße und Vergebung der früheren Sünden wird mehrfach von Hermas ausgesprochen: vis II 2, 4; mand XII 6, 2; sim VIII 11, 3; IX 23, 5. Vgl. auch Jes 43, 25 f. LXX: ἐγώ εἰμι ὁ ἐξαλείφων τὰς ἀνομίας σου . . . λέγε σὺ τὰς ἀνομίας σου πρῶτος, ἵνα δικαιωθῇς.

¹⁰² In LXX begegnet das Wort ἀνθρωπάρεσκος nur in ψ 52, 6 (wohl davon abhängig:

Anmerkungen (Rest)

PsSal 4, 19); PsSal 4, 7f. Im Urchristentum taucht es in der Sklavenregel der Haustafel in Kol 3, 22/Eph 6, 6 auf und wird dort durch ὀφθαλμοδουλία näher erläutert; das zugehörige Verb wird von Ignatius in Röm 2,1 verwandt. Im Kontext von 2Klem 13 bezeichnet ἀνθρωπάρεσκος weltförmiges Verhalten.

[103] οἱ ἔξω sind die nicht zur eigenen Gruppe Gehörigen; vgl. Mk 4, 11; 1Kor 5, 12f. Sir Prolog 5 bezeichnet vom jüdischen Standpunkt aus die Heiden als οἱ ἐκτός. Am nächsten kommen unserer Stelle 1Thess 4, 12 und Kol 4, 5, wo πρὸς τοὺς ἔξω ein Lebenswandel gefordert wird, der εὐσχημόνως und ἐν σοφίᾳ erfolgt. Vgl. zu diesem Motiv Willem Cornelis van Unnik, Die Rücksicht auf die Reaktion der Nicht-Christen als Motiv in der altchristlichen Paränese, in: Judentum, Urchristentum, Kirche. Festschrift Joachim Jeremias, hrsg. von Walter Eltester, Berlin ²1964, 221–234.

[104] „Das ὄνομα ist wegen des gleich folgenden Zitates als der Name Christi zu fassen" (Knopf, Komm. 172). Die Möglichkeit der Lästerung „des Namens Gottes und der Lehre" und „des Wortes Gottes" durch Heiden aufgrund des Verhaltens von Christen ist auch 1Tim 6, 1; Tit 2, 5 im Blick. Vgl. weiter 1Klem 47, 7: „Und diese Kunde drang nicht nur zu uns, sondern auch zu denen, die anders gesinnt sind als wir, so daß wegen eures Unverstandes auch Lästerungen wider den Namen des Herrn vorgebracht werden."

[106] H hat am Schluß von Vers 2: ὑμᾶς ἃ βούλομαι. Dem Abschreiber galt dieser Teil wohl noch als Zitat. Da H allerdings auch sonst eine Tendenz zeigt, ἡμ- in ὑμ- umzuwandeln (1, 1 bis; 13, 3; 17, 6; 20, 1; vgl. Lightfoot, Fathers I/1, 128 f.), und die in der vorigen Anmerkung genannte Analogie nur bis τὸ ὄνομά μου reicht, scheint mir der Text von S ursprünglich zu sein, so daß der Schluß von 13, 2 bereits als Kommentar des Verfassers zu verstehen ist.

[107] In 1Klem 53, 1 werden τὰ λόγια τοῦ θεοῦ und αἱ ἱεραὶ γραφαί parallelisiert; vgl. weiter 13, 4; 19, 1; 62, 3 sowie Röm 3, 2; Hebr 5, 12 (anders 1Petr 4, 11). In 2Klem 13, 4 wird als ein solches „Wort Gottes" ein Jesuswort zitiert, ausdrücklich eingeleitet mit λέγει ὁ θεός. Das entspricht 2, 4, wo ein Jesuswort als γραφή erscheint.

[110] Vorab ist festzustellen, daß der Verfasser in diesem Kapitel keine eigenständige Ekklesiologie entfaltet; auch hier dienen die von ihm zusammengetragenen und vorgebrachten Gedanken der Paränese. „Das ganze Kapitel will . . . eine Paränese über die Heilsrelevanz des Fleisches sein. Dazu trägt der Prediger seine eigenartige Spekulation vor, um den Zusammenhang zwischen Fleisch und Geist darzulegen" (Frank, Studien 194; vgl. 216). – Zu der in 14, 1 von der Kirche ausgesagten Präexistenz stellt Frank nach Besprechung des ganzen Kapitels rückblickend fest: „Die Präexistenzaussage erscheint in II Klem nicht als theologisch selbständiges Prädikat, sondern als formale Konsequenz der Interpretation des Kirchenbegriffes nach dem gnostischen Modell" (Studien 252). Zur Vorstellung von der vor Sonne und Mond geschaffenen Kirche vgl. auch Herm vis II 4, 1; von dieser Stelle her sind dann auch I 1, 6; 3, 4 entsprechend zu verstehen.

[112] Frank meint, daß hier die zweite Tetras im valentinianischen System im Blick sei, die Logos und Zoe, Anthropos und Ekklesia umfaßt. „Genau diese Vorstellung aber begegnet in II Klem 14, wenn der Prediger von der ἐκκλησία τῆς ζωῆς spricht; sie ist eben der Äon 'Εκκλησία, den der Äon Ζωή geboren hat und der mit dem himmlischen Christus in einer pleromatischen Syzygie lebt" (Studien 241). Diese Annahme ist unwahrscheinlich, da die Wendung ἡ ἐκκλησία τῆς ζωῆς von 14, 1 in 14, 2 wieder aufgenommen wird mit der Formulierung ἐκκλησία ζῶσα. Es ist daher mit Knopf zu verstehen: „ἐκκλησία τῆς ζωῆς, weil sie Leben hat und Leben mitteilt" (Komm. 173).

Zweiter Klemensbrief

¹¹⁴ Die Formulierung am Beginn des Satzes zeigt, daß der Verfasser auf Tradition zurückgreift. Die Vorstellung von der Kirche als Leib Christi begegnet zuerst bei Paulus: 1 Kor 12, 27; vgl. Röm 12, 5; 1 Kor 10, 16 f. Nach 1 Kor 12, 12. 27 „verkörpert" Christus sich in seiner Gemeinde, repräsentiert er sich in ihr auf der Erde. In den Deuteropaulinen ist die Vorstellung dahingehend geändert, daß Christus als das Haupt der Kirche als seinem Leib gegenübersteht: Kol 1, 18. 24; 2, 19; Eph 1, 22 f.; 4, 15 f.; 5, 29 f.

¹¹⁶ „Christus und die Kirche sind Hypostasen des pneumatischen Bereiches und leben dort in einer himmlischen Ehe wie Mann und Frau" (Frank, Studien 242). Zu vergleichen ist schon Eph 5, 29–32, wo der Verfasser Gen 2, 24 auf Christus und die Kirche bezieht. Vgl. weiter Did 11, 11 mit A. 99 auf S. 98. Nach Irenäus, haer. I 11, 1 bilden bei Valentin Anthropos und Ekklesia die letzte Syzygie in der ersten Ogdoas; vgl. I 8, 5. Donfried bemerkt: "One of the remarkable elements in this chapter is the conception of a preexistent marriage between Christ and the church, which is remarkably close to the syzygy thought in Valentinian gnosticism" (Setting 164); vgl. Frank, Studien 244.

¹¹⁷ Da der Text von H an dieser Stelle offenbar unzuverlässig ist, wie ὅτι statt ἔτι und das Fehlen von λέγουσιν zeigen, wird hier S im ganzen gefolgt, also τῶν προφητῶν nach τὰ βιβλία gelesen. – Unser Altes Testament gilt dem Verfasser als „die Bücher der Propheten"; vgl. zu diesem Sprachgebrauch 1 Klem 43, 1: „Zeichnete doch auch der selige Mose ... alle an ihn ergangenen Anordnungen in den heiligen Büchern (ἐν ταῖς ἱεραῖς βίβλοις) auf; ihm folgten dann die übrigen (!) Propheten." Daneben benutzte der Verfasser ein Evangelium als „Schrift" (s. o. S. 224). Es wird an dieser Stelle wohl deshalb nicht erwähnt, weil es zu der hier verhandelten Sache nichts enthielt. Statt dessen nennt er „die Apostel". Sie sind ihm „Instanzen ..., aber nicht verweist er auf ihre *Briefe* als auf eine den 'Büchern' gleichartige formale Autorität, sondern auf ihre *Lehren*. Die lehrenden Apostel stehen neben den 'Büchern'" (Harnack, Geschichte II/1, 447 A. 5 von S. 446).

¹¹⁹ Das Subjekt in diesem letzten Satz von Vers 2 ist nicht ausdrücklich genannt; es könnte auch die Kirche sein. Dafür ist Frank, Studien 220 f., eingetreten; vorher schon G. Krüger, Zu II. Klem. 14, 2, ZNW 31, 1932, 204 f. Bei dieser Annahme ergibt sich vielleicht eine größere Durchsichtigkeit der spekulativen Gedanken; doch ist es sehr die Frage, ob dem Verfasser daran überhaupt gelegen war. Gegen die Möglichkeit, daß die Kirche durchgängig Subjekt ist, spricht der Beginn von Vers 3, der die Kirche wieder ausdrücklich als Subjekt einführt. Das macht es wahrscheinlicher, daß unmittelbar vorher Jesus Christus als Subjekt gedacht ist.

¹²¹ Nach Heinrich Schlier, Religionsgeschichtliche Untersuchungen zu den Ignatiusbriefen, BZNW 8, Gießen 1929, 91, läßt sich aus diesen Ausführungen das auf Seite 277 oben folgende Schema von Entsprechungen erschließen.

Eine für seine paränetischen Folgerungen wesentliche Voraussetzung ist es, daß der Verfasser hier jetzt den Begriff σάρξ einführt. Was aber hat er sich dabei gedacht, daß die Kirche „im Fleisch Christi offenbar wurde"? Nach Frank „sieht der Prediger hier in der Erscheinung strenggenommen nur die Erscheinung dieses pneumatischen Weibes als σάρξ, während Christus selbst πνεῦμα bleibt ... seine Fleischwerdung ist Fleischwerdung seines σῶμα, seines Syzygieweibes, die σάρξ Christi also die σάρξ gewordene pneumatische ἐκκλησία" (Studien 222). Aber könnte das als Offenbarung im Fleisch *Christi* beschrieben werden? Eine Systematisierung dieser Spekulationen scheint kaum möglich zu sein. Der Verfasser verfolgt jedenfalls ein paränetisches Interesse, wie gleich deutlich wird.

Anmerkungen (Rest)

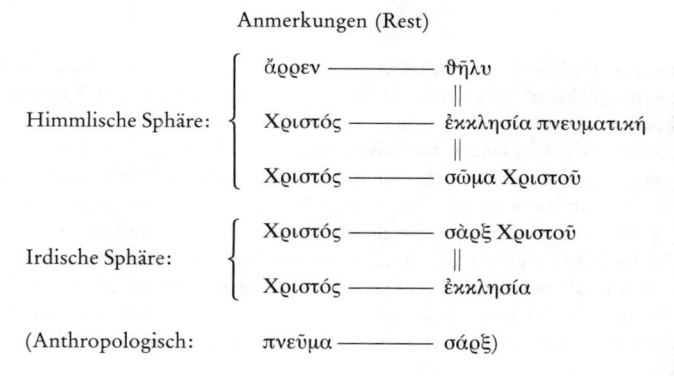

Himmlische Sphäre:
$$\begin{cases} ἄρρεν \longrightarrow θῆλυ \\ \quad \parallel \\ Χριστός \longrightarrow ἐκκλησία\ πνευματική \\ \quad \parallel \\ Χριστός \longrightarrow σῶμα\ Χριστοῦ \end{cases}$$

Irdische Sphäre:
$$\begin{cases} Χριστός \longrightarrow σάρξ\ Χριστοῦ \\ \quad \parallel \\ Χριστός \longrightarrow ἐκκλησία \end{cases}$$

(Anthropologisch: πνεῦμα ——— σάρξ)

[122] Weil die geistliche Kirche im Fleisch Christi offenbar wurde, darf sie natürlich auch nicht in ihrer fleischlichen Erscheinung, also in ihrer irdischen Gestalt verachtet werden, sondern ist zu „bewahren". Solches Bewahren erfolgt, wie gleich weiter ausgeführt wird, in der Bewahrung des eigenen Fleisches. Dem, der sich so verhält, gilt die Verheißung, daß „er sie im heiligen Geist empfangen wird"; „gemeint ist: er wird in ihr bei der künftigen Vollendung Aufnahme finden" (Knopf, Komm. 175), bei der sie dann wieder „geistliche Kirche" sein wird.

[123] Es läßt sich nicht sicher sagen, ob der Verfasser mit „diesem Fleisch" noch die irdische Gestalt der Kirche meint (vgl. V. 4a) oder schon den Christen in seiner fleischlichen Existenz (vgl. V. 5). Seine Paränese beruht jedenfalls darauf, daß er von einer zur anderen Bedeutung des Begriffs σάρξ hinübergleitet: Fleisch Christi – irdische Gestalt der Kirche – der Christ in seiner fleischlichen Existenz.

[124] Zur eigenartigen, auch in der Terminologie abweichenden Verwendung des platonischen Dualismus im Urbild–Abbild-Gedanken vgl. Frank, Studien 218f. Als wichtigster Unterschied ist festzuhalten: „Zwischen Original und Abbild besteht eine effektive Relation, die als kausaler Konnex verstanden ist und damit weit von dem σκιά-Charakter des platonischen Abbildes entfernt ist" (218). – Die Adjektivbildung αὐθεντικός, die sich im Inhalt von den sprachlich vorausliegenden αὐθέντης/αὐθεντέω unterscheidet, begegnet nur hier im urchristlichen Schrifttum. Die dritte Schrift von Nag-Hammadi-Codex VI hat es im Titel: Authentikos Logos. Möglicherweise hat der Verfasser des 2. Klemensbriefs den Begriff aus gnostisierenden Kreisen und wendet ihn mit der „sehr merkwürdigen Anschauung" antignostisch, „daß das Fleisch Antityp des Geistes ist" (Knopf, Komm. 175). – ἀντίτυπος begegnet noch Hebr 9, 24 in bezug auf Tempel und Himmel und 1Petr 3, 20f. in bezug auf Sintflut und Taufe; vgl. Norbert Brox, Der erste Petrusbrief, EKK 21, Zürich u. a. 1979, 176f. mit A. 569f. (Literatur).

[127] Die Wendungen „die Kirche im heiligen Geist empfangen" (V. 3), „am Geist Anteil bekommen" (V. 3), „am Geist = Christus Anteil bekommen" (V. 4) sind Umschreibungen für das künftige Heil, das der Verfasser gleich anschließend als „Leben und Unvergänglichkeit" bezeichnen kann. Diese Umschreibungen ergeben sich aus seinen Spekulationen, die auf der Syzygie-Vorstellung in Verbindung mit dem Urbild–Abbild-Schema beruhen.

[128] Als zukünftige Heilsgüter gelten ἀφθαρσία καὶ ζωὴ αἰώνιος auch IgnPol 2, 3; nach 2Tim 1, 10 sind ζωὴ καὶ ἀφθαρσία schon durch die Erscheinung Jesu Christi, die im Evangelium verkündigt wird, ans Licht gebracht worden. – Gegenüber den Ausführungen des

Paulus in 1Kor 15, 50–54 ist es auffällig, wie unvermittelt hier „dieses Fleisch" und „Leben und Unvergänglichkeit" miteinander in Beziehung gesetzt werden. Das ist wahrscheinlich als Reaktion auf gnostische Abwertung des Fleisches zu verstehen.

[129] Da vorher das Empfangen des Geistes immer als zukünftig galt und der Verfasser nirgends vom Geist als gegenwärtiger Gabe spricht, ist diese Stelle wohl so zu verstehen: Wer das Fleisch bewahrt hat, wird Anteil am Geist bekommen; und dieser (unvergängliche) Geist ist dann der Garant für die Unvergänglichkeit des mit ihm verbundenen Fleisches.

[133] Vgl. Jak 5, 19 f. – Dieser Satz macht es zusätzlich unwahrscheinlich, daß der Verfasser mit ἐγκράτεια völlige Geschlechtsaskese meint und diese von allen verlangt. Zumindest dürften ihn die Überlieferer nicht so verstanden haben, daß Verlorengehen oder Rettung an der Geschlechtsaskese hängt; sonst wäre der 2. Klemensbrief nicht in der Kirche überliefert worden.

[137] Als Gegensatz zu κατάκρισις ist das sonst meist negativ besetzte Wort ἡδονή natürlich positiv verstanden. „Diese Worte" können sich nicht auf das in Vers 3 gebrachte Schriftzitat beziehen, das Vers 4 mit der Wendung „dieses Wort" aufnahm, sondern müssen die συμβουλία meinen, die der Verfasser bis hierhin mit vielerlei Weisungen gegeben hat.

[144] „Gebet, Fasten, Almosen sind die guten Werke des Judentums, die Grundpfeiler seiner Frömmigkeit" (Knopf, Komm. 176). Sie werden in einer ähnlichen Weise wie hier Tob 12, 8 angeführt: „Gut ist Gebet mit Fasten, Almosen und Gerechtigkeit . . . es ist besser, Almosen zu geben als Geld zu häufen." – In EvThom 6. 14 werden diese drei Frömmigkeitsübungen abgelehnt. Donfried meint, "that 2 Clement is refuting conceptions similar to those found in the Gospel of Thomas" (Setting 171). Das ist nicht auszuschließen, aber keinesfalls zwingend zu erweisen; denn ein Hauptargument Donfrieds, der 2. Klemensbrief und das Thomasevangelium enthielten die einzigen urchristlichen Zusammenstellungen dieser Frömmigkeitsübungen, ist schlicht falsch, wie Mt 6, 1–18 zeigt; vgl. weiter die Zusammenstellung von Fasten und Beten in Did 8 und die von Beten und Almosen in Did 15, 4.

[145] Der Satz geht letztlich zurück auf Prov 10, 12, nicht jedoch auf LXX, die frei und unter Veränderung des Sinnes übersetzt. Da er 1Petr 4, 8 und 1Klem 49, 5 im selben Wortlaut erscheint (anders in Jak 5, 20), der dem hebräischen Text nicht genau entspricht, ist anzunehmen, daß er in dieser Form in der christlichen Überlieferung umlief, aus der ihn der Verfasser des 2. Klemensbriefs aufnahm. Wie sein Kontext zeigt, bezieht er das Zudecken auf die jeweils eigenen Sünden.

[157] Donfried, Setting 175, meint: "One element which is unique to 2 Clement is the close relationship between worship and 'advance in the Lord's commands'." Aber Did 16, 2/Barn 4, 10 liegt der Sache nach derselbe Zusammenhang vor: Auch dort geht es bei der Zusammenkunft um die rechte Erkenntnis des notwendigen Tuns unter der Perspektive zukünftigen Heils; vgl. A. 128 auf S. 89.

[166] Der Verfasser nimmt hier aus 16, 3 die Formulierung vom „Tag des Gerichts" auf und das Motiv, daß an ihm alle Taten offenbar werden. Es wird hier angewandt auf Christen, die sich in den Augen des Verfassers nicht so an den Geboten orientiert haben, wie er es für richtig hält. Ob man sie mit Donfried für Libertinisten halten soll (Setting 176), ist wohl doch sehr fraglich.

[173] Bevor der Verfasser paradigmatisch von sich selbst im Blick auf das Gericht spricht,

Anmerkungen (Rest)

faßt er vorher angesprochene Motive in einer Mahnung zusammen: zu εὐχαριστούντων vgl. δόξαν διδόντες τῷ θεῷ in 17, 7, zu τὸ ἔλεος λαμβανόντων vgl. μεταληψόμεθα τοῦ ἐλέους Ἰησοῦ in 16, 2, zu τῶν δεδουλευκότων τῷ θεῷ vgl. τῷ δεδουλευκότι θεῷ in 17, 7, zu τῶν κρινομένων ἀσεβῶν vgl. τοὺς ἐν ἡμῖν ἀσεβήσαντας in 17, 6 und κολάζονται δειναῖς βασάνοις πυρὶ ἀσβέστῳ in 17, 7.

[174] πανθαμαρτωλός begegnet nur hier im urchristlichen Schrifttum. Das gleichbedeutende πανθαμάρτητος steht als zusammenfassende Charakterisierung am Schluß des Todes- bzw. Finsternisweges in Did 5, 2/Barn 20, 2. Die starke Selbstbezichtigung des Verfassers soll sein gutes Beispiel im Streben nach Rechtschaffenheit nur um so deutlicher herausstellen.

[175] Mit ὄργανον – an den meisten Stellen, an denen es in LXX vorkommt, steht es für Musikinstrumente – werden in 2Makk 12, 27 Kriegsmaschinen bezeichnet, in 4Makk 6, 5; 9, 20. 26; 10, 5 Folterinstrumente. Wahrscheinlich bildet die letzte Vorstellung den gedanklichen Hintergrund unserer Stelle; vgl. auch IgnRöm 4, 2.

[183] Knopf hatte zunächst unter den νέοι „die Neubekehrten, die frischen Proselyten" verstehen wollen (Zeitalter 182), dann „die Neubekehrten und die an Jahren jungen Gemeindeglieder" (Komm. 181). Nach den Belegen können aber nur letztere gemeint sein: Tit 2, 4; 1Klem 1, 3; 3, 3; 21, 6; in derselben Bedeutung νεώτεροι in Act 5, 6; 1Tim 5, 1 f. 11. 14; Tit 2, 6; 1Petr 5, 5; Pol2Phil 5, 3. An der einzigen Stelle, an der νέοι „Neubekehrte" bedeutet, ist ausdrücklich hinzugefügt: ἐν τῇ πίστει (Herm vis III 5, 4).

[184] εὐσέβεια (sowie εὐσεβής und εὐσεβῶς) begegnet im urchristlichen Schrifttum nur in Act, 2Petr, 1Klem, 2Klem und in den Pastoralbriefen, ist aber ein in der hellenistischen Umwelt gebräuchliches Wort; es „bezeichnet . . . sowohl die Erfüllung spezieller kultischer Pflichten als auch das gottgefällige Verhalten im allgemeinen" (Martin Dibelius, Die Pastoralbriefe, HNT 13, Tübingen [4]1966 [von Hans Conzelmann ergänzt], 31 f.).

[191] ἀναβίοω und ἀλύπητος begegnen nur hier im urchristlichen Schrifttum. In dem apokryphen alttestamentlichen Zitat sind in 11, 2 „unsere Väter" erwähnt; von daher darf man der Vermutung Knopfs für 19, 4 zustimmen: „Die πατέρες sind doch wohl auch hier die alttestamentlichen Frommen, obschon zu der Zeit unserer Predigt bereits mehrere Geschlechter von Christen dahingegangen sind" (Komm. 181).

[192] Zu dem hier angesprochenen Problem des Glücks der Gottlosen und der Bedrängnis der Frommen s. die Zitate und Stellenangaben bei Knopf, Komm. 182. – Zur Bezeichnung der Christen als „Knechte Gottes" vgl. Act 16, 17; Apk 7, 3; 1Klem 60, 2 und besonders Herm, wo sie über vierzigmal begegnet; vgl. weiter 2Tim 2, 24; Tit 1, 1; Jak 1, 1.

[199] Im Hintergrund steht wahrscheinlich die von der Fesselung der gefallenen Engel und ihrer dämonischen Kinder erzählende Ausdeutung von Gen 6, 1–4, wie sie im antiken Judentum vorgenommen (Jub 5, 6. 10; 10, 5. 7. 11; aethHen 10, 4. 11f; 54, 3; syrBar 56, 12f.) und im Urchristentum aufgenommen wurde (Jud 6; vgl. 2Petr 2, 4); so Stegemann, Herkunft 104 mit A. 327 auf S. 176; bei Knopf, Komm. 183 f., eine von drei Möglichkeiten. In Jub 10, 5 werden die Dämonen „Geister" genannt, die nach Vers 11 „am Ort des Gerichtes" gefesselt werden; aethHen 54, 3 werden in solchem Zusammenhang „eiserne Ketten von unermeßlichem Gewicht" erwähnt. Knopf sieht bei dem möglichen Bezug des letzten Satzes von 2Klem 20, 4 auf diese Überlieferung eine „große Schwierigkeit" in der „Notwendigkeit, des Satans Bestrafung wegen heuchlerischer, gewinnsüchtiger Frömmigkeit annehmen zu müssen; davon hören wir sonst nirgends" (Komm. 183). Diese „Notwendigkeit" besteht jedoch nicht. Denn es ist auffällig, daß der Geist durch μὴ ὂν δίκαιον näher gekennzeichnet

wird; das bezieht sich zurück auf ἐδοκοῦμεν ... εἶναι δίκαιοι. Die fehlende Rechtschaffenheit kann dann aber an beiden Stellen jeweils verschieden entstanden gedacht sein. Der Bezug auf die genannte Überlieferung, die im Gemeindebereich des Verfassers in einer uns unbekannten Form ausgeprägt gewesen sein kann, ist jedenfalls wahrscheinlicher als die beiden anderen von Knopf angegebenen Möglichkeiten.

SCHRIFT
AN DIOGNET

LITERATUR

Andriessen, Dom P., The Authorship of the Epistula ad Diognetum, VigChr 1, 1947, 129–136 (Authorship).
Barnard, Leslie William, The Enigma of the Epistle to Diognetus, in: Ders., Studies in the Apostolic Fathers and Their Background, Oxford 1966, 165–173 (= The Epistle ad Diognetum. Two Units from one Author? ZNW 56, 1965, 130–137) (Enigma).
Billet, Bernard, Les lacunes de l'« A Diognète ». Essai de solution, RSR 45, 1957, 409–418 (Lacunes).
Brändle, Rudolf, Die Ethik der „Schrift an Diognet". Eine Wiederaufnahme paulinischer und johanneischer Theologie am Ausgang des zweiten Jahrhunderts, AThANT 64, Zürich 1975 (Ethik).
Ders., Das Mysterium des christlichen Gottesdienstes. Anmerkungen zur Ethik des sogenannten Diognetbriefes, in: StPatr 13, TU 116, Berlin 1971, 131–137 (Mysterium).
Eltester, Walter, Das Mysterium des Christentums. Anmerkungen zum Diognetbrief, ZNW 61, 1970, 278–293 (Mysterium).
Geffcken, Johannes, Der Brief an Diognet, NTApo ²1924, 619–623 (Diognet).
Ders., Der Brief an Diognetos, ZKG 43, 1924, 348–350 (Diognetos).
Ders., Der Brief an Diognetos, Heidelberg 1928 (Brief).
Harnack, Adolf, Geschichte der altchristlichen Literatur bis Eusebius I/2. II/1. 2, Leipzig ²1958 (= 1893. 1897. 1904) (Geschichte).
Kleist, James A., The Didache, the Epistle of Barnabas, the Epistles and the Martyrdom of St. Polycarp, the Fragments of Papias, the Epistle to Diognetus, newly translated and annotated, ACW 6, Westminster, Maryland 1948 (Didache).
Kühnert, Wilhelm, Zur Sinndeutung des Briefes an Diognet, in: Geschichtsmächtigkeit und Geduld. Festschrift der Evangelisch-theologischen Fakultät Wien, hrsg. von Gottfried Fitzer, Sonderheft EvTh, München 1972, 35–41 (Sinndeutung).
Lienhard, Joseph T., The Christology of the Epistle to Diognetus, VigChr 24, 1970, 280–289 (Christology).
Lindemann, Andreas, Paulinische Theologie im Brief an Diognet, in: Kerygma und Logos. Beiträge zu den geistesgeschichtlichen Beziehungen zwischen Antike und Christentum. FS Carl Andresen, hrsg. von A. M. Ritter, Göttingen 1979, 337–350 (Theologie).
Marrou, Henri Irénée, A Diognète. Introduction, édition critique, traduction et commentaire, SC 33, Paris ²1965 (Diognète).
Meecham, Henry G., The Epistle to Diognetus. The greek text with introduction, translation and notes, Manchester 1949 (Diognetus).
Molland, Einar, Die literatur- und dogmengeschichtliche Stellung des Diognetbriefes, in: Ders., Opuscula Patristica, BTN 2, Oslo u. a. 1970, 79–101 (= ZNW 33, 1934, 289–312) (Stellung).

Nielsen, Charles M., The Epistle to Diognetus: Its Date and Relationship to Marcion, AThR 52, 1970, 77–91 (Epistle).
Overbeck, Franz, Ueber den pseudojustinischen Brief an Diognet, in: Ders., Studien zur Geschichte der Alten Kirche, Darmstadt 1965 (= Schloß-Chemnitz 1875), 1–92 (Diognet).
Petrement, Simone, Valentin est-il l'auteur de l épître à Diognète? RHPhR 46, 1966, 34–62 (Valentin).
Schwartz, Jaques, L'épître à Diognète, RHPhR 48, 1968, 46–53 (Diognète).
Thierry, J. J., The Logos as Teacher in Ad Diognetum XI. 1, VigChr 20, 1966, 146–149 (Logos).
Wengst, Klaus, „Paulinismus" und „Gnosis" in der Schrift an Diognet. Zu dem Buch von Rudolf Brändle, Die Ethik der „Schrift an Diognet". Eine Wiederaufnahme paulinischer und johanneischer Theologie am Ausgang des zweiten Jahrhunderts, AThANT 64, Zürich 1975, ZKG 90, 1979, 41–62 („Paulinismus").

EINLEITUNG

1. Überlieferung

Die Schrift an Diognet, meistens ›Diognetbrief‹ genannt, wird von keinem einzigen Zeugen des christlichen Altertums und des Mittelalters erwähnt.[1] Dieses Phänomen dadurch zu erklären, daß man ihre Verfasserschaft einem Ketzer zuschreibt,[2] geht nicht an. „Ein Grund für dieses tiefe Schweigen ist nicht erkennbar, da sich unter dogmatischen Gesichtspunkten nichts im Diognetbrief findet, was zu größerer Beanstandung, oder gar zur *damnatio memoriae* Anlaß geboten hätte."[3] Die Schrift an Diognet war nur in einem einzigen Codex aus dem 13./14. Jahrhundert erhalten. Der Abschreiber bemerkt allerdings in einer Randnotiz, daß seine Vorlage „sehr alt" gewesen sei. Harnack meint, sie aufgrund der in ihr zusammengestellten Schriften auf das 6./7. Jahrhundert datieren zu können.[4] Der Codex des 13./14. Jahrhunderts wurde in der ersten Hälfte des 15. Jahrhunderts in einer Fischhandlung in Konstantinopel entdeckt, wohin es ihn als Packpapier verschlagen hatte; er gelangte über mehrere Stationen wahrscheinlich im Jahre 1580 in das elsässische Kloster Maursmünster und fand schließlich zwischen 1793 und 1795 Aufnahme in der Stadtbibliothek von Straßburg als *Argentoratensis Graecus 9* (abgekürzt: A). Dort verbrannte er mit der Bibliothek am 24. August 1870 bei der Belagerung und Beschießung Straßburgs durch die Preußen.[5] Der Text von A läßt sich aber dank der Ausgabe von Jo. Car. Th. von Otto rekonstruieren.[6] Für dessen erste Auflage (Jena 1843) hat 1842 Eduard Cunitz eine Kollation des Textes der Schrift an Diognet und anderer Schriften vorgenommen und eine Beschreibung der Handschrift mitgeteilt.[7] Der Text der Schrift an Diognet wurde für die dritte Auflage (Jena 1879) noch einmal im Jahre 1861 von Eduard Reuss kollationiert. Otto hat die Angaben der beiden elsässischen Gelehrten in den Anmerkungen seiner Ausgaben wiedergegeben. Auf dieser Basis läßt sich der Text von A

---

[1] „Herrenlos und zeitlos ist der Brief an Diognetos durch die Jahrhunderte geflattert" (Geffcken, Diognetos 348).
[2] Vgl. dazu Petrement, Valentin 35.
[3] Eltester, Mysterium 280.
[4] Die Überlieferung der griechischen Apologeten des zweiten Jahrhunderts in der alten Kirche und im Mittelalter, TU 1/1, Leipzig 1882, 84f.; vgl. weiter Marrou, Diognète 26–31, der in gründlicher Untersuchung mit weiteren Argumenten zum selben Ergebnis kommt.
[5] Über das Schicksal des Codex berichtet ausführlich Marrou, Diognète 5–8.
[6] Justini philosophi et martyris opera quae feruntur omnia II, Jena ³1879.
[7] Vgl. die Beschreibung des Codex in der 3. Auflage von Otto S. xv–xvii.

relativ zuverlässig gewinnen. In A stand die Schrift an Diognet an fünfter Stelle einer Reihe von Schriften, die dem Apologeten und Märtyrer Justin zugeschrieben wurden. Es folgten weitere Schriften anderer Autoren.[8]

Der Abschreiber von A machte wiederholt Randnotizen. Sie sind – mit „mg:" eingeleitet – in den Apparat aufgenommen.

Gegen Ende des 16. Jahrhunderts wurden von A in kurzer Folge drei Abschriften genommen. Die älteste stammt wahrscheinlich aus dem Jahre 1579; sie wurde von B. Haus für Martin Crusius in Tübingen angefertigt und wird in der dortigen Universitätsbibliothek unter der Bezeichnung M.b. 27 aufbewahrt (abgekürzt: H). Die Schrift an Diognet steht auf den S. 57–66.

Für die im Jahre 1592 erschienene Erstausgabe der Schrift an Diognet von Henricus Stephanus (Henri Estienne)[9], durch die sie allererst einer interessierten Öffentlichkeit bekannt wurde, hatte er 1586 den Text von A abgeschrieben (abgekürzt: S). Diese Abschrift befindet sich heute in der Universitätsbibliothek Leiden (Codex Vossius Graecus Q. 30, f. 42–51). Stephanus hat an seiner Abschrift Korrekturen vorgenommen. In diesen Fällen wird die ursprüngliche Lesart mit S* angegeben, die Korrektur mit S^c. Darüber hinaus hat er kleine Lücken der Handschrift bzw. nicht erkannte Stellen am Rand ergänzt. Diese Ergänzungen werden mit S^{mg} gekennzeichnet.

Die nach 1586 und vor 1592 von J. J. Beurer vorgenommene dritte Abschrift ist verlorengegangen. Lesarten aus ihr sind erhalten in der Erstausgabe von Stephanus (98–104) und in der Ausgabe von Friedrich Sylburg, Τοῦ ἁγίου ᾽Ιουστίνου φιλοσόφου καὶ μάρτυρος τὰ εὑρισκόμενα, Heidelberg 1593, 432a–433a (abgekürzt: B).

Daß das eine mißliche Überlieferungslage ist, liegt auf der Hand. Sie mußte zu einer Vielzahl von Konjekturen führen. Wo der Text der Handschrift keinen erträglichen Sinn ergibt, wird in dieser Ausgabe eine Konjektur aufgenommen, ansonsten allerdings der Handschrift gefolgt. Das geschieht jedoch in dem Bewußtsein, daß an vielen Stellen sicherlich nicht der Urtext vorliegt. Neu sind in dieser Ausgabe lediglich drei Konjekturen, nämlich a in 2, 1, c in 7, 4 und a in 11, 6. Diese Konjekturen werden nur durch cj. kenntlich gemacht. Bei den übrigen wird der Name ihres Autors genannt. (Zu Autoren von Konjekturen, deren Werke hier nicht angeführt sind, vgl. die bibliographischen Angaben bei Marrou, Diognète, zu a in 3, 2 Karl Bihlmeyer, Die Apostolischen Väter I, Neubearbeitung der Funkschen Ausgabe, 2. Aufl. von Wilhelm Schneemelcher, Tübingen 1956, z. St.)

Bei der geschilderten Überlieferungslage ist es deutlich, daß H, S und B nichts zur Rekonstruktion von A beitragen; und natürlich sind sie keine eigenständigen Zeugen. Wird dennoch eine ihrer von A abweichenden Lesarten in den Text aufgenommen, so ist das einer Konjektur gleichzuachten.

[8] Vgl. Marrou, Diognète 12–17.
[9] Justini philosophi et martyris Epistula ad Diognetum et Oratio ad Graecos, Paris 1592.

Einleitung

2. Literarische Integrität

In diesem Abschnitt sind zwei Punkte zu besprechen, einmal die Frage der ursprünglichen Zusammengehörigkeit des überlieferten Textes und zum anderen das Problem möglicher Lücken.

a) Die Schrift an Diognet – so wie sie durch A auf uns gekommen ist – wurde in zwölf Kapitel eingeteilt. Doch schon Stephanus stellte in der Erstausgabe zwischen den Kapiteln 10 und 11 einen Bruch fest und erkannte die Kapitel 11 f. als einen sekundären Nachtrag von anderer Hand. Trotz neuerer Versuche, die die ursprüngliche Einheitlichkeit aller zwölf Kapitel erweisen wollten,[10] ist an diesem Urteil festzuhalten.[11] Dafür sprechen die folgenden Gründe:

1. Es zeigt sich ein deutlicher sprachlich-stilistischer Unterschied. Wenn sich auch in den Kap. 1–10 stark durchstilisierte Passagen finden (7, 2; 9, 2; 10, 2), so ist die asianische Rhetorik in 11, 2–6 und 12, 8 f. doch eine Besonderheit der beiden letzten Kapitel, die in der Passa-Homilie Melitos eine Entsprechung hat, nicht aber in den Kap. 1–10.[12]

2. Mit der Person Diognets wenden sich die Kap. 1–10 apologetisch-protreptisch sehr bewußt an ein heidnisches Publikum. Dagegen wird in den Kap. 11 f. ein christliches Publikum vorausgesetzt. Das zeigt sich schon an der christlichen Selbstbezeichnung, einerseits Χριστιανοί[13], andererseits ἐκκλησία[14]. Sodann ist auf die in 12, 2–9 gegebene Auslegung über den Baum der Erkenntnis und den Baum des Lebens hinzuweisen. Der biblische Text wird nicht zitiert, sondern auf ihn als etwas Bekanntes Bezug genommen. Eine solche Voraussetzung christlich-jüdischen Wissens findet sich in den Kap. 1–10 an keiner Stelle. Wenn in 12, 5 ein Satz aus 1 Kor 8, 1 zitiert wird, eingeleitet mit „der Apostel sagt", wird dessen Person als bekannt vorausgesetzt. Schließlich sind die Wendungen ὅρια πίστεως und ὅρια πατέρων in 11, 5 und die Formulierung des Verses 11, 6 kaum denkbar, wenn der Autor ein heidnisches Publikum vor Augen hatte.

3. In den Kap. 1–10 ist es auffällig, daß der Verfasser gegenüber dem Vorwurf der Neuheit des Christentums nicht auf den bei den Apologeten üblichen Altersbeweis durch die als Prophetie verstandenen Schriften zurückgreift. Nirgends

---

[10] Die Authentizität der Kap. 11 f. ist vor allem von Marrou, Diognète 219–227, vertreten worden; vgl. weiter Billet, Lacunes 417; J. J. Thierry, The Epistle to Diognetus, Textus minores 33, Leiden 1964, 10 f.; ders., Logos 146; Andriessen, Authorship 135. Ihr neigt auch Kleist, Didache 129–131, zu. Für zwei verschiedene Stücke, die aber vom selben Verfasser stammen sollen, plädiert Barnard, Enigma passim; ähnlich Petrement, die von den Kap. 11 f. meint, «qu'ils proviennent *peutêtre* d'un autre ouvrage, mais qu'ils sont *probablement* du même auteur» (Valentin 36).

[11] Vgl. u. a. Meecham, Diognetus 6. 64–66; Eltester, Mysterium 279 f.; Brändle, Ethik 13 f.

[12] Zum Unterschied in Sprache und Stil vgl. weiter Barnard, Enigma 166.

[13] 1, 1; 2, 6. 10; 4, 6; 5, 1; 6, 1–9.

[14] 11, 5 f.

findet sich ein Zitat aus dem Alten Testament. Wie die Ausführungen über die Juden zeigen, ist das kein Zufall.[15] Dagegen begegnen in 11, 6 die Wendungen φόβος νόμου und προφητῶν χάρις in einer Linie mit εὐαγγελίων πίστις, ἀποστόλων παράδοσις und ἐκκλησίας χάρις; und in 12, 2–9 handelt es sich um die Auslegung eines alttestamentlichen Textes.

4. In den Kap. 1–10 werden „Griechen"[16] und „Juden"[17] gegenübergestellt, von denen sich die Christen unterscheiden. Beide Begriffe begegnen in den Kap. 11 f. nicht. Statt von „Griechen" ist hier von „Heiden" die Rede.[18] Besonders aufschlußreich ist in 11, 3 die Entgegenstellung von λαός, womit das Volk Israel gemeint ist, und ἔθνη, aus denen die Kirche hervorgeht.

Damit dürfte deutlich sein, daß es sich bei den Kap. 11 f. um einen sekundären Nachtrag handelt, der von einem anderen[19] als dem Autor der Kap. 1–10 verfaßt worden ist.[20] Diese beiden Kapitel bleiben daher im folgenden unberücksichtigt.[21]

b) An zwei Stellen weist der Schreiber von A in Randbemerkungen darauf hin, daß dort seine Vorlage kein vollständiges Abschreiben zuließ. Neben 7, 7 f.[22] – die erste Zeile beginnt mit παραβαλλομένους – notiert er: „So habe ich auch in der Abschrift, die sehr alt ist, eine ἐγκοπή gefunden." Darauf nimmt er neben 11, 1 Bezug, wenn er bemerkt: „Auch hier hatte die Abschrift eine ἐγκοπή." Zu der

[15] S. u. S. 294 f.
[16] 1, 1; 3, 3; 5, 17; vgl. auch 5, 4, wo von „griechischen und barbarischen Städten" die Rede ist, also von einem griechischen Standpunkt aus gesprochen wird.
[17] 1, 1; 3, 1. 2; 4, 6; 5, 17.
[18] 11, 1. 3; hier wird demnach von einem jüdisch-christlichen Standpunkt aus formuliert.
[19] Warum Barnard nach klarer Herausstellung der Unterschiede zwischen den Kap. 1–10 und 11 f. und der Zuweisung an verschiedene Schriften doch fast selbstverständlich denselben Verfasser annimmt (Enigma 170 f.), ist nicht einzusehen. Die beigebrachten Argumente jedenfalls können eine solche These nicht wahrscheinlich machen.
[20] Es hat nicht an Versuchen gefehlt, den Verfasser der Kap. 11 f. zu identifizieren. Harnack vermutete zunächst Methodius (Geschichte I/2, 758; II/1, 515), stimmte dann aber dem Vorschlag Hippolyt zu (Geschichte II/2, 232), den vor allem N. Bonwetsch begründet hatte (Der Autor der Schlußkapitel des Briefes an Diognet, NGWG.PH 1902, 621–634). Petrement versucht, den Gnostiker Valentin als Autor wahrscheinlich zu machen (Valentin 36–47). Nach Meecham kann nicht mehr gesagt werden, als daß der Autor in die durch Melito und Hippolyt repräsentierte Gedankenwelt gehört (Diognetus 67).
[21] Zu den Kap. 11 f. vgl. noch Wolfgang Huber, Passa und Ostern. Untersuchungen zur Osterfeier der alten Kirche, BZNW 35, Berlin 1969, 34 f. (A. 17 von S. 33), der sie für „ein Fragment einer Ansprache aus dem vorösterlichen Katechumenenunterricht" hält (35). – Die Frage, warum dieses Fragment an die Schrift an Diognet angehängt wurde, läßt sich nicht beantworten; ein innerer Zusammenhang ist nicht zu erkennen. Eltesters Vermutung, daß „jemand das abrupte Ende des Diognetbriefes bemerkt und diesem Schönheitsfehler durch Anhängen des übrigens sehr altertümlich wirkenden Predigtfragmentes abgeholfen, aber doch durch die Lücke diese Operation wenigstens angedeutet" habe (Mysterium 279 f.), bleibt schon deshalb unsicher, weil sie eine wahrscheinlich falsche Ansicht über die „Lücke" zwischen 10, 8 und 11, 1 voraussetzt (dazu gleich). Und Nielsens Annahme, die Kap. 11 f. trügen die vorher fehlende und vermißte Polemik gegen Markion nach (Epistle 82), ist völlig abwegig.
[22] Nach H und S.

Einleitung

zweiten Stelle gibt Otto in der dritten Auflage seiner Ausgabe eine Mitteilung von Cunitz wieder: „Die mit οὐ ξένα usw. beginnende Zeile ist stark eingezogen."[23] Dem entspricht H, wo sich eine Lücke von knapp einer halben Zeile findet. Zwischen dem letzten Wort von 7, 6 (ὑποστήσεται) und dem erhaltenen Anfang von 7, 7 (παραβαλλομένους) besteht in H eine Lücke von knapp zwei Zeilen.[24] Daraus ist mit Wahrscheinlichkeit zu schließen, daß Haus seine Vorlage (A) ziemlich genau nachgeahmt hat. Dafür spricht auch, daß er in 10, 8 nicht – wie S – die naheliegende und zutreffende Ergänzung ἐπιγνῷς vornimmt, sondern vor der Lücke mit ἐπιγνω endet. In A waren also zwischen 7, 6 und 7, 7 und zwischen 10, 8 und 11, 1 verschieden große Lücken. Diese Lücken dürften natürlich durch eine entsprechende Beschaffenheit der Vorlage von A veranlaßt sein, worauf ja der Abschreiber auch ausdrücklich hinweist. Allerdings hat es sich dort nicht um Lücken gehandelt. Der Abschreiber gebraucht das Wort ἐγκοπή. Es bezeichnet im wörtlichen Sinn den Einschnitt oder „Einhieb", allgemeiner dann das Hindernis, Hemmnis, die Störung. Wahrscheinlich hat daher der Schreiber von A an den beiden genannten Stellen in seiner Vorlage zerstörten, unleserlich gewordenen oder gemachten Text vorgefunden; und er macht nun dessen Umfang durch entsprechend große Lücken kenntlich und weist durch Randbemerkungen ausdrücklich auf den Zustand der Vorlage hin. Der Befund gibt also keinen Anlaß dazu, umfangreichen Textverlust anzunehmen.[25] Die in 1, 1 angegebenen Themen sind ja auch im erhaltenen Text abgehandelt.[26]

Damit ist als bisheriges Ergebnis festzuhalten: Die Kap. 1–10 bilden ein ursprüngliches Schreiben, das zwar schlecht überliefert ist und somit zahlreiche un-

---

[23] 203 A. 1 (s. o. S. 285 A. 6).
[24] S läßt zwischen 10, 8 und 11, 1 eine gute halbe Zeile frei; allerdings beginnt hier mit 11, 1 eine neue Zeile. Ebenso verhält es sich zwischen 7, 6 und 7, 7, nur daß hier der Zeilenabstand etwas größer ist.
[25] Gegen Marrou, Diognète 179f. 218f., der jeweils den Verlust von mindestens zwei Seiten (= ein Blatt) annimmt. Ähnlich Billet, Lacunes 410f.; zu dessen Lösungsvorschlag vgl. die folgende Anmerkung.
[26] Overbeck vermißt Ausführungen über die unter den Themen von 1, 1 auch angegebene Liebe untereinander und vermutet sie in der Lücke nach 7, 6, die er deshalb für relativ umfangreich hält (Diognet 6–9). Angesichts der im erhaltenen Text erkennbaren Stellung des Verfassers zur konkreten kirchlichen Gemeinschaft ist von ihm zu diesem Thema allerdings nicht mehr zu erwarten als das, was er in 10, 1–6 sagt. – Von der Beobachtung her, daß « l'auteur semble bien avoir rempli tout le programme qu'il s'était fixé dans son préambule du chapitre 1 », hat Billet versucht, die Probleme der Lücken durch Umstellen des überlieferten Textes zu lösen (Lacunes passim; das Zitat S. 413). Er vermutet ab Kap. 7 folgende Reihenfolge, die durch Blattvertauschung durcheinandergekommen sei: 7, 1–6; 10, 1–8; 7, 7–9, 6; 11, 1–12, 9. – Der Vorschlag hat mit Recht keine positive Resonanz gefunden. Der Anschluß der Kap. 11 f. an das Vorangehende wird auch so nicht einleuchtender, und der von 10, 1 an 7, 6 kann sich gegenüber der jetzigen Folge von 9, 6 zu 10, 1 überhaupt nicht empfehlen. Den Schlußcharakter von 10, 1–8 sollte man nicht bestreiten. Zu Billet vgl. auch die kurze Kritik bei Marrou, Diognète 291f.

sichere Lesarten enthält, dessen Text aber bis auf zwei kleine Lücken vollständig vorliegt.

3. Aufbau und Inhalt

Die Schrift an Diognet ist klar aufgebaut. Am Beginn steht der Themenkatalog, der in ihr abgehandelt werden soll (1, 1), und die Bitte an Gott, dem Unternehmen Erfolg zu gewähren (1, 2). Danach bespricht der Verfasser zuerst das apologetische Thema, warum die Christen die Gottesverehrung der Griechen und Juden ablehnen (2, 1–4, 6). Daran schließt er die Darstellung ihrer eigenen Religion an, die nicht an absonderlichen Phänomenen aufgezeigt werden kann, sondern die sich in der Besonderheit ihrer weltlichen Lebensführung erweist (5, 1–6, 10). In den Kap. 7–9 folgen theologische, christologische und soteriologische Ausführungen. Zunächst wird der vom Schöpfer geschickte Schöpfungsmittler als das den Christen anvertraute Geheimnis beschrieben, das ihre besondere Lebensführung bis hin zum Martyrium begründet (7, 1–9). Dann wird dargelegt, daß sich Gott allein in der Sendung seines Sohnes offenbart hat (8, 1–11), und schließlich, daß diese Sendung Rettung bewirkt (9, 1–6). Der Schluß nimmt den Anfang wieder auf, indem zum Glauben und Leben der Christen ermahnt und ermuntert und daraufhin wahre Gotteskenntnis verheißen wird (10, 1–8).

Im einzelnen läßt sich der Inhalt der Schrift an Diognet in folgender Weise gliedern:

1. Einleitung   1, 1f.
   a) Die zu verhandelnden Probleme   1, 1
   b) Bitte um Erfolg   1, 2
2. Die Ablehnung der sog. Götter der Griechen und des Aberglaubens der Juden   2, 1–4, 6
   a) Die Beschaffenheit der griechischen Götter aus vergänglicher Materie   2, 1–10
   b) Die unnützen Opfer der Juden an den bedürfnislosen Gott   3, 1–5
   c) Die lächerlichen Gebräuche der Juden   4, 1–5
   d) Rückblick und Überleitung: Die Richtigkeit der christlichen Ablehnung gegenüber dem griechischen und jüdischen Gottesdienst und Bezeichnung der eigenen Religion als Geheimnis   4, 6
3. Das Leben der Christen in der Welt als ihre Art des Gottesdienstes   5, 1–6, 10
   a) Die Christen als Bürger und Fremde zugleich   5, 1–10
   b) Die paradoxe Existenz der Christen   5, 11–17
   c) Die Christen als Seele der Welt   6, 1–10

Einleitung

4. Der vom Schöpfer geschickte Schöpfungsmittler
   als das den Christen anvertraute Geheimnis   7, 1–9
   a) Die Sendung des Baumeisters und Urhebers
      des Alls zur Rettung   7, 1–6
   b) Die standhaften Martyrien der Christen als
      Zeichen seiner Gegenwart   7, 7–9
5. Die Offenbarung Gottes durch das Kommen seines Sohnes   8, 1–11
   a) Kein Wissen von Gott vor seinem Kommen   8, 1
   b) Das leere Geschwätz der Philosophen   8, 2–4
   c) Der Selbsterweis Gottes im Glauben   8, 5f.
   d) Die ständige Selbigkeit Gottes   8, 7f.
   e) Der urzeitliche Ratschluß und seine endliche Enthüllung
      durch den Sohn   8, 9–11
6. Die Sendung des Sohnes als Rettung aus der Zeit der Sünde   9, 1–6
   a) Die Überführung der Unwürdigkeit in der alten
      Zeit und die Befähigung zur Teilhabe am Gottesreich   9, 1
   b) Die Offenbarung der Güte Gottes durch die
      Übernahme der Sünden in seinem Sohn   9, 2–5
   c) Ziel des überführenden und offenbarenden
      Handelns Gottes: Vertrauen auf seine Güte   9, 6
7. Schluß: Mahnung und Verheißung   10, 1–8
   a) Mahnung zur Erkenntnis des Vaters   10, 1f.
   b) Mahnung zur Nachahmung Gottes in der Liebe zum Nächsten   10, 3–6
   c) Verheißung wahrer Einsicht   10, 7f.

4. *Literarischer Charakter*

Die Schrift, um die es hier geht, wurde und wird häufig als ›Brief an Diognet‹ bezeichnet.[27] Die Charakterisierung als Brief trifft jedoch nicht zu; dessen Formelemente fehlen völlig.[28] Auch die Überschrift in A weist das Schreiben nicht als Brief aus. Neben der pseudonymen Nennung Justins als Verfasser enthält sie lediglich die Angabe πρὸς Διόγνητον. Von daher rührt wohl die Kennzeichnung als Brief. Aber eine solche Überschrift konstituiert noch keinen Brief. Wie Marrou herausgestellt hat, gibt es entsprechend gebildete Titel von Werken – u. a. πρὸς Αὐτόλυκον von Theophilos und Tertullians *ad Scapulam* –, die alles andere als Briefe sind.[29] Daher soll hier mit Brändle ganz allgemein von der ›Schrift an Dio-

---

[27] Dieser Titel geht auf den Erstherausgeber Henricus Stephanus zurück.
[28] Daher ist auch die Charakterisierung von Meecham als apologetische Abhandlung oder Traktat in Briefform (Diognetus 7–9) unzutreffend.
[29] Diognète 92 mit A. 2.

gnet‹ gesprochen werden.³⁰ Wie auch immer es sich mit einer ursprünglichen Überschrift verhalte – die in A enthaltene falsche Verfasserangabe³¹ beruht vielleicht erst auf der Einordnung der Schrift an Diognet in ein *corpus Justini,* und die Angabe „an Diognet" kann aus der Widmung herausgelesen sein –, so ist es jedenfalls für den Charakter des Schreibens bedeutsam, daß es eine Widmung enthält: κράτιστε Διόγνητε.³² Zunächst ist festzuhalten, daß die Anrede mit κράτιστε den Empfänger der Widmung als eine hochgestellte Persönlichkeit kennzeichnet. Daß der Empfänger einer solchen Widmung einen hohen sozialen Status hatte, legt auch deren Funktion nahe: Mit der Widmung war die Erwartung verbunden, daß ihr Empfänger für die öffentliche Verbreitung des ihm gewidmeten Werkes sorgen möge. Er sollte gewissermaßen die Funktion eines Verlegers wahrnehmen.³³ Die Widmung macht also deutlich, daß die Schrift an Diognet literarischen Anspruch erhebt und sich in der Öffentlichkeit ein Publikum suchen will.

Eine entsprechende Widmung, κράτιστε Θεόφιλε, findet sich in der christlichen Literatur vorher schon bei „Lukas" in Lk 1, 3 und Act 1, 1.³⁴ Auch dort ist damit gegeben, daß er „sein Werk für eine größere Öffentlichkeit bestimmt hat"³⁵. Allerdings ist zwischen dem Proömium in Lk 1, 1–4, das als Ganzes literarischem Anspruch Ausdruck gibt, und dem folgenden Evangelium „ein absoluter Bruch zu konstatieren"³⁶. So wendet sich das lukanische Doppelwerk zwar auch „an Außenstehende, aber nicht an völlig Kenntnislose – denn ohne ein gewisses Vorverständnis von Judentum und Christentum wären seine (sc. des Verfassers) Bücher unverständlich –, sondern an Sympathisanten und interessierte Nichtchristen"³⁷. Es hat vor allem aber auch eine kirchliche Adresse.³⁸

Demgegenüber verhält es sich in der Schrift an Diognet ganz anders. Hier fallen Anspruch und Ausführung nicht auseinander; das zeigen sowohl der Inhalt als auch die glänzende Form, in der er dargeboten wird. Die Schrift an Diognet wendet sich ausschließlich an eine nichtchristliche Öffentlichkeit. Konnte im Blick auf den Theophilos von Lk 1, 3 und Act 1, 1 auch die These vertreten werden, daß er

---

³⁰ Ethik 13.
³¹ Daß die Schrift an Diognet nicht von Justin stammen kann, ist schon lange Konsens der Forschung. Vgl. etwa die Zusammenstellung der Gründe bei Meecham, Diognetus 61 f.
³² 1, 1.
³³ Zum antiken Verlagswesen vgl. Wilhelm Schubart, Das Buch bei den Griechen und Römern, 3. Auflage, hrsg. von Eberhard Paul, Heidelberg 1962, 134–139.
³⁴ Vgl. dazu Heinz Schürmann, Das Lukasevangelium I (1, 1–9, 50), HThK 3, Freiburg u. a. 1969, 13 f. mit A. 83. 87; Ernst Haenchen, Die Apostelgeschichte, KEK 3, Göttingen ⁶1968, 105 A. 4; Gerhard Schneider, Die Apostelgeschichte I (1, 1–8, 40); HThK 5, Freiburg u. a. 1980, 81 mit A. 29.
³⁵ Philipp Vielhauer, Geschichte der urchristlichen Literatur. Einleitung in das Neue Testament, die Apokryphen und die Apostolischen Väter, Berlin und New York 1975, 368.
³⁶ Ebd. 377.
³⁷ Ebd. 405.
³⁸ Vgl. dazu ebd. 405 f.

Einleitung

„eine reguläre Unterweisung", „einen prä- oder postbaptismalen Unterricht" erhalten habe und so „stellvertretend ... für die Christen seiner Zeit (stehen)" könne,[39] so ist das im Blick auf den Diognet von Diog 1,1 völlig ausgeschlossen. Er wird dort deutlich als Heide angesprochen,[40] wenn auch als einer, der dem Christentum ein gewisses Interesse entgegenbringt. Fragen, die in einem solchen heidnischen Publikum gegenüber dem Christentum gestellt werden konnten, zählt der Verfasser in 1,1 als Fragen Diognets auf; und diese Fragen beantwortet er, wenn auch nicht in der Reihenfolge von 1,1, in seiner Schrift.[41] Einige der Themen sind deutlich apologetisch;[42] und vor allem die Fragen, warum die Christen „weder die von den Griechen geglaubten Götter anerkennen noch den Aberglauben der Juden mitmachen", erhalten ihre Antworten in bekannter apologetischer Manier. Doch kann man nicht sagen, daß der Verfasser „die traditionellen Themata der Apologetik lustlos ab(handelt)"[43]; gewiß bemüht er sich nicht, „originelle Züge beizubringen"[44], was den Inhalt angeht, aber er ist offensichtlich bestrebt, die ihm aus der Tradition überkommenen Argumente möglichst gekonnt und „in einer spritzigen Weise vorzutragen"[45] – wie sich zeigt, mit Erfolg. Dennoch trifft es sicher zu, daß „sein Interesse ... in der positiven Darstellung des christlichen Glaubens und des durch ihn bestimmten Lebens (liegt)".[46] Das zeigt sich daran, daß weitere apologetische Themen wie Welt- und Todesverachtung der Christen und die Neuheit ihrer Religion eine solche Darbietung erfahren, die zugleich eine Werbung für das Christentum ist. Das gilt auch für die übrigen Themen; und so wird im abschließenden Kap. 10 ausdrücklich um den Glauben Diognets geworben – und damit um den Glauben des von ihm repräsentierten Publikums. Daher läßt sich die Schrift an Diognet am ehesten als apologetisch-protreptisches Schreiben kennzeichnen, wobei das protreptische Element den stärkeren Akzent hat.[47]

[39] So Schürmann, a. a. O. (s. o. A. 34) 13.
[40] Vgl. weiter 2,1. 4–9; 10,1.7f.
[41] Diese Fragen (in Klammern die Stellen ihrer Beantwortung) beziehen sich auf den Gott der Christen (7,1–6), auf die Art ihrer Gottesverehrung (5,1–6,10), auf ihre Welt- und Todesverachtung (7,7–9; 10,7f.), auf ihre Ablehnung der griechischen Götter und der jüdischen Frömmigkeit (2,1–4, 6), auf ihre Liebe zueinander (10,1–6) und auf die Neuheit ihrer Religion (8,1–9, 6).
[42] Wie immer wieder herausgestellt, bestehen besonders enge Beziehungen zur Apologie des Aristides und zum Kerygma Petrou, die wohl auf gemeinsamer Tradition beruhen.
[43] So Brändle, Ethik 15; ähnlich Marrou, Diognète 118.
[44] Brändle, Ethik 15.
[45] Eltester, Mysterium 281. Vgl. auch das Urteil von Geffcken: „Wohl wiederholt der Autor nicht die immer aufs neue von den Apologien breitgetretenen Argumente gegen den Götzendienst, aber die dafür einsetzende Rhetorik ist nur ein neues Übel" (Diognetos 350); und so hatte er schon früher geschrieben: „Die rhetorischen Pointen bedeuten diesem Autor alles, er schwelgt in der Form" (Zwei griechische Apologeten, Leipzig 1907, 274).
[46] Brändle, Ethik 15; so auch schon Marrou, Diognète 118.
[47] Vgl. Marrou, Diognète 92f.; Brändle, Ethik 14f.; Eltester, Mysterium 281: „Er will

5. Theologische Grundzüge

Bei der Aufzählung der Probleme in 1, 1 nennt der Verfasser an erster Stelle die Frage, auf welchen Gott die Christen vertrauen, bei der Beantwortung geht er aber zunächst darauf ein, warum sie „weder die von den Griechen geglaubten Götter anerkennen noch den Aberglauben der Juden mitmachen". Beides hängt für den Verfasser eng zusammen. In der zu Anfang stehenden Ablehnung werden bereits wesentliche Elemente seiner später entwickelten eigenen Gottesvorstellung deutlich. Die Argumentation gegen die griechischen Götter – der Verfasser bezieht sich dabei allein auf die Götterbilder – beruht einzig auf der Aussage, daß Gott nicht Materie (ὕλη) ist.[48] Die Art der in glänzender Rhetorik dargebotenen Beweisführung und die abschließende Formulierung in 2, 10 zeigen, daß sich der Verfasser in dieser Aussage mit dem von ihm vorausgesetzten gebildeten Publikum einig weiß.[49]

Die Einigkeit mit diesem Publikum ist noch deutlicher bei den Ausführungen über die Juden. Auffällig ist bereits, daß der Verfasser ihre Gottesverehrung schlicht als „Aberglauben" abtut.[50] In 3, 2 konzediert er ihnen zwar Enthaltung vom Götzendienst und insofern die Rechtmäßigkeit ihres Anspruchs, den einen Gott zu verehren, unterstellt ihnen aber sofort dieselbe kultische Verehrung, wie sie die Griechen üben „mit Blut, Fettdampf und Brandopfern".[51] Die dagegen ins Feld geführte Aussage, die die Argumentation von Kap. 3 trägt, lautet: Gott ist bedürfnislos.

In Kap. 4 macht der Verfasser jüdische Gebräuche lächerlich.[52] Hier sagt er es

dem Christentum nicht so sehr einen geduldeten Platz innerhalb der griechisch-römischen Gesellschaft erobern, als vielmehr diese zum Christentum herüberziehen."

[48] 2, 3.
[49] Auf die Frage, ob nicht hinter den Götterbildern doch eine Wirklichkeit steht, die sie symbolisch repräsentieren, geht der Verfasser nicht ein. Vgl. Marrou, Diognète 108. Bei den Apologeten ist an dieser Stelle in der Regel vom Wirken der Dämonen die Rede; vgl. Justin, apol. I 5, 1–4; 9, 1; 26, 1–3; II 5, 2–6; Tatian, or. 12, 7f.; Athenagoras, suppl. 23, 1–27, 2; Minucius Felix, Oct. 26, 8–27, 4; Tertullian, apol. 11, 1–23, 11.
[50] Das Wort δεισιδαιμονία, das positiv und negativ verstanden werden kann, begegnet 1, 1 und 4, 1, beide Male in bezug auf die Juden. In 4, 1 steht es parallel zu ψοφοδεές, ἀλαζονεία und εἰρωνεία und kann dort nur negativ als „Aberglaube" verstanden werden. Von daher ist diese Bedeutung auch in 1, 1 geboten, zumal der Verfasser außer der beiläufigen Konzession in 3, 2 kein gutes Haar an den Juden läßt. Bei den Apologeten begegnet δεισιδαιμον- sonst nur noch Justin, apol. I 2, 3, und Tatian, or. 22, 1, beide Male abschätzig vom heidnischen Götzendienst. Dagegen bezeichnet Origenes die Christen als solche, die πάντα ἀγάλματα καὶ ἱδρύματα, ἀλλὰ καὶ πᾶσαν ἰουδαϊκὴν δεισιδαιμονίαν verlassen haben (contra Celsum VII 41); den Petrus von Act 10, 14 nennt er ἔτι δεισιδαιμονῶν (ebd. II 2). Vgl. weiter Plutarch, de Stoicorum repugnantiis 38 (II 1051e), wo δεισιδαιμονία von Juden, Syrern und den Werken der Dichter ausgesagt wird.
[51] Daß aufgrund der Zerstörung des Tempels der jüdische Opferkult zu seiner Zeit faktisch schon längst nicht mehr geübt wird, scheint den Verfasser nicht zu kümmern.
[52] Marrou bemerkt zu diesem Abschnitt: «dans les archives de l'"antisemitisme chrétien' il

ausdrücklich, daß er mit seinem Publikum einig ist.[53] Wie dieses findet er das Verbot bestimmter Speisen ungebührlich, die Einhaltung der Sabbatgebote geradezu gottlos, die Beschneidung des Spottes wert und die Beachtung besonderer Zeiten als töricht. Er partizipiert damit am antiken Antisemitismus.[54] Daß auch hier eine theologische Aussage im Hintergrund steht, wird an der Ausführung über die Beschneidung in 4, 4 deutlich: „... mit der Verstümmelung des Fleisches als Zeugnis für Erwählung zu prahlen,[55] als ob sie deshalb besonders von Gott geliebt wären – wie sollte das nicht des Spottes wert sein?" Für den Juden ist die Beschneidung ein Zeichen dafür, daß Gott ein Volk als sein Volk erwählt hat, daß der eine Gott kein anderer ist als der Gott Abrahams, Isaaks und Jakobs, der mit seinem Volk eine Geschichte hat. Wenn dieser Anspruch für den Verfasser der Schrift an Diognet lediglich ein Gegenstand des Spottes sein kann, dann teilt er die Überzeugung, daß Gott und konkrete Geschichte nicht zusammenzudenken sind, schon gar nicht, wenn es sich um so partikulare und marginale Geschichte wie die Israels handelt.[56] Der Gott der Christen ist also nach der Schrift an Diognet nicht der Gott Israels. Gegenüber der Sicht, die die Heidenchristen hineingenommen sieht in die Geschichte Gottes mit seinem Volk, ist hier die Perspektive entscheidend verschoben. Nur insofern die Juden sich kultischer Verehrung enthalten, als auch auf die Zeichen ihrer Besonderheit verzichten, die die besondere Geschichte Gottes mit ihrem Volk bezeugen, besteht ihr Anspruch, den einen Gott zu verehren, zu Recht. Dieser eine Gott ist nicht Materie, er ist bedürfnislos, und er darf nicht mit konkreter Geschichte zusammengebracht werden. Das sind die drei theologischen Axiome, auf denen die Argumentation im apologetischen Teil der Schrift an Diognet ruht, der die griechische und jüdische Gottesverehrung ablehnt. Es ist auffällig, daß diese Ablehnung an keiner Stelle christologisch begründet wird.

Die gemeinsame Basis mit dem gebildeten Publikum in der Gottesvorstellung ist auch da deutlich, wo sie ausdrücklich dargelegt wird; das geschieht am konzentriertesten in 8, 8.[57] Hier unterstreicht der Verfasser in einem Kontext, der auf Veränderung bei Gott hinweisen könnte, zunächst sehr betont, daß Gott sich immer gleichbleibt. Dahinter steht die platonische These, daß Gott sich nicht verändern kann, da bei ihm als dem Vollkommenen nur eine Veränderung zum Schlechteren

---

y a peu des textes qui atteignent ce ton uniformement méprisant et cette violence dans l'insulte» (Diognète 114).

[53] 4, 1.
[54] Vgl. dazu, besonders im Blick auf die gerade aufgezählten Punkte: I. Heinemann, Art. Antisemitismus, PRE Suppl. 5, 1931, (3–43) 20f.; J. N. Sevenster, The Roots of Pagan Anti-Semitism in the Ancient World, NT.S 41, Leiden 1975, 89–140; Jerry L. Daniel, Anti-Semitism in the Hellenistic-Roman Period, JBL 98, 1979, (45–65) 55–57. 59f.; Schwartz, Diognète 48 A. 10; 53.
[55] Vgl. 4, 1: „ihr Prahlen mit der Beschneidung".
[56] Vgl. Wengst, „Paulinismus" 48–50.
[57] Vgl. dazu Wengst, „Paulinismus" 51 f.

hin möglich wäre.[58] Worin sich Gott immer gleichbleibt, ist nach Diog 8, 8 seine Güte und Vollkommenheit, seine Zornlosigkeit sowie seine Wahrhaftigkeit. Besonders aufschlußreich ist die Aufnahme des Begriffes ἀόργητος [59], mit dem der Verfasser im Widerspruch zur biblischen Tradition einem zentralen Postulat philosophischer Theologie genügt. Auch wenn er in 8, 2–4 bestimmte philosophisch-theologische Aussagen betont zurückweist und dabei den Anschein erweckt, über die Philosophie überhaupt ein vernichtendes Urteil gefällt zu haben, ist er doch der gewichtigsten philosophischen Strömung seiner Zeit verpflichtet, dem mittleren Platonismus.[60]

Seine philosophisch geprägte Gottesvorstellung wird von der Christologie nicht entscheidend korrigiert; er ist vielmehr umgekehrt bestrebt, die Christologie in diese Gottesvorstellung einzuzeichnen.[61] Er stellt zwar betont heraus, daß es keine wirkliche Gotteserkenntnis vor dem Selbsterweis Gottes in seinem Sohn gab,[62] aber gemäß seinem philosophischen Gottesbild, das ihn schon Gott von der Geschichte Israels trennen ließ, vermeidet er konsequent solche christologischen Aussagen, die Gott mit Geschichte und Materie zusammenbinden könnten. Das zeigt sich bereits in der christologischen Benennung. Am häufigsten ist die Bezeichnung „Sohn"[63], die die Beziehung zu Gott deutlich macht und vorwiegend in soteriologischem Zusammenhang gebraucht wird. Alle übrigen christologischen Bezeichnungen begegnen jeweils nur einmal, nämlich „Baumeister und Urheber des Alls"[64], „die Wahrheit und das heilige unbegreifliche Wort"[65], „Retter"[66],

---

[58] Res publica 381b. c; vgl. die Aufnahme dieser Stelle durch Kelsos in Origenes, contra Celsum IV 14; zum Problem vgl. auch Philo, Imm. passim.

[59] Vgl. Max Pohlenz, Vom Zorne Gottes. Eine Studie über den Einfluß der griechischen Philosophie auf das alte Christentum, FRLANT 12, Göttingen 1909.

[60] Wenn Molland meint: „Diese philosophischen Züge sind nicht besonders original. Es sind die philosophischen Gemeinplätze jenes durch platonisierende Stimmung und stoisierenden Moralismus gekennzeichneten Zeitalters" (Stellung 91), so ist das zwar richtig, sagt aber gar nichts gegen das große Gewicht, das diese „Gemeinplätze" in der Schrift an Diognet haben. Vgl. auch das Urteil von Meecham: "The author's own mind moves in Platonic grooves" (Diognetus 34). – Zum mittleren Platonismus vgl. den von Clemens Zintzen herausgegebenen Sammelband: Der Mittelplatonismus, WdF 70, Darmstadt 1981. – Bei Klemens von Alexandrien, der im *protrepticus* die Ansichten der Philosophie über Gott ebenfalls zurückweist (V [64, 1–66, 5]), wird die Teilhabe am Platonismus offen dargelegt, indem er Platon ausdrücklich aus der allgemeinen Ablehnung ausnimmt (VI [68, 1f.; 71, 1]); vgl. auch Justin, apol. II 10, 8; Athenagoras, suppl. 23, 4; Minucius Felix, Oct. 19, 14.

[61] Vgl. Wengst, „Paulinismus" 48 f.

[62] 8, 1. 5 f. 11; vgl. 7, 2.

[63] Der Verfasser gebraucht dafür die Begriffe υἱός (9, 2. 4; 10, 2) und παῖς (8, 9. 11; 9, 1). Daß er beide gleichbedeutend, παῖς also als „Sohn" und nicht als „Knecht" versteht, zeigt der Vergleich von 8, 11 und 9, 4 f., wo im selben Zusammenhang einmal der eine und dann der andere Begriff begegnet.

[64] 7, 2.

[65] 7, 2.

[66] 9, 6.

Einleitung

„Herr"⁶⁷ und „Richter"⁶⁸. Es fehlen Titel, die eine engere Beziehung zum Alten Testament und der Geschichte Israels haben, also „Messias" und „Davidssohn".⁶⁹ Das ist nach den vorangegangenen Ausführungen ebensowenig ein Zufall wie der in dieser Hinsicht auffälligste Tatbestand, daß kein Name fällt. Der Name Jesus oder Jesus Christus wird nicht genannt.⁷⁰ Daß der Sohn Gottes ein bestimmter Mensch der Geschichte mit bestimmtem Schicksal war, bleibt unerwähnt; und so unterläßt es der Verfasser auch, vom Sohn Gottes Passionsaussagen zu machen.⁷¹ Er spricht statt dessen von der Sendung des Sohnes; und an einer Stelle kann er eine erweiterte Dahingabeformel aufnehmen.⁷² Daß mit der Dahingabe Leiden und Tod des Gottessohnes gemeint seien, daran kann der Eingeweihte denken; der Verfasser, der für ein nichtchristliches Publikum schreibt, sagt davon aber nichts.⁷³ Können diese Beobachtungen anders verstanden werden, als daß er sich bemüht, nur solche christologischen Aussagen zu machen, die mit seinem von der Philosophie vorgegebenen Gottesbild vereinbar sind?⁷⁴

Auf dieser Grundlage bereitet es ihm auch keine Schwierigkeiten, mit dem ge-

---

⁶⁷ 7,7.
⁶⁸ 7, 6. Im Sinne eines Vergleichs werden in 7, 4 noch „König" und „Gott" genannt.
⁶⁹ Daß „Menschensohn" fehlt, braucht in diesem Zusammenhang nicht gezählt zu werden, da dieser Begriff als Titel schon lange unverständlich geworden war.
⁷⁰ Vgl. Meecham, Diognetus 26, der meint, jüdische Titel würden deshalb nicht genannt, weil das einen ungläubigen Leser nicht interessiere. In diesem Zusammenhang vermerkt er auch das Fehlen des Namens „Jesus". Aber den ungläubigen Leser interessiert das ganze Christentum nicht, für das ihn der Verfasser gewinnen will. *Daß* ein Verfasser die Situation seines Publikums beachten muß, ist unbestritten; aber die entscheidende Frage ist, *wie* er es tut.
⁷¹ Vgl. Aristides, apol. 12, 3 f., der im Blick auf die klagende Isis feststellt: „Es ist nicht möglich, daß die göttliche Natur sich fürchte und fliehe oder weine und wehklage", und in Hinsicht auf die Tötung des Osiris: „Und das ist bekannt, daß es von der Gottheit nicht gesagt werden kann." Vgl. auch die Hinweise bei Wengst, „Paulinismus" 49 A. 11.
⁷² 9, 6; vgl. dazu Klaus Wengst, Christologische Formeln und Lieder des Urchristentums, StNT 7, Gütersloh ²1974, 75 f.
⁷³ "The author seems hesitant about stressing doctrines which would appear strange or grotesque to an uninitiated reader" (Lienhard, Christology 289). In denselben Zusammenhang gehört es, daß der Verfasser von der Auferstehung schweigt.
⁷⁴ Angesichts dieser blassen Christologie kann man nicht von einer christologischen Deutung des Gottesbegriffes im Anschluß an Paulus sprechen, wie Lindemann es tut. Er erkennt paulinischen Einfluß „in besonderem Maße in dem in Kap. 8 entfalteten Gottesverständnis. Hier wird mit großem Nachdruck der philosophische Gottesbegriff abgelehnt und das Reden von Gott statt dessen ganz auf die Offenbarung konzentriert" (Theologie 341 f.). Die „in 8, 7 f. genannten Gottesprädikate" verdankten sich „immer schon der göttlichen Selbstoffenbarung in seinem Sohn" (342); und so meint Lindemann, „daß der Vf. des Dg beim ‚Vorverständnis' einsetzt, das Diognet von Gott hat, um dann von daher das wirkliche Gottesverständnis zu entwickeln" (342 A. 15). In 8, 11 werde der Gottesbegriff „ganz von der Christologie her" gedeutet. Aber mit welcher inhaltlichen Aussage? Wo wird denn das ‚Vorverständnis' im Gottesbegriff auch nur ein kleines Stück korrigiert? Die Betonung dessen, daß nur der Sohn offenbart, ist daher kein Argument für die These, „daß die hellenistisch-philosophischen Züge oberflächlich sind und nicht die Christentumsauffassung des Briefes geprägt haben" (Molland, Stellung 91). Welchen Gott offenbart denn der Sohn? Den, der

genüber dem Christentum erhobenen Vorwurf der Neuheit fertig zu werden, obwohl ihm der übliche apologetische Weg, diesem Vorwurf zu begegnen, versperrt ist. Die Apologeten führen hier den „Altersbeweis", indem sie die Geschichte Israels als Vorgeschichte der Kirche reklamieren und auf Mose und die Propheten rekurrieren, die älter seien als die griechischen Dichter und Philosophen.[75] Darauf kann sich der Verfasser der Schrift an Diognet selbstverständlich nicht einlassen.[76] Statt dessen bringt er zur Lösung des Problems das im Urchristentum mehrfach begegnende Revelationsschema[77] ein: Gott, der sich stets gleichbleibt, hat schon von Anfang an seinen Entschluß gefaßt und ihn allein seinem Sohn mitgeteilt; er hat ihn aber erst offenbart und durchgeführt mit der Sendung des Sohnes,[78] die zu dem von Gott bestimmten καιρός erfolgte.[79]

Dieser Selbsterweis Gottes in der Sendung seines Sohnes ist nun für den Verfasser ganz eng verbunden mit der Soteriologie. Hier weicht er von der Philosophie ab und zeigt große Nähe zu paulinischen Aussagen.[80] Das gilt vor allem für den Abschnitt 9, 1–6.[81] Hier spricht er in großer Klarheit von der sich in Sünde und Ungerechtigkeit zeigenden Ohnmacht des Menschen, das Leben zu erlangen, und von dem überwältigenden Erbarmen Gottes, der in der Sendung des Sohnes die Sünden auf sich genommen und die Sünder freigesprochen hat. In dieser Aufnahme von grundlegenden Einsichten der paulinischen Soteriologie hebt sich der Verfasser deutlich von einer im zweiten Jahrhundert weithin zu beobachtenden kirchlichen Entwicklung ab, für die der Gedanke der Werkgerechtigkeit charakteristisch ist. Von ihm findet sich in der Schrift an Diognet keine Spur. Vielmehr ist

---

sich in Israels Geschichte und am Kreuz Jesu offenbart hat? Das eine ist ausgeschlossen, und das andere wird zumindest nicht gesagt, ja nicht einmal angedeutet.

[75] Justin, apol. I 31, 8; 44, 8 f.; 54, 5; 59, 1–60, 7; Tatian, or. 29, 2; 31, 1–6; 36, 1–41, 11; Theophilus, ad Autolycum I 14; II 30. 37; III 1. 16–29; Minucius Felix, Oct. 34, 5; Tertullian, apol. 18, 5–19, 8; 21, 1; 47, 1 f. 14.

[76] S. o. S. 295. Wenn Meecham den fehlenden Rekurs auf das Alte Testament außer in der antijüdischen Polemik des Autors in der Adressierung an Heiden begründet sieht, auf die das Alte Testament nur einen kleinen oder keinen Eindruck machen würde (Diognetus 20), so ist demgegenüber auf die Apologeten zu verweisen, die durchaus der Überzeugung waren, mit dem Alten Testament Eindruck zu machen, und es entsprechend zitierten.

[77] Kol 1, 26; Eph 3, 5. 9 f.; Röm 16, 25 f.; 2Tim 1, 9 f.; 1Petr 1, 20. Der Verfasser „begriff das Revelationsschema offenbar als eine Möglichkeit, den Glauben an die in der Geschichte sich ereignende Offenbarung Gottes mit dem Gedanken der Ewigkeit Gottes . . . widerspruchslos zu verbinden" (Lindemann, Theologie 343). – Zum Schema vgl. Dieter Lührmann, Das Offenbarungsverständnis bei Paulus und in den paulinischen Gemeinden, WMANT 16, Neukirchen-Vluyn 1965, 117–133.

[78] 8, 9–11.

[79] 9, 2.

[80] Daß der Verfasser „vor allem bei Paulus in die Schule gegangen" sei, wird in der Literatur immer wieder betont (das Zitat von Carl Andresen, Art. Diognetbrief, RGG³ II 200; vgl. auch Molland, Stellung 93 f.). Zuletzt ist diese These durchgeführt worden von Brändle, Ethik passim, und von Lindemann, Theologie passim.

[81] Vgl. dazu Lindemann, Theologie 343–346.

Einleitung

das Handeln des Glaubenden dem Handeln Gottes im Sinne eines Nachvollzugs der bereits von Gott erfahrenen Güte nachgeordnet. Das für Paulus bezeichnende Gefälle vom Indikativ zum Imperativ ist also gewahrt.[82] Es wird deutlich ausgeführt in 10, 1–4. Die Erkenntnis der übergroßen Liebe Gottes, die den Glauben in erster Linie ausmacht, führt ganz selbstverständlich zur Liebe zu Gott, die sich ihrerseits wieder in der Nachahmung der Güte Gottes in der Liebe gegenüber den Mitmenschen auswirkt.

Ist so in der formalen Struktur die Übereinstimmung mit Paulus unverkennbar, so wird in der inhaltlichen Ausführung doch auch Distanz zu Paulus sichtbar, und der philosophische Einfluß tritt wieder hervor. Im Zentrum der konkreten Ethik von 10, 4–6 steht der Begriff der Nachahmung Gottes.[83] Von ihr ist im Neuen Testament nur an der deuteropaulinischen Stelle Eph 5, 1 die Rede. Sie beherrscht dort aber bei weitem nicht so den Kontext, wie es hier der Fall ist. Diog 10, 4–6 läßt sich nicht von Eph 5, 1 f. her geprägt verstehen;[84] andere Einflüsse sind stärker. Die auf Platon zurückgehende Tradition von der Nachahmung Gottes und Verähnlichung mit ihm im Tun des sittlich Guten,[85] wie sie etwa bei Philon von Alexandrien erscheint, hat auf Diog 10, 4–6 deutlich eingewirkt. Das zeigt sich in der Aufnahme des Eudämoniebegriffes und in der Orientierung der konkreten Mahnungen an den Möglichkeiten der sozial Bessergestellten. Völlig unpaulinisch ist auch die Aussage, daß der Wohltäter für den Empfänger der Wohltat zum Gott wird.[86]

Unterschiede zu Paulus treten auch gerade da deutlich hervor, wo sich der Verfasser in seinen Formulierungen eng mit ihm berührt. Die Ausführungen in 5, 11–17 orientieren sich an paulinischen Peristasenkatalogen. Aber während Paulus die widrigen Umstände seiner apostolischen Existenz mit dem Inhalt seiner Verkündigung und deren Wirkung verbindet, sie also christologisch und ekklesiologisch begründet sieht, führt der Verfasser der Schrift an Diognet das feindselige

---

[82] Das wird immer wieder von Brändle, Ethik, betont; vgl. auch Lindemann, Theologie 346 f.

[83] Zu 10, 4–6 vgl. Wengst, „Paulinismus" 56–58; dort sind Belege angeführt, auf die im folgenden lediglich Bezug genommen wird.

[84] Gegen Brändle, Ethik 124.

[85] Vgl. dazu Dietrich Roloff, Gottähnlichkeit, Vergöttlichung und Erhöhung zu seligem Leben. Untersuchungen zur Herkunft der platonischen Angleichung an Gott, UaLG 4, Berlin 1970. Roloff zeigt auf, daß Begriff und Sache der Angleichung an Gott in der tugendhaften Lebensführung – unbeschadet einiger Voraussetzungen – auf Platon zurückgehen. „Der Sache nach werden Tugend und Erkenntnis dadurch zur Angleichung an Gott, daß das Göttliche nicht mehr bloß das Ziel, sondern zugleich auch das Vorbild allen menschlichen Strebens darstellt; daraus folgt nämlich, daß sich das Göttliche, insofern es Ziel ist, nur durch die Nachahmung seiner, insofern es Vorbild ist, erreichen läßt" (206).

[86] Das stellt auch Brändle, Ethik 213, heraus. Zur Verähnlichung/Nachahmung Gottes in der christlichen Literatur des 2./3. Jahrhunderts vgl. die Belege bei Marrou, Diognète 213–216; vgl. weiter Karlmann Beyschlag, Christentum und Veränderung in der Alten Kirche, KuD 18, 1972, (26–55) 46–49.

Schrift an Diognet

Verhalten der Welt auf deren Unwissenheit zurück; und während bei Paulus die Aussage von der himmlischen Bürgerschaft im Kontext der Erwartung universaler Neuschöpfung steht, also eschatologisch verstanden wird, bringt sie in Diog 5, 9 eine bloß verinnerlichte Distanz zur Welt zum Ausdruck.[87] Das zeigen die Darlegungen von 5, 1–10. Sie stehen an zentraler Stelle. Nachdem der Verfasser die griechische und jüdische Gottesverehrung abgelehnt hat, will er nun die christliche Religion darstellen. Er tut es in den Kap. 5 f. zunächst so, daß er vom Leben der Christen in der Welt spricht; erst danach macht er theologisch-christologische Aussagen.[88] Das Leben der Christen in der Welt läßt sich zusammenfassend als distanzierte Teilhabe bestimmen. Sie wird 5, 4 so beschrieben: „Obwohl sie griechische und barbarische Städte bewohnen, wie es einen jeden traf, und die landesüblichen Sitten befolgen in Kleidung und Kost sowie im übrigen Lebensvollzug, legen sie doch eine erstaunliche und anerkanntermaßen eigenartige Beschaffenheit ihrer Lebensführung an den Tag." Overbeck erkennt in den Sätzen von 5, 1–10, „welche nicht der weltlichste Moralist der vorconstantinischen Kirche, Clemens von Alexandrien, unbedingt unterschreiben könnte", geradezu „eine Identität der weltlichen Lebensgrundsätze der Christen und der Heiden".[89] Diese Identität wird breit ausgeführt; sie läßt sich mit dem Anfang des eben zitierten Verses 5, 4 zusammenfassen und mit den Aussagen, daß die Christen als Bürger an allem teilhaben und den erlassenen Gesetzen gehorchen (V. 5. 10). Wenn es in Vers 10 weiter heißt, daß sie die Gesetze überbieten, wird damit ein Aspekt der Besonderheit christlicher Lebensführung deutlich. Ebenso allgemein hatte der Verfasser in dieser Hinsicht vorher gesagt, daß sie nicht nach dem Fleisch leben (V. 8), und konkret genannt, daß sie keine Neugeborenen aussetzen und sexuelle Verfehlungen bei ihnen nicht am Platze sind (V. 6 f.). Die Besonderheit christlicher Lebensführung besteht also einmal in einer die Moral der Welt übertreffenden Moral. Und sie zeigt sich zum anderen in einer gewissen Distanz: Obwohl Bürger irdischer Gemeinwesen, erfahren sie sich doch auch als Fremde und Beisassen, weil sie zugleich Himmelsbürger sind (V. 5. 9). Aber diese Distanz betrifft sozusagen nur „ihre innere Form"[90]. Sie äußert sich aktiv im ersten Aspekt und passiv im Erleiden von Verfolgungsmaßnahmen von seiten der Welt, die auf deren Unwissenheit beruhen.

Die Aussagen von Kap. 5 werden der Sache nach in dem Vergleich von Kap. 6 wiederholt, der das Verhältnis von Seele und Leib dem Verhältnis von Christen

---

[87] Der Vergleich zwischen Diog 5, 11–17 und 1Kor 4, 10–12; 2Kor 4, 7–12; 6, 4–10 und zwischen Diog 5, 9 und Phil 3, 20 f. ist durchgeführt bei Wengst, „Paulinismus" 45–48. 53 f.

[88] Daß die Ethik das zentrale Thema der Schrift an Diognet ist, hat das Buch von Brändle deutlich herausgestellt.

[89] Diognet 44 f. – Zum Vergleich lese man Tatian, or. 11, 2–5; Minucius Felix, Oct. 12, 5 f.; 37, 11–38, 4; Tertullian, apol. 42, 1–8.

[90] Das ist eine Formulierung von Eltester, Mysterium 282, der sie allerdings sehr positiv versteht.

und Welt entsprechen läßt. Aus diesem Kapitel ist einmal die Versicherung hervorzuheben, daß die Religion der Christen, die in ihrer weltlichen Lebensführung besteht, unsichtbar bleibt (V. 4). Daneben sei folgende Bemerkung Overbecks gestellt: „Damals ist das Christenthum etwas, wenn es überhaupt beachtet wurde, in der Welt höchst Sichtbares gewesen, und zwar gerade wegen der Klarheit seines Widerspruchs gegen sie."[91] Demgegenüber weist die Aussage von der Unsichtbarkeit des christlichen Gottesdienstes im Lebensvollzug auf eine Verinnerlichung der Distanz zur Welt.[92] Zum anderen muß noch die Aussage in 6, 7 erwähnt werden, daß die Christen die Welt zusammenhalten, wie es die Seele gegenüber dem Leib tut. In ihr tritt ein sublimer christlicher Triumphalismus zutage, der genauso wie die nur noch verinnerlichte Distanz zur Welt auf eine starke gesellschaftliche Integration des Verfassers hinweist.[93]

Es dürfte deutlich geworden sein, daß der Verfasser trotz des Paulinismus, den man bei ihm findet, doch nicht als „Pauliner" gefeiert werden sollte.[94] Sein Paulinismus besteht im Grunde nur in der Soteriologie und in der formalen Verhältnisbestimmung von Soteriologie und Ethik: Daß es Heil allein von Gott her gibt, der sich in seinem Sohn offenbart und in ihm die Rettung bewirkt hat, womit alle Selbsterlösung aufgrund des Tuns der Menschen ausgeschlossen ist, und daß das von der Liebe bestimmte Handeln der Glaubenden in der erkannten und erfahrenen Güte Gottes gründet, also der Indikativ ein eindeutiges Gefälle zum Imperativ hat. Genau das aber ist auch der Paulinismus der christlichen Gnostiker. Die Nähe der Schrift an Diognet zur Gnosis ist immer wieder gesehen worden.[95] Sie hat in der Forschungsgeschichte auch zu Versuchen geführt, ihren Verfasser mit einem Gnostiker zu identifizieren.[96] Das ist sicher unzutreffend, da der Verfasser das welt-

[91] Diognet 44.
[92] In diesem Zusammenhang schreibt Overbeck über die Apologeten im Vergleich zum Verfasser der Schrift an Diognet: „Sie denken nicht so weltlich wie der Verfasser, ihre Weltflucht ist aber auch nicht so schattenhaft und blutlos wie die seine" (Diognet 45).
[93] Hier sei noch einmal Overbeck zitiert; er erkennt in dem Vergleich von Kap. 6 „eine äusserst verdächtige Verbindung von überaus gesteigerter Idealisirung des Christenthums und schon sehr weit gehendem Verflochtensein desselben mit dem Weltdasein" (Diognet 52; die Kennzeichnung dieser Verbindung als „verdächtig" bezieht sich auf die Annahme der Abfassung der Schrift an Diognet im zweiten Jahrhundert). Vgl. auch die Bemerkung Meechams, daß der Autor in Kap. 6 fast die vorgefaßte Meinung Diognets erreiche, teils platonisch, teils stoisch (Diognetus 44).
[94] Das tun Molland, Stellung 94; Brändle, Ethik 200 f. 209 f. 234 f.; Lindemann, Theologie 337. 347. 349 f.
[95] Sie wird auch von Brändle herausgestellt, z. B. Ethik 62–64.
[96] So hat schon Mitte des vorigen Jahrhunderts Christian Carl Josias Bunsen in Markion den Verfasser der Schrift an Diognet erkennen wollen. (Sein entsprechendes Werk war mir nicht zugänglich; vgl. die Hinweise bei Petrement, Valentin 34 A. 4; Brändle, Ethik 62 A. 200.)
In neuerer Zeit versuchte Petrement, Valentin als Autor wahrscheinlich zu machen: Valentin passim. Problematisch ist allerdings schon ihr Ausgangspunkt bei den Kap. 11 f., die sie zwar nicht als ursprünglich den Kap. 1–10 zugehörig betrachtet, aber doch als vom selben

Schrift an Diognet

schöpferische Handeln Gottes und die Schöpfungsmittlerschaft des Gottessohnes in geradezu hymnischer Stilisierung breit herausstellt.[97] Aber mit der Betonung dieses Unterschiedes ist die herausgestellte Gemeinsamkeit nicht aufgehoben und vor allem nicht erklärt.

Die starken Berührungen mit Markion[98] sollen im folgenden ausdrücklich belegt werden. Die Texte zu Markion sind bequem zusammengestellt bei Adolf von Harnack, Marcion. Das Evangelium vom fremden Gott, Darmstadt 1960 (= Leipzig ²1924), 256*–313*.

1. Gott ist gut und vollkommen (Diog 8, 8).

Origenes schreibt de principiis II 5, 4: Superest eis adhuc etiam illud, quod velut proprie sibi datum scutum putant, quod dixit dominus in evangelio: Nemo bonus nisi unus deus pater, dicentes hoc esse proprium vocabulum patris Christi (bei Harnack 261* – dort fälschlich II 5, 1). Nach Tertullian ist der Gott Markions mitis, placidus et tantummodo bonus atque optimus (adv. Marc. I 6, 1; bei Harnack 264*); vgl. weiter ebd. I 24.

2. Gott ist ohne Zorn (Diog 8, 8).

Deus autem Marcionis, et quia ignotus, non potuit offendi, et quia nescit irasci (Tertullian, adv. Marc. V 5, 4; bei Harnack 264*). Wahrscheinlich denkt Irenäus an Markion, wenn er haer. III 25, 2 vom Glauben der Häretiker spricht, einen Gott sine iracundia gefunden zu haben.

3. Gott ist gewaltlos (Diog 7, 4).

Sed Marcion et Valentinus ac Basilides ceterique cum ipsis haeretici, dum haec nolunt, sicut sancto spiritu dignum est, intelligere, declinaverunt a fide et inseruerunt se impietatibus multis, alium Deum legis et mundi creatorem ac iudicem proferentes, velut per haec, quae scripta sunt, crudelitatem quandam docentem, quod calcare hostium cervices iubentur atque in ligno suspendere reges terrae illius, quam violenter invadunt (Origenes, in lib. Iesu Nave homilia XII 3; vgl. ebd. X 2; XII 1. 2; XIII 1).

4. Gott offenbarte sich zu bestimmter Zeit in seinem Sohn und war vorher verborgen (Diog 8, 1. 5 f. 9–11; 9, 1 f.).

Autor geschrieben ansieht (s. o. S. 287 f.). Fragwürdig ist weiter, daß sie das Evangelium veritatis und die Epistula ad Rheginum, die für ihren Vergleich wesentlichen Schriften, für valentinisch hält. Doch können deshalb die herausgestellten Berührungspunkte zwischen den Kap. 1–10 und der Gnosis nicht als erledigt gelten; die auf den S. 52–55 zusammengestellte stattliche Liste bleibt beachtlich. Wie Lindemann angesichts solcher Fakten – auch die gleich folgende Zusammenstellung bringt ja keine neuen Texte – apodiktisch sagen kann, der Text der Schrift an Diognet zeige „keinerlei charakteristische Berührungspunkte mit der Gnosis" (Theologie 349), bleibt unerfindlich.

[97] 7, 2; 10, 2.

[98] Aus den Übereinstimmungen mit Markion will Nielsen ein chronologisches Argument gewinnen (Epistle 77–91). Die Schrift an Diognet müsse vor Markion verfaßt worden sein, weil es nur da nicht nötig gewesen wäre, das Recht der Christen auf das Alte Testament nicht zu erwähnen; nach Markion wäre es schwierig gewesen, das Alte Testament zu ignorieren (78 f.). Der Verfasser der Schrift an Diognet "would not have dared to stress significant points of contact with Marcion without making it absolutely explicit that he was not a Marcionite" (82). Diese Argumentation beruht auf der falschen Voraussetzung, als müßte sich jedes christliche literarische Produkt der Zeit nach Markion in irgendeiner Weise an diesem orientieren. Seltsam ist auch, die zugefügten Kap. 11 f. wären "anti-Marcionite and were no doubt added because of that fact" (82).

Einleitung

Novum . . . deum in vetere mundo et in vetere aevo et sub vetere deo ignotus, inauditus, quem . . . quidam Jesus Christus . . . revelavit, nec alius antehac (Tertullian adv.Marc. I 8, 1; bei Harnack 266*). Immo . . . deus noster, etsi non ab initio, etsi non per conditionem, sed per semetipsum revelatus est in Christo Jesu (ebd. I 19,1; bei Harnack 267*). Vgl. weiter IV 7. 24).

5. Gott hat sich in der Sendung seines Sohnes der ohnmächtigen Menschen erbarmt (Diog 9, 2).

. . . hominem: placebit tibi vel hoc opus dei nostri, quod tuus dominus, ille deus melior adamavit, propter quem in haec paupertina elementa de tertio caelo descendere laboravit, cuius causa in hac cellula creatoris etiam crucifixus est (Tertullian, adv.Marc. I 14, 2; bei Harnack 284*). (ὁ ἀγαθὸς) ἐλεήσας ἔπεμψεν τὸν υἱὸν ὡς ἀγαθὸς ἀγαθὸν καὶ ἐρρύσατο ἡμᾶς . . . (συνεπάθησεν ὁ ἀγαθὸς) ἀλλοτρίοις ὡς ἁμαρτωλοῖς· οὔτε ὡς ἀγαθῶν οὔτε ὡς κακῶν (ἐπεθύμησεν αὐτῶν), ἀλλὰ σπλαγχνισθεὶς ἠλέησεν (Megethius im Dialog des Adamantius I 3; bei Harnack 264*).

6. Glaube und Liebe sind die Antwort der Menschen auf die erfahrene Güte Gottes (Diog 9, 6–10, 3).

κακοὺς τοὺς ἀνθρώπους ὄντας ῥυσάμενος ἐκ τοῦ πονηροῦ ὁ ἀγαθὸς μετέβαλεν (διὰ τῆς πίστεως) καὶ ἐποίησεν ἀγαθοὺς τοὺς πιστεύσαντας αὐτῷ (Megethius im Dialog des Adamantius II 6; bei Harnack 296*).... hanc esse principalem et perfectam bonitatem, cum sine ullo debito familiaritatis in extraneos voluntaria et libera effunditur, secundum quam inimicos quoque nostros et hoc nomine iam extraneos diligere iubeamur (Tertullian, adv.Marc. I 23, 3; bei Harnack 263*).

7. Anhangsweise sei noch vermerkt, daß auch der Ausfall gegen das Judentum, wie er sich Diog 4, 1–5 findet, eine enge Parallele bei Markion hat: Apud creatorem autem etiam vetera stultitiae et infirmitati et inhonestati et pusillitati et contemptui deputari possunt. Quid stultius, quid infirmius, quam sacrificiorum cruentorum et holocaustomatum nidorosorum a deo exactio? Quid infirmius quam vasculorum et grabattorum purgatio? Quid inhonestius quam carnis iam erubescentis alia dedecoratio? Quid tam humile quam talionis indictio? Quid tam contemptibile quam ciborum exceptio? (Tertullian, adv.Marc. V 5,10; bei Harnack 277*).[99]

Die Gemeinsamkeiten zwischen der Schrift an Diognet und der Gnosis lassen sich kaum als Abhängigkeit verstehen. Und wenn der Verfasser der Schrift an Diognet „in Kontakt mit Gnostikern gestanden" hat,[100] was sich ja keineswegs ausschließen läßt, dann wäre immer noch zu erklären, warum dieser „Kontakt" so weit in der Weise positiver Aufnahme verlief und nicht in der entschiedener Ablehnung. Ob nun der Verfasser mit Gnostikern und gnostischen Schriften bekannt war oder ob er völlig unabhängig von ihnen schrieb, die Gemeinsamkeiten sind jedenfalls nur dann verständlich, wenn die Aneignung christlicher Überlieferung, insbesondere die der paulinischen Briefe, hier wie dort unter ähnlichen Bedingun-

---

[99] Vgl. auch die Bemerkung Meechams: "Our author's temper is Marcionite in its ignoring of the historical link between Judaism and Christianity" (Diognetus 37 f.).
[100] So Brändle, Ethik 228.

gen erfolgte.[101] Und könnten diese Bedingungen nicht darin bestanden haben, daß es sich bei den Rezipienten hier wie dort um Menschen in sozial privilegierter Stellung handelte, deren Denken in der Gottesvorstellung vom mittleren Platonismus geprägt war?[102] Daß der Verfasser der Schrift an Diognet unter dem Einfluß des mittleren Platonismus stand, wurde schon gezeigt;[103] und daß er einen hohen sozialen Status hatte, ist aus seiner Bildung zu schließen, die in der Antike in aller Regel ein Privileg war, und aus seiner Ethik.[104] Beides, hoher sozialer Status und philosophische Prägung, gilt auch für die führenden Köpfe der Gnostiker; sie waren sozial privilegierte Intellektuelle.[105]

Von einem solchen Ansatz her ließe sich auch der Unterschied zwischen dem Verfasser der Schrift an Diognet und den Gnostikern einsehbar machen. Während der eine Gott als Schöpfer der Welt und seinen Sohn als Schöpfungsmittler preist, wird von den anderen die geschaffene Welt, die sich nicht Gott verdankt, sondern einem niederen Demiurgen, negativ qualifiziert. Kippenberg hat wahrscheinlich zu machen versucht, daß diese Abwertung der Welt Ausdruck der Ablehnung bestehender politischer Ordnung ist, daß es sich bei den Gnostikern um von politischer Mitverantwortung Ausgeschlossene handelte, die sich als meta-politische Elite etablierten.[106] Wenn demgegenüber der Verfasser der Schrift an Diognet die geschaffene Welt nicht abqualifiziert, sondern eine positive Sicht der Schöpfung hat, könnte das auch Reflex dessen sein, daß er nicht nur sozial privilegiert war, sondern auch politisch integriert. Auf eine solche Integration weisen ja auch seine Ausführungen in den Kap. 5 f.[107] So wird die Schrift an Diognet unter der Voraussetzung verständlich, daß sie die Rezeption christlicher, besonders paulinischer Überlieferung durch eine gebildete, sozial privilegierte und politisch integrierte Person widerspiegelt.

---

[101] Das ist gegenüber Lindemann festzuhalten, der in der Schrift an Diognet eine von der Gnosis völlig unabhängige Paulus-Rezeption erblickt (Theologie 349 f.).
[102] Hierzu und zum Folgenden vgl. Wengst, „Paulinismus" 59–61.
[103] S. o. S. 295–297.
[104] S. o. S. 299.
[105] Vgl. Kurt Rudolph, Die Gnosis. Wesen und Geschichte einer spätantiken Religion, Göttingen 1978, 223–228, bes. 224–226; ders., Randerscheinungen des Judentums und das Problem der Entstehung des Gnostizismus, in: Ders., WdF 262, Darmstadt 1975, (768–797) 776; Hermann Langerbeck, Die Anthropologie der alexandrinischen Gnosis. Interpretationen zu den Fragmenten des Basilides und Valentinus und ihrer Schulen bei Clemens von Alexandrien und Origenes, in: Ders., Aufsätze zur Gnosis, Aus dem Nachlaß hrsg. von H. Dörries, AAWG.SH 69, Göttingen 1967, 38–82; ders., Zur Auseinandersetzung von Theologie und Gemeindeglauben in der römischen Gemeinde in den Jahren 135–165, in: ebd. 167–179; Hans G. Kippenberg, Versuch einer soziologischen Verortung des antiken Gnostizismus, Numen 17, 1970, (211–231) 221–225.
[106] Vgl. den in der vorigen Anmerkung genannten Aufsatz, bes. S. 215–221.
[107] S. o. S. 300 f.

Einleitung

6. Verfasser, Zeit und Ort der Abfassung

Was sich über den Verfasser sagen läßt, ist im wesentlichen bereits im vorigen Abschnitt geschehen. Seine Bildung zeigt sich schon an seiner glänzenden Rhetorik.[108] Wenn er auch nicht über tiefgreifende philosophische Kenntnisse zu verfügen scheint, so ist die Prägung seines Denkens durch die philosophische Zeitströmung unverkennbar.[109] Zu der Annahme über seine Stellung in der Gesellschaft und zu ihr ist noch hinzuzufügen, daß er offenbar nicht sehr fest in eine kirchliche Gemeinschaft eingebunden ist. „An der lokalen Gemeinde, an ihrer Organisation, ihren geistlichen Leitern, ihrem Kult ist der unbekannte theologische Denker nicht interessiert."[110] Darüber verlautet in seiner Schrift nichts. Das ist um so auffälliger, als er ja in den Kap. 5 f. ausdrücklich die θεοσέβεια der Christen darstellen will und dann vom christlichen Lebensvollzug in der Welt als ihrer θεοσέβεια spricht, die als solche unsichtbar bleibt, während er über das kirchliche Gemeinschaftsleben schweigt.[111] Daraus muß doch wohl geschlossen werden, daß ihm dieses Leben in der konkreten kirchlichen Gemeinschaft nicht sehr viel bedeutet und er im Blick darauf eher als ein „Randsiedler" anzusehen ist, der für uns anonym bleibt.[112]

In welcher Zeit hat er sein Werk geschrieben? Wohl zu keiner christlichen Schrift sonst gingen die Ansätze so weit auseinander. Auf der einen Seite wurde die Annahme vertreten, sie sei noch vor 70 verfaßt, da sie jüdischen Opferkult und

---

[108] Das oft zitierte Urteil Eduard Nordens sei auch hier wiedergegeben, daß „von den an *einzelne* Personen gerichteten apologetischen Schriften ... der Brief an Diognet nach allen diesen Gesichtspunkten (sc. nach Inhalt, Disposition, Stilistik und Sprache) zu dem Glänzendsten gehört, was von Christen in griechischer Sprache geschrieben ist (cf. besonders c. 5–7)" (Die antike Kunstprosa II, Darmstadt ⁵1958, 513 A. 2). Vgl. auch die Charakterisierung des Autors durch Meecham "as a man of high literary skill" (Diognetus 13).

[109] S. o. S. 296.

[110] Brändle, Ethik 114 f.

[111] Vgl. dagegen die Schilderung des Gemeindelebens bei Aristides, apol. 14, 6–11; Justin, apol. I 61. 65–67. – Für das, was der Verfasser der Schrift an Diognet sagt, bildet eher das Individuum den Bezugspunkt, nicht die Gemeinde.

[112] In der Forschungsgeschichte gab es auch immer wieder Versuche, den Verfasser der Schrift an Diognet zu identifizieren. Von ihnen seien zwei hier genannt (im übrigen vgl. die Liste bei Marrou, Diognète 242 f.). In mehreren Arbeiten wollte Andriessen in ihm den Apologeten Quadratus erkennen und das von Euseb überlieferte Fragment aus dessen Apologie in die Lücke zwischen 7, 6 und 7, 7 einschieben (vgl. die knappe Zusammenfassung in Authorship passim, die hier allein genannt werden soll). Kleist tendiert dahin, diese These zu akzeptieren (Didache 131 f.; faktisch tut er es in einigen Anmerkungen im Blick auf die Konsequenz der These für die Person des Empfängers, in der dann Hadrian gesehen werden muß). Marrou führte als möglichen Verfasser Pantaenus an (Diognète 266 f.). Ohne Marrou zu erwähnen, vermutet auch Kühnert, der sich bei der Lektüre der Schrift an Diognet „wohl am ehesten an die Anfänge der alexandrinischen Schule erinnert" fühlt: „So legt sich der Gedanke an Pantaenus nahe" (Sinndeutung 36). Zu beiden Identifizierungen vgl. Brändle, Ethik 232 f.

also den Bestand des Tempels voraussetze, und auf der anderen Seite wurde ihr Erstherausgeber Stephanus verdächtigt, auch ihr Verfasser zu sein.[113] Dieser Verdacht ist durch die Handschrift A ausgeräumt, die den einzigen äußeren Anhaltspunkt bietet. Mit ihr ist der *terminus ante quem* ins 13./14. Jahrhundert gesetzt. Die Randnotiz des Abschreibers, seine Vorlage sei sehr alt gewesen, weist jedoch in eine wesentlich frühere Zeit, nämlich in das 6./7. Jahrhundert, falls die Datierung der Vorlage durch Harnack und Marrou zutrifft.[114] Damit ist allerdings immer noch ein sehr weiter Rahmen gesteckt.

Innerhalb dieses Rahmens hat Overbeck energisch für eine Ansetzung in der nachkonstantinischen Zeit plädiert.[115] Mit großer Deutlichkeit hat er die Besonderheit, ja Fremdartigkeit der Schrift an Diognet im Vergleich mit den Apologeten des zweiten Jahrhunderts in der Behandlung von Heidentum und Judentum hervorgehoben[116] und vor allem in der positiven Darstellung des Christentums.[117] Besonders die Kap. 5f. wiesen auf ein Christentum, das ihm vorkonstantinisch nicht vorstellbar erscheint. Die Schilderung in Kap. 5 mache „mehr den Eindruck eines Christenthums, das sich selbst bespiegelt, als eines solchen, das mit einem feindseligen Standpunkt ernstlich ringt"[118]; und zu dem Vergleich von Kap. 6 meint er: „Welt und Christenthum stehen sich im zweiten Jahrhundert noch viel zu fern, um auch nur den zweideutigen platonischen Bund von Leib und Seele eingegangen zu sein, welchen der Verfasser hier im Sinne hat."[119] Die Bedenken gegenüber den Kap. 5f. fallen, „wenn wir Schilderung und Vergleich vom Standpunkte des Weltchristenthums der nachconstantinischen Zeit entworfen denken. Als die Christen in weltlichen Dingen einfach das Erbe der Heiden angetreten hatten, und das Christenthum sich in die gegebenen Verhältnisse des irdischen Daseins so tief hatte verflechten lassen, dass es z. B. die civilisatorischen Aufgaben und Erfolge des römischen Reiches ohne Weiteres zu den Seinen machte, ergab sich ganz natürlich für den, der die Grundgesetze heidnischer und christlicher Lebensweise äusserlich verglich, die Ununterscheidbarkeit, welche unser Verfasser behauptet, und auch gerade die abstracte Ueberweltlichkeit, welche er allein dem Christenthum zu geben weiss."[120] Aufgrund ihres „aller Religion gegenüber stark rationalistischen Standpunktes" hat Overbeck die Entstehung der Schrift an Dio-

---

[113] Vgl. die Übersicht bei Marrou, Diognète 242f., der tabellarisch alle chronologischen Ansätze und Identifizierungsversuche im Blick auf den Verfasser zusammenstellt.
[114] Vgl. o. S. 285.
[115] Diognet passim.
[116] Diognet 21–42.
[117] Diognet 42–53; vgl. die Zusammenfassung auf S. 53: „Weder über das Christenthum also, noch über das Heidenthum oder das Judenthum redet unser Brief, wie dies die altchristlichen Apologeten mit Heiden zu thun pflegen."
[118] Diognet 48.
[119] Diognet 50.
[120] Diognet 64f.

gnet im vierten oder fünften Jahrhundert vermutet,[121] aber ausdrücklich „auch alle folgenden bis zu der durch die handschriftliche Ueberlieferung gezogenen Grenze offen" gelassen.[122]

Gegen Overbeck sind immer wieder die Stellen der Schrift an Diognet ins Feld geführt worden, die von Christenverfolgungen sprechen,[123] so daß die Annahme einer Abfassung in vorkonstantinischer Zeit zwingend geboten sei. Overbeck hat dieses Problem durchaus gesehen und ausführlich besprochen.[124] Er betont einmal, daß diese Stellen bis auf wenige Ausnahmen recht allgemein gehalten sind, und zum anderen macht er auf den „sehr bedenklichen Umstand aufmerksam . . ., dass es auch sonst nur die Erwähnungen von Verfolgungen und Märtyrern . . . sind, die ihm (sc. unserem Briefe) die Farbe der vorconstantinischen Zeit geben".[125] Die Aussagen über Verfolgungen gelten ihm also als Fiktion, die die Entstehung dieser Schrift in der Frühzeit des Christentums vortäuschen sollen. Verstellen die übrigen Beobachtungen die Annahme der Möglichkeit einer vorkonstantinischen Entstehung, muß diese Folgerung in der Tat gezogen werden; und so kann der bloße Hinweis auf die Stellen über Christenverfolgungen die These Overbecks nicht widerlegen.

Seine Argumente sind allerdings dann nicht zwingend, wenn der Verfasser der Schrift an Diognet im Blick auf seine gesellschaftliche und kirchliche Stellung so beschrieben werden kann, wie es oben geschehen ist. Unter dieser Voraussetzung ist es möglich, daß er als privilegierte und integrierte Einzelperson Entwicklungen vorweggenommen hat, wie sie Overbeck für die spätere Kirche, als sie als ganze privilegiert und integriert war, herausgestellt und in der Schrift an Diognet wiedergefunden hat.[126] Dann kann man die Stellen über Verfolgungen als das nehmen, als was sie sich ausgeben, nämlich als aktuelle Aussagen zur Zeit der Abfassung des Schreibens, und braucht sie nicht für Fiktion zu halten.[127] Damit ergibt sich als *terminus ante quem* der Schrift an Diognet die Zeit Konstantins.

Im Blick auf einen *terminus post quem* ist daran zu erinnern, daß sie sich an ein ideales heidnisches Publikum wendet.[128] In dieser Hinsicht gehört sie in einen engen Zusammenhang mit den Apologien, mit denen sie auch sonst, vor allem im er-

---

[121] Diognet 74.
[122] Diognet 90.
[123] 1,1; 5, 5.11 f.14–17; 6, 5 f. und besonders 6, 9; 7,7–9; 10,7 f.
[124] Diognet 12–16. 55 f. 86 f.
[125] Diognet 56.
[126] Vgl. besonders das o. S. 306 gegebene Zitat.
[127] Damit ist allerdings die Möglichkeit von Overbecks Datierung keineswegs ausgeschlossen. Aber die vorgetragene These scheint mir wahrscheinlicher zu sein als die Annahme einer Fiktion. Harnack führt gegen eine nachkonstantinische Abfassungszeit noch an: „Die Zusammenstellung mit der sehr alten Schrift ad Gr.(aecos) erweckt ein gutes Vorurtheil für den Brief" (Geschichte I/2, 758). Auch das ist freilich kein durchschlagendes Argument.
[128] Vgl. o. S. 292 f.

sten Teil, starke Berührungen hat.[129] Im Vergleich zu den Apologien zeigt die Schrift an Diognet allerdings einen fortgeschrittenen Stand der Entwicklung. Ihr Verfasser braucht nicht mehr nach Argumenten zu suchen; sie sind ihm offenbar längst geläufig. Es geht nur noch darum, ihnen eine möglichst gefällige Form zu geben.[130] Die Schrift an Diognet gehört also ganz offensichtlich nicht in die Frühzeit der Apologetik;[131] das widerrät einer Datierung um 150.[132] Auf eine deutlich spätere Zeit weist auch die Verbindung von Apologetik und Protreptik mit dem Schwergewicht auf letzterer. Mit dem Protrepticus des Klemens von Alexandrien hat sie zahlreiche Gemeinsamkeiten.[133] So wird sie oft in zeitlicher Nachbarschaft des Klemens datiert.[134] Brändle meint, ihr Verfasser habe „seine Schrift wohl kurz vor dem Beginn der schriftstellerischen Tätigkeit des grossen Alexandriners verfasst. Zu diesem Schluss führt die Beobachtung, dass verschiedene Themen..., die im ‚Ad Diognetum' auftauchen, in den Werken des Clemens dann weit ausführlicher aufgenommen und weiterentwickelt werden"[135]. Daher nimmt er im An-

[129] Vgl. o. S. 293. – Nach Franz Overbecks begründeter Argumentation beginnt mit den Apologeten die patristische Literatur, die von der christlichen Urliteratur deutlich zu scheiden ist (Über die Anfänge der patristischen Literatur, Basel o. J. [= Historische Zeitschrift 48, 1882, 417–472]; vgl. bes. S. 44f.). Von daher ist es deutlich, daß die Schrift an Diognet nicht zur christlichen Urliteratur gehört. Wenn sie dennoch hier unter den „Schriften des Urchristentums" herausgegeben wird, obwohl sie diesen Schriften nicht zuzurechnen ist, geschieht das allein aufgrund der Tradition, daß sie u. a. in die Ausgaben der Apostolischen Väter von Funk, von Gebhardt/Harnack/Zahn und von Lake Aufnahme gefunden hat.

[130] „Während Aristides mit großer Schwerfälligkeit die Sätze der alten Polemik gegen die falsche Götterverehrung neu aufstellt und mühsam ordnet, wirft der Brief die längst abgebrauchten Argumente journalistisch spielend aufs Papier" (Geffcken, a. a. O. [A. 45] XLI).

[131] „Wir bekommen den Eindruck", schreibt Molland, daß die Schrift an Diognet im Verhältnis zur Apologie des Aristides „ein jüngeres Stadium in der Apologetik repräsentiert" (Stellung 83, vgl. 86).

[132] Seltsamerweise will Lindemann die Schrift an Diognet früher als Aristides ansetzen: „Da man nicht den Eindruck hat, der Vf. stehe in einer – und sei es auch nur indirekten – Auseinandersetzung mit einer bereits entwickelten apologetischen Tradition, läßt sich die relative Freiheit in der Form am ehesten mit der Annahme erklären, daß es zur Zeit der Abfassung des Dg den sonst zu beobachtenden ‚Formzwang' der Apologetik noch gar nicht gab" (Theologie 348). Aber muß denn der Verfasser der Schrift an Diognet, wenn er in spätere Zeit gehört, in „Auseinandersetzung" mit der apologetischen Tradition stehen? Er setzt sie schlicht voraus und beerbt sie. – Barnard geht auf das Verhältnis zu den Apologeten nicht ein; aus der Stellung zum Judentum will er auf die Zeit 70–135 schließen; da der Verfasser noch keinen neutestamentlichen Kanon kenne, sei er nicht später als 130 anzusetzen (Enigma 172f.). Daß die Aussagen über das Judentum nach 135 nicht mehr möglich sein sollen, ist in keiner Weise einsehbar. Aus dem Umstand, daß der Verfasser im Blick auf sein Publikum keine ausdrücklichen Zitate aus neutestamentlichen Schriften bringt, darf nicht geschlossen werden, er kenne noch keinen neutestamentlichen Kanon.

[133] Vgl. z. B. Meecham, Diognetus 62f., sowie unten die Stellenangaben in den Anmerkungen zur Übersetzung.

[134] Vgl. Marrou, Diognète 253. 260–265. Harnack will den Ursprung der Schrift an Diognet „frühestens in der Zeit suchen, die durch den Protrepticus des Clemens bezeichnet ist" (Geschichte II/1, 514; vgl. 515); s. auch Geffcken, Diognet 619.

[135] Ethik 21. Demgegenüber ist nach Eltester „die Frage, ob er (sc. der Verfasser) beide

Einleitung

schluß an Marrou als Entstehungszeit den „Zeitraum der Jahre 190–200" an.[136] Die vorgetragene Argumentation könnte nur überzeugen, wenn sich entweder zeigen ließe, daß Klemens diese Themen aus der Schrift an Diognet aufgenommen hat, oder wenn es evident wäre, daß sie nach Klemens nicht mehr so hätten abgehandelt werden können, wie es in der Schrift an Diognet geschieht. Das erste gelingt nicht; das zweite trifft nicht zu. Auch keins der weiteren von Brändle beigebrachten Argumente kann die Schrift an Diognet auf das Ende des zweiten Jahrhunderts festlegen.[137] So läßt sich kaum mehr sagen, als daß die Schrift an Diognet frühestens am Ende des zweiten Jahrhunderts verfaßt worden ist und vor der Zeit Konstantins. Für jede nähere Festlegung in diesem Rahmen fehlen stichhaltige Argumente.

Als Ort der Abfassung wird oft Alexandrien genannt.[138] Das ist eine Möglichkeit; aber sie kann andere Möglichkeiten nicht ausschließen. Marrou hat versucht, den Diognet, dem die Schrift gewidmet ist, mit dem römischen Prokurator Ägyptens Claudius Diognetus zu identifizieren.[139] Diese Identifikation läßt sich weder beweisen noch widerlegen; sie ist also möglich, aber damit noch nicht wahrscheinlich. Es wird wohl kaum gelingen, die Schrift an Diognet einigermaßen sicher und vollständig „dem luftleeren Raum zu entnehmen"[140].

(sc. Clemens und Origenes) oder wenigstens Clemens voraussetzt, durchaus offen" (Mysterium 284).

[136] Ethik 21. – Nachdem Marrou den Autor der Schrift an Diognet in den Umkreis von Klemens von Alexandrien gestellt und dann bemerkt hat, daß er keine Kenntnis von dessen *Quis dives salvetur* zeige, meint er, die Entstehung der Schrift an Diognet vor der Abfassungszeit dieses Werkes ansetzen zu müssen (Diognète 265) – eine schwerlich überzeugende Argumentation.

[137] Ethik 231; es handelt sich um die folgenden sechs Punkte: a) In Alexandrien waren die Fronten zwischen Kirche und gnostischen Gruppen noch nicht verfestigt. – Setzt die Schrift an Diognet zwingend eine solche Situation voraus? Vgl. o. S. 303f. Wie Brändle selbst zeigt (230), gilt zudem diese Situation für Alexandrien auch später noch. b) Die Verwandtschaft mit dem Kerygma Petrou weise „in eine Zeit nicht nach Clemens von Alexandrien", da „es dem Origenes schon sehr verdächtig" sei. – Da es der Verfasser jedoch gar nicht zitiert, ist es fraglich, ob er es überhaupt benutzt. Die Verwandtschaft mit Aristides und dem Kerygma Petrou wird auf gemeinsamer Tradition beruhen. c) Das radikale Offenbarungsverständnis schließt Offenbarung im Bereich des Alten Testaments aus. – Wieso führt das ins Ende des zweiten Jahrhunderts? Damit begibt sich der Verfasser in *jedem* Jahrhundert an den Rand. d) Der Verfasser geht mit den neutestamentlichen Schriften sehr frei um. – Daß er nicht zitiert, geschieht im Blick auf sein Publikum, gibt aber kein chronologisches Indiz. e) Die Christologie ist relativ primitiv. – Andererseits steht in der Schrift an Diognet „doch auch kein Wort, das sich nicht mit der strengsten Vorstellung von der gleich wesentlichen Gottheit des Vaters und des Sohnes verträge" (Overbeck, Diognet 69). f) Die Schrift an Diognet gebrauche παρουσία im futurisch-eschatologischen Sinn. – Das geschieht auch noch in den folgenden Jahrhunderten; vgl. die Belege bei G. W. H. Lampe, A Patristic Greek Lexicon, Oxford 1961, s. v. B3c (1044).

[138] Vgl. etwa Brändle, Ethik 230.

[139] Diognète 267f.

[140] Die Formulierung stammt von Brändle, Ethik 21, der allerdings hoffte, genau das tun zu können.

TEXTZEUGEN

A   Codex Argentoratensis 9; Diog 1, 1–12, 9; nach Otto (s. o. S. 285 mit A. 6 und 7)

H   M.b. 27 Universitätsbibliothek Tübingen (Abschrift von Haus); Diog 1, 1–12, 9; nach Fotokopien der Handschrift

S   Codex Vossius Graecus Q. 30 Universitätsbibliothek Leiden (Abschrift von Stephanus); Diog 1, 1–12, 9; nach Fotografien der Handschrift

B   Abschrift von Beurer; einzelne Lesarten; nach den Angaben bei Stephanus und Sylburg (s. o. S. 286)

Zusätzliche Bemerkung: Punkte im textkritischen Apparat markieren Lücken in den Zeugen; ein Punkt steht für die Breite eines Buchstabens.

ΠΡΟΣ ΔΙΟΓΝΗΤΟΝ

1. 1. ἐπειδὴ ὁρῶ, κράτιστε Διόγνητε, ^{aa} ὑπερεσπουδακότα σε τὴν θεοσέβειαν τῶν Χριστιανῶν μαθεῖν καὶ πάνυ σαφῶς καὶ ἐπιμελῶς πυνθανόμενον περὶ αὐτῶν, τίνι τε θεῷ πεποιθότες καὶ πῶς θρησκεύοντες αὐτὸν ^bτόν^b τε κόσμον ὑπερορῶσιν πάντες καὶ θανάτου καταφρονοῦσιν καὶ οὔτε τοὺς νομιζομένους ὑπὸ τῶν Ἑλλήνων θεοὺς λογίζονται οὔτε τὴν ^{cc} Ἰουδαίων δεισιδαιμονίαν φυλάσσουσιν καὶ τίνα τὴν φιλοστοργίαν ἔχουσιν πρὸς ἀλλήλους καὶ τί δή ποτε καινὸν τοῦτο γένος ἢ ἐπιτήδευμα εἰσῆλθεν εἰς τὸν βίον νῦν καὶ οὐ πρότερον. 2. ἀποδέχομαί γε τῆς προθυμίας σε ταύτης καὶ παρὰ τοῦ θεοῦ, τοῦ καὶ τὸ λέγειν καὶ τὸ ἀκούειν ἡμῖν χορηγοῦντος, αἰτοῦμαι δοθῆναι ἐμοὶ μὲν εἰπεῖν οὕτως, ὡς μάλιστα ^aτὸν ἀκούσαντα^a βελτίω γενέσθαι, σοί τε οὕτως ἀκοῦσαι, ὡς μὴ λυπηθῆναι τὸν εἰπόντα.

2. 1. ἄγε δή, καθάρας σεαυτὸν ἀπὸ πάντων τῶν προκατεχόντων σου τὴν διάνοιαν λογισμῶν καὶ τὴν ἀπατῶσάν σε συνήθειαν ἀποσκευασάμενος καὶ γενόμενος ὥσπερ ἐξ ἀρχῆς καινὸς ἄνθρωπος, ^aὡσὰν^a καὶ λόγου καινοῦ, καθάπερ καὶ αὐτὸς ὡμολόγησας, ἀκροατὴς ἐσόμενος, ἴδε μὴ ^bμόνον^b τοῖς ὀφθαλμοῖς, ἀλλὰ καὶ τῇ φρονήσει, τίνος ὑποστάσεως ἢ τίνος εἴδους τυγχάνουσιν, οὓς ἐρεῖτε καὶ νομίζετε θεούς. 2. οὐχ ὁ μέν τις λίθος ἐστίν, ὅμοιος τῷ πατουμένῳ, ὁ δέ ἐστιν χαλκός, οὐ κρείσσων τῶν εἰς τὴν χρῆσιν ἡμῖν κεχαλκευμένων σκευῶν, ὁ δὲ ξύλον, ἤδη καὶ σεσηπός, ὁ δὲ ἄργυρος, χρῄζων ἀνθρώπου τοῦ φυλάξαντος, ἵνα μὴ κλαπῇ, ὁ δὲ σίδηρος, ὑπὸ ἰοῦ

---

0. τοῦ αὐτοῦ (sc. τοῦ ἁγίου Ἰουστίνου φιλοσόφου καὶ μάρτυρος) πρὸς Διόγνητον A
1. 1. ^a A S; ὡς H B   ^b cj. Lachmann; om. A   ^c A S; τῶν H   2. ^a cj. Otto; ἂν ἀκοῦσαί σε A
2. 1. ^a cj.; ὡς ἂν A   ^b A H; μόνως S

SCHRIFT AN DIOGNET

1. 1. Ich sehe ja, erlauchter Diognet[1], daß du dich voller Eifer bemühst,[2] die Religion[3] der Christen kennenzulernen, und ganz genau und sorgfältig erfahren willst, auf welchen Gott sie vertrauen und wie sie ihn verehren und daß sie alle die Welt geringschätzen und den Tod verachten und weder die von den Griechen geglaubten Götter gelten lassen noch den Aberglauben[4] der Juden mitmachen, und was für eine innige Liebe das ist, die sie zueinander haben,[5] und warum denn in aller Welt diese neue Art oder Betätigung jetzt erst in das Leben getreten ist und nicht früher.[6] 2. Deshalb gehe ich auf deinen Wunsch ein wegen dieses deines Eifers und erbitte von Gott, der uns sowohl das Reden als auch das Hören gewährt, daß mir so zu sprechen gegeben werde, daß der Hörer am ehesten sittlich gefördert, und dir, so zu hören, daß der Sprecher nicht betrübt wird.[7]

2. 1. Wohlan denn, reinige dich von allen Überlegungen, die bisher dein Denken beherrschen, und lege die dich täuschende Gewohnheit ab[8] und werde gleichsam von Anfang an ein neuer Mensch[9], um gleichsam auch eines neuen Wortes Hörer zu sein, wie du auch selbst zugegeben hast, nimm nicht allein mit den Augen, sondern auch mit dem Verstand wahr, welchen Wesens oder welcher Art die sind, die ihr Götter nennen werdet und tatsächlich dafür haltet. 2.[10] Ist nicht der eine Stein – gleich dem, auf den man tritt?[11] Der andere Kupfer – nicht besser als die zum Gebrauch für uns geschmiedeten Geräte? Der nächste Holz – bereits sogar verfault? Der nächste Silber – bedürftig eines Menschen, der ihn bewacht, damit er nicht gestohlen werde?[12] Der nächste Eisen – vom Rost zerfressen? Der

---

[1] S. o. S. 292; vgl. weiter Hans von Campenhausen, Die Entstehung der christlichen Bibel, BHTh 39, Tübingen 1968, 150f. A. 92.

[2] ὑπερσπουδάζω ist im Urchristentum und bei den Apologeten nicht belegt; vgl. aber Clemens Alexandrinus, div. 10, 2, wo es von Gott heißt: δίδωσιν δὲ βουλομένοις καὶ ὑπερεσπουδακόσιν καὶ δεομένοις.

[3] [A. 3 s. S. 342.]

[4] Zur Bezeichnung der jüdischen Gottesverehrung als δεισιδαιμονία im negativen Sinn vgl. o. S. 294 mit A. 50.

[5] Vgl. Röm 12, 10. φιλοστοργία bezeichnet besonders die familiäre Liebe (vgl. Epictet, dissertationes I 11; Plutarch, moralia 493a–497e: περὶ τῆς εἰς τὰ ἔγγονα φιλοστοργίας).

[6] [A. 6 s. S. 342.]

[7] Vgl. o. 2Klem 15, 2 mit A. 134.

[8] [A. 8 s. S. 342.]

[9] Vgl. Eph 4, 24; Kol 3, 10; Barn 15, 7; 16, 8.

[10] [A. 10 s. S. 342.]

[11] [A. 11 s. S. 342.]

[12] Vgl. 2,7 und EpJer 17; Aristides, apol. 3, 2; Justin, apol. I 9, 5; Tertullian, apol. 29, 2.

Schrift an Diognet

διεφθαρμένος, ὁ δὲ ὄστρακον, οὐδὲν τοῦ κατεσκευασμένου πρὸς τὴν ἀτιμοτάτην ὑπηρεσίαν εὐπρεπέστερον; 3. οὐ φθαρτῆς ὕλης ταῦτα πάντα; οὐχ ὑπὸ σιδήρου καὶ πυρὸς κεχαλκευμένα; οὐχ ὃ μὲν αὐτῶν λιθοξόος, ὃ δὲ χαλκεύς, ὃ δὲ ἀργυροκόπος, ὃ δὲ κεραμεὺς ἔπλασεν; οὐ πρὶν ἢ ταῖς τέχναις τούτων εἰς τὴν μορφὴν τούτων ἐκτυπωθῆναι ἦν [a]ἕκαστον[a] αὐτῶν ἑκάστῳ, ἔτι καὶ νῦν, [b]μεταμεμορφωμένον[b]; οὐ τὰ νῦν ἐκ τῆς αὐτῆς ὕλης ὄντα σκεύη γένοιτ' ἄν, εἰ τύχοι τῶν αὐτῶν τεχνιτῶν, ὅμοια τοιούτοις; 4. οὐ ταῦτα πάλιν τὰ νῦν ὑφ' [a]ὑμῶν[a] προσκυνούμενα δύναιτ' ἂν ὑπὸ ἀνθρώπων σκεύη ὅμοια γενέσθαι τοῖς λοιποῖς; οὐ κωφὰ πάντα, οὐ τυφλά, οὐκ ἄψυχα, οὐκ ἀναίσθητα, οὐκ ἀκίνητα; οὐ πάντα σηπόμενα, οὐ πάντα φθειρόμενα; 5. ταῦτα θεοὺς καλεῖτε, τούτοις δουλεύετε, τούτοις προσκυνεῖτε· τέλεόν [a]τε αὐτοῖς[a] ἐξομοιοῦσθε. 6. διὰ τοῦτο μισεῖτε Χριστιανούς, ὅτι τούτους οὐχ ἡγοῦνται θεούς. 7. ὑμεῖς γὰρ [a]αἰνεῖν[a] νομίζοντες καὶ οἰόμενοι οὐ πολὺ πλέον αὐτῶν καταφρονεῖτε; οὐ πολὺ μᾶλλον αὐτοὺς χλευάζετε καὶ ὑβρίζετε, τοὺς μὲν λιθίνους καὶ ὀστρακίνους σέβοντες [b]ἀφυλάκτους[b], τοὺς δὲ ἀργυρέους καὶ χρυσοῦς ἐγκλείοντες ταῖς νυξὶν καὶ ταῖς ἡμέραις φύλακας παρακαθίσαντες, ἵνα μὴ κλαπῶσιν; 8. [a]αἷς δὲ δοκεῖτε τιμαῖς[a] προσφέρειν, εἰ μὲν αἰσθάνονται, κολάζετε μᾶλλον αὐτούς· εἰ δὲ ἀναισθητοῦσιν, ἐλέγχοντες αἵματι καὶ [b]κνίσαις[b] αὐτοὺς θρησκεύετε. 9. ταῦθ' ὑμῶν τις ὑπομεινάτω, ταῦτα ἀνασχέσθω τις ἑαυτῷ γενέσθαι. ἀλλὰ ἄνθρωπος μὲν οὐδὲ εἷς ταύτης τῆς κολάσεως ἑκὼν ἀνέξεται, αἴσθησιν γὰρ ἔχει καὶ λογισμόν· ὁ δὲ λίθος [a]ἀνέχεται[a], ἀναισθητεῖ γάρ. οὐκοῦν τὴν [b]αἴσθησιν αὐτοῦ[b] ἐλέγχετε.

---

3. [a] cj. Maran; ἕκαστος A   [b] A S; μεμορφωμένων H   4. [a] cj. Estienne; ἡμῶν A
5. [a] H S[mg]; δὲ αὐτοῖς A B (quamquam ab alia manu); τε αυ..οι S   7. [a] cj. Lachmann; οἱ νῦν A   [b] A S; ἀφυλάκτως H B   8. [a] A S; ὡς δὲ δοκεῖτε τιμάς H   [b] A S; κνίσσαις H
9. [a] A H S[mg]; ανε..... S   [b] A H B; αἴσθησιν ..... S; ἀναισθησίαν αὐτῶν S[mg]

nächste Ton – in nichts ausgezeichneter als das zum niedrigsten Dienst hergestellte Gerät?[13] 3. Gehört das nicht alles zur vergänglichen Materie?[14] Ist es nicht aus Eisen und Feuer geschmiedet?[15] Hat nicht das eine davon der Steinmetz gebildet, die anderen der Schmied, der Silberschmied und der Töpfer?[16] War nicht ein jedes von ihnen, bevor es durch deren Handwerkskunst zur Gestalt dieser Götter ausgeprägt worden ist, von jedem Handwerker umgestaltet? Und das ist es auch jetzt noch! Könnten nicht die jetzt aus derselben Materie bestehenden Geräte, wenn sich dieselben Handwerker ihrer annähmen, solchen gleich werden?[17] 4. Könnte nicht wiederum das, was ihr jetzt anbetet, von Menschen zu Geräten gemacht werden, den übrigen gleich? Sind sie nicht alle taub? Nicht blind? Nicht leblos? Nicht gefühllos? Nicht reglos? Nicht alle verweslich? Nicht alle vergänglich?[18] 5. Die nennt ihr Götter! Denen dient ihr! Die betet ihr an! Und schließlich werdet ihr ihnen gleich![19] 6. Deswegen haßt ihr die Christen, weil sie diese nicht für Götter halten! 7. Obwohl ihr nämlich glaubt und meint, sie zu loben, verachtet ihr sie nicht in viel höherem Maße als sie? Verhöhnt und verspottet ihr sie nicht viel mehr, wenn ihr zwar die hölzernen und tönernen unbewacht laßt und so verehrt, die silbernen und goldenen aber nachts einschließt und tagsüber Wächter dabei aufstellt, damit sie nicht gestohlen werden?[20] 8. Mit den Ehrerweisungen jedoch, die ihr darzubringen meint, wenn sie die wirklich empfinden, bestraft ihr sie vielmehr; wenn sie aber nichts spüren, überführt ihr sie dessen, indem ihr sie mit Blut und Fettdämpfen verehrt. 9. Das sollte einer von euch ertragen! Das sollte einer an sich selbst geschehen lassen und es aushalten! Aber auch nicht ein einziger Mensch wird diese Strafe freiwillig ertragen;[21] denn er fühlt und denkt. Der Stein jedoch hält es aus; er spürt nämlich nichts.[22] Ihr beweist demnach seinen Mangel an Empfindung.[23]

[13] Vgl. Weish 15,7 f.; Justin, apol. I 9,2: καὶ ἐξ ἀτίμων πολλάκις σκευῶν διὰ τέχνης τὸ σχῆμα μόνον ἀλλάξαντες καὶ μορφοποιήσαντες θεοὺς ἐπονομάζουσιν. – Zur Aufzählung von Vers 2 an vgl. auch Epictet, dissertationes II 8, 20; Origenes, contra Celsum I 5; VII 62.
[14] Vgl. Athenagoras, suppl. 15, 1–3.
[15] Vgl. Jes 44, 12.
[16] Vgl. Clemens Alexandrinus, protr. IV (53, 4): „Denkt ferner an die Verfertiger der Götterbilder! Veranlassen sie nicht die Verständigen unter euch, daß ihr voll Scham den toten Stoff verachtet?"
[17] Vgl. Aristides, apol. 13,1; Tertullian, apol. 12, 2; 13, 4; Clemens Alexandrinus, protr. IV (51, 6): „Denn tatsächlich ist das Götterbild toter, durch die Hand des Künstlers gestalteter Stoff (ὕλη νεκρὰ τεχνίτου χειρὶ μεμορφωμένη)." Vgl. weiter 56, 5.
[18] Vgl. Justin, apol. I 9, 1 f.; Clemens Alexandrinus, protr. IV (51, 5).
[19] [A. 19 s. S. 342.]
[20] S. o. A. 12; zum Motiv der Verspottung der eigenen Götter vgl. Justin, apol. I 4,9; 9,3.
[21] Hier artikuliert sich der Ekel eines kultivierten Menschen; vgl. Marrou, Diognète 109 f. Auch das ist ein Hinweis auf einen gehobenen Sozialstatus des Verfassers.
[22] Vgl. Minucius Felix, Oct. 24,7; Tertullian, apol. 12, 6; 25, 16; Clemens Alexandrinus, protr. VIII (79, 6): ἀναίσθητος γὰρ ἡ ὕλη.
[23] Zu 2, 7–9 vgl. die ähnliche Argumentation bei Clemens Alexandrinus, protr. IV (50, 5–51, 2).

10. περὶ μὲν οὖν τοῦ μὴ δεδουλῶσθαι Χριστιανοὺς τοιούτοις θεοῖς πολλὰ μὲν καὶ ἄλλα εἰπεῖν ἔχοιμι· εἰ δέ τινι μὴ ᵃδοκοίηᵃ ᵇκἂνᵇ ταῦτα ἱκανά, περισσὸν ἡγοῦμαι καὶ ᶜτὸ πλείωᶜ λέγειν. 3. 1. ἑξῆς δὲ περὶ τοῦ μὴ κατὰ τὰ αὐτὰ Ἰουδαίοις θεοσεβεῖν αὐτοὺς οἶμαί σε μάλιστα ποθεῖν ἀκοῦσαι. 2. Ἰουδαῖοι τοίνυν, εἰ μὲν ἀπέχονται ταύτης τῆς προειρημένης λατρείας, ᵃκαλῶςᵃ θεὸν ἕνα τῶν πάντων σέβειν καὶ δεσπότην ἀξιοῦσιν φρονεῖν· εἰ δὲ τοῖς προειρημένοις ὁμοιοτρόπως τὴν θρησκείαν προσάγουσιν αὐτῷ ταύτην, διαμαρτάνουσιν. 3. ἃ γὰρ τοῖς ἀναισθήτοις καὶ κωφοῖς προσφέροντες οἱ Ἕλληνες ἀφροσύνης δεῖγμα παρέχουσιν, ταῦθ᾽ οὗτοι καθάπερ προσδεομένῳ τῷ θεῷ λογιζόμενοι παρέχειν μωρίαν εἰκὸς μᾶλλον ἡγοῖντ᾽ ἄν, οὐ θεοσέβειαν. ᵃᵃ 4. ὁ γὰρ ποιήσας τὸν οὐρανὸν καὶ τὴν γῆν καὶ πάντα τὰ ἐν αὐτοῖς καὶ πᾶσιν ἡμῖν χορηγῶν, ὧν προσδεόμεθα, οὐδενὸς ἂν αὐτὸς προσδέοιτο τούτων, ὧν τοῖς οἰομένοις διδόναι παρέχει αὐτός. 5. οἱ δέ γε θυσίας αὐτῷ δι᾽ αἵματος καὶ ᵃκνίσηςᵃ καὶ ὁλοκαυτωμάτων ἐπιτελεῖν οἰόμενοι καὶ ταύταις ταῖς τιμαῖς αὐτὸν γεραίρειν οὐδέν μοι δοκοῦσιν διαφέρειν ᵇτῶν εἰςᵇ τὰ κωφὰ τὴν αὐτὴν ᶜἐνδεικνυμένωνᶜ φιλοτιμίαν ᵈτῶν μὲν μὴ δυναμένοιςᵈ τῆς τιμῆς μεταλαμβάνειν, ᵉτῶν δὲ δοκούντωνᵉ παρέχειν τῷ μηδενὸς προσδεομένῳ.

4. 1. ἀλλὰ μὴν τό γε περὶ τὰς βρώσεις αὐτῶν ψοφοδεὲς καὶ τὴν περὶ τὰ σάββατα δεισιδαιμονίαν καὶ τὴν τῆς περιτομῆς ἀλαζονείαν καὶ τὴν τῆς νηστείας ᵃκαὶᵃ νουμηνίας εἰρωνείαν καταγέλαστα καὶ ᵇοὐδενὸςᵇ ἄξια λόγου, ᶜοὓςᶜ νομίζω σε χρῄζειν παρ᾽ ἐμοῦ μαθεῖν. 2. τό τε γὰρ τῶν ὑπὸ τοῦ θεοῦ κτισθέντων εἰς χρῆσιν ἀνθρώπων ἃ μὲν ὡς καλῶς κτισθέντα παραδέχεσθαι, ἃ δὲ ὡς ἄχρηστα καὶ περισσὰ παραιτεῖσθαι, πῶς ᵃοὖνᵃ θέμις ἐστίν; 3. τὸ δὲ καταψεύδεσθαι θεοῦ, ὡς κωλύοντος ἐν τῇ τῶν σαββάτων ἡμέρᾳ καλόν τι ποιεῖν, πῶς οὐκ ἀσεβές; 4. τὸ δὲ καὶ τὴν μείωσιν τῆς σαρκὸς ᵃμαρτύριονᵃ

10. ᵃ A S; δοκείη H   ᵇ A H B; καί S   ᶜ A Sᵐᵍ B; τὰ πλείω H; τὸ . . . . . S
3. 2. ᵃ cj. Hilgenfeld; καὶ εἰς A   3. ᵃ mg: ὅτι ὁ θεὸς ἀπροσδεής ἐστι, καὶ οὐδενὸς ὧν προσφέρομεν αὐτῷ, δέεται· ὡς καὶ αὐτὸς εἴρηκέ που· τίς γὰρ ἐκ τῶν χειρῶν ὑμῶν ἐζήτησε ταῦτα; (secundum H; sed cf. Otto³ 169s. n. 4)   5. ᵃ A S; κνίσης H   ᵇ A Sᵐᵍ B; εἰς H; τῶν . . . S   ᶜ B; ἐνδεικνύμενοι A H; ἐνδεικνυμένοις S   ᵈ cj. Gebhardt; τῶν μὴ δυναμένων A   ᵉ cj. Lachmann; τὸ δὲ δοκεῖν τινά A
4. 1. ᵃ A S; om. H   ᵇ A H Sᵐᵍ; οὐδέν S   ᶜ cj. Estienne; om. A   2. ᵃ cj. Otto; οὐ A   4. ᵃ A Sᵐᵍ; μαρτυρίων H; μαρτύρ. S; μαρτυρίαν B

10. Betreffs dessen also, daß die Christen solchen Göttern nicht unterworfen sind, möchte ich zwar noch manches sagen. Wenn aber einem schon das Bisherige nicht hinreichend erscheinen sollte, halte ich es für überflüssig, noch mehr zu sagen.

3.[24] 1. Sodann aber, meine ich, verlangst du am meisten darüber zu hören, daß sie nicht in derselben Weise wie die Juden Gott verehren. 2. Insofern nun die Juden sich dieses eben genannten Götzendienstes enthalten, bestehen sie zu Recht darauf, als Gott nur einen von allen zu verehren und ihn als Herrn zu denken.[25] Wenn sie ihm aber ebenso wie vorhin gesagt diese kultische Verehrung darbringen, fehlen sie. 3. Worin nämlich die Griechen, dadurch daß sie Empfindungs- und Gehörlosen opfern, ein Beispiel des Unverstandes bieten, das dürften diese – in der Überlegung, daß sie Gott etwas darbringen, als ob er es nötig hätte – folgerichtig eher für Torheit halten, nicht für Gottesverehrung. 4. Denn der den Himmel und die Erde und alles darin geschaffen hat und uns allen das gewährt, dessen wir bedürfen, bedarf doch wohl selbst keines dieser Dinge, die er denen selbst gewährt, die ihn zu beschenken wähnen.[26] 5. Die freilich, die Opfer für ihn zu vollziehen meinen mit Blut, Fettdampf und Brandopfern und ihn mit diesen Ehrerweisungen zu preisen wähnen, unterscheiden sich m. E. in nichts von denen, die dieselbe Ehrerbietung den tauben Götzen bezeigen,[27] wobei die einen meinen, denen Ehre zu erweisen, die unfähig sind, sie anzunehmen, die anderen dem, der nichts nötig hat.

4. 1. Außerdem: Daß ihre Ängstlichkeit betreffs der Speisen, ihr Aberglauben betreffs des Sabbats, ihr Prahlen mit der Beschneidung und ihre Scheinheiligkeit mit Fasten und Neumond lächerlich ist und keiner Rede wert, brauchst du, meine ich, nicht erst von mir zu lernen.[28] 2. Denn von dem, was Gott zum Gebrauch durch die Menschen geschaffen hat, einen Teil zwar als gut geschaffen gelten zu lassen, den anderen aber als unbrauchbar und überflüssig zu verschmähen – wie sollte sich das denn gebühren? 3. Gott zu verleumden, als verhindere er, am Sabbattag etwas Gutes zu tun[29] – wie sollte das nicht gottlos sein? 4. Auch mit der Verstümmelung des Fleisches als Zeugnis für Erwählung zu prahlen, als ob sie

---

[24] Zu den Kap. 3f. vgl. o. S. 294f.
[25] Vgl. Aristides, apol. 14, 2.
[26] [A. 26 s. S. 342f.]
[27] Die in 3, 2 den Juden gegenüber ausgesprochene Anerkennung ist damit wieder vollständig aufgehoben.
[28] Vgl. o. S. 295.
[29] Vgl. Clemens Alexandrinus, strom. I 13, 1; Mk 3, 4 parr.; die Formulierung in Diog 4, 3 ist allerdings wesentlich schärfer, da ausdrücklich die Verhinderung guter Taten unterstellt wird.

ἐκλογῆς ἀλαζονεύεσθαι, ὡς διὰ τοῦτο ἐξαιρέτως ἠγαπημένους ὑπὸ θεοῦ, πῶς οὐ ᵇχλεύης^b ἄξιον; 5. ᵃᵃ τὸ δὲ παρεδρεύοντας αὐτοὺς ἄστροις καὶ σελήνῃ ᵇτὴν^b παρατήρησιν τῶν ᶜμηνῶν^c καὶ τῶν ἡμερῶν ποιεῖσθαι καὶ τὰς οἰκονομίας θεοῦ καὶ τὰς τῶν καιρῶν ἀλλαγὰς ᵈκαταδιαιρεῖν^d πρὸς τὰς αὐτῶν ὁρμάς, ἃς μὲν εἰς ἑορτάς, ἃς δὲ εἰς πένθη, τίς ἂν θεοσεβείας καὶ οὐκ ἀφροσύνης πολὺ πλέον ᵉἡγήσαιτο^e δεῖγμα;

6. τῆς μὲν οὖν κοινῆς εἰκαιότητος καὶ ἀπάτης καὶ τῆς Ἰουδαίων πολυπραγμοσύνης καὶ ἀλαζονείας ᵃὡς^a ὀρθῶς ἀπέχονται Χριστιανοί, ἀρκούντως ᵇσε^b νομίζω μεμαθηκέναι· ᶜᶜ τὸ δὲ τῆς ἰδίας αὐτῶν θεοσεβείας μυστήριον μὴ προσδοκήσῃς δύνασθαι παρὰ ἀνθρώπου μαθεῖν.

5. 1. Χριστιανοὶ γὰρ οὔτε γῇ οὔτε φωνῇ οὔτε ᵃἔθεσιν^a διακεκριμένοι τῶν λοιπῶν εἰσιν ἀνθρώπων. 2. οὔτε γάρ που πόλεις ἰδίας κατοικοῦσιν οὔτε διαλέκτῳ τινὶ παρηλλαγμένῃ χρῶνται οὔτε βίον παράσημον ἀσκοῦσιν. 3. ᵃᵃ οὐ μὴν ἐπινοίᾳ τινὶ καὶ φροντίδι πολυπραγμόνων ἀνθρώπων ᵇμάθημά τι^b τοῦτ' αὐτοῖς ἐστιν ᶜεὑρημένον^c οὐδὲ δόγματος ἀνθρωπίνου προεστᾶσιν ὥσπερ ἔνιοι. 4. κατοικοῦντες δὲ πόλεις ἑλληνίδας τε καὶ βαρβάρους, ᵃὡς^a ἕκαστος ἐκληρώθη, ᵇκαὶ^b τοῖς ἐγχωρίοις ἔθεσιν ἀκολουθοῦντες ἔν τε ἐσθῆτι καὶ διαίτῃ καὶ τῷ λοιπῷ βίῳ θαυμαστὴν καὶ ὁμολογουμένως παράδοξον ἐνδείκνυνται τὴν κατάστασιν τῆς ἑαυτῶν πολιτείας. 5. πατρίδας οἰκοῦσιν ἰδίας, ἀλλ' ὡς πάροικοι· μετέχουσιν πάντων ὡς πολῖται καὶ πανθ' ὑπομένουσιν ὡς ξένοι· πᾶσα ξένη πατρίς ἐστιν αὐτῶν καὶ πᾶσα πατρὶς ξένη. 6. γαμοῦσιν ὡς πάντες, τεκνογονοῦσιν, ἀλλ' οὐ ῥίπτουσιν τὰ γεννώμενα. 7. τράπεζαν κοινὴν παρατίθενται, ᵃἀλλ' οὐ^a ᵇκοίτην^b. 8. ἐν σαρκὶ τυγχάνουσιν, ἀλλ' οὐ κατὰ σάρκα ζῶσιν. 9. ἐπὶ γῆς δια-

---

ᵇ A H S^mg; χλ S   5.   ᵃ mg: ὅτι παρήδρευον Ἑβραῖοι ἄστροις καὶ σελήνῃ καὶ τὰς παρατηρήσεις αὐτῶν ἐφύλαττον   ᵇ A H; om. S   ᶜ A H S^mg B; μ .. S   ᵈ B (duplici manu: [primum enim κατα scriptum erat, post alia manu additum διαιρεῖν]); καταδ .... εῖν A H; καταδ .... S   ᵉ H; ἡγήσεται τό A S   6.   ᵃ cj. Bunsen; om. A H S; ὅτι B   ᵇ A^c H S^c; τε A* S*   ᶜ mg: ἔνθεν περὶ Χριστιανῶν ἄρχεται
5. 1.   ᵃ S; ἔσθεσι A H   3.   ᵃ mg: ὅτι δόγματος ἀνθρωπίνου οἱ Χριστιανοὶ οὐκ ἀντιλαμβάνονται· ἀλλὰ ..... οὐδὲ γάρ, φησὶν ὁ ἀπόστολος Παῦλος, παρὰ ἀνθρώπου παρέλαβον αὐτό (secundum H; sed cf. Otto³ 176 n. 4)   ᵇ B (? cf. Otto³ 176 n. 4); μαθήματι A S; μάθημα H   ᶜ H; εἰρημένον A S   4.   ᵃ A S; ὥσπερ H   ᵇ cj. Otto; ἐν A   7.   ᵃ A H S^mg2 B; ἀλλ ... S; ἀλλά S^mg1   ᵇ cj. Maran; κοινήν A

deshalb besonders von Gott geliebt wären – wie sollte das nicht des Spottes wert sein?[30] 5. Ihre eifrige Beschäftigung mit den Sternen und dem Mond, die Beobachtung bestimmter Monate und Tage[31], die sie von daher vornehmen, und ihre willkürliche Einteilung der Ordnungen Gottes und des Wechsels der Zeiten, teils zu Freudenfesten, teils zu Trauertagen – wer wird das für einen Beweis von Gottesverehrung halten und nicht vielmehr von Unverstand?

6. Daß sich also die Christen von der heidnischen[32] Torheit und Täuschung und von der Geschäftigkeit und Prahlerei der Juden zu Recht fernhalten, darüber, meine ich, bist du zur Genüge unterrichtet. Aber das Geheimnis[33] der ihnen eigentümlichen Religion[34] von einem Menschen erfahren zu können, darfst du nicht erwarten.[35]

5. 1. Denn die Christen unterscheiden sich nicht durch Land, Sprache oder Sitten von den übrigen Menschen. 2. Denn nirgendwo bewohnen sie eigene Städte, noch bedienen sie sich irgendeiner abweichenden Sprache, noch führen sie ein auffallendes Leben. 3. Gewiß ist nicht durch irgendeinen Einfall und Gedanken geschäftiger Menschen diese ihre Art von Wissenschaft von ihnen erfunden, noch vertreten sie eine menschliche Lehrmeinung, wie es manche tun.[36] 4. Obwohl sie griechische und barbarische Städte bewohnen, wie es einen jeden traf, und die landesüblichen Sitten befolgen in Kleidung und Kost sowie im übrigen Lebensvollzug, legen sie doch eine erstaunliche und anerkanntermaßen eigenartige Beschaffenheit ihrer Lebensführung an den Tag.[37] 5.[38] Sie bewohnen das eigene Vaterland, aber wie Beisassen.[39] Sie nehmen an allem teil wie Bürger[40], und alles ertragen sie wie Fremde[41]. Jede Fremde ist ihr Vaterland und jedes Vaterland eine Fremde.[42] 6. Sie heiraten wie alle, zeugen und gebären Kinder; aber sie setzen die Neugeborenen nicht aus.[43] 7. Ihren Tisch bieten sie als gemeinsam an, aber nicht ihr Bett.[44] 8. Im Fleisch befinden sie sich, aber sie leben nicht nach dem Fleisch.[45]

---

[30] [A. 30 s. S. 343.]
[31] Vgl. Gal 4, 10; pseudoklementinische Homilien XIX 22, 2–9.
[32] [A. 32 s. S. 343.]
[33] Zu dem hier erstmals in der Schrift an Diognet auftauchenden Begriff μυστήριον vgl. Eltester, Mysterium, und Brändle, Mysterium.
[34] [A. 34 s. S. 343f.]
[35] Vgl. 7, 1.
[36] [A. 36 s. S. 344.]
[37] [A. 37 s. S. 344.]
[38] [A. 38 s. S. 344.]
[39] [A. 39 s. S. 344.]
[40] [A. 40 s. S. 344f.]
[41] [A. 41 s. S. 345.]
[42] [A. 42 s. S. 345.]
[43] Vgl. A. 9 zur Übersetzung der Didache; weiter Justin, apol. I 27, 1; Tertullian, apol. 9, 6–8.
[44] [A. 44 s. S. 345.]
[45] Vgl. 2Kor 10, 3.

τρίβουσιν, ἀλλ' ἐν οὐρανῷ πολιτεύονται. 10. πείθονται τοῖς ὡρισμένοις νόμοις καὶ τοῖς ἰδίοις βίοις νικῶσιν τοὺς νόμους. 11. ἀγαπῶσιν πάντας καὶ ὑπὸ πάντων διώκονται. 12. ἀγνοοῦνται καὶ κατακρίνονται. θανατοῦνται καὶ ζωοποιοῦνται. 13. πτωχεύουσιν καὶ πλουτίζουσιν πολλούς. πάντων ὑστεροῦνται καὶ ἐν πᾶσιν περισσεύουσιν. 14. ἀτιμοῦνται καὶ ἐν ταῖς ἀτιμίαις δοξάζονται. βλασφημοῦνται καὶ δικαιοῦνται. 15. λοιδοροῦνται καὶ εὐλογοῦσιν. ὑβρίζονται καὶ τιμῶσιν. 16. ἀγαθοποιοῦντες ὡς κακοὶ κολάζονται, κολαζόμενοι χαίρουσιν ὡς ζωοποιούμενοι. 17. ὑπὸ Ἰουδαίων ὡς ἀλλόφυλοι πολεμοῦνται καὶ ὑπὸ Ἑλλήνων διώκονται· καὶ τὴν αἰτίαν τῆς ἔχθρας εἰπεῖν οἱ μισοῦντες οὐκ ἔχουσιν.

6. 1. ἁπλῶς δὲ εἰπεῖν· ὅπερ ἐστὶν ἐν σώματι ψυχή, τοῦτ' εἰσὶν ἐν κόσμῳ Χριστιανοί. 2. ἔσπαρται κατὰ πάντων τῶν τοῦ σώματος μελῶν ἡ ψυχή· καὶ Χριστιανοὶ κατὰ τὰς τοῦ κόσμου πόλεις. 3. οἰκεῖ μὲν ἐν τῷ σώματι ψυχή, οὐκ ἔστιν δὲ ἐκ τοῦ σώματος· καὶ Χριστια-

9. Auf Erden weilen sie, aber im Himmel sind sie Bürger.[46] 10. Sie gehorchen den erlassenen Gesetzen, und mit der ihnen eigenen Lebensweise überbieten sie die Gesetze.[47]
11.[48] Sie lieben alle – und werden doch von allen verfolgt.[49] 12. Man weiß nichts von ihnen[50] – und verurteilt sie doch. Sie werden getötet – und dennoch lebendig gemacht.[51] 13. Sie sind arm – und machen doch viele reich. An allem leiden sie Mangel – und haben dennoch alles im Überfluß.[52] 14. Sie werden beschimpft – und in den Beschimpfungen doch gepriesen.[53] Sie werden verleumdet – und dennoch ins Recht gesetzt. 15. Sie werden geschmäht – und sie segnen.[54] Sie werden beleidigt – und sie zeigen Ehrerbietung. 16. Obwohl sie Gutes tun, werden sie wie Übeltäter bestraft;[55] wenn sie bestraft werden, freuen sie sich, als würden sie mit Leben begabt.[56] 17. Von den Juden werden sie wie Heiden[57] bekämpft und von den Griechen verfolgt;[58] und den Grund ihrer Feindschaft vermögen die Hasser nicht anzugeben.[59]

6. 1. Um es aber kurz zu sagen: Genau das, was im Leib die Seele ist, das sind in der Welt die Christen.[60] 2. Durch alle Glieder des Leibes hin ist die Seele verteilt,[61] und die Christen sind es über die Städte der Welt.[62] 3. Die Seele wohnt zwar im Leib, sie ist aber nicht vom Leib.[63] Auch die Christen wohnen in der Welt, sie sind

---

[46] Vgl. Phil 3, 20. Zum Verhältnis von Diog 5, 9 zu dieser Paulusstelle vgl. Wengst, „Paulinismus" 53 f.
[47] [A. 47 s. S. 345.]
[48] Das Stück 5, 11–17 zeigt enge Berührungen mit 1Kor 4, 10–12; 2Kor 4, 7–12; 6, 4–10 (13, 4; Phil 3, 10 f.). Zum Vergleich der paulinischen Aussagen mit denen der Schrift an Diognet s. Wengst, „Paulinismus" 45–48. – Vgl. auch Epictet, dissertationes II 19, 24; III 5, 9; 12, 10; 22, 54.
[49] Vgl. 1Kor 4, 12; 2Tim 3, 12.
[50] Vgl. 2Kor 6, 9; gemeint ist: sie sind „obskur" (Rudolf Bultmann, Art. ἀγνοέω κτλ., ThWNT 1, Stuttgart 1933, [116–122] 117).
[51] Vgl. 2Kor 6, 9; 1Petr 3, 18.
[52] Vgl. 2Kor 6, 10.
[53] Vgl. 2Kor 6, 8; 1Kor 4, 10.
[54] Vgl. 1Kor 4, 12; 1Petr 2, 23; 3, 9; Lk 6, 28.
[55] Vgl. 1Petr 2, 20; 3, 17.
[56] Vgl. 2Kor 6, 10.
[57] ὡς ἀλλόφυλοι ist „nicht zu verstehen im Sinne von 'als ob sie Andersstämmige wären' (was sie aber in Wahrheit nicht sind), sondern 'wie Andersstämmige', d. h. wie es solchen zu widerfahren pflegt" (Kühnert, Sinndeutung 38 A. 6).
[58] Vgl. Justin, apol. I 31, 5, wo es von den Juden heißt: ἐχθροὺς ἡμᾶς καὶ πολεμίους ἡγοῦνται, worauf Justin in direkter Anrede an die Kaiser fortfährt: ὁμοίως ὑμῖν ἀναιροῦντες καὶ κολάζοντες ἡμᾶς ὁπόταν δύνωνται.
[59] Bei Paulus ist das Leiden notwendig mit der apostolischen Existenz verbunden; hier ist es eine Möglichkeit aufgrund eines Mißverständnisses. Vgl. auch 1Klem 60, 3.
[60] Vgl. zum ganzen Kapitel Marrou, Diognète 137–145.
[61] [A. 61 s. S. 345.]
[62] Vgl. 5, 2. 4 f. 9a. – Plato, Timaeus 34b wird diese Aussage von der Weltseele gemacht.
[63] Hier stehen platonische Gedanken im Hintergrund; vgl. die berühmte Stelle Plato, Phaedrus 245c–250c; weiter Philo, nach dem die Seelen πρὸ σωμάτων γεννήματα sind

νοὶ ἐν κόσμῳ οἰκοῦσιν, οὐκ εἰσὶν δὲ ἐκ τοῦ κόσμου. 4. ἀόρατος ἡ ψυχὴ ἐν ὁρατῷ φρουρεῖται τῷ σώματι· καὶ Χριστιανοὶ γινώσκονται ᵃμὲν ὄντεςᵃ ἐν τῷ κόσμῳ, ἀόρατος δὲ αὐτῶν ἡ θεοσέβεια μένει. 5. μισεῖ τὴν ψυχὴν ἡ σὰρξ καὶ πολεμεῖ μηδὲν ἀδικουμένη, διότι ταῖς ἡδοναῖς κωλύεται χρῆσθαι· μισεῖ καὶ Χριστιανοὺς ὁ κόσμος μηδὲν ἀδικούμενος, ὅτι ταῖς ἡδοναῖς ἀντιτάσσονται. 6. ἡ ψυχὴ τὴν μισοῦσαν ἀγαπᾷ σάρκα καὶ τὰ μέλη· καὶ Χριστιανοὶ τοὺς μισοῦντας ἀγαπῶσιν. 7. ἐγκέκλεισται μὲν ἡ ψυχὴ τῷ σώματι, συνέχει δὲ αὐτὴ τὸ σῶμα· καὶ Χριστιανοὶ κατέχονται μὲν ὡς ἐν φρουρᾷ τῷ κόσμῳ, αὐτοὶ δὲ συνέχουσιν τὸν κόσμον. 8. ἀθάνατος ἡ ψυχὴ ἐν θνητῷ σκηνώματι κατοικεῖ· καὶ Χριστιανοὶ παροικοῦσιν ἐν φθαρτοῖς, τὴν ἐν οὐρανοῖς ἀφθαρσίαν προσδεχόμενοι. 9. κακουργουμένη σιτίοις καὶ ποτοῖς ἡ ψυχὴ βελτιοῦται· καὶ Χριστιανοὶ κολαζόμενοι καθ' ᵃἡμέρανᵃ πλεονάζουσιν μᾶλλον. 10. εἰς τοσαύτην αὐτοὺς τάξιν ἔθετο ὁ θεός, ἣν οὐ θεμιτὸν αὐτοῖς παραιτήσασθαι.

7. 1. οὐ γὰρ ἐπίγειον, ὡς ἔφην, εὕρημα τοῦτ' αὐτοῖς παρεδόθη

6. 4. ᵃ cj. Estienne; μένοντες A   9. ᵃ A S; ἡμέρας H

aber nicht von der Welt.[64] 4. Unsichtbar wird die Seele im sichtbaren Leib festgehalten;[65] auch bei den Christen erkennt man zwar, daß sie in der Welt sind, unsichtbar aber bleibt ihre Religion.[66] 5. Das Fleisch haßt die Seele und streitet wider sie, obwohl es kein Unrecht von ihr leidet – nur deshalb, weil sie es davon abhalten will, sich den Genüssen hinzugeben.[67] Es haßt auch die Welt die Christen, obwohl sie kein Unrecht von ihnen leidet, weil sie den Genüssen entgegentreten.[68] 6. Die Seele liebt das Fleisch, von dem sie gehaßt wird, und die Glieder.[69] Auch die Christen lieben ihre Hasser.[70] 7. Die Seele ist zwar im Leib eingeschlossen, sie aber hält den Leib zusammen.[71] Auch die Christen werden zwar in der Welt wie in einem Gefängnis festgehalten, sie aber halten die Welt zusammen.[72] 8. Unsterblich wohnt die Seele in einer sterblichen Behausung.[73] Auch die Christen wohnen als Beisassen[74] in vergänglichen Behausungen, während sie die Unvergänglichkeit im Himmel erwarten.[75] 9. Schlecht behandelt mit Speise und Trank, wird die Seele besser.[76] Auch die Christen werden dadurch, daß sie gestraft werden, täglich mehr an Zahl.[77] 10. Auf einen so wichtigen Posten hat Gott sie gestellt, dem sich zu entziehen ihnen nicht erlaubt ist.[78]

7. 1. Denn, wie ich gesagt habe, nicht eine irdische Erfindung ist das, was

(Migr 200) und Gott φαίνεται τῷ τὰ θνητὰ ὑπεκδύντι καὶ εἰς ἀσώματον τοῦδε τοῦ σώματος ψυχὴν ἀναδραμόντι (Det 159).

[64] Vgl. 5, 9; Joh 15, 19; 17, 11. 14. 16.
[65] Zur an den Leib gebundenen Seele (s. auch Vers 7) vgl. Plato, Phaedo 82e. 83c–d; Origenes, contra Celsum VIII 53, sowie die Philostellen bei Schweizer, a. a. O. (s. A. 61) 1050f., zum sichtbaren Leib und der unsichtbaren Seele Plato, Phaedo 79a–b; Philo, Som. I 73. 135; Virt. 172.
[66] Vgl. o. S. 301.
[67] [A. 67 s. S. 345f.]
[68] Vgl. Joh 15, 18f.; 17, 14; 1Joh 3, 13, wo allerdings die Begründung für den Haß der Welt eine völlig andere ist; vgl. weiter Minucius Felix, Oct. 12, 5–7; Tertullian, apol. 38, 4f.
[69] Diese Aussage dürfte vom Verfasser von der Sachhälfte des Vergleichs her (Vers 6b) gebildet worden sein. Nach Geffcken darf im Blick auf Kap. 6 „nicht verkannt werden, daß der Briefsteller denn doch seinem sophistischen Triebe, der von ihm gezogenen Parallele weiteste Ausdehnung zu verleihen, über das Maß hinaus nachgegeben hat" (Brief 20).
[70] Vgl. 5, 11. 15f. sowie 2Klem 13, 4.
[71] [A. 71 s. S. 346.]
[72] [A. 72 s. S. 346.]
[73] Zur Unsterblichkeit der Seele vgl. Plato, Phaedo 105e. 106c.e–107a; Phaedrus 245c bis 246a; zum Leib als σκήνωμα Hans Windisch, Der zweite Korintherbrief, KEK 6, Göttingen ⁹1924, 158.
[74] Vgl. 5, 5 und u. A. 39.
[75] [A. 75 s. S. 346.]
[76] [A. 76 s. S. 346.]
[77] Vgl. 7, 8 und die berühmt gewordene Aussage Tertullians: semen est sanguis Christianorum (apol. 50, 13).
[78] Zu den Möglichkeiten des Verständnisses von 6, 10 vgl. Brändle, Ethik 176–179. Deutlich dürfte jedenfalls sein, daß dieser Vers mit der Aussage von 6, 7 zusammengehört. Vgl. auch Epictet, dissertationes I 9, 16f.; 16, 20f.; III 1, 19; 24, 99.

Schrift an Diognet

οὐδὲ θνητὴν ἐπίνοιαν φυλάσσειν οὕτως ἀξιοῦσιν ἐπιμελῶς οὐδὲ ἀνθρωπίνων οἰκονομίαν μυστηρίων πεπίστευνται.

2. ἀλλ' ᵃαὐτὸςᵃ ἀληθῶς ὁ παντοκράτωρ καὶ παντοκτίστης καὶ ἀόρατος θεός, αὐτὸς ἀπ' οὐρανῶν τὴν ἀλήθειαν καὶ τὸν λόγον τὸν ᵇἅγιονᵇ καὶ ἀπερινόητον ἀνθρώποις ᶜἐνίδρυσενᶜ καὶ ἐγκατεστήριξεν ταῖς καρδίαις αὐτῶν· οὐ, καθάπερ ἄν τις εἰκάσειεν, ἀνθρώποις ὑπηρέτην τινὰ πέμψας ἢ ἄγγελον ἢ ἄρχοντα ἤ τινα τῶν διεπόντων τὰ ἐπίγεια ἤ τινα τῶν πεπιστευμένων τὰς ἐν οὐρανοῖς διοικήσεις, ἀλλ' αὐτὸν τὸν τεχνίτην καὶ δημιουργὸν τῶν ὅλων,

ᾧ τοὺς οὐρανοὺς ἔκτισεν,

ᾧ τὴν θάλασσαν ἰδίοις ὅροις ἐνέκλεισεν,

οὗ τὰ μυστήρια πιστῶς πάντα φυλάσσει τὰ στοιχεῖα,

παρ' οὗ τὰ μέτρα τῶν τῆς ἡμέρας δρόμων ᵈἥλιοςᵈ εἴληφεν φυλάσσειν,

ᾧ πειθαρχεῖ σελήνη νυκτὶ φαίνειν κελεύοντι,

ᾧ πειθαρχεῖ τὰ ἄστρα τῷ τῆς σελήνης ἀκολουθοῦντα δρόμῳ,

ᾧ πάντα διατέτακται καὶ διώρισται καὶ ὑποτέτακται,

    οὐρανοὶ καὶ τὰ ἐν οὐρανοῖς,

    γῆ καὶ τὰ ἐν τῇ γῇ,

    θάλασσα καὶ τὰ ἐν τῇ θαλάσσῃ,

    πῦρ, ἀήρ, ἄβυσσος,

    τὰ ἐν ὕψεσιν,

    τὰ ἐν βάθεσιν,

    τὰ ἐν τῷ μεταξύ·

τοῦτον πρὸς αὐτοὺς ἀπέστειλεν.

3. ἆρά γε, ὡς ἀνθρώπων ἄν τις λογίσαιτο, ἐπὶ τυραννίδι καὶ φόβῳ καὶ καταπλήξει; 4. οὐ μὲν οὖν· ἀλλ' ἐν ἐπιεικείᾳ ᵃκαὶᵃ πραΰτητι ὡς ᵇβασιλεὺςᵇ πέμπων υἱὸν βασιλέα ἔπεμψεν, ὡς θεὸν ἔπεμψεν ᶜᶜ πρὸς

---

7. 2. ᵃ A S; αὐτοῖς H   ᵇ A H Sᵐᵍ; ἅ . . . . S   ᶜ A H B; ἐνίδρυτο S   ᵈ cj. Bunsen; om. A   4. ᵃ cj. Estienne; om. A   ᵇ A H Sᵐᵍ; βασι . . . . S   ᶜ cj.; ὡς A

ihnen überliefert worden ist, noch bestehen sie darauf, einen sterblichen Einfall so sorgfältig zu bewahren, noch sind sie mit der Verwaltung menschlicher Geheimnisse betraut.[79]
2. Vielmehr: wahrhaftig der allmächtige, allschaffende[80] und unsichtbare[81] Gott selbst, er hat vom Himmel her die Wahrheit und das heilige und den Menschen unbegreifliche Wort in ihre Herzen eingepflanzt und darin befestigt.[82] Das tat er nicht, wie einer vermuten könnte, indem er den Menschen irgendeinen Diener schickte, einen Engel, einen Geisterfürsten, einen von denen, die den irdischen Aufgaben nachkommen, oder einen von denen, die mit den Verwaltungsaufgaben im Himmel betraut sind;[83] sondern:
ihn selbst, den Baumeister und Urheber des Alls,[84]
durch den er den Himmel geschaffen,
durch den er das Meer in seinen Grenzen eingeschlossen hat[85],
dessen Geheimnisse alle Elemente zuverlässig bewahren,
von dem die Sonne die Maße erhalten hat, ihren täglichen Lauf einzuhalten,
dessen Befehl der Mond gehorcht, nachts zu scheinen,
dem die Sterne gehorchen, wenn sie dem Lauf des Mondes folgen,[86]
dem alles zugeordnet, bestimmt und unterworfen ist[87]:
der Himmel und was im Himmel ist,
die Erde und was auf der Erde ist,
das Meer und was im Meer ist,
Feuer, Luft,[88] Unterwelt,
was in der Höhe,
was in der Tiefe,
was im Zwischenraum ist –
den hat er zu ihnen gesandt.[89]
3. Etwa, wie der Menschen einer denken könnte, um eine Schreckensherrschaft aufzurichten, um Angst und Entsetzen zu verbreiten? 4. Nein, sondern in Milde und Sanftmut[90] wie ein König, wenn er einen Sohn schickt, hat er einen König

---

[79] Vgl. 5, 3 und u. A. 36.
[80] Bei παντοκτίστης, das sonst nicht begegnet, handelt es sich wohl um eine Analogiebildung des Verfassers im Blick auf das vorangehende παντοκράτωρ; vgl. Marrou, Diognète 66 f. A. 10.
[81] Vgl. 2Klem 20, 5 mit A. 200.
[82] [A. 82 s. S. 346.]
[83] Vgl. Athenagoras, suppl. 24, 3.
[84] [A. 84 s. S. 346 f.]
[85] Vgl. 1Klem 33, 3.
[86] Vgl. 1Klem 20, 2 f.; Aristides, apol. 4, 2.
[87] Vgl. Phil 2, 10; Pol2Phil 2, 1.
[88] Feuer und Luft sind hier als Elemente im Blick; vgl. 8, 2.
[89] [A. 89 s. S. 347.]
[90] [A. 90 s. S. 347.]

ἀνθρώπους, ἔπεμψεν ὡς σώζων, ἔπεμψεν ὡς πείθων, οὐ βιαζόμενος· βία γὰρ οὐ πρόσεστιν τῷ θεῷ. 5. ἔπεμψεν ὡς καλῶν, οὐ διώκων· ἔπεμψεν ὡς ἀγαπῶν, οὐ κρίνων. 6. πέμψει γὰρ αὐτὸν κρίνοντα· καὶ τίς αὐτοῦ τὴν παρουσίαν ὑποστήσεται; ᵃᵃ . . .
7. ᵃοὐχ ὁρᾷςᵃ παραβαλλομένους θηρίοις, ἵνα ἀρνήσονται τὸν κύριον, καὶ μὴ νικωμένους; 8. οὐχ ὁρᾷς, ὅσῳ πλείονες ᵃκολάζονταιᵃ, τοσούτῳ πλεονάζοντας ἄλλους; 9. ταῦτα ἀνθρώπου οὐ δοκεῖ τὰ ἔργα, ταῦτα δύναμίς ἐστιν θεοῦ, ταῦτα τῆς παρουσίας αὐτοῦ ᵃδείγματαᵃ.

8. 1. τίς γὰρ ὅλως ἀνθρώπων ἠπίστατο, τί ποτ' ἐστὶν θεός, πρὶν αὐτὸν ἐλθεῖν;
2. ἢ τοὺς κενοὺς καὶ ληρώδεις ἐκείνων λόγους ἀποδέχῃ τῶν ἀξιοπίστων φιλοσόφων, ὧν οἱ ᵃμὲν πῦρᵃ ἔφασαν εἶναι τὸν θεόν· οὗ μέλλουσιν χωρήσειν αὐτοί, τοῦτο καλοῦσιν θεόν· οἱ δὲ ὕδωρ, οἱ δὲ ἄλλο τι τῶν στοιχείων τῶν ἐκτισμένων ὑπὸ θεοῦ; 3. καίτοι γε, εἴ τις τούτων τῶν λόγων ἀπόδεκτός ἐστιν, δύναιτ' ἂν καὶ τῶν λοιπῶν κτισμάτων ἓν ἕκαστον ὁμοίως ἀποφαίνεσθαι θεόν. 4. ἀλλὰ ταῦτα μὲν τερατεία καὶ πλάνη τῶν γοήτων ἐστίν.

6. ᵃ mg: οὕτως καὶ (om. Sᵐᵍ) ἐν τῷ ἀντιγράφῳ εὗρον ἐγκοπὴν παλαιοτάτου ὄντος (H habet lacunam duorum versuum)   7. ᵃ cj. Estienne; om. A   8. ᵃ A H; κολάζοντες S   9. ᵃ cj. Estienne; δόγματα A
8. 2. ᵃ A (cf. Reuß apud Otto³ 190 n. 4) H B; μέν . . . . . πῦρ S; (μ.) τινες (π.) Sᵐᵍ

geschickt; wie einen Gott hat er ihn zu den Menschen geschickt;[91] er hat ihn geschickt als einer, der rettet; er hat ihn geschickt als einer, der überzeugt, nicht Gewalt ausübt.[92] Denn Gewalt ist nicht Gottes Art.[93] 5. Er hat ihn geschickt als einer, der beruft, nicht verfolgt.[94] Er hat ihn geschickt als einer, der liebt, nicht richtet.[95] 6. Er wird ihn nämlich in der Zukunft als Richter schicken; und wer wird seine Ankunft bestehen?[96] ...

7.[97] Siehst du nicht, daß sie den Bestien vorgeworfen werden, damit sie den Herrn verleugnen, und daß sie sich doch nicht überwinden lassen? 8. Siehst du nicht, daß je mehr gestraft werden, desto mehr ihre Zahl durch andere wächst?[98] 9. Das hat nicht den Anschein von Menschenwerk; das ist Gottes Krafterweis, das sind Zeichen seiner Gegenwart.

8. 1. Wer von den Menschen verstand sich denn überhaupt darauf, was eigentlich Gott ist, bevor er gekommen war?[99]

2. Oder billigst du etwa die leeren und läppischen Redensarten jener ach so glaubwürdigen Philosophen?[100] Von denen haben die einen behauptet, Gott sei Feuer[101] – wohin sie selbst gelangen werden,[102] das nennen sie Gott! –, andere: Wasser[103], wieder andere: sonst irgendeins der von Gott geschaffenen Elemente. 3. Wenn freilich eine dieser Aussagen zu billigen ist, könnte in gleicher Weise auch jedes einzelne der übrigen geschaffenen Dinge Gott offenbaren.[104] 4. Aber das ist Blendwerk und Irrwahn von Schwindlern [105].

---

[91] [A. 91 s. S. 347.]

[92] Vgl. Irenäus, haer. V 1, 1. Kelsos wirft Jesus vor: ἀπειλεῖ καὶ λοιδορεῖ κούφως, und meint dazu: ἐν γὰρ τούτοις ἄντικρυς ὁμολογεῖ, ὅτι πεῖσαι ἀδυνατεῖ, ὅπερ οὐκ ἂν θεός, ἀλλ' οὐδ' ἄνθρωπος φρόνιμος πάθοι (Origenes, contra Celsum II 76).

[93] Vgl. Irenäus, haer. IV 37, 1: βία θεῷ οὐ πρόσεστιν, ἀγαθὴ δὲ γνώμη πάντοτε συμπάρεστιν αὐτῷ, Clemens Alexandrinus, div. 10, 2: οὐ γὰρ ἀναγκάζει ὁ θεός, βία γὰρ ἐχθρὸν θεῷ. An beiden Stellen geht es im Kontext um die menschliche Willensfreiheit.

[94] Vgl. Mk 2, 17parr.

[95] Vgl. Joh 3, 16f.

[96] παρουσία hat hier futurisch-eschatologische Bedeutung, bezogen auf den Sohn; in 7, 9 ist die παρουσία Gottes gemeint, hier liegt die Bedeutung „Gegenwart" näher. Dieser Unterschied verlangt aber nicht die Annahme, daß zwischen 7, 6 und 7, 7 umfangreicher Text ausgefallen sein muß; zur „Lücke" an dieser Stelle vgl. o. S. 288f.

[97] Zu 7,7–9 vgl. Minucius Felix, Oct. 37, 4–6.

[98] Vgl. 6, 9 und o. A. 77.

[99] Von dieser Stelle abgesehen, gilt: "No single statement or sentence in the Epistle shows a confusion or assimilation of Father and Son" (Lienhard, Christology 284).

[100] Vgl. Tatian, or. 2,1: τί γὰρ σεμνὸν φιλοσοφοῦντες ἐξηνέγκατε; τίς δὲ τῶν πάνυ σπουδαίων ἀλαζονείας ἔξω καθέστηκεν;

[101] Heraklit und die Stoa; vgl. die Hinweise bei Friedrich Lang, Art. πῦρ κτλ., ThWNT 6, Stuttgart 1959, (927–953) 929f.

[102] Vgl. 10, 8.

[103] Thales; vgl. die Texte bei Hermann Diels, Die Fragmente der Vorsokratiker I, 11. Auflage hrsg. von Walter Kranz, Zürich und Berlin 1964, 76–79.

[104] Zu 8, 2 vgl. Clemens Alexandrinus, protr. V (64, 1–65, 4).

[105] Vgl. 2Tim 3, 13.

5. ἀνθρώπων δὲ οὐδεὶς οὔτε ᵃεἶδενᵃ οὔτε ἐγνώρισεν, αὐτὸς δὲ ἑαυτὸν ἐπέδειξεν. 6. ἐπέδειξεν δὲ διὰ πίστεως, ᾗ μόνῃ θεὸν ἰδεῖν συγκεχώρηται. 7. ὁ γὰρ δεσπότης καὶ δημιουργὸς τῶν ὅλων θεός, ὁ ποιήσας τὰ πάντα καὶ κατὰ τάξιν διακρίνας, οὐ μόνον φιλάνθρωπος ἐγένετο, ἀλλὰ καὶ μακρόθυμος. 8. ἀλλ' οὗτος ἦν μὲν ἀεὶ τοιοῦτος καὶ ἔστιν καὶ ἔσται, χρηστὸς καὶ ἀγαθὸς καὶ ἀόργητος καὶ ἀληθής, καὶ μόνος ἀγαθός ἐστιν. 9. ἐννοήσας δὲ μεγάλην καὶ ἄφραστον ἔννοιαν ᵃἀνεκοινώσατοᵃ μόνῳ τῷ παιδί. ᵇᵇ 10. ἐν ὅσῳ μὲν οὖν κατεῖχεν ἐν μυστηρίῳ καὶ διετήρει τὴν σοφὴν αὐτοῦ βουλήν, ἀμελεῖν ἡμῶν καὶ ἀφροντιστεῖν ἐδόκει. 11. ἐπεὶ δὲ ἀπεκάλυψεν διὰ τοῦ ἀγαπητοῦ παιδὸς καὶ ἐφανέρωσεν τὰ ἐξ ἀρχῆς ἡτοιμασμένα, πάνθ' ἅμα παρέσχεν ἡμῖν, καὶ μετασχεῖν τῶν εὐεργεσιῶν αὐτοῦ καὶ ἰδεῖν ᵃκαὶ ποιῆσαιᵃ. τίς ἂν πώποτε ᵇπροσεδόκησενᵇ ἡμῶν;

9. 1. πάντα οὖν ᵃἤδηᵃ παρ' ἑαυτῷ σὺν τῷ παιδὶ ᵇοἰκονομηκὼςᵇ μέχρι μὲν ᶜᶜ τοῦ πρόσθεν χρόνου εἴασεν ἡμᾶς, ὡς ἐβουλόμεθα, ἀτάκ-

---

5. ᵃ cj. Estienne; εἶπεν A   9. ᵃ cj. Bunsen; ἦν ἐκοινώσατο A   ᵇ mg: ὅτι ἐκρύπτετο τοσούτους χρόνους τὸ μυστήριον τῆς ἁγίας τριάδος μέχρι τοῦ βαπτίσματος τοῦ ἐν Ἰορδάνῳ   11. ᵃ A H Sᵐᵍ B; .... ἦσαι .... S   ᵇ A S; προσεδόκα H B
9. 1. ᵃ cj. Lachmann; ᾔδει A   ᵇ cj. Lachmann; οἰκονομικῶς A   ᶜ cj. Lachmann; οὖν A

5. Von den Menschen hat jedenfalls keiner Gott gesehen [106] noch erkannt [107]; sondern er hat sich selbst erwiesen. 6. Er hat sich erwiesen durch den Glauben, dem allein Gott erlaubt hat, ihn zu sehen. [108]
7. Denn der Herrscher und Urheber des Alls, [109] der alles erschaffen und durch Unterscheidung in die richtige Ordnung gebracht hat, ist nicht allein menschenfreundlich [110] gewesen, sondern auch langmütig. 8. [111] Aber der war zwar stets von dieser Art und ist es und wird es sein, [112] gütig [113], gut [114], ohne Zorn [115], wahr [116], und er allein ist gut. [117]
9. Als er aber einen erhabenen und unsagbaren Gedanken gefaßt hatte, teilte er ihn allein seinem Sohn mit. 10. Während er nun seinen weisen Ratschluß geheimnisvoll zurückhielt und verwahrte, schien er uns zu vernachlässigen und sich nicht um uns zu kümmern. [118] 11. Nachdem er aber das, was er von Anfang an bereitet, durch seinen geliebten Sohn enthüllt und offenbart hatte, da hat er uns alles auf einmal gewährt: seiner Wohltaten teilhaftig zu werden, sie zu erkennen und entsprechend zu handeln. [119] Wer von uns hätte das jemals erwartet?

9. 1. Obwohl er also den ganzen Heilsplan schon bei sich selbst mit seinem Sohn festgelegt hatte, [120] ließ er uns zwar bis zum Ablauf der früheren Zeit, wie wir

---

[106] Vgl. Joh 1,18; 5, 37; 6, 46; 1Joh 4,12.
[107] Vgl. Mt 11, 27.
[108] Vgl. Clemens Alexandrinus, protr. I (10, 3): „Geistig sind die Tore des Logos und werden mit dem Schlüssel des Glaubens geöffnet ... was zuvor zu erkennen nicht möglich war außer denen, die durch Christus eintreten, durch den allein Gott geschaut wird."
[109] Vgl. u. A. 84.
[110] [A. 110 s. S. 347.]
[111] Zur folgenden Reihe vgl. Plato, Phaedo 80a–b; Origenes, contra Celsum IV 14; Athenagoras, suppl. 10,1; 22, 2. 5.
[112] Vgl. Plato, Phaedo 78d; res publica 381b.c; Aristides, apol. 4, 1: ὅς ἐστιν ἄφθαρτός τε καὶ ἀναλλοίωτος καὶ ἀόρατος. Clemens Alexandrinus, protr. VI (69, 3): ὁ μόνος ὄντως θεός, ἴσος ἀεὶ κατὰ τὰ αὐτὰ καὶ ὡσαύτως ἔχων.
[113] Vgl. Lk 6, 35; Röm 2, 4; 1Petr 2, 3 (Zitat ψ 33, 9); Philo, Det. 46; Mut. 253; Abr. 36 steht χρηστός neben φιλάνθρωπος, der dort vorausgehende Kontext erinnert an das Diog 8, 8 folgende ἀόργητος: ἄλυπος δὲ καὶ ἄφοβος καὶ παντὸς πάθους ἀμέτοχος ἡ τοῦ θεοῦ φύσις.
[114] Vgl. Philo, All. I 14; Det. 93 (neben ἵλεως); Fug. 66; Mut. 46; Plant. 91 (an den letzten drei Stellen neben φιλόδωρος); 1Klem 56, 16; 60, 1; Athenagoras, suppl. 26, 2: ὁ δὲ θεὸς τελείως ἀγαθὸς ὢν ἀϊδίως ἀγαθοποιός ἐστιν.
[115] [A. 115 s. S. 347.]
[116] [A. 116 s. S. 347.]
[117] Mk 10, 18parr.; vgl. Clemens Alexandrinus, div. 1, 2: ὁ μόνος τέλειος καὶ ἀγαθὸς θεός.
[118] [A. 118 s. S. 347f.]
[119] [A. 119 s. S. 348.]
[120] Eine ähnliche Ausdrucksweise begegnet in Melitos Passa-Homilie, wo sich die vorausgehende Anordnung allerdings auf das Alte Testament bezieht: πρότερον δὲ κύριος προῳκονόμησεν τὰ ἑαυτοῦ πάθη... τὸ γὰρ μέλλον καινῶς καὶ μεγάλως ἔσεσθαι, τοῦτο ἐκ μακροῦ προοικονομεῖται (57).

τοις φοραῖς φέρεσθαι ἡδοναῖς καὶ ἐπιθυμίαις ᵈἀπαγομένουςᵈ, οὐ πάντως ἐφηδόμενος τοῖς ἁμαρτήμασιν ἡμῶν, ἀλλ' ἀνεχόμενος, οὐδὲ τῷ τότε τῆς ἀδικίας καιρῷ συνευδοκῶν, ἀλλὰ τὸν ᵉνῦνᵉ τῆς δικαιοσύνης δημιουργῶν, ἵνα ἐν τῷ τότε χρόνῳ ἐλεγχθέντες ἐκ τῶν ἰδίων ἔργων ἀνάξιοι ζωῆς νῦν ὑπὸ τῆς τοῦ θεοῦ χρηστότητος ἀξιωθῶμεν καὶ τὸ καθ' ἑαυτοὺς ᶠφανερώσαντεςᶠ ἀδύνατον εἰσελθεῖν εἰς τὴν βασιλείαν τοῦ θεοῦ τῇ δυνάμει τοῦ θεοῦ δυνατοὶ γενηθῶμεν.

2. ἐπεὶ δὲ πεπλήρωτο μὲν ἡ ἡμετέρα ἀδικία καὶ τελείως πεφανέρωτο, ὅτι ὁ μισθὸς ᵃαὐτῆςᵃ κόλασις καὶ θάνατος προσεδοκᾶτο, ἦλθεν δὲ ὁ καιρός, ὃν ᵇᵇ θεὸς προέθετο λοιπὸν ᶜφανερῶσαιᶜ τὴν ἑαυτοῦ χρηστότητα καὶ δύναμιν· ᵈὦ τῆςᵈ ὑπερβαλλούσης φιλανθρωπίας ᵉκαὶ ἀγάπηςᵉ ᶠτοῦ θεοῦᶠ· οὐκ ἐμίσησεν ἡμᾶς οὐδὲ ἀπώσατο οὐδὲ ἐμνησικάκησεν, ἀλλὰ ἐμακροθύμησεν, ἠνέσχετο ᵍἐλεῶνᵍ.

αὐτὸς τὰς ἡμετέρας ἁμαρτίας ἀνεδέξατο,
αὐτὸς τὸν ἴδιον υἱὸν ἀπέδοτο λύτρον ὑπὲρ ἡμῶν,
  τὸν ἅγιον ὑπὲρ ἀνόμων,
  τὸν ἄκακον ὑπὲρ τῶν κακῶν,
  τὸν δίκαιον ὑπὲρ τῶν ἀδίκων,
  τὸν ἄφθαρτον ὑπὲρ τῶν φθαρτῶν,
  τὸν ἀθάνατον ὑπὲρ τῶν θνητῶν.

3. τί γὰρ ἄλλο τὰς ἁμαρτίας ἡμῶν ἠδυνήθη καλύψαι ἢ ἐκείνου δικαιοσύνη;

---

[d] A; ἀταγομένους H; ἀγομένους S; ἀταλλομένους B   [e] cj. Hefele; νοῦν A   [f] A; φανερώσαντας H S   2. [a] A H B; ..... τῆς .. S; τῆς ἁμαρτίας S^mg   [b] A S; ὁ H [c] A S^mg; φανερῶς H; φανερῶς .. S   [d] cj. Maran; ὡς τῆς A S^mg B; om. (lacuna) H; ὡς ... S   [e] cj. Estienne; μία ἀγάπη A S B; μιᾷ ἀγάπη H   [f] A B; om. (lacuna) H S [g] cj. Lachmann; λέγων A

es wollten, ohne jede Ordnung dahintreiben,[121] verführt durch Genüsse und Begierden.[122] Dabei freute er sich durchaus nicht über unsere Sünden, sondern ertrug sie,[123] noch war er mit der damaligen Zeit der Ungerechtigkeit[124] einverstanden, sondern er führte die jetzige Zeit der Gerechtigkeit herauf,[125] damit wir, nachdem wir in der damaligen Zeit auf Grund der eigenen Werke als des Lebens unwürdig überführt worden waren, jetzt von der Güte Gottes seiner würdig gemacht würden,[126] und damit wir, nachdem wir die eigene Unfähigkeit, in das Gottesreich hineinzukommen, gezeigt haben, durch die Macht Gottes dazu fähig würden.

2. Als aber das Maß unserer Ungerechtigkeit gefüllt und es völlig offenbar war, daß der Lohn für sie, nämlich Strafe und Tod, zu erwarten war, und der Zeitpunkt kam,[127] den Gott sich vorgesetzt hatte, hinfort seine Güte und Macht zu offenbaren[128] – o welch überschwengliche Menschenfreundlichkeit und Liebe Gottes![129] –, da hat er uns nicht gehaßt noch verworfen noch Böses nachgetragen, sondern er hat sich als langmütig erwiesen, er hat uns ertragen[130] aus Erbarmen;

> er selbst hat unsere Sünden auf sich genommen,[131]
> er selbst hat den eigenen Sohn von sich aus als Lösegeld für uns hergegeben,[132]
>> den Heiligen für Frevler[133],
>> den Unschuldigen für die Schuldigen,
>> den Gerechten für die Ungerechten[134],
>> den Unvergänglichen für die Vergänglichen,
>> den Unsterblichen für die Sterblichen.

3. Denn was sonst vermochte unsere Sünden zu bedecken als jenes Gerechtigkeit?[135]

[121] Vgl. Röm 1, 24–28.
[122] Vgl. Tit 3, 3. – Zur Identifizierung der Sünde mit Begierden und Genüssen vgl. Melito, Passa-Homilie 50; s. auch Plato, leges IX (863e).
[123] Vgl. Röm 2, 4; 3, 25 f.
[124] Vgl. Barn 4, 9; 15, 5; 18, 2.
[125] Röm 3, 26: πρὸς τὴν ἔνδειξιν τῆς δικαιοσύνης αὐτοῦ ἐν τῷ νῦν καιρῷ.
[126] Vgl. 2Thess 1, 11.
[127] Vgl. Gal 4, 4.
[128] Vgl. Tit 3, 4.
[129] [A. 129 s. S. 348.]
[130] Vgl. 9, 1.
[131] Zu 8, 10–9, 2 vgl. Clemens Alexandrinus, protr. I (7, 4): „Er hatte aber nicht erst jetzt wegen unseres Irrweges Mitleid mit uns, sondern gleich von Anfang an; jetzt aber hat er uns, die wir bereits in Gefahr waren, verloren zu gehen, durch seine Erscheinung gerettet."
[132] Vgl. Röm 8, 32; 1Tim 2, 6; Mk 10, 45par.
[133] Vgl. Röm 5, 6.
[134] Vgl. 1Petr 3, 18.
[135] Vgl. 2Klem 16, 4 mit A. 145. Falls der Verfasser hier den in christlicher Überlieferung umlaufenden Satz aufnimmt, daß Liebe die Menge der Sünden zudeckt, hat er ihn im Sinne von Vers 5, der an Röm 5, 19 anknüpft, christologisch korrigiert.

4. ἐν τίνι δικαιωθῆναι δυνατὸν τοὺς ἀνόμους ἡμᾶς καὶ ἀσεβεῖς ἢ ἐν μόνῳ τῷ υἱῷ τοῦ θεοῦ; 5. ὢ τῆς γλυκείας ἀνταλλαγῆς, ὢ τῆς ἀνεξιχνιάστου δημιουργίας, ὢ τῶν ἀπροσδοκήτων εὐεργεσιῶν· ἵνα ἀνομία μὲν πολλῶν ἐν δικαίῳ ἑνὶ κρυβῇ, δικαιοσύνη δὲ ἑνὸς πολλοὺς ἀνόμους δικαιώσῃ.

6. ἐλέγξας οὖν ἐν μὲν τῷ πρόσθεν χρόνῳ τὸ ἀδύνατον τῆς ἡμετέρας φύσεως εἰς τὸ τυχεῖν ζωῆς, νῦν δὲ τὸν σωτῆρα δείξας δυνατὸν σώζειν καὶ τὰ ἀδύνατα, ἐξ ἀμφοτέρων ἐβουλήθη πιστεύειν ἡμᾶς τῇ χρηστότητι αὐτοῦ, αὐτὸν ἡγεῖσθαι τροφέα, πατέρα, διδάσκαλον, σύμβουλον, ἰατρόν, νοῦν, φῶς, τιμήν, δόξαν, ἰσχύν, ζωήν, περὶ ἐνδύσεως καὶ τροφῆς μὴ μεριμνᾶν.

10. 1. ταύτην καὶ σὺ τὴν πίστιν ἐὰν ᵃποθήσῃςᵃ, ᵇκατάλαβεᵇ πρῶτον μὲν ἐπίγνωσιν ᶜπατρόςᶜ.

2. ὁ γὰρ θεὸς τοὺς ἀνθρώπους ἠγάπησεν,
δι' οὓς ἐποίησεν τὸν κόσμον,
οἷς ὑπέταξεν πάντα τὰ ἐν ᵃτῇ γῇᵃ,
οἷς λόγον ἔδωκεν, οἷς νοῦν,
οἷς μόνοις ᵇἄνωᵇ πρὸς αὐτὸν ὁρᾶν ἐπέτρεψεν,
οὓς ἐκ τῆς ἰδίας εἰκόνος ἔπλασεν,
πρὸς οὓς ἀπέστειλεν τὸν υἱὸν αὐτοῦ τὸν μονογενῆ,

---

10. 1. ᵃ A H Sᵐᵍ B; ποθη . . . S ᵇ cj. Gebhardt; καὶ λάβῃς A ᶜ A H B; π . . S; περ Sᵐᵍ 2. ᵃ A Sᵐᵍ*; om. H; . . . . . S; γῇ Sᵐᵍ ᵇ Sᵐᵍ B; ἄ . . A (cf. Otto³ 199 n. 6) S; ἀεί H

4. Durch wen konnten wir Frevler und Gottlose gerechtfertigt werden als allein durch den Sohn Gottes?[136] 5. O welch süßer Tausch! O welch unerforschliche Schöpfertätigkeit! O welch unerwartete Wohltaten![137] Damit die Frevelhaftigkeit vieler in einem einzigen Gerechten zum Verschwinden komme,[138] die Gerechtigkeit aber eines einzigen viele Frevler rechtfertige![139]

6. Nachdem er also in der früheren Zeit die Ohnmacht unserer Natur, das Leben zu erlangen, erwiesen, nachdem er aber jetzt den Retter gezeigt hat, der mächtig ist, auch das Ohnmächtige zu retten, wollte er, daß wir auf Grund von beidem seiner Güte vertrauen, ihn für den Ernährer halten,[140] den Vater, Lehrer, Ratgeber, Arzt, Verstand[141], Licht, Ehre, Herrlichkeit, Kraft, Leben und wegen Kleidung und Nahrung uns nicht sorgen.[142]

10. 1. Wenn auch du diesen Glauben begehrst, so gewinne zuerst Erkenntnis des Vaters!

2. Gott hat nämlich die Menschen geliebt[143],
derentwegen er die Welt erschaffen[144],
denen er alles auf Erden unterworfen[145],
denen er das Wort, denen er Verstand verliehen[146],
denen allein er es gewährt hat, hinauf zu ihm zu blicken[147],
die er nach seinem eigenen Aussehen gebildet[148],
zu denen er seinen einzigen Sohn gesandt[149],

---

[136] Vgl. Röm 3, 25 f.; 5, 6–10; Gal 2, 17.
[137] Vgl. Clemens Alexandrinus, protr. XI (111, 3): ὢ θαύματος μυστικοῦ· κέκλιται μὲν ὁ κύριος, ἀνέστη δὲ ἄνθρωπος.
[138] „Eigenartig ist, daß Dg 9, 5 die sühnende Bedeutung des Todes Jesu als κρυβῆναι der ἀνομία πολλῶν charakterisiert wird. Diesen Sinn hat κρύπτειν in der biblischen Gräzität nirgends" (Albrecht Oepke, Art. κρύπτω κτλ., ThWNT 3, Stuttgart 1938, [959–979] 978).
[139] Vgl. Röm 5, 18 f.
[140] Zu der hiermit beginnenden Reihe vgl. Philo, Congr. 171, wo es von Gott heißt: ἀγαθὸς γὰρ καὶ ἀγαθῶν αἴτιος, εὐεργέτης, σωτήρ, τροφεύς, πλουτοφόρος, μεγαλόδωρος, weiter Spec. Leg. I 209.
[141] Gott als νοῦς auch Athenagoras, suppl. 10, 2: ἐξ ἀρχῆς γὰρ ὁ θεός, νοῦς ἀΐδιος ὤν, Clemens Alexandrinus, strom. IV 162, 5.
[142] Vgl. Mt 6, 25–34; Phil 4, 6.
[143] Vgl. Joh 3, 16.
[144] Vgl. Herm mand XII 4, 2, wo es von Gott heißt: ἔκτισεν τὸν κόσμον ἕνεκα τοῦ ἀνθρώπου, weiter Aristides, apol. 1, 3; Justin, apol. I 10, 2; II 4, 2; 5, 2; Theophilus, ad Autolycum II 10.
[145] [A. 145 s. S. 348.]
[146] Vgl. Justin, apol. I 28, 3; Athenagoras, de resurrectione 12, 3.
[147] Vgl. Minucius Felix, Oct. 17, 2: . . . nos, quibus vultus erectus, quibus suspectus in caelum datus est, sermo et ratio, per quae deum adgnoscimus sentimus imitamur . . .; 17, 11: status rigidus, vultus erectus; Tertullian, apol. 17, 6.
[148] Vgl. Gen 1, 26; 1 Klem 33, 4.
[149] Vgl. Joh 3, 16 f.; 1 Joh 4, 9; Gal 4, 4.

οἷς τὴν ἐν οὐρανῷ βασιλείαν ἐπηγγείλατο,
καὶ δώσει τοῖς ἀγαπήσασιν αὐτόν.
3. ἐπιγνοὺς δὲ τίνος οἴει πληρωθήσεσθαι χαρᾶς; ἢ πῶς ἀγαπήσεις τὸν οὕτως προαγαπήσαντά σε; 4. ἀγαπήσας δὲ μιμητὴς ἔσῃ αὐτοῦ τῆς χρηστότητος. καὶ μὴ θαυμάσῃς, εἰ δύναται μιμητὴς ἄνθρωπος γενέσθαι θεοῦ. δύναται θέλοντος αὐτοῦ. 5. οὐ γὰρ τὸ καταδυναστεύειν τῶν ᵃπλησίονᵃ οὐδὲ τὸ πλέον ἔχειν βούλεσθαι τῶν ᵇἀσθενεστέρωνᵇ οὐδὲ τὸ πλουτεῖν καὶ βιάζεσθαι τοὺς ὑποδεεστέρους εὐδαιμονεῖν ἐστιν οὐδὲ ἐν τούτοις δύναταί τις μιμήσασθαι θεόν, ἀλλὰ ταῦτα ἐκτὸς τῆς ἐκείνου μεγαλειότητος. 6. ἀλλ' ὅστις τὸ τοῦ πλησίον ἀναδέχεται βάρος, ὃς ἐν ᵃᾧ κρείσσων ἐστὶν ἕτερονᵃ τὸν ἐλαττούμενον εὐεργετεῖν ἐθέλει, ᵇὃς ἃᵇ παρὰ τοῦ θεοῦ λαβὼν ἔχει ταῦτα τοῖς ἐπιδεομένοις χορηγῶν θεὸς γίνεται τῶν λαμβανόντων, οὗτος μιμητής ἐστιν θεοῦ. 7. τότε θεάσῃ τυγχάνων ἐπὶ γῆς, ὅτι θεὸς ἐν οὐρανοῖς πολιτεύεται, τότε μυστήρια θεοῦ λαλεῖν ἄρξῃ, τότε τοὺς κολαζομένους ἐπὶ τῷ μὴ θέλειν ἀρνήσασθαι θεὸν καὶ ἀγαπήσεις καὶ θαυμάσεις, τότε τῆς ἀπάτης τοῦ κόσμου καὶ τῆς πλάνης καταγνώσῃ, ὅταν τὸ ἀληθῶς ἐν οὐρανῷ ζῆν ᵃἐπιγνῷςᵃ, ὅταν τοῦ δοκοῦντος ἐνθάδε θανάτου καταφρονήσῃς, ὅταν τὸν ὄντως θάνατον φοβηθῇς, ὃς φυλάσσεται τοῖς κατακριθησομένοις εἰς ᵇτὸᵇ πῦρ τὸ αἰώνιον, ὃ τοὺς παραδοθέντας αὐτῷ μέχρι τέλους ᶜκολάσειᶜ. 8. τότε τοὺς ὑπομένον-

5. ᵃ A S; πλησίων H   ᵇ A H Sᵐᵍ; α... νεστέρων S   6. ᵃ Sᵐᵍ; τῷ κρείσσῳ ἐστὶν ἕτερος (A) H S   ᵇ cj. Hengel; ὅσα A   7. ᵃ cj. Bunsen; ἐπιγνώσῃ A   ᵇ A; om. H S   ᶜ A H Sᵐᵍ; κο......S

denen er das Reich im Himmel[150] verheißen hat,
und er wird es denen geben, die ihn geliebt haben[151].
3. Wenn du das aber erkannt hast, was für eine Freude, meinst du, wird dich erfüllen? Oder wie wirst du den lieben, der dich so zuvor geliebt hat![152] 4. Wenn du ihn aber liebst, wirst du Nachahmer seiner Güte sein.[153] Und frage dich nicht verwundert, ob der Mensch Nachahmer Gottes werden kann. Er kann es, weil Gott[154] es will. 5. Nicht nämlich im Unterjochen der Nächsten[155], noch im Willen, mehr zu besitzen als die Schwächeren, noch im Reichtum und in der Vergewaltigung der kleinen Leute besteht das Glück[156], noch kann darin einer zum Nachahmer Gottes werden; das liegt vielmehr außerhalb der göttlichen Majestät.
6. Sondern: wer immer die Last seines Nächsten auf sich nimmt[157]; wer bereit ist, darin dem Wohltaten zu erzeigen, der ihm unterlegen ist, worin er den anderen übertrifft[158]; wer seinen Besitz, den er von Gott empfing, den Bedürftigen gewährt[159] und damit für die Empfänger zum Gott wird – der ist Nachahmer Gottes. 7. Dann wirst du, obwohl du noch auf Erden bist, einsehen, daß Gott im Himmel waltet; dann wirst du anfangen, Gottes Geheimnisse zu verkündigen[160]; dann wirst du die lieben und bewundern, die deswegen gestraft werden, weil sie Gott nicht verleugnen wollen[161]; dann wirst du den Trug und Irrwahn der Welt[162] verdammen, wenn du das wahrhaftige Leben[163] im Himmel erkennst, wenn du den scheinbar hier herrschenden Tod verachtest, wenn du den wirklichen Tod fürchtest, der für die aufbewahrt wird, die zum ewigen Feuer[164] verurteilt werden sollen, das die ihm Übergebenen restlos strafen wird.[165] 8. Dann wirst du die be-

[150] [A. 150 s. S. 348.]
[151] Vgl. 2Tim 4, 8.
[152] Vgl. 1Joh 4, 19.
[153] [A. 153 s. S. 348.]
[154] Daß mit αὐτοῦ Gott gemeint ist und nicht der Mensch, legt nicht nur der Zusammenhang nahe (Brändle, Ethik 123 A. 421; vgl. Meecham, Diognetus 134; Marrou, Diognète 77), sondern wird eindeutig auch von der Grammatik verlangt.
[155] Vgl. Jak 2, 6, wo allerdings aus der Perspektive der Armen formuliert wird.
[156] Worte vom Stamm εὐδαιμον- beggenen in der urchristlichen Literatur nirgends. Wie Diog 10, 5 erblickt Philon die εὐδαιμονία in der Verähnlichung mit Gott (Decal. 73; vgl. Plato, Theaetet 176e–177a).
[157] Vgl. Gal 6, 2.
[158] Vgl. Philo, Virt. 168f.; Fug. 29; Leg. Gai. 50.
[159] Vgl. Did 4, 8; Barn 19, 8; 1Klem 38, 2; Philo, Spec. Leg. IV 73f.; Virt. 169.
[160] Vgl. Clemens Alexandrinus, protr. XII (118, 4): τότε μου κατοπτεύσεις τὸν θεὸν καὶ τοῖς ἁγίοις ἐκείνοις τελεσθήσῃ μυστηρίοις καὶ τῶν ἐν οὐρανοῖς ἀπολαύσεις ἀποκεκρυμμένων.
[161] Vgl. MartPol 2, 2.
[162] Vgl. Corpus hermeticum XIII 1: ἀπηνδρείωσα τὸ ἐν ἐμοὶ φρόνημα ἀπὸ τῆς τοῦ κόσμου ἀπάτης.
[163] Vgl. die Wendung τὸ ἀληθινὸν ζῆν IgnEph 11, 1; Trall 9, 2.
[164] Vgl. Mt 18, 8; 25, 41.
[165] Vgl. Justin, apol. I 21, 6; 54, 2; apol. II 9, 1; dial. 45, 4; Athenagoras, suppl. 31, 3f.; Tertullian, apol. 18, 3; 48, 13.

Schrift an Diognet

τας ὑπὲρ δικαιοσύνης ᵃτὸ πῦρ τοῦτο θαυμάσεις καὶᵃ μακαρίσεις, ὅταν ἐκεῖνο τὸ πῦρ ᵇἐπιγνῷςᵇ. ᶜᶜ ...

Anhang

11. 1. οὐ ξένα ὁμιλῶ οὐδὲ παραλόγως ζητῶ, ἀλλὰ ἀποστόλων γενόμενος μαθητὴς γίνομαι διδάσκαλος ἐθνῶν, τὰ παραδοθέντα ἀξίοις ὑπηρετῶ γινομένοις ἀληθείας μαθηταῖς. 2. τίς γὰρ ὀρθῶς διδαχθεὶς καὶ λόγῳ ᵃπροσφιλὴς γενηθεὶςᵃ οὐκ ἐπιζητεῖ σαφῶς μαθεῖν τὰ διὰ λόγου ᵇδειχθένταᵇ φανερῶς μαθηταῖς; ᶜᶜ οἷς ἐφανέρωσεν ὁ λόγος φανείς, παρρησίᾳ λαλῶν,

ὑπὸ ἀπίστων μὴ νοούμενος,

μαθηταῖς δὲ διηγούμενος.

οἳ πιστοὶ λογισθέντες ὑπ' αὐτοῦ ἔγνωσαν πατρὸς μυστήρια. 3. οὗ χάριν ἀπέστειλεν λόγον, ἵνα κόσμῳ φανῇ·

ὃς ὑπὸ λαοῦ ἀτιμασθείς,

διὰ ἀποστόλων κηρυχθείς,

ὑπὸ ἐθνῶν ἐπιστεύθη.

4. οὗτος ὁ ἀπ' ἀρχῆς,

ὁ καινὸς φανεὶς

καὶ ᵃπαλαιὸςᵃ εὑρεθεὶς

καὶ πάντοτε νέος ἐν ἁγίων καρδίαις γεννώμενος.

5. οὗτος ὁ ἀεί,

σήμερον υἱὸς λογισθείς,

δι' οὗ πλουτίζεται ἐκκλησία

καὶ χάρις ἁπλουμένη ἐν ἁγίοις πληθύνεται,

---

8. ᵃ A H; θαυμάσεις⸏ (sic!) τὸ πῦρ το ...... S; καὶ ante μακαρίσεις Sᵐᵍ; καὶ τότε ante μακαρίσεις S inter versus   ᵇ S; ἐπιγνω H   ᶜ mg: καὶ ὧδε ἐγκοπὴν εἶχε τὸ ἀντίγραφον (cf. Otto³ 203 n. 1)

11. 2. ᵃ cj. Maran; προσφιλεῖ γεννηθείς A H B; προσφιλ... εῖ γ. S   ᵇ A H Sᵐᵍ; δειχ ..... S   ᶜ mg: ὅτι οἱ ἅγιοι ἄνδρες ἔγνωσαν μυστήρια τοῦ πατρός (secundum H S; sed Otto³ 204 n. 7: (ὅτι) οἱ ἄνδρες (οὐκ ἔγνω)σαν μυ(στήρια τοῦ) πατρός)   4. ᵃ A H B; .... S; ἀρχαῖος Sᵐᵍ

wundern und selig preisen, die für die Gerechtigkeit dieses Feuer ertragen, wenn du jenes Feuer erkennst.¹⁶⁶ ...

Anhang

11. 1.¹⁶⁷ Nichts Fremdes¹⁶⁸ rede ich, noch stelle ich vernunftwidrige Erwägungen an, sondern nachdem ich der Apostel Schüler geworden bin, werde ich Lehrer der Heiden¹⁶⁹; das Überlieferte reiche ich hilfreich Schülern dar, die der Wahrheit würdig werden¹⁷⁰. 2. Denn wer, der richtig belehrt und dem Logos wohlgefällig geworden ist, wünscht nicht, das genau zu erfahren, was durch den Logos den Jüngern deutlich klargemacht worden ist? Denen hat es der Logos durch sein Erscheinen offenbart, indem er offen redete,

von den Ungläubigen nicht begriffen,
den Jüngern es aber darlegend.

Als Gläubige von ihm angesehen, haben sie die Geheimnisse des Vaters kennengelernt.¹⁷¹ 3. Deswegen hat er den Logos gesandt, damit er der Welt erscheine:

Von dem Volk¹⁷² verunehrt¹⁷³,
durch die Apostel verkündigt,
wurde er von den Heiden geglaubt.¹⁷⁴

4. Das ist, der von Anfang war¹⁷⁵,
der als neu erschien
und als alt sich erwies¹⁷⁶
und immer neu in den Herzen der Heiligen geboren wird.

5. Das ist der Ewige,
der heute als Sohn¹⁷⁷ angesehen wird¹⁷⁸,
durch den die Kirche reich gemacht
und die sich unter den Heiligen ausbreitende Gnade gemehrt wird:

---

¹⁶⁶ [A. 166 s. S. 348.]
¹⁶⁷ Zu 11, 1 vgl. Thierry, Logos passim.
¹⁶⁸ ξένα ist nicht parallel zu παραλόγως zu verstehen und mit „Befremdliches" zu übersetzen, sondern es steht im Gegensatz zu τὰ παραδοθέντα, entspricht also sachlich den διδαχαὶ ποικίλαι καὶ ξέναι in Hebr 13, 9; vgl. Herm sim VIII 6, 5.
¹⁶⁹ 1Tim 2, 7.
¹⁷⁰ [A. 170 s. S. 348.]
¹⁷¹ Vgl. Eph 6, 19.
¹⁷² λαός = Israel wie 1Klem 55, 6; Barn 8, 1; 12, 6; Herm vis II 3, 4.
¹⁷³ Vgl. Joh 8, 49.
¹⁷⁴ Vgl. 1Tim 3, 16.
¹⁷⁵ 1Joh 1, 1; 2, 13f.; vgl. Joh 1, 1.
¹⁷⁶ Vgl. ActPetr 20: hunc magnum et minimum, formosum et foedum, iuvenem et senem, tempore adparentem et in aeternum utique invisibilem.
¹⁷⁷ Vgl. Ps 2, 7.
¹⁷⁸ Vgl. ActPetr 20: qui ante saeculum est et tempore intellectus est.

παρέχουσα νοῦν,
φανεροῦσα μυστήρια,
διαγγέλλουσα καιρούς,
χαίρουσα ἐπὶ πιστοῖς,
ἐπιζητοῦσιν δωρουμένη,
οἷς ὅρια πίστεως οὐ θραύεται
οὐδὲ ὅρια πατέρων παρορίζεται.
6. εἶτα φόβος νόμου ᾄδεται
καὶ προφητῶν χάρις γινώσκεται
καὶ εὐαγγελίων πίστις ᵃἱδρύεταιᵃ
καὶ ἀποστόλων παράδοσις φυλάσσεται
καὶ ἐκκλησίας χάρις σκιρτᾷ.
7. ἣν χάριν μὴ λυπῶν ἐπιγνώσῃ, ἃ λόγος ὁμιλεῖ δι' ὧν βούλεται, ὅτε θέλει. 8. ὅσα γὰρ ᵃθελήματιᵃ τοῦ κελεύοντος λόγου ἐκινήθημεν ἐξειπεῖν μετὰ πόνου, ἐξ ἀγάπης τῶν ἀποκαλυφθέντων ἡμῖν γινόμεθα ὑμῖν κοινωνοί.
12. 1. οἷς ἐντυχόντες καὶ ἀκούσαντες μετὰ σπουδῆς εἴσεσθε, ὅσα παρέχει ὁ θεὸς τοῖς ἀγαπῶσιν ὀρθῶς, οἱ γενόμενοι παράδεισος ᵃᵃ τρυφῆς· πάγκαρπον ξύλον εὐθαλοῦν ᵃἀνατείλατεᵇ ἐν ἑαυτοῖς, ποικίλοις καρποῖς κεκοσμημένοι. 2. ἐν γὰρ τούτῳ τῷ χωρίῳ ξύλον γνώσεως καὶ ξύλον ζωῆς πεφύτευται· ἀλλ' οὐ τὸ τῆς γνώσεως ἀναιρεῖ, ἀλλ' ἡ παρακοὴ ἀναιρεῖ. 3. οὐδὲ γὰρ ἄσημα τὰ γεγραμμένα, ὡς θεὸς ἀπ' ἀρχῆς ᵃξύλον γνώσεως καὶᵃ ξύλον ζωῆς ἐν μέσῳ παραδείσου ἐφύτευσεν διὰ γνώσεως ζωὴν ἐπιδεικνύς· ᾗ μὴ καθαρῶς χρησάμενοι οἱ ἀπ' ἀρχῆς πλάνῃ τοῦ ὄφεως γεγύμνωνται. 4. οὐδὲ γὰρ ζωὴ ἄνευ γνώσεως οὐδὲ γνῶσις ἀσφαλὴς ἄνευ ζωῆς ἀληθοῦς· διὸ

6. ᵃ cj.; ἵδρυται Α   8. ᵃ A S; θελήματα H   12. 1. ᵃ A S; τῆς H   ᵇ A H; ἀνατειλα . . . . . τες S   3. ᵃ cj. Bunsen; om. A

sie gewährt Verständnis,
sie offenbart Geheimnisse,
sie verkündet die Zeiten[179],
sie freut sich über die Gläubigen,
den Suchenden schenkt sie,
von denen die Grenzen[180] des Glaubens nicht verletzt,
noch die Grenzen der Väter überschritten werden.[181]
6. Dann wird die Gesetzesfurcht besungen,
die Gabe der Propheten erkannt,
der Glaube der Evangelien aufgerichtet,
die Überlieferung der Apostel bewahrt,
und die Gnade der Kirche hüpft vor Freude.
7. Wenn du diese Gnade nicht betrübst, wirst du erkennen, was der Logos redet, durch die er zu reden wünscht, wann er es will. 8. Was nämlich all das betrifft, was nur mit Mühe auszusprechen wir durch den Willen und auf Befehl des Logos bewegt worden sind, so ist es die Liebe, aus der wir euch an dem, was uns offenbart worden ist, teilhaben lassen.

12. 1. Wenn ihr mit Eifer das lest und darauf hört, werdet ihr innewerden, wieviel Gott denen gewährt, die ihn aufrichtig lieben[182], die ein wonniges Paradies[183] geworden sind; laßt einen fruchtbeladenen, blühenden Baum in euch aufsprießen, seid mit vielfältigen Früchten geschmückt! 2. Denn auf diesem Land ist der Baum der Erkenntnis und der Baum des Lebens[184] gepflanzt. Aber nicht der Baum der Erkenntnis tötet, sondern der Ungehorsam tötet.[185] 3. Das Geschriebene ist ja auch nicht unklar, wie Gott am Anfang den Baum der Erkenntnis und den Baum des Lebens inmitten des Paradieses gepflanzt hat[186], wobei er durch die Erkenntnis das Leben anzeigte. Weil die ersten Menschen sie nicht rein gebrauchten[187], sind sie durch die Täuschung der Schlange entblößt.[188] 4. Denn weder gibt es Leben ohne Erkenntnis noch sichere Erkenntnis ohne wahres Leben. Deshalb

---

[179] „Die Zeiten" sind wohl im Sinne der „Erfüllung der Verheißungen" zu verstehen (so Walter Bauer, Wörterbuch zu den Schriften des Neuen Testaments und der übrigen urchristlichen Literatur, Berlin ⁵1958, 362).

[180] In den Ausgaben wird häufig die Konjektur ὅρκια gesetzt; sie kann Urtext sein.

[181] Vgl. Prov 22, 28: μὴ μέταιρε ὅρια αἰώνια, ἃ ἔθεντο οἱ πατέρες σου.

[182] Vgl. Sir 1,10; Röm 8, 28; 1Kor 2, 9; Jak 1,12; 2, 5.

[183] Vgl. Gen 2,15; 3, 23f.; Ez 28,13; 31, 9; Joel 2, 3.

[184] Gen 2, 9.

[185] Vgl. Theophilus, ad Autolycum II 25: τὸ μὲν ξύλον τὸ τῆς γνώσεως αὐτὸ μὲν καλὸν καὶ ὁ καρπὸς αὐτοῦ καλός. οὐ γάρ, ὡς οἴονταί τινες, θάνατον εἶχεν τὸ ξύλον, ἀλλ' ἡ παρακοή.

[186] Gen 2, 9.

[187] Kurz nach dem A. 185 wiedergegebenen Zitat heißt es weiter: ἡ δὲ γνῶσις καλή, ἐπὰν αὐτῇ οἰκείως τις χρήσεται. τῇ δὲ οὔσῃ ἡλικίᾳ ὅδε Ἀδὰμ ἔτι νήπιος ἦν· διὸ οὔπω ἠδύνατο τὴν γνῶσιν κατ' ἀξίαν χωρεῖν.

[188] Vgl. Gen 3,1–7.

πλησίον ἑκάτερον πεφύτευται. 5. ἣν δύναμιν ἐνιδὼν ὁ ἀπόστολος τήν τε ἄνευ ἀληθείας προστάγματος εἰς ζωὴν ἀσκουμένην γνῶσιν μεμφόμενος λέγει· ἡ γνῶσις φυσιοῖ, ἡ δὲ ἀγάπη οἰκοδομεῖ. 6. ὁ γὰρ νομίζων εἰδέναι τι ἄνευ γνώσεως ἀληθοῦς καὶ μαρτυρουμένης ὑπὸ τῆς ζωῆς οὐκ ἔγνω· ᵃᵃ ὑπὸ τοῦ ὄφεως πλανᾶται μὴ ἀγαπήσας τὸ ζῆν· ὁ δὲ μετὰ φόβου ἐπιγνοὺς καὶ ζωὴν ἐπιζητῶν ἐπ' ἐλπίδι φυτεύει καρπὸν προσδοκῶν. 7. ᵃἤτω σοι καρδίαᵃ γνῶσις, ζωὴ δὲ λόγος ἀληθὴς χωρούμενος. 8. οὗ ξύλον φέρων καὶ ᵃκαρπὸν αἱρῶνᵃ τρυγήσεις ἀεὶ τὰ παρὰ θεῷ ᵇποθούμεναᵇ,

ὧν ὄφις οὐχ ἅπτεται
οὐδὲ πλάνη συγχρωτίζεται· ᶜᶜ
οὐδὲ Εὕα φθείρεται,
ἀλλὰ παρθένος πιστεύεται·
9. καὶ σωτήριον δείκνυται
καὶ ἀπόστολοι συνετίζονται
καὶ τὸ κυρίου πάσχα προέρχεται
καὶ ᵃκαιροὶᵃ συνάγονται
καὶ ᵇμετακόσμιαᵇ ἁρμόζεται
καὶ διδάσκων ᶜἁγίουςᶜ ὁ λόγος εὐφραίνεται,
δι' ᵈοὗᵈ πατὴρ δοξάζεται·
ᾧ ἡ δόξα εἰς τοὺς αἰῶνας· ἀμήν.

6. ᵃ A H S; καί B   7. ᵃ A S; ad. καί H; ἤτω οὖν σοι κ. B   8. ᵃ cj. Otto; καρπὸν .ρῶν A S; καρπὸν ἐρῶν H; καρποῦ ἐρῶν B   ᵇ A S; ποροῦμενα H B   ᶜ mg: ὅτι τὴν Εὔαν μὴ (om. Sᵐᵍ) φθειρομένην, παρθένον ἀποκαλεῖ· φθαρεῖσαν δὲ τῆς παρακοῆς πάντως εἰσεδέξατο τὸ (om. Hᵐᵍ) ἐπιτίμιον, δηλονότι φθαρεῖσαν   9. ᵃ cj. Sylburg; κηροί A   ᵇ cj. Gebhardt; μετὰ κόσμου A   ᶜ A S; ἁγίων H   ᵈ A H; om. S

sind beide nahe beieinander gepflanzt. 5. Weil der Apostel diese Bedeutung wahrgenommen hat und die Erkenntnis, wenn sie ohne die Wahrheit des zum Leben gegebenen Gebotes ausgeübt wird, tadeln will, sagt er: Die Erkenntnis bläht auf, die Liebe aber erbaut.[189] 6. Denn wer meint, etwas Bedeutendes zu wissen ohne wahre und vom Leben bezeugte Erkenntnis, hat nicht erkannt[190]; von der Schlange wird er getäuscht, weil er das Leben nicht liebt. Wer aber mit Furcht erkannt hat und das Leben sucht, pflanzt auf Hoffnung in Erwartung der Frucht. 7. Möge dir das Herz Erkenntnis, Leben aber das wahre, verstandene Wort sein! 8. Wenn du dessen Baum trägst und Frucht nimmst, wirst du immer das bei Gott Erwünschte ernten,

> das die Schlange nicht antastet,
> noch die Täuschung auch nur an der Oberfläche berührt;
> und Eva wird nicht verführt,
> sondern als Jungfrau geglaubt.

9. Und das Heil wird gezeigt,
> die Apostel erhalten Einsicht,
> das Passa des Herrn rückt vor[191],
> die Zeiten werden zusammengebracht,
> was nach dieser Welt kommt, paßt dazu[192],
> die Heiligen zu lehren, freut sich der Logos,
> durch den der Vater gepriesen wird.

Ihm die Ehre in Ewigkeit! Amen.

---

[189] 1Kor 8, 1.
[190] Vgl. 1Kor 8, 2.
[191] Steht „das Passa des Herrn" hier für die Parusie? Dann würde sich ein Zusammenhang mit den beiden folgenden Zeilen ergeben.
[192] [A. 192 s. S. 348.]

ANMERKUNGEN (Rest)

Die umfangreicheren Anmerkungen konnten nicht unter der Übersetzung abgedruckt werden. Sie sind hier zusammengefaßt. Ein entsprechender Hinweis findet sich jeweils unter der Übersetzung.

³ Worte vom Stamm θεοσεβ- kommen in der Schrift an Diognet relativ oft vor; außer an dieser Stelle noch 3, 1. 3; 4, 5. 6; 6, 4. In christlichen Schriften begegnen sie erst seit den Apologeten häufiger. Vgl. weiter A. 197 zur Übersetzung des 2. Klemensbriefes sowie Werner Foerster, Art. σέβομαι κτλ., ThWNT 7, Stuttgart 1964, (168–195) 184: „Für Dg aber ist θεοσέβεια einfach *Religion.*"

⁶ Mit der Beantwortung dieser Fragen, die in der Schrift an Diognet erfolgt, will sie Schwartz als direkte Reaktion auf den Ἀληθὴς Λόγος des Kelsos verstehen (Diognète passim). Der Nachweis ist aber kaum gelungen. Man wird nicht mehr sagen können, als daß der Verfasser hier Fragen und Vorwürfe des von ihm erwarteten Publikums gegenüber dem Christentum aufnimmt, die auch Kelsos artikuliert hatte. – Zum letztgenannten Problem vgl. Kelsos bei Origenes, contra Celsum I 26; VIII 12.

⁸ Vgl. Clemens Alexandrinus, protr. X (89, 2), wo es gegenüber dem 89, 1 gebrachten heidnischen Einwand, es sei „nicht vernünftig, eine uns von den Vätern überlieferte Sitte umzustoßen", heißt: „... sollten wir da auf unserer Lebensfahrt nicht das schlechte, an üblen Leidenschaften reiche und gottlose Herkommen ... verlassen und uns der Wahrheit zuwenden und den zu finden suchen, der unser wahrer Vater ist, indem wir die Gewohnheit wie ein tödliches Gift von uns wegstoßen (τὴν συνήθειαν ἀπωσάμενοι)?"

¹⁰ Zum Folgenden vgl. Kerygma Petrou 2a (Clemens Alexandrinus, strom. VI 5, 39–41); Aristides, apol. 3, 1–14, 4; Theophilus, ad Autolycum II 2; Philo, Decal. 74. – Geffcken nennt Kap. 2 einen „Gemeinplatz, der nur einmal (sc. 2, 8) einen eigenen oder aus der Literatur sonst nicht bekannten Gedanken enthält" (Brief 13; vgl. 14). Doch auch der ist in der genannten Philon-Stelle belegt.

¹¹ Vgl. Clemens Alexandrinus, protr. IV (56, 6): „Dein Götterbild ist Gold, ist Holz, ist Stein; und wenn du an den letzten Ursprung denkst, so ist es Erde, die von der Hand des Künstlers eine Form erhalten hat. Ich bin aber gewohnt, die Erde mit meinen Füßen zu treten, nicht sie anzubeten." Zum Gegensatzpaar Gott – Stein vgl. die Stellen bei Joachim Jeremias, Art. λίθος κτλ., ThWNT 4, Stuttgart 1942, (272–283) 273 A. 9.

¹⁹ Vgl. ψ 113, 16; 134, 15–18; Theophilus, ad Autolycum I 10; Clemens Alexandrinus, protr. X (103, 4); IV (62, 3): „Aber ihr legt den größten Wert darauf, daß das Götterbild so schön wie nur immer möglich gestaltet werde; darum jedoch kümmert ihr euch nicht, daß ihr selbst nicht wegen eurer Gefühllosigkeit den Steinbildern ähnlich werdet."

²⁶ Das Motiv der Bedürfnislosigkeit Gottes ist in der griechischen Philosophie weit verbreitet. „Von den Eleaten an wird der Gedanke, daß Gott keines Dinges bedarf, in allen Richtungen der griechischen Schulphilosophie bis zu Neupythagoreern und Neuplatoni-

kern wiederholt" (Martin Dibelius, Paulus auf dem Areopag, in: Ders., Aufsätze zur Apostelgeschichte, hrsg. von H. Greeven, Göttingen ³1957, [29–70] 43; dort und in A. 2 bietet Dibelius zahlreiche Belege). Von dort wurde es in jüdischer und christlicher Apologetik übernommen; vgl. etwa 2Makk 14, 35; 3Makk 2, 9; Philo, Post. 4; Imm. 56; Act 17, 24 f.; Kerygma Petrou 2a (Clemens Alexandrinus, strom. VI 5, 39); Aristides, apol. 1, 4; 13, 4; Justin, apol. I 10, 1; Tatian, or. 4, 5; Athenagoras, suppl. 13, 1; 29, 2; Theophilus, ad Autolycum II 10; s. auch Heinrich Greeven, Art. προσδέομαι, ThWNT 2, Stuttgart 1935, 41 f.

[30] Vgl. Philo, Spec. Leg. I 2: γελᾶται δὲ ἡ τῶν γεννητικῶν περιτομή. Kelsos bestreitet es im Blick auf Beschneidung und Speiseverbote, daß die Juden „bei Gott etwas besser angesehen sind und etwas mehr geliebt werden als die anderen", und spricht wie Diog 4, 1 von ihrer ἀλαζονεία (Origenes, contra Celsum V 41).

[32] Wörtlich: „allgemeinen". Da der Verfasser hier auf die Kap. 2–4 zusammenfassend zurückblickt und dabei die Juden auch ausdrücklich nennt, dürfte er bei der „allgemeinen Torheit und Täuschung" den Kap. 2 gegeißelten Götzendienst der Griechen im Blick haben, so daß sich im Gegenüber zu den Juden die Übersetzung „heidnisch" nahelegt.

[34] Die Wendung τὸ τῆς θεοσεβείας μυστήριον dürfte ihre unmittelbare Voraussetzung in der ganz analogen Wendung τὸ τῆς εὐσεβείας μυστήριον in 1Tim 3, 16 haben (vgl. 1Tim 3, 9). „Hohe und schwere Worte" sind „zu Formeln des Gemeindechristentums" geworden (Martin Dibelius, Die Pastoralbriefe, 4., ergänzte Auflage von Hans Conzelmann, HNT 13, Göttingen 1966, 47). „μ. τῆς εὐσεβείας ... ist hier der Ausdruck für das Zentrum der Heilsbotschaft" (49). Diese Bedeutung gilt auch für Diog 4, 6. Was für den Verfasser darüber hinaus mit dieser Wendung anklingt, kann mit der Zusammenstellung der Aspekte des Begriffs μυστήριον in der Schrift an Diognet verdeutlichen: Das Geheimnis entzieht sich menschlichem Zugriff (4, 6; 5, 3; 7, 1); es handelt sich um Geheimnisse Gottes (10, 7). Nach 7, 2 besteht das Geheimnis in der Einpflanzung der Wahrheit und des den Menschen unbegreiflichen Wortes (Logos) in die Herzen der Christen, die im Zusammenhang der Sendung des Schöpfungsmittlers erfolgt. Es ist auffällig, daß an dieser Stelle in großer Breite Schöpfungsaussagen dargelegt werden; und gerade hier taucht wieder der Begriff μυστήρια auf: das geheime Wesen des Schöpfungsmittlers bewahren alle Elemente; die Schöpfungsordnung ist von ihm bestimmt. Doch ist er nicht in ihr offenbar und wird nicht in ihr erkannt. (Auf die Frage, weshalb es sich so verhält, geht der Verfasser nicht ein.) Das „Geheimnis" ist also Gottes Handeln in der Schöpfung und in der Sendung. Daß auf letzterer, die im Rahmen eines Heilsplanes verstanden wird, das Schwergewicht liegt, zeigen eine Reihe von Stellen, die den Begriff μυστήριον gleichsam vertreten und auslegen: der allein dem Sohn mitgeteilte „erhabene und unsagbare Gedanke" (8, 9); Gottes zurückgehaltener und verwahrter „weiser Ratschluß" (8, 10); das von Anfang an Bereitete und erst jetzt Offenbarte (8, 11); der schon bei Gott mit seinem Sohn festgelegte Heilsplan (9, 1). Das Geheimnis ist Gott selbst (τί ποτ' ἐστὶν θεός – 8, 1), der Allherrscher und Allschöpfer (7, 2), der von Anfang an die Erlösung in der Sendung des Sohnes beschlossen hatte. In dieser Sendung hat sich Gott gezeigt und erschließt sich dem Glauben (8, 5 f.). So partizipieren die Glaubenden, in deren Herzen die Wahrheit und das Wort eingepflanzt ist (7, 2), an Gottes Geheimnis. Davon ist ihre θεοσέβεια bestimmt, die deshalb für Außenstehende ebenfalls unbegreiflich und unsichtbar bleibt (4, 6; 6, 4). So mag man dann im Blick auf 4, 6 mit Brändle formulieren: „Indem der Verfasser die beiden Begriffe μυστήριον und θεοσέβεια nebeneinander stellt und aufeinander bezieht, verklammert er programmatisch die beiden wichtigsten Themen seines theologischen

Entwurfs: Soteriologie und Ethik. Das Geschehen in Christus (Soteriologie) und das dadurch ermöglichte und davon bestimmte Handeln der Christen (Ethik) entfalten beide den einen Heilsplan, das Mysterium Gottes. Der Gottesdienst der Christen geschieht im Alltag der Welt" (Brändle, Mysterium 135). Aber es bleibt festzuhalten, daß sowohl der Christologie, auf der ja die Soteriologie beruht, als auch der Ethik eine „mysteriöse" Blässe anhaftet; vgl. o. S. 296 f., 299 f.

³⁶ Nach Eltester „sind die πολυπράγμονες ἄνθρωποι wegen der Anknüpfung an das Stichwort πολυπραγμοσύνη in 4, 6 die Juden, und die Sorge um menschliche Lehrmeinungen bei ‚einigen' karikiert zwar nicht das Heidentum als Ganzes, aber doch die heidnischen Philosophenschulen (vgl. 8, 2–4)" (Mysterium 292 A. 32). Wie in 4, 6 blickt damit der Verfasser auf die Kap. 2–4 zurück, insofern es Juden und Griechen betrifft, inhaltlich aber handelt es sich in bezug auf letztere um einen Vorgriff. Eltester hebt auch noch eine angeblich chiastische Anordnung in 4, 6 und 5, 3 hervor und meint, „auf diese Finesse" komme „man nur, wenn sich die beiden Sätze unmittelbar folgen" (292). Er schlägt nämlich die Umstellung von 5, 3 zwischen 4, 6 und 5, 1 vor und gewinnt so „einen glatten Zusammenhang" zwischen 4, 6 und 5, 3 und zwischen 5, 2 und 5, 4 (290–293). Ihm ist Brändle gefolgt (Mysterium 135 A. 4). Er erklärt die überlieferte Textfolge damit, daß 5, 3 versehentlich ausgelassen und am Rand nachgetragen und in der folgenden Abschrift falsch eingeordnet worden wäre (290). Aber wenn wirklich 5, 3 einem Abschreiber am Rand vorgelegen hat – sollte man dann nicht erwarten, daß er diesen Vers zwischen 4, 6 und 5, 1 eingeordnet hätte? Die Umstellung ist natürlich möglich; aber der überlieferte Text ist es auch. Man kann nicht sagen, die Umstellung erspare zwei Konjekturen: μαθήματι ist gegenüber μάθημά τι in Unzialen ununterscheidbar; es bleibt εὑρημένον gegenüber εἰρημένον, deren gegenseitige Ersetzung in der handschriftlichen Überlieferung gewiß nicht schwerer vorstellbar ist.

³⁷ Der βίος der Christen ist zwar nicht παράσημος, die κατάστασις ihrer πολιτεία aber doch θαυμαστή und παράδοξος (zur Zusammenstellung der beiden letztgenannten Begriffe vgl. Justin, dial. 133, 1). Die Christen sondern sich nicht ab und fallen auch nicht durch Skurrilitäten auf; ihre Lebensführung ist „normal". Aber der Verfasser beansprucht, daß sie in aller Normalität doch ein besonderes Profil aufweise, das Erstaunen hervorruft. Dieses Profil will er im folgenden herausarbeiten; vgl. dazu o. S. 300.

³⁸ Das Stück 5, 5–10 erinnert an 1Kor 7, 29–31, wo Paulus die christliche Existenz in der Welt als in der Distanz des ὡς μή geführte beschreibt. Aber auch der Unterschied liegt klar auf der Hand. Während bei Paulus das ὡς μή eschatologisch begründet wird, ist davon in Diog 5, 5–10 nichts zu spüren; an die Stelle temporaler Kategorien sind lokale getreten. Die Erwartung des Kommens Jesu und der damit erfolgenden radikalen Umgestaltung der Welt, die das paulinische ὡς μή vor bloß verinnerlichter Distanz bewahrt, ist durch eine Jenseitshoffnung ersetzt (vgl. 10, 7), die das nicht mehr zu leisten vermag.

³⁹ Vgl. Eph 2, 19; 1Petr 2, 11; πάροικος ist „der *Nichtbürger*, wie ξένος ..., der aber im Unterschied zu diesem mit besonderen, meistens gegen Zahlung verliehenen Rechten ausgestattet ist. Er ist nicht ein παρεπίδημος ..., der nur für kürzere Zeit an einem Ort weilt, sondern ein *Beisasse,* der seinen Wohnsitz neben, mit, unter, bei den Einheimischen hat, ein *Schutzgenosse,* der dauernd ohne Bürgerrecht, aber doch unter dem Schutz eines Gemeinwesens wohnt" (Karl Ludwig und Martin Anton Schmidt, Art. πάροικος κτλ. A, ThWNT 5, Stuttgart 1954, 840 f.).

⁴⁰ An allem teilnehmen „wie Bürger" kann nur, wer selbst ein „Bürger" ist. Auch das

Anmerkungen (Rest)

wirft ein Licht auf die soziale und politische Stellung des Verfassers. πολίτης bezeichnet „den, der mit anderen an der πόλις als solcher, an der πόλις in ihrer politischen Qualität Anteil hat..., also den mit aktiven und passiven Rechten voll ausgestatteten *Stadt-* oder *Staatsbürger*" (Hermann Strathmann, Art. πόλις κτλ., ThWNT 6, Stuttgart 1959, [516–535] 517).

⁴¹ Vom Fremden gilt, daß er „noch bis in die Kaiserzeit hinein... theoretisch obdach- und rechtlos war" (Gustav Stählin, Art. ξένος κτλ., ThWNT 5, Stuttgart 1954, [1–36] 6). „In den hellenistischen Städten aber lebten die wohlhabenden und vor allem die gebildeten ξένοι unter den Einheimischen ohne einen fühlbaren Unterschied" (ebd. 7). So mag man fragen, ob das ὑπομένειν von Diog 5, 5 für den Verfasser nicht auch nur „theoretisch" war. – Zum Gegensatz von πόλις und ξένη vgl. auch Herm sim I, wo die Distanz zur Welt wesentlich deutlicher ausgeprägt ist.

⁴² Der Verfasser zeigt sich hier kosmopolitisch beeinflußt; vgl. Philo, Op. 142 f. (Adam als erster Weltbürger); Epictet, dissertationes I 9, 1–6 (Begründung der Weltbürgerschaft in der Verwandtschaft zwischen Gott und Menschen); III 24, 66 (von Diogenes: πᾶσα γῆ πατρὶς ἦν ἐκείνῳ μόνῳ, ἐξαίρετος δ' οὐδεμία); Plutarch, de Alexandri magni fortuna aut virtute 329a–d, wo es von Alexander heißt: ὥσπερ ἐν κρατῆρι φιλοτεσίῳ μείξας τοὺς βίους καὶ τὰ ἤθη καὶ τοὺς γάμους καὶ τὰς διαίτας, πατρίδα μὲν τὴν οἰκουμένην προσέταξεν ἡγεῖσθαι πάντας, ἀκρόπολιν δὲ καὶ φρουρὰν τὸ στρατόπεδον, συγγενεῖς δὲ τοὺς ἀγαθούς, ἀλλοφύλους δὲ τοὺς πονηρούς.

⁴⁴ Vgl. Tertullian, apol. 39, 11: omnia indiscreta sunt apud nos praeter uxores. – Daß der Verfasser hier unmittelbar auf den von Heiden gegenüber Christen erhobenen Vorwurf antwortet, sie nutzten ihre Zusammenkünfte zu Ausschweifungen bis zur Blutschande (so Brändle, Ethik 38 f. 193 f.), ist nicht wahrscheinlich. Wenn die Apologeten dieses Thema behandeln, tun sie es in aller Ausführlichkeit und mit großer Entrüstung; hier dagegen findet sich lediglich ein kurzes Wortspiel. Das spricht nicht dafür, daß der Vorwurf noch aktuell war – ein weiteres Indiz für eine spätere Datierung der Schrift an Diognet.

⁴⁷ S. o. S. 300; vgl. auch Clemens Alexandrinus, protr. X (108, 4 f.): „Der Athener gehorche den Gesetzen Solons und der Argiver denen des Phoroneus und der Spartaner denen des Lykurgos! Wenn du dich aber als Bürger Gottes eintragen lässest, so ist der Himmel dein Vaterland und Gott dein Gesetzgeber. Wie lauten aber seine Gesetze?" Es folgen Verbote nach der zweiten Dekalogtafel und das Gebot der Gottes- und Nächstenliebe. – Zu 5, 1–10 vgl. noch Epictet, dissertationes III 21, 5: φάγε ὡς ἄνθρωπος, πίε ὡς ἄνθρωπος, κοσμήθητι, γάμησον, παιδοποίησον, πολίτευσαι· ἀνάσχου λοιδορίας, ἔνεγκε ἀδελφὸν ἀγνώμονα, ἔνεγκε πατέρα, ἔνεγκε υἱόν, γείτονα, σύνοδον.

⁶¹ Der Verfasser folgt hier der stoischen Verhältnisbestimmung von Leib und Seele „als völlige Durchdringung" (Eduard Schweizer, Art. σῶμα κτλ., ThWNT 7, Stuttgart 1964, [1024–1091] 1033; dort auch Belege); vgl. weiter Epicur, epistula I 63: ἡ ψυχὴ σῶμά ἐστιν λεπτομερὲς παρ' ὅλον τὸ ἄθροισμα παρεσπαρμένον.

⁶⁷ Vgl. Plato, Phaedo 81b. 83b. 94b. 114d–e; Philo, All. III 158; Gig. 40; Agr. 22; Migr. 18. Im Neuen Testament vgl. 1Petr 2, 11; dazu bemerkt Eduard Schweizer: „Wenn die fleischlichen Begierden gegen die Seele streiten, dann liegt der anthropologische Dualismus vor, in dem die Seele den besseren Teil darstellt, gegen den das die Begierden hervorrufende Fleisch im Kampfe liegt" (Art. σάρξ κτλ. E, ThWNT 7, Stuttgart 1964, [123–151] 145). Zu Diog 6, 5 f. urteilt er: „Am schärfsten tritt der hellenistische Dualismus ... Dg 6, 5 f. in

Erscheinung... Die Lüste sind eindeutig als Funktion des Fleisches gesehen, das gegen die Seele ankämpft" (146).

[71] Zum Eingeschlossensein der Seele im Leib vgl. o. A. 65; der Seele kommt es zu, über den Leib zu herrschen und zu regieren: Plato, Phaedo 79c–80a. Vgl. vor allem Philo, Spec. Leg. I 289: ὡς γὰρ αἰτία τοῦ μὴ διαφθείρεσθαι τὰ σώματα ψυχή, καὶ οἱ ἅλες ἐπὶ πλεῖστον αὐτὰ συνέχοντες καὶ τρόπον τινὰ ἀθανατίζοντες. Weiter Origenes, contra Celsum I 23.

[72] Im Hintergrund steht hier der Gedanke der Entsprechung zwischen dem Menschen als Mikrokosmos und der Welt als Makrokosmos; vgl. dazu Schweizer a. a. O. (s. A. 61) 1029. „In Dg 6, 7 ist die Funktion der Aufrechterhaltung der kosmischen Ordnung, die in der griechischen Philosophie (und ebenso bei Philo) der Gottheit bzw. dem Logos zugehört, auf die Christen übertragen" (Helmut Köster, Art. συνέχω, ThWNT 7, Stuttgart 1964, [875–883] 883); zur griechischen Philosophie vgl. ebd. 875 f., zu Philon 880. J. B. Bauer will Diog 6, 7b aus jüdischen und judenchristlichen Voraussetzungen verstehen: Wegen der Gerechten halte Gott seinen Zorn noch von der Vernichtung der Welt zurück (An Diognet VI, VigChr 17, 1963, 207–210). Das aber ist sowohl vom Kontext des Kap. 6 her ausgeschlossen, das sich durch und durch philosophisch geprägt erweist, als auch vom gesamten Schreiben her, das solche eschatologische Sicht nirgends erkennen läßt. In der Tradition der genannten Vorstellung dürfte jedoch die bei den Apologeten begegnende Aussage stehen, daß die Christen bzw. ihr Gebet die Welt vor dem Ende bewahre: Aristides, apol. 16, 1. 6; Justin, apol. I 45, 1; II 7, 1; Tertullian, apol. 32, 1. Philosophische Tradition liegt vor, wenn es bei Athenagoras in bezug auf Gott heißt: ὑφ' οὗ λόγῳ δεδημιούργηται καὶ τῷ παρ' αὐτοῦ πνεύματι συνέχεται τὰ πάντα (suppl. 6, 3). Bei Theophilos sind es Gottes Gesetz und die Propheten, die die Welt noch nicht zugrunde gehen lassen, während er die christlichen Gemeinden mit Inseln im Meer vergleicht, wo Schiffer im Sturm Zuflucht finden können (ad Autolycum II 14). Demgegenüber zeigt die Prägung des Gedankens in Diog 6, 7 eine triumphalistische Tendenz.

[75] Vgl. 10, 7. Der Vergleich ist hier nicht strikt durchgeführt; von einer Unsterblichkeit der Christen kann und will der Verfasser offenbar nicht reden. Wie er sich aber das Verhältnis der Aussage von der Unsterblichkeit der Seele und der Erwartung der Unvergänglichkeit gedacht hat, läßt sich nicht sagen, da er über das Thema Auferstehung nichts ausführt.

[76] „Sokrates'... oft wiederholte Aussage, Nutzen und Schaden bedeute allein das, was die Seele des einzelnen Menschen besser oder schlechter mache, resümiert... eine lange Entwicklung" (Albert Dihle, Art. ψυχή A, ThWNT 9, Stuttgart 1973, [605–614] 608 f.). Nach Plato, res publica X 612a rührt der schlechte Zustand der Seele „von diesen sogenannten glückseligen Festmählern her". Vgl. auch Philo, Vit. Mos. I 28 f.; Gig. 14.

[82] Die Übersetzung folgt Eltester, Mysterium 289 mit A. 26, und Brändle, Ethik 109 mit A. 373; gegen Wengst, „Paulinismus" 50 f. A. 12. ἀνθρώποις ist wohl doch auf ἀπερινόητον und nicht auf ἐνίδρυσεν zu beziehen. Vers 2 ist ja als Erläuterung von Vers 1 gedacht: Die Christen sind nicht mit der Verwaltung menschlicher Geheimnisse betraut, weil das den Menschen unbegreifliche Wort in ihre Herzen eingepflanzt ist. „Wahrheit" und „Wort" sind zwar mit dem „Baumeister und Urheber des Alls" identisch, der zu „den Menschen" geschickt wurde; aber der Verfasser unterscheidet offenbar zwischen der Einpflanzung des Wortes im Herzen der Christen und der Sendung an alle: In der ersten kommt die zweite zum Ziel.

[84] Nach Hebr 11, 10 ist Gott τεχνίτης καὶ δημιουργός der kommenden Stadt; nach

Anmerkungen (Rest)

1Klem 20, 11; 33, 2 ὁ (μέγας) δημιουργὸς καὶ δεσπότης τῶν ἁπάντων. Athenagoras, suppl. 15, 2 vergleicht Gott als δημιουργός mit einem τεχνίτης. In unmittelbarem Zusammenhang miteinander wird Gott als δημιουργός und τεχνίτης auch Philo, Congr. 105 bezeichnet.

[89] Harnack weist auf „eine bemerkenswerthe Übereinstimmung... zwischen c. 7, 2 und dem christlichen Einschiebsel in die Sophonias-Apokalypse" (Geschichte I/2, 758), zu dem jedoch auch ein charakteristischer Unterschied besteht: „Er hat keinen Engel angewiesen, zu uns zu kommen, noch einen Erzengel noch irgend eine Herrschaft, sondern er hat sich in einen Menschen verwandelt, der zu uns komme, um uns zu erretten." Von einer Sendung als Mensch spricht der Verfasser der Schrift an Diognet gerade nicht.

[90] Die Zusammenstellung von ἐπιείκεια und πραΰτης begegnet auch 2Kor 10, 1; 1Klem 30, 8; vgl. Tit 3, 2; 1Klem 21, 7. Da die beiden Begriffe in Diog 7, 3 der Tyrannis entgegengestellt sind und unmittelbar folgend das Bild des Königs auftaucht, dürften sie hier die Tradition der Regentenspiegel zur Voraussetzung haben. Vgl. Plutarch, de Pyrrho 23 (398c), wo es von Pyrrhos heißt: οὐκ ἐπιεικῶς ἐντυγχάνων οὐδὲ πράως ταῖς πόλεσιν, ἀλλὰ δεσποτικῶς καὶ πρὸς ὀργὴν βιαζόμενος καὶ κολάζων... γινόμενος ἐκ δημαγωγοῦ τύραννος, sowie Friedrich Wilhelm, Der Regentenspiegel des Sopatros, RMP 72, 1917/18, (374–402) 391. 398.

[91] Im hier wiedergegebenen Text ist das zwischen ἔπεμψεν und πρός in A überlieferte ὡς gestrichen. Daß das im Kontext häufige Wort zusätzlich eingedrungen ist, erscheint möglich. Marrou bleibt beim überlieferten Text, der jedoch keinen rechten Sinn ergibt. Üblich geworden ist die Hinzufügung von ἄνθρωπον nach ὡς. Dazu bemerkt Lienhard: "With the emendation, the phrase clearly points to the true humanity of the Son. But the very clarity of this is an argument against the addition; it would be an extraordinarily clear witness to the true human nature of the Son in a document which nowhere else mentions this doctrine" (Christology 288).

[110] Vgl. 9, 2; Tit 3, 4. Im urchristlichen und auch noch im altkirchlichen Schrifttum vor Klemens von Alexandrien und Origenes begegnen Worte vom Stamm φιλανθρωπ- relativ selten (vgl. Ulrich Luck, Art. φιλανθρωπία κτλ., ThWNT 9, Stuttgart 1973, [107–111] 110. 111). Die Philanthropie gehört zu den Herrschertugenden; vgl. Arist. 208, wo φιλάνθρωπος durch ἔλεος und ἐλεήμων ausgelegt wird.

[115] Vgl. o. S. 296; weiter Aristides, apol. 1, 5: „Zorn und Grimm besitzt er nicht"; Athenagoras, suppl. 21, 1. Klemens von Alexandrien dagegen spricht vom Zorn Gottes (z. B. protr. X [104, 3]); zur Verarbeitung dieses Themas bei Philon, der ja nicht umhin kann, davon in der Schrift zu lesen, vgl. etwa Som. I 234–237.

[116] An den drei neutestamentlichen Stellen, die Gott als ἀληθής bezeichnen (Joh 3, 33; 8, 26; Röm 3, 4), hat es den Sinn von „wahrhaftig, verläßlich". Im Kontext von Diog 8, 8 dürfte die Bedeutung „wahr, wirklich" näherliegen, die es bei Philon hat: ὁ ὢν ὄντως ἀληθὴς θεός (Decal. 8; Leg. Gai. 347; vgl. weiter All. II 68; Post. 115; Ebr. 45; Vit. Mos. II 171; Som. I 238; Abr. 68; Jos. 254; Spec. Leg. I 36).

[118] Im Hintergrund steht hier der Vorwurf gegenüber den Christen, ihr Gott sei ein neuer. (Zur besonderen Formulierung an dieser Stelle vgl. Origenes, contra Celsum IV 7.) Das Argument als solches wird von den christlichen Apologeten geteilt; vgl. z. B. Tertullian, der gegenüber den Markioniten feststellt: „... ich werde ihnen schon daraufhin Häresie nachweisen, nämlich die, daß sie eine neue Gottheit lehren... Ein neuer Gott ist immer ein

Schrift an Diognet · Anmerkungen (Rest)

falscher" (adv. Marc. I 8, 1 f.). Sie wehren es ab durch den Altersbeweis; vgl. o. S. 298 mit A. 75. Der Verfasser der Schrift an Diognet greift an dieser Stelle auf das Revelationsschema zurück; vgl. o. S. 298 mit A. 77.

¹¹⁹ Die häufig akzeptierte Konjektur νοῆσαι, ἃ statt des in A überlieferten ποιῆσαι ist überflüssig; sie zeitigt fast eine Tautologie und zerstört den sinnvollen Zusammenhang vom gnädigen Tun Gottes, das der Mensch erkennt und dann entsprechend handelt (vgl. denselben Zusammenhang in 10, 1–4). Die Konjektur wird auch abgelehnt von Kühnert, Sinndeutung 41 A. 9.

¹²⁹ Clemens Alexandrinus, protr. IX (82, 2): ὦ τῆς ὑπερβαλλούσης φιλανθρωπίας. Geffcken schließt aus dieser Übereinstimmung auf literarische Abhängigkeit (Diognet 619; Diognetos 349); doch ist das eine viel zu schwache Basis. Zu dieser Art des betonenden Zwischenrufes vgl. auch Melito, Passa-Homilie 31. 97; Epictet, dissertationes I 4, 29; 16, 8; III 1, 29.

¹⁴⁵ Vgl. Gen 1, 26. 28–30. In der Fortsetzung der in der vorigen Anmerkung zitierten Hermas-Stelle begegnet ebenfalls das Motiv, daß dem Menschen die Schöpfung unterworfen ist. Beides, Schaffung der Welt um des Menschen willen und dessen Herrschaft über sie, ist auch syrBar 14, 18 miteinander verbunden.

¹⁵⁰ Die Formulierung ἡ ἐν οὐρανῷ βασιλεία (vgl. ἡ οὐράνιος βασιλεία in MartPol 22, 3; Epilog 5) macht eine Veränderung im Verständnis des „Himmelreiches" deutlich: Es geht jetzt um eine jenseitige Größe, in die man versetzt zu werden hofft, während im Unservater um das Kommen der βασιλεία τῶν οὐρανῶν bzw. τοῦ θεοῦ auf die Erde gebetet wurde.

¹⁵³ Der große Unterschied zwischen Aristides und dem Verfasser der Schrift an Diognet in der Darstellung des Judentums wird auch darin deutlich, daß Aristides solche Nachahmung Gottes, in der die Ethik der Schrift an Diognet gipfelt, gerade von den Juden auszusagen vermag (apol. 14, 3). Zur Nachahmung Gottes in Diog 10, 4–6 vgl. o. S. 299; weiter Justin, apol. I 10, 1.

¹⁶⁶ Vgl. die gegenteilige Bewertung christlicher Martyrien durch den Heiden Caecilius bei Minucius Felix, Oct. 8, 5: pro mira stultitia et incredibilis audacia! spernunt tormenta praesentia, dum incerta metuunt et futura et dum mori post mortem timent, interim mori non timent: ita illis pavorem fallax spes solacia rediviva blanditur. – Zur Textstörung nach 10, 8 vgl. o. S. 289.

¹⁷⁰ Thierry schlägt ἁγίοις statt ἀξίοις vor (Logos 148 f.). Sieht man, daß in Vers 1 die Gegenüberstellung von Lehrer und Schüler bestimmend ist und die Worte deshalb so zu verbinden sind, wie in der Übersetzung wiedergegeben, erweist sich dieser Vorschlag als überflüssig, zumal Thierry mit den Kap. 1–10 argumentieren, also die Authentizität der Kap. 11 f. voraussetzen muß.

¹⁹² Joachim Jeremias liest mit A κηροί und μετὰ κόσμου, ändert ἁρμόζεται in den Plural und übersetzt: „und Wachskerzen werden herbeigebracht und schmuckvoll geordnet"; er denkt also an die Beschreibung einer christlichen Passafeier (Art. πάσχα, ThWNT 5, Stuttgart 1954, [895–903] 902 A. 56).

STELLENREGISTER

1. Zitate und Anspielungen

Genesis
1, 26: Barn 5, 5; 6, 12. 18; Diog 10, 2
1, 27: 2Klem 14, 2
1, 28: Barn 6, 12. 13. 18
2, 2 f.: Barn 15, 3
2, 9: Diog 12, 2 f.
3, 1–7: Diog 12, 3
3, 1–6: Barn 12, 5
3, 22: Barn 11, 10
14, 14: Barn 9, 8
15, 6: Barn 13, 7
17, 4 f.: Barn 13, 7
17, 23: Barn 9, 8
22, 9 f.: Barn 7, 3
25, 21–23: Barn 13, 2
48, 9–19: Barn 13, 4 f.

Exodus
17, 8–13: Barn 12, 2
17, 14. 16: Barn 12, 9
20, 7: Barn 19, 5
20, 8: Barn 15, 1. 6
20, 13–16: Did 2, 2 f.; Barn 19, 4. 6
24, 18: Barn 4, 7; 14, 2 f.
31, 16: Barn 15, 2
31, 18: Barn 4, 7; 14, 2 f.
32, 1–6: Barn 4, 8
32, 7 f. 19: Barn 4, 8; 14, 2 f.

Leviticus
11, 3: Barn 10, 11
11, 4. 7. 10. 13–15: Barn 10, 1. 3–5
11, 5: Barn 10, 6
11, 29: Barn 10, 8
16, 5. 6–10. 21 f.: Barn 7, 6–8
18, 22: Did 2, 2; Barn 19, 4

19, 18: Did 1, 2; Barn 19, 5
20, 13: Did 2, 2; Barn 19, 4
23, 29: Barn 7, 3

Numeri
12, 7: Barn 14, 4
13, 16: Barn 12, 8 f.
19: Barn 8, 1
21, 4–9: Barn 12, 5–7

Deuteronomium
1, 8: Barn 6, 8. 13
4, 1. 5: Barn 10, 2
5, 1: Barn 9, 2
5, 12: Barn 15, 1. 6
5, 17–20: Did 2, 2 f.; Barn 19, 4. 6
6, 4 f.: Did 1, 2; Barn 19, 2
6, 4: Barn 9, 2; 10, 2
9, 9–11: Barn 4, 7
9, 12. 16 f.: Barn 4, 8; 14, 2 f.
10, 16: Barn 9, 5
14, 4. 7 f. 10. 12–14: Barn 10, 1. 3–5
14. 6: Barn 10, 11
14, 7: Barn 10, 6
27, 15: Barn 12, 6

Josua
1, 2: Barn 14, 4

Jesaja
1, 2: Barn 9, 3
1, 11–13: Barn 2, 5
1, 13: Barn 15, 8
3, 9 f.: Barn 6, 7
5, 21: Barn 4, 11
7, 2 f.: Barn 9, 2

Stellenregister

Jesaja (Forts.)
8, 14: Barn 6, 2
16, 1 f.: Barn 11, 3
28, 14: Barn 9, 3
28, 16: Barn 6, 2 f.
29, 13: 2 Klem 3, 5
33, 13: Barn 9, 1
33, 16–18: Barn 11, 5
33, 18: Barn 4, 11
40, 3: Barn 9, 3
40, 12: Barn 16, 2
42, 6 f.: Barn 14, 7
44, 3: Barn 15, 2
45, 1: Barn 12, 11
45, 2 f.: Barn 11, 4
49, 3: Barn 6, 16
49, 6 f.: Barn 14, 8
49, 17: Barn 16, 3
50, 6 f.: Barn 5, 14
50, 7: Barn 6, 3
50, 8 f.: Barn 6, 1 f.
50, 10: Barn 9, 2
52, 5: 2 Klem 13, 2
53, 5.7: Barn 5, 2
54, 1: 2 Klem 2, 1–3
58, 4 f.: Barn 3, 1 f.
58, 6–10: Barn 3, 3–5
58, 9: 2 Klem 15, 3
61, 1 f.: Barn 14, 9
65, 2: Barn 12, 4
66, 2: Did 3, 8; Barn 19, 4
66, 18: 2 Klem 17, 4 f.
66, 24: 2 Klem 7, 6; 17, 5

Jeremia
2, 12 f.: Barn 11, 2
4, 3 f.: Barn 9, 5
4, 4: Barn 9, 1
7, 11: 2 Klem 14, 1
7, 22 f.: Barn 2, 7 f.
9, 25: Barn 9, 5
17, 22: Barn 15, 1. 6
17, 24 f.: Barn 15, 2
18, 4–6: 2 Klem 8, 2

Ezechiel
11, 19: Barn 6, 14
14, 12–20: 2 Klem 6, 8
20, 6: Barn 11, 9
36, 26: Barn 6, 14
47, 1 f. 6 f. 9. 12: Barn 11, 10

Sacharja
8, 17: Barn 2, 8
13, 6 f.: Barn 5, 12
14, 5: Did 16, 7

Maleachi
1, 11. 14: Did 14, 3
3, 19: 2 Klem 16, 3

Psalmen (nach Septuaginta)
1, 1: Barn 10, 10
1, 3–6: Barn 11, 6 f.
17, 45: Barn 9, 1
18, 9: Barn 4, 11
21, 17: Barn 5, 13; 6, 6
21, 19: Barn 6, 6
21, 21: Barn 5, 13
21, 23: Barn 6, 16
23, 4: Barn 15, 1. 6
26, 12: Barn 5, 13
33, 13: Barn 9, 2
36, 11: Did 3, 7
41, 3: Barn 6, 16
50, 19: Barn 2, 10
68, 22: Barn 7, 3
89, 4: Barn 15, 4
107, 4: Barn 6, 16
109, 1: Barn 12, 10
117, 12: Barn 6, 6
117, 22: Barn 6, 4
117, (23.) 24: Barn 6, 4
118, 20: Barn 5, 13

Proverbien
1, 17: Barn 5, 4
10, 12: 2 Klem 16, 4
22, 28: Diog 11, 5

Zitate und Anspielungen

Daniel
7, 7 f.: Barn 4, 5
7, 24: Barn 4, 4

Jesus Sirach
4, 5: Did 4, 8
4, 31: Did 4, 5; Barn 19, 9
7, 30: Did 1, 2; Barn 19, 2

Tobit
12, 8 f.: 2Klem 16, 4

Äthiop. Henoch
91, 13: Barn 16, 6

Matthäus
5, 23 f.: Did 14, 2
5, 44. 46: 2Klem 13, 4
6, 9–13: Did 8, 2
6, 24: 2Klem 6, 1
7, 6: Did 9, 5
7, 12: Did 1, 2
7, 15: Did 16, 3
7, 21: 2Klem 4, 2
7, 23: 2Klem 4, 5
10, 10: Did 13, 2
10, 16: 2Klem 5, 2
10, 22: Did 16, 5
10, 28: 2Klem 5, 4
10, 32: 2Klem 3, 2
10, 40: Did 11, 2
12, 31 f.: Did 11, 7
16, 27: Did 16, 8
18, 7: 2Klem 13, 2
22, 14: Barn 4, 14
24, 10: Did 16, 4 f.
24, 11. 24: Did 16, 3
24, 13: Did 16, 5
24, 30: Did 16, 6. 8
24, 42. 44: Did 16, 1
25, 13: Did 16, 1
28, 19: Did 7, 1

Markus
2, 17 parr.: Barn 5, 9; 2Klem 2, 4

3, 35 parr.: 2Klem 9, 11
8, 36 parr.: 2Klem 6, 2
8, 38 par.: 2Klem 3, 2
10, 18 parr.: Diog 8, 7
12, 30 f. parr.: Did 1, 2
14, 21 parr.: 2Klem 13, 2
15, 17 par.: Barn 7, 9
15, 36 parr.: Barn 7, 3

Lukas
6, 27. 32. 35: 2Klem 13, 4
6, 28: Diog 5, 15
6, 31: Did 1, 2
6, 46: 2Klem 4, 2
10, 3: 2Klem 5, 2
12, 4 f.: 2Klem 5, 4
12, 8: 2Klem 3, 2
12, 40: Did 16, 1
13, 25. 27: 2Klem 4, 5
16, 10 f.: 2Klem 8, 5
16, 13: 2Klem 6, 1
17, 1: 2Klem 13, 2
19, 10: 2Klem 2, 7

Johannes
1, 18: Diog 8, 5
3, 16 f.: Diog 7, 4; 10, 2
5, 37: Diog 8, 5
6, 46: Diog 8, 5
11, 52: 2Klem 4, 5
13, 23: 2Klem 4, 5
15, 18 f.: Diog 6, 5
15, 19: Diog 6, 3
17, 11: Diog 6, 3
17, 14: Diog 6, 3. 5
17, 16: Diog 6, 3
19, 2: Barn 7, 9
19, 29 f.: Barn 7, 3

Apostelgeschichte
5, 29: 2Klem 4, 4

Römer
3, 26: Diog 9, 1
5, 6: Diog 9, 2

Stellenregister

Römer (Forts.)
5, 18 f.: Diog 9, 5
8, 32: Diog 9, 2

1. Korinther
4, 10: Diog 5, 14
4, 12: Diog 5, 11. 15
8, 1 f.: Diog 12, 5 f.

2. Korinther
6, 8: Diog 5, 14
6, 9: Diog 5, 12
6, 10: Diog 5, 13. 16
10, 3: Diog 5, 8

Galater
4, 4: Diog 9, 2

Philipper
3, 20: Diog 5, 9

1. Timotheus
2, 6: Diog 9, 2

2, 7: Diog 11, 1
3, 16: Diog 11, 3

Titus
3, 3: Diog 9, 1
3, 4: Diog 9, 2

1. Petrus
2, 20: Diog 5, 16
3, 9: Diog 5, 15
3, 17: Diog 5, 16
3, 18: Diog 9, 2

1. Johannes
1, 1: Diog 11, 4
2, 13 f.: Diog 11, 4
4, 9: Diog 10, 2
4, 12: Diog 8, 5
4, 19: Diog 10, 3

Unbekannter Herkunft
Barn 2, 10; 4, 3; 6, 13; 7, 4; 12, 1; 16, 5
2Klem 4, 5; 5, 2–4; 11, 2–4; 11, 7; 12, 2; 14, 5

2. Stellen aus den edierten Schriften

(An ihrem Ort der Übersetzung besprochene Stellen werden hier selbstverständlich nicht aufgeführt.)

Didache
1–6: 20–22
1, 1: 60
1, 2: 24 Anm. 84
1, 3b–2, 1: 18–20
1, 6: 19 Anm. 65
2, 2: 35
2, 7: 36
3, 4: 35
4, 1: 41
4, 3: 36
4, 5–8: 35
4, 5: 33
4, 7: 33

4, 8: 33
4, 10 f.: 33
4, 11: 33 f.
4, 14: 36. 54
5, 1: 35, 60
5, 2: 33
6, 3: 34
7, 1–4: 36
7, 1: 16 f. 29
7, 2 f.: 61
8: 34
8, 1 f.: 29 f.
8, 2: 26 f.
9 f.: 36

Stellen aus den edierten Schriften

9,1: 44
9,2: 44. 48 f.
9,3: 44. 49 f.
9,4: 50, 61. 97 Anm. 71
9,5: 28. 31. 44 f. 47. 55
10,1: 44. 45
10,2–6: 47
10,2: 44. 51
10,3: 45. 47. 51 f.
10,4: 52
10,5: 52
10,6: 46 f. 52. 94 Anm. 27
10,7: 36. 44. 45 Anm. 155
10,8: 57–59
11,1–13,7: 17. 23
11 f.: 36
11,1 f.: 37
11,1: 17
11,2: 27 f.
11,3: 27. 32
11,4–12: 23 Anm. 83
11,4 f.: 38. 85 Anm. 103
11,6: 32 f. 38 f.
11,7: 30. 39
11,8: 40
12: 35
12,3: 33
12,4 f.: 33
12,5: 35
13,1 f.: 28. 29
13,1: 40
13,2: 41
13,3: 33
13,4: 32 Anm. 116. 40
13,5: 29
13,7: 29. 36
14,1: 36. 43 f. 53 f.
14,2: 54 f.
14,3: 31. 55 f.
15,1 f.: 41 f.
15,1: 40. 41
15,2: 43 Anm. 146
15,3 f.: 32
15,3: 25 f. 36
15,4: 26

16: 23
16,2: 36. 60
16,7: 31. 94 Anm. 27
16,8: 20. 60

Barnabas
1: 107
1,1: 111 f.
1,2–8: 112
1,2–4: 113
1,2: 136 Anm. 179
1,3: 112. 117
1,4: 117. 118
1,5: 113. 117. 119 f. 122 Anm. 105. 135. 136 Anm. 179
1,6: 117. 118
1,7: 131. 133
1,8: 119
2,1–3, 6: 132
2,1: 134
2,2: 117. 136 Anm. 179
2,4: 131
2,5: 127
2,6: 135
2,7 f.: 125
2,8: 130
2,9: 130
2,10: 117. 127. 132
3,1–5: 130
3,1 f.: 126
3,3–5: 126
3,6: 130. 131. 133
4,1: 117. 134
4,3–5: 114
4,3: 134
4,4 f.: 128
4,6–8: 118 Anm. 75. 123
4,6: 113. 131
4,7 f.: 128. 135
4,8: 118. 131. 135. 136
4,9 f.: 89 Anm. 129
4,9: 113. 117. 119. 120
4,10: 118 Anm. 75
4,11: 126. 130. 134
4,12: 117. 118. 134

Barnabas (Forts.)
 4,14: 130. 198 Anm. 75
 5,1f.: 118. 123
 5,1: 117. 136
 5,2: 127. 130
 5,3: 120. 131. 133
 5,4: 135
 5,5: 128. 136
 5,6f.: 130 Anm. 145. 131
 5,6: 133
 5,7: 118. 131
 5,9: 136
 5,10: 117
 5,11: 130 Anm. 145. 198 Anm. 75
 5,13: 125. 127
 5,14: 127
 6,1f.: 127
 6,1: 49
 6,2f.: 127
 6,4: 127
 6,5: 113. 120
 6,6: 124f. 127
 6,7: 126. 130. 131
 6,8: 128. 131
 6,9: 131
 6,10: 119. 120. 130. 133
 6,11: 118. 136
 6,12f.: 128
 6,12: 130
 6,13: 125. 130
 6,14: 118. 128. 131
 6,16: 125 Anm. 112. 127
 6,18f.: 131
 6,19: 135. 136
 7f.: 133
 7,1: 120. 131. 133
 7,2f.: 136
 7,2: 118
 7,3–5: 129
 7,3: 129. 131
 7,4: 119
 7,5: 136
 7,6–8: 129
 7,7: 131
 7,11: 130

 8,1: 119. 128. 130
 8,5: 130
 8,6: 117
 8,7: 132
 9,1–3: 123f. 132
 9,1: 126. 127. 130. 132
 9,2: 49. 125. 126. 127. 128. 131
 9,3: 126. 127. 132
 9,4–6: 129 Anm. 140. 132. 133 Anm. 169
 9,4: 132
 9,5: 128 Anm. 124. 130. 132
 9,6–9: 134 Anm. 170
 9,6: 113. 116f. 118 Anm. 75
 9,7f.: 129 Anm. 140
 9,7: 131. 133 Anm. 169
 9,8f.: 133
 9,8: 125. 128. 130. 131
 9,9: 119. 120. 122 Anm. 105. 133. 136. Anm. 179
 10: 121
 10,2: 128. 129. 131. 134
 10,9: 131. 132
 10,10: 127
 10,11: 131. 134
 10,12: 132
 11,1: 130. 131. 136
 11,3: 126
 11,4f.: 124. 127
 11,6f.: 127
 11,8: 118 Anm. 70. 130
 11,9–11: 130
 11,9f.: 128
 11,11: 118. 130. 136
 12,1: 130
 12,2f.: 128. 134
 12,2: 131
 12,3: 117
 12,4: 99 Anm. 139. 127 Anm. 121
 12,5–7: 128. 134
 12,6: 129 Anm. 140
 12,7: 117. 130. 133. 271 Anm. 18
 12,8f.: 128
 12,8: 131
 12,10f.: 118 Anm. 75

Stellen aus den edierten Schriften

12,10: 113. 127. 131
12,11: 126
13,1: 135
13,2: 128
13,4f.: 128
13,5: 124. 131
13,7: 117. 128
14,1–9: 123
14,1–4: 118 Anm. 75. 128
14,1: 128. 136
14,2f.: 135
14,4: 131. 135. 136
14,5: 119. 130 Anm. 145. 136
14,6: 118
14,7: 126
14,8: 124. 126
14,9: 126
15,1–9: 132
15,3–7: 132
15,3: 128
15,4: 127. 129
15,5–8: 131
15,5: 118. 128
15,7: 118 Anm. 75. 136
15,8: 132
15,9: 132f.
16,1–10: 132
16,2: 119 Anm. 80. 125. 126. 127
16,3f.: 114f.
16,3: 124. 126
16,5: 131
16,6–10: 130
16,7: 119. 136
16,8: 136
16,9: 118 Anm. 70. 134. 135
16,10: 117
17: 107
17,1: 119
18–20: 18f. 20–22. 135
18,1: 107. 135
19,1: 119
19,9f.: 94 Anm. 24
21: 107
21,1: 119. 129. 134f. 135 Anm. 179
21,3: 134

21,5: 134. 141 Anm. 20
21,6: 118
21,7–9: 112

2. Klemens
1,1–3: 228
1,2: 226. 228f.
1,3: 229
1,4: 227. 234
1,6: 226f.
1,7: 234
2,1–3: 219
2,4: 220
2,7: 234
3,1–4: 227
3,1: 234
3,2: 221 Anm. 76
3,5: 218f. 220
4,1f.: 233
4,2: 221 Anm. 76
4,3: 231. 232f.
4,4: 228. 233
4,5: 222f.
5,2–4: 223
5,5f.: 227
5,6f.: 233
6,2: 220. 221 Anm. 76
6,4: 231. 232
6,6f.: 227
6,7: 234
6,8f.: 234
6,8: 220
6,9: 234
7: 210 Anm. 16. 225 Anm. 90
8,2: 234
8,5: 220. 221 Anm. 76
9,1: 227
9,3: 233
9,5: 229
9,6: 232. 234
9,11: 220
11,2–4: 225 Anm. 92
11,2: 221f.
11,6: 234
11,7: 234

2. Klemens (Forts.)
  12, 1 f.: 228
  12, 2: 223 f. 226. 227
  12, 3–5: 224. 226. 227
  12, 3 f.: 231
  12, 3: 233
  12, 5: 231. 232
  12, 6: 234
  13, 1: 233. 234
  13, 2: 217 f. 218 f. 224
  13, 3 f.: 228
  13, 4: 220. 221 Anm. 76. 233
  14: 227
  14, 2–4: 229
  14, 2: 219
  15, 1: 139 Anm. 10. 214. 232. 234
  15, 2: 214
  15, 3 f.: 219
  16, 2: 233
  16, 4: 232
  17, 1: 233
  17, 2: 233
  17, 3: 214. 216. 217. 233
  17, 4: 217. 219 Anm. 65. 234
  17, 5: 229
  17, 7: 233
  19 f.: 209 f. 212
  19, 1: 139 Anm. 10. 208. 210 Anm. 14. 214. 216. 217. 227. 234
  19, 3: 234
  20, 2: 210 Anm. 14
  20, 5: 227

Diognet
  1, 1: 292. 294. 294 Anm. 50. 307
  2, 3: 294
  2, 10: 294
  3, 2: 271 Anm. 20. 294
  4: 294 f. 303
  4, 1: 294 Anm. 50
  4, 4: 295
  5 f.: 306
  5, 1–10: 300

5, 3: 343 Anm. 34
5, 5: 307
5, 11–17: 299 f.
5, 11 f.: 307
5, 14–17: 307
6: 300 f.
6, 4: 343 Anm. 34
6, 5 f.: 307
6, 7: 301
6, 9: 307
7, 1: 343 Anm. 34
7, 2: 296. 343 Anm. 34
7, 4: 302
7, 6: 296 f.
7, 7–9: 307
7, 7 f.: 288 f.
7, 7: 296 f.
8, 1: 296. 302 f. 343 Anm. 34
8, 2–4: 296
8, 5 f.: 296. 302 f. 343 Anm. 34
8, 7 f.: 297 Anm. 74
8, 8: 295 f. 302
8, 9–11: 298. 302 f.
8, 9: 296. 343 Anm. 34
8, 10: 343 Anm. 34
8, 11: 296. 297 Anm. 74. 343 Anm. 34
9, 1–6: 298 f.
9, 1 f.: 302 f.
9, 1: 296. 343 Anm. 34
9, 2: 296. 298. 303
9, 4: 296
9, 6–10, 3: 303
9, 6: 296. 297
10, 1–4: 299
10, 2: 296
10, 4–6: 299
10, 7 f.: 307
10, 7: 343 Anm. 34
10, 8/11, 1: 288 f.
11 f.: 287 f.
11, 2–6: 287
11, 3: 288
12, 2–9: 287